보부아르,
여성의 탄생

보부아르,
여성의 탄생

케이트 커크패트릭
이세진 옮김

교양인
GYOYANGIN

"문학 작품에 전시된 빛나는 허구의 여성들을 재빨리 떠올려보면
작품에 나타난 여성들 간의 관계는 너무나 단순하다.
아주 많은 부분이 생략되었고 시도조차 되지 않았다. ……
거의 예외 없이 여성은 남성과 맺는 관계를 통해서만 보인다."
– 버지니아 울프, 《자기만의 방》

"여성을 해방한다는 것은 여성을 남성과의 관계에 가둬놓기를 거부하되
그 관계를 부정하지 않는 것이다."
– 시몬 드 보부아르, 《제2의 성》

차 례

우리는 보부아르를
얼마나 알고 있는가?

1927년 어느 날 시몬 드 보부아르(Simone de Beauvoir)는 사랑의 의미를 두고 아버지와 의견이 갈렸다. 여자는 당연히 결혼을 하고 아이를 낳고 싶어 한다고 생각하던 시대에 열아홉 살 시몬은 철학 책을 탐독하고 자기 삶으로 실천할 철학을 찾기 원했다. 아버지는 사랑이 "봉사, 애정, 감사"를 의미한다고 했다. 딸의 생각은 달랐다. 시몬은 펄쩍 뛰면서 사랑은 고마움 이상이고, 사랑은 누가 나에게 뭘 해줬기 때문에 나도 해줘야 하는 게 아니라고 했다. 시몬은 다음 날 일기에 이렇게 썼다. "사랑을 모르는 사람이 너무 많다!"[1]

이 열아홉 살짜리는 자신이 20세기에 세계적으로 유명한 지식인 여성 반열에 들리라는 것도, 자기 생애를 다룬 글이 엄청나게 나오고 읽히리라는 것도 몰랐다. 보부아르의 편지와 자진직 글만 해도 100만 단어가 훌쩍 넘는다.[2] 보부아르는 또한—"페미니즘의 경전"으로 추앙받는 대표작 《제2의 성》(1949년)은 굳이 언급할 필요도 없고—철학 에세이, 문학상 수상 소설, 단편, 희곡, 여행기, 정치 에세이, 각종

기고문을 발표할 것이다. 정치 저널을 공동 창간할 것이고, 새로운 입법 운동을 이끌 것이며, 알제리인들에 대한 비인간적인 처사에 항거하고, 세계를 두루 다니며 강연을 하고, 정부 산하 위원회를 이끌 것이다.

시몬 드 보부아르는 20세기에 가장 악명 높은 여성 중 한 명이기도 했다. 그녀와 장폴 사르트르(Jean-Paul Sartre)는 논란을 몰고 다니는 지식 권력 커플이었다. 안타깝게도 20세기 대중은 사르트르가 주로 그 권력에 기여하고 보부아르는 그들의 커플 관계에 기여한다고 생각했다. 1986년에 보부아르가 파리에서 타계했을 때 〈르 몽드〉는 부고 기사 헤드라인에서 그녀의 업적이 "창조보다는 대중화"라고 했다.[3] 현존하는 보부아르 전기들을 보면, 전기 작가 토릴 모이(Toril Moi)는 1994년에 "시몬 드 보부아르의 의의는 주로 사르트르나 다른 애인들과의 관계에서 비롯된다고 결론 내리더라도 이해할 만하다."라고 했다.[4]

이런 글이 나오고부터 수십 년간 보부아르에 대한 폭로가 이어지면서 그녀를 안다고 생각했던 독자들은 충격에 빠졌다. 아이러니하게도 그런 폭로는 보부아르의 가장 흥미로운 면은 애정 생활이라는 착각을 답습함으로써 사상가 보부아르를 가려버린다. 사실 보부아르는 자신의 철학을 따라서—자기 삶을 끊임없이 그 철학에 비추어 성찰하고 재평가하면서—살았다. "철학과 삶은 분리되지 않는다. 생의 한 걸음 한 걸음이 다 철학적 선택이다."라는 자신의 말대로.[5]

유명 인사 시몬 드 보부아르는 자신만이 아니라 독자들을 위해서도 펜을 들었다. 베스트셀러가 된 자전적 글들은 "어떻게 자신이 타인을 통해서 빚어지고 타인과 관계 맺는가"[6]를 보여주려는 철학적 야

20세기 여성 운동의 역사에 혁명을 일으킨 실존주의 철학자이자 페미니스트 사상가인 시몬 드 보부아르.

심을 구현한 것이었다. 그러나 보부아르의 핵심은 "어떤 인간도 고립된 섬은 아니다."라고 했던 시인 존 던의 메시지에 머물지 않는다. 보부아르의 자전적 글들은 인간은 타인과 관계를 맺고 살아간다는 것 외에 자기로 '존재'한다는 것은 태어나서 죽을 때까지 동일한 자기로 존재한다는 의미가 아니라는 신념을 깔고 있다. 자기로서 존재함은 변해 가는 타인들과 더불어 불가역적인 '되기(becoming)'의 과정을 계속 거친다는 뜻이다.

플라톤 이래로 철학자들은 늘 인생을 잘 살려면 자기 이해가 중요하다고 말해 왔다. 소크라테스는 현자가 되려면 "너 자신을 알라!"고 했다. 프리드리히 니체(Friedrich Nietzsche)는 "자기 자신이 되는 것"이 각자의 소임이라고 썼다. 그러나 보부아르는 철학적으로 이렇게 응수한다. 여성에게 '본연의 자기'가 금지되어 있다면? 본연의 자기가 되는 것이 오히려 마땅히 되어야 할 존재가 되지 못했다는 실패로 여겨진다면? 나답다는 것이 여성으로서, 연인으로서, 어머니로서 실패한 것으로 여겨진다면? 자기 자신이 됨으로써 조롱, 경멸, 수치의 대상이 되고 만다면?

보부아르의 시대는 여성에게 주어진 가능성이라는 면에서 엄청난 지각 변동을 겪었다. 그 생애 동안(1908~1986년) 여성은 남성과 마찬가지로 대학도 갈 수 있게 됐고 투표, 이혼, 피임의 권리를 얻었다. 보부아르는 1930년대 파리의 보헤미안 전성기, 1960년대의 성혁명을 관통하는 삶을 살았다. 이러한 문화 격변기 속에서 《제2의 성》은 공적 사회 속 여성에 대한 여성의 사고방식에 —마침내 진솔하게 털어놓는— 혁명적 계기를 마련했다. 보부아르는 동세대에서 선례를 찾을 수 없을 만큼 수준 높은 철학 교육을 받았지만 삼십 대 후반에 '여성이라는 것이 나에게 어떤 의미였는가?'라는 문제에 천착하면서부터 자기가 발견한 것들에 충격을 받았다.

'페미니즘'이 아주 많은 것을 의미하게 된 한 세기 동안 보부아르는 대량으로 찍어내는, 여성에 대해 '멍청한 말만 하는 책들'이 짜증 나고 '페미니즘 논쟁'에 필력이 비생산적으로 잡아먹히는 것이 지겨워서 《제2의 성》을 썼다.[7] 하지만 "여성은 태어나는 것이 아니라 되는 것이다."라는 유명한 문장을 쓰면서도 그 책이 자기 인생에, 그리고 후세에 얼마나 큰 영향을 주게 될지는 몰랐다.

이 문장의 의미, 즉 여성이 '된다는' 것의 의미에 대해서는 이미 너무 많은 글이 나와 있다. 《제2의 성》은 어떻게 보부아르가 자기 자신이 '되었는가'라는 문제를 다룬다. 보부아르는 이미 열여덟 살 때 삶은 영원한 '되기'이므로 "글에 삶을 진실하고 질서 있게 담기란" 불가능하다고 생각했다. 전날 자기가 쓴 일기를 보면서 "죽어버린 '자기'"의 "미라"를 읽는 것 같은 기분이 들었으니까.[8] 보부아르는 철학자였다. 자기가 속한 사회의 가치관과 자기 삶의 의미를 끊임없이 성찰하고 의문을 던질 수밖에 없는 사람이었다.

보부아르가 시간의 흐름이 인간의 경험에서 중요한 역할을 한다고 보았듯이 이 전기도 생애를 시대 순으로 따라간다. 그녀는 나이를 먹으면서 세계가 변했고 그 세계와 자신의 관계도 변했다고 말한다. 보부아르는 자신의 생애를 독자들이 읽게 될 글로 쓰면서 "변화와 숙성과 타인과 나 자신의 놀이킬 수 없는 퇴락을 보여주기"를 원했다. 삶은 시간 속에서 전개되므로 "세월이 풀어내는 가닥"을 따라가기 원했다.[9] 이런 면은 앙리 베르그송*을 탐독하던 십 대 시절과 비슷하다. 베르그송은 자아가 사물이 아니라고 했다. 자아는 "진전", "살아 움직이는 활동"[10], 죽음에 다다를 때까지 끊임없이 변하는 '되기'다.

　보부아르는 여성이 되었고, 그 여성은 부분적으로 자기 선택의 결과였다. 그러나 보부아르는 자기 자신에게서 비롯된 것과 타자가 만든 것 사이의 갈등과 함께 자기 욕망과 타자의 기대 사이의 갈등을 첨예하게 인식했다. 수 세기 동안 프랑스 철학자들은 타자의 시선을 받는 삶이 나은가, 그렇지 않은 삶이 나은가를 두고 논쟁을 벌였다. 르네 데카르트(René Descartes)는 (오비디우스를 인용하여) "잘 살려면 안 보이게 살아야 한다."라고 했다.[11] 사르트르라면 타자의 '시선'을 객관화하는 데 엄청난 분량을 할애할 것이다. 사르트르는 타자의 시선이 우리를 종속 관계에 가둔다고 생각했다. 보부아르는 생각이 달랐다. 인간으로서 잘 살아가려면 타자의 시선이 꼭 필요하다. 하지만 올바른 방식으로 타자에게 보여야 한다.

　문제는 그 올바른 방식이 보는 이가 누구냐, 언제 보느냐에 따라 달라진다는 것이다. 당신이 오십 대 초반 여성이고 최근에 자기 인생을 글로 쓰기로 마음먹었다 치자. 유년기와 청소년기, 성인 초창기를 각각 책으로 한 권씩 써서 큰 성공을 거두었다. 그 책에서 스물한 살 때 지금은 유명인이 된 어떤 남자와 사귀었다고 밝혔다. 당신은 일가를 이루었고 국제적으로 유명해졌다. 하지만 1950년대 후반에 여성의 삶을 다룬 글은 20세기에 일어난 전환에 못 미쳤다. 여성이 획기적인 지적 성과를 내거나 대단히 유명한 남자를 통해서도 채울 수 없는 성적 욕구가 있음을 인정하기는 어려웠다 치자. 하지만 여성도 야망이 있고 분노를 느낄 수 있다는 것을 공공연하게 인정하는 데까지도

앙리 베르그송(Henri Bergson, 1859~1941년) 프랑스의 철학자. 정지보다 운동, 변화, 진화의 가치를 더 높게 평가하며 독창적인 '생 철학'을 주장했다.

이르지 못했다. 당신 글이 전설이 되었다고 상상해보라. 너무 전설적인 글이 된 나머지 당신의 삶 전부를, 그 삶의 한순간을 담은 것에 불과한 글에 비추어 읽어내는 데 이르렀다고 상상해보라.

보부아르의 공적인 페르소나는 회고록에 수록된 두 편의 일화에 의해 만들어졌는데, 그 영향이 너무 커서 잘못 만들어졌다 해도 과언이 아니다. 첫 번째 일화는 1929년 10월 파리에서 있었던 일이다. 철학과 학생 둘이 루브르 바깥에 앉아서 자신들의 관계를 규정하고 있었다. 두 사람은 교수자격시험에서 나란히 1등과 2등을 차지하고(사르트르가 1등, 보부아르가 2등이었다) 철학 교사로서 이제 막 사회 생활을 시작하려는 참이었다. 사르트르는 스물네 살이었고 보부아르는 스물한 살이었다. 사르트르가 (소문에 따르면) 관습적인 부부의 신의를 원치 않기에 그들은 서로 "가장 소중한 사랑"으로 남되 "우연한 연애"를 허용하기로 "계약"을 맺었다.[12] 그들은 공개적인 연인으로서 마음속 가장 중요한 자리는 상대에게 남겨 두기로 약속했다. 또한 서로 뭐든지 숨김없이 털어놓기로 했다. 계약 기간은 일단 '2년'으로 잡았다. 사르트르의 전기 작가 아니 코엔솔랄(Annie Cohen-Solal)이 말한 대로 이 커플은 "모방의 모델, 지속적인 공모 관계라는 꿈, 범상치 않은 성공"이 되었다. 두 파트너가 서로 자유롭고 동등하면서도 정직하게 산다는 것처럼, 조화시킬 수 없는 것을 조화시킨 듯 보였기 때문이다.[13]

두 사람의 폴리아모리* '계약'이 너무도 호기심을 자극했기 때문에

폴리아모리(Polyamory) '많음'을 뜻하는 그리스어 폴리(poly)와 '사랑'을 뜻하는 라틴어 아모르(amor)의 합성어. 두 사람 이상이 수평적인 관계에서 서로 사랑하는 다자간 연애를 가리킨다.

전기 작가들은 두 사람 각자의 삶 못지않게 둘의 관계에 비중을 두었다. 《프랑스인들은 어떻게 사랑을 발명했는가》라는 책에도 두 사람의 관계가 한 챕터를 차지하며 그들은 "최초의 현대적 커플"이라는 칭호를 얻는다.[14] 작가 카를로 레비(Carlo Levi)는 보부아르의 《생의 한창때》(1960년)를 "세기의 러브 스토리"로 보았다.[15] 전기 작가 헤이즐 롤리(Hazel Rowley)는 2008년에 발표한 책에서 이렇게 말한다. "아벨라르와 엘로이즈*처럼 그들은 무덤에 나란히 묻혔고, 그들의 이름은 영원히 함께할 것이다. 그들은 세계적인 전설의 커플이다. 시몬 드 보부아르와 장폴 사르트르는 도저히 따로 떼어 생각할 수가 없다."[16]

어떤 면에서 이 책은 두 사람을 따로 떼어 생각하기 어려운 '현실' 때문에 나왔다. 나는 사르트르 초기 철학을 몇 년 연구하고 나서 보부아르의 삶과 사르트르의 삶을 평가하는 방식이 너무 비대칭적이라고 생각하게 됐다. 보부아르가 죽었을 때는 모든 부고가 사르트르를 들먹였는데 왜 사르트르의 부고는 더러 보부아르를 언급조차 하지 않았는가?

20세기 전반에 걸쳐, 심지어 21세기에 들어서도 보부아르는 독자적인 철학자로 기억되지 못했다. 부분적으로는 보부아르 자신이 들려준 의미심장한 두 번째 이야기 때문이기도 하다. 1929년 파리 뤽상부르 공원의 메디치 분수 옆에서 보부아르는 사르트르에게 자신이 노트에 펼치고 있던 "다원적 윤리"에 대한 독자적인 생각을 털어놓았다. 그러나 사르트르가 그 생각을 "논파해버리자" 보부아르는 자

---

* 프랑스 중세의 철학자 피에르 아벨라르(Pierre Abélard)와 그의 제자 엘로이즈(Héloïse)를 가리킨다. 12세기에 수사와 수녀의 신분으로 15년 이상의 나이 차를 뛰어넘는 사랑을 보여준 두 사람은 현재 파리 페르 라셰즈 묘지에 함께 묻혀 있다.

신의 "진정한 지적 역량"이 문득 의심스러워졌다.[17] 보부아르는 분명히 그 눈부신 시대의 스타 철학도였다. 그 여름 보부아르는 스물한 살이었고 어렵기로 소문난 교수자격시험의 최연소 합격자였다. 사르트르뿐만 아니라 당시 유망한 철학도 모리스 메를로퐁티(Maurice Merleau-Ponty)도 보부아르와의 대화를 중요하게 여겼고 그 후 수십 년간 사적으로든 출판물을 통해서든 지적 교류를 이어 나갔다. 그렇지만 나중에도 보부아르는 "나는 철학자가 아니다. …… 나는 작가다."라고 주장하면서 "사르트르는 철학자다."라고 했다.[18]

메디치 분수에서 두 사람이 나눈 대화는 후대 사람들에게 이런 의문을 품게 했다. 《제2의 성》을 쓴 바로 그 여성이 자신을 과소평가했거나 자기 능력에 실망했던 걸까? 어째서 그랬더란 말인가? 보부아르는 굉장한 인물이었다. 전례 없는 성취를 거두었고 미래의 여성을 위해서 길을 닦았다. 페미니스트들에게 보부아르는 본받을 만한 이상이었으며, "어떤 상황에서든, 여성도 관습과 편견에서 벗어나 자기가 원하는 삶을 살 수 있다는 가능성의 상징"이었다.[19] 그렇지만 《제2의 성》의 중심 주장이 어떤 여성도 "관습과 편견에서 벗어난" 삶을 살지 못한다는 것 아니었던가. 보부아르도 물론 그런 삶은 살지 못했다. 이 전기는 그녀가 얼마나 여러모로 관습과 편견에 고통받았는지, 그리고 어떻게 맞서 싸웠는지를 이야기한다.

보부아르를 탐독한 이들은 늘 그녀가 자서전 속의 자기 이미지를 편집하지 않았을까 의심한다. 하지만 얼마나, 왜 그랬는지는 늘 불분명했다. 사실 계약 커플 이야기는 진실을 말하기로 작정한 한 여성을 보여준다. 《제2의 성》의 작가는 여성이 처한 상황의 현실을 밝혀 드러내기를 원했다. 철저한 규명을 다짐해놓고 자기 자신은 예외로 쳤을까? 그게 아니라면 왜 자기 삶의―지적·개인적 삶의―중요한 부분을 감추었을까? 보부아르의 삶을 기억하는 지금까지의 방식을 되돌아보는 것이 왜 중요한가?

이 질문들에 대한 답은 두 가지인데, 첫 번째 답은 우리가 얻은 새로운 자료에서 나왔다. 보부아르의 자전적 저작은 1958년부터 1972년 사이에 네 권이 나왔다. 이 밖에도 미국 여행기(1948년)와 중국 여행기(1957년), 모친의 죽음에 관한 회고록(1964년), 사르트르의 죽음에 관한 회고록(1981년)처럼 자전적 요소가 포함된 다른 글도 많이 썼다. 그리고 사르트르에게 받은 편지도 선별해서 책으로 냈다.[20]

사르트르와 보부아르를 둘러싸고 만들어진 무리, 가부장의 이름을 따서 '사르트르 패밀리(la famille Sartre)' 혹은 간단히 '패밀리'로 통하던 이 무리 중 몇몇은 보부아르가 자서전 기획으로 무엇을 했는지 알수 있다고 생각했다. 즉 그 기획을 통해 보부아르 스스로 커플의 대외 이미지를 관리했다는 것이다. 보부아르가 질투심 때문에 사르트르의 연애에서 으뜸가는 존재, 그의 "가장 소중한 사랑"으로 기억되기를 원해서 그랬을 거라 짐작하는 이들이 많았다.

그러나 보부아르가 1986년에 죽고 나서 이 짐작에 어긋나는 새로운 일기와 편지가 세상에 공개되었다. 1983년에 사르트르에게 받은 편지를 출간하고 나서 보부아르는 관계의 세세한 부분을 공개했다는 이유로 몇몇 친구에게 절교당했다. 사후에 전쟁 일기와 사르트르에게 보낸 편지가 출간되자 많은 이가 보부아르가 동성애 관계를 맺었을 뿐 아니라 자기 제자들을 파트너로 삼았다는 사실에 충격을 받았다. 보부아르가 사르트르에게 쓴 편지는 그들이 나눈 우정의 철학적 성격, 그녀가 사르트르의 저작에 미친 영향도 드러냈지만 이 부분에 대

한 언급이 너무 적었다.[21]

1997년에는 미국인 연인 넬슨 올그런(Nelson Algren)에게 보낸 편지가 공개되면서 대중은 다시 한번 예상치 못했던 면모에 충격을 받았다. 사르트르에게 편지를 쓸 때보다 훨씬 더 열정적인 밀어를 쏟아내는 다정다감한 보부아르를 본 것이다. 그리고 십 년이 채 지나지 않은 2004년, 자크로랑 보스트(Jacques-Laurent Bost)와 주고받은 편지가 프랑스어로 출간되면서 보부아르가 사르트르와 계약 커플 초기 십 년 동안에도 다른 연애 상대가 있었고 그 남자와 죽을 때까지 가깝게 지냈다는 사실이 밝혀졌다. 대중의 상상 속에서 최고의 사랑이었던 사르트르가 밀려났다는 점에서 이는 또 다른 충격이었다. 사르트르는 보부아르를 지적인 삶의 중심에 두려고 노력했고 그녀의 엄정한 비판이 자신의 저작에 미치는 영향력을 공개적으로 인정했다. 하지만 보부아르의 생애를 살펴보면 사르트르를 그 중심에서 밀어낼 필요가 있어 보인다.

지난 십여 년 사이에도 보부아르를 좀 더 잘 보여주는 새로운 출판물과 자료가 더 나왔다. 사르트르를 만나기 이전의 보부아르의 철학적 발전, 두 사람 관계의 초기 인상을 보여주는 학생 때 일기는 그녀가 대중에게 얘기했던 것과 자못 다른 삶을 살아왔음을 드러낸다. 이 일기는 2008년에 프랑스에서 발표되었지만 영어로 완역되지 않았으므로 학계 바깥에는 보부아르의 이 시기가 잘 알려지지 않았다. 그리고 2018년에는 연구자들이 참고할 수 있는 새로운 사료가 너 나왔다. 여기에는 보부아르가 동거했던 유일한 남성이자 막역한 2인칭 대명사 'tu'로 지칭했던 연인 클로드 란즈만(Claude Lanzmann)에게 쓴 편지들이 포함되었다.[22] 같은 해에 프랑스에서 보부아르의 회고록이 미

출간 일기, 집필 작업 노트를 보완해서 플레이아드(Pléiade)판 두 권으로 나왔다. 이 프랑스어 출판물 외에도 최근 몇 년간 마거릿 사이먼스(Margaret Simons)와 실비 르 봉 드 보부아르(Sylvie Le Bon de Beauvoir)가 책임 편집을 맡아 보부아르의 초기 글, 윤리학과 정치학을 다룬 철학 에세이부터 〈보그〉나 〈하퍼스 바자〉에 기고했던 글까지 찾아내고 번역하여 처음으로 출간하거나 재출간했다.

새로운 자료는 보부아르의 회고록에 누락된 것이 상당히 많음을 보여주는 동시에 그 누락의 이유를 웬만큼 드러낸다. 매체 과잉 상태인 인터넷 시대에 보부아르의 회고록 출간이 사생활에 관한 당대의 관습에 얼마나 큰 도전이었는지 가늠하기는 힘들다. 네 편의 회고록(모친의 죽음과 사르트르의 죽음을 다룬 책까지 포함하면 여섯 권)은 독자들에게 사적인 친밀감을 고양했다. 하지만 보부아르는 전부 다 말하겠다고 약속한 적이 없다. 오히려 어떤 부분은 의도적으로 묻어 두었다고 독자들에게 말했다.[23]

가장 최근에 새로 나온 자료―일기와 클로드 란즈만에게 보낸 미공개 편지―를 보면 보부아르가 연인들만 묻어 둔 게 아니라 사랑의 철학의 초기 형태, 자신의 철학이 사르트르에게 미친 영향까지 묻어 두었음을 알 수 있다. 보부아르는 평생 자신의 능력과 독창성을 의심하는 사람들에게 시달렸다. 사르트르가 대신 책을 써줬을 거라고 말하는 사람들도 있었다. 《제2의 성》이라는 '기념비적 저작'조차 사르트르의 《존재와 무》(1943년)에서 빌려 온 '사소한 두 공준(公準)'에 의존한다는 비판을 받았다. 사르트르의 저작을 "경전이라도 되는 것처럼"[24] 참조한다는 비판은 또 어떤가. 보부아르는 몇 편의 글에서 이런 비하가 터무니없음을 분명히 밝혔다. 그러나 비하는 살아생전에도, 사후에도 그녀를 괴롭혔다. 보부아르의 업적을 대중화로 치부한 부고로도 모자라, 또 다른 부고는 "창의성이 없다"고 깎아내렸다.[25]

오늘날의 독자에게는 보부아르가 독창성이 떨어진다는 비판이 상당히 놀랍게 다가올지 모른다. 하지만 여성 작가들은 자주 그런 의심을 받았고(안타깝지만 지금도 그렇다) 그들마저 이 의심을 곧잘 내면화했다. 보부아르는 자기만의 사상이 있었고 그중 일부는 사르트르에게 유명세를 안겨준 사상과 매우 흡사했다. 어느 해에는 사르트르가 너무 바빠서 보부아르가 그의 이름으로 대신 글을 써줬지만 아무도 알아차리지 못했다. 사르트르도 첫 소설 《구토》(1938년)를 추상적인 철학 논문이 아니라 소설 형식으로 쓰게 된 것은 보부아르의 아이디어였고 자신의 이력 내내 보부아르가 출간 전 원고를 읽고 탁월한 통찰력으로 비판해준 것이 큰 도움이 되었다고 인정했다. 1940년대와 1950년대에 보부아르는 독자적으로 철학서를 집필하고 발표하면서 사르트르를 비판했고 결과적으로 그의 생각을 변화시켰다. 생애 후기 자서전에서는 자기 능력을 의심하는 비판에 맞섰고 (《존재와 무》의 저자가 될) 사르트르를 만나기 전부터 자신은 독자적으로 존재와 무를 사유해 왔으며 사르트르와 동일한 결론에 도달하지도 않았다고 명쾌하게 밝혔다. 그러나 보부아르의 독립성과 독창성에 대한 주장은 '사르트르적인' 것 가운데 일부는 사르트르에게서 나오지 않았다는 그녀의 지적과 마찬가지로 지나치게 간과되었다.

이제 나는 '왜 우리가 지금 보부아르의 생애를 다시 생각해야 하는가?'라는 질문에 대한 두 번째 답에 도달했다. 전기는 한 사회가 무엇에 신경 쓰는지, 무엇을 중시하는지 보여줄 수 있다. 우리는 다른 시대, 다른 사람의 가치관을 만남으로써 우리의 가치관에 대해서 더 많은 것을 배운다. 《제2의 성》은 여성성의 '신화'가 여성에 대한 남성의 두려움과 환상을 투사한 경우가 많다고 비판했다.[26] 그 신화의 상당수는 여성을 행위 주체로 보지 못한다. 존재 그대로 사랑하고 사랑받기를 원하며 타자의 눈에 대상으로만 비치는 것을 고통스러워하는 인간, 자기 삶을 선택하고 기획하는 의식 있는 인간으로 보지 못하는 것이다. 보부아르는 사르트르를 만나기 한참 전에, 아버지와 사랑에 대해서 논쟁하기 일년 전인 열여덟 살 때 이미 일기에 이렇게 썼다. "사랑에는 내가 싫어하는 것이 몇 가지 있다."[27] 사랑에 반감을 느끼는 이유는 윤리적인 것이었다. 남성들에게 제시되는 이상은 여성들에게 제시되는 이상과 달랐다. 보부아르는 윤리적 자아를 형성하려면 "네 이웃을 네 몸처럼 사랑하는" 법을 배워야 한다고 가르치는 전통 속에서 자랐다. 하지만 보부아르가 경험한 바로는 이 명령의 실천은 드물었다. 사람들은 늘 자기 자신을 지나치게 사랑하든가 너무 소홀히 하든가 둘 중 하나처럼 보였다. 책에서든 현실에서든 그녀의 기대를 만족시키는 사랑의 본보기는 찾을 수 없었다.

보부아르의 기대가 실제 경험한 연애로 충족되었는지는 확실치 않다. 하지만 그녀가 철학적 삶, 자신의 지적 가치관을 따르는 반성적 삶, 자유로운 삶을 살기 위해 늘 스스로 결정을 내리거나 재고했음은 분명하다. 문학 형식의 글쓰기를 통해서, 그리고 평생에 걸친 사르트르와의 대화를 통해서 그렇게 하기로 선택했다. 보부아르와 사르트르가 대중의 상상 속에서 '사랑'이라는 모호한 단어로 묶여 있었기 때문에, 그리고 '사랑'은 보부아르가 수십 년간 철학적으로 고찰했던 개념이기 때문에 보부아르의 생애를 지금 다시 살펴보는 것은 중대한 의미가 있다.

그 생애를 다시 살펴보는 작업은 보부아르도 자기 생애가 서술되는 방식에 점점 더 불만을 느꼈기에 의미가 있기도 하다. 그 방식은 관습적 결혼이라는 서사에서 떨어져 나온 '시몬 드 보부아르'라는 페르소나를 단지 다른 성애 플롯에 집어넣을 뿐이다. '여자가 원하는 것', '여자가 할 수 있는 것'에 대한 어림짐작이 사후에도 보부아르의 생애를 기억하는 방식에 영향을 끼쳤다. 연애 면에서나 지적인 면에서나 보부아르는 사르트르의 희생자였다는 식으로 말이다.

연애에서 보부아르가 사르트르에게 희생되었다는 생각은, 진정 모든 여성이 원하는 '사랑'은 평생 해로하는 일부일처제라는 어림짐작에 상당 부분 근거를 둔다. '전설적 커플'의 50년 세월 동안 사르트르는 대놓고 "우발적으로" 만나는 여자가 꽤 있었다. 반면에 보부아르는 (회고록에서 삭제했기 때문에) 그런 남자가 별로 없는 듯 보였고 몇 안 되는 상대도 오십 대 초반에 전부 정리된 것 같았다. 이를 근거로 들어 사르트르가 보부아르를 착취했고 비록 그 커플이 결혼은 안 했지만 흔히 볼 수 있는 무책임한 바람둥이 남편 역과 충실한 아내 역을 나눠 맡았다고 생각하는 사람들이 있다. 때로는 보부아르의 생애가 가부장적 규범, 특히 나이 먹은 여성이나 지적인 여성은 나이 먹은 남성이나 지적인 남성만큼 연애 상대로서 바람직하지 않다는 생각의 결과처럼 기술되기도 한다. 어디 그뿐인가, 때로는 보부아르가 자신의 어리석은 꾀에 속았다는 식으로 말한다. 한때 제자였던 비앙카 랑블랭(Bianca Lamblin)은 보부아르가 결혼과 가정을 거부함으로써 "자기 불행의 씨를 뿌렸다."고 했다.[28] 비평가 루이스 머낸드는 〈더 뉴요커〉에 이렇게 썼다. "보부아르는 만만찮은 사람이었지만 얼음으로 만들어진 사람은 아니었다. 주위 사람들과는 대부분 연애로 관계를 맺었지만 만약 사르트르를 독차지할 수만 있다면 그 사람들을 다 버릴 수 있다고 썼을 만큼 다른 연애는 대수롭지 않았다."

그렇지만 보부아르의 학생 시절 일기를 보면 장폴 사르트르는 만남 초기부터 대체 불가능한 역할이었다. 보부아르는 사르트르를 만나고 무척 기뻐하면서 "내 몸과 마음에서는 다른 사람들도 그렇게 될 수 있겠지만 내 사유의 친구로는 그에게 견줄 상대가 없다."고 썼다.[29] 그건 사랑보다는 우정이었다. 나중에 넬슨 올그런에게 쓴 편지에서도 사르트르를 두고 "성생활에 무심한 편이에요. 그는 어디서나 다정하고 활기찬 사람이었지만 침대에서는 그렇지 않았죠. 나는 경험이 없었지만 금세 알 수 있었어요. 계속 연인으로 지낸다는 것이 차츰 쓸모도 없거니와 민망하게까지 느껴졌어요."라고 설명한다.[30]

"세기의 위대한 러브 스토리"는 결국 우애담이었나?

보부아르는 지적인 면에서도 사르트르나 가부장제, 혹은 개인적 실패의 희생양처럼 그려지곤 했다. 보부아르는 여성 혐오를 내면화했나? 자신의 철학적 역량에 자신이 없었나? 보부아르는 세상에 알려진 이래로 늘 사르트르의 사상을 '대중화'한다는 비난에 시달렸다. 버지니아 울프(Virginia Woolf)의 은유를 빌리자면 보부아르는 "남자의 모습을 실물의 두 배 크기로 비춰주는 마법처럼 감미로운 힘을 지닌" 확대경 취급을 받았다.[31] 더 끔찍하게는 거울 역할에 만족하고 살았다는 비판까지 받았다.

하지만 보부아르의 '부차적' 위상이 과연 얼마만큼 보부아르와 사르트르 자신들에게서 비롯됐고, 만연한 성차별주의가 과연 얼마나 영향을 끼쳤는지 파악하기가 쉽지 않다. 지금도 여자들은 직업보다는 관계의 언어로(개인적 관계든 가족 관계든) 묘사되고, 능동형 동사보다는 수동형 동사로 자주 기술되고, 부정적인 젠더 구별을 당하기 일 쑤이며(예를 들자면 "시몬은 여자이면서 남자처럼 생각했다."), 여성이 한 말은 직접 인용이 아니라 환언으로 처리된다.

보부아르의 이력에는 늘 그녀를 사르트르의 파생적 분신, 혹은 그 보다 못한 존재로 대놓고 못 박은 언급이 따라다녔다.

〈더 뉴요커〉, 1947년 2월 22일자

"사르트르의 여성판 지식인", "당신이 본 가장 예쁜 실존주의자"

윌리엄 배럿(철학자), 1958년

"그의 친구였던 그 여성은 여성의 항변을 책으로 썼다."[32]

《라 프티 라루스》, 1974년

"시몬 드 보부아르: 여성 작가, 사르트르의 제자."

〈더 타임스〉, 1986년

"그녀는 철학적 사유와 정치적 사유 모두 그의 인도를 따랐다."[33]

《라 프티 라루스》, 1987년

"시몬 드 보부아르: 사르트르의 제자이자 동반자, 열렬한 페미니스트."

디어드레이 베어(보부아르의 첫 번째 전기 작가), 1990년

사르트르의 "철학, 미학, 윤리학, 정치학 원칙을" "적용하고, 전파하

고, 규명하고, 지지하고, 관리했던" 그의 "동반자."³⁴⁾

〈더 타임스 리터러리 서플먼트〉, 2001년
"사르트르의 성노예?"³⁵⁾

비교적 최근까지 보부아르 자신의 많은 말이 감춰져 있었기에 가장 예리하다는 비평가들조차 그녀를 사르트르의 주술에 수동적으로 휘둘리는 사람처럼 그리곤 했다. 지식인으로서 보부아르는 지적 성공을 "성적 유혹과 양립할 수 없는"³⁶⁾ 것으로 보았기 때문에 (사르트르에게 밀리고) 철학을 포기한 "장롱 철학자" 취급을 받았다. 토릴 모이는 연애에서 사르트르와 보부아르의 관계가 "그녀 자신의 비판적 관심에서조차 보호해야 할 신성불가침의 영역"이었다고 했다.³⁷⁾ 페미니스트 작가 벨 훅스(bell hooks)는 "보부아르는 자신의 아이디어를 사르트르가 출처를 분명히 밝히지 않고 자기 것으로 삼는 것을 수동적으로 용인했다."고 보았다.³⁸⁾ 하지만 보부아르는 사적으로는 커플 관계 초기부터 사르트르를 비판하고 자기 철학의 독창성을 옹호했다. 비록 그 옹호가 생애 후기에, 사르트르가 그녀에게 끼친 영향만 일방적으로 과대평가되는 것을 확인한 다음에야 대외적으로 드러났지만 말이다.

보부아르를 이용만 당한 희생자로 보는 이들이 있는가 하면, 남을 이용하는 여우 같은 인간으로 그린 이들도 있었다. 사후에 출간된 사르트르에게 쓴 편지와 제2차 세계대전 당시의 일기 덕분에 보부아르가 1930년대 말에서 1940년대 초까지 젊은 여성 세 명과 성적 관계를 맺었다는 사실이 밝혀졌다. 세 명 모두 한때 보부아르의 제자였다. 어떤 경우에는 사르트르도 나중에 그 여자들과 육체 관계를 맺었다. 보부아르가 자기보다 훨씬 어린 여성들을 꼬드겨 불평등한 권력 관계에 끌어들였다는 비난이 쏟아졌고, 그것은 충분히 잘못된 행동이었다. 하지만 시몬 드 보부아르가 사르트르를 위해서 어린 여성들을 '길들였나'? 이 계약 커플은 서로 진실을 말하는 것을 중시했다. 그것이 그 관계를 둘러싼 대중적 신화의 핵심이었다. 그래서 삼인조의 세세한 면모가 드러나자 충격, 혐오, 인신공격이 일어났다. "진실을 옹호하던 그들이 정서적으로 불안정한 어린 여성들에게 시종일관 거짓말을 해 왔다는 사실이 밝혀졌다."[39]

그러나 이 커플이 불러일으킨 경멸 역시 수상쩍을 만큼 균형이 맞지 않았다. 보부아르가 여성이라는 이유로, 아니면 그녀가 《제2의 성》을 쓴 바로 그 여성이라는 이유로 젊은 여성들과 나눈 행위가 유죄라고 한다면 그게 더 놀라울 것 같다. 2009년에 보부아르의 《전쟁일기》가 영어로 출간됐을 때 어떤 비평가는 치를 떨면서 서평 제목을 '거짓과 무'라고 달고 보부아르의 회고록이 "갈피갈피 거짓으로 점철되어 있음"[40]에 충격을 받았다고 했다. 어떤 독자들은 보부아르를 자기 생각밖에 안 하는 사람으로, 그녀의 책은 엄연한 허영 덩어리로 보았다. 1991년에 보부아르가 사르트르에게 보낸 편지가 영어로 나오자 칼럼니스트 리처드 헬러는 그녀를 "시시한" 여자 취급하고 "재치도 없으면서 나르시시즘에 찌든 글"이라고 안타까워했다.[41]

어쩌면 독자들도 보부아르가 자신과 관계를 맺었던 여성들을 묘사한 글을 보면 그녀를 포기하고 싶어질지 모른다. 보부아르가 죽을 때까지 친구로 지냈던 여자 연인 한 명은 보부아르가 사르트르에게 보낸 편지가 사후 출간되자 회고록을 냈다. 편지에 묘사된 일들은 수십 년 전 과거의 일이지만 그녀는 편지를 읽으면서 이용당하고 배신당했다고 느꼈다. 누구를, 언제 믿어야 할까? 뒷날 여성을 자유롭고 의식 있는 인간의 존엄에 걸맞게 대해야 한다는 엄정한 윤리학을 부르짖었던 바로 그 여성에게 쏟아진 이런 비난을 어떻게 이해해야 할까? 사실 프랑스어 사전에 '성차별주의(sexisme)'라는 단어가 추가된 것도 보부아르 덕분이었다.[42] 그녀는 토릴 모이나 벨 훅스 같은 페미니스트들에게 "20세기의 상징적인 여성 지식인", "자신이 살고 싶었던 정신의 삶을 온전히 살아낸 사상가이자 작가였던 여성 지식인"으로 추앙받았다.[43]

이 질문들에 대한 답변은 중요하다. 자기네들의 주장을 승인하기 위해서 보부아르의 권위를 소환하는—그녀가 동의할 것 같든 그렇지 않든 간에—페미니스트들이 많기 때문이다. 시몬 드 보부아르는 페미니스트 아이콘, 포스트 페미니즘 소비재, 즉 "자기 자신의 트레이드마크이자 브랜드가 된 인물"이다.[44] 그렇지만 브랜드에 대한 인식은 지독히도 변덕스럽다. 어떤 페미니스트는 여성 억압에 대한 보부아르의 예리한 분석과 사랑의 이상에 대한 비판을 높이 기리고 그녀를 업신여기고 모욕하면서 앙갚음했던 동시대인들에게 특히 분노한다. 가령 보부아르가 1949년 5월에 《제2의 성》에서 발췌한 글을 발표하면서 여성은 남성과 전쟁을 원하는 게 아니라 성생활에서도 남성에게 "욕망과 존중을 모두" 충족하기 원한다고 주장하자 존경받는 작가 프랑수아 모리아크(François Mauriac)는 조롱 섞인 질문을 던졌다. "마담 시몬 드 보부아르가 다루는 주제가 제대로 된 철학과 문학 논평에 낄 만한가?"[45] 하지만 블레즈 파스칼(Blaise Pascal)은 사랑과 정의의 갈등 여부를 논하면서 철학을 했다. 이마누엘 칸트(Immanuel

Kant)와 존 스튜어트 밀(John Stuart Mill)은 사랑이 윤리에서 차지하는 위치를 논하면서 철학을 했다.[46] 하지만 보부아르가 사랑과 정의에 대한 논의를 남녀 간의 내밀한 관계로 확장했을 때는 "마담"—그녀의 비혼 상태에 불순한 관심을 두는—소리나 듣고 수준 이하라고 비난받았다.

돌이켜보니 보부아르는 여성이라는 이유로 공격당한 사람이었다. 보부아르를 비판하는 사람들은 보부아르가 여성성으로부터 일탈한 것을 강조하면서 그녀가 여성으로서 '실패작'이라고 몰아붙였다. 혹은 독창성이 없고 죄다 사르트르에게서 빌려 왔으므로 사상가로서 실패했다고들 했다. 또는 자신의 도덕적 이상에서 벗어났으므로 인간으로서 실패했다고들 했다. 그래서 보부아르의 사상은 진지하게 논의되지 못하고 곧바로 묵살되기 일쑤였다.

원칙적으로 남성과 여성 모두 당연히 인신 공격의 오류에 발목을 잡힐 수 있다. 상대의 성격이나 동기를 공격함으로써 관심을 당면한 주제에서 다른 데로 돌리는 전략 말이다. 하지만 보부아르는 단순히 성격 문제나 불순한 동기 때문에 비난받은 게 아니다. 그녀는 자연에 역행했다고, '여성으로서' 실패했다고 비난받았다. 최근의 심리학 연구는 이른바 '독자적(agentic)' 위치, 다시 말해 능력, 신망, 자기 주장을 포함하는 행위 주체성을 보여주는 지위를 획득한 여성들이 곧잘 "사회적 지배에서 불이익"을 당하는 양상을 보여주었다. 여성이 전통적으로 남성이 차지하던 고위직을 노리거나 성취함으로써 젠더 위계를 깨뜨리면 거만하다거나 공격적이라는 평판이 나돌고 젠더 위계를 유지하기 위해—때로는 완전히 무의식적으로—그런 여성을 '끌어내리거나' 깎아내리기 일쑤다.[47]

보부아르는 이론과 실천에서 이 위계를 위반했다. 그녀의 사상은 남성과 여성 모두의 삶을 뒤흔들 만한 힘이 있었고 스스로 그 사상을 따라 살고자 했다. 이런 면에서 보부아르의 이야기, 자기 이야기나 사르트르와의 관계에 대한 이야기는 그 여자와 그 남자의 진실이 무엇인가라는 의문뿐만 아니라, 더 일반적인 남성과 여성의 진실이라고 주장할 수 있는 것이 무엇인가라는 의문까지 불러일으킨다. 오늘날의 지적 풍경에서 '남성'과 '여성'이라는 넓은 범주에 보편적으로 적용되는 진실은 점점 줄어들고 있으며 아예 이 범주 자체가 문제시된다. 이런 일이 가능해진 것도 일부는 보부아르의 사유 덕분이다. 그러나 앞으로 살펴보겠지만 보부아르는 과감히 그런 사유를 했기에 불이익을 당했다.

보부아르의 철학은—학생 시절 일기에서부터 마지막 이론적 저작 《노년》(1970년)에 이르기까지—자기 되기의 두 측면을 구분한다. 하나는 '안에서 보는' 관점이고 다른 하나는 '밖에서 보는' 관점이다. 보부아르가 안에서 보았던 관점에 다가가려면 생애의 어떤 부분은 순전히 회고록에 의지해 파악하는 수밖에 없다. 그런데 회고록의 내용을 의심할 만한 이유가 없지 않으므로 나는 새로운 자료가 내용의 누락이나 모순을 입증하는 대목은 최대한 강조해서 다루었다.

또한 나는 '자기 되기'에 대한 보부아르의 이해가 나이를 먹으면서 변했다는 데 주목했다. 알다시피 자기 자신을 보는 눈도 세월에 따라 변한다. 심리학 연구들은 자기 개념이 달라지며 기억도 그에 맞추어 선별된다는 것을 이미 여러 차례 보여주었다.[48] 우리는 또한 사람은 자기 말을 듣는 상대에 따라서 자기를 제시하는 방식을 여러모로 달리한다는 것도 안다. 보부아르의 생애에서 어떤 시기는 사적인 편지와 일기를 참고할 수 있다. 하지만 편지는 늘 특정 독자를 염두에 두고 쓴 것이고 일기에서조차 후세의 눈을 의식했을 수 있다. 볼테르는 우리가 죽은 자에게 돌려줄 것은 오직 진실뿐이라고 했다.[49] 그러나 우리가 우리 자신에게 하는 이야기, 우리가 남들에게 하는 이야기, 남들이 우리에 대해서 하는 이야기 중에서 진실은 어디에 있는가?

이 질문에 답하기는 쉽지 않거니와, 전기 작가의 연구 대상이 여성일 때는 더 어려워진다. 페미니스트 캐럴린 하일브런(Carolyn Heilbrun)이 지적했듯이 "여성의 전기는 기껏 집필이 되더라도 용인될 만한 논의, 무엇을 삭제해도 되겠는가에 대한 합의라는 제약 안에서 쓰인다."[50] 보부아르의 삶은 관습에 저항했다. 타인의 사생활에 대한 고려나 그녀가 쓴 글의 적법성에 대한 고려는 일단 별개의 문제로 놔두더라도, 보부아르가 자신의 삶을 완전히 솔직하게 털어놓았더라면 더 큰 추문이 따랐을 것이고 독자들을 더 멀어지게 했을 것이다. 그래서 보부아르는 자신의 철학과 사적인 관계에서 많은 부분을 누락했다. '안에서 본 관점'을 많이 삭제한 것이다. 그렇게 한 이유는 많았고, 우리는 그 삶의 맥락에서 그 이유가 불거질 때마다 살펴볼 것이다. 하지만 그 전에, 보부아르는 철학자였으므로 마지막으로 짚고 넘어갈 질문이 있다. 왜 전기가 보부아르라는 인물의 생애와 작업에서 중요한가?

어떤 철학자들은 위대한 사상가들의 생각은 주저에서 다 찾을 수 있으므로 전기는 굳이 읽을 필요가 없다고 한다. 그 생애가 흥미롭는지 지루하든지 간에 그 인물의 철학과는 별개의 구획에 속한다. 반면 어떤 이들은 생애에 대한 이해 없이는 작업을 이해할 수 없다고 말한다. 그들은 철학자의 삶을 아는 것이 그의 철학의 참 의미를 이해하는 데 꼭 필요하다고 생각한다. 첫 번째 접근 방식인 구획 짓기는 몰역사성이 오해를 부를 수 있다는 점에서 잠재적 위험이 있다. 가령 철학을 그런 식으로 읽으면 사르트르가 실존주의 윤리를 계발했다고 오해할 것이다. (보부아르가 먼저 이 주제로 책을 쓰고 출간했으며 사르트르는 평생 실존주의 윤리를 다룬 책을 발표한 적이 없다.)

두 번째 접근 방식은 인간을 외부 원인의 결과로 '환원'할 수도 있다는 잠재적 위험이 있다. '환원주의' 전기물은 삶 그 자체가 말하게 하기보다는 삶에 의미를 부여하는 특정 '어젠다'가 내용을 이끌고 간다. 이런 접근은 이해에 도움이 될 수 있으나 인물을 그 사람이 되고자 했던 자기보다 어린 시절의 산물, 계급의 산물로 그려내므로 인물의 행위 주체성이 무색해진다.[51]

보부아르도 '삶'과 '작업'을 무작정 구분하는 데 반대할 것이다. '작업'은 살아 있지 않고 '삶'은 작업을 필요로 하지 않더란 말인가! 보부아르의 주요한 철학적 통찰 중 하나가 모든 인간은 특정 맥락에 '처해' 있다는 것, 특정한 시공간과 인간관계의 결합 속에 있는 특정 신체에 머문다는 것이었다. 이 상황이 자신의 세계 속 위치를 상상하는 개인의 능력을 형성한다. 그런데 이 상황은 살아가는 동안 변한다. 게다가 여성의 경우에는 수 세기에 걸친 성차별주의도 이 상황 조성에 한몫을 한다.

그러므로 보부아르의 생애 쓰기는 또 다른 종류의 환원주의에 도전받는다. 어린 시절의 중요한 경험과 그 밖의 정신분석학적 렌즈, 혹은 경제, 계급, 여타의 사회적 고려를 바탕 삼아 그녀의 삶을 보는 것으로도 모자라 성차별주의 구조도 감안해야 하기 때문이다. 지금은 보부아르의 저작이 영어로 옮겨지는 과정에서 삭제와 오역을 겪었고 어떤 저작은 아예 번역되지도 않았다는 것을 안다. 경우에 따라서는 삭제와 오역이 보부아르의 철학적 엄정함과 정치적 메시지를 변질시켰다. 하지만 하필 보부아르의 저작에서 그런 일이 발생했다는 사실 자체가 "왜?"라는 의문을 낳는다. 21세기에도 페미니즘은 다양한 의미가 있고 논쟁의 여지가 있는 개념이다. 어떤 여성의 '자유로운 선택'이 다른 여성에게는 '억압'이다. 어떤 남성의 풍자가 다른 남성에게는 성차별주의다. 보부아르의 성숙한 철학은 바로 이런 유의 애매성을 탐구했다.

보부아르의 철학적, 자전적 글쓰기는 자유와 제약의 긴장을 윤리적 자기 되기의 중심으로 삼았다. 보부아르의 문학 역시, 비록 실제 경험과의 관계는 어떨지 모르지만 이 주제들을 탐구했다. 1945년에 발표한 소설 《타인의 피》의 작중 인물 엘렌은 자기 생각이나 행동이 하층 계급이라는 사실로 환원되는 데 반감을 표한다. "사람의 행동을 늘 외부 정황으로만 설명하는 게 웃기잖아요. 마치 우리의 생각, 우리의 존재도 우리에게 달려 있지 않다는 것처럼 말이에요."[52] 보부아르 철학도 이 긴장을 탐구했다. 《애매성의 윤리를 위하여》(1947년)는 "역사가 기계적 전개이고 인간은 그 역사 안에서 외력을 수동적으로 전하는 도체(導體)에 불과하다면 행위 개념 자체가 의미를 완전히 잃을 것이다."라고 말한다.[53]

이 전기에 '진정한' 보부아르를 조명하겠다는 목적은 없다. 어떤 전기 작가도 인생을 굽어보는 전지적 신의 시점에 도달할 수 없기 때문이다. 오히려 이 책은 삶과 작품을 구획하려는 접근과 작품을 삶으로 환원하려는 접근 사이의 위험지대를 두루 살펴보고 싶다는 욕망에서 출발한다. 보부아르의 행적이 그녀 자신에게서 비롯됐다는 생각에 신빙성을 더하고, 보부아르의 말대로 '여성 되기'의 부분이 '되기의 결과'의 모든 측면을 통제하지는 못한다는 것을 인정하기 위해서다. 《제2의 성》은 말한다. 여성은 "불안정한 힘밖에 지니지 못하는 처지에 있다. 노예든 우상이든 그 팔자는 그 사람이 선택한 것이 아니다."[54] 보부아르는 생애 후기에 들어 자신이 대외적으로는 공적인 힘을 지닌 페르소나 '시몬 드 보부아르'로 살 필요가 있음을 알았다. 하지만 보부아르의 철학은 그녀가 할 수 있는 것은 오로지 계속해서 자기 자신이 되는 것이라는 생각에 충실하도록 붙잡아주었다.

보부아르는 열다섯 살 때부터 작가에 뜻을 두었지만 작가 생활을 늘 즐기지는 않았다. 초기의 철학 에세이 《피로스와 키네아스》(1944년)에서 보부아르는 어떤 인간도 한평생 똑같은 것을 바라지는 않는다고 썼다. "인생에서 모든 순간이 조화를 이루는 어느 한순간 따위는 없다."[55] 때때로 보부아르는 자기 인생이 남들이 목을 축이는 우물 같다고 느꼈다. 때때로 의심에 짓눌렸고 자기 자신과 남들을 대했던 방식을 깊이 후회하기도 했다. 그녀는 마음을 바꿨고 남들의 마음도 바꿨다. 그녀는 우울증과 싸웠다. 그녀는 삶을 사랑했다. 늙는 게 두려웠고 죽음이 무서웠다.

보부아르가 생애 말년에 전기 작가 디어드레이 베어(Deirdre Bair)의 인터뷰를 수락한 이유는 베어가 페미니즘에만 국한하지 않고 생애 '전체'를 다루기로 했기 때문이다.[56] 보부아르는 자신이 어느 한 차원으로 환원되는 것을 좋아하지 않았다. 아직도 많은 이들이 참조하는 베어의 책은 보부아르 사후에 가장 먼저 나온 전기(1990년)로서 인물 인터뷰를 풍부하게 담았다는 장점이 있다. 그렇지만 여러 면에서 이 전기는 보부아르가 이미 대외적으로 했던 이야기를 반복한다.

이 책은 보부아르가 공개하지 않았던 이야기를 끌어내려는 최초의 전기다. 그녀가 사르트르를 만나기 이전에 여성 지식인으로 성장했음을 보여주고, 독자적으로 자유의 철학을 전개하고 옹호한 자초지종을 들려주고, 독자의 자유에 호소하고자 소설을 쓰게 됐다는 정황을 살펴보고, 《제2의 성》을 쓰고 나서 그녀의 인생이 어떻게 바뀌었는가를 보여준다. 또한 지식인으로서 독자의 상상만 자극하는 것이 아니라 구체적인 삶의 조건에 영향을 끼치는 작업을 하고 싶어서 자신의 삶을 글로 쓰고 페미니즘 운동에 뛰어들었음을 보여줄 것이다.

이 책의 집필은 정말로 겁나는 일이었고 때로는 끔찍했다. 보부아르는 한 인간이었고 나는 가장 혼란스러운 기억이든, 경외감을 자아내는 기억이든, 불확실한 기억이든 그의 기억을 왜곡하고 싶지 않았다. 아무리 자료 고증이 잘 되었더라도 한 인생에 대한 자료가 진짜 그 인생은 아니다. 나는 내가 처한 상황의 이익에 좌우되며 보부아르가 이미 선별 대상으로 삼았던 자료에 의존한다는 점을 의식하면서 선별에 임했다. 보부아르의 인간됨을 모든 면에서 보여주고 싶었다. 자신감과 자기 의혹, 의욕과 절망, 지적 욕구와 육체적 열정을. 나는 모든 읽기, 모든 친구, 모든 연인을 다루지는 않았다. 그렇지만 보부아르의 철학은 포함했다. 그 철학 없이는 보부아르의 모순이나 공헌을 진실하게 다룰 수 없기 때문이다.

보부아르는 장대한 삶을 살았다. 지구를 누비고 다니며 20세기 문학, 철학, 페미니즘의 아이콘들은 말할 것도 없거니와 파블로 피카소, 알베르토 자코메티, 조세핀 베이커, 루이 암스트롱, 마일스 데이비스와도 만났다. 찰리 채플린과 르 코르뷔지에가 그녀를 위해 일부러 뉴욕 파티에 와서 자리를 빛내주었다. 또 그녀는 대마초를 여섯 대나

피웠는데 취하지 않았다고 말하기도 했다.[57] 하지만 철학이 없었다면 시몬 드 보부아르는 결코 '시몬 드 보부아르'가 될 수 없었을 테고, 그 점은 두 가지 이유에서 중요하다. 일단 보부아르가 사르트르의 제자였다는 신화가 너무 오래 유지되었기 때문이다. 그리고 이 커플이 의견 차이가 있던 지점, 그들의 지속적인 대화가 보부아르가 그녀 자신이 되는 데 결정적이었기 때문이다.

하지만 그조차도 한 부분일 뿐이다. 1963년에 보부아르는 이렇게 썼다.

> 작가의 삶에서 공개된 면은 그야말로 일차원에 지나지 않는다. 나는 내 문학 이력과 연관된 모든 것이 내 사생활의 일면에 불과하다고 생각한다. 이러한 이유에서 나는, 독자에게나 나 자신에게나, 공적 삶이 있다는 것이 사적 관점에서는 어떤 의미가 있는지 파악하려고 애써 왔다.[58]

보부아르는 사르트르의 철학과 사랑을 비판했지만 사르트르는 첫 만남 이후 바로 그랬던 것처럼 "사유의 견줄 데 없는 친구"로 그녀에게 남았다. 보부아르의 사유는 동시대인들에게 근본적인 도전이었고 으레 묵살당하고 조롱과 멸시를 받았다. 그녀는 자기 정신의 가치와 생산성을 인정하고 믿었기 때문에 사유하고 글 쓰는 삶을 선택했다. 보부아르는 열아홉 살에 이미 "내 삶에서 가장 뜻 깊은 부분은 나의 생각들이다."라고 일기에 썼다.[59] 그리고 59년 뒤 살면서 이뤄낸 그 모든 변화에도 불구하고 78세의 보부아르는 여전히 "나에게 가장 중요한 것은 나의 정신"이라고 했다.[60]

버지니아 울프는 "어떤 이야기들은 세대가 바뀔 때마다 새로 해야한다."고 썼다.[61] 그러나 보부아르의 이야기에는, 보이지 않기 때문에 말할 수 없는 부분이 많다. 우리가 보부아르의 일기와 편지에 나오는 설명을 읽고 나면, 또 철학을 향한 사랑, 전례 없는 방식의 사랑을 추구하고픈 욕망에 대한 설명을 읽고 나면 우리 눈에 비치는 보부아르의 삶의 모습은 달라진다.

1장

부르주아 집안의 맏딸

1908~1915년

"나의 어린 시절은
끝없는 분쟁이었다."

Simone de Beauvoir

1908년 1월 9일 새벽 4시 30분, 시몬 뤼시 에르네스틴 마리 베르트랑 드 보부아르는 파리 6구와 숨 막히는 사회적 관습 속으로 나왔다.[1] 처음으로 들이마신 세상의 공기는 라스파유 대로를 내려다보는 3층 창문으로 들어왔다. 시몬은 네 살에 이미 엄마와 남의 집을 방문할 때면 벨벳 가방에서 자기 이름이 박힌 명함을 꺼내는 요령을 터득했다.[2] 파리의 세련된 이 동네에서 거의 평생을 살았지만 사실 시몬이 태어날 무렵에는 가세가 기울고 있었다.

베르트랑 드 보부아르 가문은 부르고뉴 출신의 상층 부르주아였다. 이 가문에는 1786년에 귀족 작위를 받고 프랑스대혁명의 여파로 1790년에 단두대에서 목이 잘린 조상이 있었다. 시몬이 탄생하기 1백년도 더 전의 일이지만 보부아르의 전기 작가들은 이 일을 두고 그 가문의 사회적 지위에 대한 평가를 달리했다. 디어드레이 베어는 보부아르의 가계도를 매우 중요하게 여겼다. 하지만 시몬의 여동생 엘렌은 그러지 않았다. 존경하는 조상 한 명이 단두대에서 목이 잘렸다고 해서 후손들이 더 귀족 행세를 하게 된 것은 아니다.[3]

하지만 이 가문은 여전히 리무쟁에 자기네 땅과 성이 있었다. 시몬의 부친 조르주 드 보부아르는 장자가 아니어서 상속을 받지 못했지만 말이다. 조르주는 머리가 좋고 매력이 넘쳤지만 부모의 뜻에 맞는 진로를 지망하지 않았다. 그는 배우가 되고 싶었다. 아버지는 아들이 좀 더 번듯한 직업을 갖기 원했고 결국 조르주는 사회적으로 적절하다는 직업을 택해야 했다. 조르주는 법학 공부를 마치고 파리의 어느 유명 변호사 사무실에서 비서로 일했다. 그는 야망이 없었다. 아버지와 형제도 먹고살기 위해 일해야 하는 처지는 아니었다. 어머니는 아들에게 노동의 가치를 심어주려 했지만 그 가치는 결코 그에게 뿌리 내리지 못했다. 조르주는 결혼을 원치 않았지만 결국은 전망을 생각해서 비서 업무를 그만두고 자기 법률 사무소를 차렸다.

아버지가 나서서 마땅한 혼처를 찾았다. 프랑수아즈 브라쇠르는 지참금이 꽤 많은 북부 출신의 젊은 여성이었다. 비록 (베르트랑 '드' 보부아르처럼) 성(姓) 앞에 귀족임을 나타나는 '드(de)'는 붙지 않았지만 브라쇠르 집안은 베르트랑 드 보부아르 집안보다 훨씬 부유했다. 신부의 아버지 귀스타브는 베르됭에서 성공한 은행가였다. 프랑수아즈는 첫아이였지만 부모 사랑은 제일 덜 받았다. 아버지는 첫아이가 자기 뒤를 이어받을 아들이기를 바랐다. 프랑수아즈는 수도원에서 교육을 받았는데, 부모는 딸에게 별로 신경도 쓰지 않다가 집안 재정에 문제가 생기자 얼른 시집을 보내야겠다고 생각했다. 브라쇠르 집안 사람들이 딸이 태어났다고 실망을 드러낸 것은 그때만이 아니었다. 프랑수아즈는 딸 입장에서 그런 실망을 접했을 뿐만 아니라 첫딸을 낳고 이미니가 된 후에도 같은 반응을 접했다. 그녀는 평생 부모의 무정한 태도 때문에 괴로워했다.[4]

두 집안은 1905년에 양쪽 모두 연고가 없는 노르망디의 울가트 휴양지에서 처음 만났다. 프랑수아즈는 그 만남이 별로 내키지 않았지만 자기가 치러야 하는 작위적인 의례에 신경이 쓰였다. 당시 관습에 따르면 여자는 구혼자에게 맨 처음 보이는 모습을 세심하게 연출해야만 했다. 프랑수아즈는 미모와 사회적 태도를 강조하는 시나리오에 따라 호텔에서 수도원 친구들과 함께 있는 모습을 보여주어야 했다. 신붓감이 차 대접과 대화를 잘 이끌어 가는지 구혼자가 평가할 수 있도록 말이다. 조르주는 만난 지 몇 주 만에 청혼했다. 중매 결혼이었지만 1906년 12월 26일에 결혼식을 올릴 때까지 둘은 연애를 했다.[5]

시몬은 어릴 적 기억 속의 부모님이 정서적으로나 육체적으로나 서로 뜨거운 관계였다고 말했다.[6] 결혼 1주년이 지나 바로 시몬이 태어났다. 스물한 살 어머니와 서른한 살 아버지는 매우 행복했지만 여전히 생계와 유산 경쟁 사이에서 우선순위를 매기느라 분투하고 있었다. 그들의 집 주소—몽파르나스 대로 103번지—는 조르주의 사회적 지위에 걸맞았지만 집안 세간은 그렇지 못했다. 조르주는 자기 아버지처럼 저택을 화려하게 꾸미고 싶어 했다. 프랑수아즈는 아직 어리고 시골 출신이었기에 자기가 새로 속하게 된 사회에서 갈피를 못 잡고 있었다.

부부는 여러 차이가 있었지만(혹은 아직은 그 차이가 문제로 불거질 상황이 아니었지만) 몇 달간 행복하게 조화롭게 돌아가는 가정을 누렸다. 하녀 루이즈가 요리와 집안일뿐만 아니라 어린 시몬을 씻기고 먹이는 일까지 도맡았다. 조르주는 매일 아침 항소 법원으로 출근하고 저녁에는 종종 프랑수아즈가 좋아하는 꽃을 들고 귀가했다. 부부는 아기와 놀아주다가 루이즈가 아기를 재우고 돌아오면 셋이서 함께 저녁을 먹었다. 그 후에는 큰 소리로 책을 읽거나 자수를 놓으면서 시간을 보냈다. 조르주는 아내에게 계급에 어울리는 교양을 심어주는 것이 자기 임무라 생각했다. 프랑수아즈는 배움이 여자에게 적합한 수준과 종류에서 벗어나지 않게끔 유의하는 것이 자기 임무라 생각했다.

결혼을 하고 2년 반이 지난 1909년까지도 프랑수아즈의 지참금은 그들 수중에 들어오지 않았다. 그때 프랑수아즈의 아버지가 불미스럽게 베르됭을 떠나게 됐다. 귀스타브 브라쇠르 은행은 1909년 7월에 파산 절차에 들어갔다. 브라쇠르 집안 사람들의 개인 소유물까지 전부 압류 딱지가 붙었다. 귀스타브는 불명예를 떠안았을 뿐 아니라 감옥에 끌려가 13개월을 살았고, 재판을 받고는 15개월 형이 추가되었다. 그렇지만 아직도 몇몇 힘있는 사람들에게는 영향력이 있었기 때문에 조기 석방되었다. 그는 프랑수아즈와 가까이 살면서 새로운 시작을 계획하려고 아내와 막내딸을 데리고 파리로 이사했다.

사정이 이렇게 달라졌으니 프랑수아즈의 지참금은 영영 못 받을 돈이었다. 그래도 가정은 화목하고 희망적이었다. 부부는 행복했고 재산도 확실해 보였다. 조르주의 수입도 괜찮았고 (얼마 안 되지만) 유산도 그들 나름대로 현명하게 투자해놓은 터였다. 조르주는 아내에게 살뜰하게 애정을 쏟았고 프랑수아즈는 잘 웃고 생기 넘치는 여성이 되었다.[7]

1910년 6월 9일에 그들의 둘째 딸이 태어났다. 아이 이름은 앙리에드엘렌 마리로 지었지만 보통은 엘렌으로 불렀고 집안에서는 주로 '푸페트(poupette, 작은 인형)'라고 불렀다. 시몬은 두 살 반밖에 안 됐지만 동생을 자신의 전문적 지도가 필요한 학생처럼 여겼다. 시몬은 이미 선생이 되어 가는 중이었다. 집안에선 아들을 원했고 보부아르는 여동생이 태어났을 때 어른들의 실망을 감지했다. 회고록에도 (절제된 표현으로) 이렇게 썼다. "동생의 요람을 둘러싸고 유감스러워하는 말이 많았다는 점이 의미가 없지는 않을 것이다."[8] 엘렌이 쓴 회고록에 따르면, 조부모는 둘째를 곧 낳는다는 소식을 듣고 아들 탄생을 축하한다는 편지를 썼다. 조부모는 둘째도 딸이라는 말을 듣고는 편지를 새로 고쳐 쓰지도 않고 그냥 추신만 덧붙였다. "하느님의 뜻에 따라 둘째도 딸이라는 건 우리도 알고 있단다."[9]

시몬은 어린 시절을 떠올릴 때 "변치 않는 안정감"을 느꼈고 결국은 자기도 "유년으로부터 낙오될 운명"임을 실감할 때에만 안정감을 잃었다고 말한다. 아이는 잔디밭을 신나게 내달리거나 잎과 꽃, 꼬투리와 거미줄을 관찰하며 자연을 탐색하기 좋아했다. 가족은 매년 여름 두 달을 시골에서 보냈다. 한 달은 조르주의 누나 엘렌의 라 그리예르 성(작은 탑이 딸린 19세기 성)에서 지냈고, 남은 한 달은 조르주의 메리냐크 본가에서 지냈다. 메리냐크 성은 2백만 제곱미터가 넘는 사유지 안에 있었기 때문에 시몬은 아름다운 자연에 푹 빠질 기회가 많았다. 자연 속에서 느끼는 경이감은 평생 변치 않았다. 시몬은 늘 시골을 고독, 자유, 지고의 행복과 연결 지었다.[10] 그렇지만 메리냐크 성은 크고 화려한 반면 전기와 수도가 들어오지 않아서 파리에서 온 손님들이 놀라곤 했다.[11]

반면 시몬의 파리 집은 아주 안락하고, 반짝반짝하고, 온통 붉은색이었다. 바닥에는 붉은색 모켓이 깔려 있었고, 르네상스식 식당도 붉은색이었으며, 커튼도 붉은색 벨벳과 실크였다. 응접실 벽면 거울은 크리스털 상들리에 빛을 반사했고, 식탁용 칼은 은제 받침 위에 놓여 있었다. 도시에서 지낼 때 프랑수아즈는 망사와 벨벳 드레스 차림으로 딸에게 잘 자라는 인사를 한 뒤 저녁 모임 손님들에게로 돌아가 그랜드 피아노를 연주하곤 했다. 도시에서는 고독이나 드넓은 자연을 접하기가 힘들었다. 시몬은 "공용 놀이터" 뤽상부르 공원으로 만족할 수밖에 없었다.[12]

시몬은 어려서부터 책을 즐겨 읽었고 가족은 성심성의껏 아이의 호기심을 길러주었다. 아버지는 딸을 위해 시(詩) 선집을 만들고 "감정을 담아" 낭송하는 법을 가르쳤다. 어머니는 정기 구독과 도서관 이용을 책임졌다.[13] 시몬이 태어난 그해에 프랑스는 공립학교 여학생들에게도 '바칼로레아(대학수학능력시험)' 응시 자격을 부여했다. 그렇지만 시몬 같은 부류의 여학생은 공립학교에 가지 않았다. 1913년 10월(나이가 다섯 살 반 되었을 때), 시몬은 아델린 데지르라는 가톨릭 사립학교에 가기로 결정되었다(시몬은 그곳을 쿠르 데지르라고 불렀다). 보부아르는 학교 갈 생각에 좋아서 펄쩍 뛰었노라 훗날 회상했지만 가정교사를 둘 여력이 있는 집안에서 여자애를 학교에 보내는 것 자체가 좋게 보일 일은 아니었다. 시몬은 일주일에 이틀(수요일과 토요일)만 학교에 나갔고 다른 날은 어머니가 학업을 관리했다. 아버지는 딸의 발전과 성과를 관심 있게 지켜보았다.[14]

엘렌은 언니가 학교에 가는 날이면 얼른 돌아오기를 기다렸다. 자매는 서로 애정이 깊었고 어머니의 심사를 통과하지 않은 사람과는 전혀 만날 기회가 없었기 때문에 늘 딱 붙어 지냈다. 어머니는 또래아이 내부분이 딸들의 친구로 어울릴 만하지 않다고 생각했다. 조르주와 프랑수아즈는 큰딸을 애지중지했지만 작은딸은 독자적인 한 사람으로 대우하지 않았다. 엘렌은 부모님이 언니를 자랑스러워한다는 것을 알았다. 시몬이 일등을 했을 때 어머니는 칭찬을 아끼지 않았다.

하지만 나중에 엘렌이 일등을 했을 때는 언니가 잘 도와줘서 공부가 쉬웠을 거라고 했다. 엘렌은 이렇게 인정했다. "나는 두 번째로 태어난 딸이었기 때문에 환영받는 아이가 아니었다. 그렇지만 언니는 부모님 편에 서서 나를 더 짓누를 수도 있었을 텐데 나를 늘 높이 평가했다. 그래서 나는 늘 언니와 잘 지냈다. 언니는 항상 친절했고 부모님에게 맞서면서까지 내 편을 들었다."[15] 집에 장난감은 거의 없었지만 자매는 상상 놀이를 하거나 속내 이야기를 주고받으며 사이좋게 지냈다.[16]

시몬은 일곱 살에 첫 영성체를 받았고 그 후로 일주일에 세 번, 어머니와 함께 미사에 가거나 쿠르 데지르 전용 예배당에서 성체 성사를 받았다. 시몬이 그해 처음으로 쓴 '마르그리트의 불행'이라는 이야기가 남아 있다. 브라쇠르 외할아버지에게 받은 공책에 쓴 1백 쪽 분량의 이야기였다.[17]

여덟 살이 될 때까지 시몬은 높이 살 만한 아이를 한 명밖에 만나지 못했다. 그 아이는 사촌 자크 샹피뇔(Jacques Champigneulle)이었다. 시몬보다 6개월 먼저 태어난 자크는 남자아이답게 수준 높은 교육을 받았다. 그의 자신만만한 태도가 시몬에게는 눈이 부셨다. 하루는 자크가 시몬의 이름을 새겨 넣은 스테인드글라스 창을 만들어주었다. 그들은 "신 앞에서 결혼하기로" 결심했고 시몬은 그를 "약혼자"라고 불렀다.[18] 엘렌은 자기 회고록에서 그들 자매가 고립되어 지내지 않았다면 시몬이 그 어린 약혼자를 그렇게까지 중요하게 생각하지 않았을 것이라면서, 그렇지만 최소한 십 년은 진짜 자크와 결혼할 생각을 했을 거라고 썼다.

보부아르는 아홉 살에 4학년으로 올라가면서 가족은 아니지만 높이 살 만한 외부인을 한 명 더 만났다. 그 친구는 장차 삶과 죽음으로 보부아르에게 지대한 영향을 미칠 터였다. 엘리자베트 라쿠앵(Elisabeth Lacoin), 보부아르가 '자자'라고 불렀던 이 친구[19]는 쿠르데지르에 다니는 밝고 활기찬 여학생이었다. 시몬과 자자는 학교에서 선의의 경쟁을 펼치는 친구 사이가 되었다. 자자는 시몬을 우정이라는 새롭고 감미로운 삶의 한 부분으로 인도했다. 시몬은 동생 엘렌과 더불어 '우리'라는 말의 의미를 배웠다. 자자와 어울리면서는 처음으로 누군가를 그리워한다는 것이 무슨 뜻인지 알았다.

엘렌은 자자를 ─"당장 통제를 벗어날 것 같은 매끈하고 멋있는 경주마처럼"[20] ─ 몹시 예민한 사람으로 묘사했다. 하지만 시몬이 보기에 자자는 경이롭기 그지없는 친구였다. 자자는 피아노를 잘 쳤고, 글씨체도 예뻤고, 여성스러우면서도 "소년 같은 대담성"을 잃지 않았으며, 장 라신을 좋아할 뿐 아니라(당연한 선호) 피에르 코르네유를 싫어하는(당연하지 않은 불호) 배짱도 있었다.* 자자는 사고방식이 전복적이었고, 피아노 연주회 도중에 어머니에게 혀를 낼름 내밀기도 했다. 딸이 그렇게 '개성'을 대놓고 드러내도 자자의 어머니는 늘 사랑과 애정이 넘쳤다.

그래서 보부아르는 달콤한 우정을 누렸지만 비교라는 씁쓸한 뒷맛도 알게 되었다. 보부아르는 나중에 자기 삶, 자기 어머니를 자자의 경우와 비교한 것이 공정치 않았음을 깨달았다. "나 자신에 대해서는 안에서부터 느끼지만 자자는 내가 밖에서 바라본 내상이기 때문이다."[21] 보부아르가 열여덟 살에 착안한 "내 안에 있는 내 존재와 밖에

_____

* 장 라신과 피에르 코르네유는 프랑스를 대표하는 극작가다.

서 보이는 내 존재 사이에서 자주 관찰되는 이원성"²²⁾의 구분은 이후 저작들에서도 계속 중요한 역할을 할 것이다.

보부아르는 그때를 돌이켜보면서 부모님이 자자와 친하게 지내보라면서 말했던 대로 친구의 어머니 라쿠앵 부인이 훌륭한 가톨릭 집안에 어울리는 결혼을 했고 아홉 아이를 신앙으로 잘 길렀음을 인정했다. 또한 라쿠앵 부인은 부유하고 사회적 지위가 탄탄했기 때문에 자자가 튀는 행동을 해도 관습을 웃어넘길 정도의 여유가 있었다. 그렇지만 보부아르 부인은 경우가 달랐다.

유년기를 몇 가지 지시로 요약한다면 어린 시몬에게 가장 중요한 두 가지 지시는 "부적절한 행동을 해서는 안 된다."와 "네게 적합하지 않은 책을 읽어서는 안 된다."였다. 프랑수아즈는 "시골의 예의범절과 수도원에서 교육받은 도덕"²³⁾으로 무장한, 양육 방식이 아주 완고한 어머니였다. 굳건한 신앙에는 그만큼 굳건한 예의범절이 따라왔다. 프랑수아즈는 "불합리한 사회 관습에 어떤 식으로든 저항할 생각이 꿈에도 없었다."²⁴⁾ 여성과 부적절한 관계를 맺고 살아가는 남성은 집안의 친구 자격으로 초대할 수는 있어도 여성은 그렇게 대하지 않는 게 사회적 관습이라면 그냥 그 관습을 따랐다. 딸은 어머니가 "성과 악을 혼동하기 십상이었다."고 했다. 어머니는 욕망 자체를 죄로 여겼다. 관습이 남성의 무분별한 행동을 용인하면 어머니도 그 행동을 용인했다. 여성들만 프랑수아즈의 불만족을 샀다. 프랑수아즈는 "육체"에 관한 질문을 역겨워했으며 딸들하고 절대 그런 얘기를 하지 않았다. 보부아르에게 사춘기의 놀라운 일들을 알려준 사람은 어머니가 아니라 사촌 언니 마들렌이었다.

마들렌은 몸에 대해서, 그리고 몸의 '부적절한' 사용에 대해서도 잘

(왼쪽부터) 시몬, 프랑수아즈, 엘렌. 세속적인 한량 아버지와 신앙심 깊은 어머니의 대립은 훗날 보부아르가 신앙과 결혼을 포기한 가장 큰 원인이었다.

알았다. 시골에서 지내던 어느 해 여름, 마들렌은 시몬과 엘렌에게 곧 그들의 몸에서 피가 흘러나오고 가슴을 싸매게 될 거라고 얘기해주었다. '연인', '정부' 같은 수수께끼의 단어를 정의해주고 아기가 태어나는 과정에 대한 호기심을 자극했다. 새로운 지식 덕분에 대담해진 엘렌은 가족과 파리로 돌아온 후 어머니에게 아기가 어디로 나오는지 물어보았다. 어머니는 아기가 항문으로 고통 없이 쑥 나온다고 했다. 이 일도 그렇고 다른 경우에도 프랑수아즈가 딸들에게 몸의 가능성을 오인하게 하는 방식은 충격적이었다. 보부아르가 몸을 "속되고 불쾌한" 것으로 생각하면서 자랐다 해도 이상하지 않을 것이다.[25]

반면 어머니는 절대로 정신을 등한시하지 않았다. 프랑수아즈는 딸들의 공부를 도와주려고 영어와 라틴어까지 배웠다. 조르주와 프랑수아즈 둘 다 교육을 중시했다. 그들에게 잘 키운 딸이란 좋은 책을 많이 읽은 딸이었다. 하지만 종교에 관해서는 부부가 한마음이 아니었다. 어머니는 독실한 가톨릭이었지만 아버지는 지조 있는 무신론자였다. 이 대립이 보부아르에게 깊은 영향을 끼쳤을 것이다. 아버지는 문학 걸작을 엄선해 차례차례 제공했다. 어머니는 종교 문학과 가톨릭적인 자기 희생의 살아 있는 본보기를 제공했다. 어머니는 딸들의 수업을 참관했고(쿠르 데지르는 열 살 이하 학생들에게 어머니의 동반 출석을 허락했다) 노트르담데샹이나 생 쉴피스 성당 미사에 딸들을 꼬박꼬박 데리고 갔다. 보부아르가 십 대 중반에 이르자 교육과 가톨릭 신앙 둘 다 부모와 부딪히는 원인이 되었다. 나중에 보부아르는 자신의 어린 시절은 회의주의와 믿음 사이에 놓여 있었고 그 "불균형"으로 인해 삶이 "일종의 끝없는 분쟁"이 되었다고 설명했다. 그게 바로 자신이 지식인이 된 가장 큰 이유라고 생각했다.[26]

1914년 8월에 제1차 세계대전이 터지자 조르주와 프랑수아즈는 파리로 돌아와도 되겠다는 확신이 설 때까지 라 그리예르에서 지냈다. 시몬은 당시 병사들에게 보낼 저장 음식을 만들거나 뜨개질을 하던 기억을 떠올리며 "내 인생에서 여성이 주로 하는 일을 아무 즐거움도 없이 했던 유일한 때"라고 했다.[27] 그 전해에 조르주는 심장이 약해서 면제 판정을 받았다. 그렇지만 현역으로 부름을 받고 10월에는 전선에 가 있었다. 몇 주 지나지 않아 또다시 심장 발작이 일어나 군 병원으로 이송되었다. 조르주는 1915년 초 퇴원해서 파리로 돌아와 전쟁부에서 근무했다. 파리는 인플레이션이 심각했다. 그의 수입은 보잘것없었고 투자 수익도 급락했다. 하지만 지출은 형편에 맞게 줄일 수 없었다.

그 사이에 시몬은 아름다운 어린 시절에서 까다로운 청소년기로 넘어가고 있었다. 엘렌의 건강하고 인형 같은 이목구비는 '푸페트'라는 애칭과 점점 더 잘 어울렸지만 시몬은 잘 먹지도 않고 왠지 아파 보였으며 척추옆굽음증까지 생겼다. 어머니의 엄격한 도덕 규율, 집안의 긴축 재정, 파리의 등화관제에 시달리면서 시몬은 부모의 인정을 받는 다른 방법들에 차츰 강박적으로 매달리게 되었다.

시몬은 견실한 딸이 되는 중이었다. 하지만 그때 시몬의 세상은 비틀거리기 시작했다.

2장

결혼을 거부한
철학 교사

1916~1928년

"내가 선택한 것은 얼마나 적고,
삶이 나에게 강요한 것은 얼마나 많은가."

Simone de Beauvoir

어릴 적 시몬은 가족에게서 황홀한 소속감을 느꼈다.[1] 그러나 열한 살부터 자신을 향한 기대에 조금씩 혼란스러워졌고, 자기가 되고 싶은 것과 가족이 자기에게 바라는 것의 차이에 충격을 받았다. 부모는 딸을 지적으로 조숙하고, 많이 읽고, 많이 질문하는 사람으로 키웠다. 그래놓고 왜 이제는 생각을, 독서를, 질문을 그만두라고 하는가? 시몬은 답을 찾지 못한 질문 때문에, 또 한편으로는 사랑했던 사람의 반갑지 않은 변화를 지켜보아야 했기에 비참하고 불행했다. 어릴 적 보부아르는 아버지가 보기 드물게 좋은 남자라고 생각했다.[2] 아버지의 재치, 총명함, 폭넓은 독서, 시 낭송, 열정적 토론에 상대가 될 만한 사람은 그녀가 아는 한 없었다. 아버지는 연기를 즐겼고 모임의 활력소가 되기를 좋아했다. 하지만 집안에 불운이 닥치면서 뛰어난 유머 감각은 사라졌다. 몰락한 한량은 의기소침해졌다.

이미 위태롭던 조르주의 재산은 제1차 세계대전이 끝난 후에 완전히 주저앉았다. 그가 투자한 돈(혁명 전 러시아 주식)은 다 날아갔고 이제 그의 수입으로만 가족을 먹여 살려야 했다. 언짢게 오가는 돈 얘기가 시몬의 귀에까지 들어오곤 했다. 프랑수아즈는 왜 남편이 법률 사무소를 다시 차리지 않는지 이해하지 못했다. 조르주는 아내의 지참금만 제대로 들어왔어도 사정이 달라졌을 거라는 말로 응수했다. 서로에게 열정적이었던 부부 사이에 언쟁과 앙심이 끼어들었다. 어느 날 밤, 시몬이 루이즈와 함께 집에 돌아와보니 어머니 입술이 퉁퉁 부어 있었다.[3] 사실 조르주는 법률 사무소를 다시 차릴 형편이 안됐다. 자리가 잡히고 수익이 날 때까지 가족을 부양할 돈은 고사하고, 사무실을 얻고 집기를 마련할 자본금도 없는 처지였다. 조르주는 마흔 살이었고 이미 심장 발작을 두 번이나 겪었다. 그는 건강도, 돈도, 아내가 원하는 대로 해보겠다는 의지도 없었다.

다행스럽게도, 비록 모양새 나쁘게 파산했지만 궁지에서 벗어나는 데 일가견이 있던 장인 귀스타브 브라쇠르가 사위에게 구원의 손길을 내밀었다. 장인은 전쟁이 끝나기 2년 전부터 제화 공장을 운영했는데, 군화와 그 밖의 신발 납품 계약을 맺고 수익을 톡톡히 올렸다. 장인은 사위에게 공동 운영을 제안했다.[4] 딱 보기에도 베르트랑 드 보부아르 가문에 걸맞은 직업은 아니었지만 조르주는 선택의 여지가 없었다. 그는 이 일을 일종의 명예직 비슷하게 받아들이고 도저히 피할 수 없을 때만 비정기적으로 출근했다. 전쟁이 끝나고 군화 수요가 뚝 떨어지자 공장도 전 같지 않았다. 다시 한번 가족의 일원이 조르주에게 손을 내밀었다. 그는 신문사의 광고 영업직을 제안받았다. 하지만 타고난 영업 수완이 있는 것도 아니고 믿음직한 직원도 아니었기 때문에 그 자리도 금세 날아갔다.

그때부터 조르주는 이 자리 저 자리 전전했다. 생활 습관 때문에 일자리를 잃은 적도 많았다. 형편이 쪼들리는 중에도 그는 오전 10시나 되어야 일어났고 11시쯤 증권 거래소에 얼굴을 비치러 나갔다. 점심을 먹은 후 사무실에 잠깐 들렀다가 오후 내내 브리지 게임을 했다. 카페에서 초저녁부터 술을 한잔 하고 저녁을 먹기 위해 귀가했다.[5] 엘렌은 시몬이 아버지에 대해서 늘 지나치게 너그러운 말만 했다고 전한다. 엘렌이 보기에 "보부아르 집안 남자들은 하나같이 게으르고 일하기를 싫어했다. 여자들이 억척스럽게 일도 다 하고 남자들 체면을 세워주었다."[6] 보부아르가 아버지에 대한 애정 때문에 후일담을 의식해서 그를 관대하게 묘사한 것 같지는 않다. 그보다는 가족의 의리상 아버지를 호감 가는 모습으로 그리지 않았을까. 혹은 1950년대 중반에 회고록을 쓸 당시, 아버지에게 '한 많은' 매정한 여자처럼 보이면 적대적 독자들이 자신의 모든 주장을 '여성이라는 이유로' 반박할 거라고 생각했을지도 모른다.

종전 후 일년간 가족은 몽파르나스 대로에서 예전처럼 지냈다. 그러나 1919년 여름부터는 도저히 그렇게 살 수가 없었다. 가족은 렌 거리 71번지 공동 주택으로 이사 갔다. 6층에 있는 집은 어둡고 지저분했으며 건물에 엘리베이터, 수도, 욕실, 중앙 난방도 없었다.[7] 부부 침실과 응접실 말고도 아버지 서재가 있었지만 시몬은 자기만의 공간이 없어졌다. 자매가 함께 쓰는 방은 너무 좁아서 두 침대 사이는 딱 한 명 설 수 있는 넓이밖에 되지 않았다. 그래도 처음에는 하녀 루이즈를 계속 데리고 있었다. 그 건물 7층은 입주자들의 하인 숙소였다. 하지만 머지않아 루이즈는 결혼을 해서 마담 거리로 이사했고 프랑수아즈 혼자서 낡은 주택을 관리해야 했다.[8] 프랑수아즈는 처음에는 좋은 사람을 구하기 어려워서 그렇게 됐다고 생각했지만 실은 하인을 들일 여력이 없었다.

그보다 확실한 몰락의 표시는 없었다. '상층 부르주아'는 입주 하인을 최소한 한 명은 둔다는 점에서 중류 계급과는 달랐기 때문이다.

프랑수아즈는 원래 화를 잘 내는 편이었지만 렌 거리로 이사 온 후로는 걸핏하면 성질을 부렸고, 그러면서도 그 치욕을 덕을 쌓을 기회로 삼아보려고 애쓰기도 했다. 이제 프랑수아즈는 몸을 돌보지 않았다. 딸들에게도 낡고 지저분한 옷을 그냥 입혔다. 하지만 어머니는 삶을 다른 가치 척도로 계산하기 시작했으므로 그런 건 부끄럽게 여기지 않았다. 돈은 없어도 훨씬 더 귀한 교양과 신앙이 있다고 생각했다.

성인 여성 시몬 드 보부아르는 독특한 스타일로 기억될 것이다. 소설가이자 회고록 저자로서도, 여성용 드레스 옷감이나 멕시코 모포 같은 질감의 글로도 기억될 것이다. 하지만 어린 시절 시몬과 엘렌은 오랜 기간 "멋도 못 내고" 살았다. 훗날 시몬은 그 시절 그들의 상황을 "준(準) 가난"이라 일컫기도 했다.[9] 쿠르 데지르에는 "품위를 위한 가난"을 지향하는 차림이 수수한 여학생들이 많았다. 사실 품행이 반듯한 소녀라면 요란하게 멋을 내고 다닐 리 없었다. 하지만 학교 친구들이 보기에 "시몬의 옷차림은 수수한 차림새 그 이하"였다.[10]

그런 탓에 보부아르는 궁핍에서 한참 벗어난 후에도 절약 정신이 투철했다. 공책에도 어찌나 깨알 같이 쓰는지 학교 선생님들이 알아보기 힘들다고 뭐라 할 정도였다. 시몬은 돈과 물자를 알뜰하게 쓸 뿐 아니라 자기 자신도 그렇게 썼다. "나는 늘 사람은 모든 것을, 자기 자신까지도 최대치로 써야 한다고 생각해 왔다."[11] 시몬은 열심히 공부하는 동시에 훌륭한 가톨릭 신자의 길을 익혔다. 그 노력이 얼마나 가상했던지 사제는 시몬의 어머니를 붙잡고 "눈부시게 아름나운 영혼"[12]을 입에 침이 마르도록 칭찬했다. 시몬은 '수난의 천사들'이라는 어린이 봉사단에도 들어갔다. 본인도 이 시기를 이렇게 얘기한다. "나는 완전히 착한 여자아이로 변모했다. 처음부터 내가 세상에 보여주고 싶은 인격을 만들었던 것이다. 그 결과로 얼마나 많은 칭찬과 만족을 불러일으켰는지 마침내 나 자신과 내가 구축한 캐릭터를 동일시하기에 이르렀다. 그 둘이 나에겐 하나의 현실이었다."[13] 하지만 시몬을 짜증스럽게 생각하는 친구들도 많았다. 그녀는 지독히 고고하게 구는 척척박사님이었으니까.

보부아르와 종교의 관계는 이십 대를 향해 가면서 점점 모호해졌다. 어린 시절에 종교는 여자의 사회적 역할에 의문을 품게 하는 계기를 마련했다. 첫 번째 회고록 《견실한 젊은 여성의 회고》(1958년)에도 썼지만 신 앞에서 자신의 영혼은 남자아이들의 영혼보다 결코 덜 귀하지 않았다. 그러니 남자아이들을 왜 부러워하겠는가?[14] 1965년에 한 인터뷰에서 보부아르는 엄격한 종교적 양육을 받은 덕분에 자신을 '한 영혼'으로 생각하는 습관이 들었노라 말했다. '영혼 수준에서는' 인간의 가치가 달라지지 않는다. "하느님은 내가 남자였어도 똑같이 사랑했을 것이다. 남자 성인과 여자 성인은 아무런 차이가 없다. 그건 성을 초월한 영역이었다." 보부아르는 지적 평등주의를 만나기 전에 이미 평생의 신념에 중요한 역할을 하게 될 "일종의 도덕적, 정신적 평등"을 종교에서 발견했다.[15] 그러나 종교가 설파하는 평등과 실제 불평등 사이의 괴리가 차츰 눈에 들어왔다. 아버지가 "시몬은 남자 두뇌야. 남자처럼 생각한다니까. 걔는 남자야."라고 자랑스럽게 하던 말이 기억났다. 하지만 보부아르는 "모두가 나를 여자로 대했다."고 반박한다.[16]

보부아르는 아버지가 자기 교육에, 게다가 자신의 외모에도 점점더 관심을 쏟는 것을 알아차렸다.[17] 회고록에도 "내 외모에 차츰 신경이 쓰이기 시작했지만" 《작은 아씨들》의 주인공 조 마치의 영향을 받아 "그런 건 인생에서 끊어버려야 한다고 생각했다."라고 썼다. 보부아르는 열한 살 때도 이 인물에 푹 빠져 있었다.[18] 네 자매 중에서 제일 착하지도 않고 제일 예쁘지도 않지만, 배움을 좋아하고 글을 쓰고 싶어 하는 조는 시몬의 상상 속에서 환하게 빛났다. 아버지의 시각은 달랐다. 보부아르는 아버지가 자기를 좋게 생각하는 동안은 자신을 믿을 수 있다고 느꼈다. 하지만 아버지의 아낌없던 칭찬은 실망으로 변해 갔다. 아버지는 여자의 미모와 맵시를 중요하게 생각했다. 그런 면으로 장점이 많았던 엘렌은 《작은 아씨들》의 에이미처럼 오냐오냐 귀여움을 받았다.

시몬은 조처럼 책만 붙들고 살았다. 《그리스도를 본받아》, 《금욕과 신비 신학 개론》 같은 종교서를 탐독했고 부모가 읽기를 허락한 역사서나 프랑스와 영국의 문학 작품도 많이 읽었다. 어릴 적에는 《이상한 나라의 앨리스》나 《피터 팬》을 즐겨 읽으면서 나중에 브론테 자매나 버지니아 울프를 원서로 읽는 데 유용하게 쓰일 기술을 익혔다.[19] 시몬은 부모의 금지와 사촌 언니의 은근한 암시를 접하면서 부모가 가르쳐주지 않는 것을 책에서 배울 수 있음을 깨달았다. 사촌 언니 마들렌은 자기가 보고 싶은 책을 마음대로 볼 수 있었다. 시몬은 무엇을 놓치고 있었을까?[20] 그래서 집에 혼자 있을 때면 아버지 서재로 달려가 오래된 폴 부르제, 알퐁스 도데, 마르셀 프레보, 기 드 모파상, 공쿠르 형제의 책을 들춰보았다. 그 책들이 성교육을 보완해주었다.[21]

소설도 답 없이 유예된 문제들을 자기 주변 세상 속에서 바라보게 하는 계기가 되었다. 조 마치는 자기가 좋아하는 것에서 멀어지고 싶지 않아서 집안일을 등한시한다. 남자들은 거의 하지도 않는 가사 노동에 왜 여자들은 그토록 매여 있는가? 관습은 결혼을 미래로 정해 두었지만 조 마치는 자신이 원치 않는 이 운명에 저항했다. 시몬이라고 해서 그러지 말란 법이 있을까?[22] 조지 엘리엇의 《플로스강의 물방앗간》은 아무것도 모를 열한 살, 열두 살 즈음에 읽었다. 그 책에서 떠올린 다른 질문들도 시몬의 생애와 철학에 자취를 남긴다. 엘리엇의 작중 인물 매기 털리버는 똑같은 바느질을 반복하는 패치워크에 시간을 낭비하고 싶어 하지 않는다. 시몬에게도 힘들고 단조로운 가사 노동이 으레 당연한 일처럼 주어진다면 어떻게 자신과 타인의 욕망 양쪽 모두에 충실할 수 있을까? 여성은 많은 것을 희생하는데 남성은 별로 그러지 않는 게 '사랑'이라면 사랑은 과연 할 만한 가치가 있을까? 학생이었던 1926년에 쓴 일기에서 시몬은 여전히 자기 자신을 얼마만큼 양보하고 지켜야 하는가라는 문제를 숙고한다.[23] 매기 털리버가 사랑하게 된 스티븐은 그런 사랑을 받을 가치가 없는 남자다. 보부아르는 왜 매기가 그에게 끌리는지 이해할 수 없었다. "내가 상상할 수 있는 유일한 관계는 친구 같은 사랑이다. 책을 교환하고 대화를 즐기는 남녀 사이가 영원히 남는 것 같다."[24]

책은 보부아르에게 교육 이상을 제공했다. 책은 피난처였다. 책에서 눈을 돌리면 물리적, 정서적 박탈을 마주할 수밖에 없었기 때문이다. 비록 책도 아직은 여성이 육체적 애정을 당당하게 선택하거나 주고받을 수 있는 곳으로 인도해주지 못했지만 그래도 책 속에는 지도처럼 마련된 삶에 저항할 수 있는 길들이 있었다. 어린 보부아르는 작중 인물들의 지적인 삶에 감화받았지만 육체적 삶에는 당황했다. 본인의 표현을 빌리자면 보부아르는 내숭쟁이였다. 물론 자기 부모도 육체적으로 열정적인 사이라는 것을 알았고, 나중에 서른다섯 살이 되어서는 아버지가 혼외정사를 했다면서 그 부당함에 유감을 표하기도 했다.[25] 하지만 어린 보부아르는 성적인 것을 혐오했다. "나는 사랑이 육체와 무관하다고 생각했다."[26]

렌 거리로 이사 간 후 5년 사이에 보부아르는 질풍노도의 청소년기를 보냈고 부모와 점점 더 자주 부딪쳤으며 두 차례 죽음을 보았다. 보부아르가 좋아했던 하녀 루이즈는 결혼을 하고 남자아이를 낳았다. 하지만 아기는 기관지 폐렴에 걸려 죽고 말았다. 시몬은 갑작스런 죽음을 난생처음 보았고 크나큰 두려움에 빠졌다. 루이즈와 남편은 아이를 데리고 7층 단칸 다락방에서 살았다. 보부아르는 그들 부부를 통해 아는 사람의 사망 소식을 태어나 처음으로 들었을 뿐 아니라 한 층에 문이 십여 개나 있고 그 단칸방마다 온 가족이 모여 산다는 것도 처음 알았다.[27] 얼마 지나지 않아 렌 거리 공동 주택의 수위 아들이 병에 걸렸다. 결핵과 뇌막염에 걸린 아이는 오랫동안 고통에 시달리다가 사망했다. 시몬네 가족은 그 아이가 하루가 다르게 상태가 나빠지는 것을 고스란히 보았다. 그 건물을 드나드는 사람은 누구나 병든 아이 앞을 지나 계단으로 가야만 했다. 시몬은 아이들이 그렇게 죽는 것을 보고 다음에는 자기나 엘렌의 차례가 아닐까 걱정했다.

보부아르는 나중에 소설에서 실제 삶과 흡사한 서사를 풀어 나가곤 했다. 그 때문에 되레 회고록에서 사실과 허구의 경계가 흐릿해 보일 때가 있다. 1945년에 발표한 소설 《타인의 피》는 너무 이른 죽음에 대한 어린 시절 보부아르의 기억을 끌어들인다. 작중 인물 상 블로마르는 유모 "루이즈의 아기가 죽었다"는 말을 듣는 순간 "근원적 악"을 발견한다.

나는 다시 나선 계단과 많은 문이 나 있는 돌바닥 복도를 보았다. 어머니는 그게 다 단칸방에 온 식구가 사는 집들이라고 했다. 우리는 안으로 들어갔다. 루이즈가 나를 끌어안았다. 그녀의 뺨은 축 늘어진 채 젖어 있었다. 어머니는 침대 가장자리에 루이즈와 나란히 앉아서 낮은 목소리로 말을 꺼냈다. 요람 속에 백짓장처럼 얼굴이 하얀 아기가 눈을 감고 누워 있었다. 나는 붉은색 타일, 아무것도 바르지 않은 맨벽, 가스 화구를 바라보고는 울기 시작했다. 나는 울었고 어머니는 얘기를 계속했지만 아기는 살아나지 않았다.[28]

어떻게 불과 몇 쪽 뒤에서 블로마르는 루이즈가 슬피 울고 있다는 것을 알면서 웃을 수 있는가? 보부아르는 평생 인간이 타인의 고통에 얼마나 무관심할 수 있는가에 충격을 받았다.

그렇지만 시몬은 어머니가 딸들에게 좀 더 무관심했으면 좋겠다고 생각하기도 했다. 자매는 청소년기가 무척 힘들었고 특히 어머니와 갈등이 심각했다고 입을 모아 말했다. 시몬은 열두 살부터 열세 살까지 어머니에게 거부감을 느꼈고 때로는 정말 "못 참겠다"고 생각했다. 엘렌도 어머니가 "완전히 폭군 같았고"[29] 딸들의 인생을 대신 살고 싶어 했다고 말한다. 어머니는 딸들이 자기를 위해 살기를 바랐지만 딸들은 그 바람을 이루어주고 싶은 마음이 없었다.[30]

딸들의 심정도 이해가 간다. 프랑수아즈는 남편의 행동이 점점 엇나가는데도 현모양처 역할을 계속했다. 조르주는 오후에만 하던 브리지 게임을 저녁을 먹고 난 후까지 했다. 남편은 술과 게임에 시간과 수입을 점점 더 많이 쓰는데 아내만 허리띠를 졸라매고 있었다. 시몬과 엘렌은 낮 동안 어머니가 허리가 휠 지경으로 딸들을 돌보고 집안

일을 하고 아버지는 어머니가 생활비 얘기만 하면 난리를 치는 모습을 보았다. 밤에는 늦은 귀가, 부부 싸움, 욕설, 사창가, 외도, 도박을 귀로 들어서 알게 됐다.

어머니와 사별한 경험을 쓴 책 《아주 편안한 죽음》(1964년)에서 보부아르는 어머니가 인내심을 잃었던 때를 회고한다. 결국 보부아르 부인은 남편을 때리고 잔소리를 퍼부었다. 보부아르는 훗날 어머니가 모순된 욕망 사이에서 이러지도 못하고 저러지도 못했으리라 생각한다.

"난 나를 희생하고 있어요."라고 말하면서 비통한 마음이 들지 않을 사람은 없다. 엄마의 모순 중 하나는 헌신의 고결함을 철석같이 믿으면서도 취향, 반감, 욕망이 너무 확실해서 자기에게 거슬리는 것은 싫어하지 않고 못 배겼다는 것이다. 엄마는 늘 스스로 가한 제약과 박탈에 맞서면서 살았다.[31]

타인에게 헌신하는 삶을 살고 싶은 마음과 나를 위해 살고 싶은 마음, 이 상충하는 욕망을 어떻게 해결할 것인가는 보부아르의 학생 시절 일기, 실존주의 윤리, 페미니즘의 중심 질문이다. 독실한 가톨릭 신자인 어머니는 딸들을 성인과 순교자의 영적 생활 습관으로 양육했다. 그래서 보부아르가 아는 모범적인 삶의 중심에는 늘 자기 희생이 있었다. 어떤 경우에는 이 자기 희생이 신격화를 낳기도 했다. 나를 완전히 버려 신적인 경지에 오르는 것이다. 시몬은 고독을 가장 큰 고양의 상태로 보기 시작했고 "자신의 삶을 홀로" 지배하고 싶어졌다.[32] 어머니의 권위 상실이 그러했듯이 종교적 불만도 보부아르의 후기 저작에 영향을 주었다. 자전적 저작은 아니지만 《제2의 성》에도 딸들은 어머니가 가치 없는 일에 자기를 희생하는 모습을 보면서 반항심이 더 커진다고 하는 대목이 있다. 딸들은 "현실에서는 보상 없이 수고만 하는 역할이 신격화되지 않는다는 것을 안다. 그런 여성은 희생자라고 멸시당한다. 잔소리만 한다고 미움받는다. …… 딸들은 그런 어머니처럼 살기를 원치 않는다."[33]

집에서 받는 스트레스는 점점 심해졌지만 학교에서는 여전히 안정감을 느낄 수 있었다. 게다가 달콤한 고독에 견줄 만한 우정이 있었다. 자자는 시몬에게 기쁨과 신뢰를 주었다. 둘은 서로 경쟁하면서 열심히 공부했고 선생님이나 다른 아이들에게 "단짝"으로 통했다. 두 아이의 아버지들은 사회 계급이 같았고 라쿠앵 부인은 무슨 기적인지 보부아르 부인이 아주 좋게 보아서 자매는 그 집에는 놀러 가도 괜찮았다. 라쿠앵가에서는 보부아르가 자기네보다 못산다는 걸 몰랐고, 보부아르가는 라쿠앵가 사람들이 집에서 그렇게 무람없이 편하게 사는 줄 몰랐다. (집에서 방방 뛰고 가구를 쓰러뜨려도 괜찮다니!)[34] 그래도 엘렌을 제외하면 ─ 엘렌은 처음부터 자자 때문에 언니를 독차지하지 못하게 되어서 싫어했다. ─ 모두가 이 상서로운 우정에 만족했다.

두 소녀는 관념적인 것을 좋아했다. 시몬은 자자에게 자신의 관심사를 털어놓거나 이런저런 질문을 입 밖으로 낼 수 있었다. 학교에서 공부는 시몬이 늘 일등이었지만 자자는 체육과 음악에서 시몬을 앞섰다. 자자는 성장하면서 점점 예뻐지고 맵시가 났다. 시몬은 얼굴색이 고르지 못했고 몸가짐이 어색했다. 시몬도 열일곱 살 무렵부터는 인물이 살아났다. 하지만 시몬은 그때 이미 자자가 자신과 딴판으로

자자(왼쪽)와 시몬. 부모의 울타리를 벗어나 처음으로 사귄 친구 자자는 학창 시절 보부아르에게 최고의 대화 상대이자 속마음을 나눌 수 있는 유일한 벗이었다.

외모가 뛰어나고 집안도 부유하고 화목하다는 사실을 뚜렷이 의식하고 있었다.

그들은 많은 것을 공유했지만 시몬이 친구와 가까워지고 싶어 하는 만큼 자자도 그랬다고 보기는 힘들다. 일단 자자는 자기 어머니와 친구처럼 지내려 했지만 시몬은 그런 관계를 원치 않거나, 원해도 누릴 수 없는 상태였다. 자자의 충만한 삶에는 형제자매가 여덟 명이나 있었고 잘나가는 아버지도 있었다. 하지만 자자는 오로지 어머니의 관심을 차지할 때만 특별한 기분을 느낄 수 있었다. 시몬은 라쿠앵 부인이 유일하게 속을 털어놓는 상대가 자자라고 생각했다. 한번은 드물게 깊은 속내 얘기까지 주고받은 때 자자는 어머니가 결혼 첫날밤의 "공포"를 얘기한 적이 있다고 시몬에게 말했다. 라쿠앵 부인은 딸에게 자기는 섹스가 싫고, 아홉 번 임신을 했지만 성관계 자체가 좋았던 적은 한 번도 없었다고 했다.[35] 라쿠앵 부인은 기본적인 교육만 받은 사람이었다. 라쿠앵 부인에게는 자자가 공부를 잘하는 것도 중요했지만 가족으로서 책임을 다하며 장차 좋은 아내가 될 준비를 하는 것이 더 중요했다. 라쿠앵 부인은 자자가 집안에서 제일 좋은 혼처로 시집가기를 바랐다.

시몬은 늘 자자네 가족을 보면서 당혹감을 느꼈지만 어느 해 여름에 랑드에 있는 그 집 별장에 가서는 정말로 충격을 받았다. 시몬이 그곳에 도착해서 보니 자자는 다리에 큰 상처를 입고 소파에 앉아서 지내야만 했다. 둘만 남았을 때 자자는 자해를 했다고 털어놓았다. 손도끼로 자기 다리를 찍었다나. 왜 그랬어? 시몬이 물었다. 자자는 건강한 자기 자신으로부터 벗어나고 싶었다고 했다. 몸이 아프면 사교계 지인 집 방문, 가든파티, 동생 돌보기 따위를 하지 않아도 된다는 것이다. 자자의 이름은 밝히지 않았지만 《제2의 성》에도 이 일화가 언급된다.[36]

커 가면서 시몬과 엘렌은 외로움을 공유하는 사이에서 원망을 공유하는 사이가 되었다. 자매는—방식은 과격하지 않았지만—반항을 하기 시작했다. 그들은 부모가 없을 때 슬쩍 집을 나가 라 로통드 카페에서 크림을 얹은 커피를 마셨다. 자매의 집 발코니에서 그 카페에 드나드는 멋쟁이 손님들을 구경하노라면 몇 시간이고 지루하지 않았다.[37]

아버지가 딸들의 공식적인 자격이나 학위를 자기 실패의 표시로 여기는 기색이 뚜렷해졌다. 아버지는 딸들이 지참금이 있다면 직업이 아니라 좋은 혼처를 구할 거라고 생각했다. 제1차 세계대전 후에는 직업을 구하는 여성들이 그렇게까지 드물지 않았다. 인플레이션으로 인해 지참금이 사라진 탓에 앞날을 생각해서 딸을 교육하는 부르주아 집안이 꽤 있었다. 하지만 시몬의 부모는 여전히 여자가 공부를 많이 하는 것은 자기네보다 못한 계급의 일이라고 생각했다. 직업을 얻기 위한 학업이 그들에게는 집안이 망했다는 표시였다.

아버지가 딸이 어렸을 때 영특하다고 기뻐했던 이유는 자기가 어릴 때 속했던 화려한 사교계에서 딸의 지적인 매력이 빛을 발할 거라고 생각했기 때문이다. 사교계에서 여자가 성공하려면 미모가 중요하지만 재기 넘치는 대화를 나눌 만한 교양도 필요했다. 아버지는 지성과 재치를 좋아했지만 여성의 권리와 지식인은 좋아하지 않았다. 그렇지만 시몬은 가문의 재산인 '리무쟁 성의 안주인'이 될 사촌 잔과 달리 아무것도 물려받지 못하는 게 현실이었다. 아버지는 딸들에게 절대로 결혼하지 말라고 했다. 딸들이 스스로 일해서 먹고살아야 한다고 말하는 아버지의 목소리에는 씁쓸함이 묻어났다.[38]

시몬은 이 모순적인 기대 앞에서 갈피를 잡을 수 없었다. 여성으로서 성공하려면 교육받고 성취해야 했다. 하지만 그 성취가 너무 크면 안 되고 교육도 너무 많이 받으면 안 되었다. 어머니의 바람은 시몬을 또 다른 딜레마에 빠뜨렸다. 이제 하인을 둘 수 없었기 때문에 프랑수아즈는 딸들이 집안일을 돕기를 원했다. 하지만 시몬은 공부로 성공해야 했기 때문에 마음에도 없는 '여자의' 일을 배우느라 시간을 허비하고 싶지 않았다. 어머니가 자기 처지에 느끼는 분노와 양가 감정이 시몬에게 쏟아질 때가 한두 번이 아니었다.

시몬은 어디를 봐도 자신에게 쏟아지는 기대의 무게를 느꼈다. 압박감이 심할 때도 많았다. 때로는 그런 기대가 감춰지지 않은 채 만천하에 튀어나왔다. 시몬이 어릴 때 결혼을 약속했던 자크 상피뇔은 보부아르 자매를 좋아했기 때문에 자기 아버지가 이제 보부아르 집안과 격이 맞지 않는다고 말해도 자매와 계속 교류했다. 자크의 아버지가 몽파르나스 대로에서 스테인드글라스 공장을 운영하고 있어서 자크는 보부아르가에 자주 드나들었다. 조르주는 자크를 어른처럼 대했고 프랑수아즈도 예의 바른 이 소년을 좋아했다.

아버지가 시몬의 생각을 흥미롭거나 재미있다고 생각하지 않게 됐을 때—자신의 실패를 떠올리게 하므로—자크가 대화의 공백을 메워주었다. 처음에 시몬은 거실의 자리 배치에 아연실색했다. 아버지와 자크는 흥미로운 주제로 대화를 나누는데 여자들은—매기 털리버처럼—조용히 앉아서 바느질을 하거나 그림을 그리라는 식이었다. 자크는 처음에는 조르주가 하라는 대로 했지만 조금씩 자기 목소리를 내고 조르주의 보수주의에 도전했다. 조르주도 집에서 환담이나 나누려고 브리지 게임 약속을 미루지 않게 되었다. 그는 자크를 딸들에게 맡기고 나갔다. 아이들은 이 의도적인 무시에 기뻐했다. 서로의 생각이나 가지고 있는 책을 훨씬 자유롭게 교환할 수 있었으니까. 시몬은 자크와 대화를 나누면서 매력이 육체적인 것만은 아님을 알았다. 남자도 시몬의 정신에 매료될 수 있었고, 실제로 자크가 그랬다.

그러나 자크의 관심은 기복이 심했다. 어떤 때는 꼬박꼬박 찾아왔지만 어떤 때는 오랫동안 아무 설명도 없이 발길을 끊었다. 나중에 보부아르는 《견실한 젊은 여성의 회고》에서 그를 "오빠 같은 사람"[39]으로 생각했다면서 이 관계를 가볍게 말하지만 실은 꽤 오랫동안 자크와 미래를 꿈꾸었다. 심지어 사르트르를 만난 무렵에도 자크는 각기 다른 방식으로 시몬의 애정을 다투던 세 남자 중 한 명이었다.[40]

자크를 향한 시몬의 마음이 오래가긴 했지만 그 마음은 자자의 삶이 변화한 데서 온 반응이었을지도 모른다. 라쿠앵 부인은 자자를 괜찮은 남자들에게 소개하기 시작했다. 자자는 "편의에 따라" 하는 결혼은 매춘과 다를 바 없다면서 치를 떨었다. 자기 몸을 존중하는 교육을 받은 자자는—재산이나 집안이 내세우는 이유가 무엇이든—사랑하지 않는 남자에게 몸을 맡겨서는 안 된다고 믿었다. 그렇지만 라쿠앵 집안의 여성이 선택할 수 있는 길은 단 두 갈래, 결혼 아니면 수도원이었다.[41] 자자는 둘 다 두려웠다.

그래도 다섯 딸에게 각자 25만 프랑 이상 지참금을 줄 수 있었던 라쿠앵 집안에서는 체계적으로 신랑감을 물색하고 있었다. 보부아르 집안은 그렇게 할 수 없었다. 그래서 나중에 시몬은 일종의 모방 의식에서 자크를 마음에 두었다고 생각했다. 친구 자자와 보조를 맞추고 싶어서 그를 좋아한다고 상상했다고 말이다. 하지만 당시 주위 사람들 모두—그리고 1920년대 후반 시몬의 일기도—시몬도 자크에게 열렬했다고 증언한다. 또한 그들은 시몬을 대하는 자크의 태도가 못마땅했다고 말한다. 엘렌은 자크가 그냥 찔러봤던 거라고, 그에게는 자기 언니가 너무 아깝다고 생각했다.

낭만적 구애와 혼란이 펼쳐지는 동안 프랑스에서는 보부아르의 미래를 좌우할 전면적인 교육 개혁과 중대한 결정이 있었다. 시몬은 1924년에 쿠르 데지르를 졸업했다. 그보다 십 년 전에 어느 여고 교사는 교육과 취업이 여성들에게도 필수가 되어야 한다고 썼다.

지금은 여자아이들도 대부분 …… 공부를 계속해서 직업을 준비하고 싶어 한다. …… 당연히 거의 모두가 결혼을 하고 어머니가 되고 싶어 한다. 그렇지만 여자아이들도 배금주의가 지배하는 이 불공정한 사회 속에서 모두가 여성으로서 마땅하다고 생각하는 어머니의 삶을 살 수는 없다는 것을 안다. …… 그들은 교육이 직업의 문을 열어줄 수 있다

는 것을 이해한다. 필요에 따라서는 남자의 도움 없이 자기 자신을 부양할 길이 열리는 것이다.[42]

보부아르로서는 결혼을 하고 남자의 도움을 받느니 자기 능력을 믿는 게 더 확실했다. 남자의 '도움'은 믿을 게 못 되지만(적어도 아버지가 보여준 예로는) 자기 자신은 믿음직했다. 보부아르는 열심히 공부했고 자격 요건을 빠르게 쌓아 갔다. 1924년 7월, 열여섯 살인 보부아르는 1차 바칼로레아(중등교육을 마치고 고등교육을 받을 자격이 있음을 인증하는 시험이며, 남자와 여자가 동등한 자격으로 응시할 수 있게된 지 얼마 안 된 때였다)를 '우수'로 통과했다. 시몬이 합격증을 받으러 갔더니 감독관이 "졸업장을 몇 개 더 따러 왔나 보지요?"라고 조롱하듯 말했다.[43]

쿠르 데지르는 여러 면에서 매우 보수적이었지만 당시 여학생들의 1, 2차 바칼로레아 시험을 앞장서서 지원한 교육 기관이었다. 시몬처럼 성적이 뛰어난 학생들은 1차 시험 통과 후에 일년간 철학, 문학, 과학 같은 과목을 집중적으로 공부하고 비슷한 수준의 학교에서 학생들을 가르칠 수 있었다. 이 코스는 필요에 의해 만들어진 것이었다. 교사가 되는 것은 결혼보다 못한 선택지였지만 적어도 여자가 교사가 되면 자기가 날 때부터 속했던 부르주아 계급의 테두리 안에 머물수 있었다.

두 번째 시험은 훨씬 더 까다로웠다. 여자 교장이 철학을 커리큘럼에 넣은 지 얼마 안 된 때였다. 고등학교에서 철학이 인기가 많아서 교장은 입학 지망을 늘리려고 그러한 조치를 취했다. 사제가 철학 담당이었는데 시몬은 이 과목을 몹시 좋아했지만 강의 방식에 문제가 많다고 느꼈다. 철학 책을 읽어주거나 받아쓰게 하는 게 다였다. 시몬은 《견실한 젊은 여성의 회고》에서 철학 수업은 늘 "성 토마스 아퀴나스의 말씀에 따른 진리"로 마무리되었다고 불평한다.[44] 그래도 시몬은 철학에 매료되어 더 공부하고 싶어 했다. 철학을 처음 맛보고 나니 그때까지 일등을 도맡았던 다른 과목들은 다 "천덕꾸러기들처럼" 보였다.[45]

시몬은 2차 바칼로레아도 통과했지만 이번에는 '우수'가 아니었다. 조르주는 딸을 축하해주려고 극장에 데려갔다. 아버지는 다시 딸에게 좀 더 관심을 기울이기 시작했다. 아마 시몬이 얼굴이 깨끗해지고 점점 날씬해졌기 때문일 것이다. (조르주는 그런 면을 지나치게 중요시했다.) 혹은 딸의 장래라는 현실적인 문제가 이제 빼도 박도 못하게 되었기 때문일 것이다.[46] 아버지는 "횡설수설이나 하는" 철학을 공부하겠다는 생각에 반대했다. 어머니는 다른 이유로 반대했는데, 딸이 도덕적으로 타락하거나 신앙을 잃을지도 모른다고 생각했다.

하지만 시몬은 마음을 정했다. 세브르에 공립 중고등학교 교사가 되려는 여성을 대상으로 하는 엘리트 양성 학교가 있다는 글을 본 적이 있었다. 프랑수아즈는 모르는 얘기였다. 어머니는 그 학교가 공부는 엄격하게 시키지만 도덕은 해이하고 반종교적이라는 소문만 들었다. 시몬의 부모는 이미 오랫동안 딸을 사립학교에 보냈기에 교육 공무원을 만들겠다고 돈을 더 쓸 생각이 없었다. 게다가 세브르의 그 학교는 기숙학교여서 어머니가 딸을 옆에 끼고 감독할 수 없었다.

조르주는 철학 자체는 좋게 보지 않았지만 장차 법조인이 되기에는 괜찮은 발판이라고 생각했다. 전쟁 이후로 여성들도 소수나마 법조계에 진출해 있었다. 시몬이 법조 공무원이 된다면 수입은 평생 보장될 터였다. 시몬은 성급히 판단하는 성격이 아니었기에 '나폴레옹 법전'을 읽어보고 결론을 내렸다. 그 길은 분명히 아니었다. 어머니는 사서가 되는 게 어떻겠냐고 했다. 이번에도 시몬은 완강하게 그 길은 아니라고 말했다.

시몬의 마음은 철학으로 정해졌고, 부모는 철학은 안 된다고 정해 놓았다. 그래서 시몬은 침묵으로 밀어붙였다. 부모가 진로 얘기를 하려고 할 때마다 입을 닫아버렸다. 시간이 갈수록 불편함을 피하기가 힘들어졌고 집안 공기는 무거워졌다. 언성을 높여 가며 말다툼을 하긴 했지만 결국은 부모가 항복했다.

어느 날 시몬은 잡지에서 자기가 장차 되고 싶은 모델을 찾았다. 프랑스 여성 최초로 '국가 박사' 학위를 취득한 레옹틴 장타*를 다룬 기사를 읽은 것이다. 사진 속의 여성은 생각에 잠긴 모습으로 책상 앞에 앉아 있었고 기사는 그녀가 입양한 조카딸과 살고 있다고 전했다. 장타는 지식인이었고 보부아르가 말하는 "여성적 감수성의 요구"에도 부합했다. 보부아르는 언젠가 자기 기사도 이렇게 실렸으면 좋겠다고 생각했다.[47]

하지만 시몬이 나이가 몇 살만 더 많았으면 그런 꿈은 꿀 수 없었을 것이다. 5년 일찍 태어났으면 대학 입시조차 치를 수 없었을 테니까. 시몬은 자신이 택한 길을 먼저 걸어간 여성이 별로 없다는 것을 알고 있었다. 그때까지 철학 교수자격시험을 통과한 여성은 단 여섯 명이었다. 그 시험은 경쟁이 치열한 국가고시였고, 보부아르는 그 난

레옹틴 장타(Léontine Zanta, 1872~1942년) 프랑스의 철학자, 여성 운동가, 작가. 1914년 프랑스 여성 최초로 철학 박사가 되었지만 대학에서 일할 수 있는 기회를 얻지 못했다. 이후 페미니즘 관련 기사와 글을 쓰며 여성의 권리를 증진하는 데 힘썼다.

관을 통과한 "개척자 중 한 사람"이 되고 싶었다.[48]

보부아르가 철학을 처음 공부하던 시기에 쓴 글은 거의 남아 있지 않다. 하지만 1924년 말에 생리학자 클로드 베르나르(Claude Bernard)가 쓴 과학철학의 고전 《실험 의학 연구 서설》(1865년)을 분석한 에세이 한 편이 남아 있다. 열여섯 살의 보부아르는 이 "흥미로운 저작"의 "가장 흥미로운 부분"은 저자가 철학적 의심의 가치를 보여주는 방식이라고 보았다. 베르나르는 "실험의 대원칙"은 "의심"이며, "그러한 철학적 의심이 정신을 주도적이고 자유롭게 한다."라고 썼다. 그가 보기에 어떤 유의 회의주의는 건질 게 없지만 인간 정신의 한계를 파악하는 "생산적인 의심"도 있다. "우리의 정신은 너무나 제한적이므로 상황의 처음도 끝도 알 수가 없다. 하지만 우리는 중간 부분, 특히 우리와 밀접한 부분은 파악할 수 있다."[49]

보부아르의 학교에서 쓰는 철학 교과서인 샤를 라르(Charles Lahr) 신부의 《철학 개론》도 의심을 주제로 다루었다. 하지만 그 책은 의심이 신앙을 타락시키거나 소멸시키기 때문에 지나치게 의지해서는 안 된다고 경고했다. 보부아르는 학생 때부터 정신을 체계에 종속시키거나 정신의 자유가 없는 방식으로 철학하기를 거부했다.[50] 보부아르가 일찌감치 자유의 철학에 관심을 두었다는 사실은 보부아르 후기의 개인적 결정, 그녀의 철학, 그녀의 오해 많았던 생애를 이해하는 데 매우 중요하다. 1920년대에 보부아르는 알프레드 푸예(Alfred Fouillée)를 읽었다. 이 19세기 철학자는 장자크 루소(Jean-Jacques Rousseau)와 자유에 대한 견해를 달리했다. 푸예는 "인간은 자유롭게 태어나는 것이 아니라 자유롭게 되는 것"이라고 했다.[51] 그리고 자유는 '주도적 관념(idée force)', 다시 말해 개인의 발전적 변화를 빚어낼 만한 힘이 있는 '관념'이라고 주장했다. 푸예는 자유 의지와 결정론, 즉 인간이 운명을 스스로 만들 수 있는가, 아니면 주어진 운명대로 사는가라는 철학의 오래된 질문에 천착했다. 인간이 어떤 식으로 행동하게끔 결정되었다고 생각하는 사람들과 달리, 그는 자유를 향한 욕망 자체가 우리를 자유롭게 한다고 보았다.

다른 사람들은 욕망과 감정이 자유를 위협한다고 생각했다. 그러나 푸예는 자유를 향한 욕망은 다른 욕망의 영향에 맞선다는 점에서 그 밖의 인간 욕망과 다르다고 지적한다. 자유를 향한 욕망이 있기에 인간은 무조건 "좋은 행동", "좋은 결정"만 원하는 게 아니라 고유한 '자신의' 결정을 내리고 싶어 한다.[52]

보부아르도 미래를 '자신이' 결정하기를 바랐다. 자유롭게 살고 싶었다. 철학을 공부하고 싶었다. 어머니가 딸이 철학을 공부하기로 했다고 말하자 쿠르 데지르의 수녀 교사들은 소르본대학을 일년만 다녀도 보부아르 양의 신앙과 성품이 망가질 거라면서 불난 집에 부채질을 했다.[53] 그리하여 가족은 타협을 보았다. 시몬은 일단 문학을 공부하기로 했다.

1925년 시몬이 선택한 직업으로 통하는 가장 좋은 길은 막혀 있었다. 프랑스 철학의 최고 엘리트를 양성하는 파리 고등사범학교는 여학생은 받지 않았다. 따라서 소르본대학에서 학사를 취득하고 나서 교육학 과정을 밟고 교수자격시험을 치러야 했다. 1925년에 시몬은 가톨릭 학교에서 수학을 공부했고, 생트마리 학교에서는 문학과 언어학을 공부하기 시작했다. 두 교육 기관 모두 가톨릭 학생이 세속의 위험에 노출되는 위험을 최소화하면서 소르본 입학을 준비하기에 적합한 곳이었다.

어머니는 이 학교가 얼마나 탁월한 선택이었는지 사실 잘 몰랐다. 단지 가톨릭 신자들에게 평판이 좋다는 이유로 생트마리를 골랐다. 하지만 이 학교에서 시몬은 프랑스에서 그 누구보다 많은 학위를 소지한 교사 마들렌 다니엘루(Madeleine Daniélou)를 만났다. 마들렌은 교육이 해방의 열쇠라고 믿었다. 남편이자 국회의원이었던 샤를 다니엘루도 생각이 같았다. 딸들이 다 컸고 남편도 집을 자주 비우다 보니 시간이 많았던 프랑수아즈는 독서와 공부에 매달리면서 시몬의 공부를 따라갔다. 머리가 좋았던 프랑수아즈는 공부를 하면 할수록 다니엘루 선생의 커리큘럼에 감탄하게 되었다.

시몬은 어머니의 관심이 기쁘면서도 씁쓸했다. 어머니가 친구 같은 모녀 관계를 원한다는 것은 알고 있었다. 어머니는 자신이 외할머니와 결코 누려보지 못했던 친밀함을 딸에게 바랐다. 하지만 어머니가 자연스럽게 가까워지기보다는 무리하게 접근을 시도했기에 딸은 더 움츠러들고 원망이 생겼다. 엘렌은 언니가 열여덟 살 때도 어머니가 언니 앞으로 오는 편지를 다 뜯어서 읽어보고 적절치 않다고 판단되는 편지는 버렸다고 말한다.[54] 그러잖아도 깨알 같던 시몬의 손글씨는 마치 어머니의 염탐하는 눈을 피하려는 듯 점점 더 작아졌다.

자매는 숨이 막힐 것 같았다. 그런 상황에도 자크가 렌 거리를 다시 찾아오자 어머니의 단속이 느슨해졌으니 얼마나 놀랄 일인가. 자크는 보부아르네를 찾지 않은 지 일년이 다 됐지만 새로 산 스포츠카를 보여주고 싶었던 것이다. 그는 자기 말을 들어줄 사람이 필요했고 시몬은 자기가 아직 읽지 않은 작가들 얘기, 몽파르나스에 사는 작가와 예술가 들에 대한 소문을 기꺼이 듣고 싶어 했다. 엘렌은 금방 자크가 언니를 보러 온 게 아님을 알았지만 언니는 얼굴까지 붉혀 가며 자크의 관심에 화답하고 있었다. 자크가 시몬과 드라이브를 하고 싶다고 했을 때 엘렌은 어머니의 허락에 충격을 받았다. 엘렌은 분하게도 집에 남아야 했지만 그 덕분에 두 사람이 나간 후 어머니의 '황홀'한 상태를 목격할 수 있었다. 어머니는 자크가 지참금과 상관없이 시몬과 결혼할 거라 기대했다.

그 후의 일은 어느 모로 보나 구애, 시몬 드 보부아르의 생애에 다시 없을 전통적 구애였다. 시몬은 자크와 함께 파리를 드라이브하고, 불로뉴 숲을 거닐고, 금서들을 읽고, 화랑을 둘러보고, 음악 감상을 했다. 그러다가 갑자기 프랑수아즈가 둘만의 외출을 금지했다. 자크의 애간장을 태울 작정이기도 했지만 의심이 도진 탓도 있었다. 시몬이 진즉부터 나이트클럽과 카페를 드나들고 담배 냄새, 술 냄새를 풍기며 들어오곤 했기 때문이다.

그해에 시몬은 우수한 성적으로 시험들을 통과했다. 철학 교사는 생트마리에서 계속 공부를 하면서 소르본에서 최대한 많은 과정을 이수하라고 조언했다. 시몬은 당시 수학, 프랑스 문학, 라틴어 세 과목의 고등교육 수료 시험을 통과했다. 이해를 돕기 위해 부연하면, 보통 네 과목의 수료 시험을 통과하면 학사 학위를 취득할 수 있었는데 다른 학생들은 일년에 한 과목 수료가 일반적이었다.

그 사이에 자크는 법과대학에서 시험에 낙방해 일년 유급을 하게 됐다. 그는 게을렀고 주량이 부쩍 늘었지만 시몬은 그러한 결함을 대수롭지 않게 여겼다. 자크가 달리 할 일도 없고 해서 재미 삼아 자기 옆에서 어슬렁거린다고 믿고 싶지는 않았다. 그들은 육체적 관계가 아니었다. 키스조차 한 적이 없었다. 자크는 곁에 없을 때가 많았고 함께 있을 때도 무심했다. 하지만 시몬은 그런 거리감도 상대보다는 자기 탓으로 여겼다. 원숙한 여성이 된 후 시몬이 이 시기의 일기를 읽으면서 실망을 느끼지 않았을 리 없다. (그 실망을 《견실한 젊은 여성의 회고》를 쓰면서, 그리고 후기의 철학에도 풍부하게 써먹는다.) 자크가 결혼을 두고 하는 말은 모호했다. "나는 결혼을 일찍 해야 할 것 같아."라고 말하긴 했지만 실제로 청혼을 하지는 않았다. 시몬은 나중에 왜 자신이 그렇게 자크의 청혼을 기다렸는지 의아해한다. 그 이유는 도구적 측면, 즉 결혼으로 마침내 가족의 사랑과 존중을 받아내겠다는 생각이 컸을 것이다.

시몬은 속으로 갈등했다. 자신이 상상하는 샹피널 부인의 삶과 이른바 '자유의 삶'을 일기장 속에서 비교했다. 1926년 여름을 친척들과 시골에서 보내면서도 시몬은 행복해지려고 애썼다. 파리로 돌아와서 자크를 만나려고 했지만 어머니가 못 만나게 했다.

열여덟 살의 여름, 시몬은 처음으로 '엘리안'이라는 제목의 소설을 쓰려고 했지만 아홉 쪽밖에 쓰지 못했다.[55] 철학을 좋아했지만 거창한 철학 체계를 세우기보다는 "내적인 삶을 다룬 소설"을 쓰고 싶었다.[56] 시몬은 자기 캐릭터들의 풍요로운 세계 '속에서' 어떤 일이 일어나고 있는가를 보여주고 싶었다. 이 기획은 앙리 베르그송의 책을 읽고서 나온 것이기도 했다. 베르그송은 《시간과 자유 의지》(1889년)에서 "어느 과감한 소설가"를 높이 사지 않았던가. (보부아르가 일기에도 인용했듯이) 베르그송은 문학이 "우리의 관습적 자아가 교묘하게 짜놓은 그물을 찢어버릴" 수 있다고 말한다. 시몬은 베르그송의 철학에서 "논리적 구성"이 아니라 "손에 잡힐 듯 뚜렷한 현실"을 발견하고 "엄청난 지적 황홀"을 경험했다.[57]

보부아르는 또 일기에 자신의 의문을 허구로 옮겨놓음으로써 "삶을 사유하고" 싶다고 썼고, 실제로 2년간 이런저런 단편 습작에 몰두했다. 경험에 충실한 기술은 나중에 시몬이 철학자로서 관심을 두게 될 현상학의 특징이기도 하다. 현상학, 즉 일인칭 시점에서의 의식 구조 연구는 시몬의 페미니즘 방법론에도 영향을 끼쳤다. 현상학을 페미니즘의 목적에 맞게 새로이 수립했다고 할까. 하지만 1927년 시몬은 "생에 대한 에세이"를 쓰고 싶어 했고 그건 "소설이 아니라 철학이되, 허구와 모호하게 연결되기를" 바랐다.[58]

회고록 《생의 한창때》에서 보부아르는 자기는 철학자가 아니지만 사르트르는 철학자라고 했다.[59] 하지만 보부아르의 일기를 보면 1926년 여름에 어떤 충격적인 경험을 하고 부끄러움을 느꼈으며 훗날의 연구에서 중심을 차지하게 될 주제를 철학적으로 성찰하기 시작했던 것 같다. 사르트르는 이때로부터 3년 후에야 만나게 되지만 이 주제는 사르트르의 연구에서도 중요한 역할을 할 것이다.

그 여름에 시몬은 고모와 함께 루르드 성지 순례를 가서 치유를 바라는 병자의 육체적 고통을 목격했다. 시몬은 어쩔 줄 몰랐고 "병자들 앞에서 지적이고 감상적인 태도는 전부 역겹게 느껴졌다." 자신의 슬픔은 그들의 육체적 통증과 절망에 비하면 아무것도 아닌 것 같았다. 그 순간 시몬은 부끄러웠고 자기를 온전히 내어주는 삶―"자기부정"에 이르는―만이 적절한 답이 될 수 있다고 생각했다.[60]

하지만 나중에 곰곰이 생각한 후 그건 아니라는 결론을 내렸다. 시몬은 일기에서 스스로 삶을 부끄러워하지 말라고 한다. 삶을 얻은 이상, 가능한 한 최선의 방식으로 살아낼 의무가 있다. 자기를 온전히 내어준다는 것은 사실상 "정신적 자살"이다. 자기를 얼마나 내어주고 지킬 것인지 결정하는 것보다는 차라리 그 편이 쉽다. 시몬은 이때 필요한 것이 "균형"이라고 말한다. 균형이 잡힌 사람들은 "타인을 섬기기 위해 자기 의식을 완전히 없애지 않고도" 자기를 내어준다.[61] 시몬은 자기를 내어주되 자기를 잃지는 않으면서 살고 싶었다.

엿새 후의 일기도 다시 이 문제로 돌아와 헌신과 이기심이라는 양극단의 가능성을 다룬다. 시몬의 어린 시절 경험을 참고하면 이 양극단을 어머니와 아버지, 또는 여성과 남성으로 해석하고 싶을 수 있다. 어머니의 비굴할 정도의 헌신과 아버지의 가책 없는 이기심이 일기에 직접 언급되지는 않지만 시몬이 나중에 부모에 대해서 쓴 글들을 보면 어릴 적 집에서 불공평하다는 느낌을 받은 것만은 확실하다. 일기에는 "존재에 대한 애정" 때문에 타인에게 헌신하는 삶을 살고 싶다고 썼다. 그러고는 자신의 감정과 사상의 일치를 원하기에 자기 자신에게 묻는다. 타인에 대한 감사를 근거로 삼아 도덕률을 수립할 수 있을까? 다른 사람들에겐 어떨지 알 수 없었지만 시몬 자신에겐 그걸로 충분했다.[62]

저 확실히 나는 개인주의적이다. 하지만 개인주의적이면 타인을 사심 없이 사랑하고 헌신할 수 없는 걸까? 나의 어떤 부분은 내어주는 것이 마땅하지만 또 다른 부분은 내가 지키고 고양해야 하는 것 같다. 후자의 부분은 그 자체로 타당하고 타인의 가치를 보증한다.[63]

시몬은 열여덟 살에 "공허하기만 한" 철학 토론에 염증을 느끼고 머리로 아는 것과 실생활에서 느끼는 것의 격차를 이미 고찰하기 시작했다.[64] 그리고 문학이 이 격차를 메워준다고 생각했다. "나는 삶을 재발견하는 작가가 좋다. 그리고 삶과 중개자 역할을 하는 작가를 재발견하는 철학자가 좋다."[65] 보부아르는 그러한 중개자가 되고 싶었다. 특히 인간이 "안에서 볼 때"와 "밖에서 볼 때" 얼마나 "이원적"인지, 내면에 충실하면서도 세계 속에서 타자들과 관계 맺는 양상을 보여주고 싶었다. 9월에는 다른 소설을 구상했고 '존재의 시도'라는 68쪽짜리 원고를 썼다.[66]

1926년 가을에도 시몬은 계속 자크를 향한 마음과 싸웠다. 그 무렵에는 자크와 "서로 사랑할 수 있다고" 진심으로 믿었다. 시몬이 원한 것은 자신의 표현대로 "평생을 함께 가되 내 삶을 전부 빨아들이지는 않는 사랑"이었다. 사랑이 "나머지 전부를 사라지게 하는 것이 아니라 그 전부에 새로운 색조를 더해야만" 했다.[67]

비록 마음을 금세 바꾸긴 했지만 자신도 언젠가 결혼을 하긴 할 거라고, 어떤 상황에서는 결혼이 "대단하고 아름다운 일"이 될 수 있다고 생각했다. 하지만 어머니가 너무 성가시게 굴었다. 어머니는 자크와의 결혼이 "확실한 결론", 즉 청혼에 이르지 못했다고 불안해했다.[68] 심지어 우연히 마주치는 상황이라도 만들려고 일부러 시몬을 자크가 자주 다니는 길에 내보내기까지 했다. 어머니는 딸을 생각해서 그랬다지만 정작 시몬은 창피했다. 11월에 시몬은 일기에 이렇게 썼다. "나 자신이 선택한 것은 얼마나 적고, 삶이 나에게 강요한 것은 얼마나 많은가. 나의 삶을 좇아가려니 나 자신을 체념해야 하는구나."[69]

어머니는 늘 적절하게 살라고 가르쳤지만 딸은 삶의 모든 입장은 받아들일 수 있는 것이고 어떤 입장이 가치가 있으려면 그 입장을 택한 사람이 '가치 있게' 보아야 한다고 일기에 썼다. 시몬이 사랑, 삶, 행복을 보는 시각은 부모의 시각과 명백히 달랐다. 그녀는 자기 생각없이 적절한 책을 읽고 적절하게 여겨지는 행동만 하면서 살고 싶지 않았다. 1926년에는 "사유만 하는 사람도 아니고 그냥 살기만 하는 사람도 아닌 자기 삶을 사유하는 사람들"만 진심으로 존경할 수 있다고 결론 내렸다.[70)]

디어드레이 베어의 전기에는 프랑수아즈가 1927년 새해에 시몬의 생일 기념 사진을 찍기로 했다고 나와 있다. 생일 기념 사진은 유별난 게 아니었지만 어머니에게는 자크와 관련된 다른 의도가 있었다. 어머니는 일반적인 생일 기념이 아니라 마치 약혼식 사진처럼 딸에게 반지를 끼는 쪽 손으로 꽃다발을 들고 포즈를 취하게 했다. 자크는 그 사진 한 장을 기쁘게 받아 갔지만 그걸로 끝이었다. 어머니는 약이 올랐다.

시몬의 심경이 어땠는지는 모른다. 그녀가 기록을 하지 않았을 수도 있고, 실제로 그런 일이 일어나지 않았을 수도 있다. 실비 르 봉 드 보부아르는 그런 사진은 없다고 했고 보부아르의 일기도 1926년 12월 초부터 1927년 4월까지는 거의 비어 있다. 하지만 베어가 전하는 이야기는 여기서 끝이 아니다. 엘렌이 쿠르 데지르를 졸업한 1927년 봄 자크가 시몬의 주의를 끄는 바람에 잠시 소원했던 자매는 어머니의 불같은 성질을 상대하느라 다시 한편이 되었다. 자크에 대한 어머니의 불안은 심각했다. 패는 전부 남자 쪽에서 쥐고 있었으므로 어머니는 좌절감과 무력감을 느꼈다. 그 감정은 딸들을 향한 빈정거림이나 멸시로 튀어나왔고, 그게 아니면 치욕적인 수준으로 폭발했다. 어느 날 프랑수아즈는 샹피뇔가에서 저녁을 먹었지만 청혼은 낌새조차 없었기에 몹시 울적해져서 집으로 돌아왔다. 그 후 몇 시간을 불안하게 왔다 갔다 하더니 자기 딸이 이렇게 망신을 당할 순 없다고 고함을 지르면서 집을 뛰쳐나갔다. 조르주는 집에 있었지만 침대에서 일어나지 않았다. 엘렌이 잠에서 깨서 옷을 대충 걸쳐 입고 몽파르나스 대로에서 어머니를 쫓아갔다. 프랑수아즈는 샹피널가 집 앞에서 고래고래 소리를 질렀다. 시몬도 그 소리를 듣고 일어나 내려갔다. 딸들은 난동 피우는 어머니를 말없이 끌고 들어왔다.[71] 21세기의 시각에서 봤을 때 이 일화가 사실이라면 프랑수아즈의 정신 건강에 의문이 든다. 나중에 보부아르의 작품에 나오는 여성들은 함정에 빠진 것 같은 기분을 느끼며 미치기 일보 직전까지 가곤 한다.[72]

자매의 회고록을 참조하건대 1926~1927년에 시몬과 엘렌은 차츰 구혼자나 보호자 없이 하는 외출을 허락받았던 것 같다. 시몬은 생트주느비에브도서관의 여성 전용 서가(루크레티우스, 유베날리스, 디드로)를 즐겨 찾았고 젊은 철학 교사가 파리 북서부 노동자 계급을 위해 설립한 '에퀴프 소시알'이라는 사회복지원에서 강의도 시작했다.[73] 어머니가 그런 유의 봉사 활동은 허락했기 때문에 시몬은 집에 있기 싫어서 야간 강의를 더 많이 맡았던 듯하다. 시몬은 파리의 밤거리를 활보하거나 엘렌이 그림 그리는 것을 보러 갔다. 엘렌의 세상은 매혹적인 방향으로 확장되었다. 시몬은 '에퀴프 소시알'이나 엘렌의 사생화 수업에서 자기네 생각과 꿈을 이야기하는 사람들, 당당한 누드 모델들, 당황하지 않고 관찰에 열중한 학생들을 보았다. 보부아르 자매는 그 전까지 그렇게 많고도 다양한 사람을 접한 적이 없었다.

자크는 시몬을 앙드레 지드와 마르셀 프루스트만이 아니라 칵테일에도 입문시켰다. 시몬은 어느새 술집 단골이 되어 있었다. 시몬과 엘렌은 여전히 라 로통드 카페에 자주 갔다. 때로는 미술 수업이나 강의를 빼먹고 저녁 시간을 카페나 술집에서 보내기도 했다. 시몬은 이제 생트마리에서 조교로 일했기 때문에 수입이 조금 있었다. 많은 금액은 아니었지만 자기 용돈과 책값을 충당하고도 조금 남을 정도는 됐다.

가정에서의 고충과 밤의 유흥에도 불구하고 학업 성과는 여전히 대단했다. 1927년 3월에 시몬은 역사와 철학 수료 시험도 통과했다. 4월에 그해의 "진지한 철학 공부"가 "(안타깝게도!) 지나치게 날카로운 비판 정신과 논리적 엄정성에 대한 욕망"을 고양했다고 스스로 평했다.[74] 어떤 이는 시몬이 왜 "안타깝게도!"라고 썼는지 의아해할 것이다. 논리적 엄정성을 중시하는 날카로운 비판 정신이 뭐 어때서? 다음 장에서 보겠지만 그런 정신이 하느님을 배척하기 때문에 애석해했던 걸까? 아니면 여성성과 그러한 정신은 서로 맞지 않기 때문에? 행복에 방해가 될까 봐?

6월에 시몬은 '일반 철학' 과목을 2등으로 통과했다. 1등은 훗날 걸출한 사상가가 될 시몬 베유(Simone Weil)였다. 베유의 정치학이나 자기 희생은 알베르 카뮈(Albert Camus), 조르주 바타유(Georges Bataille) 같은 주변 인물에게 큰 영감을 주었다. (보부아르는 베유가 철학이라는 면에서 자기 스승 알랭*의 가르침을 충분히 문제시하지 않은 채 수용했다고 보았다.) 이 시험의 3등 모리스 메를로퐁티도 훗날 중요한 철학자가 된다. 보부아르는 그리스어 시험도 통과했다. 불과 2년 만에 학사를 하나 따고도 남을 만한 공부를 해낸 것이다.

보부아르는 《견실한 젊은 여성의 회고》에서 교육과 성공이 존경을 안겨주기도 했지만 깊은 외로움, 방향을 잃은 기분이 더 컸다고 말한

알랭(Alain, 1868~1951년) 프랑스의 철학자, 비평가. 본명 에밀오귀스트 샤르티에(Émile-Auguste Chartier)보다 필명인 '알랭'으로 더 널리 알려져 있다.

다. "나는 …… 내가 속한 계급에서 떨어져 나오고 있었을까? 나는 어디로 가고 있었나?"[75] 1927년 5월 일기에서도 이 외로움의 표현을 볼 수 있다. "나는 정신적으로 매우 외롭고 내 삶의 초입에서 갈피를 못 잡고 있다. …… 나에게 가치가 있고, 할 일과 할 말도 있다는 생각은 든다." 시몬은 자신의 "지적 취미"와 "철학적 진지함"을 "미소로" 일축해버리던 자크의 태도를 돌이켜보고 결연하게 (여백에 강조까지 해 가면서) 이렇게 썼다. "내 삶은 단 하나뿐인데 하고 싶은 말은 많다. 그는 내 삶을 나한테서 앗아 갈 수 없을 것이다."[76]

자유를 다시 생각한 날 시몬은 일기에 이렇게 쓴다. "자유로운 결정과 상황의 상호 작용을 거쳐야만 진정한 자아를 발견할 수 있다." 사람들은 일단 결정을 내리면 끝인 것처럼 말했다(가령 결혼을 하겠다는 결정이라든가). 하지만 시몬은 선택이 그런 식으로 이루어진다고 생각하지 않았다. 모든 선택은 "만들어지는 끊임없는 과정에 있었다. 선택은 내가 의식을 할 때마다 다시 이루어졌다." 그날 결혼은 "근본적으로 부도덕하다"는 결론을 내렸다. 어떻게 오늘의 나가 내일의 나를 위해서 결정을 내릴 수 있단 말인가?

자크를 사랑하면서 사는 삶이 여전히 머릿속에 그려지긴 했지만 시몬에겐 다른 남자 대화 상대가 생겼다. 소르본에서 만난 샤를 바르비에(Charles Barbier)는 철학과 문학을 함께 논하면서 시몬에게 회피적인 미소가 아니라 지적 관심을 보여주었다. 이 경험으로 미래에 여러 가능성이 있는데(보부아르는 이를 프랑스어로 자신의 '가능성들 possibiles'이라고 불렀다) "하나만 남기고 나머지는 죽여야" 하고 생의 마지막 날에는 오직 하나의 현실만 남게 되리라는 것을 깨달았다. 그러면 "한 생"을 산 셈이 되리라. 문제는 어떤 생을 사느냐였다.[77]

이런 예들은 보부아르가 어려서부터 강력한 소명을 느끼고 자신의 목소리를 중요시했음을 보여준다. 《견실한 젊은 여성의 회고》는 심지어 히브리 예언자, 즉 신의 전령의 언어를 빌려 와 자신의 소명을 표현한다. 사절이 필요했던 신이 이스라엘 민족에게 묻는다. "내가 누구를 보낼꼬?" 예언자 이사야가 대답했다. "제가 여기 있나이다. 저를 보내소서." 시몬은 회고록에서 자기 내면에 "제가 여기 있나이다."라고 몇 번이고 속삭이는 목소리가 있었노라 말한다.[78] 신이 존재하든 그렇지 않든 간에, 시몬은 자기가 해야만 하는 말이 아주 중요하고, 어떤 이들이 대놓고 반박을 하거나 회피적인 태도로 자기 뜻을 꺾으려 할 거라고 예감했다.

시몬은 결연했지만 자기 의심과 타인들의 기대에는 면역이 되어 있지 않았다. 부모는 딸의 독서까지 간섭하고 난리를 피웠다. 시몬은 부모가 자신을 "조금도" 받아주지 않는다고 느꼈다.[79] 아버지하고 다툼도 잦아졌다. 아버지는 "쫓아내겠다." "인정머리가 없다." "머리만 좋지 감정이 없다."고 했다.[80]

자크가 시몬의 지적 열정을 미소로 일축해버리기 한 주 전에 그녀는 아버지와 사랑의 의미를 두고 논쟁을 벌였다. 아버지는 사랑이 "봉사, 애정, 감사"라고 했다. 시몬은 지금은 잊힌 철학자들, 이를테면 알랭이나 쥘 라뇨(Jules Lagneau)를 많이 읽었는데 특히 라뇨에게서 "어떻게 살아야 할지를" 발견했다고 했다. 시몬은 "상호성이 필요한" 진실한 사랑을 해보지 못한 사람들이 많다고 생각했다.[81] 7월에 보부아르는 다시금 자신의 "철학 사상을 명쾌하게 설명하기로" 다짐한다. 자신의 관심을 끄는 문제들, 특히 '사랑'(일기에서도 인용 부호로 강조한 단어)[82]과 '자기와 타자의 대립'[83]을 깊이 있게 연구하고 싶었다. 보부아르는 그 나이에 이미 사랑 개념을 낭만적 이상이 아니라 윤리적 이상으로 여기고 있었다.

보부아르는 일기에서 자기에게 이렇게 명령했다. "'보부아르 양'이 되지 마. 내가 되자. 외부에서 부과한 목표, 충족해야 하는 사회적 틀에 연연하지 마. 나에게 작용할 것이 작용하면 그걸로 다 된 거야."[84]

시몬은 자자와도 사랑을 논했다. 둘은 철학을 좋아했고 미래에 대해 많이 생각했기에 그 어느 때보다 가까워졌다. 학교 철학 수업에서 사랑의 본성을 토론했고, 한 주 동안 함께 미술관에 가거나 테니스를 치면서 토론을 이어 나가기도 했다.[85] 프랑수아즈는 여전히 이 우정을 좋게 보았지만 라쿠앵 부인은 자자의 학구열이 지나친 게 아닌가, 시몬이 그런 쪽으로 안 좋은 영향을 주는 게 아닌가 걱정하기 시작했다. 자자는 2만 5천 프랑의 지참금을 챙기는 것보다 소르본대학 입학을 더 간절히 원했다. 부모로서는 이해할 수 없는 일이었다.

시몬은 다른 친구들도 사귀면서 자신의 세계를 유연하게 넓혀 갔다. 스무 살에는 랑드에 있는 자자의 시골 별장에 갔다가 그 집 가정교사 스테파 아우디코비치(Stépha Awdykovicz)를 만나서 아주 친한 사이가 되었다. 시몬에게 이 우크라이나계 폴란드 이주 여성은 이국적이면서도 대담해 보였다. 스테파는 부유한 집에서 교육을 잘 받았지만 파리 부르주아 생활에 흥미가 있어 가정교사 일을 하고 있었다. 스테파는 성적 욕망에 거리낌이 없었고 시몬에게도 그런 얘기를 솔직하게 했다. 파리로 돌아온 후 그들은 거의 매일 만났다. 스테파는 보부아르네서 멀지 않은 곳에 살았고 외무부에서 번역 일을 했다. 그녀는 돈을 잘 벌었고 친구들에게 쓰기도 잘 했다. 스테파는 시몬을 내숭쟁이라고 놀리면서 예의 신중한 태도를 문제 삼는가 하면 시몬이 너무 순진해서 걱정된다고 친언니처럼 말하기도 했다.

엘렌은 시몬을 미술 수업에서 만난 친구 제랄딘 파르도(Geraldine Pardo)에게 소개했다. 자매가 제제라고 불렀던 이 친구는 노동자 계급 출신이었는데, 일이 너무 좋아서 결혼을 하든 말든 계속 일할 거라고 말하곤 했다. 시몬은 제제의 열성과 말재주에 끌렸다. 제제 덕분에 사회 계급이 필연적으로 인간 행동을 결정하지는 않는다는 것을 확실히 알았다.

하지만 시몬의 지나친 순진함을 스테파가 염려한 데에는 이유가 있었다. 시몬은 마음껏 '모험'을 즐기기 시작했다. 본인은 순수한 장난으로 여겼지만 자칫 끔찍한 일이 생길 수도 있었다. 처음에는 스테파도 함께 어울려 놀았다. 하지만 남자들이 사는 술을 허락하는 정도로 시작된 모험이 지저분한 술집 출입, 남자와의 드라이브, 남자의 취중 기대를 채워줄 마음도 없으면서 밤늦게 집 앞까지 함께 돌아오는 것 같은 위험한 행동으로 이어졌다. 시몬은 늘 험한 일을 당하지 않고 그럭저럭 빠져나왔지만 스테파는 애초에 왜 그런 상황까지 가느냐고 화를 냈다. 스테파는 시몬이 아직도 자크와 '거의 약혼한 사이'처럼 굴면서 그런 행동을 하는 이유를 이해할 수 없었다.

열여덟 살의 시몬은 철학에서는 조숙했지만 행동 면에서는 너무 무모해서 위태롭거나 지나치게 고지식했다. 스테파가 곧 결혼할 사이인 페르난도 제라시(Fernando Gerassi)와 자기 방문을 잠그고 단 둘이 있는 것만 보고도 충격을 받았다. 스테파는 안 좋은 소문이 나도 괜찮은 걸까? 나중에 유명 화가가 된 페르난도가 스테파의 누드화를 그렸는데 시몬은 펄쩍 뛰면서 그 그림을 보려고도 하지 않았다. 친구들은 그런 내숭 떨기가 거만하다고 생각했다. 시몬은 스테파와 제제에게 그들의 견해와 품행이 저급한 양육의 유감스러운 결과라고 말하기까지 했다.[86] 이런 모습의 시몬 드 보부아르는 논란이 될 만했다. 만약 그녀가 자신이 나중에 쓰게 될 소설에 ─ 그리고 나중의 삶에도 ─ 포함된 장면들을 봤다면 엄청난 충격을 받았을 것이다.

일기에는 자기와 타자 사이의 '균형' 문제가 계속 나온다. 시몬은 자기 삶을 두 부분으로 쪼개기 시작했다. "타자들에 대한" 삶과 "자기 자신에 대한" 삶.[87] 이 구분은 사르트르가 《존재와 무》에서 수립한 그 유명한 구분 ─ '대자 존재'*와 '대타 존재'* ─ 보다 시기적으로 훨씬 앞선 것이다. 사르트르의 구분이 시몬의 소설과 《제2의 성》에 영향을 끼쳤다고 오해하는 사람들이 많은데 그러한 시각은 시몬이 이미 어릴 때부터 독자적으로 수립한 것이다.[88]

1927~1928학년에 시몬은 세 과목을 더 통과해서 고전과 철학으로 학사 학위를 두 개 받을 계획을 세웠다. 그녀가 늘 자기가 세운 목표를 즐겼던 것은 아니다. 도서관과 집에서 너무 많은 시간을 보내야 한다고 불만스러워하기도 했다. "쳇바퀴 돌리는 쥐"가 된 기분도 들었다. 1928년 3월 철학사에 필요한 두 개 과목(윤리학과 심리학)은 통과했지만 (고전 학사에 필요했던) 문헌학은 무미건조하고 지루해서 계속할 이유가 없겠다 싶었다. 시몬은 고전 학사는 따지 않기로 결심했다. 아버지는 반대했다. 어차피 결혼으로 관습적인 성공을 이루지 못할 바에는 가능한 한 관습을 깨는 성공을 해야 한다고 생각했기 때문

─────────────

대자 존재(Being-for-itself) 의식이 있는 인간 존재. 사르트르는 의식이 없는 사물 형태로 존재하는 것을 즉자 존재로 규정했는데, 이와 달리 대자 존재는 현재의 상태에 머물지 않고 자신을 변화시키고 자유롭게 선택함으로써 자기 존재를 만들어 나간다.
대타 존재(being-for-others) 타자의 시선으로 규정된 존재. 타자가 즉자 존재처럼 객체화하여 바라본 나를 가리킨다.

이다. 하지만 시몬은 흔들리지 않았고 고전학을 과감히 버렸다.

이론의 여지없는 명석함은 주목을 끌기 시작했다. 메를로퐁티는 일반 철학에서 자기를 뛰어넘은 부르주아 여학생을 만나보고 싶어 했다. 물론 그런 여학생이 한 명 더 있었지만 시몬 베유는 유대인이었으므로 가톨릭 신자들끼리의 지적 유대에는 적합지 않다고 생각했다.[89] 두 명의 시몬 가운데 어느 쪽도 관습적인 의미의 '가톨릭 여성'이 되지는 않는다. 하지만 베유는 열렬한 신앙의 여성으로 기억될 것이고 보부아르는 열렬한 무신론자로 기억될 것이다.

3장

신을 사랑하는가,
인간을 사랑하는가?

1927~1929년

"온갖 모순을 떠안은 창조주보다
창조주 없는 세계를 사유하는 편이 더 쉽다."

Simone de Beauvoir

열아홉 번째 생일을 하루 앞둔 밤, 보부아르는 고통스러운 부재에 대한 생각을 일기에 썼다. 어릴 적에는 하느님이 자신의 세상을 다스린다고 믿었다. 돌이켜보면 하느님의 통치도 미심쩍었지만 이제는 다른 문제들에 직면했다. 자신을 '부른' 존재가 없다면 소명을 받았다고 할 수 있을까? 신이 없다면 무엇이 인간에게—다른 그 무엇에게든—가치를 부여하는가? "나는 가치가 있을지도 모른다." 하지만 그러려면 "가치가 반드시 존재해야 한다."[1] 이런 유의 질문들은 혼자만의 것이 아니었다. "신은 죽었다!"는 니체의 유명한 선언의 여파로 20세기 초 파리의 철학 엘리트들은 종교적 믿음과 체험의 미덕에 대한 논쟁으로 열을 올리고 있었다.[2]

보부아르의 생애에서 신의 퇴장은 사랑과 신의로 맺어진 친구 자자의 연애와 죽음 사건과 맞물려 있다. 이 두 상실이 오래가는 유산을 남기게 될 것이다. 그때부터 30년 동안 보부아르는 자신의 자유를 자자의 목숨을 값으로 치르고 얻은 것으로 생각했다.

1928년에 보부아르는 보헤미안들의 삶과 반항, 초현실주의, 영화, 발레 뤼스* 등 파리에서 가능한 대안적 삶의 모습들을 발견했다.[3] 그해에 소르본대학에서 인상적인 무리와 어울려 지내기도 했다. 두 명의 시몬(베유와 보부아르)은—나중에 생각해보니 애석하게 날아간 기회였지만—친구가 되지 못했다. 보부아르는 베유에게 관심이 있었지만 그건 베유의 명석한 두뇌 때문이라기보다는 타인의 고통에 열정적으로 마음을 쓰는 자세 때문이었다. 보부아르는 베유가 중국의 기근 소식에 눈물을 흘리더라는 얘기를 듣고 지구 반대편에 사는 사람들 때문에 아파할 만큼 넓은 마음에 깊은 인상을 받았다. 그래서 베유를 만나고 싶어 했지만 정작 만나서 대화를 나눠보고는 실망했다. 베유는 혁명을 더 중요하게 생각했고, 보부아르는 삶의 이유를 찾는 것이 더 중요하다고 생각했다. 베유는 그 대화를 다음과 같은 말로 끝맺었다. "네가 배고팠던 적이 없는 사람이란 걸 잘 알겠어." 보부아르가 보기에 베유는 자기를 위아래로 훑어보고 "거만한 부르주아 애송이"로 판단한 셈이었다.[4] 보부아르는 당시에는 아주 기분이 상했지만—베유가 보부아르의 상황을 전혀 모르면서 지레짐작했으므로—나중에는 젊은 날의 자기에 대한 베유의 판단에 어느 정도 공감했다.

반면 메를로퐁티는 보부아르의 소중한 '퐁티'*가 되었다. 보부아르와 비슷한 가정 환경에서 성장한 메를로퐁티는 고등사범학교 학생이었고, 신앙 문제에 매달려 있었다. 일반 철학 시험 결과가 발표 난 후 메를로퐁티가 먼저 보부아르를 찾아왔고 둘은 아주 가까워졌다. 진심 어린 대화를 주고받는 것으로 시작해 나중에는 서로 자기가 쓴 원

발레 뤼스(Ballet Russe) 1909년 제정 러시아 출신 무용가이자 예술 운동가인 세르게이 댜길레프가 파리에서 결성한 러시아 발레단.
퐁티(ponti) 이탈리아어 '교량(ponte)'의 복수형이며, 메를로퐁티의 이름과 비슷한 데서 착안한 애칭으로 보인다.

프랑스 현대 철학의 거두 모리스 메를로퐁
티. 십 대 후반부터 보부아르와 평생 동안
지적 교류를 이어 갔다.

고를 보여주기도 했다. 메를로퐁티는 보부아르를 아주 좋게 보았기
때문에 자기 친구 모리스 드 강디야크(Maurice de Gandillac)도 소개
했다. 강디야크는 보부아르가 똑똑하고 매력적이라고 생각했고 특히
그녀의 신앙에 관심을 기울였다. 보부아르도 메를로퐁티를 아주 좋
게 보았기에 자자에게 소개했다. 그 후로 이 사인조는 일요일 오전마
다 테니스를 치면서 우정을 다졌다. 메를로퐁티는 자자가 처음으로
만난 지식인 남성이었다. 얼마 지나지 않아 자자는 그전까지 불가능
해 보였던 꿈을 꾸기 시작했다. 사랑 혹은 정신의 삶을 포기하지 않
고도 결혼으로 가족의 의무를 다할 수 있을지 모른다는 꿈이었다.

　처음에는 보부아르도 메를로퐁티와 나누는 대화가 짜릿하고 즐거
웠다. 그들은 공통점도 많았다. 둘 다 신앙심이 깊은 가정에서 자랐
고, 둘 다 처음에는 스스로 티 내지 않는 불신자라고 생각했다. 메를
로퐁티는 고등사범학교에서 사제에 대한 존중과 신앙을 불경하게 비

판하는 학생들의 모임 '홀리 윌리즈(Holy Willies)'에 속해 있었다. 보부아르는 학교에 여자 친구가 별로 없었고 지적으로 흥미롭게 여겼던 여성도 종교나 사회적 배경, 혹은 그 둘 다 때문에 멀리했던 적이 많았다고 나중에 털어놓았다.[5] 그 대신 보부아르는 '홀리 윌리즈'의 다른 구성원들과 친구가 되었다. 특히 장 미켈(Jean Miquel)은 시몬과 함께 저명한 학자 장 바뤼지(Jean Baruzi)의 지도를 받으며 논문을 쓰고 있었다.

회고록에서 보부아르는 "십자가의 성 요한에 대하여 탁월한 사유를 전개한 논문의 저자 장 바뤼지의 강연을 들으러 갔다."고 썼다.[6] 사실은 그냥 강연만 들으러 간 게 아니었다. 그의 지도를 받으며 논문도 쓰고 있었으니까. 보부아르는 일기에 바뤼지가 자신을 진지하게 받아들이고 비판해줘서 좋다고 썼다.[7] 하지만 회고록은 그 논문의 내용에 대해서 이상하리만치 침묵한다. 그냥 "인격"[8]을 다룬 논문이고 바뤼지가 "칭찬을 아끼지 않았고" "본격적인 저작의 기반이 될 거라고" 했다는 언급만 있다.[9] 일기를 보면 바뤼지에게 보여준 글은 사랑과 윤리에 대한 논의가 포함되었던 것 같다.[10] 이러한 불일치는 거듭 의문을 자아낸다. 왜 이야기에 일관성이 없을까? 보부아르의 논문 자체가 남아 있지 않으니 거기에서 가능한 해답을 찾을 수도 없다.[11] 하지만 같은 시기의 일기 내용을 참조하면 사랑에 대한 그 글이 1940년대에 사르트르의 사상에 힘입어 썼다고 여겨진 윤리에 대한 글의 바탕이 되었을 가능성이 농후하다. 그렇다면 사르트르의 평판에 피해가 갈까 염려하여 자기의 초기 저작을 독자들에게 숨겼을까? 혹은 1950년대 독자가 사르트르의 철학이 다른 여성 주창자의 철학에 힘입어 형성되었다는 사실을—입증은 둘째 치고—믿지 않을 거라 생각했을까?

　1920년대에 보부아르는 지적 열정을 공유하는 여성을 거의 만나지 못했다. 점점 더 남자들과 어울리면서 정신의 연결을 추구한다는 사실을 깨달았다. 남자들과 나누는 대화와 우정은 즐거웠다. 《견실한 젊은 여성의 회고》에서 보부아르는 여성이 남성에게 도전적인 자세로 나가면 다들 경악한다고 말한다. "처음부터 남자들은 나의 적이 아니라 동료였다. 나는 그들을 시기하기는커녕 내 위치가 일반적이지 않다는 점에서 이미 일종의 특권이라고 느꼈다."[12] 보부아르는 나중에 가서 자신이 토큰 여성*이었다고 인정했지만 이 토크니즘*이 문제라고 인식한 것은 어디까지나 나중 일이다. 학생 시절에는 남학생들이 보부아르를 경쟁자로 생각하지 않았기 때문에 마음 편한 친구로 지내기도 쉬웠다. 그 이유는 프랑스 교육 시스템이 남녀를 똑같이 대하지 않았기 때문이다. 여학생들은 '정원 외 인원'으로 선발되었고 똑같은 일자리를 두고 남자들과 경쟁할 일이 없었다. (여성은 교사가 되더라도 여학교에만 갈 수 있었다. 프랑스 공교육은 여자아이들에게 열려 있었지만 남자 교사에게 여자아이들을 맡겨서는 안 된다는 분위기였다.)

　디어드레이 베어가 전하는 이야기에 따르면 보부아르는 메를로퐁티가 무신론자가 아님이 분명해지자 열의가 식었다고 한다.[13] 그들을 길러낸 종교의 경계 안에서 진리를 찾으려는 생각에 실망한 것이

토큰 여성(Token Woman) 남성 지배적인 조직에서 성차별이라는 비판을 피하기 위해 소수로 고용한 여성, 혹은 가부장제 사회에서 성공한 몇 안 되는 여성을 가리키는 용어.

토크니즘(Tokenism) 미국 사회학자 로자베스 캔터(Rosabeth Kanter)가 제시한 개념. 성, 인종, 종교, 민족 등 사회적 소수 집단에 대한 차별을 은폐하기 위한 수단으로 소수 집단 내 상징적 인물을 조직에 포함시키거나 평등하게 처우하는 관행을 가리킨다.

다. 하지만 신앙을 버린 이야기도 회고록의 대담한 표현에 비해 일기의 상세한 내용은 좀 다르고 훨씬 덜 감정적이다. 회고록에는 신에 대해 "빛을 보자마자 확실하게 돌아섰다."고 썼다.[14] 나중에 보부아르는 독자들에게 자신의 "불신은 결코 흔들린 적이 없다."고 했다.[15] 보부아르는 신을 상실한 경험을 성 아우구스티누스와 블레즈 파스칼을 연상시키는 언어로 돌연 모든 것이 "소리 없이 무너졌다."고 표현했다. 난생처음 "혼자"라는 단어의 "무시무시한 의미"가 다가왔다.[16]

하지만 일기에는 그렇게 급작스럽고 전격적인 경험이 나타나 있지 않다. 1928년 스무 살에 보부아르는 "가톨릭의 유혹을 받았다."[17] 나중에는 어릴 적 신앙을 순진한 문화적 적응으로 치부했지만, 대학 공부를 시작할 무렵에 헌신, 그리고 의심과 의문을 제기하는 자세가 공존할 수 있다고 생각하는 지식인 신자들이 갑자기 주위에 많아졌기 때문이다. 보부아르는 이제 막 사상의 싹을 틔우기 시작한 철학자였고 새로 접하는 논증이 일관성 측면에서 와닿지 않아도 그 논증의 장점은 살펴보았다.

하지만 일기를 직접 들여다보기 전에 회고록의 내용부터 추적해보자. 1958년에 출간된 판본에서 보부아르는 어릴 적에는 열렬한 신앙이 있었고, 신앙심 깊은 어머니가 꾸며내는 그런 신앙이 아니었다고 시인했다. 보부아르는 주 3회 미사에 참석했고 며칠씩 피정을 가곤 했다. 명상을 하면서 자기 생각과 "성스러운 결심"을 공책에 기록했다. "하느님께 더 가까이 가기를 소망했지만 …… 어떻게 해야 하는지 몰랐다."[18] 이 세상이 제공할 수 있는 최선의 삶은 신을 고요히 응시하는 삶이라는 생각에 카르멜 수녀회에 들어갈 결심도 했다.

보부아르는 훗날 정치로 전향하지만 젊을 때는 사회 문제를 멀게만 느꼈다. 자신을 둘러싼 세상을 바꾸기에는 스스로 무력하다고 느꼈던 탓도 있다. 그 대신 자기가 통제할 수 있는 것에 집중했다. 도덕이 주입된 의무의 종교 외에도 신비주의가 있다는 말을 들었다. 신과 신비로운 합일에 이름으로써 평화와 기쁨을 얻은 성인들의 열정적인 생애는 아주 익숙한 이야기였다. 그래서 시몬은 스스로 "고행을 만들어냈다." 속돌로 피가 나도록 살갗을 긁거나 목걸이 줄로 자기 몸을 후려갈기는 식으로 말이다. 교회사에는 육신을 증오하는 오랜 전통이 있고 육체적 금욕이 신비 체험을 일으키는 양상은 여러 세계 종교에서 나타난다. 하지만 시몬의 노력은 그녀가 갈망하는 계시를 불러오지 못했다.

《견실한 젊은 여성의 회고》에서 시몬은 수녀가 되려던 생각이 "편리한 알리바이"였다고 말한다. 하지만 당시에는 그렇게 생각하지 않았다. 어릴 적에는 여름마다 시골에서 지내면서 아침 일찍 자연이 깨어나는 모습을 보며 "지상의 아름다움과 신의 영광"을 마음 깊이 누렸다. 회고록에도 신의 존재와 아름다운 자연의 연관성이 몇 번이나 기술된다. 하지만 파리에서는 "그분은 사람들과 무거운 고민을 앞세워 내게서 숨어 계신다."고 썼다.[19]

시몬은 모습을 감춘 신 때문에 점점 심란해졌고 신이 "뒤숭숭한 인간사에는 아예 관여하지 않는다."고 결론 내렸다. 어머니와 선생님들은 교황이 성령으로 뽑힌 자라고 생각했다. 아버지와 어머니는 교황이 세상사에 관여하는 것은 적절치 않다고 했다. 교황 레오 13세가 "사회 문제" 회칙에 힘쓰자 어머니는 교황이 성스러운 사명을 저버렸다고 했고 아버지는 나라를 저버렸다고 했다. 그래서 시몬은 "지상에서 하느님을 대리하기 위해 뽑힌 이가 지상의 일에 관여해서는 안 된

다는 역설"을 지적하려다 꾹 참았다.[20)

또한 시몬은 이른바 "기독교도"들이 자신을 포함한 지상의 백성들을 온당치 않게 대하는 모습도 보았다. 학교에서는 고해 신부가 시몬의 고백을 누설했다. 열여섯 살 때 생 쉴피스 성당 옆 종교 서점에서 점원에게 어떤 책을 찾아 달라고 한 적이 있었다. 점원은 시몬에게 자기를 따라오라고 하면서 서점 뒤편으로 갔다. 시몬이 바로 옆까지 다가갔더니 그는 책 대신 자신의 발기한 성기를 보여주었다. 시몬은 바로 도망쳤지만 "참 별난 일이 예고도 없이 일어날 수 있구나."라고 생각했다.[21)

엘렌도 신이 그들의 유년을 짓눌렀지만 모두가 신의 무게를 똑같이 느끼지는 않았다고 말한다.[22) 집안 남자 중에는 미사에 참석하는 사람이 —파리에서든 리무쟁에서든— 없었다. 엘렌이 "남자는 우월한 종족이라서 신이 없어도 되는가 보다."라고 꼬집을 만도 했다.[23) 어린 시절 보부아르가 가톨릭에 반발한 이유는 어렵잖게 알 수 있다. 가톨릭의 가치관은 지나치게 불공평한 이중 잣대를 들이민다. 방탕한 남편이 아내는 성녀 같기를 바라고 자기 희생의 이상은 여성의 고통을 거룩하게 받들었다.

《견실한 젊은 여성의 회고》에서 시몬은 불신자 아버지와 헌신적인 어머니가 자기 안의 양극단을 나타내는 것 같았다고 말한다. 아버지는 지적인 것, 어머니는 영적인 것을 각기 나타냈다. "근본적으로 이질적인 두 경험의 장"에는 공통점이 전혀 없었다. 시몬은 인간적인 것, 즉 "문화, 정치, 사업, 예의범절, 관습이 종교와 무관하다."는 생각이 들었다. "그래서 나는 신을 삶과 세계로부터 별개로 놓았다. 이 태도가 장차 나의 발전에 깊은 영향을 끼치게 될 터였다."[24)

결국 시몬은 철학의 빈틈과 종교의 위선을 마주하고 "세계의 온갖 모순을 떠안은 창조주보다 창조주 없는 세계를 사유하는 편이 더 쉽다."는 결론을 내린다.[25] 신을 처음으로 거부한 후 보부아르는 작가가 되고 싶다고 자자에게 털어놓았다. 하지만 자자가 자기 어머니처럼 자식 아홉을 낳아서 키우는 것도 책을 쓰는 것 못지않게 좋은 일이라고 말해서 충격을 받았다. 보부아르는 그 두 삶의 양식에 공통점이 있다고 생각할 수 없었다. "아이를 낳고, 그 아이들이 또 아이를 낳는 것은 단지 오래된 염불을 무한히 반복하는 데 불과하다."[26]

보부아르의 '생애'와 '저작'이 곧잘 그렇듯 그녀는 삶이 제공하는 문제들을 연구 작업을 통해 답하려 했다. 《제2의 성》을 포함한 여러 저작이 종교 문제를 파고들었다. 하지만 학생 시절 보부아르는 처음에는 학문적인 이유로, 그다음에는 인생에서 가장 중요한 상실을 경험하면서 죽음과 불의를 마주했기 때문에 자신의 신앙과 싸웠다.

1926~1927년 일기에는 지적 의심에도 불구하고 신을 믿고 싶다는 고백이 있다. "삶을 정당화할" 절대적인 그 무엇을 믿고 싶어 했고 구원까지는 아니어도 이 의미에 대한 갈망에 평생 시달렸다. 1927년 5월에는 "나는 신을 원할 것이다."라고 썼다.[27] 7월에도 "신 아니면 아무것도 원치 않는다."고 썼다. 그러나 철학적으로 따져서 "왜 기독교의 신인가?"라는 의문에는 만족스러운 답을 찾을 수 없었다.[28] 시몬은 메를로퐁티와 신앙을 두고 자주 대화를 나눴지만 그가 가톨릭 신앙과 이성 양쪽 모두를 지나치게 믿는다고 생각했다. 1927년 7월 19일 일기에는 이렇게 썼다. "퐁티는 자기 철학을 이성에 대한 믿음으로 떠받치지만 나는 이성이 무력하다고 본다. 데카르트가 칸트보다 우세하다고 누가 증명할 수 있나? 나는 소르본에서 썼던 글의 입

장—너의 이성을 사용하라, 결국 나머지와 비합리적인 요소들이 남을 터이니.—을 견지한다."

일기는 시몬이 어떤 철학은 "냉정한 이성"을 요구하기에 소외를 낳는다고 생각했음을 차츰 드러낸다. 자기 같은 "젊은 여자들"은 "충족해야 할 이성뿐만 아니라 다스려야 할 마음도 있다."는 것이다. "이래서 나는 여성으로 남기를 원한다. 두뇌는 더욱 남성적이되 감성은 더욱 여성적이기를 원한다."[29] 시몬은 삶으로 실천할 철학을 찾던 중에 이성뿐만 아니라 자유와 욕망에 대해서도 글을 썼던 철학자 쥘 라뇨에게 흥미를 느꼈다.[30] 시몬은 욕망이 믿음을 강력하게 유도한다는 라뇨의 지적에 동의했다. "오, 나의 하느님, 나의 하느님, 우리가 사랑하고 싶고 모든 것을 주고 싶은 이 존재가 정말로 존재하지 않는다고요? 나는 아무것도 모릅니다. 나는 지치고 지쳤습니다. 그분이 계신다면 왜 그분을 찾는 일을 이토록 어렵게 하셨나요?"[31]

보부아르는 마음이 텅 비다 못해 아팠다. 그녀는 일기에 "모든 것을 충족할 단 하나의 존재는 없다."라고 썼다.[32] 이 문장이 몇 페이지만 먼저 나왔어도 '단 하나의 존재'는 분명히 하느님, 사랑하는 신적 존재로 볼 수 있을 것이다. 하지만 여백에 나중에 쓴 주석이 있다. 나중에 보부아르는 이 문장 속 단어에 밑줄을 긋고 여백에도 밑줄까지 그어 가면서 '사르트르-1929년'이라고 썼다. 보부아르의 마음속에서 신이 차지하던 자리를 일개 남성이 차지할 수 있었나? 1980년에 사르트르가 사망하자 보부아르는 사르트르에게 받은 편지를 묶어 《내 생애의 증인》(1983년)이라는 제목으로 출간했다. 프랑스어 'temoin(증인, 목격자)'은 기독교 신자들이 모든 것을 보시는 하느님의 시선을 기술할 때 으레 쓰는 단어이기도 하다.

무신론으로 가는 길은 철학적 탐구뿐만 아니라 중대한 개인사를 관통하는 여정이었다. 시몬은 개인적으로 자자와 메를로퐁티의 신앙에 감탄했다. 스테파와 제제의 몸가짐에는 눈살이 찌푸려졌던 반면, 자자와 메를로퐁티의 순결한 연애는 십 대의 시몬에게 큰 기쁨을 주었다.[33] 시몬은 자자가 육체적으로는 매춘, 정신적으로는 무덤이나 다름없는 결혼을 하지 않기를 바랐다. 언뜻 순조로워 보이던 상황이 갑자기 뚝 멈춰버렸다. 라쿠앵 부인은 자자를 소르본대학 다음 학기에 등록시키지 않기로 했다. 자자 언니도 결혼을 시켰으니 이제 자자 차례라고 생각했던 것이다. 자자는 랑드 별장에서 지내며 신부 수업을 하게 됐다. 그해에 시몬은 예년처럼 몇 주씩 그곳에서 지내라는 초대를 받지 못했기에 7월에 며칠만 자자를 보고 왔다. 메를로퐁티의 본가는 보르도였으므로 시몬이 자자를 보러 내려가는 길에 보르도에서 그를 만났다. 그들이 무척 좋아했던 작가 프랑수아 모리아크가 그 지역 출신이었기 때문에 일종의 문학 순례를 함께 했다. 시몬은 자자에게 메를로퐁티의 최근 소식을 알려줄 기회가 생겼다고 좋아했다.

시몬이 랑드에 내려가보니 친구는 어느 쪽도 저버릴 수 없어서 머리를 싸매고 고민 중이었다. 자자는 메를로퐁티를 사랑한다고 확신했지만 어머니에게 순종하고 싶어 했다. 어머니는 뚜렷한 이유도 없이 두 사람 사이를 반대하고 있었다. 어머니의 태도가 왜 180도 돌변했는지는 아무도 몰랐다. 메를로퐁티도 독실한 가톨릭 집안 출신이었고, 자자의 어머니가 그를 나쁘게 말한 적은 한 번도 없었다. 하지만 화제가 메를리퐁티 쪽으로 가기만 해도 어머니는 정색하고 딴 얘기를 꺼냈다. 보부아르는 처음에는 라쿠앵 부인의 행동에 당황했지만 그 감정은 차차 불안과 분노로 변했다. 반대할 이유가 도대체 어디 있나? 자기 딸의 자유와 꿈은 중요하지 않다는 건가?

한 해 전은 고되긴 했지만 감정적으로 들떠서 지냈다. 그런데 이해에 보부아르는 들떴던 기분이 도로 확 꺼지는 것 같았다. 그래도 늘 하던 대로 왕성하게 글을 쓰고 책을 읽으려고 노력했다. 8월에 하루 일과를 일기장에 적어보기도 했다.

> 9~11시 편지, 일기
> 11~1시 철학(일기장에는 괄호 열고 '명상'이라고 쓰여 있다.)
> 3~5시 철학, 독서
> 5~8시 글쓰기

여름에는 스탕달과 플라톤을 읽겠다는 목표를 세웠다. 물론 가까운 시대와 동시대 작가들, 가령 헨리 프레데리크 아미엘, 앙리 들라크루아, 장 바뤼지의 종교와 신비주의 관련 저작도 읽을 터였다.[34] 일기에는 책에 대한 생각들, 편지글, 자크에 대한 애정과 그의 생각을 잘 몰라서 괴로운 마음도 상당한 분량을 차지한다.

9월에 시몬은 자기가 쓴 일기를 읽어보고서 1927년은 "사랑이 안겨준 좌절과—사랑이야말로 인간에게서 유일하게 위대한 것, 사랑 안에서 나는 인간의 무상함을 느낀다.—찾고자 하는 욕망 사이에서 오락가락했던 한 해"라고 자평했다.[35] 지도 교수 장 바뤼지에게 제출할 과제 두 편을 작성하는 중이었고 책도 쓰고 있었다. 시몬은 이듬해 1월까지 그 책의 1부를 완성할 계획이었기 때문에 정신을 바짝 차려야 했다.

8시 기상

9시~정오 방에서 개인 작업

2~6시 본격 연구

6~8시 대화, 그림, "쓸데없이 싸돌아다닐 여유 없으니" 책 읽기

9~11시 수업 준비, 모임 발표 준비

11시~자정 일기

　신비주의자, 철학자, 소설가에 대한 책 외에도 폴 클로델, 프랑수아 모리아크, 그 외 여러 작가의 소설을 탐독했다.[36] 소설 노트에는 여성이 "자기 자신을 선택하는 데서 자유롭다는" 깨달음을 발견하고 기록했다.[37] 이 노트에 쓴 글들은 파편적이지만 (철학자들이 흔히 존재와 행위의 관계라고 부르는) 우리 본연의 모습과 우리가 하는 일의 관계를 탐구하고 있다.

　1940년대에 "실존주의적"(다른 말로는 "사르트르적")이라고 널리 회자될 이념을 열아홉 살의 보부아르는 이미 실험하고 있었다. "행동은 우리 자신의 확인이다." 보부아르는 그렇게 썼다. 하지만 그렇다면 이 "우리 자신"은 행동 이전에는 존재하지 않는가? 아니면 단지 우리가 그 존재를 확신하지 못하는 것인가? 철학자 모리스 블롱델(Maurice Blondel)이 행동에 대한 책을 출간한 지 얼마 안 된 때였다. 블롱델은 이 책에서 인생에는 의미가 있는지 없는지, 개인에게 운명이란 있는지 없는지 같은 거대한 의문을 탐구했다. 그리고 "인간의 실체는 행동이다. 인간은 그가 자기 자신으로 만든 것이다."라고 했다.[38] 보부아르의 소설 노트는 니체와 블롱델에게 화답하는 듯 보인다. 보부아르는 행동이 우리 자신을 더 잘 알게 하는지—우리는 그

상태로 잘 지내는지—아니면 행동이 우리를 창조하는지 알고 싶었다. 블롱델은 후자라고 보았다. 하지만 니체는 너 자신이 되라고 명하지 않았나? 내가 나를 모른다면 어떻게 나 자신이 될 수 있나? 보부아르의 노트에는 의문이 넘쳐난다. "본연의 자기가 된다? 자기 자신을 알기는 하나? 자기 자신이 보이는가?"[39]

하루하루를 엄격한 일과표대로 살다 보니 공부를 하지 않을 때 자기가 "매혹적인 우정"에 너무 정신이 팔려 있지는 않은지 걱정이 되었다.[40] 그렇긴 해도 11월에 자자가 파리로 돌아와 곧 베를린으로 떠날 예정이라고 했을 때는 한 방 맞은 것 같았다. 이미 훌륭한 독일어 실력을 더 끌어올린다는 명목이었지만 실상은 메를로퐁티를 완전히 잊게 하려는 집안의 꿍꿍이였다. 자자는 부모의 반대 때문에 상심해 있었다. 어떻게 그 사람을 이렇게까지 반대할 수가 있지? 시몬은 메를로퐁티와 대화를 나눠보고서 더욱더 어안이 벙벙했다. 그는 열심히 기도하고 하느님의 선의와 정의를 믿는다고만 말했다. 메를로퐁티의 신앙 고백에 시몬은 씁쓸해졌다. 어떻게 내세에 정의가 실현될 수 있다는 가능성만으로 만족할 수 있담? 하느님이 정의로운지 그렇지 않은지는 모르지만 어쨌든 시몬이 겪어본 바 라쿠앵 부인은 정의롭지 않았다.

자자는 1929년 초 겨울에 파리로 돌아왔다. 친구는 얼굴이 좋아 보였고 메를로퐁티를 향한 사랑은 외려 더 굳건해진 듯했다. 자자의 어머니는 딸이 시몬을 못 만나게 방해했지만 국립도서관에 가는 것까지 막을 수는 없었다. 시몬과 자자는 도서관에서 몰래 만나 얼마 안 되는 시간과 공간이나마 누리며 커피를 마시거나 사는 얘기를 주고받았다.

1929년 1월 보부아르는 프랑스에서 처음으로 남학교(장송드사이 고등학교)에서 철학을 가르치는 여성이 되었다. 동료 교사 중에는 메를로퐁티뿐만 아니라 구조주의 인류학의 창시자이자 20세기 프랑스 지식계를 들썩이게 할 클로드 레비스트로스(Claude Lévi-Strauss)도 있었다. 이 명문고에는 보부아르가 부러워했던 유형의 남학생들이 가득했다. 그들은 철학에 그리 몰두하지 않았고 자기네가 받는 교육을 당연하게 여겼다. 하지만 보부아르는 자기가 미래의 프랑스 지식인 엘리트를 지도한다는 사실을 뚜렷이 의식했다. 이제 "최종 해방으로 가는 길"에 서 있다고 느꼈다. "세상에 자신이 못 이룰 일은 이제 없을 것 같은" 기분이었다. 고전 학사를 따지 않겠다는 결심은 옳았다. 이미 파리 철학계의 선두 주자 레옹 브륑슈비크(Léon Brunschvicg)의 지도를 받으며 고트프리트 라이프니츠(Gottfried Leibniz)의 철학을 주제로 논문도 쓰는 중이었다.

1929년 봄과 여름은 보부아르에게 파란만장한 나날이었다. 반면 자자에게는 처참한 나날이었다. 7월에 자자는 예년처럼 시골집으로 내려갔다. 하지만 떠나기 전에 보부아르에게 메를로퐁티와 비밀 약혼을 했다고 털어놓았다. 메를로퐁티가 군대에 가야 해서 그들은 1년, 어쩌면 2년까지 더 기다렸다가 부모님께 통보를 하겠다고 했다. 보부아르는 깜짝 놀랐다. "왜 기다려야 해?" 시몬이 대놓고 물었더니 자자는 충격을 받았다. 두 사람이 서로 좋아하는 건 분명했다.

자자가 랑드에서 보낸 편지는 아리송하고 모호하기만 했다. 어머니에게 무슨 말을 들었는데 그걸 털어놓을 수는 없다고 했다. 그다음에 우편으로 받은 편지에는 이런 대목이 있었다. "아이들이 부모의 죄를 짊어질 수 있을까? 그 죄가 아이들의 것일까? 그 죄를 언젠가 씻을 수는 있을까? 주위 사람들이 그들 때문에 고통을 받을까?"[41] 그 후에 받은 편지들은 자자가 메를로퐁티의 편지에 실망했음을 보여주었다. 하지만 그들은 마음이 식은 척 안부 정도만 묻고 점점 편지를 뜸하게 주고받기로 미리 약속한 터였다. 자자는 시몬이 보고 싶다면서 자신은 너무 고통스럽게 지내지만 예수의 고통을 생각하며 참아보려 애쓰는 중이라고 했다.[42]

그런 상황이 한동안 이어졌다. 시몬은 본격적으로 나서서 자자와 메를로퐁티에게 그냥 다 밝혀버리라고 닦달을 했다. 공식 선언을 해버리면 라쿠앵 부인도 별수 있겠는가. 하지만 양쪽 모두 거세게 저항했다. 자자는 "그 사람이 그러지 않는 이유가 있어. 그 사람에게 타당한 이유고, 나에게도 타당한 이유야."라고 답장을 썼다.[43] 시몬은 그 말에 쉽게 만족할 수 없었으므로 메를로퐁티에게도 그놈의 "이유"가 자자를 얼마나 힘들게 하는지 알면 이럴 수는 없다고 편지를 썼다. 하지만 메를로퐁티는 누나가 이제 막 약혼을 했고 형도 외국으로 떠날 예정이라 이 시기에 자기마저 어머니를 떠날 수 없다고 답했다.

자자는 점점 여위어 갔다. 라쿠앵 집안에서는 자자를 또 베를린으로 보내기로 했다. 자자는 처음에 어머니를 생각해 좀 더 기다리자는 메를로퐁티의 뜻을 체념하고 받아들이는 듯 보였다. 하지만 얼마 지나지 않아 라쿠앵 부인이 자자가 많이 아프다면서 시몬을 불렀다. 자자는 메를로퐁티의 어머니를 만나러 간 적이 있었다. 자자는 제정신이 아닌 상태로 왜 자기를 미워하는지, 왜 자기들이 결혼하면 안 되는지 물었다. 메를로퐁티 부인이 자자를 진정시키려 하는데 메를로퐁티가 돌아왔다. 그는 자자의 이마와 손이 불덩이처럼 뜨거운 데 놀라 얼른 택시를 불렀다. 택시 안에서 자자는 그에게 왜 한 번도 키스해주지 않았느냐고 원망하면서 그 자리에서 보상하라고 했다. 그는 자자가 시키는 대로 했다.

라쿠앵 부인은 의사를 불렀고, 메를로퐁티와 한참 얘기를 나눈 후에야 노여움을 풀었다. 라쿠앵 부인은 결혼을 반대하지 않겠다고 했다. 어머니로서 딸의 불행을 더는 볼 수 없었던 것이다. 메를로퐁티의 어머니도 허락했다. 이제 다 잘될 수 있었다. 하지만 자자는 40도 넘게 열이 올랐다. 병원에 나흘을 입원해 있었지만 열은 떨어지지 않았다.

그다음에 시몬이 만난 자자는 차디찬 몸뚱이로 십자고상을 안은 채 관 속에 누워 있었다.

자자는 1929년 11월 25일에 죽었다. 그 후 보부아르는 이 일의 진실을 알게 되기까지 거의 30년을 기다려야 했다. 보부아르는 절망을 느끼며 슬픔으로 추락했다. 자자와 나눴던 대화, 메를로퐁티의 편지가 말도 안 되게 느껴졌고 분노하다 못해 경악했다. 그 둘은 자기네들의 고통을 '영적으로 승화하고' 진짜 원흉을 응징하기보다는 자기네들의 덕을 갈고 닦으려고 했다. '적절하게' 산다는 것은 끔찍하게 부당했다. 그들은 잘못이 없었다. 세상이 잘못했다. 그리고 하느님은 아무것도 하지 않았다.

4장

비버와
고등사범학교 친구들

1929년

"사르트르는 나를 이해하고,
내다보고, 사로잡았다."

신의를 다하고 싶다는 자자의 희망이 고조됐다가 물러가는 동안 시몬은 다른 종류의 희망을 품었다. 일단 메를로퐁티, 강디야크와 친해졌다. 두 명의 '노르말리앙'(파리의 최정예 지식인 엘리트인 고등사범학교 출신을 가리키는 단어)이 특별한 관심을 보일 만한 사람이 된 것이다. 보부아르는 이 자신감을 바탕으로 삼아 1929년 봄과 여름에 자기에게 매력적으로 다가온─이 매력은 육체적인 것이었지만─또 다른 '노르말리앙'과 가까워졌다.

전설이 암시하는 바와 달리, 그는 장폴 사르트르가 아니었다. 보부아르가 1929년부터 사르트르와의 초기 관계에 대해서 기록한 내용은 생전에 공개적으로 들려준 이야기와 분위기가 자못 다르다. 일단 모든 여성이 평생 한 남자와 해로하고 싶어 하는 것은 아니며, 독창적인 생각이 꼭 남자한테서 나오라는 법은 없다는 전제를 받아들이고 나면 사르트르와 보부아르의 이야기는 초장부터 다르게 읽힌다. 사르트르를 만나자마자 그가 곧바로 보부아르에게 중요한 사람이 된 것은 아니기 때문이다.

1929년 봄에 보부아르는 르네 마외(René Maheu, 회고록에는 '에르보'라는 이름으로 등장하고 일기에는 '라마'라는 애칭으로 나온다)와 아주 가까운 사이가 되었다. 마외는 다른 두 젊은이와 늘 붙어 다녔는데 그들은 장차 소설가가 될 폴 니장(Paul Nizan)과 장차 철학자가 될 장 폴 사르트르였다. 회고록에서 보부아르는 여러 노르말리앙 동아리에 들어가보긴 했지만 친하게 지내는 사이는 마외네밖에 없었다고 말한다. 1929년에 마외가 브륀슈비크 교수의 세미나에서 발표를 한 적이 있어서 보부아르는 그때 그를 처음 봤다. 마외는 유부남이었다. 하지만 보부아르는 마외의 얼굴, 눈, 머리 모양, 목소리를 좋아했고, 사실은 그의 모든 것이 마음에 들었다. 어느 날 국립도서관에서 보부아르가 먼저 점심시간에 마외에게 다가갔다. 오래지 않아 마외는 보부아르를 위해 시를 쓰고 그림을 선물했다.

마외는 또한 보부아르가 평생 달고 다니게 될 별명—비버를 뜻하는 프랑스어 '카스토르(Castor)'—을 지어준 사람이다. 하루는 마외가 보부아르의 연습장에 대문자로 'BEAUVOIR=BEAVER'라고 낙서를 했다. 그러고는 비버도 보부아르처럼 "어울려 지내기를 좋아하고 건설적인 데가 있다."고 설명했다.[1]

회고록에서 보부아르는 마외가 자신에게 끼친 영향력과 유사한 경우는 스테파밖에 없었다고 말한다. 1929년에 보부아르는 "성인군자 놀음에 지쳐서 (마외가) 나를 평범한 인간으로 대해주는 태도가 못 말리게 좋았다. 스테파만 전에도 나를 그렇게 대했다."고 썼다.[2] 보부아르는 마외가 "관능미가 넘치는" 얼굴을 한 "진짜 남자"이고 "아직 그럴 용기는 내지 못했지만 탐색해보고 싶었던 길들을 열어 보였다."라고 설명한다. 둘이 연애를 했는지는(만약 그랬다면 시기가 언제였는지도) 분명치 않다. 보부아르가 이 관계를 묘사하는 자세는 매우 신중하다. 하지만 사르트르를 이제 막 만났을 때만 해도 마외가 보부아의 마음을 가장 크게 차지한 남자였음은 분명하다. 보부아르는 마외와 함께한 때를 돌아보면서 "여성으로 사는 감미로움"[3]을 배운 "완벽한 기쁨과 다채로운 쾌감"의 시간이었다고 말한다.

많은 작가가 마외를 보부아르의 첫 번째 연인으로 보았다.[4] 하지만 이 주장의 의미가 모호한 만큼 진위를 따지기도 쉽지 않다. 베어가 사실 여부를 확인해 달라고 했을 때 보부아르는 펄쩍 뛰면서 종종 제제나 엘렌과 어울려 몰래 유흥을 즐기러 나가긴 했지만 사르트르를 만나기 전에는 남자와 키스한 적도 없다고 했다.[5] 하지만 베어가 보부아르 전기를 쓸 때만 해도 현재 공개된 편지와 일기를 참조할 수 없었다.

보부아르와 사르트르는 강의실, 세미나, 뤽상부르 공원 등지에서 서로 언뜻 보아 얼굴만 아는 사이였다. 제대로 된 첫 만남은 오랜 예비 과정 이후에 성사되었다. 마외는 소유욕이 강했다. 보부아르를 자기 곁에만 두고 싶어서 바람둥이로 악명 높은 사르트르에게는 소개하지 않았다. 하지만 사르트르는 봄부터 계속 보부아르를 만나고 싶어 했고 그런 관심을 부끄러워하지도 않았다. 그는 보부아르가 라이프니츠에 대한 논문을 쓴다는 말을 듣고 그림 한 점을 골라서 보냈다. 한 남자가 인어들에게 둘러싸여 있는 그림의 제목은 '모나드와 함께 멱을 감는 라이프니츠'였다. (라이프니츠는 우주를 구성하는 기본 실체를 단자單子, 즉 '모나드'라고 불렀다. 인어들은 사르트르 입장에서는 예술적 자유를 행사한 표현이었다.)[6]

교수자격시험 필기고사 3주 전부터 보부아르는 마외와 매일 만났다. 1929년 6월 17일에 치른 필기고사는 장장 일곱 시간 동안 진을 빼는 시험이었다. 현장에서 받은 주제로 에세이를 써야 했는데 마침 보부아르가 마음에 두고 있던 주제 '자유와 우연성'이 나왔다. 6월 18일에는 다시 네 시간에 걸쳐 '연역적 방법에서의 직관과 추론'이라는 주제로 에세이를 썼다. 마지막으로 6월 19일에는 역시 네 시간 동안 '스토아 학파와 칸트의 도덕'에 대해서 에세이를 썼다.[7]

필기고사가 모두 끝난 후 마외는 아내와 함께 열흘간 파리를 떠났다. 그는 보부아르에게 여행에서 돌아오면 니장과 사르트르와 함께 공부 모임을 재개할 거라고 했다. 모두 보부아르가 그 엘리트 그룹에 합류하기를 바란다고, 특히 사르트르는 따로 만나 대접을 하고 싶어 한다고 말했다. 마외는 그렇게 사르트르의 초대 의사를 전달했지만 그와 만나지 않으면 좋겠다고 보부아르에게 말했다. 보부아르는 마외가 그 말을 하면서 자기를 바라보는 방식이 좋았다. 그녀는 사르트르의 외모가 마음에 들지 않았다.[8] 그래서 사르트르를 만나는 자리에 엘렌을 대신 내보내고 자기는 급히 시골에 볼일이 생겨서 내려갔다고 둘러대기로 했다.

보부아르는 삶이 다시 즐거워졌다. 친구가 많이 생기기도 했지만 특히 마외, 메를로퐁티, 자자와—자자의 사망은 다섯 달 후에나 일어날 일이었다.—함께할 수 있었고, 자신이 원하는 모습대로 살기를 원하는 사람들과 어울려 지내면서(비록 자자는 그 모습을 "도덕 관념 없는 숙녀"[9]라고 장난스럽게 말했지만) 자기 자신을 '창조하는' 재미가 있었다. 엘렌이 사르트르를 만나러 나간 날, 보부아르는 행복에 취해 일기에 이렇게 썼다. "내 안에 비축된 풍요로운 것들이 반드시 흔적을 남길 거라는 확신, 내가 하는 말을 사람들이 귀 기울여 듣게 될 거라는 확신, 나의 삶이 다른 많은 이들이 목을 축이는 우물이 될 거라는 묘한 확신이 든다. 소명에 대한 확신이다."[10] 이 대목은 회고록에도 그대로 가져다 썼다. 하지만 일기에는 이제 자신의 소명이 괴로운 것, 고난의 길로 여겨지지 않는다는 문장이 덧붙어 있다. 보부아르는 자기가 아주 드물고 귀한 것, 혼자만 누려선 안 될 것을 받았다고 느꼈다.

엘렌은 그날 집에 돌아와서 언니에게 나가지 않길 잘했다고 했다. 사르트르는 엘렌을 영화관에 데려갔고 시종일관 친절했지만 기대한 대로 대화의 귀재는 아니었다. "(마외가) 사르트르에 대해서 했던 말은 순전히 지어낸 말이었나 보다."[11]

사르트르는 관심을 끄는 데 실패했지만 낙심하지 않았다. 마외는 보부아르의 지성과 재치를 입에 침이 마르도록 칭찬했지만 사르트르는 자기가 직접 보지 않고는 그 말을 믿을 수 없었다. 1973년에 마외는 보부아르에 대해서 이렇게 썼다. "그 마음씨! 참으로 진국이고, 참으로 용감하게 반항했으며, 참으로 진실되고 …… 자기만의 장르, 자기만의 방식으로 남다른 매력이 있어서 세상 그 어떤 여자와도 비슷하지 않았다." 앙리에트 니장(폴 니장의 아내)도 보부아르가 젊을 때 "눈이 기가 막히게 예뻤고" 살짝 갈라지는 목소리 때문에 더 매력적이었다고 회상했다. 보부아르는 "남의 눈을 의식하지 않는" 미인이었다.[12]

반면에 사르트르는 고등사범학교에서 악명 높은 인물이었다. 그는 철학에 해박하기로 유명했고 불손한 장난기로도 유명했다. 어떤 풍자극에서 알몸으로 연기를 하기도 했고, 대학 강의실 창문에서 물 풍선을 던지면서 "차라투스트라는 이렇게 오줌을 쌌다!"라고 고함을 치기도 했다. 그는 시험에서도 대담하게 객기를 부릴 정도였다. 본인 주장에 따르면 전년도 시험에서 전국 1등을 할 줄 알았는데 지시문에

파리 고등사범학교의 남학생들.(1924년) 앞줄 왼쪽에서 두 번째가 폴 니장, 네 번째가 장폴 사르트르, 다섯 번째가 레몽 아롱이다.

서 벗어나 자기 사상을 전개했기 때문에 낙방을 했다고 한다.

　사르트르는 시몬이 엘렌을 대신 내보냈을 때 곧이곧대로 믿지 않았다. 엘렌이 다가와 자기 소개를 하자 그는 대뜸 "내가 사르트르라는 걸 어떻게 알았어요?"라고 물었다. 엘렌의 대답은 치밀하지 못했다. "그게…… 안경을 쓰고 계셔서요." 사르트르는 안경을 쓴 다른 남자를 가리켰다. 엘렌이 언니에게 들었던 설명에서 어떤 표현을―키가 매우 작고 아주 못생긴[13]―거르고 말했는지는 천재가 아니어도 짐작할 만했다. 사르트르는 키가 160센티미터도 되지 않았고 스스로 추남이라는 것을 잘 알았다. 그래서 더 여성을 유혹하면서 쾌감을 느꼈다. 외모로 실패한 것을 말솜씨로 정복하는 쾌감이랄까.

　보부아르는 마외의 공부 모임에 초대받고서 행복에 들떴다. 자기가 좋아하는 라마와 더 많은 시간을 함께할 수 있을 터였고, 그 초대는 상당한 존경의 표시이기도 했다. 사르트르는 속물이었다. 그는 파리가 남성에게 제공할 수 있는 최고의 교육을 받았고 그런 교육을 받지 못한 사람들은 다 열등하고 존경받을 자격이 없다고 생각했다. 1974년에 한 인터뷰에서 보부아르는 사르트르, 니장, 마외가 학생 시절에는 "온 세상을, 특히 소르본 학생들을 아주 멸시하는 걸로 유명했다."면서 사르트르의 교만을 꼬집었다. 그때 사르트르는 "소르본 학생들이 별로 인간 같지 않은 존재들을 대표하기 때문에" 그랬노라 대꾸했다.[14]

보부아르는 우쭐해졌지만 소르본 학생들도 그 무리의 멸시에 앙심을 품고 있었으므로 한편으로는 두려웠다. 그 세 명은 소르본에서 비정하고 냉담한 인간들로 소문나 있었고, 그중에서도 사르트르의 평판은 최악이었다.[15]

6월이 다 가도록 사르트르는 자기가 알기 위해 '필사적인' 그 여성을 여전히 만나지 못했다. 그 전설적인 만남이 드디어 1929년 7월 8일 월요일에 이루어졌다. 보부아르는 "약간 겁먹은 채로" 공부 모임에 도착했다. 사르트르는 정중하게 맞이했고 그날 하루 종일 보부아르는 라이프니츠의 형이상학적 논문에 주석을 달았다.[16] 로맨스의 조짐이 있었을 것 같지는 않다. 보부아르 입장에서는 정말 아니었다. 하지만 그 후 몇 주 사이에 흐름이 변했다.

처음에는 삼인조가 사인조가 되었다. 그들은 2주 동안 매일 모였다. 하지만 보부아르의 일기를 보면 초기에는 애정의 대상이 누구였는지 의심의 여지 없이 분명하다. 보부아르는 와이셔츠 차림으로 침대에서 살짝 기지개를 켜는 마외의 몸과, 집으로 돌아가는 길에 사르트르가 빠지자 비로소 "달콤해진" 분위기를 묘사한다. 집에 도착할

때까지 무슨 얘기를 했는지 기억도 안 났지만 일기에는 "그녀의 라마"에 대한 찬사를 가득 쏟아냈다.[17]

다음 날 그들은 라이프니츠를 좀 더 공부했고, 사르트르는 보부아르에게 일본화를 선물로 주었다. 보부아르는 일기에 그 그림이 "끔찍하다"고 썼다. 다음 날에도 라이프니츠를 함께 공부했고 사르트르는 또 보부아르가 원하지도 않는 선물을 주었다. 이번에 받은 도자기는 "우스꽝스러웠다."[18]

목요일부터 사르트르의 사고방식이 인상적으로 다가왔다. 라이프니츠를 끝내고 루소로 넘어가면서 사르트르가 공부를 주도했기 때문이다. 보부아르는 예상과 달리 그가 "모든 이에게 너그러운 사람"이라고 보았다. "자기 시간을 엄청나게 쏟아 가면서 철학의 난해한 지점들을 공부하고 아무런 대가 없이 다른 사람들에게 명쾌하게 설명해주는, 진짜 너그러움 말이다. …… 그는 소르본 학생들이 생각하는 것과 완전히 다른 사람이다."[19]

하지만 다음 날 보부아르와 마외는 슬쩍 빠져서 "반노 거리의 작은 호텔에 방을 빌렸다." 회고록에 따르면 "표면상으로는 그의 아리스토텔레스 번역을 도와주기 위해서였다."[20] 그날 밤 일기에서 보부아르는 그 방을 묘사하면서 여름밤의 열기가 "보호받고 있다는 기분"을 느끼기 딱 좋게 흘러들어 왔고, 그들의 우정이 "영원히, 영원히 잊을 수 없을" 방식으로 "다정하게 변했다"고 말한다.[21] 마외는 필기 고사에서 떨어질까 봐 걱정이 많았다. 그들이 뭘 했는지는 모르지만 일기를 보면 공부는 조금밖에 하지 않았던 게 분명하다.

그 후 며칠 동안의 일기는 "나의 라마"를 시도 때도 없이 언급한다. 라마는 사르트르가 보부아르에게 홀딱 반했다고 말했다.[22] 7월

15일에는 라마가 장난으로 보부아르에게 키스하겠다고 속삭였고 자기도 그러고 싶은 마음이 너무 커서 정신을 차릴 수 없었다고 일기장에 고백한다. 다음 날 그들은 서로 "당신을 사랑해요(Je vous aime)."라고 고백했다.[23]

7월 17일에 필기고사 결과가 소르본에 나붙었다. 교수자격시험을 통과하면 프랑스에서 평생 교직이 보장되었다. 합격자 수는 국가에서 필요로 하는 교원 수에 맞게 제한되었다. 보부아르가 문을 열고 들어가는데 마침 발표를 보고 나오던 사르트르가 보부아르와 니장과 자기는 구술고사를 볼 수 있는 1차 합격자 26명 안에 들었다고 말해주었다. 마외만 떨어진 것이다.

마외는 그날 저녁 파리를 떠났다. 그리고 바로 그 저녁에 사르트르가 보부아르에게 확 다가왔다. 사르트르가 당시 마외와 보부아르의 관계를 어느 정도나 알고 있었는지는 모르지만 확실히 상황은 그에게 유리하게 변해 있었다. 일단 마외는 이제 구술고사 준비를 할 필요가 없었으므로 사인조는 삼인조가 되었다. 지적인 면에서 사르트르는 이미 보부아르에게 좋은 인상을 주었다. 그래서 토대는 잘 닦인 셈이었고 보부아르에 대한 소문은 애정이나 허풍으로 과장된 게 아니었다. 보부아르는 정말 멋진 여자였다.

보부아르는 회고록에서 사르트르가 자기에게 했던 말을 전한다. "지금부터 당신을 내 날개 아래 품을 겁니다."[24] 일기에는 나와 있지 않은 내용이다. 그 대신 사르트르가 "나를 자기가 원하는 모든 것으로 만들지만" 보부아르는 그가 그렇게 "권위주의적으로 구는 모습, 나를 선택한 모습, 자기 원하는 대로 해버리는 모습"이 좋다고 썼다.[25] 보부아르는 사르트르가 "그 여자가 철학을 논하면 기분이 나빠져."[26]라고 말하는 사내들을 조롱했기에, 단지 그 얘기를 하려고 자기와 함께 있으려 했기에 기뻤다. 그들은 계속 공부를 함께 했고, 사람들은 그들을 주목하기 시작했다.

마외가 떠난 후 보부아르와 사르트르는 매일 아침 뤽상부르 공원이나 동네 카페에서 만나서 장차 51년 동안이나 이어질 대화를 주고받았다. '비버'가 등장하면서 사르트르의 다른 친구들은 밀려났다. 작가 레몽 아롱(Raymond Aron)은 "우리의 우정은 사르트르가 시몬 드보부아르를 만나면서 변했다. 당시 그는 나를 자기 생각을 검증하는 도구로 삼기 좋아했다. 그런데 그 만남 이후로 나는 갑자기 사르트르에게 흥미로운 대화 상대가 아니게 됐다."라고 했다.[27] 자자도 비슷한 느낌을 받았다. 그녀는 "무섭고 많이 배운 사르트르"를 별로 좋아하지 않았지만 보부아르가 그를 만나기 훨씬 전부터 자신의 길을 선택했다는 것을 알고 있었다. 자자는 "사르트르의 영향으로 속도가 좀 붙었을지도 모르지만 그가 시몬의 항로를 바꾼 것은 아니다."라고 했다.[28]

보부아르는 사르트르를 만난 지 아흐레째 되는 날 일기에서 자기 관심을 끌려는 두 남자의 노력을 비교한다. 라마는 단지 여자의 목덜미를 살짝 건드리면서 다가가기만 해도 됐지만 사르트르는 자기 마음을 보여주었다.[29] 7월 22일에 보부아르는 사르트르가 자신에게 "특별한" 영향을 끼친다고 설명한다. 그를 알고 지낸 13일 동안 그가 자기를 "이해하고, 내다보고, 사로잡은" 나머지 그와 함께 있고 싶은 "지적 욕구"가 생길 지경이라고 일기에 썼다.[30] 알고 보니 보부아르와 사르트르는 야망과 태도가 "대단히 비슷했다." 둘 다 철학을 좋아하고 문학에 빠져 있었으며 작가가 되고 싶어 했다. 그들은 철학적 관점과 문학적 암시를 무척 쉽게 넘나들었고 서로 개념을 정의하거나 플롯을 설명하지 않아도 얘기가 척척 통했다. 둘 다 어려서부터 작가가 되고 싶었지만 졸업 후의 현실적 문제, 환상으로부터의 각성이 자주 그 꿈의 발목을 잡았다.

물론 두 사람의 꿈의 현실성에는 이미 상당한 격차가 있었다. 사르트르는 프랑스에서 성공한 남성 작가들의 이름을 얼마든지 댈 수 있었다. 팡테옹에는 프랑스의 철학적·문학적 후손을 기념하며 나라의 대문호를 찬미하는 묘비들이 가득했다. 보부아르에게 문학으로 기억되는 여성들의 이름은 별로 없었고 철학자로 기억되는 여성은 더 적었다. 앞서간 여성들은 전통 가치를 거부한 대가를 비싸게 치렀고 때때로 자유를 얻기 위해 행복을 희생했다. 보부아르는 더 나은 것을 원했다. 왜 사랑을 희생해야만 자유를 얻는가? 혹은 왜 자유를 희생해서 사랑을 얻는가?

그들의 시험 공부는 강변의 책 노점을 함께 구경하거나 영화, 칵테일, 재즈를 즐기는 시간으로 변하곤 했다. 사르트르는 보부아르에게 〈올드맨 리버〉를 불러주었고, 자신의 꿈 얘기를 했으며, 상대의 기준에 맞춰—"내가 지닌 가치관과 태도에 비추어"—이해하려고 노력했다. 그는 "내 안의 가장 좋은 것을 지키라고 격려해주었다. 자유에 대한 사랑, 삶의 열정, 호기심, 작가가 되겠다는 용기를 말이다." 그렇지만 7월 27일에 "그녀의 라마"를 만나자 모든 것이 변했다. 시몬은 사르트르와 라마가 한 공간에 있으면 왜 사르트르가 전혀 중요하게 느껴지지 않는지 스스로 물었다. 그리고 라마가 자신을 더 열정적으로 끌어당기기 때문에 그렇다고 결론을 내렸다.[31] 하지만 28일에 보부아르는 사르트르의 초기 습작 소설 〈아르메니아인 에르〉를 읽었고 그 다음 날도 함께 보냈다. 〈아르메니아인 에르〉는 크로노스, 아폴론, 아테나, 그 외 여러 신이 시간, 예술, 철학, 사랑에 대해서 나누는 대화를 담고 있었다.[32] 일기에서 라마에게만 한정했던 애정 어린 표현들이 사르트르에게 쓰이기 시작한다. 보부아르는 심란해서 잠이 오지 않았다.[33]

철학자 윌리엄 제임스(William James)가 〈삶을 의미 있게 하는 것은 무엇인가?〉라는 제목으로 쓴 에세이가 있다. 그는 이 글에서 모든 남성이 자기가 좋아하는 여성을 완벽하고 매혹적이며, 아름다운 창조의 경이라고 볼 때 다른 사람들은 그 여성을 보면서 별 감흥이 없을 수 있다고 말한다. 누가 그녀를 더 제대로 보는 걸까? 매혹당한 남성의 눈? 그녀의 마법에 끄떡없는 타인들의 눈? 제임스는 사랑에 빠진 남성은 "그 여성의 내면 생활과 일체를 이루려고 몸부림치기에" 진실을 볼 수 있다고 했다. 아무도 우리를 진실로, 진정성 있게 보고자 하지 않는다면, "우리 본연의 모습을 알고자" 하는 이가 없다면 우리는 도대체 뭐란 말인가?

보부아르는 진실을 볼 수 있는 눈을 가졌다. 하지만 그 눈은 마외의 완벽함과 사르트르의 매력을(좀 더 솔직해지자면 자크의 아름다움까지) 다 볼 줄 알았다. 보부아르가 어떻게 해야 했을까?

보부아르의 회고록은 자신의 평판을 위해서인지 독자들을 위해서인지 모르지만 이 딜레마를 아주 가볍게 처리했다. 어쨌든 1950년대 말이었다. 어떤 여자가 어떤 남자를 사랑하면서 장폴이란 남자도 사랑하고 르네라는 남자도 사랑한다는 생각을 받아들일 수 있었을까? 《생의 한창때》에서 보부아르가 사르트르를 만난 후의 이야기는 단순하게 소개되고 중심 내용에서 밀려난다. 일기에서 보부아르는 사르트르, 마외, 니장과 어울리면서 비로소 자기 자신이 될 수 있었다고 했다. 회고록에는 사르트르와 함께하면서 난생처음 "지적으로 누군가에게 뒤처지는 느낌"을 받았다고 썼다.[34] 이 열등감은 그 유명한 뤽상부르 공원 메디치 분수에서 보부아르와 사르트르가 나눈 대화 이후 더 심해졌다. 보부아르가 털어놓기를, 그때까지 자신의 고유한 도덕론을 구축해 왔지만 사르트르가 그 도덕론을 무너뜨렸고 결과적으로 보부아르는 패배를 선언했다. 보부아르는 나중에 이때 느낀 실망을 떠올리고 겸손하게 되돌아보면서 이렇게 쓴다. "나는 자부심보다 호기심이 더 컸다. 나를 과시하기보다는 더 많이 배우고 싶었다."[35]

여기서 보부아르가 취한 '겸손'은—맹목적인 자부심보다는 배움을 더 중요시한다는 점은 칭찬할 만하나—수십 년간 페미니스트들을 당혹스럽게 했다. 보부아르는 살면서 여러 번 사르트르를 "철학자"로 인정했다. 교수자격시험 구술고사에서 시몬은 2등이긴 했지만 스물한 살의 최연소 합격자였다. 남자 심사위원 세 명 중 한 명은 보부아르를 "진정한 철학자"라고 극찬했고 나머지 두 명도 처음에는 보부아르에게 1등을 줄 기세였다. 하지만 최종 심사에서 사르트르가 노르말리앙(고등사범학교 출신의 최정예 엘리트)이기 때문에 1등을 받아야 한다는 분위기가 되었다. (전년에 그가 응시를 했다가 자기 사상을 피력해서 낙방했다는 이야기의 사실 여부는 확실치 않다.)[36]

회고록에서 보부아르는 자신을 "좀 더 겸허히 바라보지 않을 수 없게 된" 것이 단지 사르트르 때문만은 아니라고 말한다. 폴 니장, 레몽 아롱, 조르주 폴리체 같은 다른 '노르말리앙' 친구들은 교수자격시험 준비를 오랫동안 해 왔다. 그들은 월등히 더 나은 교육 기회를 바탕으로 삼아 시험을 준비했다. 그들이 철학자가 되었던 상황은 보부아르의 경우와 근본적으로 달랐다. 그때는 오직 남자들만 고등사범학교에 가서 최고의 교사에게 배우고 자기가 뛰어난 걸 아는 영재들과 토론하고 경쟁하면서 실력을 쌓을 수 있었다.

보부아르의 일기도 어느 정도 이 이야기를 입증한다. 보부아르는 교수자격시험 직후에 사르트르, 아롱과 술을 마셨다. 그들은 두 시간 동안 선과 악에 대해서 토론했다. 보부아르는 완전히 압도당한 기분으로 집에 돌아왔다. 얼마나 흥미진진한지! 하지만 그건 일종의 계시였다. 보부아르는 일기에 이렇게 썼다. "나는 이제 내 생각을 확신할 수 없다." "내가 갇혀 있던 너무 꽉 닫힌 온실"에 비교하면 그들의 지적인 삶은 너무 풍요로웠다. 보부아르는 그들의 정신적 성숙, 사유의 힘을 부러워하면서 자기도 기필코 그렇게 되리라 다짐했다.[37]

보부아르는 여성이었기 때문에 최고의 철학 엘리트 계보에는 들 수 없었지만 동시대인들에게 철학을 '살아내고자' 했던 철학자로 기억되었다. 모리스 드 강디야크는 "엄정하고, 까다롭고, 정확하고, 기술적으로 꼼꼼한 …… 그 사람이 곧 철학이었다고 모두가 동의했다."라고 설명한다.[38] 그러니 보부아르가 스스로 '철학자'임을 부정하고 저자세를 취하는 것이 더욱 당혹스럽다. 토릴 모이는 묻는다. "보부아르는 왜 자신이 사르트르보다 지적으로 열등하다고 공언할 기회를 놓치지 않는가?"[39]

모이는 보부아르가 유혹을 위해 성공을 희생했다고 결론 내렸다.[40] 그리고 초기 회고록에서 보부아르가 한 이야기를 보면 모이의 말이 맞는 것처럼 보인다. 보부아르의 공적 페르소나는 철학을 '위대한 남성' 사르트르에게 넘긴다. 하지만 우리는 일기에서 보부아르의 첫 철학적 성공이 전혀 다른 유혹과 시기를 같이한다는 것을 확인할 수 있다. 그때 보부아르가 좋아했던 남자는 교수자격시험에 낙방한 르네 마외였다. 이 유혹은 희생을 요구하지 않았다. 당시로서는 아직 무명이었던 사르트르라고 해서 뭐가 다를까? 게다가 앞으로 보겠지만 보부아르는 자기가 사르트르보다 지적으로 열등하다고 공언할 기회를 '매번' 잡지 않았다. 실은 공개적으로 자신의 독창성을 인정받고 옹호하기 위해 싸웠다. 보부아르는 어떤 독자를 염두에 두고 자기가 열등하다고 쓴 것은 아닐까? 그녀를 의심하는 독자, 혹은 그녀가 도전하지 말라고 하는 목소리를 들어야 했던 것은 아닌지 의문을 품는 독자? 그런 독자에게는 보부아르가 사르트르가 젊을 때 쓴 에세이의 '서투름'을 지적한 것도 터무니없이 맹랑한 일로 보였으리라. 어쨌든 그는 천재였다.[41)]

하지만 1929년의 그는 아직 '거인' 장폴 사르트르가 아니었다. 그는 (보부아르보다 세 살 많은) 스물다섯 살에 불과했고 교수자격시험 준비 기간이 보부아르보다 두 배나 길었던 재수생이었다. 보부아르의 회고록이 자신의 독보적인 성과를 가벼이 취급한 것은 불안정한 입장, 겸손, 혹은 정치적 요령 때문이었으리라. 프랑스의 문화 환경에서 고등사범학교라는 기관의 힘을 인정한 것일 수도 있다. 자신이 사르트르보다 못하다고 한 것은 서로의 능력을 비교한 것이라기보다 애초에 자신감과 문화 자본의 격차가 컸음을 드러낸다. 사르트르는 앙리 4세 고등학교와 루이르그랑 고등학교를 거쳐 노르말리앙이 되었다. 프랑스에서 서류상 이보다 더 좋은 학벌은 없다. 토릴 모이도 썼듯이, 사르트르는 학사 학위를 위해 학과 수료증을 하나하나 딸 필요도 없었다. "숭배를 받는 천재는 그렇게 쩨쩨하게 자기를 증명할 필요가 없다."[42)]

반면에 천재인 여성은 너무 화려하게 빛나지 않도록 조심해야 했다. 1929년에도 프랑스 교육 체계는 교수자격시험에서 남성보다 뛰어난 여성이라는 민감한 문제에 신중을 기했다. 교수자격시험 결과는 운동 경기 순위처럼 만천하에 공개되었다. 점수가 가장 높은 사람부터 차례대로 이름이 나오는 식이었다. 그래서 이처럼 공식적이고 영향력 높은 시험에서 여학생보다 하위 점수를 기록한 남학생들은 비록 교수 자리를 못 차지할 위험은 없었지만 창피해했다. (교육부는 이 굴욕을 덜어주려고 1891년부터 남학생 순위와 여학생 순위를 따로 발표했다. 그러다가 1924년부터는 다시 남녀 합산 순위제를 도입했다.)

보부아르의 경험을 제대로 살펴보려면 그로부터 20년 전 사르트르 아버지가 사망했을 때 사르트르 어머니가 아들을 시댁에 뺏길까 봐 황급히 파리를 떠났다는 사실을 떠올리는 것이 중요하다. 아들에 대한 친모의 권리가 사망한 친부의 가족들 권리만도 못했다. 시몬이 공부하던 때만 해도 프랑스 여성들은 투표권이 없었고 자기 명의의 은행 계좌조차 만들 수 없었다. 시몬이 교수자격시험을 치르던 그해, 프랑스에서 대학에 다니는 여성은 전체 대학생의 24퍼센트였다. (그래도 이전 세대인 1890년에는 1.7퍼센트로 전국에 288명 수준이었으니 폭발적으로 증가한 편이다.) 하지만 여성은 투표도 못하고 은행 거래도 못하는 시대에—게다가 자기가 낳은 자식에 대한 권리도 인정받지 못하던 시대에—무슨 권리를 일 순위로 누렸겠는가?

시몬은 생트주느비에브도서관 여성 전용 서가에서 철학 책을 읽기 시작한 지 얼마 안 되어 일기장에 "철학적으로 살고 싶다."라고 썼다. 그냥 살기만 하는 것도 아니고, 생각만 하는 것도 아니고, 사유하는 삶을 살고 싶었다. 자기 안에서 우물처럼 차오르는 풍요로운 사유를 글로 표현하고 싶었다. 나중에 (보부아르가 좋아했던 루이자 메이 올컷이 일방적으로 사랑해마지 않았던) 랠프 왈도 에머슨(Ralph Waldo Emerson)을 읽었지만 이미 그 전부터 "삶에서 가장 중요한 존재는 우리가 할 수 있는 일을 하게 하는 사람이다."[43]라는 에머슨의 생각에 동의했다.

1929년 7월 22일 시몬은 사르트르와 함께 있으면 "진정한 누군가" 가 될 수밖에 없음을 알았다. 그가 짜증스럽기도 했다. 시몬은 두려웠다. 그래도 그날 일기에 이렇게 썼다. "나는 이 남자를 완전히 신뢰하고 나 자신을 맡길 것이다."[44]

결국에 가서는 자신을 너무 과소평가한 게 아닌가 싶을지라도.

5장

사랑의 철학적 실험

1929년

"나는 한 사람 한 사람을
그가 유일한 것처럼 사랑할 테다.
누가 날 책망할 수 있을까?"

Simone de Beauvoir

1929년 8월 메리냐크에 도착한 보부아르는 자기 상황을 검토할 필요가 있었다. 메리냐크는 보부아르가 자기 방을 따로 가질 수 있는 유일한 곳, 사생활을 보호받으면서 자기 인생을 이른바 '감정'하기에 적합한 곳이었다. 보부아르는 사르트르를 믿었고, 그를 차츰 좋아하게 된 마음이 라마나 자크에 대한 배신이라고 생각지 않았다.[1] 마외가 파리를 떠난 지 몇 주 만에 보부아르와 사르트르는 몸과 마음이 한층 가까워졌다. 성관계까지는 가지 않았지만 훗날 보부아르가 베어에게 말한 바로는 사르트르의 시테 기숙사 방에서 "섹스만 빼놓고 전부 다" 한 사이였다.[2]

그다음 주에 보부아르는 기억과 느낌을 분류하면서 감정 평가를 수행했다. 사람이니만큼 기억과 감정은 그날그날 "의심, 피폐, 고양"을 오갔다.[3] 하지만 그러한 기복을 스스로 질책하기보다는 곰곰이 생각해볼 만한 것으로 여겼다. 사르트르는 '필요했고' 마외는 '사랑했다.' 보부아르 본인의 표현을 빌리자면 사르트르는 가져다주는 것이 좋았고 마외는 그 사람 자체가 좋았다.[4] 이 시점에서 사르트르는 아직 없으면 안 될 존재는 아니었다.

코레즈는 날씨가 참 좋았고 가족은 할아버지가 돌아가신 후 처음

맞는 여름이라 관계가 더욱 돈독했다. 메를로퐁티의 친구이자 독실한 가톨릭교도였던 강디야크가 그곳에 와서 보부아르 자매도 자기네 본가에 한번 와주면 좋겠다고 했다. 강디야크의 본가는 기차로 한 시간 거리였다. 강디야크는 흠잡을 데 없는 가톨릭 청년이었고 프랑수아즈에게도 좋게 보였지만 그의 초대는 경우에 맞지 않는다는 이유로 허락받지 못했다. 그러자 강디야크는 튈에 하루 나들이를 가자고 했다. 튈은 두 집의 중간쯤이었다. 프랑수아즈는 이 제안은 허락했지만 자기가 보호자로서 동행한다는 민망한 조건을 달았다.[5]

8월 9일에 시몬은 강디야크와 함께 위제르슈에 갔지만 생각은 온통 사르트르에게 가 있었다. 그 다음 날 강디야크와 함께 베제르 둑길을 걸을 때는 라마를 생각했다.[6] 그러한 마음의 작용은 어머니의 눈에 보이지 않았지만 얼마 지나지 않아 어머니의 감시를 피할 다른 방법들이 확실히 생겼다. 8월 19일에 베르트랑 드 보부아르 일가는 메리냐크를 떠나 조르주의 누나가 사는 라 그리예르로 갔다. 도착한 다음 날 아침, 사촌 언니 마들렌이 주방으로 뛰어오더니 시몬에게 어떤 남자가 근처 들판에서 그녀를 기다리고 있다고 전했다. 사르트르였다.

시몬은 사르트르가 올 줄 알았다. 그를 만날 생각에 무척이나 행복해졌다.[7] 속내를 털어놓던 일기가 이 지점에서 멈춘다. 사르트르가 머물다 가고 난 후에야 일기는 "관념과 애무"의 "완벽한 날들"을 대략 돌아볼 뿐이다.[8] 평소 엄격한 일과대로 생활하는 시몬조차도 사르트르와 함께할 수 있는 시간을 일기 쓰기에 할애하기는 아깝다고 생각했을까.

사르트르가 찾아온 첫날, 보부아르가 산책을 제안했지만 그는 "엽

록소 알레르기"가 있다면서 거절했다. 그 대신 두 사람은 풀밭에 앉아 대화를 나누었다. 그 대화의 샘이 마르기에는 이승의 시간도 충분치 않았다. 사르트르는 생제르맹레벨의 불도르 호텔에 투숙했다. 보부아르는 매일 아침 부푼 가슴으로 잠에서 깨어나 오늘은 그에게 무슨 얘기를 할까 생각하면서 풀밭을 가로질러 달려갔다. 그들은 잔디에 누웠고 시몬은 부모, 엘렌, 자자, 학교, 자크 얘기를 했다. 사르트르는 자크에 대해서 듣고는 시몬은 성장 환경상 결혼을 피할 수 없겠지만 자기는 결혼을 함정으로 여긴다고 했다. 그는 시몬의 '발키리* 정신'을 칭찬하고 시몬이 그 정신을 잃는다면 슬플 거라고 했다.

8월의 들판에서 그들은 다른 미래를 계획하기 시작했다. 여행도 하고, 모험도 하고, 열심히 일하고, 유명한 책을 쓰고, 자유롭게 사는 미래를. 사르트르는 자유롭게 살아야만 했다. 한때 약혼을 한 적이 있지만 지금은 결혼, 아이, 소유가 끔찍하다고 했다. 시몬은 자기에게 말할 때 나오는 '감성적인 사르트르'에 놀랐다. 사르트르의 목표는 운명을 좇아 위대한 작가가 되는 것이었고, 그는 이 여행에서 위대한 인간의 운명을 실현하기 위해서 자유를 지켜야 한다며 장광설을 늘어놓았다. 사르트르는 "발라댕(Baladin, 떠돌이 광대)", 즉 위대한 저작의 재료를 모으기 위해 매인 데 없이 세상을 떠돌아야 하는 사내였다. 이 제안은 문학적·철학적으로 세련된 사르트르 특유의 방식으로 이루어졌다. 그가 말하는 '발라댕'은 아일랜드 극작가 존 밀링턴 싱의 희극 《서방 세계의 바람둥이》 속 그 '플레이보이'였다.

회고록에 나타난 이 대화는 종종 사르트르가 자신의 바람기를 시

발키리(Valkyrie) 북유럽 신화에 나오는 반신반인의 여성 전사.

몬에게 받아들이라는 식으로 관계에 대한 기대치를 정했다는 주장의 증거로 쓰이곤 한다. 하지만 일기는 시몬에게도 애정의 대상이 여러 명이었고 그들 모두 저마다 사랑할 만한 이유가 있었음을 보여준다. 8월에 메리냐크에서 사르트르는 자신의 노트를 보여주면서 자신의 우연론은 물론이고 심리학과 상상력에 대한 견해를 설명했다. 두 사람은 독서 목록이 상당히 겹쳤기 때문에 대화는 두 사람 모두의 과거로까지 거슬러 올라가는 관심에 힘입어 물 흐르듯 했다. 둘 다 교수자격시험을 준비하느라 철학을 탐독했을 뿐 아니라 문학을 몹시 사랑했기 때문에 그들은 드물게 깊은 수준까지 서로의 세계를 공유할 수 있었다. 보부아르는 사르트르의 생각이 흥미롭고 영감을 준다고—심지어 희망적이라고—생각했고 점점 더 그의 "아름답고 진중한 두뇌"에 매력을 느꼈다.[9]

시몬은 부모에게 사르트르와 함께 마르크스주의 비판 공부를 한다고 말했다. 공산주의라면 질색하는 부모가 남녀의 점잖은 도리를 잠시 접어주기 바랐기 때문이다. 그 작전은 통했을까? 어쨌든 오래가진 않았다. 나흘 후 사르트르와 보부아르가 풀밭에 함께 있을 때 조르주와 프랑수아즈가 다가왔다. 큰 대자로 누워 있던 철학자들은 벌떡 일어났지만 아버지는 민망한 기색이었다. 아버지는 자기가 하려던 말을 했다. 사람들이 수군대기 시작했네. 이 동네를 부디 떠나주겠나? 시몬은 분개하면서 아버지에게 왜 자기 친구에게 그런 말투로 말하느냐고 대들었고, 어머니는 딸에게 고함을 질렀다. 사르트르는 자기는 곧 떠나겠지만 일단 그들이 함께하던 철학 탐구는 끝내고 싶다고 말했다. 부모가 그 말을 믿었는지 안 믿었는지는 모르지만 그들은 집으로 돌아갔다. 사르트르는 며칠이 지난 9월 1일에야 떠났다.

사르트르가 떠난 후 보부아르는 일기에 "사르트르에게 그가 주고자 했던 시간 외에는 아무것도 더 요구하지 않았다."라고 썼다. 보부아르는 독립의 소망과 사랑을 조화시킬 수 있는 미래를 꿈꾸기 시작했고 그 꿈으로 인해 가슴이 부풀어 올랐다. 일기에는 이렇게 썼다. "이 다정한 소녀의 마음속 깊이 숨어 있는 발키리가 파도처럼 크나큰 기쁨을 부어준다. 이제 그 소녀는 자기가 강하다는 것을, 그 남자만큼 강하다는 것을 알았다."[10]

사르트르가 떠나고 나서 보부아르는 "오롯이 자기 혼자, 자유롭고 강인한 모습으로, 유일하게 존재하는" 기쁨을 표현했다. 고독 속에서 불확실한 것들을 찬찬히 돌아볼 시간이 생겼다. "각기 다른 방식으로" 사르트르를 사랑하고, 라마를 사랑하며, 자크도 사랑할 수 있다는 마음의 확신이 있었다. 하지만 그 모든 사랑을 어떻게 조화시켜야 하는지는 몰랐다.[11]

사르트르가 돌아가고 나서 9월 2일부터 4일까지 보부아르는 감정 평가를 계속했다. 행복을 느꼈고, 마치 오랫동안 갈망했던 삶을 이제 막 시작한 듯 풍부한 가능성을 점쳤다. 사르트르는 그 행복에서 몹시 중요한 요소였지만 세상 사람들이 말과 글로 널리 주장한 것 같은 '유일한' 요소는 아니었다. 사르트르의 역할은 "몸과 마음에서 (다른 사람들도 그렇게 될 수 있었지만) 견줄 데 없는 사유의 친구"였다.[12]

보부아르는 결심에 이르렀다. "나는 한 사람 한 사람을 그 사람이 유일한 것처럼 사랑할 테다. 각 사람에게서 그가 나에게 내어줄 모든 것을 취하리라. 그리고 나도 내가 줄 수 있는 모든 것을 주리라. 누가 날 책망할 수 있을까?" 사르트르에 대한 감정을 스스로 확신할 수 없지만 분명히 그 감정이 아직 사랑은 아니라고 생각되는 날들도 있었

다.[13]

요컨대 보부아르는 그 전설적인 계약을 맺기 전에 이미 여러 남자를 자기가 사랑스럽게 여기는 방식대로 사랑하겠노라 결심을 했던 것이다. 1926년 초의 일기에도 "연인이 좋아하는 나의 이미지를 진짜 나 대신 제공하거나 본연의 나를 저버리면서 살아선 안 된다."라고 썼다. 사랑하는 이에게는 "줄 수 있는 것만을 주어야 한다."[14]

이틀 후에는 라마가 왔고 둘은 호텔에서 만났다. 그들은 객실을 따로 빌렸지만 함께 아침을 보낼 수 있었고 보부아르는 그의 파란색 잠옷과 "잘 잤어, 비버?"라고 말하던 목소리를 떠올리며 행복해했다.[15] 일기에서 마외는 종종 몸, 얼굴, 목소리, 자세, 의상과 옷맵시로 주의를 끌어당기는 육체적 매력의 화신으로 묘사된다. 하지만 보부아르는 그의 매력을 사르트르와 비교하면서 "부분적"이라고 생각하기 시작한다. 그를 정신적으로 높이 평가하지 않았고 지적으로 그에게 만족할 수 없었다.[16]

그렇다면 마외가 보부아르의 첫 연인이었을까? 일기는 이 부분이 명확하지 않다. 앞에서 보았듯이 디어드레이 베어와 인터뷰를 할 때 보부아르는 마외와 성적 관계가 아니었다고 했다. 하지만 사르트르와 마외의 주장은 정반대다. 사르트르는 존 제라시(스테파의 아들)에게 "마외는 보부아르를 사랑했어. …… 그리고 보부아르도 마외를 사랑했지. 사실 그 친구가 보부아르의 첫사랑이었다네."라고 했다.[17] 이 말에 따라 보부아르와 마외의 "아리스토텔레스 번역"이 보부아르가 말한 것과는 달랐으리라 짐작할 사람들도 더러 있으리라. 《생의 한창때》에서 보부아르는 순결을 "기쁘게 버렸노라."고 말하지만 상대는 밝히지 않는다.[18] 그렇지만 일기의 한 대목이 보부아르의 발언에 힘을 실어준다. "이 관능적인 남자(마외)와 있는데도 우리 사이에 육체적인 것은 전혀 끼어들지 않으니 얼마나 아름다운가. 반면 사르트르는 관능적이지 않지만 우리 몸의 조화가 우리의 사랑을 한층 더 아름답게 하는 의미를 지닌다."[19]

이 관계는 우리에게 어려운 문제를 던진다. 보부아르는 성적인 관계가 아니라고 했다. 남자들은 그런 관계가 맞다고 했다. 내가 보부아르의 친구이자 양녀인 실비 르 봉 드 보부아르에게 물어봤을 때 그녀는 보부아르가 마외에게 매료되었고 둘이 무척 내밀한 관계를 맺었지만 사르트르가 등장하기 전에는 섹스까지 가지 않았다고 말해주었다. 그때까지만 해도 보부아르는 점잖은 가톨릭이었고, 점잖은 가톨릭 여성이라면 절대로 하지 않을 일들이 있었다. 생애 후기의 한 인터뷰에서 보부아르는 회고록에 쓰지 않았지만 지금 돌아볼 때 집어넣고 싶은 부분이 있느냐는 질문을 받았다. 그녀는 "솔직하고 균형 잡힌 자신의 성생활 이야기, 페미니스트의 관점에서 정말로 진실한 이야기"라고 대답했다.[20] 보부아르는 일기에조차 솔직한 성경험 이야기를 쓰지 못했다. 어머니가 일기를 볼까 봐 두려웠을까? 보부아르는 자신의 개인사가 명성으로 인해 왜곡되고 자신의 철학과 정치학에 쏠려야 할 관심을 가로채리라고는 아직 알지 못했다.

6장

자기만의 방

1929~1935년

"나의 저작이 생생한 현실을
표현하기를 원한다."

Simone de Beauvoir

1929년 9월 스물한 살의 보부아르는 부모 집에서 나와 당페르로슈로 91번지에 있는 외할머니 소유 건물 6층에 방을 얻었다. 외할머니는 방을 여러 개 세놓고 있었는데 시몬은 다른 세입자들과 똑같이 집세를 내고 독립적인 생활을 보장받기 원했다. 방에는 오렌지색 벽지를 발랐다. 엘렌은 중고 가구 리폼을 도와주었다. 어머니는 시몬이 이사 나가는 날 눈물을 글썽였다. 딸은 어머니가 한바탕 통곡을 하지 않은 것만도 고마웠다.[1] 메리냐크에서 보내는 여름 한 철을 제외하면 시몬은 늘 동생과 방을 같이 썼다. 그래서 자기만의 방을 처음 갖게 된 것이 기쁘기 그지없었다.

아직 자기만의 일은 없었다. 하지만 사르트르와 앞으로의 일을 '그들의' 미래로 의논한 터였다. 사르트르가 군 복무를 하는 동안 두 사람은 만날 수 있는 한 최대한 자주 만났다. 보부아르는 소설 집필을 시작하려고 상근직 교사가 되는 대신 파리에 남기를 원했다. 그래서 시간제 수업을 하고 일주일에 몇 시간은 빅토르뒤뤼 고등학교에서 라틴어와 그리스어를 가르쳤고 그 수입으로 생계를 유지했다.[2]

엄격하게 시간 관리를 하면서 시험을 준비했던 터라 보부아르는 일을 해서 생계를 꾸리는 것이 부모 말처럼 힘겹게 느껴지지 않았다.

끊임없는 장해물의 위협과 인생의 실패 따위는 없었고 늘 휴가 중인 기분이 들 정도였다. 이제 원하는 일을 하고 원하는 대로 차려입을 수 있었다. 어머니는 늘 칙칙한 색깔의 질긴 면이나 모직 옷만 입혔다. 이제 실크, 크레이프, 벨벳 옷을 살 수 있었다. 1930년대 보부아르 소설 속 인물 샹탈은 멋 내기를 낙으로 삼는 철학 교사다. 이 여성은 "어쩌면 나를 진짜라고 생각하지 않을 제자들의 놀라움 가득한 시선"을 묘사한다.[3]

《생의 한창때》에서 보부아르는 8월에 사르트르를 다시 만나고서부터 "다른 애정은 모두 버리고 온 마음을 사르트르와의 관계에 주었다."고 말한다.[4] 하지만 이 부분도 일기장의 이야기와는 다르다. 9월부터 11월까지도 여전히 라마와 자크에게 마음을 쓰고 두 사람 모두에게 사랑과 애정을 표현한다. 다시 한번 이 모순적 이야기가 의문을 자아낸다. 왜? 왜 회고록은 다른 남자들을 얼버무리고 사르트르에게 그가 실제로 차지했던 것보다 더 지배적인 위치를 부여하는가?

1929년에 보부아르는 계속 사르트르의 장점을 따져보았다. 9월 27일에는 사르트르가 게임에는 능숙할지언정 정말로 사랑 그 자체를 경험한 적이 없어서 사랑을 이해하지 못한다고 지적한다.[5] 보부아르의 의심은 계속되었다. 10월 8일에는 "내가 그의 곁에 있을 때 이 사랑을 아쉬워하지 않는 법을 배워야 한다."고 썼다.[6] 9월에 파리로 돌아와 자크를 다시 만나면서 그에 대한 관심이 다시 살아났고 라마는 살짝 뒷전으로 밀려났다. 시몬은 미래를 "자크와의 행복"과 "사르트르의 협조가 있는 불행" 중에서 선택해야 한다고 생각했다.[7] "두 남자 모두를, 각기 열정적으로 사랑하는 것은 하나도 재미있지 않다."[8]

회고록에 따르면 1929년 가을에 사르트르는 보부아르가 이중인

격이라고 말했다. 보부아르가 제시한 여러 종잡을 수 없는 이야기들과 가능한 두 삶 사이에서 분열된 심리를 고려한다면 사르트르가 어쩌다 그런 인상을 받았는지는 대단한 상상력 없이도 짐작할 만하다. (보부아르는 그 가능한 삶들을 '나의 가능성들mes possibles'이라 명명하기도 했다.) 사르트르에 따르면 평소에 보부아르는 비버였다. 하지만 때때로 비버는 사라지고 (그의 관점에서는) 재미없는 보부아르 양이 등장했다. 보부아르 양은 슬픔과 후회가 많지만 비버는 그렇지 않았다.[9] 이런 유의 일화들은 사르트르가 보부아르에게 자기 의심에 빠지게끔 가스라이팅을 함으로써 그의 수상한 행동에 이의를 제기하지 못하게 한 것 아닌가라는 의혹에 힘을 실어준다. 하지만 사르트르가 이 구분을 만들어낸 장본인은 아니다. 1927년 보부아르의 일기에 벌써 비슷한 표현이 나온다. 그녀는 자신에게 명령한다. "'보부아르 양'이 되지 마. 내가 되자. 외부에서 부과한 목표, 충족해야 하는 사회적 틀에 연연하지 마. 나에게 작용할 것이 작용하면 그걸로 다 된 거야."[10]

10월 14일 월요일 사르트르와 보부아르는 뤽상부르 공원에서 만나 산책을 했다. 그날 오후에 그들은 뭇사람들에게 모방 욕구를 불러일으키게 될 대화, 바로 '계약'이라는 개방적 관계를 규정하는 대화를 나누었다. 계약 기간은 2년, 다른 연인들과 헤어질 필요는 없음. 그리고 서로 모든 것을 숨김없이 털어놓기. 사르트르는 보부아르와의 관계를 다른 여자들과의 관계와 구분하는 뜻에서 "'우리'의 관계는 '필연적인' 사랑입니다. 하지만 우리가 각자 '우연적인' 연애를 경험하는 것도 좋은 생각이지요."라고 했다.[11] 그들은 이 관계를 '귀천상혼', 즉 루이 14세와 맹트농 부인의 결합처럼 서로 다른 사회적 신분의 결합이라 불렀다. (하지만 둘 중 누가 고귀한 신분이고 평민인지는 분명히 밝

보부아르와 사르트르가 처음으로 함께 찍은 사진(1929년) 두 사람은 서로에게 충실하면서도 자유로운 전무후무한 계약 결혼을 맺었다. 애초에 계약 기간은 2년이었지만 둘은 51년간 사상의 동지로서 계약을 이어 갔다.

히지 않았다.)

보부아르는 두 번째 회고록에서 서로 뭐든지 털어놓기로 한 약속 때문에 처음에는 민망했다고 말한다. 하지만 나중에는 오히려 해방감을 느꼈다. 사르트르는 보부아르가 자기 자신을 바라볼 때보다 훨씬 공정한 눈으로 그녀를 바라보는 관찰자가 되어주었다. 그는 보부아르 생애의 증인이 될 수 있었다. 그들은 상대가 어떤 해도 끼치지 않을 것임을 알기에 아주 편안한 마음으로 서로 원고도 보여주었다.[12]

보부아르는 사르트르를 전적으로 믿었기에 한때 부모나 신에게서 얻었던 "절대적이고 틀림없는 안전"을 얻을 수 있었다.[13] 보부아르는 일기에서 초기부터 "안에서 보는 관점", 사후 판단의 장점을 강조했는데 어쩌다가 그토록 사르트르의 "밖에서 보는 관점"을 믿게 되었는지 모르겠다. 보부아르의 신뢰는 보증된 것이었나? 진정한 상호 신뢰였나?

《생의 한창때》에서 보부아르는 사르트르와 자기가 진실이 치명적인 무기가 될 수 있음을 알고 서로 무척 조심스럽게 진실을 얘기했다고 말한다. 보부아르는 나중에 소통을 잘하는 절대불변의 비법이 있었던 것은 아니라고 했다. 어떤 말로도 커플이 서로를 완벽하게 이해할 수는 없다고 생각했기 때문이다. 보부아르는 어떻게 관계를 이어 나갈 수 있었느냐는 질문을 자주 받았는데 합의의 성격을 규정하기 위해서 함께 노력할 필요가 있다고 대답하곤 했다. 젊을 때는 자기에게 맞는 것이 모두에게 옳다고 믿는 우를 범하기도 했다. 하지만 1960년에 그들이 관계를 이끌어 온 방식이 찬양받기도 하고 비난받기도 하자[14] 보부아르는 짜증이 났다. (사람들이 정말로 아는 것도 별로 없으면서 그랬으니 짜증이 났을 법도 하다.)

1929년을 보내는 동안 사르트르를 향한 사랑은 아찔하리만치 드높은 경지에 달했다. 하지만 7월에 그를 만난 후로 주저하기도 했고, 계약을 맺고 난 다음 주에도 의심을 떨치지 못했다. 10월 15일에 그들이 다시 만났을 때 '보부아르 양'이 등장할 뻔했다. 보부아르 양은 낙담했고 자기 선택을 후회했다. 사르트르 앞에서 가까스로 슬픈 기색을 숨겼지만 그가 떠나자마자 눈물을 쏟았다.[15] 1929년 10월 21일 결심을 굳히고 일기에 밑줄까지 그었다. "사르트르 없이 올해를 살 수는 없다."[16]

그리고 바로 이틀 후 자크가 난처해하면서 다른 여자와 약혼한다는 소식을 전했다.[17] 다음 날 마외와 스테파가 시몬을 위로하러 왔다. 마외는 자크 같은 남자는 열여덟 살 때나 매력적으로 보일 뿐, 재산에 기대어 살 줄만 알고 스스로 일하지 못하는 사람은 점점 멋없어진다고 했다. (자크는 부친의 사업을 물려받았다. 시몬이라면 절대 그러지 않을 방식으로 기존 질서 속의 자기 위치를 그대로 받아들인 셈이었다.) 스테파는 카페 레 되 마고에서 뜨거운 초콜릿 음료를 사다 주었다. 시몬은 그들의 위로가 고마웠다. 비록 다른 남자들에게 점점 애정을 느끼고 있었지만 자크 때문이든 부모의 기대에 부응하는 미래 때문이든, 혹은 그 둘의 조합 때문이든 여전히 눈물이 났다.[18]

《생의 한창때》에서 보부아르는 사르트르와 자신이 관계 초기부터 "정신의 자부심"에 굴복했다고 말한다. 그들은 자기네가 "급진적으로 자유롭다고" 생각했지만 실제로는 이런저런 착각에 매여 있었다. 그들은 타인에 대한 어떤 감정적 의무도 인정하지 않았다. 자신들을 순수한 이성과 의지의 화신처럼 생각하다 보니 자기네가 얼마나 타인에게 의존해 있는지, 자기들이 어떤 식으로 적대적인 세상에서 보호받았는지 인정하지 못했던 것이다. 그들은 돈이 없었지만 사치를 경멸했다. 어차피 손에 잡히지 않을 것을 붙잡으려 할 이유가 어디 있는가?[19] 대신 그들은 상상력을 나누고 풍요롭게 일구었다. 이야기, 생각, 이미지를 차곡차곡 쌓아 갔다. 문학 애기를 하지 않을 때는 니체, 마르크스, 프로이트, 데카르트를 논했고 화랑이나 영화관에도 자주 함께 갔다.

11월에 사르트르는 생시르에 기상 관측병으로 군 복무를 하러 갔다. 2년여의 복무를 마치고 사르트르는 보부아르와 떨어져 지내는 시간이 필요하겠다고 생각했다. 그래서 일본 교토의 일자리에 지원했다. 합격하면 1931년 10월부터는 일본에서 지내야 했다. 그는 그들이 세계 곳곳에서(어쩌면 이스탄불에서?) 만나서 함께 지내다가 또 떨어져서는 각자의 모험을 즐길 수 있으면 좋겠다고 말했다. 보부아르는 그 고독한 모험의 꿈에 완전히 동의하지 않았지만 자신이 원하는 것을 사르트르에게 말할 수 없다고 느꼈다.

그렇긴 해도 사르트르는 여전히 보부아르의 삶의 일부였을 뿐이다. 11월 3일 일기에는 사르트르의 "입술이 자신의 입술에 맞닿기를" 얼마나 원하는지로 시작하지만 그다음에는 자크에게 받은 편지, 스테파를 보고 온 기쁨, 그리고 라마의 손길이 자신의 머리칼을 쓸어주고 라마의 몸이 자기 몸에 스치기 원하는 갈망이 차례로 나타난다.[20] 이 단계에서 보부아르가 왜 괴로워하면서도 사르트르에게 자기 생각을 다 말하지 않았는지는 분명치 않다. 하지만 그녀가 각기 다른 결점을 지닌 여러 사람을 동시에 사랑하면서 아무런 모순을 느끼지 않았음은 분명하다.

사르트르는 입대 후 생시르에서 훈련을 받았다. 생시르는 파리에서 가까운 편이어서 보부아르는 일주일에 사나흘은 사르트르에게 가서 저녁을 함께 먹었는데, 때로는 두 사람 모두와 친한 피에르 기유, 레몽 아롱이 동석했다. 일요일에는 사르트르가 파리로 올라왔다. 훈련이 끝나고는 파리 서남부의 투르 근처 생생포리앵 기상 관측소에 배치를 받았다. 그들은 거의 매일 서로 편지를 썼고 사르트르는 매달 일요일 외에도 한 주를 쉬었으므로 그가 파리에 가거나 보부아르가 투르로 내려오거나 하면서 자주 만났다(보부아르가 원하는 것만큼 자주는 아니었어도). 그들은 서로를 "나의 귀엽고 소중한 아내", "나의 귀여운 남편"이라고 불렀다. 하지만 일년 전 여름에 한없이 솟아올랐던 행복감은 금세 흩어져버렸다.

그다음 달, 그러니까 1929년 11월 25일에 자자가 죽었다. 보부아르는 일기장에 그날 날짜만 적었다. 눈물에 글씨가 다 번졌다.

그 후 보부아르의 일기는 침묵한다. 사르트르 때문에 속상한 일이 있고 나서야 겨우 그다음 달 얘기가 간략하게 나온다. 보부아르는 시테 대학가의 공부 모임에 들어가면서 자기를 있는 그대로 받아주는 사람들을 만나리라 기대했다. 진리를 찾고 진리대로 살려는 철학자로 인정받을 줄 알았다. 하지만 이제 사르트르의 기대가 신경에 거슬렸다. 보부아르가 무엇이어야만 하고 무엇이어서는 안 되는지, 무엇을 했는지, 무엇을 이해하지 못했는지에 대해서 잔소리가 너무 심하지 않나? 특히 일기에도 이렇게 썼다. "나는 그가 말하고 싶어 하는 것 이상으로 우연적인 삶을 잘 이해하고 있다."[21]

의견 충돌이 자자의 장례식 전날 불거졌다. 사르트르가 보부아르가 자기 행복에 너무 "처박혀" 있다고 말했던 것이다. 또다시 눈물이 비 오듯 흘렀다. "눈물은 쓰라리지 않았다. 이미 그 눈물이 힘을 낳았다. 나는 그 눈물 속에서 오랫동안 행복하게 잠들어 있던 발키리가 다시 깨어나는 것을 느꼈다."[22] 이 단계에서 그들 관계에 어떤 패턴이 생기기 시작했다. 세월이 흐를수록 보부아르는 감정을 지지받을 필요가 생길 때마다 사르트르가 아닌 다른 사람을 찾게 된다. 자자가 죽었을 때는 엘렌에게 의지했다. 하지만 장례식 당일인 12월 13일에 시몬은 눈앞에 펼쳐진 광경에 의연할 수 없었다. 자자의 결혼식 장소로 상상해 왔던 바로 그곳에서, 결혼식 하객으로 만나야 할 사람들을 조문객으로 만나야 했으니까.[23]

사르트르는 보부아르가 위대한 저작을 쓸 능력이 있다고 생각했지만 결정적 순간에 그녀의 아픔에 공감해주지 못했던 것은 분명하다. 계약 일년 만에 보부아르는 사르트르와 자기 자신에 대해서, 그들의 계약이 타인들에게 미치는 영향에 대해서 회의적으로 변했다. 1929년 12월 마외('그녀의' 라마)가 파리에 올라왔다가 보부아르의 책상에서 사르트르의 편지를 발견했다. 마외는 보부아르와 사르트르의 관계가 전과 다르다는 것을 아직 모르고 있었다. 마외는 이제 보부아르를 믿을 수 없다고 말했다. 그러고는 자기가 파리에 있는 동안 만나 달라는 편지를 보냈다. 보부아르는 사르트르에게 편지를 쓰면서 마외의 편지를 그대로 옮겨서 보여주었다. "너희 두 사람의 9월과 그 후 두 달간 이어진 거짓말의 결과로 나는 작금의 상황을 아주 신물 나도록 절감하고 있어. 나는 너희 둘이 그토록 멋들어지게 던져준 …… 빵 부스러기보다 훨씬 나은 것을 얻을 자격이 있는 사람이야."[24]

요컨대 마외는 '부스러기'를 원하지 않았다. 그럼 무엇을 기대했을까? 자기는 유부남이고 보부아르에게 신의를 지킬 수 있는 입장이 아니면서 상대는 자기만 사랑하기를 바랐나? 보부아르는 그에게 동정을 거의 느끼지 않았고 사르트르에게도 마외의 질투가 "불쾌하다"고 말했다. 하지만 사르트르에게 '우연적인 삶'이 의미하는 것이 자신에게도 같은 의미일 수는 없다는 것을 어렴풋이 깨닫기 시작했다. 보부아르는 사랑하는 사람들에게 상처를 주고 싶지 않았고 그들과 '함께 이기를' 원했다. 솔직히 말해 자크는 결혼해버렸고 마외는 먼 곳에 있고 사르트르는 떠나가는 중이었으므로 이 삶은 "그 어느 것에도 몰입하게 하지" 못했다.[25] 하지만 이 단계에서 "우연적인 삶" 자체의 가치를 의심하기 시작했는지, 단지 이 특정 시기에만 회의적이었는지는 명확하지 않다.

보부아르는 혼자 살기 시작하면서 일년 동안 부모님 댁에 자주 가서 점심을 먹었지만 자기 생활에 대해서는 거의 말하지 않았다. 멀리 있는 사르트르가 보고 싶긴 했지만 예전에는 불가능했던 모험들로 호기심을 충족하는 재미도 있었다. "거의 아무하고나" 데이트를 했고 사창가에도 가봤다. 아버지는 왜 딸이 상근직 교사를 하지 않는지 이해하지 못했고 자기 친구들에게 딸이 "파리와 신혼 생활 중"이라고 경멸적으로 말했다. 보부아르는 상근직을 맡으면 지방으로 발령이 날 확률이 높다는 것을 알았기에 이제 막 발견하기 시작한 파리를 떠나고 싶지 않았다. 보부아르는 파리에 살 수 있다는 이유 때문에 기자가 될 생각도 잠시 했지만 철학을 가르치는 일에 더 끌렸다.[26]

1930년 6월에는 자신은 늘 강해지고 싶었고, 일하고 싶었고, 자기 일을 만들고 싶었다고 일기에 썼다. 인생에서 일을 최우선으로 삼아야 한다는 점에서 보부아르와 사르트르는 생각이 같았다. 하지만 보부아르는 '2년짜리 계약'의 끝을 어렴풋한 죽음의 예감에 비유하면서 두려워하기 시작했다. 글을 쓰고 싶다는 것만은 분명했다. 하지만 그 꿈을 실현할 능력이 있는지 자신이 없어졌다. "나는 재능이 없다. 난 못 한다!" 보부아르는 자기가 게으르고 의지력이 약하다고 자책했고 자기가 예상한 대로 사르트르가 "도움이 되는지" 확신할 수 없었다. "그는 어린 여자애 대하듯 나에게 말을 한다. 내가 행복해하는 모습만 보기를 원한다. 하지만 내가 나에게 만족하면 그는 행복하지 않다. …… 나는 슬플 때마다 그에게 거짓말을 해 왔다."[27] 처음부터 사르트르와의 우정은 견줄 대상이 없었다. 둘이 철학을 논할 때 사르트르는 보부아르와 똑같이 진리의 발견에만 전념하는 듯 보였다. 그런데 왜 보부아르의 감정에 대해서는 진실을 알려 하지 않는단 말인가? 그녀는 말 잘 듣는 딸 역할은 거부했으면서 왜 어린애 취급하는 말을 듣고 행복한 척하는 여자 역할은 받아들였나?

보부아르는 글쓰기의 기쁨과 영감을 잃고, "사랑해요."라는 그의 말을 믿는 능력마저 잃어버렸다고 생각했다.[28] 사르트르가 뭐라고 했기에 그렇게 실의에 빠졌는지 정확한 기록은 남아 있지 않다. 하지만 아버지와 문화적 배경은 늘 여성은 창조적이지 않다는 메시지를 주입해 왔다. 역사는 여성들의 독창성 결여의 증거였다. 엘렌은 그들 자매가 어릴 때부터 문학과 예술을 즐겨 왔지만 어떤 결정적 순간이 있어서 언니가 작가가 되겠다고 결심하거나 자기가 화가를 지망하게 된 것은 아니라고 했다. 엘렌은 그림을 그리면서 그런 메시지를 몰아내는 데 오랜 시간이 걸렸다. 시몬 역시 어린 시절을 돌아보고 강력한 소명을 느꼈지만 자신에게 독창성이 없는 것 같아 절망했다고 말한다. 상상력이 말하게 하고, 스스로 뭔가를 만들어내는 것이 불가능해 보일 지경이었다고.[29]

여성의 능력을 향한 아버지의 부정적 시선은 시몬이 탐독했던 일부 철학자들의 시선과도 비슷한 데가 있다. 시몬이 학생 시절 일기에서 곧잘 인용한 아르투어 쇼펜하우어(Arthur Schopenhauer)는 〈여성에 대하여〉라는 에세이에서 여성은 "모든 면에서 첫째가는 성보다 열등한 두 번째 성"이며, 단지 인간이라는 종의 존속을 위해서만 존재한다고 했다. 그는 여성도 재능이 있을 수 있으나 결코 천재는 될 수 없다고 보았다.[30]

시몬이 기자가 되어볼까 고민하고 있을 때 부유한 사촌(과거 아버지를 도와준 적 있는 바로 그 사람)이 외신 전문 잡지 〈신 유럽〉의 공동 편집자 푸아리에 부인을 만날 수 있게 주선해주었다. 푸아리에 부인은 저널리즘에서 성공하려면 아이디어로 기여를 해야 한다고 했다. "뭔가 아이디어가 있어요?" 시몬은 그런 건 없다고 대답했다.[31] 하지만 남편 푸아리에 씨는 원치 않는 성적인 접근을 해 오면서 보부아르가 그런 쪽으로 출세를 모색한다면 자기가 거물을 소개해주겠다고 했다. 보부아르는 그의 접근과 제안을 거절했지만 그 부부가 칵테일 파티에 초대했을 때는 한번 가보자고 생각했다. 정작 파티에 도착해보니 개밥의 도토리 같은 기분이 들었다. 온통 새틴을 휘감은 사람들 틈에서 시몬의 모직 드레스는 너무 수수해서 되레 튀어 보였다.

1930년 가을 시몬은 사르트르를 향한 사랑이 자신을 너무 많이 차지한다고 생각했다. 그를 통해서 사느라 "자기 생활을 소홀히 한" 것 같았다. "나는 자부심을 잃었다. 그래서 모든 것을 잃었다."[32] 작년 10월의 아득하리만치 행복했던 결합을 돌이켜보니 그의 사랑은 자기의 사랑만큼 깊지 않은가 싶었다. 경이로운 한순간에 영혼을 다 바쳤고 부지불식간에 자기를 잃어버렸건만, 이제 자기는 발라댕의 연애사에서 한 페이지에 불과한 것 같기도 했다.[33] 사르트르를 여전히 사랑했지만 이제 그 사랑은 "더 습관적이고, 전보다 못하고, 전처럼 순수하게 다정하지만은 않았다." 그는 이제 눈부시게 완벽하지 않았다. 이제 타인의 환심을 사려는 그의 욕망, 자존심, 언성을 높일 때 시뻘게지는 낯빛이 보였고 그가 얼마나 쉽게 휘둘리는 사람인지도 알았다.[34]

사랑은 한풀 꺾였지만 신체적인 문제가 있었다. 육체의 "압제적인 욕망"이 깨어나 충족을 요구했다. 사르트르는 이런 문제로 괴로워하지 않았기 때문에 보부아르는 더 힘들었다. 사르트르는 섹스보다 유혹을 좋아했다. 보부아르가 계약에 동의했던 상황—마외와 자크도 그녀의 몸과 마음이 사랑을 찾게 될 현재와 미래에 포함됐던 때—이 계약을 기꺼이 수락한 이유를 설명해줄 수도 있을 것이다. 두 남자가 사라진 지금 보부아르는 육체적 욕구의 위력을 인정하지 않을 수 없었다. 하지만 서로 무엇이든 진실하게 털어놓는다는 규칙에도 불구하고 처음에는 사르트르에게 이런 얘기를 할 수 없었다.[35] 보부아르가 받은 훈육 때문에라도 욕망을 표현하거나 자기 감정을 중요시하기는 힘들었다. 하지만 그런 쪽으로 감정을 검열하는 태도가 사르트르의 행동 때문에—그리고 그 바탕에 깔린 철학 때문에—더 심해졌을 수도 있다.

사르트르의 1943년 저작 《존재와 무》는 성적 욕망을 자유를 가리고 위협하는 '골칫거리'로 설명한다. 감정에도 관용적이지 못한 태도를 보였다. 자유로운 인간은 감정을 느끼지 않고 선택할 수 있기에 감정을 느끼지 않아야 한다. 한때 연인이었던 시몬 졸리베(Simone Jollivet)가 자기가 몹시 슬프다는 편지를 스물한 살의 사르트르에게 보낸 적이 있다. 사르트르의 답장은 혐오감을 숨기려는 노력조차 보이지 않았다.

당신이 취하기로 한 그 흥미로운 포즈를 대하고 내 마음이 누그러질 거라 기대했나요? 일단은 당신을 생각해서, 그다음에는 나 자신을 위해서라도 그럴 줄 알았습니까? 나도 그렇게 꾸민 행동을 하던 때가 있었지요. …… 요즘은 당신처럼 제멋대로 마음껏 슬퍼하는 시간을 보내는 사람들이 보기 싫고 경멸스럽습니다. …… 슬픔은 나태와 손을 잡는 법이지요. …… 당신은 500킬로미터나 떨어져 있는 나, 전혀 다른 기분으로 지내고 있을 법한 나에게 "나 슬퍼요."라고 쓸 정도로 그 상태를 즐기고 있군요. 어쩌면 국제연맹에까지 당신이 슬프다고 알렸을지도 모르겠네요.[36]

보부아르는 영화관에서 사르트르가 눈물을 글썽거리는 것을 본 적이 있었다. 하지만 그건 예술 얘기고, 현실에는 눈물이 끼어들 여지가 없었다. 그래서 복잡한 감정과 반갑지 않은 성적 욕망은 아무도 보지 않고 꾸짖지도 않을 일기장에나 토로해야 했다.

보부아르는 생애 후기에 사르트르의 초연함이 때때로 존경스러웠다고 말한다. 사르트르는 위대한 작가는 감정에 사로잡히기보다 감정을 포착해야 하므로 냉정함을 길러야 한다고 주장했다. 하지만 보부아르는 또 어떨 때는 말이 "현실을 포착하기도 전에 죽어버린다."고 느꼈다. 보부아르는 현실이 죽기를 원치 않았다. 현실 속에서 즐기고 싶었다. 방부 처리해서 후세에 남기기보다는 자기에게 다가오는 그윽한 풍미를 맛보고 싶었다.[37] 두 사람은 문학의 중요성에 동의했지만 문학이 무엇인가, 무엇을 위한 것인가를 두고는 생각이 달랐다. 사르트르는 말에는 힘이 있지만 결국 문학은 속임수와 위장이라고 보았다. 보부아르는 문학이 그 이상이 될 수 있다고 믿었고 버지니아 울프를 읽으면서 경외감을 느꼈다. 문학과 삶의 간격을 좁히려 했던 여성이 바로 거기 있었다. 보부아르는 세상을 알고 싶었고 진정으로 세상을 드러내고 싶었다.[38]

보부아르는 두 번째 회고록 《생의 한창때》에서 사르트르가 철학적인 면에서 경솔하고 부정확해 보일 때도 많았다고 썼다. 하지만 자신의 정확하고 치밀한 사유보다 그의 객기가 더 생산적인 사상을 만든다고 보았다.[39] 이 경우에서든 다른 여러 경우에서든, 보부아르는 사르트르가 자기에게 없는 장점들을 바탕으로 삼아 자신감을 키웠다는 점에 인정보다 존경에 가까운 반응을 보인다. 첫 번째 회고록 《견실한 젊은 여성의 회고》에서는 사르트르가 완벽한 동반자, 자기가 열

다섯 살 때부터 꿈꾸어 왔던 남자라고 했다. "나는 남편과 아내가 모든 것을 공유했으면 좋겠다. 내가 예전에 신에게 부여했던 정확한 관찰자 역할을 서로 상대에게 해주었으면 좋겠다. 그러면 '다른' 누군가를 사랑할 가능성이 배제된다. 나는 나보다 기량이 뛰어나면서도 나와 대등한 사람, 나의 분신을 만나지 않는 한 결혼하지 않겠다."[40]

하지만 보부아르도 훗날 지적했듯이 사르트르의 관찰이 늘 정확하지는 않았다. 그는 보부아르의 감정을 의미 있는 것으로 보지 않았고 그녀의 성적 욕망을 묵살했다.[41] 20년 후 《제2의 성》은 "사랑에 빠진 여성", 사랑하는 남자를 인생의 중심에 둔 나머지 자기 자신을 보지 못하는 여성에 대해서 말한다.

사랑을 하는 여성은 자신의 판단을 저버리면서까지 매사를 사랑하는 이의 눈을 통해서 보려 하고 그 사람의 독서, 미술, 음악 취향을 따라간다. 그 사람이 함께 있고 함께 바라보는 세상이 아니면 관심이 가지 않는다. 그 여성은 오로지 그의 생각, 그의 친구, 그의 의견에만 관심이 있다. 자기 가치에 조건이 붙는 것처럼, 남자에게 사랑받아야만 가치 있는 사람인 것처럼 생각한다. 그 사람이 "우리"라고 말하는 것보다 그녀에게 더 큰 행복은 없다. "사랑하는 남자에게 그의 일부로 인정받았기" 때문이다. "그가 '우리'라고 할 때 그녀는 그와 연결되고 동일시된다. 그의 특권을 공유하고 그와 함께 온 세상을 다스린다."[42]

헤이즐 롤리 같은 작가는 이 대목을 젊은 보부아르의 자전적 묘사라고 보았다. 실제로 보부아르는 회고록에서 젊은 날의 자기를 "보조적 존재", "지적 기생자"로 묘사하기도 했다.[43] 우리가 보았듯이 일기의 어떤 대목은 스스로 무엇을 원하는지 고민하고 자기가 원하는 바를 그에게 표현하기보다 자기가 어떻게 하면 그가 원하는 것이 될 수 있을지 고민했다는 증거가 될 수도 있다. 하지만 회고록에서 생략하고 넘어간 사르트르의 결점을 일기장에는 조목조목 적어놓았다. 보부아르는 사르트르가 읽고 있던 지드, 클로델, 샤를 페기, 알랭, 파스칼, 라이프니츠, 라뇨, 니체 등을 그와 만나기 전부터 탐독해 왔다. 그 외에도 영어 책을 즐겨 읽었는데 사르트르는 영어 원서를 아주 잘 읽지는 못했다. 보부아르가 쓰는 "우리"가 반드시 사르트르와 자신을 가리키는 것도 아니다. 회고록에서 자신을 사르트르와 "사랑에 빠진 여성"으로 그리긴 했지만 현실에서도 그녀가 과연 그런 여성이었는지는 확실치 않다. 자신을 보조적 존재로 그렸을지라도 충실한 사실성이나 서사적 필연과는 무관하게—어떤 면에서 이야기에 더 큰 힘을 실으려고—페미니스트로서 그런 선택을 했을 수도 있다.

열여덟 살 때는 뭔가 할 말이 있다고, 자신의 지성이 예리하고 통찰력이 있다고 자신했던 보부아르지만 젊은 날에는 자신의 지성이 기생자들을 끌어들일 만큼 풍부하다고 느끼지 못할 때가 많았던 것 같다. 회고록에 따르면 보부아르와 사르트르의 관념적 대화는 투르와 파리의 열차 플랫폼에서도 끊이지 않았다. 사르트르는 보부아르를 반겨 맞으며 곧장 자신의 최신 이론을 늘어놓았고 보부아르는 그의 논증에서 허점을 지적했다. 사르트르가 나중에 유명세를 누릴 사상을 다듬는 과정에 보부아르는 큰 도움을 주었다. 그는 그녀가 독창적이지 않다면서 "'문제'를 생각할 때 당신은 아무것도 생각하고 있지 않아요."라고 했다.[44]

이 비판은 일종의 무시로 보일 수 있으나 가혹할지언정 생산적인 격려로 볼 수도 있다. 《생의 한창때》를 보면 사르트르는 보부아르의 의존성에 짜증을 내기 시작한다. 의존이 귀찮다는 뜻이 아니라 처음 만났을 때만큼 생각이 풍부하지 않고, 이러다가는 자신의 독립성을 포기하고 남자를 보조하는 역할에 만족해버릴 위험이 있다고 지적한 것이다. 사르트르에게 이 말을 듣고 보부아르는 자기에게 화가 났다. 하지만 화가 난 이유는 그에게 실망을 안겼기 때문이었다.[45]

보부아르의 독립성과 의존성의 부조화를 살펴볼 수 있는 여러 지점이 있다. 어떤 면에서 보부아르는 사르트르가 자기에게 최선이라는 확신, 혹은 그가 자신에게서 최선을 끌어낼 수 있다는 확신이 없었다. 어쨌든 작가의 소명을 어려서부터 느꼈지만 보부아르는 분명히 자신에 차 있지 않았고 그 후 수십 년 동안 자기 저작에 대한 칭찬은 대단찮게 여기면서 부정적인 평가에 초점을 맞추었다. 어느 정도는, 후세에 전해진 그들의 이미지도 사르트르의 자신감과 보부아르의 자기 의심을 반영하기에 이르렀다. 하지만 그 이미지가 반영하는 것은 그게 전부가 아니다.

1930년 10월 보부아르는 사르트르를 의심한 나머지 관계를 끝낼 생각을 했다. 때때로 그를 떠나고 싶었다. 자자 때문에, 과거의 자기 때문에 너무 아팠다. 자기가 원한다고 생각한 데 도달했지만 충족감은 없었다. "애무, 일, 쾌락, 이게 전부인가?"[46] 일기의 마지막 부분에서 우리는 보부아르가 다른 친구들과 어울리면서 되어야 했을 자기와 미래를 잃고서 비통해하는 모습을 본다.

죄를 지었다, 죄를 지었다, 나는 죄를 지었다! 오! 내 삶이 이렇게 되기를 원한 게 아니야! 오! 이건 내가 꿈꾸던 게 아니다. 내일 나의 소중한 키 작은 남자(사르트르)를 만날 것이고, 전부 끝낼 것이다. 하지만 오늘은 이 후회가 어디서 솟아나는지 모르겠다. 오! 자크, 나의 순수, 나의 꿈, 내 사랑. 하지만 당신은 이런 것들이 아니었지.

자자, 네가 죽었다는 사실을 견딜 수가 없어. …… 하지만 난 너 없이 혼자고, 내가 뭘 원하는지조차 모르겠어. 가고 싶어. 사르트르와 헤어지고 너와 잠시 산책을 할 수 있다면. 그냥 너하고 함께 있을 수만 있다면. 얘기하고, 널 사랑하고, 여기서 멀리, 아주 멀리 함께 걸어갈 수만 있다면.[47]

이때 회고록과 편지에 좀 더 의지하여 보부아르의 생애를 세부적으로 살피면 안에서 보는 관점을 놓치기 쉽다. 보부아르는 사르트르를 의심하고 흔들렸지만 끝내 그를 택했다. 하지만 자신을 사르트르의 애무, 쾌락, 일에 묶어놓기로 한 것은 아니었다. 여러 작가와 비평가가 보부아르는 사르트르와 결혼했으면 더 행복했을 거라고 했다. 하지만 그런 주장은 두 가지 요소를 놓쳤다. 첫째, 보부아르는 사르트르를 만나기 전부터 결혼은 부도덕한 것이라고 결론 내렸다. 둘째, 보부아르의 인생에서 사르트르의 주요 역할은 처음부터 정해져 있었다. 사르트르는 "사유의 견줄 데 없는 친구"였으며, 바로 그 측면에서 꼭 필요했다. 성생활이나 정서적인 측면에서는 별로 그렇지 않았다.

교수자격시험 이후 파리에서 지낸 일년 동안 보부아르는 옛 친구를 많이 잃었다. 자자는 죽었고, 자크는 결혼했고, 다른 친구들은 멀리 떠났다. 메를로퐁티나 '홀리 윌리즈' 사람들도 이제 만나지 않았다. 보부아르가 사르트르에게 소개한 주변 사람은 엘렌, 제제, 스테파와 페르난도 제라시 커플뿐이었다. 하지만 그들 커플마저 마드리드로 떠났다.

그래도 사르트르의 친구들은 다양한 기분 전환을 제공했다. 나중에 보부아르는 인생의 이 시기를 별의별 사람과 사건이 뒤섞인 "맛은 있지만 잡탕인 수프" 같았다고 회상한다.[48] 처음에는 빡빡한 수험 생활을 끝낸 탓에 나태하게 늘어졌지만 결국 내면의 학자 기질이 발동해서 다시 읽기와 쓰기에 열중했다. 영미도서관에도 회원 가입했다. 회고록에 썼듯이 "사르트르와 함께 읽는 책들 말고도" 월트 휘트먼, 윌리엄 블레이크, 윌리엄 예이츠, 존 밀링턴 싱, 숀 오케이시, '버지니아 울프의 모든 작품', 헨리 제임스, 조지 무어, 앨저넌 스윈번, 프랭크 스위너턴, 리베카 웨스트, 싱클레어 루이스, 시어도어 드라이저, 셔우드 앤더슨을 읽었다. 보부아르는 "신비주의 심리에 대한 관심"을 사르트르의 공으로 돌리고(실제로는 1920년대부터 일기에 드러냈던 관심이건만) 그와 함께 마르크스와 엥겔스뿐만 아니라 신비주의자 카타리나 에머리히와 폴리뇨의 성녀 안젤라도 읽었다.[49] 보부아르는 삶의 모든 면에서 "과로하기를 좋아했다."[50] 휴가조차도 보통은 다른 곳을 여행하면서 일을 병행한다는 의미였다.[51] 보부아르와 사르트르의 계약은 초기에 가족들의 반대에 부딪혔다. 사르트르의 양아버지 조제프 망시는 두 사람이 정식으로 약혼이나 결혼을 한 사이가 아니라는 이유로 보부아르를 만나려고도 하지 않았다.[52] 사르트르는 항의하지 않았고 계속 자기 혼자 부모 집을 방문했다. 그의 어머니는 남편 몰래 커플을 만나긴 했지만 그런 만남은 아주 드물고 짧았다.

사르트르가 자기가 약속한 대로 처음으로 진지하게 만난 "우연한" 연인 시몬 졸리베를 대놓고 찬양하는 바람에 불거진 문제도 있었다. 사실 그는 졸리베를 "(보부아르를) 무기력에서 끌어낼 자극"의 예로 이용했다.[53] 보부아르는 분노하고 질투했지만 졸리베를 사기꾼처럼 생각하기도 했다. 졸리베는 자기가 "자빠뜨린" 변호사나 시의회 의원에게 니체를 읊어주는 고급 창녀였다. 좋아하지 않는 남자와 잔 적이 없던 보부아르는 몸을 막 쓰는 졸리베가 이해되지 않았다.[54] 결국 사르트르는 보부아르의 감정을 경멸했다. 그는 정념을 다스려야 한다고, 정념에 휘둘리면 자유가 위협당한다고 생각했다. 그의 관점에서 감정은 군색한 변명거리에 불과했다. 보부아르는 감정에 휘둘리지 않기를 스스로 선택해야 했다.

보부아르는 질투를 버리려 했지만 때로는 처절하게 몸부림쳤다. 자신의 질투를 마주하는 것은 물론이고, 민감한 사람이었던 만큼 자기를 질투하는 타인들 때문에 괴로워할 수밖에 없었다. 보부아르는 여러 남자를 마음에 품은 채 사르트르와 관계를 맺었다. 그리고 계속 다른 남자들에게서도 매력을 발견하곤 했다. 하지만 상대들은 그녀의 관심이 나뉘는 것을 달가워하지 않았다. 한번은 (사르트르와 보부아르 모두의 친구였던) 피에르 기유와 열흘간 여행을 떠나기로 했는데 마외가 파리로 올라왔다. 아내 없이 2주를 머물다 갈 예정이었던 그는 보부아르와 많은 시간을 보내기 원했다. 그 전해 12월에 마외가 사르트르의 편지를 발견한 후로 둘은 어렵사리 화해를 했는데 이제 또 다른 남자와 열흘간 여행을 가겠다고 한 것이다. 마외는 만약 그 여행을 가면 두 번 다시 그녀를 보지 않겠다고 했다. 보부아르는 약속을 깨는 건 기유에게 너무 심한 일이라고 항의했다. 정말로 피치 못할 일이라면 모를까, '공동 프로젝트'를 그렇게 취소하는 건 우정에 대한 모독이라고 생각했다. 결론은 나지 않았다. 마외는 설득당하지 않았고 비타협적인 태도를 철회하지 않았다. 그들은 감정이 풀리지도 않은 채 영화관에 갔다. 보부아르는 영화를 보는 내내 울었다.[55]

그래도 결국 기유와 2월에 휴가를 떠나긴 했다. 자동차를 타는 일은 아직도 신선한 경험이었다. 니장과 파리 드라이브를 종종 즐기긴 했지만 며칠 동안 자동차 여행을 하며 책에서만 봤던 장소에 가는 건 다른 얘기였다. 그들은 아발롱, 리옹, 위제르슈, 보리외, 로카마두르, 그리고 보부아르가 제일 좋아하는 프로방스를 둘러보았다. 프로방스의 햇살을 흠뻑 받으며 유유자적한 날들을 보냈다. 보부아르는 카마르그, 에그모르트, 레 보, 아비뇽을 보고 좋아했다.

이 여행에서는 새로운 장소의 아름다움뿐만 아니라 전에는 본 적 없는 불평등을 생생하게 목격했다. 시몬 베유의 가시 돋친 말과 달리, 보부아르도 배고픔이 뭔지 모르지는 않았다. 하지만 자기는 그래도 특권층이라는 사실을 그때까지는 실감하지 못했다. 남부 지방에 내려가 만난 사촌은 그들에게 공장을 구경시켜주었다. 작업장은 더럽고 금속 분진이 자욱했다. 보부아르도 마르크스를 읽었고 노동과 가치의 관계에 눈뜨고 있었지만 파리에서 책으로 본 것과 공장 바닥에서 느낀 것은 천지 차이였다. 노동자들이 하루 몇 시간이나 근무하는지 물어보았고 죽도록 단조로운 일을 8시간 3교대제로 한다는 말에 눈시울을 붉혔다.[56]

그들이 파리로 돌아왔을 때 사르트르는 교토에 지원했던 자리에 불합격했다는 통보를 받았고 보부아르는 마외에게 이제 그들 사이가 끝났다는 통보를 받았다. 사르트르는 이제 프랑스 교육부가 발령 내는 곳으로 가야 했다. 봄에 파리에서 그리 멀지 않은 르아브르로 발령이 났다. 그는 이 자리를 수락했다.[57] 보부아르도 800킬로미터 떨어진 마르세유에 상근직 자리가 났다.

보부아르는 이 거리가 너무 멀게 다가와 몹시 불안했다. 때로는 고

독을 원했지만 역시 두렵다고 깨달았다. 작년에 자기 자신에 대해서 알게 된 것들이 이 유배를 더욱더 두렵게 했다. 사르트르는 보부아르가 너무 심하게 동요하자 결혼을 하자고 했다. 부부 교사는 같은 지역으로 발령을 내주었기 때문이다. 원칙 때문에 괜히 고생할 필요 없다, 결혼에는 반대하지만 그 입장을 지키려고 희생은 해서 뭐하냐라는 것이 그의 견해였다.

결혼은 그저 법적 형식일 뿐이라는 사르트르의 설명에도 불구하고 보부아르는 이 제안에 놀랐다. 두 사람 모두의 관점에서 그래서는 안 될 이유들이 보였다. 한 사람 몫의 '집안일에 대한 책임'과 '사회적 잡무'가 결혼을 하면 두 배가 된다. 보부아르는 둘 중 어느 쪽도 원치 않았다. 그리고 원망을 사고 싶지도 않았다. 사르트르의 아내야말로 딱 원망 사기 좋은 자리일 것 같아서 두려웠다. 사르트르는 이미 기대의 좌절이라는 면에서 위기를 겪고 있었다. 발라댕의 영광에 걸맞은, 일본으로 전격 파견을 꿈꾸다가 지방에서 교사를 하게 됐으니 말이다. 유부남 대열에 드는 것은 사르트르 자신의 필요 때문이 아니었다. 회고록은 보부아르가 결혼하지 않으려 했던 이유들을 먼저 제시한다(철학적으로 상술하지는 않았지만). 하지만 결과적으로 사르트르를 위해서 결혼하지 않기로 합의한 셈이었으므로 그 이유들은 자주 간과되어 왔다.

회고록에서 보부아르는 이 부르주아 제도에 대한 생각을 바꾼 유일한 이유는 출산 문제였다고 썼다. 자신도 십 대 때는 언젠가 어머니가 되려니 생각했지만 이제는 그러한 미래가 가능하다고 보지 않았다. 아이를 낳는 것은 "아무 목적도 없고 정당화될 수도 없는 세계 인구의 증식"으로 보였다.[58] 수사학적 표현인지 완전히 이성적으로 한

말인지는 모르지만 아이를 낳지 않겠다는 결심이 자기의 소명이라고
도 했다. 카르멜회 수녀는 "온 인류를 위하여 기도를 바치는 대신 인
간 개체를 낳기를 포기한다." 보부아르는 글을 쓰려면 시간과 자유가
필요하다는 것을 알고 있었다. 그래서 본인의 말마따나 "자녀를 두지
않음으로써 나 자신의 기능을 온전히 다했다."

그래서 두 사람은 결혼 대신 계약을 갱신했다. 그들은 첫 계약 때
보다 서로 더 많은 것을 요구하면서 밀착된 관계를 유지하기로 했다.
짧게 떨어져 지내는 것은 괜찮지만 혼자만의 안식을 길게 누리는 것
은 금하기로 했다. 갱신된 계약도 평생 가는 건 아니고 두 사람이 삼
십 대에 접어들면 이별을 다시 생각해보기로 했다. 그래서 마르세유
는 먼 곳이었지만 보부아르는 좀 더 안정된 상태에서—좀 더 분명한
미래를 그리며—사르트르와 함께 파리를 떠났다.

1931년 여름에 보부아르는 난생처음 프랑스 국경을 넘었다. 그녀
는 스물세 살이었고 늘 여행을 하고 싶어 했다. 자자는 종종 이탈리
아에 다녀와 다양한 사람, 다양한 장소 이야기를 늘어놓아 보부아르
의 마음을 홀딱 빼앗곤 했다. 그해 여름 보부아르와 사르트르는 원래
브르타뉴에 가려고 했는데 페르난도 제라시(스테파의 남편)가 그들을
마드리드로 초대했다. 사르트르는 외할머니에게 받은 유산에서 조금
남겨 둔 돈이 있었다. 그 돈으로 두 사람 분의 열차표를 사고 환전을
했다. 에스파냐에 도착한 첫날 저녁은 피게레스를 둘러보면서 둘 다
몇 번이나 "'우리'가 에스파냐에 오다니!"라고 외쳤다. 그곳을 출발점
삼아 바르셀로나, 마드리드, 세고비아, 아빌라, 톨레도, 팜플로나를
차례로 여행했다. 9월 말 둘은 각자 르아브르와 마르세유로 떠났다.

나중에 보부아르는 마르세유에 도착했을 때를 자기 이력의 "완전

히 새로운 전환점"이었다고 회상한다.[59] 무거운 짐 하나 없이 아는 사람도 전혀 없는 도시에 혼자 도착했다. 전년의 경험으로 자기 자신에 대해서 다 아는 게 아니라고 배웠다면, 마르세유의 시간과 공간은 위축되었던 부분을 되살려주었다. 처음에는 이곳 사람들이 촌스럽고 재미없다고 느꼈다. 하지만 보부아르는 늘 야외 활동을 좋아했다. 사르트르는 그렇지 않았다. 그래서 보부아르는 일이 없는 날은 아침 일찍부터 집을 나섰다. 하루에 대여섯 시간을 걸으면서 점점 더 먼 곳까지 낡은 원피스와 에스파드리유 신발 차림으로 다녔다. 친구와 동료들은 걱정했지만 가끔 히치하이크도 했다. 여자 혼자 다니는 것은 위험했고 실제로 몇 번 큰일이 날 뻔했다. 하지만 혼자 걷는 게 즐거웠고 그 취미가 권태, 우울증, 후회를 물리쳐준다고 생각했다. 보부아르는 자기가 계획한 코스를 완주하는 데 집착했고 때로는 위험할 정도로 멀리 가곤 했다.

상근직 교사가 되면서 가족들과의 관계는 좀 편해졌다. 프랑수아즈가 조르주에게 일주일 휴가를 마르세유에서 보내자고 했을 정도다. 어머니는 딸을 달리 보기 시작했다. 딸은 자기 힘으로 돈을 잘 버는 전문직 여성이었다. 하지만 사르트르가 아직도 딸의 인생에서 얼쩡대는 꼴은 마음에 안 들었다. 어머니는 그가 이해할 수 없는 상태로 붙어 있는 것보다는 노처녀로 사는 게 낫다고 생각했다. 부모가 파리로 돌아가자 보부아르는 안도했다. 밖에 나가 걷고 싶어서 견딜 수 없었던 것이다.[60] 엘렌도 마르세유에 두 번 내려왔다. 전에는 자매가 이렇게 멀리 떨어져 지낸 적이 없어서 서로 무척 보고 싶어 했다. 시몬은 엘렌도 산책에 데려갔다. 하루는 엘렌이 고열이 났는데 시몬은 자기 계획을 수정하고 싶지 않아서 병원에 누워 있는 동생에게 버스가 올 때까지 기다리라고 하고는 혼자 산책을 갔다. 시몬의 인생에서 계획에 대한 집착이 연민을 앞지른 때가 이때만은 아니었다.

학교에서 보부아르는 거침없이 자기 생각대로 학생들을 가르쳤다. 보부아르는 노동, 자본, 정의를 가르쳤고 학생과 학부모 들은 수군거렸다.[61] 정신은 여러 면에서 자유로워졌지만 성생활은 관습에서 그리 벗어나지 않았다. 그래서 동료 교사가 성적으로 접근해 왔을 때도 그 구애자가 남자가 아니라 투르믈랭 '부인'이라는 사실에 충격을 받았다.[62]

마르세유에는 파리에서처럼 만날 사람이 많지 않았으므로 근무일에도 퇴근 후에는 글을 쓰기 시작했다. 이 시기의 원고는 아무것도 출간되지 않았지만 어떤 글을 쓰든 '타자의 신기루', 그리고 정직, 자유, 사랑의 관계라는 늘 똑같은 주제로 돌아왔다. 보부아르는 "이 특수한 매혹이 진부한 연애와 혼동되는 것"을 원치 않았으므로 주인공을 둘 다 여성으로 설정하여 그들의 관계에서 성적 함의를 제거하려 했다.[63]

파리에는 사정이 허락하는 대로 자주 올라갔다. 시간이 없을 때는 사르트르와 엘렌만 보고 돌아왔다. 하지만 오랜 기간 머물 때는 다른 친구들도 만났다.[64] 사르트르와 떨어져 있을 때는 서로 편지를 썼고 함께 지낼 때는 서로 집필 중인 원고를 읽어주었다. 사르트르는 우연성에 대한 논문을 쓰는 중이었다.

1932년 6월에 시몬은 다음 해 발령지가 루앙이라는 소식을 들었다. 루앙은 르아브르에서 한 시간 거리였고, 파리에서도 겨우 한 시간 반 거리였다. 《생의 한창때》에서 보부아르는 한 해를 보내고 나서 다시 자신감을 되찾았다고 말한다. 자신에게 중요한 사람들과 멀리 떨어져서 살아보고 외로움을 느꼈지만 이제 자기 자신을 의지해도 된다는 것을 알았다. 1980년대에 보부아르는 베어와 인터뷰를 하면서 마르세유 시절이 "내 인생에서 가장 불행했던 한 해"라고 했다. 그녀는 사르트르를 사랑했고 그와 함께 있고 싶었다. 그리움 때문인지 후회 때문인지도 모른 채 마음이 참 많이 아팠던 때였다.[65]

그해 여름은 여행을 많이 다녔다. 에스파냐 남부, 발레아레스 제도, 에스파냐령 모로코에 다녀왔다. 학년 초, 루앙에 도착해서는 열차 역 바로 근처에 있는 라 로슈푸코 호텔에 방을 빌렸다. 기적(汽笛) 소리를 들으면 언제라도 금세 떠날 수 있다는 생각에 안심이 되었다. 루앙에서는 새 친구도 사귀었다. 동료 교사인 콜레트 오드리*는 니장과 공산주의 모임에서 만나 아는 사이였다. 보부아르가 먼저 자기 소개를 했는데 오드리는 처음에 그녀를 무뚝뚝한 부르주아라고 생각했다.[66] 오드리는 열혈 트로츠키주의자였는데 옷도 잘 입고 다니고 자신감이 넘쳤으며 늘 정치 이야기에 열심이었다. 보부아르는 오드리를 좀 겁냈지만 머지않아 브라스리 폴에서 자주 점심을 함께 먹는 사이가 되었다.

오드리는 보부아르의 결단력과 웃음소리를 좋아했다. 오드리는 보부아르의 애정이 너무 그악스럽다고 보았다. 보부아르의 진솔함은 작정하면 치명적일 수도 있었다. 보부아르는 어리석은 사람들을 봐주지 않기로 평생 정평이 나 있었다. 한번은 사르트르가 루앙에 와서 셋이 함께 외출을 했다. 보부아르는 오드리에게 사르트르와 자신

콜레트 오드리(Colette Audry, 1906~1990년) 비평가이자 좌파 정치 활동가. 1930년대 프랑스 공산주의 운동에 참여했으며, 〈레 탕 모데른〉의 고정 필진으로 활동했다. 보부아르와는 평생 우정을 나누었다.

의 관계를 밝히면서 정념보다는 진실이 바탕인 사이라고 설명했다. 오드리는 두 사람의 불꽃 튀는 대화를 묘사하면서 자신이 한 번도 본 적 없는 새로운 종류의 관계였다고 말했다. "그 둘과 함께 있어보니 어떻더라고 설명할 수가 없다. 그 관계는 너무 강렬해서 그런 관계를 누리지 못한 이가 보고 있자니 슬퍼질 지경이었다."[67]

루앙으로 근무지를 옮긴 덕에 그들의 계약은 좀 더 쉽게 유지되었다. 이제 보부아르와 사르트르는 루앙, 르아브르, 파리를 오가며 많은 시간을 함께 보냈다. 파리에서 그들은 연극에 점점 빠져들었다. 마침 시몬 졸리베가 연출가 샤를 뒬랭(Charles Dullin)을 애인으로 두고 있었다. 보부아르와 사르트르는 연극 예술을 배우는 데 깊은 관심을 쏟았다. 어느 도시에서든 그들은 사람들과 대화를 즐겼다. 1930년대에 그들은 자기 기만* 개념을 계발했다. 그들은 불성실을 뜻하는 이 개념이 프로이트의 무의식 개념보다 인간 경험을 더 정확히 다룬다고 보았다.[68]

《생의 한창때》에서 보부아르는 이 개념을 자신과 사르트르가 '함께' 고안했다고 했다. 맨 처음에는 "사르트르가 불성실(자기 기만) 개념을 연구 중이다."라는 언급만 나온다. 하지만 이어서 '우리'라고 지칭한다. "우리"가 '자기 기만'을 폭로할 준비를 했다. 보부아르는 어느 동료 교사의 행동을 보고 한순간 명쾌하게 생각이 정리됐다고 한다. 그래서 사르트르에게 말했다.

자기 기만(mauvaise foi) 영어로 직역하면 그릇된 믿음(bad faith)을 가리킨다. 보부아르와 사르트르는 인간이 강요된 억압 상태에서 잘못된 가치관을 받아들이고, 이에 저항하지 않으면서 일시적인 위안을 얻기 위해 자기 자신에게 불성실한 것을 가리킬 때 이 용어를 썼다.

'지네트 뤼미에르는 비현실, 일종의 신기루다.' 여기서부터 우리는 이 용어를 자기가 실제로는 느끼지 않는 신념이나 감정을 느끼는 척하는 모든 이에게 적용한다. '연기를 한다'는 개념을 다른 명칭으로 발견한 것이다.[69]

'자기 기만'은 20세기 철학에서 가장 유명한 개념 중 하나가 되었다. 사르트르가 《존재와 무》에서 예로 든 '웨이터'는 '역할을 연기한다'는 것이 무엇이지 잘 보여준다. 그런데 왜 보부아르는 이 개념을 '우리'가 발견했다고 말하는가? 1930년대에 사르트르와 보부아르가 서로에게 무엇을 이바지했는지 명명백백하게 가리기란 매우 어렵다. 엘렌의 남편 리오넬 드 룰레(Lionel de Roulet)는 두 사람의 관계를 "끊임없는 대화"라고 했다. "그들은 끊임없는 대화, 모든 것을 공유하는 방식을 통하여 서로를 너무 밀접하게 비춘 나머지 둘을 분리하려야 분리할 수 없게 됐다."[70]

이 단계에서 보부아르와 사르트르는 정치적 인식에 눈떴다. 비록 원숙기의 보부아르는 이때의 그들을 돌아보며 "정신적 자부심이 넘쳤고" "정치적으로는 장님이었다."고 했지만 말이다.[71] 오드리와 다른 친구들을 통해 트로츠키주의자와 공산주의자 들을 만났다. 하지만 프롤레타리아 혁명을 자신들의 혁명으로 보지는 않았다.[72] 그들의 투쟁은 철학적이었다. 그들은 이성적이고 육체적인 자아를 어떻게 이해할 것인가라는 문제를 논의했다. 그들은 자유를 이해하기 원했고 사르트르는 신체를—신체의 욕구와 습관을—자유에 대한 위협으로 생각했다. 비록 1929년에는 보부아르가 사르트르의 정념과 감정에 대한 불관용에 이의를 제기하지 않았지만 1930년대 초부터는 이 입장에 반대를 표명했다. 사르트르는 여전히 자기 몸이 감정과 떨어져 있는 근육의 다발이라고 생각했다. 눈물을 터뜨리거나 뱃멀미를 느끼는 것은 결점이라는 것이다. 하지만 보부아르는 그렇게 생각하지 않았다. 오히려 눈과 위장도 그 나름의 법칙을 따른다고 보았다.[73]

그들은 쓰고 연구하며 책을 많이 읽었다. 1932년에서 1933년으로 넘어가던 무렵 어느 날 저녁에 사르트르와 보부아르는 몽파르나스 대로에 있는 벡 드 가즈에 레몽 아롱과 함께 앉아 있었다. 아롱은 베를린의 프랑스 학교에서 일년을 지내고 온 참이었다. 그는 후설*의 철학, 프랑스에서는 아직 비교적 덜 알려진 현상학이라는 철학적 방법을 공부하는 중이었다. 보부아르가 《생의 한창때》에서 전하는 이야기에 따르면 아롱이 칵테일 잔을 가리키면서 사르트르에게 그들은 이 잔으로도 철학을 할 수 있다고 말했다. 사르트르는 그 말을 듣고 흥분한 나머지 낯빛이 창백해졌다. 그런 철학이야말로 정확히 그가 원하던 것이었다. 철학을 일상으로 돌려놓고 경험의 기술에 뿌리내리게 하는 것 말이다.

사르트르와 보부아르는 각자 나름대로 변용을 하긴 했지만 둘 다 현상학적 방법을 채택했다. 후설이 처음 정립한 현상학은 주의력의 흐트러짐, 습관, 일상적 추정, 선입견 등을 최소화하려고 노력하면서 '물 자체', 즉 현상을 기술하는 학문이었다. 이 철학은 우리에게 보이는 사물과 본연의 사물(혹은 우리가 생각하는 사물의 당위적 존재) 사이

에드문트 후설(Edmund Husserl, 1859~1938년) 독일의 철학자. 객관적인 진리의 세계가 있다고 주장하여, 사물을 정확하게 설명해 진정한 본질을 찾고자 하는 현상학을 가장 엄밀한 학문을 세우기 위한 방법론으로 제시했다. 후설의 현상학은 20세기 프랑스 실존주의에 큰 영향을 끼쳤다.

에 어떤 거리가 있음을 인정한다. 사르트르에게 이 방법은 일종의 계시였다. 그러나 보부아르에게 현상학적 방법이 완전히 새로운 것만은 아니었다. 이미 현상학을 알고 있었고 소르본에서 기독교 신비주의자들의 '살아 있는 경험'에 주목했던 장 바뤼지와 공부했기 때문이다. 또한 베르그송의 '구체적 형이상학' 역시 비슷한 접근법을 취한다.[74] 알다시피 보부아르는 사르트르를 만나기 전에 베르그송이 소설가가 관습적 자아의 그물을 찢을 수 있다고 한 것을 보고 짜릿한 흥분을 느꼈다. 보부아르는 자기 저작도 "생생한 현실"을 표현하기 원했다.[75] 하지만 1930년대 파리에서 바뤼지나 베르그송은 후설만큼 선풍을 일으키지 못했다. 베르그송도 명성이 절정에 달했을 때는 그의 가르침을 들으려는 사람들로 강의실이 미어터질 정도이긴 했다. 하지만 그중에는 여성이 유독 많았기 때문에 남성들은 베르그송의 이론이 사실상 철학은 아니라고 의심하기에 이르렀다. 1914년의 리뷰를 보자. "베르그송은 강의에 참석한 여성들의 향수 냄새에 숨이 막힐 지경이었다. 하지만 베르그송이 정말로 철학자였다면 어떤 여성도 그의 강의를 들으러 오지 않았을 것이다."[76]

1933년 4월에 보부아르와 사르트르는 부활절 휴가를 런던에서 보냈다. 그들은 중산모, 우산, 하이드파크의 연사들, 택시, 티숍, 특별한 패션 같은 영국의 관습을 직접 눈으로 보면서 즐거워했다. 여행 중에는 그들의 차이가 더 크게 두드러지곤 했다. 집에서 지낼 때는 각자의 생활과 생활 영역이 있는데 여행 중에는 그렇지 않기 때문이었을 것이다. 런던에서는 특히 더 그랬다. 보부아르는 영국 문화와 문학에 조예가 깊었기 때문에 셰익스피어, 디킨스의 발자취를 좇기 원했고 큐 왕립식물원과 햄프턴 궁을 방문했다. 사르트르는 서민들의 거리를 돌아다니며 현지인들의 생각을 접하기 원했다.

사르트르는 보부아르에게 때때로 애정을 담아 그들이 "일심동체"라고 편지에 쓰곤 했다. 하지만 런던에서 그들이 하나가 아니라 둘임이 확연히 두드러졌다. 옥스퍼드에서도 사르트르는 도시의 거리와 공원은 좋아했지만 "영국 대학생들의 속물근성"이 싫다면서 칼리지에는 들어가려고도 하지 않았다. 보부아르는 시골뜨기처럼 굴지 말라고 사르트르를 나무라고는 혼자 칼리지를 둘러보았다. 런던에서도 그들의 관심사는 엇갈렸다. 아니, 저 남자는 어떻게 대영박물관에 가기 싫다고 할 수가 있지?[77]

보부아르는 사르트르의 생각에서 여전히 감탄할 만한 요소를 많이 찾았지만 그의 생각 전부를 좋아하지는 않았다. 둘이 유스턴 역에 앉아 있을 때 사르트르는 런던이 세계에 대한 자신의 전반적인 이해에 얼마나 잘 맞아 들어가는지 설명하기 시작했다. 보부아르는 걸핏하면 일반화하는 그의 습관에 짜증이 났고 그 가설이 허술하다고 생각했다. 전에도 논쟁을 한 적이 있어서 새삼스러운 얘기도 아니었지만 보부아르는 말이 현실을 평가할 수는 없으며, 현실은 모호하고 불확실할지언정 있는 그대로 부딪쳐야 하는 거라고 다시 한번 강조했다.

사르트르는 세계를 관찰하고 반응하는 것만으로는 충분하지 않다고 대꾸했다. 그는 세계를 언어로 정의하기 위해 노력해야 한다고 했다. 보부아르는 그건 말이 안 된다고 했다. 런던을 고작 12일 여행으로 이해할 수는 없다. 사르트르는 경험을 살아내는 대신 글로 쓰려 했고, 그 점이 보부아르가 가장 중요하게 생각하는 "삶에 대한, 지금 여기의 현실에 대한" 충실성에 거슬렸다.[78]

1933년 1월, 그들은 히틀러가 독일 총리가 되는 것을 보았다. 5월

2일, 파리 주재 독일대사관에 나치의 갈고리 십자가 깃발이 걸렸다. 지금 여기의 현실에서 보부아르는(사르트르도) 유대인 학자들이 수용소에 끌려가고 그들의 책이 베를린에서 불태워지는 것을 보았다. 회고록은 그때까지 두 사람이 정치적 전향을 하지 않았고 당시 그들의 유일한 관심은 "그들 자신, 그들의 관계, 그들의 생활, 앞으로 나올 그들의 책"밖에 없었다고 말한다. 그들은 "공적이고 정치적인 사건에 별로 관심이 없었고" 자기네들의 상상 속에 처박히기를(보부아르의 표현을 빌리자면 "세상을 손닿는 곳에 두기를"[79]) 더 좋아했다. 《생의 한창때》에서 보부아르는 이렇게 말한다. "모든 수준에서 우리는 '급진적 자유'라는 것을 자랑만 했지 현실의 무게를 마주하는 데는 실패했다."[80]

하지만 세계에서 전적으로 물러나 있지는 않았다. 그해 8월에 보부아르는 파리 전역에서 화제가 된 이야기에 특별히 관심을 쏟고 있었다. 비올레트 노지에르(Violette Nozière)라는 노동자 계급의 젊은 여성이 범죄를 저지르고 재판을 받았다. 노지에르는 어릴 적 자신을 강간한 아버지를 살해했다. 비록 언론이 사정을 제대로 조명하지 않아서 수많은 여성이 "왜 근친상간이라고 하지?"라고 의아해했지만 말이다. 당시 노지에르 재판은 드레퓌스 사건에 비교될 만큼 격렬한 논쟁을 몰고 왔다.[81]

루앙에서 보부아르는 계속 철학과 문학 프로젝트에 매달렸다. 1933년에 새 소설을 쓰기 시작했고 일주일에 두세 번은 콜레트 오드리를 통해서 만난 망명자에게 독일어 개인 교습을 받았다.[82] 스탕달을 본보기 삼아, 부르주아 사회의 정체와 개인의 반항 욕구를 보여주는 소설을 그에 필적할 만하게 쓰려고 했다. 보부아르 자신은 이 소설에 등장하지 않지만 친구 자자는 신심과 신의의 귀감이 되는 안이라는 인물로 구현되었다. 보부아르가 자자의 생애를 글로 쓴 것은 이때가 마지막이 아니다. 보부아르는 이제 겨우 글쓰기의 정화 효과를 느끼기 시작했다. 하지만 첫 소설의 캐릭터들이 너무 깊이가 없고, 정말 살아 있는 것처럼 느껴지지 않는다고 생각했다. 그래서 그 소설은 얼마 못 가 포기했다. 하지만 다음 작업에서도 같은 주제로—정확히 말하자면 같은 인물에게로—돌아왔다.

보부아르와 사르트르는 이 시기에 형편이 그리 좋지 않았지만 시간이 나는 대로 여행을 다녔다. 1934년에 독일, 오스트리아, 체코슬로바키아, 알자스, 코르시카를 방문했다. 하노버에 가서는 라이프니츠 생가를 찾았다.[83] 이 해에 보부아르는 아무것도 쓰지 않기로 작정하고 읽기와 공부에 열중했다. 프랑스대혁명을 공부했고 후설의 책을 독일어로 읽었다.[84] 사르트르는 후설에 대한 논문(《자아의 초월성》) 집필에 열중했고 우연성에 대한 원고도 계속 편집 중이었으나 큰 진전을 보지는 못했다.

사르트르가 베를린에 있을 때 보부아르는 2주 말미를 내어 그를 만나러 갔다. 사르트르는 거기서 만난 '우연한' 여자 마리 지라르와 지내기를 무척 좋아했다.[85] 보부아르는 그녀를 만나보고 괜찮게 생각했다. 회고록에서는 사르트르가 다른 여자에게 진지하게 관심을 쏟은 건 이때가 처음이었지만 원칙적으로나 실질적으로나 편안하게 받아들였다고 말한다(물론 질투를 할 수도 있었고 그런 점을 간과하지도 않았지만).[86] 보부아르는 여전히 사르트르의 평가에서 안전함을 느꼈다. 그들은 삶을 어떻게 잘 기록할 것인가라는 문제를 탐색하면서 윌리엄 포크너(William Faulkner)와 프란츠 카프카(Franz Kafka)를 함께 발견하는 중이었다. 이 단계에서는 둘 다 구원은 예술을 통해서만 가능하다고 생각했다.[87] 하지만 사르트르의 전기 작가는 이때를 그들 관계의 "첫 번째 위기"로 보았다.[88]

개인적으로 보부아르는 자기에게 가장 중요한 문제는 학생 시절 일기에서 이미 고민했던, 자기를 얼마만큼 내어주고 얼마만큼 지켜야 하는가라고 보았다. "독립에 대한 갈망"과 "너무나 맹렬하게 타인에게 끌려가는" 감정을 어떻게 조화시켜야 할지는 여전히 알 수 없었다.[89] 보부아르는 수업 시간에 "여자들이 세상에 아이를 낳고 기르고만 있는 게 아니다." 같은 주장을 펴거나[90] 학부모들이 문제 삼을 만한 책을 학생들에게 빌려주었다. 일부 학부모가 공식적으로 항의를 제기했지만 다행히 장학사가 보부아르의 편을 들어주었다.

두 사람 모두 무명 교사였던 이 시기에 사르트르는 우울에 빠져 있었다. 실망과 권태에 찌들어 있던 이 시기를 훗날 "우울했던 시절"이라 콕 집어 말하기도 했다.[91] 그는 실패한 것 같은 기분이 들었다. 시골 교사나 계속할 거라고는 생각도 안 해봤는데 천재성을 발휘하지도 못했고 생활은 단조로웠다. 비교는 더 해로웠다. 폴 니장은 이미 두 권의 책을 낸 작가가 되었다. 1931년에 출간된 첫 책 《아덴 아라비아》가 호평을 받았고 두 번째 책인 1933년 작 《앙투안 블루아예》는 더 좋은 평가를 받았다. 심지어 교수자격시험에 낙방했던 마외마저도 멋지게 이력을 쌓아 가는 중이었다(그는 나중에 유네스코 사무총장이 되었다). 하지만 사르트르는 아직 아무것도 출간하지 못했다. 그는 유명인이 아니었기에 걱정을 하기 시작했다. "스물여덟 살에 유명하지 않은 사람은 평생 명성을 포기해야 한다."는 말도 있지 않은가.[92] 사르트르는 그런 생각이 당치 않다는 것을 알았지만 이뤄놓은 것이 없으니 애가 탈 만도 했다.

11월에 보부아르와 사르트르는 르아브르 해변 카페에 앉아 있었다. 둘 다 축 늘어져서는 삶이 쉴 새 없는 반복 같고 그들에게 새로운 일이라고는 전혀 일어날 것 같지 않다고 생각하고 있었다. 보부아르는 그날 저녁 너무 속이 상해서 한바탕 눈물을 쏟았고 절대자, 즉 신을 향한 "오래된 갈망"이 다시금 치밀어 올랐다.[93] 인간의 노력이 다 부질없게 느껴져서 사르트르에게 "삶"을 우상으로 삼았다고 비난하기도 했다. 다음 날에도 보부아르는 여전히 자신이 깨달은 바에 심란해하며 사르트르와 논쟁을 벌였다. 사르트르는 술과 눈물 속에서 발견할 수 있는 진리는 없다면서 그녀가 형이상학이 아니라 술 때문에 우울해진 것뿐이라고 했다. 하지만 보부아르는 술이 장막을 걷어 진실의 추악한 민낯을 드러낸다고 생각했다.

두 사람 모두 자신이 기대했던 어른의 삶과 실제 삶 사이의 실망스러운 불일치를 마주해야 했다. 사르트르는 머리가 빠지기 시작했고 우연성에 대한 원고는 답이 안 나왔다. 그 원고는 여전히 너무 무미건조했다. 보부아르가 아이디어를 냈다. 그걸로 소설을 써보면 어때요? 그 원고에는 소설의 깊이와 서스펜스가 필요했다. 사르트르는 탐정 소설을 좋아했다. 철학적 질문을 소설 형식의 탐색으로 써볼 수 있었다. 사르트르는 원고를 세 번째 다시 쓰면서 르아브르를 배경으로 삼고 주인공 앙투안 로캉탱에게 자기 자신을 투영했다. 보부아르의 비판은 상세하고 깐깐했지만 그게 바로 사르트르가 "변함없이" 그녀의 조언을 수용하는 이유였다.[94]

그러는 동안 사르트르는 '상상력'에 대한 철학 에세이 작업도 따로 진행했다. 심리학자 앙리 들라크루아(Henri Delacroix)의 의뢰를 받은 이 저작은 학술 출판사 알캉에서 출간할 예정이었다. 사르트르는 이 주제를 연구하다 보니 꿈과 환각에 대해서 궁금한 게 많아졌다. 고등사범학교 동문이자 정신과 전문의인 다니엘 라가슈(Daniel Lagache)가 사르트르에게 직접 환각 체험을 하기 원한다면 메스칼린을 쓸 수 있게 해주겠다고 했다.

1935년 2월에 사르트르는 파리 생탄 병원에서 의료진의 감독을 받으며 메스칼린을 투여받았다. 그는 몇 시간 동안 관찰을 받았지만 기대했던 것과 같은 환각은 경험하지 못했다. 기분 좋은 환각 대신 괴상하게 변한 방 안의 물건들이 그를 쫓아다녔고 그 후에도 몇 주 동안 게나 그 밖의 갑각류를 헛것으로 보았다. 그날 저녁 보부아르를 만났을 때 사르트르는 평소와 완전히 다른 사람이었다.[95]

결국 사르트르는 자신의 우울증을 인정했고―그는 최악을 상상하는 경향이 좀 있었으므로―만성적으로 환각을 보는 정신질환자가 될까 봐 걱정했다. 보부아르는 사르트르의 철학대로라면 정신이 육체를 지배하니까 광기도 본인이 미쳤다고 믿는 것밖에 더 되겠느냐고 냉담하게 지적했다.[96]

1935년 3월에 히틀러는 징병제를 재도입하여 군인의 수를 10만여 명에서 55만 5천 명으로 대폭 늘렸다. 프랑스는 좌파와 우파를 막론하고 공포에 빠졌다. 그래서 소련과 협약을 맺었고 스탈린은 프랑스의 국방 정책에 동의했다. 소련과 프랑스가 손을 잡았으니 평화는 굳건할 성싶었다. 독일이 승리할 가능성도 없는 전쟁을 일으킬 정도로 어리석을 것 같지는 않았다. 나중에 보부아르는 자신이 "신문도 대강 읽는 둥 마는 둥 했다."고 회상했다. 그때만 해도 히틀러가 제기하는 문제에는 회피가 최선의 접근법이라고 생각했다.[97] 《사르트르에게 보낸 편지》에 1935년의 편지는 단 한 통만 수록되었다. 정치 얘기는 전혀 없고 아르데슈에서 살 수 있는 신문은 〈르 프티 마르세예〉밖에 없다는 언급만 있다.[98]

그해 부활절 휴가에 두 사람은 이탈리아의 호수에 갔다. 사르트르는 기분이 좋아 보였다. 하지만 돌아올 때는 도저히 정상이라고 할 수 없는 상태가 되었다. 그는 완전히 무기력해졌고 기분이 얼마나 가라앉았는지 의사가 혼자 내버려 두면 안 된다고 할 정도였다. 그래서 보부아르는 힘닿는 대로 그의 곁을 지키려 했고 자기가 여력이 안 될 때는 다른 사람에게라도 부탁했다.

1960년에 보부아르는 당시에는 사르트르의 위기를 잘 이해하지 못했다고 말한다. 그들이 처한 상황이 언뜻 비슷해 보이지만 잘 보면 그렇지 않다는 것을 나중에야 깨달았기 때문이다.

교수자격시험에 합격하고 직업이 생기는 것을 그는 당연시했다. 하지만 나는 마르세유에서 계단을 차례차례 밟아 정상에 섰을 때(교사 일을 시작한 1931년에) 아찔하리만치 기뻤다. 나한테는 그게 내 운명에 휘둘리지 않고 스스로 선택해서 얻은 결과처럼 다가왔다. 사르트르가 자신의 자유를 무너뜨린 것처럼 여겼던 그 직업 이력이 내게는 여전히 해방을 의미했다.[99]

보부아르는 여전히 철학을 읽으면서 깊은 만족감을 느꼈고 그게 자기에게는 "살아 있는 현실" 같았다고 했다. 글도 계속 쓰고 있었다. 단편집 《정신이 우선시되는 때》를 작업했다. 그중 한 편에는 자자가 어떻게 "환경의 청교도적 도덕률에 휘둘려 광기와 죽음에 이르게 되었는가?"를 다루었다.[100] 그리고 또 다른 단편은 사르트르의 단편 〈리더의 어린 시절〉에 영감을 주었을 것으로 생각된다.[101] 1926년에서 1934년 사이에 보부아르는 일곱 번이나 소설 쓰기에 도전했다.[102] 하지만 그중 어느 하나라도 출간되기까지는 무려 40년을 기다려야 한다. 그 사이에 사르트르는 마침내 철학적·문학적 성공을 거두었고 그들의 관계는 (어쨌든 '보이는' 바로는) 삼인조가 될 터였다.

7장

보부아르 '패밀리'

1934~1939년

"사랑은 단번에 이뤄지는 게 아니라
영원한 갱신 속에서 창조되어야 한다."

Simone de Beauvoir

1934년에 보부아르는 자신과 사르트르의 인생에 수많은 추측과 비난을 불러오게 될 제자 올가 코사키에비치(Olga Kosakiewicz)를 만났다. 그들의 이야기에서 올가가 차지하는 대목은 《생의 한창때》에 기록되었고 두 작가 모두를 통해 소설화되었다. 올가는 보부아르의 소설 《초대받은 여자》(1943년)에서는 그자비에르로 구현되었고, 사르트르의 연작 《자유의 길》(1945~1949년)에서는 이비치로 구현되었다. 엘렌 드 보부아르에 따르면 올가는 자신에 대한 소설 속 묘사에 분개했지만 보부아르와 꽤 나이가 들어서까지 친하게 지냈다고 한다.[1]

1930년대 중반에서 1940년대 초반까지 보부아르는 자신보다 나이가 훨씬 어린 세 여자와 친밀한 관계를 맺었다. 사르트르는 이 세 여자 모두에게 구애했다. 때로는 보부아르와 사르트르가 동시에 한 여자를 좋아한 적도 있고, 때로는 사르트르의 구애가 성공한 적도 있다. 프랑스 페미니스트 쥘리아 크리스테바(Julia Kristeva)는 보부아르와 사르트르가 우연한 연인들을 대했던 방식을 비난하며 그들을 "자유지상주의 테러리스트들"이라고 했다. 보부아르가 성 자유주의자라는 평판이 난 것도, '여성이라는 이유로 당하는 공격'의 대상으로 자주 거론되는 것도 이 시기다.[2] 장차 보부아르가 전개하게 될 철학과 이 우연한 관계가 보부아르의 개인사와 공적 평판에 남긴 영향을 고려한다면 의문을 억누를 수가 없다. 보부아르는 도대체 무슨 생각이었을까?

처음에는 콜레트 오드리가 루앙의 고등학교에서 "귀여운 러시아애"로 통하던 올가 얘기를 꺼냈다. 올가의 부친은 벨라루스 출신의 러시아 귀족이었고 모친은 프랑스인이었다. 올가는 얼굴이 새하얗고 금발이었는데 좋지 않은 의미에서 충격적인 에세이를 써내곤 했다. 올가의 글은 너무 짧아서 보부아르가 점수를 매기기 곤란할 정도였다. 그래서 올가는 기말고사 답안을 돌려받고서 깜짝 놀랐다. 자신의 답안이 최고점을 받았기 때문이다.

얼마 지나지 않아 바칼로레아를 준비하는 또 다른 시험이 있었다. 올가는 결국 (답안을 전혀 쓰지 못하고) 울음을 터뜨렸다. 보부아르는 올가에게 무슨 문제든 자기에게 와서 상의해 달라고 했다. 그래서 둘은 일요일 오후에 만나 함께 강변을 거닐며 신과 보들레르에 대해서 얘기를 나누었다. 그들은 서로 매력을 느꼈다. 보부아르는 열아홉 살인 올가를 우수하지만 자신감을 키워야 할 필요가 있는 소녀라고 보았다. 올가는 스물일곱 살의 보부아르가 흥미로웠다. 다른 교사들과 달리 멋지고 세련되고 관습에 얽매이지 않는 사람으로 보였다.

올가의 부모는 러시아에서 만났다. 어머니는 러시아 여행을 갔다가 키예프의 어느 귀족 가문에 가정교사로 채용됐고 결국 그 집 아들과 결혼했다. 그 남자는 공학도였고 나중에 러시아 황제의 휘하에 들어갔다. 올가는 1915년 11월 6일 키예프에서 태어났고[3] 여동생 완다는 1917년에 태어났다. 하지만 러시아혁명이 터지자 그 집안도 귀족들의 대이동에 합류했다. 그들은 그리스와 그 외 각지를 떠돌다가 결국 프랑스에 정착했다. 그래서 코사키에비치 자매는 부모의 망명 귀족다운 향수병과 자부심 속에서 성장했다.

올가는 바칼로레아, 특히 철학 과목에서 우수한 성적을 거두었다. 잠시 본가에 가 있는 동안에도 보부아르와 편지를 주고받았다. 부모는 올가를 다시 루앙에 보내 의학 공부를 시키기로 했다. 올가는 의사가 되고 싶은 마음이 전혀 없었고 우익 국수주의 아니면 공산주의를 지지하는 학교 친구들과 달리 양쪽 모두를 싫어했다. 1934~1935년 가을과 겨울에 정치 상황이 급변했다. 경제가 나빠지면서 살름송 같은 대기업들이 해고를 단행했고 자동차 기업 시트로엥은 파산했다. 실업이 증가하고 외국인 혐오가 팽배했다.

그래서 올가도 다른 이주민 출신들, 특히 유대인들과 가까워졌다. 보부아르와도 계속 친하게 지내면서 그날그날의 일, 새 친구들과의 만남에서 생긴 의문을 얘기했다. 하루는 올가가 유대인이라는 게 어떤 의미가 있는 거냐고 보부아르에게 물었다. 보부아르는 "아무 의미도 없어. '유대인'은 따로 존재하는 게 아니야. 그냥 인간일 뿐이지."라고 대답했다. 보부아르는 나중에 그런 질문에 너무 추상적인 대답을 했다고 후회했다. 사회적 범주가 실제로 얼마나 강력한지 알고 있었지만 프랑스인과 유대인, 남성과 여성을 기존 질서에 끼워 맞추는 자기 아버지의 계급 이데올로기를 거부하느라 그렇게 대답했다고 주장했다.[4]

1934년 가을에 올가와 보부아르는 더 많은 시간을 함께하면서 루앙의 감옥 같은 시골 생활에서 서로 위안을 얻었다. 그들은 일주일에 한 번 만나 점심을 먹었고 때로는 저녁에 오페라를 관람하거나 정치 집회에 참여했다. 보부아르는 올가가 세상을 바라보는 방식을 좋아했지만 "아직 어린애"라고 생각했다.[5] 사르트르에게도 "독창적이고 아직 어린 의식을 통해서 전혀 기대하지 않았던 방식으로 세계를 다시 생각하게 됐다."고 썼다.[6]

올가는 사르트르를 만나기 전에 전설 같은 애기들을 먼저 접했다. 그래서 괴짜 같다는 인상이 덧씌워졌다. 메스칼린을 투여하고 가재에게 쫓겼다니 비극적이기도 하지. 올가는 사르트르를 만난 순간을 두고 "그는 왠지 중세의 기사 같은 구석이 있었다. 아주 낭만적인 사람이었다."라고 회상했다.[7] 사르트르와 보부아르는 루앙보다 르아브르를 좋아해서 이 시기에는 주로 르아브르에서 만났다. 하지만 1935년 초부터 사르트르가 일부러 루앙으로 와서 올가와 점점 더 많은 시간을 보내기 시작했다. 처음에 세 사람은 다 같이 친구가 되어서 좋아보이기만 했다. 올가는 두 사람의 관심을 즐겼고, 사르트르는 올가에게 기분 좋게 매료되었고, 보부아르는 사르트르가 무쾌감증에서 벗어나는 것처럼 보여서 안심했다. 하지만 그 후 1935년 봄부터 1937년 봄까지 사르트르에게 우울감 대신 다른 종류의 광기가 찾아왔다. 사르트르는 올가에게 심하게 집착했다.

이후의 시기는 보부아르에게 특히 힘들었다. 보부아르는 올가를 좋아했고 올가가 자기 안의 잠재력을 발견하고 깨닫기 바랐다. 하지만 잇따른 사건을 거치면서 예측하지 못한 방향으로 관계가 꼬여버렸다. 보부아르는 올가가 추천한 다른 호텔(르 프티 무통)로 거처를 옮겼다. 올가의 공부를 도와주었고 올가도 열심히 해보려고—한 학기는—노력했다. 하지만 올가는 이내 자유에 취했고 밤낮으로 술과 춤, 독서와 대화에 열중할 뿐 공부는 하지 않았다. 결국 1935년 7월과 10월, 의대 시험에 두 번 다 낙방했다.

올가가 점점 골치 아파지려 하던 1935년 여름, 보부아르는 달랑 에스파드리유만 신고서 프랑스 도보 여행에 나섰다. 그동안 사르트르는 부모와 노르웨이 크루즈 여행을 했다. 그는 생트세실당도르주에서 보부아르와 동행했다. 사르트르도 기분만 내키면 얼마든지 잘 걸었지만 보부아르가 너무 무리를 한다고 걱정했다.[8] 1929년에 자기에게 엽록소 알레르기가 있다고 한 말은 과장이었겠지만 여전히 그는 나무보다 돌을 더 좋아했다. 그래서 보부아르는 소도시, 마을, 수도원, 성을 여정에 집어넣었다. 사르트르는 여전히 가끔 갑각류 헛것이 보이는 불쾌한 현상에 시달리고 있었다. 하루는 둘이 버스를 타고 있었는데 사르트르가 이제 가재는 지겹다고 선언했다. 가재들이 여행 내내 따라왔다고, 이제 그놈들을 완전히 몰아낼 거라고 했다. 보부아르에게는 걷기가 늘 마귀를 쫓는 최고의 방법이었다. 이제 사르트르도 달갑지 않은 마음속 점유자들을 몰아내려고 노력했다.[9]

사르트르가 갑각류를 박멸하려고 몸부림치는 동안 보부아르는 왜 자신이 최근 들어 글이 잘 써지지 않는지 고민했다. 다시 쓰겠다는 결심이 섰다. 유일한 문제는 '무엇'을 다시 시작하느냐였다. 사르트르가 소설보다 철학적 글쓰기에 더 능하다는 점은 보부아르도 알아차리고 있었다. 그럼 나도 해볼 수 있지 않을까? 사르트르는 보부아르가 자기보다 철학에 대한 이해가 빠르다고 했고, 보부아르가 보기에도 사르트르는 남들의 저작을 읽으면서도 자기 가설을 끼워 넣어 해석하는 경향이 있었다.[10] 1946년에 보부아르는 사르트르가 창의성 때문에 아무에게도 기대지 않으려 하며, "어떤 아이디어도 그의 외부에서 오지 않았다."고(물론 그녀를 통해서 온 아이디어는 예외로 하고) 쓸 것이다. "그는 책을 잘 읽지 않았다. 간혹 책을 읽고 싶어 할 때가 있었지만 어떤 책도 그를 기쁘게 하지 못했다. 그는 인쇄된 페이지들이 오로지 자기 상상력과 생각을 지지하는 역할만 하기 원했다. 마치 점쟁이가 커피 찌꺼기를 보면서 자기 점괘의 근거를 찾으려 하는 것처럼."[11]

실제로 사르트르는 자기 관점에서 벗어나는 법이 없었고 굳이 그럴 만한 가치가 있다고 생각하지도 않았다. 보부아르의 경우는 정반대다. 보부아르는 다른 사고방식을 이해하는 데 거부감이 없었다. 다른 견해에 어떤 약점이 있는지, 그 견해의 발전 가능성은 어느 정도인지 볼 수 있었다. 하지만 진짜 설득력 있는 이론을 만나면 그 이론의 영향을 받지 않을 수 없었다. 그런 이론은 "세계와의 관계를 변화시키고 (그녀의) 모든 경험을 물들였다."[12]

글을 많이 쓰지 않았다고는 하나 게으름을 부렸던 것은 아니다. 독일어를 계속 공부했고—사르트르는 베를린에서 일년을 지냈는데도 독일어가 형편없었다.—철학 책을 엄청나게 읽어 치웠다. 하지만 아직 철학 책을 쓰고 싶지는 않았다. 나중에 돌아봤을 때 아무것도 출간하지 못했다는 불안은 없었던 것 같다.《정신이 우선시되는 때》를 쓸 때 본보기 삼았던 스탕달은 마흔이 되어서야 글쓰기를 시작하지 않았던가.[13]

루앙으로 돌아와보니 올가가 의학 공부를 해낼 수 없음이 분명해졌다. 올가의 부모는 딸을 캉에 있는 기숙학교에 보내려 했다. 하지만 그 방안에는 삼인조 모두 반대했다. 문제는 올가가 뭘 잘할 수 있느냐였다. 올가는 철학에 소질이 있었으므로 사르트르가 보부아르에게 솔깃한 제안을 했다. 직장인이었던 두 사람은 올가에게 방을 얻어줄 능력이 있었다. 사르트르는 교원 자격 시험을 대비하는 학생을 대상으로 한 특강도 하고 있었다. 보부아르가 올가의 부모에게 편지를 써서 만날 약속을 잡았다. 부모는 보부아르가 딸의 공부를 감독하겠다는 제안을 받아들였다. 사르트르와 보부아르는 교습 시간표를 짜고, 독서와 작문 목록을 뽑고, 보부아르가 지내는 르 프티 무통에 방을 한 칸 더 빌렸다.

또한 그들은 누가 누구를 언제 만날 것인지를 두고 시간표도 짰다. 저마다 올가와 단 둘이 있고 싶을 때가 있었고, 셋이서 함께 보는 '총회'가 필요할 때도 있었다. 나중에 보부아르는 올가와 삼인조로 함께 있을 때는 늘 마음이 편치 않았다고 썼다. 토대가 부실한 관계 속에 있는 느낌이었을까. 올가를 가르치려는 그들의 노력은 결실이 거의 없었다. 올가는 책은 곧잘 내키는 대로 읽었지만 자기가 할 마음이 없는 공부와는 담을 쌓았다. 처음에 사르트르와 보부아르는 자기들이 상담역을 하면서 힘을 합쳐 올가의 흥미를 자극한다고 생각했다. 하지만 나중에는 보부아르도 그 관계가 상호 평등하지 못했음을 인정했다. 그들은 올가를 자기들에게 "부속시켰을" 뿐이다.[14] 두 사람 모두 나이가 들고 재미없다는 기분을 느끼기 시작한 참에 올가의 젊음과 부주의를 통해 대리 만족을 느꼈던 것이다.

하지만 보부아르는 올가에게 정말로 깊이 마음을 썼다. 그래서 이렇게 편지를 쓰기도 했다. "지금 내 인생에서 중요한 사람은 단 둘뿐이야. 네가 그중 한 명이지."[15] 보부아르를 향한 올가의 감정은 곧 "뜨겁게 타올랐다."[16] 올가와 보부아르의 육체적 관계는 여러모로 사르트르에게 좌절감을 안겼다. 사르트르는 2년이나 올가에게 집착했지만 끝내 그녀와 잠자리를 같이하지 못했다.

올가는 보부아르와 사르트르가 '공유한' 최초의 '우연한' 연인이었지만 두 사람 모두 그녀와 성관계를 가졌던 것은 아니다. 사르트르는 감정을 멸시하고 자유로 감정을 극복해야 한다고 생각하면서도 엄청나게 질투했다.[17] 그의 행동은 점점 괴팍하고 변덕스러워졌다. 보부아르 입장에서는 사르트르가 자기에게 결코 느낀 적 없는 감정을 올가에게 느낀다는 사실이 심란했다. 그의 2년에 걸친 집착이 끝나 갈 무렵, 보부아르는 자신의 표현에 따르면 "질투를 초월한" 극도의 괴로움에 시달렸다. 자신의 행복이 "거대한 거짓" 위에 세워진 것은 아닌지 의문이 들었다.[18]

하지만 올가는 이야기의 일부에 지나지 않는다. 르아브르에서 사르트르가 총애한 제자 중에 자크로랑 보스트라는 매력적인 청년이 있었다. 보스트는 열 남매의 막내였고, 올가보다 딱 여섯 달 늦게 태어났다. 그는 개신교 가정에서 자랐고 파리의 명문 출판사 갈리마르에서 원고 검토자로 일하는 형이 있었다. 보스트는 키가 크고 입술이 도톰했으며 칠흑처럼 까만 머리에 초록색 눈이었다. 보부아르는 "그에게 끌림을 느꼈다."고 썼지만 회고록에서 보스트와의 관계는 거의 언급하지 않는다.[19] 사실 보스트는 가장 중대한 누락―보부아르가 평생 감춰 온―에 해당한다. 2004년에 프랑스에서 그들이 주고받은 편지가 출간된 후에야(영어로는 미출간) 10년에 걸친 열정적인 관계가 공개되었다. 사르트르는 올가가 보스트와 동침함으로써 자기를 배신했을 때(사르트르 입장에서는 그렇게 보였다) 상처받은 자존심을 달래기 위해 올가의 여동생 완다를 유혹했다. 보부아르는 올가가 삼인조를 끝내겠다고 하자 분별력 있는 사람이면 당연한 결정이라고 보았지만 사르트르는 낙담했다. 설상가상으로 그의 원고는 갈리마르 출판사에서 퇴짜를 맞았다.

삼인조는 보부아르의 일상을 아수라장으로 만들었지만 1920년대 말부터 품어 왔던 질문이 더욱 뚜렷해졌다. 열아홉 살의 보부아르는 일기에 "자아와 타자의 대립"을 주제로 삼아 '자신의' 철학적 사유를 전개해보고 싶다고 썼다. 10년 후 보부아르와 올가, 사르트르의 관계는 이 질문을 새로운 방식으로 그녀의 삶에 들이밀었다. 올가는 그들의 관심을 즐겼고 1970년대까지도 그들과 친하게 지냈지만 자기가 위태로운 역할을 맡고 있다는 것은 알았다. 올가는 기분파였고 이 시기에는 무척 퉁명스러워져서 보부아르는 이렇게 회상하기도 했다. "올가가 멀찍이 서서 낯선 눈길로 나를 바라볼 때면 나는 우상일 수도 있고 적일 수도 있는 '대상'으로 변했다."[20]

관계에 대한 보부아르의 감정은 왔다 갔다 했다. 회고록에 공식적으로 나와 있는 삼인조 이야기에서는 이 일로—전에도 느꼈지만—두 사람의 조화로운 관계가 그냥 주어지지 않는다는 것을 실감했다고 한다. 관계는 지속적인 노력을 요구한다.[21] 이미 1927년에도 사랑은 단번에 이뤄지는 게 아니라 "영원한 갱신 속에서 부단히 창조되어야만 하는 것"이라고 쓰지 않았나.[22] 그동안 자유, 행동, 사랑에 대한 시각을 갈고닦았다지만 보부아르는 '필연적인' 커플이 '우연한' 타인에게 미칠 수 있는 해악을 미처 다 헤아리지 못했다.

올가는 인터뷰를 거의 하지 않았지만 나중에 젊은 날의 자기가—보스트와 완다도—최면에 걸린 뱀 같았다고 회상했다. "뭐가 어떻든 간에 우리는 그들의 관심을 누린다는 특혜에 완전히 흥분해서 그들이 원하는 대로 했다."[23] 보부아르와 사르트르는 본격적으로 명성을 누리기 전에도 사람을 사로잡는 카리스마가 있는 커플이었다. 하지만 보부아르가 그 당시에 불평등한 힘의 관계를 의식하고 우려했다는 증거는 없다. 나이가 많든 적든, 돈이 있든 없든 우연한 연인들은 자기 행동을 자유롭게 선택할 수 있지 않았나?

1936년 여름 보부아르와 사르트르는 이탈리아와 그리스를 여행했다. 보부아르는 둘만 있게 되어 마음이 놓였다. 축하할 만한 소식도 있었다. 드디어 파리로 발령이 난 것이다! 보부아르는 휴가 이후 파리 몰리에르 고등학교로 옮겨 갔다. 하지만 9월에 파리로 돌아와보니 정치를 외면하기가 힘들어졌다. 보부아르와 사르트르는 에스파냐 내전에 촉각을 곤두세웠다. 친구 페르난도 제라시의 조국이어서 더 마음이 쓰였고, 에스파냐 여행 이후로 그 나라를 사랑하게 되었기 때문이다. 인민전선 출신 총리 레옹 블룸(Leon Blum)이 에스파냐 내전에 개입하지 않기로 결정하자 보부아르는 분개했다. 히틀러와 무솔리니가 반란군에 인력과 물자를 대고 있는데 프랑스는 에스파냐 공화군 지원을 거부하다니 무역 협정에도 어긋나지 않는가.[24] 결국 페르난도는 파리에서 구경만 하고 있을 수 없어서 에스파냐로 싸우러 갔다. 사르트르와 보부아르는 스테파와 다른 친구들과 함께 역까지 페르난도를 배웅하러 갔다.

일단 파리로 돌아온 보부아르는 게테 거리에 있는 루아얄 브르타뉴 호텔에 방을 얻었다. 사르트르의 지방 근무가 아직 일년 남아 있었지만 보스트가 소르본에서 교원 자격 시험을 준비 중이었고 엘렌도 드디어 언니가 파리로 돌아와서 행복해했다. 올가도 사르트르와 보부아르의 지원을 받아 연기를 배우려고 파리로 왔다.

1930년대에 사르트르는 계약 결혼이라는 신화 속 불에 기름을 끼얹을 유혹 행각을 거듭 벌였다. 전하는 바에 따르면 보부아르는 르돔이나 라 로통드 같은 카페에 몇 시간씩 죽치고 앉아 사르트르의

'멜랑콜리아'(1938년에 《구토》로 출간될 바로 그 원고)에 주석을 달면서 개작에 도움을 주었다. 사르트르가 리비도를 충족하는 동안 보부아르는 문학을 갈고닦았다. 사르트르는 《구토》가 출간할 만한 원고가 된 것은 오로지 보부아르의 집중적인 노력 덕분이었다고 모두에게 말하고 다녔다. 하지만 보부아르가 주석을 단 원고는 남아 있지 않다. 사르트르는 새로 정서한 원고만 남기는 편을 좋아했고, 보부아르도 자기가 주석을 단 원고는 이미 버렸다고 했다.[25]

　1937년 봄에도 보부아르는 열심히 일하고 좀체 쉴 줄을 몰랐다. 자신을 혹사하면서도 기력을 보충해야겠다는 생각은 하지 않았다. 하루는 저녁에 보스트와 르 셀렉트에서 얘기를 나누다가 갑자기 오한이 났다.[26] 보통은 몸이 좀 불편해도 무시하는 보부아르였지만 이번에는 심상치 않았다. 곧장 집에 들어가 밤새 끙끙 앓았고 다음 날도 침대에서 온종일 일어나지 못했다. 그렇지만 저녁이 되자 하루를 너무 게으르게 보냈다는 생각이 들었다. 마침 그날 밤 사르트르가 라옹에서 올라오기로 했고, 보부아르는 이제 좀 괜찮아졌으니 나가겠다고 했다. 힘겹게 옷을 차려입고 나가기는 했지만 모임 장소에 도착하자마자 누울 곳부터 찾았다. 친구들이 걱정하기 시작했다. 혹시 심각한 거 아니야? 보부아르는 걱정할 필요 없다고 했지만 결국 사르트르가 집에 데려가자마자 의사를 불렀다. 보부아르는 곧 심각한 폐부종으로 입원했다. 보부아르는 '자기에게' 그런 일이 일어난 것을 믿을 수 없었다. 자기도 하나의 통계 자료가 될 수 있다고 생각하니 불편한 기분이 들었다. 병상에서 자기 신체를 의사들이 사물처럼 대상 취급하면서 하는 말을 들었다. 그들은 환자의 소외감이나 불안감에 개의치 않고 '그녀를' 논의 대상으로 삼고 있었다.

병이 다 나은 후 건강 말고도 감사할 일이 더 생겼다. 사르트르가 파리로 이사를 왔다. 드디어 둘은 한 도시에서 살 수 있게 됐다! 그는 미스트랄 호텔에 자기 방을 얻고 바로 아랫방을 보부아르의 방으로 빌렸다. 그래서 둘은 "삶을 공유할 때의 장점은 다 누리면서도 그로 인한 불편함은 없이" 지낼 수 있었다.[27] 새 호텔은 몽파르나스 대로에 있었기 때문에 그들이 좋아하는 카페—라 로통드, 르 돔, 라 쿠폴, 르 셀렉트—가 다 지척이었다. 1937년 5월에는 사르트르의 문학적 자산도 빛을 보기 시작했다. 우연성을 다룬 소설이 드디어 출간 결정이 난 것이다.

그해 여름에 두 사람은 보스트와 함께 그리스를 여행했다. 그들은 옥상에서 자기도 하고, 장시간 도보 여행을 하다가 일광 화상을 입기도 했다. 때로는 보스트와 보부아르만 외출을 하거나 수영을 했고 사르트르는 그동안 카페에 앉아 일을 하거나 완다에게 편지를 썼다.

새로운 학기가 시작되었을 때 보부아르는 여전히 글을 쓰고 싶어했지만 이제 뭘 써야 할지 몰랐다. 사르트르는 책에 자신을 투영해보라고 했다. 《구토》도 그가 자신을 로캉탱에 투영한 후에야 비로소 출판할 만한 원고가 되었기 때문이다. 그는 《정신이 우선시되는 때》가 좋긴 하지만 실제의 보부아르가 르네나 리자 같은 작중 인물들보다 훨씬 더 흥미로운 사람이라고 말했다. 자신의 삶을 바탕으로 삼아 글을 써보면 어떨까?

처음에 보부아르는 그런 글을 쓰기엔 자신이 너무 상처받기 쉬운 사람이라고 생각했다. 비록 사르트르나 다른 사람들에게 보내는 편지에 자기 삶을 미주알고주알 기록하긴 했지만 누구나 볼 수 있는 책은 완전히 다른 문제다. 하지만 십 대부터 당혹스러웠던 철학적 문제─타자들의 의식이라는 문제─가 계속 되돌아왔다. 하루는 신문에서 택시 요금을 낼 돈이 없어서 창피했던 나머지 택시 운전사를 살해한 남자의 사연을 읽었다. 어떻게 사람이 수치심 때문에 그렇게까지 흉악해질 수 있을까? 왜 사람들은 때로─자기 자신의 삶을 위해서가 아니라 타인의 정신에 나타나려는 것처럼─타인을 위해 사는가?

허구의 시몬 드 보부아르를 반(反)보부아르적 인물로 등장시킬 생각도 해보았다. 하지만 사르트르는 올가가 더 잘 어울릴 거라고 했다.[28] 보부아르에게 설득은 필요 없었다. 자기가 보기에도 올가가 딱이었으니까. 1937년 9월에 보부아르는 올가와 알자스에서 지내면서 사르트르에게 편지를 썼다. 이 편지를 맥락에서 뚝 떼어내어 인용하면 자칫 오해를 할 수도 있다. "K.는 매력적이고 모든 것에 황홀해하며 나와 더없이 평화롭게 지내고 있어요. 특히 생각했던 것 이상으로 활력이 넘치고 프랑스적이기까지 해요." 하지만 이 활력은 성적인 것이 아니었다. 보부아르는 바로 다음 문장에서 올가가 비바람도 마다하지 않고 하루에 대여섯 시간, 많게는 일곱 시간까지 계속 걷는다고 말한다.[29]

1938년에 사르트르의 《구토》가 마침내 "비버에게"라는 헌사를 달고 세상에 나왔다. 곧장 찬사가 빗발쳤고 사르트르는 문단의 신성으로 떠올랐다. 〈레 누벨 리테레르〉는 이 책을 "우리 시대의 걸작 중 하나"라고 했다. 단편집 《벽》이 바로 뒤이어 나왔고 앙드레 지드는 "이 장폴이라는 신인은 누구인가? 그에게 많은 기대를 걸어도 좋을 성싶다."라고 했다.[30] 그러나 보부아르의 《정신이 우선시되는 때》는 갈리마르 출판사와 그라세 출판사에서 차례로 퇴짜를 맞았다.[31] 그라세 출판사에서 일하던 작가 앙리 뮐러는 원고 반려 편지에서 경직된 부르주아 여성들에 대한 묘사는 좋지만 동일한 문제를 두고 글을 쓰는 사람들은 많은데 그 문제를 해결하지는 못했다고 했다. "당신은 무너져 가는 세계를 묘사하는 걸로 만족하고 독자를 새로운 질서의 문턱에 내버려 둘 뿐, 그 질서의 장점이 어떤 것일지는 알려주지 않습니다."[32]

보부아르는 포기하지 않았다. 10년 후 그 '새로운 질서'의 선언문 《제2의 성》을 쓰게 될 터였다. 하지만 사르트르가 파리 문단의 찬사를 한몸에 받는 동안 보부아르는 점점 더 아버지의 양심에 시달렸다. 아버지는 책으로 나오지도 못할 글을 쓴다고 비웃었고 "버러지 같은 창녀"보다 더 나은 삶을 살 리 없다고 했다.[33]

직장에서 받는 대접은 달랐다. 파리 16구에 위치한 몰리에르 여자 고등학교의 제자들은 보부아르를 매우 인상 깊은 교사로 기억했다. 보부아르는 실크 블라우스와 화장으로 세련되게 맵시를 냈고 늘 수업을 노트도 없이 매끄럽게 진행했다.[34] 학생들에게는 데카르트, 후설, 베르그송을 가르쳤다. 프로이트는 주로 반박을 하기 위해 다루었고 에피쿠로스 학파, 스토아 학파, 칸트를 선호했다.[35]

그중에서도 1937~1938년 바칼로레아 수험생이었던 제자 비앙카 비넨펠트(Bianca Bienenfeld)는 이 교사에게 완전히 압도당했다. 비앙카는 보부아르의 철학 수업을 무척 좋아했고 자신도 대학에 가서 철학을 공부하고 싶다고 편지를 보냈다. 혹시 선생님과 따로 만나서 상의를 드릴 수 있을까요?

약속이 잡혔다. 두 사람은 몽파르나스에서 만났다. 비앙카는 당시 열일곱 살이었고, 폴란드에서 겪은 반유대주의가 행여 좀 덜할까 싶어 프랑스로 이주한 유대인 부모의 딸이었다. 비앙카의 아버지는 의

사였고, 그 집은 교양을 중시했다. 보부아르에게 비앙카는 똑똑하고 매력적인 소녀였다. 보부아르는 보스트에게 자기가 가끔 어린 소녀에게 말하고 있다는 사실을 깜박 잊는다고 썼을 정도로 비앙카를 높이 평가했다.[36]

머지않아 그들은 일요일을 으레 함께 보내게 되었다. 비앙카는 매주 보부아르를 만날 생각에 신이 나서 파시 역으로 달려가곤 했다. 보부아르는 사르트르와의 관계도 얘기했다. 서로 사랑하지만 각자 자유를 지키고 싶어서 결혼하지 않고 각자 다른 사람을 사귀기도 한다고 말이다. 비앙카는 코사키에비치 자매 이야기에 매료되었고 보부아르가 그들의 응석을 다 받아준다는 사실을 살짝 분하게 여겼다. 비앙카는 변덕스럽고 게을러빠진 그 자매는 보부아르의 지원을 받을 자격이 없으며, 보부아르가 자신과 보낼 수도 있는 시간을 그들에게 너무 많이 빼앗긴다고 보았다.[37] 훗날 비앙카는 그해 6월에 자기가 '보부아르이기를' 원했다고 쓸 것이다.[38]

학기가 끝났으니 그들은 이제 교사와 학생이 아니었다. 그들은 모르방 산악 지대로 배낭을 메고 떠나 장거리 등반길을 주파했다. 하루가 저물면 그들은 숙소에서 한방을—그리고 한 침대를—썼다. 비앙카는 이 여행에서 보부아르와 서로 합의하여 육체 관계를 맺었다고 썼다.[39] 그러나 훗날 보부아르는 여성과 섹스한 적이 없다고 할 것이다.[40] 하지만 편지를 보면 보부아르가 여성들과 성적으로 내밀한 관계에 있었음이 명백히 드러난다. 일단 7월 22일에 사르트르에게 쓴 편지에서 비앙카에게 "격정이 넘치는" 편지를 받았다고 전한다.

1921년 4월에 폴란드에서 태어난 비앙카 비넨펠트는 보부아르와 만난 여름에 열일곱 살이었다.[41] 오늘날의 기준으로 보면 이 나이가 충격적이지만 당시에는 합법적으로 성관계에 동의할 수 있는 연령이었다. 그들의 나이 차라든가 과거 스승 역할이 신뢰와 권력 관계를 끌어들이므로 관계가 육체적인 것이 되면 치명적이라는 점을 보부아르가 걱정했다는 증거는 없다. 보부아르 사망 후 비앙카는 보부아르를 "여제자들 중에서 잘 무르익은 젊은 육체를" 선별하여 "자기가 먼저 맛보고 사르트르에게 넘기는" 포식자로 묘사했다.[42] 비앙카는 이런 "경향"이 자신과 올가에게 일어난 일을 설명해준다고 주장했다. 하지만 올가가 사르트르의 성적 접근을 끝까지 거절했다는 사실은 몰랐던 모양이다.

무슨 일이 있었는지 퍼즐 조각을 완벽하게 맞출 수는 없다. 혼란한 전쟁통에 일부 편지와 일기는 유실되었고, 비앙카는 그 일이 있고 50년도 지난 뒤에 자기 이름이 대중에게 알려지자 "홧김에" 책을 썼기 때문이다. 보부아르는 비앙카의 신원을 밝히지 않겠다는 맹세를 평생 지켰다. 하지만 1990년에 디어드레이 베어가 보부아르의 영어 전기를 출간하면서 신뢰를 깨고 비앙카의 결혼 전후의 성(姓)을 다 폭로했다. 프랑스에서는 '사생활보호법'에 따라 개인의 명예를 훼손할 수 있는 사적 정보 유포를 금지하지만 미국 법은 그렇지 않았다. 그리하여 원치 않는 유명세가 대서양 반대편에서부터 비앙카에게 미쳤고, 화가 난 그녀는 1993년에 책을 냈다.[43] 비앙카는 책을 쓰게 된 복합적 동기를 솔직하게 밝혔으며, "비극"은 사르트르가 등장하면서부터 시작됐을 뿐이라고 역시 솔직하게 털어놓았다.[44]

그래도 비앙카는 보부아르를 "내가 평생 사랑했던 여성"이라고 했고 자신이 괴로웠던 이유는 보부아르의 행동 때문만이 아니라, 앞으로 우리도 보겠지만 잇따른 다른 배신 때문이었다고 했다. 비앙카는 우선 이렇게 쓴다. "내가 사르트르를 만나기 전에는 시몬과 단지 열정적인 우정을 나누는 사이였다. 그가 감정적 상황 속에 들어오자마자 매사가 어려워지고 복잡하게 꼬였다."[45] 비앙카가 자기 이야기를 내놓게 된 이유가 무엇이든 간에, 비앙카와 보부아르의 관계가 무척 힘들었고 두 사람에게 아주 강렬한—또한 아주 복잡 미묘한—감정이 남았음은 분명하다.

보부아르는 비앙카와 내밀한 관계가 된 그해 7월에 또다시 도보 여행을 떠났다. 이번에는 보스트와 함께 오트사부아 산간 지대를 갔다. 사르트르가 역까지 배웅을 했다. 그는 단편 작업을 하고 완다도 만나야 해서 파리에 남았다. 당시 그는 완다에게 일년 넘게 구애 중이었지만 관심을 받지 못하고 있었다. 완다는 사르트르의 외모를 혐오스러워했고 그에게 식습관을 개선하라는 말까지 했다. 사르트르는 퇴짜에 익숙한 남자였으므로 완다의 질색하는 반응도 일종의 도전 과제처럼 받아들였다. 그는 완다의 머리가 나쁘다고 하면서도—정신적으로는 잠자리나 다를 바 없다고 할 만큼—반드시 그녀의 마음을 얻겠다고 작정했다.

보부아르를 배웅한 날 사르트르는 작별 인사를 하는 게 싫다고 편지에 썼다. 그는 회색 봉우리에 올라선 보부아르의 모습을 상상했다. "기어이 그 먼 거리를 걸어야 직성이 풀리는 당신의 괴상한 취미만 아니면 지금 이 순간에도 당신은 엷은 미소를 띤 채 나와 함께 있을 텐데요."[46] (이 문장이 멸시 조로 읽힐 수도 있겠으나 보부아르도 그에게 편지를 쓸 때 '조금, 작은, 엷은' 같은 형용사를 많이 썼다.) 보부아르는 안시에 도착했고 보스트가 "노란색 풀오버에 보기 좋게 그을은 얼굴로" 역에 마중 나와 있었다.[47] 보스트도 잘 걷는 편이었지만 보부아르가

비앙카(왼쪽)와 보부아르. 비앙카는 보부아르가 자신이 가장 많은 상처를 주었다고 언급한 '우연한 연인'이었다.

기대하는 수준의 장거리를 주파하느라 고생을 했다. 그들은 온종일 걷고 밤에는 푸짐한 식사와 그 지방 포도주를 즐겼다. 잠은 날씨에 따라 텐트에서 자기도 했고 산장을 이용하기도 했다. 여행 닷새째 밤에는 비가 와서 티뉴의 어느 헛간에서 잤다. 보부아르는 며칠 후 사르트르에게 보낸 편지에서 그날 밤을 상세히 묘사한다.

물론 내가 먼저 제안을 했어요. 우리 둘 다 원해 왔으니까. …… 결국 내가 바보같이 웃으면서 바라보니까 그가 이렇게 말했어요. "왜 웃는 거예요?" 난 말했어요. "내가 같이 자자고 하면 당신이 어떤 표정을 지을지 머릿속으로 그려보는 중이에요." 그는 "난 당신이 내가 키스하고 싶은데 감히 그러지 못한다고 생각하는 중일 줄 알았어요."라고 하더군요. 그 후 우리는 15분 정도 더 어찌할 바를 몰라 허둥댔고, 결국 그가 나에게 키스하기로 마음을 먹었지요. 내가 늘 그에게 말도 안 되게 애정을 느꼈다고 말했더니 엄청나게 놀라더군요. 그는 결국 어젯밤에도 나

를 아주 오래오래 사랑했노라고 말해주었어요.[48]

보부아르와 사르트르는 그다음 주말에 마르세유에서 만나 탕헤르로 떠났다. 그는 보스트와 연애를 계속할 경우 그녀의 삶이 얼마나 복잡하게 꼬일지 생각해봤느냐고 물었다. 올가가 보스트와 보부아르의 동침을 반대할 것은 둘 다 알고 있었다. 보부아르는 올가와 친구 사이였다. 이건 너무 '비열하지' 않은가?

보부아르는 확신할 수 없었다. 올가는 결코 신의를 지키는 타입이 아니었다. 그리고 보부아르는 보스트를 원했고 보스트도 보부아르를 원했다. 당장은 그 일을 후회하지 않으려고 노력했다. 1938년 7월 보부아르가 사르트르와 합류한 후에도 보스트는 계속 알프스를 등반했지만 보부아르가 없으니 산의 매력도 다가오지 않았다. 보스트는 적어도 하루 세 번은 보부아르가 보고 싶어 미칠 것 같다고, 머릿속으로 둘이서 함께했던 마지막 닷새를 끊임없이 재현하고 있다고 편지를 썼다.[49] 보스트의 편지는 애정과 기대로 가득 차 있었다.[50] "나는 당신을 '어마어마하게(formidablement)' 사랑합니다. 당신이 꼭 알고 절실하게 느껴주기를, 그럼으로써 당신에게 기쁨을 줄 수 있기를 바랍니다. 그래서 당신에게 편지 쓰는 게 좋아요. 편지를 쓰면서 당신의 얼굴을 상상할 수 있습니다. 바보같이 실실 웃고 있을 내 얼굴도 상상이 되고요."[51]

보스트의 문장이 사르트르나 올그런의 문장 같지는 않다. 하지만 보부아르가 그에게 보낸 편지는 사르트르에게서 결코 호응을 얻지 못했던 그녀의 격정적인 면모를 드러낸다. 보스트에게는 열정의 육체적인 면을 감출 필요가 없었다. 보부아르의 편지는 그의 뺨, 속눈썹,

도톰한 입술에 키스하고 싶은 마음을 숨기지 않는다.[52] 보부아르는 사르트르와 모로코에서 탕헤르, 카사블랑카, 마라케시, 페스, 크사르 엘 수크, 메크네스 등지를 둘러보면서 라디오에서 사랑 노래를 들었고 보스트가 보고 싶어 눈물이 나려는 것을 참았다. 8월 22일에 크사르 엘 수크에서 잠자리에 들기 직전에 편지를 썼다. "당신이 보고 싶어 미칠 것 같아요. 내 사랑, 내 사랑, 그대가 내 몸에 꼭 붙어 있기를 얼마나 바라는지."[53]

보스트는 현실을 직시한 채 그 관계에 뛰어들었다. 그는 올가와 연애 중이었고, 실제로 나중에 결혼까지 한다. 보부아르에게 자신이 존경하는 사르트르 외에도(그는 보부아르에게 보내는 편지에 사르트르에게 전하는 익살스러운 추신을 덧붙이곤 했다) 비앙카 비넨펠트가 있다는 것을 알고 있었다. 가끔 보부아르는 자신이 여행 중이라서 편지 받기가 어려울 때는 보스트에게 사르트르에게 편지를 보내 다음 번에 자기와 만날 약속을 잡으라고 하기도 했다.[54]

보부아르는 회고록에서 의도적으로 보스트를 편집했다. 그를 향한 사랑을 숨겼고, 그가 보여준 우정에 대한 감사와 존중을 일부러 잘 드러내지 않았다. 실비 르 봉 드 보부아르는 이 삭제가 보부아르가 말하지 않은 가장 중요한 것에 해당한다고 했다(물론 이 영광을 차지할 후보가 몇 명 더 있긴 하다). 보스트는 1936년부터 보부아르가 사망한 1986년까지 매우 가깝고 충직한 친구였으며 꽤 오랫동안 친구 이상의 관계였다.[55] 하지만 둘은 올가에게 그 사실을 숨기기로 했고 1983년에 올가가 죽을 때까지 비밀을 지켰다.

이미 1939년에도 보부아르가 이 일로 양심이 편치 않았음이 일기에 나타난다. 사르트르에게 보낸 편지보다 일기에 양심의 가책이 더 무겁게 드러나 있다. 보스트와 연애를 시작하고 일년 후, 보부아르는 올가와 대화를 나누고 나서 사르트르에게 편지를 썼다. "올가에 관한 한 아무런 가책도 없어요. 내가 얄팍한 속임수에 감각이 있나 봐."[56] 1938년 8월 말에 보스트와 다시 만날 약속을 잡았다. 보부아르는 낮과 밤을 그와 함께 보내고 싶었다. 하지만 보스트의 가족이 있는 르아브르에서 봐도 될까? 아니면 루앙이 더 나을까? 보부아르는 파리가 제일 좋지만 혹시 올가와 마주칠까 봐 겁난다고 했다.

1938년에도 보부아르는 마음이 편치 않았다. 9월에 열흘을 올가와 함께 지내기로 한 터였다. 보스트가 올가 입장에서 얘기하는 것을 보고 무척 심란해졌고 그 둘이 함께 있는 모습을 상상하면서 괴로워했다.

당신이 날 잊지 않은 건 알아요. 하지만 당신과 분리된 기분이 드네요, 내 사랑. 이 기분을 잘 감당하기 어려울 때가 있어요. …… 편지를 써주세요, 빨리, 빨리, 아주 긴 편지를 써주세요. 우리 둘이서만 긴 시간을 함께 보낼 거라고, 안시에서처럼 행복해질 거라고 말해줘요. 나를 뜨겁게 사랑한다고 말해줘요, 내 사랑. 나도 당신을 열정적으로 사랑하고 있으니까요.[57]

보스트의 편지들은 모호한 구석 없이 보부아르를 안심시켰다. 자신도 가끔 올가를 생각하면서 양심의 가책을 느끼지만 보부아르에게 "당신을 너무나 사랑해서" 그런 감정도 오래가지 않는다고 말했다. 그들은 연인이 되기 전부터 친구였고 둘의 사랑은 견고한 토대 위에 세워진 것이어서 이별이 쉽지 않으리라 보았다.[58] 보부아르는 보스트가 올가를 사랑하는 건 둘째 치고 올가가 함께 있는 것이 괴로웠다. 올가가 매일 보스트에게 편지를 쓰고 보부아르 앞에서 그의 이야기를 했기 때문이다. 보부아르는 처음에는 편지를 쓰지 않으려 했지만 결국 못 참고 올가가 곁에 없을 때 펜을 들었다. 그를 생각하느라 잠을 이룰 수 없다고, 둘의 결합을 상상하면 눈물이 난다고 했다.[59]

그들은 1938년 9월 26일에 만났다. 사정상 둘 다 파리에 머물 수밖에 없었다. 28일에도 전쟁은 불가피해 보였으나 30일에 뮌헨 협상이 체결되면서 평화가 유지될 성싶었다. 한 달간 보부아르와 보스트는 파리에서 정상적인 나날을 보내면서 매일매일 만났다. 하지만 11월 3일에 보스트는 아미앵스 훈련소에 들어가야 했다. 복무 기간은 2년이었다. 보스트의 군 복무는 열 달 후에 전시 근무가 되었다.

보부아르와 보스트, 올가, 비앙카의 은폐된 관계는 보부아르가 사르트르에게서 성적 만족을 얻지 못했을 뿐 아니라 다른 사람들을—특히 여자들을—기꺼이 농락했음을 보여준다. 보스트와의 관계는 자신이 친구라고 부르는 한 여자를 평생 속인 공범 관계 아닌가. 1948년에 쓴 편지에서 보부아르는 올가가 "모두에게 너무 많은 것을 요구하고 거짓말을 해서 결국 모두가 거짓말을 하게 만드는 여자"라면서 자기 행동을 변명한다.[60]

올가의 성격이 어떠했건 간에 보부아르의 행동이 기만적이고—많은 독자에게, 여러 이유에서—심각한 문제가 되었음은 분명하다. 보부아르는 올가를 속이고 보스트와 연애하는 동안에도 비앙카 비넨펠트와 계속 관계를 맺었다. 보부아르가 모로코 여행을 하고 보스트는 프랑스에 있던 1938년 여름, 그녀는 보스트에게 보낸 편지에서 비앙카의 모친이 그녀가 보낸 연서를 발견해서 난리가 나게 생겼다고 말

한다. 그 일이 어떻게 될지는 보부아르도 아직 잘 모르는 상태였다.[61]
비넨펠트 부인은 보부아르를 "도덕 관념이 일반적이지 않은 노처녀"
라고 비난했다.[62] 하지만 그 일로 여자들의 연애가 끝나지는 않았다.
1938년 11월에 비앙카는 보부아르에게 아무도 자신처럼 그녀를 사랑
하지 않을 거라고 했다.[63] 당시 비앙카는 열여덟 살이었고 소르본에
서 철학을 공부하면서 보부아르와 일주일에도 몇 번씩 만났다. 하지
만 보부아르는 비앙카에게 자기 얘기를 별로 하지 않았고, 보스트와
의 관계는 당연히 함구했다.[64]

크리스마스에 보부아르는 사르트르에게 비앙카를 소개했다. 두 사
람은 메제브 스키장에 갔고 마침 비앙카가 인근 몽다르부아에 머물
고 있었으므로 셋이서 스키를 타고 철학을 논하기에는 더할 나위 없
었다. 1939년 1월 파리에 돌아와서부터 사르트르는 비앙카에게 관심
을 돌렸다. 비앙카는 으쓱했다. 소르본에서 가깝게 지내는 친구 중에
는 사르트르의 제자들도 있었다. 그들뿐만 아니라 보부아르도 존경
하는 사람이 아닌가. 《벽》에 대한 서평들이 하나같이 사르트르를 명
석하고 혁신적인 인물로 떠받들었으니 비앙카는 그에게 매료되지 않
을 수 없었다.

비앙카는 자신의 회고록에 "웨이터가 웨이터 역할을 하듯이 사르
트르는 사랑에 빠진 남자 역할을 완벽하게 연기했다."고 썼다.[65] 못
생겼지만 어찌나 황홀하게 말을 하는지 비앙카는 거부감을 잊었다.
사르트르는 자기를 사랑할 수 있겠느냐고 물었다. 비앙카는 그럴 수
있을 것 같다고 했다. 하지만 보부아르는 어떻게 되는 건가? 비앙카
는 자신에게 소중한 보부아르에게 상처를 주고 싶지 않았다. 사르트
르는 비버가 신경 쓰지 않을 거라고 했다. 사르트르와 비앙카는 성관

계에 대해서 논의하고 날을 잡았다. 비앙카는 남자와 자본 적이 없었으므로 기대가 컸다. 하지만 미스트랄 호텔로 걸어가면서는 덜덜 떨었다. 사르트르는 바로 전날 밤에도 다른 여성과 잤기 때문에 방 청소하는 사람이 놀라겠다고 했다.

사르트르는 위태로운 행각을 벌이고 있었다. 비단 비앙카만 문제가 아니었다. 그는 완다에게 구애하면서 비앙카와 동침하며 자기만의 삼인조를 따로 만드는 중이었다. 보부아르는 비앙카를 둘러싼 그들의 관계가 골치 아파졌다. 그래서 보스트에게 셋이 카페에서 대화를 나누기가 어색해졌고, 비앙카는 여러 애인을 한 장소에서 만날 때 어떻게 처신해야 하는지 모른다고 편지를 썼다. "그 애는 애정 표현은 셋이 아니라 둘만 있을 때 해야 한다는 걸 몰라요. 우리 둘의 손을 꼭 잡았다가 놓고, 또 잡았다가 하면서 자신을 공평하게 나눠주려 해요."[66] 나중에 비앙카는 사르트르를 좋아하긴 하지만 열정적으로 사랑하진 않는다고 보부아르에게 말했다. 비앙카는 궁금했다. 보부아르가 이 감정을 사르트르에게 설명해줄 수 있을까?

그 사이에 보스트는 올가와 보부아르 사이에서 아슬아슬한 줄타기를 해야 했다. 보부아르의 편지는 그를 얼른 만나고 싶어 애태우는 기색이 역력했다. 보스트가 휴가를 나올 때 역에 마중 나가 파리에서의 첫 순간을 함께하지 못한다는 것이 너무도 괴로웠다. 그래서 보스트는 보부아르에게 자기 일정을 절대로 전부 말하지 않았다.

보부아르는 여전히 올가와 함께하는 시간을 좋아했지만 코사키에비치 자매가 그들의 삶에 차지하는 자리가 점점 불편해졌다. 그 불편함은 두 자매가 사르트르의 생활에서 차지하는 자리에 대한 질투와 앙심으로 곧잘 불거졌다. 자기가 사르트르와 함께하는 시간만큼은 확실히 지키려는 입장이었으니까. 하지만 일을 이 지경으로 만든 사르트르에게도 실망했다. 그는 완다에게 돈을 대주어 파리로 오게 했고, 미술 수업료를 내주고, 엘렌의 화실 공간을 나눠 쓸 수 있게 했다. 완다는 보부아르를 신뢰하지 않았고 그들 관계의 성격에 대해서 사르트르에게 직접 이의를 제기했다. 사르트르는 자신과 보부아르가 친구일 뿐이라고 말했다.

1939년 5월 보부아르는 그 상황이 "지저분하다"고 생각했다. 자신은 올가를 기만하고 있었고, 완다에게는 미움을 받았다. 화가 나서 몸이 떨릴 지경이라고 보스트에게 털어놓았다. 누구 한 사람의 잘못은 아니지만 사르트르가 완다에게 거짓말을 하지 않았다면 그 지경은 되지 않았을 터였다. 자신이 코사키에비치 자매에게 낱낱이 분석당하는 기분도 불쾌했다. 하지만 그 상황이 흥미로운 철학적 문제를 제기한다고 보았다. 타인의 경험은 자기 자신의 경험처럼 실재하는가?[67] 보부아르는 이 문제가 자기 소설의 주제이기 때문에 오랫동안 생각해 왔다고 보스트에게 말했다. 올가에게 보스트 얘기를 들을 때마다 보부아르는 올가의 의식 속 보스트는 자기와 관련이 없을 거라는 생각에 언짢아졌다.

보스트는 힐책하는 답장을 보냈다. "당신과 사르트르에 대해 나올 수 있는 대화나 판단에 이의를 제기하는 건 말도 안 돼요. 나, 완다, 그리고 올가에 대한 얘기도 마찬가지고요. 당신이 그들에게 수상하고 의심스럽게 굴었겠지요. 실제로 그들이 완전히 기만당한 게 맞잖아요." 보스트는 그 문제를 두고 편지로 더 왈가왈부하기 싫고, 그녀가 아무리 기를 죽여도—보부아르가 어제오늘만 그런 태도를 보인 게 아니었으므로—자기는 끄떡하지 않을 거라고 경고했다. 보스트

는 뜻을 같이할 때는 보부아르가 사랑스럽지만 이번에는 그렇지 않다고 솔직하게 말했다.[68]

보부아르는 싸우고 싶지 않았다. 보스트의 판단이 공정하고 진실하다고, 그는 늘 그녀에게 정직했다고 답장을 썼다. 하지만 일주일 후 보스트는 또다시 타인을 대하는 보부아르의 태도를 나무랐다. 이번에는 비앙카 얘기였다. 사르트르가 점점 더 비앙카에게 애정을 기울이면서 보부아르는 움츠러들었지만 두 여자는 여전히 잠자리를 함께했기 때문이다. 어느 날 오후에 보부아르와 비앙카가 만났다. 라쿠폴에서 샴페인을 곁들인 점심을 먹었고, 카페 드 플로르에서 커피를 마시고 미스트랄 호텔의 보부아르 방으로 함께 돌아갔다. 보부아르는 이렇게 썼다. "난 결국 동성애자는 아닌 것 같네요. 관능이라는 면에서 거의 아무것도 못 느끼니까요. 하지만 매혹적이긴 했고, 난 햇살 좋은 오후에 침대에 누워 있기를 좋아해요."[69]

보스트는 이 문장을 읽고 펄쩍 뛰었다. 그는 "매혹적"이라는 단어가 "소름 끼치게 외설스럽다."고 했다. 기분이 이상해졌다나. 비앙카를 너무 가볍게 말하고 대상으로 취급해서가 아니라—그는 그렇게 느꼈지만—"매혹적"이라는 단어가 민망하다고 했다.[70] 보스트는 올가에게 무거운 죄책감을 느끼고 있었고 그 "매혹적인" 편지에서 보부아르는 비록 후회는 하지 않지만 자책은 하노라고 고백했다. 보스트는 올가가 자기를 진실하게 대한다고 말했다. 하지만 그는 올가에게 그러지 못하고 있었다.

보부아르는 보스트의 편지를 읽고 한참을 망연자실했다. 올가와 함께 밤에 외출했지만 집에 돌아와서는 눈물을 쏟았다. 보스트에게는 그의 편지를 받고 "병적으로" 불안해졌다고, 죽을 것 같은 절망에 눈을 떴다고 답장을 썼다. 그래도 어머니와의 점심 약속에 나갔고, 또다시 쏟아질 것 같은 눈물을 참느라 애를 먹었다.

그리고 자기 입장을 보스트에게 확실하게 설명하기로 작정했다. "나에게 관능의 삶은 오직 하나, 당신과의 관계뿐이에요." 보부아르는 보스트가 삶의 일화에 그치기를 원치 않았다. 그가 삶의 모든 부분에 들어오기를 원했다. 비앙카에게는 전혀 그런 바람이 없었고, 사르트르에게도 성생활 면으로는 그런 바람이 없었다. "사르트르와도 육체적 관계를 맺긴 하지만 그런 일은 거의 없어요. 어떻게 표현해야 좋을지 모르겠지만, 정으로 맺는 관계일 뿐 열정적으로 빠지게 되진 않아요. 그건 그 사람도 마찬가지고요."[71] 이즈음에는 보부아르도 그 문제를 사르트르에게 여러 차례 말해본 터였다. 보부아르가 보스트에게 이런 설명을 한 이유는 자신이 보스트와의 관계를 얼마나 중요하게 생각하는지 알리고 싶어서였다. 그가 자기 일생의 연인이라고 말이다. 보스트의 답장은 남아 있지 않다. 하지만 그들의 관계는 오래오래 지속되었다.

1939년 여름에 보부아르는 쥐라에서 등반을 하고 제네바를 방문했으며 프로방스에서 아주 먼 거리를 도보로 주파했다. 7월에 프랑스 정부는 출산 장려 차원에서 피임약 판매를 금지하고 자녀를 키우는 전업주부에게 수당을 주는 '가족법'을 통과시켰다. 1804년에 제정된 '나폴레옹 법전'은 남성에게 여성에 대한 권위를—남편으로서나 아버지로서—부여했다. 보부아르는 1960년대까지도 통용되었던 이 민법의 해체를 주도한 여성 중 한 명이다.

8월에 보스트는 장기 휴가를 받았다. 그래서 보부아르, 사르트르와 마르세유에서 만나 앙티브 근처 쥐앙레팽에 있는 친구 별장에서 함께 지냈다. 보스트는 이제 전쟁을 피할 수 없으리라 전망했지만 사르트르는 끝까지 그렇게 생각하지 않았다.

보스트와 올가는 아주 원만하게 지내고 있었다. 올가는 보부아르의 제안으로 샤를 뒬렝의 연기 수업을 들으면서부터 자신감을 되찾았고 보스트를 향한 마음이 점점 더 깊어졌다. 보스트는 일이 이렇게 되었으므로 올가가 알면 정말 큰일이 날 것이며, 자기가 보부아르에게 보낸 편지를 다 태워 달라고 했다. 그는 자기가 받은 편지도 다 태울 생각이었다(하지만 둘 다 그러지 않았다). 보스트가 쥐앙레팽을 떠난 후 보부아르는 또 눈물을 쏟았다. 전쟁이 일어나면 보스트와 사르트르를 다 잃을지도 몰랐다. 그리고 전쟁이 일어나든 말든 간에, 비앙카나 코사키에비치 자매와는 편히 지낼 수 없었다. 보부아르는 1930년대 말이 인생에서 가장 우울했던 시기였다고 했다. 전쟁은 다가오는데 사르트르, 올가, 비앙카, 보스트와의 관계를 생각하면 덫에 걸린 기분이 들었다.[72]

8장

파리의 레지스탕스

1939~1943년

"전쟁이 역사의 힘을
깨닫게 해주었다."

Simone de Beauvoir

보스트는 1939년 8월 31일부로 전시 복무에 돌입했다. 9월 1일에 독일이 폴란드를 침공했다. 파리에는 18~40세 남성 동원령이 나붙었고, 사르트르는 미스트랄 호텔로 돌아가 짐을 쌌다. 그는 완다와 비앙카에게 잘 지내라고 편지를 썼지만 마지막 밤은 보부아르와 보냈다. 둘은 함께 저녁을 먹고 새벽 3시 자명종이 울리기 전까지 잠을 자려고 애썼다. 커피를 마시려고 르 돔까지 함께 걸어갔고, 그 후 파리 동 역에서 이별했다. 사르트르는 낭시에서 큰 위험 없이 지낼 수 있을 거라고 말했다. 그는 기상관측부대 소속이었으므로 파리에서처럼 서로 편지도 주고받을 수 있을 터였다. 나에게 책을 보내주겠소? 그들은 포옹을 하고 헤어졌다. 그의 얼굴이 멀어져 가는 동안, 보부아르는 눈물이 앞을 가렸다.

9월 2일에 보부아르는 '신경쇠약' 증세를 보였고 그 후로도 종종 그런 일을 겪는다. 보스트가 죽을지도 모른다는 두려움이 늘 그녀를 따라다녔다. 자크로랑 보스트는 두 차례의 세계대전 사이 좌파의 전형적 사고방식으로 전쟁터에 나갔다. 그의 사고방식을 만들어준 세대—알랭, 장 지오노, 로맹 롤랑, 앙드레 지드—는 전장에서 싸웠으나 무조건적 평화주의를 옹호했다. 보스트는 금방 지휘관급이 되었지만 그 직함으로 자기 뜻을 펴는 데는 관심이 없었다. 그저 총알받이가 되지 않겠다는 약속을 못 지킬까 봐 걱정했을 뿐이다. 보부아르는 다시 일기를 쓰기 시작했다. 현실을 기록하기 위해서, 그리고 현실을 회피하기 위해서. "글을 쓰는 동안은 생각을 하지 않는다."[1)

1939년 9월 3일 영국과 프랑스가 독일에 전쟁을 선포했다. 3년 전인 1936년에 엘렌은 사르트르의 르아브르 교사 시절 제자 리오넬 드룰레를 만났다. 리오넬은 "무시무시한 지성의 여성 철학자"[2)라는 소문을 듣고 보부아르에게 관심을 품었지만 그의 마음을 사로잡은 사람은 동생 엘렌이었다. 엘렌과 리오넬은 1938년부터 사귀었고 보부아르와 사르트르를 중심으로 하는 무리, 일명 "패밀리"에서 가장 한결같은 커플이 되었다. 전쟁이 선포되자 보부아르는 엘렌에게 경비를 주면서 리오넬과 포르투갈 여행을 가라고 했다. 엘렌은 그 돈을 받고 떠났다.

전쟁 발발과 중요한 사람들과의 작별이 보부아르의 평정심을 무참히 무너뜨렸다. 전쟁이 터지기 전부터 혼란스럽고 우울했지만 그 정도가 더욱 심해졌다. 9월 4일에 보부아르는 하루의 리듬이 달라졌음을 깨달았다. 아침에는 그래도 살 만했지만 밤에는 한없이 무너져 내렸다. 5일에는 "극심한 공황 발작"을 겪었다. 자다가도 갑작스런 사이렌 소리에 소스라치며 깰 때가 많았다. 한번은 폭발음과 사이렌 소리에 벌떡 일어나 어둠 속에서 옷을 찾아 입고 대피하느라 애를 먹었다. 나중에 자기 방으로 돌아왔지만 보부아르는 이제 아예 옷을 갖춰 입고 자기로 마음먹었다.[3)

시간이 흐를수록 파리도 변해 갔다. 장정들은 전장에 나갔고 민간인들도 다수 피신했다. 학생들은 학교에 방독면을 가지고 왔다. 그래도 초기 여덟 달은 "전투 없는 전쟁", 전시도 아니고 평시도 아닌 분위기였다. 보부아르의 일기는 보스트나 사르트르가 죽을지도 모른다는 생각에 점점 어두워졌다. 시간이 흐를수록 희망이 말라 가는 기분이 들었다. 당시 읽던 책들도 도움이 안 됐다. 전시를 산다는 게 어떤 의미인지 이해하고 싶어서 알랭과 앙드레 지드를 읽었던 것이다. 지드의 1914년 일기는 건너뛰면서 읽어야 했다. 전장 장면들을 읽기란 "쓸데없는 고문"이었으므로.[4]

　편지가 차차 도착하면서부터 마음속에서 새로운 빛이 보였다. 보스트나 사르트르의 소식을 받는 날에는 행복하고 기쁘기까지 했다. 하지만 그러고 나면 죄책감이 들었다. (사실 지드도 말하지 않았나. "자신과 온 가족이 무사할 때는 볼썽사나우리만치 웃음이 너무 쉽게 난다."[5]) 보부아르와 사르트르는 전쟁이 역사의 힘을 깨닫게 했다고 회고했다. 전쟁 이후에는 예전처럼 정치에 무관심한 방관자의 사고방식으로 살 수 없었다. 하지만 당장 개인적 삶이 완전히 달라지지는 않았다. 9월 14일에 올가는 보부아르에게 보스트가 전장에서 죽는다면 그건 비극이겠지만 자기가 "마음 깊이" 충격을 받지는 않을 것 같다고 했다. 보부아르는 그 말을 듣고 "올가 때문에 보스트를 포기하지는 않겠다는 결심이 더욱 확고해졌다." 올가는 몇 주쯤 보스트의 편지를 못 받아도 상관없다는 듯이 이사를 갈 때도 우편물 주소를 미리 알려 주지 않았다. 보부아르는 그런 무심함이 이해되지 않았다.[6]

　반면 비앙카는 보부아르가 좋아하는 것에 무심하지 않았다. 비넨펠트 가족은 파리를 떠났다. 9월 16일에 보부아르는 자기를 만나러 오지 않는다고 원망하는 비앙카의 편지를 받았다. 둘 사이가 삐걱거리기 시작했다. 사르트르가 떠나자 비앙카는 보부아르의 생활에서 더욱더 중심을 차지하려 들었다. 보부아르는 비앙카가 점점 더 자기를 멋대로 통제한다고 느꼈다. 파리에서 고독의 행복을 오랜만에 재발견하고 있었는데 비앙카가 자기의 자유를 존중하지 않으니 짜증이 났다.[7]

그래도 9월 20일에 보부아르는 캥페르에 비앙카를 만나러 갔다. 도착해보니 비앙카가 눈물이 그렁그렁해서는 플랫폼에서 기다리고 있었다. 둘은 커피를 마시러 갔고 비앙카는 보부아르가 온다는 소식에 어머니가 노발대발했다고 전했다. 비앙카의 어머니는 보부아르의 편지를 한 통 훔쳐 읽었고 교육부에 고발하겠다고 협박했다. (보부아르는 일기장에 "난 그런 말을 전혀 믿지 않았고 그 일로 속을 끓이지도 않았다."고 썼다.[8]) 그날과 다음 날 두 여자는 오랫동안 함께 걸었다. 그러고 나서 "포옹 행위"를 했다. 하지만 보부아르는 뭔가 "막혀버린" 느낌이 들어서 전혀 즐기지 못했다.[9]

사르트르는 자신도 역사의 일부임을 깨달았을 뿐 아니라 보부아르의 부재를 통해 그녀가 자기에게 얼마나 큰 의미인지를 실감했다. 그는 무슨 일이 있어도 한 가지는 변치 않을 거라고 편지를 썼다. 사르트르는 자기가 무엇이 되든 "당신과 함께 될 것입니다."라고 했다. 그들이 하나임을 알게 해준 전쟁이 고맙다고 했다.

내 사랑, 당신은 "내 인생의 어느 하나"가 아닙니다. 심지어 가장 중요한 하나라는 말도 부족합니다. 내 삶은 이제 내 것이 아니요, 나는 그 사실이 아쉽지도 않으며, 당신이 항상 나이기 때문입니다. 당신은 훨씬 더 귀중한 존재, 내가 미래를 예측하기는커녕 아예 삶을 의식도 못하게 하는 사람입니다. 우리는 지금보다 더 일심동체일 수 없습니다.[10]

우리는 사르트르가 동시에 여러 여성을 대체할 수 없는 존재로 떠받들었다는 사실을 알고 있다. 그러므로 사르트르 특유의 맹세를 진지하게 받아들이기는 힘들다. 하지만 사르트르의 일기 속에서도 보부아르는 독보적으로 중요한 사람이었다. "귀천상혼" 10주년인 10월 14일을 앞두고 사르트르는 보부아르가 자기에게 얼마나 큰 힘이었는지 돌아본다. 보부아르가 없다면 세상은 "사막" 같을 것이다. 편지를 사흘간 받지 못한 터라 사르트르는 눈앞의 상황을 마주할 용기가 "비버가 나를 이해하고, 지지하고, 용인한다는 확신에서" 나왔음을 새삼 깨달았다. 그는 이 확신이 없으면 "모든 것이 무너져 내릴" 거라고 말했다.[11]

그들은 다음에 언제 볼 수 있을지 몰랐다. 사르트르는 자기가 어디에 있다는 정보조차 누설해서는 안 되었다. 그는 군 복무 중에도 고등학교 교사 월급을 수령했기 때문에 올가와 완다를 계속 지원할 수 있었다. 자매는 떠나야 할 필요도 없고, 직업을 구할 필요도 없었다. 남자들이 다 떠났기 때문에 보부아르는 "코사크"(사르트르가 그 자매를 부르던 애칭)와 시간을 많이 보냈다. 그들은 바뱅 거리의 덴마크 호텔로 거처를 옮겼다. 하지만 보부아르는 부아가 치밀었다. 자신은 열심히 일해서 생계를 꾸리는데 자신과 사르트르의 돈으로 사는 이 자매는(엘렌과 완다의 공동 작업실 집세는 보부아르가 냈다) 뭘 한다고 하는데 도무지 진전이 없었다.

올가와 완다는 각자 보스트와 사르트르를 대놓고 자기 남자로 생각하고 편지를 썼다. 보부아르는 비밀리에 자신이 사랑하는 그 두 남자에게 편지를 썼다. 어쩌다 보부아르는 최근에 올가가 보스트에게서 받은 편지 뭉치를 우연히 보게 됐다. 보부아르가 받은 것보다 두툼한 편지 뭉치였다. 혹시 내용도 더 다정하지는 않을까? 보부아르는 점점 더 자주 질투와 죄책감에 빠졌다. 올가가 꿈에 나와서 자신이 보스트에게 쓰는 편지를 보여 달라고 따진 적도 있었다. 깨어나 보니 온몸이 식은땀에 젖어 있었다.[12] 2주 후 보부아르가 보스트의 편지를 다 읽자마자 올가가 그녀의 방으로 들어왔다. 올가는 보부아르가 뭘 읽는지도 몰랐다. 하지만 보부아르는 "불쾌한 기분"이 들었다. 그녀는 그 감정에 대해서 "자기 변호"를 하려 했지만 보스트가 올가를 사랑한다는 것은 알고 있었다. 보부아르는 단지 변명을 했을 뿐이다. "그는 다시 올가를 사랑하고 나는 그를 사랑할 수도 있겠지. 비록 그런 노력을 하기엔 너무 우울하지만." 보부아르는 정말로 불행했고 사르트르의 균형 잡힌 시각에 기댈 수 없어 아쉬웠다.[13] 그렇게 몇 주를 혼란스럽고 축 처진 기분으로 보냈다. "내 안과 내 주위가 다시 전쟁판이다. 어디에 내려앉을지 모르는 괴로움."[14]

보부아르는 인간관계를 통해 허무에서 빠져나오려 할 때마다 더욱더 허무해지는 것 같았다. 나탈리 소로킨(Nathalie Sorokine)이라는 또 다른 옛 제자가 그녀와 성관계를 맺고 싶어 했지만 보부아르는 좋은 생각이 아니라고 보았다. "난 뭘 해야 하는지도 모르고 그런 건 절대로 마음 편하지 않다."[15] 비앙카와의 관계도 악화일로였다. 비앙카는 "그 사람들 모두 짐 싸서 내보내라"고 편지를 보냈다. 보부아르는 소유욕이 강하고 자기만 중한 줄 아는 비앙카가 짜증 났다.[16] 사르트르, 보스트, 올가는 훨씬 더 오래전부터 이어 온 관계였다. 그들과 헤어질 생각은 추호도 없었다. 유일하게 술술 풀리는 일은 소설 집필이었다. 보부아르는 집필 시간을 확보하느라 애를 먹긴 했지만 이제 정말 윤곽이 잡히고 있었다.

10월 말에 사르트르는 자기 소재와 근황을 암호로 상세하게 알렸다.[17] 보부아르는 그를 만나려고 꾀병으로 진단서를 끊고 여행 허가증을 받아내기까지 했다. 10월 31일 밤늦게 사르트르의 복무지에 도착했다. 다음 날 사르트르가 아침을 먹는 간이 식당으로 갔고 그제야 그도 보부아르가 온 것을 알았다. 사르트르가 군복을 입게 된 후로 처음 만난 날이었다. 보부아르는 그를 자기 숙소로 데려갔다. 외박은 24시간만 가능했다. 그 시간을 늘릴 수 있었을까?

결국 보부아르는 11월 5일까지 그곳에 머물렀다. 두 사람은 철학과 복잡하게 뒤엉킨 애정 생활과 그들이 쓰는 소설 얘기를 나누었다. 보부아르는 《자유의 길》 원고가 진행된 데까지 읽었고 사르트르는 《초대받은 여자》 원고를 진행된 데까지 읽었다. 보부아르는 사르트르의 여성 캐릭터 마르셀을 손볼 필요가 있다고 지적했다. "누군가에게 말하고, 나의 지적 생활을 새삼 발견하는 것이" 얼마나 기분 좋은지 거의 잊고 있던 참이었다.[18] 물론 여전히 학생들을 가르치고 책도 많이 읽었지만—에드문트 후설, 마르틴 하이데거*, 앙드레 지드, 펄 벅, 셰익스피어, 니콜라이 고골, 서머싯 몸, 잭 런던, 대니얼 디포, 애거사 크리스티, 아서 코넌 도일, 도스토옙스키조차도—독서는 깊이 있는 대화를 대신하지 못했다.

보부아르는 사르트르와 보스트의 휴가를 다른 여자와 나눠서 누려야 한다는 사실에 화가 나기 시작했다. 코사키에비치 자매가 먼저 차지하고 남긴 것에 만족할 수는 없었다. 비앙카도 이제 사르트르의 시

마르틴 하이데거(Martin Heidegger, 1889~1976년) 독일의 철학자. 키르케고르의 실존 철학과 후설의 현상학에 영향을 받아 인간의 존재 현상에 관한 존재론적 철학을 정립했다.

간에서 보부아르의 몫까지 원했다. 사르트르는 완다에게 애정을 느끼긴 하지만 그녀는 고작 스물두 살 변덕스러운 어린애일 뿐이고, 그 관계가 전쟁이 끝난 후에도 지속되지는 않을 거라고 보부아르를 안심시켰다. 비앙카에게도 편지를 보내긴 하지만—몇몇 대목은 완다에게 쓰는 편지와 토씨 하나 다르지 않았다.—마음은 벌써 식어 간다고 했다. 네 밤 중에서 두 밤을 둘이서—평소와 달리 몹시 열정적으로—보냈다. 두 사람의 성관계는 1939년의 이별을 계기로 하여 잠깐 다시 불붙었지만 그 후 완전히 김이 빠진다.[19]

보부아르는 사르트르에게 보스트가 올가를 좋아하는 게 여전히 속상하고, 특히 보스트의 휴가를 올가와 나눠야 하는 게 싫다고 털어놓았다. 사르트르는 올가를 사랑하는 남자를 사랑하기로 선택한 사람은 보부아르이며, 올가가 없으면 그 연애가 되레 위태로울 거라고 했다. 보부아르도 한 사람만 사랑할 생각이라면 모를까, 보스트가 자기만 사랑하기를 기대하는 건 불공평했다.

서서히 보부아르는 자기가 되고 싶었던 여성이 되지 못했음을 깨달았다. "과거에는 내가 되고 싶었던 대로 됐다고 믿으려 애썼다." 하지만 그해에—본인 말로는 보스트 때문에—"우연적인 것, 격정적인 것의 존재"를 실감했다. 일기에도 자신의 그런 면을 발견한 것이 흥미롭다고 썼다. "나에 대한 앎에 한 걸음 더 가까워졌고, 그래서 흥미가 가기 시작했다. 나는 내가 잘 규정된 그 무엇이 되어 가는 중이라고 생각한다. …… 성숙한 여성이 된 것 같다. 그게 어떤 종류의 성숙함인지는 나도 알고 싶다만."[20] 교사로서는 성공했다. 그해 10월에 학교에서 표창을 받았고 보부아르에게 카드를 보내거나 커피를 사면서 고마움을 표현하는 학생들이 많았다.[21] 하지만 그거면 됐나?

사르트르를 보고 와서 며칠 후 비앙카가 파리에 올라왔다. 보부아르는 전혀 신나지 않았다. 비앙카의 최근 편지들은 "미친" 것 같았고 보부아르는 감정이 식고 보니 걱정이 앞섰다. 사르트르와 비앙카의 관계가 "거짓처럼 느껴졌고" 비앙카와 벌인 은밀한 일을 "생각만 해도 움츠러들었지만" 그래도 보부아르는 비앙카와 잠자리를 가졌다. 나중에 그녀는 일기에 비앙카와의 관계에서 느끼는 육체적 쾌락이 "도착적"이라고 썼다. 자신이 비앙카의 육체를 "이용하고" "아무 애정 없이" 관능을 즐긴다는 것은 알고 있었다. 그건 "야비한" 짓이었고, 전에는 한 번도 느껴보지 못한 기분이었다. "푸아그라처럼 알고 보면 소름 끼치는 것, 최고의 품질도 아닌 것"이었다.[22]

보부아르의 편지와 전시 일기가 프랑스어로 사후 출판됐을 때 파리 언론은 바로 이런 대목들을 들어 그녀가 "남성 중심적이고 비열하다(machiste et mesquine)"고 했다.[23] 시몬 드 보부아르가 "남자처럼" 행동하고 생각한다는 비난은 그때가 처음이 아니었다. 하지만 그 경솔하고 무신경한 마초적 언사에 프랑스 언론은 경악했다. 자기 행동이 "야비하고" "소름 끼친다"고 해놓고도 그만두지 않았다는 것 또한 충격이었다.

다음 날 비앙카는 보부아르가 엘렌을 재정적으로 지원한다고 비난했다. 동생에게 돈을 쓰지 않으면 자기를 파리로 좀 더 자주 부를 수 있을 거라나. 보부아르가 교사를 그만두면 자기를 더 자주 만날 수 있을 거라고도 했다. 이건 선을 넘는 얘기였다. 보부아르는 비앙카에게 숨이 막힌다고 말했다. 그러자 비앙카는 보부아르가 전쟁터로 떠날 친구들에게 자기 몸을 내어주는 환상이 있어서 다들 그녀와 몸을 섞지 않고는 떠나지 않는 모양이라고 쏘아붙였다.[24]

사흘째 날 비앙카는 무거운 짐이 되어 있었다. 보부아르의 환상과는 별개로, 두 사람이 생각하는 사랑의 방식이 다르다는 것은 점점 분명해졌다. 비앙카는 사랑을 '공생'으로 보았다. 그녀는 혼자 있을 때의 진정한 기쁨, 일에 몰두하고 싶어 하는 마음을 이해하지 못했다. 어느 순간 비앙카는 보부아르가 자기보다 사르트르를 더 사랑한다면서 울음을 터뜨렸다. 보부아르는 경악했다. "나는 그렇지 않다는 말은 절대 하지 않았다. 비앙카가 너무 쉽게 혼자만의 착각에 빠지는 게 싫다."25)

보부아르는 비앙카가 자기와 사르트르 대신 "자신을 인생의 중심에 두게끔" 이끌려고 노력했다. "비앙카는 자기 자신과 연결된 사람이 되어야 한다." 보부아르는 일기장에도 그렇게 썼다. 하지만 비앙카가 그러기 힘들다는 것은 빤히 알 수 있었다. 비앙카가 돌아가자 보부아르는 "회한과 애착" 때문에 병이 날 지경이었다. 자기가 판단하기에도 자기 행동은 "수치스러웠다."26)

11월에는 올가와 떳떳하지 못한 관계 때문에 계속 괴로워했다. 하지만 그때 올가가 보스트에게 편지 쓰기를 그만뒀으며, 자기가 과연 다시 펜을 들게 될지 모르겠다고 털어놓았다. "내가 늘 보스트 생각만 하는 건 아니잖아요." 올가가 말했다. 게다가 서로 몇 달에 한 번씩, 그나마 며칠만 볼 수 있는 관계가 과연 얼마나 의미가 있을까? 올가는 전쟁이 발발한 지 몇 달 되지도 않았는데 헤어지는 게 낫겠다는 말을 대놓고 했다. 보부아르는 보스트의 편을 들어주려고 애썼다. 그는 올가와 헤어질 마음이 없다고, 그저 편지를 보내주기만 바란다고 말이다.

보부아르는 올가를 이해할 수 없었다. 보스트를 사랑한다면서 왜 자기 사는 얘기를 그에게 하고 싶어 하지 않는담? 어떻게 편지 쓰는 수고를 혜택이 아니라 손실이라고 생각할 수가 있지? 보부아르에겐 편지가 생명줄이었다. 그녀는 보스트의 삶을, 사르트르의 삶을 공유하고 싶어 했다. 후자의 경우에는 "두 사람 모두 지적인 삶이 필수였기 때문에 매사가 한결 수월했다."[27]

1939년의 마지막 몇 달을 보내던 중, 보부아르는 사르트르 없이도 파리에서 지적인 삶을 누릴 수 있음을 알았다. 친구 콜레트 오드리가 철학자 장 발(Jean Wahl)과 함께하는 저녁 식사에 초대했다. 보부아르는 처음에는 갈까 말까 망설였다. 그 주에 짜놓은 일정을 변경하면 올가와 그 외 여러 사람이 화를 낼 테니까. 하지만 결국 식사 자리에 가기로 했다. "사람들을 만나서 진지한 대화를 나눌" 필요가 있었다. 약속 당일 마침내《초대받은 여자》가 책으로 나오게 될 거라는 예감이 들었다. "출판사에서 진지하게 고려하고 있다는 느낌이 들었다." 식사 자리에서도 보부아르는 대화를 이끄는 자신의 능력에 놀랐다. 일기장에 마치 12년 전 소르본으로 되돌아간 기분이라고 썼다. 왜 그동안 늘 자기보다 다른 사람들이 "진지한" 인물들인 것처럼 생각해 왔을까?[28]

자기 자신을 연구해야 할 필요성이 점점 더 와닿았다. 마리 빌이라는 친구는 사르트르가 보부아르를 억압했던 거라고 말했다. ("과히 즐겁지는 않은 얘기다."라고 보부아르는 말했다.) 하지만 사르트르의 철학에 동의할 수 없는 것들이 보이기 시작한 건 맞다. 의지에 대한 그의 사상에는 동의했다. "하지만 그가 자기 윤리학의 내용을 어떻게 만들 수 있을지 모르겠다."[29]

스테파도 계속 캐물었다. 비앙카가 11월에 파리에 다녀간 후 스테파는 보부아르에게 레즈비언이냐고 물어보았다. 보부아르는 자기가 이성애자임을 추호도 의심하지 않았지만 여성들을 자주 끌어당겼다. 특히 자기가 가르쳤던 어린 여성들에게 인기가 좋았다. 사르트르에게 실은 "그런 관계에도 취미를 좀 붙였다."고 편지를 쓰기도 했다.[30] 보부아르는 여성과의 섹스를 즐겼지만 그건 어디까지나 차선이라고 생각한 듯하다. 비앙카와의 육체 관계는 1939년 크리스마스에도 계속되었다. 비앙카는 12월 중순에 파리로 돌아왔다. 하지만 보부아르의 관심을 요구하는 젊은 여성이 한 명 더 등장했다. 나탈리 소로킨은 바칼로레아 준비반 학생이었다. 이 소녀는 보부아르에게 완전히 미쳐 있었다.

나탈리 소로킨의 부모는 러시아인이지만 혁명의 풍파를 피해 조국을 떠나와 국적이 없는 상태였다. 나탈리는 키가 크고 격정적이고 머리가 좋았다. 바칼로레아 철학 과목에 두각을 나타냈고, 보부아르도 나탈리와 칸트나 데카르트 이야기를 하기 좋아했다. 나탈리는 철학 공부를 계속하고 싶어 했지만 모친이 이혼을 했기 때문에 딸을 소르본에 보낼 여력이 없었다. 어머니는 공부보다 취직을 권하고 있었는데 보부아르가 등록금을 지원하겠다고 나섰다. 그리하여 나탈리는 1939년에 소르본에 등록을 했다.

나탈리 소로킨은 1921년생이었고 비앙카와 동갑이었다. 나탈리는 10월부터 줄곧 보부아르와 성관계를 하기 원했다. 그리고 보부아르의 삶에 들어와 있던 사르트르, 보스트, 올가, 비앙카를 질투했다. 자신은 "5순위"인 것처럼 느껴졌다. 나탈리는 자전거를 훔치거나 백화점에서 펜 세트를 슬쩍하기도 하는 불안정한 소녀였다. 훔쳐 온 펜 세트는 학교에서 팔아 용돈으로 썼다. 나탈리는 보부아르에게 부모

가 자기를 "기생충"이라고 부르고 자기 돈을 거리낌 없이 빼앗아 간
다고 말했다. 12월에 보부아르는 나탈리에게 그들 사이에 육체 관계
는 도움이 안 된다고 말했다. 하지만 1939년 12월 14일에도 나탈리는
칸트를 공부하는 대신 (옷을 다 입고 있었는데도) 보부아르를 애무하려
했다. 그날 밤 보부아르는 사르트르에게 편지를 썼다. "아무 일 없어
요. 그 애는 나하고 자고 싶어 해요."[31] 보부아르는 원치 않았다. 일
기에도 "나탈리는 그걸 진짜로 원한다. 역겨운 상황, 있을 수 없는 일
이다."라고 썼다.[32]

　일주일 후의 편지에는 나탈리가 사랑한다고 고백하고 정당한 애인
이라도 되는 듯 자기에게 키스하려 했다는 내용이 있다. 보부아르는
"내가 자유로운 몸이라면" 잠시 이 연애에 뛰어들 수도 있었을 거라
고 했다. 하지만 그 상태에서, 비앙카와 나탈리 두 여자에게 "여성적
이고 생체적인 방식으로"[33] 열렬하게 사랑받는 기분은 이상했다. 보
부아르가 왜 갑자기 자기가 '자유롭지 않다'고 했는지는 불분명하다.
일부일처제를 믿지 않았으면서 왜 여성들과의 관계에는 다른 기준을
적용했나? 정치적 의미로 '자유롭지 않다'고 한 것 같지는 않다. 1942
년에 동성과의 성관계에 합의 가능한 연령이 21세로 상향 조정되었다
(이성애의 경우는 계속 13세였다). 하지만 1939년 기준으로 보면 보부아
르는 상대와 서로 합의했을 뿐 아니라 합법적인 성관계만 맺었다.

　당시 사르트르가 비앙카와 관계를 정리하겠다고 해서 불편한 마음
이 들었던 걸까? 보부아르는 이별이 사르트르의 생각처럼 쉽지는 않
을 거라 예상했다. 이제 비앙카가 "얼마나 이용당했는지"(보부아르의
표현) 인정하는 입장이었으므로.[34]

　그해 크리스마스에 보부아르는 메제브에 혼자 머물며 집필에 몰두

했고 상당한 성취를 이뤄내어 뿌듯해했다. 영감이 솟아오르고 집중이 잘되는 느낌이었다. 다음 프로젝트를 생각해도 좋을 만큼 소설 작업은 막바지에 와 있었다. 보부아르는 "온전한 삶에 대한 소설"을 쓰고 싶었다.[35] 자기 작업 외에 사르트르의 원고 검토 작업도 병행하고 있었다. 사르트르는 자유 개념으로 글을 쓰면서 원고가 진전되는 대로 조금씩 보내 왔다. 보부아르는 원고를 베르그송과 칸트 철학에 비교해 가며 칭찬했지만 논증 전체를 보지 않고는 제대로 비판할 수 없다고 했다. 그리고 그 단계에서 반문하자면 자기는 이렇게 묻고 싶다고 썼다. 일단 자유를 인식했다면 그 사람은 무엇을 해야 하는가?[36]

보부아르는 베르그송, 푸예, 라뇨, 그 외 철학자들을 탐독하던 십대 시절부터 자유의 철학에 관심을 두었다. 교수자격시험의 주요 주제였기 때문에 사르트르와도 토론을 많이 했다. 자유를 추상적 개념으로 생각하고 사르트르처럼 모든 자유가 평등하다고 주장해도 나쁘지는 않다. 하지만 보부아르는 '살아낼' 수 있는 철학을 원했다. 게다가 사람들이 사는 모습을 보면서 그들의 자유가 평등하지 않다고 생각하게 되었다. (나중에 말했듯이) "상황이 각기 다르기에 자유 또한 그러하다."[37]

1940년 1월 12일 보부아르는 사르트르에게 《초대받은 여자》의 앞부분 160장을 완성했고 그가 오면 보여주고 싶다고 편지를 쓴다. 비앙카와 "포옹 행위"를 했다는 말도 한다. "전부 털어놓자면 평소의 고약한 체취 외에도 코를 찌르는 듯한 지린내 때문에 아주 불쾌했어요. 우정이라면 좋아요. 하지만 우리의 육체 관계는 그 이상으로 혐오스러울 수 없을 지경이죠."[38]

보부아르가 다른 레즈비언 관계를 분명히 즐겼고 비앙카가 평생 친구로 남았다는(두 여자 모두 그런 식으로 말했다) 사실을 생각하면 이 유난스러운 혐오 표현은 충격적이고 불편하다. 보부아르는 다른 여성의 몸이 정말로 그렇게 역겨웠을까? 혹시 자기 행동에 대한 심리가 신체적으로 드러난 표현은 아닐까? 보부아르는 결국 비앙카와 헤어지면서 자신은 남자와 자는 게 더 좋다고 했다.[39] 하지만 이러한 혐오와 점점 더 불편해지는 심경에도 불구하고—그 1월 들어 비앙카를 처음 봤을 때 "오싹한 한기"를 느꼈을 만큼—보부아르는 계속 일주일에 두 밤은 비앙카를 만났다.[40]

바로 그 시기에 사르트르는 자신이 보부아르를 제외한 "나머지 세상에는 아무것도 아니라고(자기 어머니만 빼고)" 편지를 썼다. 또한 "착한 숙녀들 중 그 누구도 자신에게 신의를 요구할 수 없을 테니" 전쟁이 끝나면 "낡은 허물"을 벗겠다고 했다.[41] 하지만 보부아르는 이틀 후 쓴 편지에 나탈리 소로킨과의 동침을 보고한다. 사르트르에게 묘사한 바에 따르면 두 여자는 벌거벗은 채 침대에서 의지의 철학을 다룬 몇몇 대목을 읽으려 했다. "포옹 행위가 다시 시작되었고, 이번에는 서로 호응이 잘됐어요. 코스(올가)와 할 때랑은 확실히 달랐어요. 난 그녀의 몸을 굉장히 좋아해요."[42]

사르트르는 1월 16일에 답장을 썼다. "당신은 고사하고, 누군가와 살을 맞대는 게 어떤 건지 거의 잊었습니다. 당신은 내 생각과 감정에 관심을 기울이고 이해할 수 있는 사람이지요."[43] 다음 날 그는 묻는다. "어떻게 되고 있어요? 그렇게나 많은 정사와 연애를 즐기다니, 귀여운 사람!"[44]

사르트르는 나중에 《존재와 무》로 출간될 원고를 작업 중이었다. 보부아르는 그 얘기를 접하고 "모든 문제를 해결하는 무의 이론이라니, 아주 매력적으로 다가오네요!"라고 답장을 보냈다.[45] 다음 달에 사르트르는 보부아르에게 "지적으로 꼭 맞는 틈새"를 드디어 찾았다고 흥분해서 편지를 썼다. "시간 이론에서 빛이 보이기 시작했어요. 오늘 저녁에 그 대목 집필에 들어갔어요. 그거 알아요? 당신 덕분이에요. 피에르가 그자비에르의 방에 있는 동안은 누구에게도 의식되지 않지만 스스로 살아 있는 대상이 존재한다는 프랑수아즈의 강박에서 힌트를 얻었어요."[46] (프랑수아즈, 피에르, 그자비에르는 모두《초대받은 여자》의 등장인물이다.)

다음 날 답장을 받지 못한 사르트르는 또 편지를 썼다. 시간 이론에 계속 매달렸지만 공허한 기분이 들었다. 왜 보부아르가 편지를 쓰지 않았지? "당신이 여기 있으면 좋겠습니다. 그러면 다 좋아질 테니까."[47]

사르트르가 시간 이론에 영감을 줘서 고맙다고 편지를 쓴 날, 보부아르는 교실에서 예상치도 못했던 전갈을 받았다. 여섯 달 동안 못 만난 보스트가 파리에 왔다는 소식이었다. 보부아르는 떨리는 마음으로 그에게 달려가 열정적인 대화를 나누었다. 보스트는 보부아르와 사흘 밤낮을 함께 보내고 나서 올가를 만나러 갔다. 일년 전 보부아르는 보스트에게 "영혼을 다해" 사랑한다고 말했다.[48] 이제 보부아르는 사르트르에게 자신과 보스트는 "서로 해야 하는 말이 끝이 없을 것"이라고 썼다. 그리고 앞날을 내다보면서 "보스트는 절대적으로 확실하게, 심지어 가장 중요한 방식으로도 내 미래의 일부를 이룬다."고 했다.[49]

어쩌면 이 편지 때문이었을까, 아니면 완다가 작년에 사르트르에게 버림받은 전 애인 중 한 명을 알게 되어서였을까. 혹은 며칠간 보부아르의 편지를 받지 못했기 때문이었을까. 이유가 무엇이었든 간에 사르트르는 두려움에 사로잡혔다.

　내 상태가 이상해요. 미쳐버린 이후로 이렇게까지 나 자신이 불편했던 적은 없습니다. …… 내 사랑, 당신이 얼마나 필요한지 모릅니다. …… 당신을 사랑해요. 내가 말려들었던 모든 거짓 때문에 당신에게 서서히 야비한 인간으로 보일까 봐 두려워요. …… 당신이 문득 스스로 이렇게 질문하지 않을까 두려워요. …… 그 사람이 나에게 거짓말을 하고 있는 게 아닐까? 그 사람 말은 절반만 진실 아닐까? 내 귀여운 사람, 내 사랑 비버, 당신에게만은 온전히 순수하다고 맹세해요.[50]

　다음 날에도 사르트르는 이제 유혹 게임 따위는 하고 싶지 않다고 편지를 쓴다. 그리고 상황을 빨리 정리하고 싶어서 비앙카에게 헤어지자는 편지를 보냈다. 보부아르는 얼마 지나지 않아 비앙카를 만났다. 비앙카는 상처 입고 분노하고 의심쩍어했다. 사르트르의 태도가 180도 돌변했으니 말이다. 불과 몇 주 전에도 전쟁 이후 "그들 세 사람"의 미래를 얘기하던 그였다. 보부아르는 사르트르에게 비앙카가 분개할 만도 하다고 했다. 그들은 "용납할 수 없는" 방식으로 사람을 대해 왔다.[51]

　마침내 보부아르는 자신의 잘못을 인정하고 사르트르의 잘못을 직시하고 있었다. 하지만 이미 저지른 과오를 없던 일로 만들 도리는 없었다. 1940년에 비앙카 비넨펠트는 신경쇠약을 일으켰다. 그녀는 "버림받은 기분이 들었고 마음이 무너지는 것 같았다."[52]

　사르트르가 1940년 2월에 비앙카와 편지로 이별했다는 것은 확실하다.[53] 사르트르는 보부아르에게 비앙카가 얼마나 호되게 자기를 비난했는지 편지로 알렸다. 2월 27일 편지에서 보부아르는 사르트르의 마음을 짧게 헤아려주고는 자기도 바로 비난에 가세한다. 그가 비앙카에게 "정말로 너무 심했다."는 것이다. "솔직히 말해 당신이 뭐에 씌어 그랬는지 모르겠어요." 비앙카가 보부아르에게 와서 사르트르의 편지를 보여줬다. 그 편지는 현재 남아 있지 않다. 그러므로 보부아르의 반응이 위선적이었는지도 모르지만 그녀는 비앙카가 모욕당하고 넌더리를 내더라고 했다. "그날 저녁 비앙카의 태도는 존경스럽더군요. 통렬하면서도 정당했어요. …… 당신 편지는 옹호의 여지가 없었고요."[54]

사르트르는 자기 편지는 "최악"이었고 "그런 편지를 보낼 정도로 썩어빠졌던" 적은 그때까지 "결코" 없었다면서 후회하는 답장을 보냈다.[55] 그로부터 한동안 보부아르와 사르트르가 주고받는 편지에는 비앙카에 대한 얘기가 큰 비중을 차지한다. 보부아르는 비앙카가 처음에는 좀 힘들어하겠지만 극복할 거라고 생각했다. 두 여자는 여전히 같이 밥을 먹고 철학 토론을 했다. 비앙카는 보부아르의 소설을 읽고 자기 생각을 얘기했다. 비앙카는 《초대받은 여자》를 읽고 "생각이 너무 많이 들어와 있다."고 했다. (헤밍웨이 같은) 영미 소설들은 "생각의 부재" 때문에 즐겁게 읽히는 거라나.[56] 보부아르의 소설에 "철학이 너무 많이 들어와 있다."고 생각한 우연한 연인이 비앙카만은 아니었다. 하지만 보부아르의 인생에서 비앙카처럼 사려 깊지 못하게 대했던 상대가 또 있을까. 1940년 초에 보부아르는 자기와 사르트르 때문에 비앙카가 너무 힘든 상황에 놓였다고 인정했다. 3월 3일에 사르트르에게 쓴 편지를 보자. "우리 탓이에요. 실은 당신 못지않게 나도 잘못했지요. 과거에도, 미래에도, 절대적으로 따져봐도 우리가 사람들을 대하는 방식은 잘못됐어요. 우리가 그녀를 그토록 힘들게 했던 건 용납할 수 없지 싶네요."[57]

보부아르의 편지는 3월 23일부터 7월 11일까지 비어 있다.[58] 1940년 5월 7일에 갈리마르 출판사가 드디어 《초대받은 여자》 출간을 결정했다.[59] 사흘 후인 5월 10일 독일이 네덜란드, 벨기에, 룩셈부르크를 침공했고 보스트는 벨기에 국경으로 이동했다. 5월 12일에 독일군이 마지노선까지 밀고 들어와 프랑스 육군사단을 에워싸고 공습과 지상전을 동시에 펼쳤다. 5월 12일에 보스트는 복부에 포탄 파편을 맞고 쓰러졌다. 피를 많이 흘려 적십자 기지로 이송되었고, 수술을 받기 위해 거기서 다시 군 병원으로 옮겨졌다. 그 부상을 입고도 살아남았으니 운이 좋았고, 전선을 떠나게 됐으니 더욱더 운이 좋았다. 사르트르도 그가 전장을 떠나게 된 것이 "가능한 최선의 소식"이라고 보부아르를 안심시켰다.[60] 보스트의 부대는 인원이 많이 줄었다. 5월 23일에는 폴 니장이 적군의 포화에 목숨을 잃었다.

1940년 6월 9일 보부아르는 비앙카에게 전갈을 받았다. 온종일 찾아 헤맸다, 아무 때나 상관없으니 카페 드 플로르로 빨리 와 달라는 내용이었다. 보부아르가 가보니 카페에는 절망에 찌든 얼굴들이 넘쳐났다. 비앙카의 아버지에게는 인맥과 정보통이 있었다. 독일군이 곧 파리에 입성할 거라나. 비앙카는 아버지를 따라 다음 날 바로 파리를 떠날 예정이었다. 비앙카는 보부아르에게 유대인이 아니기 때문에 자기만큼 피난이 절박하지 않겠지만 그래도 혹시 원한다면 같이 가자고 했다.

보부아르는 프랑스가 무릎을 꿇었다는 아픈 진실에 눈물을 흘렸다. 사랑하는 두 남자 중 한 명은 심각한 부상을 입었고 다른 한 명은 전쟁 포로가 될 판국이었다. 다음 날 보부아르는 비넨펠트 집안 사람들과 파리를 떠났다. 파리에서 떠나는 사람이 3백만 명에 육박했다. 6월 14일, 파리는 함락당했다. 항복은 빠르게 이루어졌고 6월 22일에는 필리프 페탱(Philippe Pétain) 원수가 나치와 휴전 협정을 체결했다. 나치는 파리를 포함한 북부 지방을 통치하고, 페탱은 비시를 수도로 삼아 남부의 '자유 지대'를 통치하게 되었다.

보부아르는 라발 근처 라 푸에즈의 친구 집에서 한 달을 보냈다. 하지만 얼른 파리로 돌아가 보스트와 사르트르의 소식을 알고 싶어서 애가 탔다. 그들이 파리에 있을지도 몰랐다. 그래서 독일 군용 트럭을 얻어 타고 파리로 돌아갔다. 뤽상부르 공원 옆 상원 건물 앞에 나치 깃발이 휘날리고 있었다. 보부아르는 부모님과 소로킨을 만났고 외할머니 댁으로 거처를 옮겼다.[61] 덴마크 호텔 앞으로 와 있는 편지는 한 통뿐이었다. 보부아르가 파리를 떠나기 전날 사르트르가 쓴 편지였다.

보부아르는 타베르니에 있는 보스트의 본가로 전화를 걸어 그의 안부를 물었고, 아비뇽 근처 군 병원에 있다는 소식을 들었다.[62] 올가에게도 전화를 했다. 올가는 레글에서 가족과 무사히 잘 지내고 있었다. 엘렌은 아직 리오넬과 포르투갈에 머물러서 안전했지만 너무 멀었다.

보부아르는 파리로 돌아온 후 자신이 유대인이 아님을 진술하는 비시 서약에 서명을 했다.[63] 나중에 그녀는 서명을 한 것이 부끄럽지만 당시로서 선택의 여지가 없었다고 말했다.

하지 않을 수 없어서 서명했습니다. 교직은 나의 유일한 수입원이었어요. 배급표, 신분증, 모든 것이 거기에 달려 있었습니다. 달리 할 수 있는 선택은 없었습니다. 나도 하기 싫었지만 그저 실용적인 이유로 했던 겁니다. 내가 뭐라도 됐나요? 난 아무것도 아닌 사람이었어요. 무명교사가 아무 의미도 없고, 아무 가치도 없으며, 그 무엇에도 영향력을 끼치지 못할 진술에 서명을 거부해봤자 무슨 보상이 있었겠어요? 서명을 거부했다면 내 직업과 수입이 그걸로 끝이라는 의미밖에 없었을 겁니다. 전시에 나 같은 상황에서 그런 위험을 무릅쓸 만큼 어리석은 이가 있을까요?[64]

페탱 원수는 프랑스가 두 번의 대전을 겪으며 퇴폐에 빠졌으므로 새로운 질서를 세워야 한다고 했다. 프랑스인들은 오랫동안 잊었던 가치로 돌아가야 했다. "노동, 가정, 조국"이 비시 체제의 슬로건이 되었다.[65] 파리 점령기에 보부아르는 "숨 쉬고 사는 것 자체가 타협이었다."고 했다.[66] 서머타임제도 독일 기준으로 바뀌었다. 보부아르가 통행 금지 이후에 발코니에서 내려다보는 세상은 기분 나쁘게 밝았다.[67]

나탈리 소로킨은 아직 파리에 있었고 올가는 7월 중순에 파리로 돌아왔다. 그동안 사연이 많았기 때문에 올가와 다시 만나서는 몇 시간이나 얘기가 끊기지 않았다. 일단 올가는 임신을 했다. 보스트의 아이는 아니었지만(보스트는 계속 전장에 있었으므로) 남자 쪽이 어떻든 간에 올가가 아이를 원치 않았다. 올가는 낙태를 원했다. 점령기에는 안전한 낙태는 둘째 치고 낙태 자체를 하기가 매우 어려웠다. 그래도 보부아르는 낙태를 해준다는 사람을 찾아냈고, 시술 후 감염이 발생하자 자기가 직접 2주간 올가를 간호했다.

8월에 사르트르는 트리에 근처의 전쟁 포로 수용소, 일명 슈탈락 12D로 끌려갔다. 수용소 환경은 그래도 괜찮았다. 그는 일주일에 엽서를 두 통 쓸 수 있었다. 하이데거의 《존재와 시간》을 읽었고, 첫 희곡에 손을 댔고, 《존재와 무》 작업도 할 수 있었다. 파리에서 보부아르는 나치 깃발 아래를 지나 르 돔 카페로 일을 하러 가거나 국립도서관에 게오르크 헤겔(Georg Hegel)과 장 발의 책을 읽으러 갔다.[68]

헤겔은 1920년대 중반에 철학 교과서에서 처음 접했다. 헤겔은 보부아르가 나중에 거리를 두게 될 유형의 철학자였다. 헤겔은 역사를 체계의 논리적 전개로 보았고 모든 사건을 관념으로 설명할 수 있으며 개인의 경험의 가치를 평가절하했다. 키르케고르*와 마르크스의 헤겔 비판은 특히 유명하다. (키르케고르의 표현으로) 헤겔은 "관념의 궁전" 외에는 아무것도 주지 않았고 (마르크스의 비판대로) 세계를 변화시키지 않고 "해석만 하는" 데 만족했다. 하지만 제2차 세계대전 시기에는 보부아르에게 헤겔 읽기가 "내가 찾을 수 있었던 가장 마음을 달래주는 활동"이었다. 헤겔을 읽으면 교수자격시험을 준비하던 때가 생각났다. "책, 그 속의 사상, 인간사는 현실이다. 그 역사에서 지금은 한순간에 지나지 않는다. 나는 내가 오랫동안 그랬던 것보다 세계를 좀 더 믿을 수 있게 됐다."[69]

업무 후 일과는 꼼꼼하게 짜여 있었다. 일주일에 두 밤은 올가와 보냈고, 두 밤은 나탈리 소로킨을 만났다. 나탈리는 질투가 매우 심

쇠렌 키르케고르(Søren Kierkegaard, 1813~1855년) 덴마크의 철학자, 신학자. 실존주의 철학의 선구자로 평가받는다. 신 앞에 선 단독자로서 개인의 주체성을 강조하여 유신론적 실존주의를 주장했다.

했고 보부아르가 일정을 변경할 줄 모른다고 원망하면서 작업 시간을 양보하지 않는 보부아르를 "냉장고 속의 시계"라고 불렀다. 나탈리는 때때로 호텔 앞이나 학교 앞에서 보부아르의 출근이나 퇴근을 기다리기까지 했다. 그들은 가끔 연극이나 오페라를 보러 갔다. 전시에는 입장료가 아주 저렴했다.

9월에 보스트가 파리로 돌아와 교사 일을 시작했다. 이는 보부아르와 주중에 거의 매일 점심을 먹을 수 있다는 뜻이었다. 목요일만은 부모와 점심을 먹었다. 보스트의 토요일 밤은 보부아르 차지였다. 유대인의 입장을 금지하거나 채용을 거부하는 푯말들이 늘어나는 동안에도 보부아르는 계속 글을 썼다. 보스트가 기자가 되고 싶어 해서 그의 글쓰기도 도와주었다. 그해 겨울 키르케고르와 칸트를 꼼꼼하게 읽었다. 하지만 보스트가 돌아오자 사르트르도 돌아왔으면 하는 바람이 더 커졌다.

보스트가 돌아오자 보부아르는 비앙카에게 그와 자신의 관계를 밝히고 이제 그녀와 전처럼 자주 보지 않겠다고 했다. 비앙카는 보부아르가 줄곧 거짓말을 했다는 사실에 충격을 받았다. 비앙카는 "숨이 막히고 가라앉는" 기분이 들었다. 2월에 있었던 사르트르의 돌변도 힘들었지만 보부아르에게 애착이 더 컸기 때문에 이 절망은 "말로 표현할 수 없을" 정도였다.[70] 보부아르는 자기가 얼마나 심한 상처를 줬는지 미처 다 깨닫지 못했다. 그래서 사르트르에게 "비앙카와 그럭저럭 끝을 냈다."고 했고 비앙카가 베르나르 랑블랭(비앙카의 동창이자 사르트르의 옛 제자)과 사귀고 있으니 잘 극복할 것이라고 전망했다.

하지만 비앙카의 아버지는 딸을 미국인과 결혼시켜 프랑스 밖으로 보내기 원했다. '다비드 비넨펠트'처럼 유대인 티가 나는 이름은 안전하지 않았기 때문이다. 비앙카는 알지도 못하는 남자와 결혼하고 싶지 않다고 했지만 아버지의 고집을 꺾을 수 없었다. 아버지는 마침 몽파르나스에서 적당한 미국인을 찾아내서 돈을 건넸고, 비앙카도 그와 결혼을 하기로 했다. 하지만 약속 당일 그 미국인은 나타나지 않았다. 그래서 비앙카와 베르나르는, 유대인과 비유대인의 결혼도 위험했던 상황이었지만 1941년 2월 12일에 결혼했다. 비앙카의 부모는 적어도 딸만은 좀 더 토종 프랑스인 같은 성(姓)을 갖게 됐다고 안도했다.[71]

1940년 11월에 보부아르는 "암담한 우울의 나날"을 보내며 만약 사르트르를 다시 볼 수 없게 된다면 자살하리라 마음먹었다.[72] 이듬해 1월이 되자 철학 책을 읽고 힘닿는 대로 기록을 남기는 일은 만족스럽지 않았다. 보부아르는 일기에서 자신이 유아론자*였다고 인정했다. 자신의 의식과 자유, "자기 안에서 보는 관점"은 실재한다고 믿었지만 자기 주변의 타자들은 각자 자기 일에 바쁜 개미 바라보듯 보아왔다. (사르트르가 1930년대에 쓴 《에로스트라트》라는 단편에서 오만한 주인공은 7층 발코니에서 사람들을 개미 내려다보듯 한다.) 보부아르는 《전쟁 일기》에 자신과 사르트르는 "반(反)휴머니스트"였다고 썼지만 이제 그것이 잘못이었음을 알았다.[73]

이제 보부아르는 《초대받은 여자》를 읽으면 과거에 속한 것을 대하듯 거리감이 들었다. 그 책은 1943년에야 출간되지만 1941년 1월

유아론자(唯我論者) 유아론을 지향하는 사람. 유아론이란 실재하는 것은 자기 자신의 자아뿐이고 그 밖의 다른 모든 것은 자신의 의식 속 관념이거나 현상에 지나지 않는다는 학설이며, 주관적 관념론의 성격을 띤다.

에 보부아르는 이미 "이제는 내 것이 아닌 철학적 태도에 바탕을 두고 있다."라는 결론을 내렸다.[74] 보부아르는 다른 여성이 되어 있었다. 하이데거, 키르케고르, 카프카, 야스퍼스*를 읽고 오래된 문제들, 즉 구원을 향한 갈망을 생각했다. 다음 소설은 이른바 '개인적 상황'에 대해서, 개인적 존재이자 사회적 존재이기 때문에 불거지는 도덕적 갈등에 대해서 써보고 싶었다. 그래서 1941년 중반에 훗날 《타인의 피》로 출간될 소설 작업을 시작했다.

일기는 또다시 회고록에서 제시한 내용과 다른 양상을 보인다. 회고록에서 보부아르는 자신의 행동과 사유를 뒤로 미루면서까지 사르트르의 정치적 전향을 설명했다. 보부아르는 사르트르를 열한 달간 못 보고 지내다가 1941년 3월 말에 그가 파리에 왔다는 전갈을 받는다. 사르트르는 시력이 거의 없던 오른쪽 눈을 구실 삼아 민간인이라 거짓말을 하고 포로 수용소를 빠져나올 수 있었다. 보부아르는 날아갈 듯 기뻐했지만 얼마 못 가 이 남자가 자신이 알던 사르트르가 맞나 경악했다. 그는 보부아르가 유대인이 아님을 증명하는 서약에 서명했다는 사실에 충격을 받아 훈계를 했다. 그래, 자유도 좋아. 하지만 이제는 행동해야 해. 그는 레지스탕스 얘기와 독일인을 프랑스에서 몰아내는 얘기를 했다. 하지만 보부아르는 여전히 그들은 힘없는 개인이라 생각했고, 그렇게 주장했다.

1941년 7월 8일에 부친 조르주가 한 푼도 남기지 않고 죽었다. 그가 남긴 마지막 말은 이러했다. "너는 일찍부터 네가 벌어서 살았지,

---

카를 야스퍼스(Karl Jaspers, 1883~1969년) 독일의 철학자, 정신 병리학자. '실존 철학'이라는 용어를 최초로 사용했다. 인간은 죽음, 고뇌, 투쟁, 죄책감 같은 '한계 상황'을 통해 자기의 실존을 각성한다고 주장했다.

시몬. 네 동생은 돈이 참 많이 들었다."[75] 보부아르는 울지도 않았다.[76] 하지만 어머니가 새로운 상황으로 용감하게 나아가는 모습에 감명받았다고 나중에 말하기도 했다. 어머니에게 남편의 죽음은 차라리 해방이었다. 어머니는 남편이 "역정 내는 소리가 가득했던" 렌 거리의 집이 점점 싫어졌다.[77] 그래서 1942년에 블로메 거리에 있는 침실 하나짜리 집으로 이사를 갔다. 어머니는 자격증 준비를 해서 적십자 도서관의 보조 사서 자리를 얻었다. 자원해서 일을 하고, 외국어를 배우고, 강의를 들으러 다니고, 새 친구들을 사귀고, 여행도 다녔다. 하지만 보부아르가 말하는 "조심스러운 태도"는 버리지 않았다. 어머니는 여전히 딸이 죄악 속에 살고 있다고 생각했다.[78]

여섯 달도 지나지 않아 프랑수아즈는 자기 어머니도 떠나보냈다.[79] 브라쇠르 부인의 장례식 날 프랑수아즈는 신경 발작을 일으켰다. 침대에서 일어나지 못했고 보부아르는 이제 쉰다섯 살이 된 어머니가 잠자는 모습을 밤새 지켜보았다. 프랑수아즈는 남편의 사망 직후에는 장녀에게 경제적으로 의존할 수밖에 없었다. 보부아르는 이미 엘렌의 작업실 집세뿐만 아니라 '패밀리'의 다른 일원들도 경제적으로 지원하고 있었다. 그러니 허리띠를 졸라매야만 했다. 외식도 줄였다.

레지스탕스 집단 '사회주의와 자유'의 첫 모임이 보부아르의 미스트랄 호텔 방에서 열렸다. 보부아르와 사르트르는 다시 그 호텔로 거처를 옮기고 각자 방을 쓰고 있었다. 그들은 전단지를 만들고 파리의 다른 레지스탕스 집단과 만났으며 비시 프랑스 경계를 몰래 넘어가 레지스탕스 집단과 성원들의 접선책을 만들려고 노력했다. 하지만 그들의 시도는 성과가 없었다. 1942년 5월 당시에는 공산주의 단체가 가장 크고 힘이 있어 보였으므로 일부 일원들이 그쪽으로 노선을 변경하자 얼마 못 가 집단은 와해되었다.

그러는 동안 사르트르는 줄곧 자신이 유대인이나 프리메이슨이 아님을 진술하는 서약서에 서명하기를 거부하고 있었다. 그래도 파스퇴르 고등학교 교사 자리는 유지할 수 있었다. 레지스탕스 편이었던 교육감이 사르트르의 불복종을 눈감아주었던 것이다. 심지어 교육감은 10월에 사르트르를 더 좋은 자리―콩도르세 고등학교―로 발령내주었다.

그리하여 두 사람에게 친숙한 삶의 패턴, 즉 가르치고 글 쓰는 생활이 돌아왔다. 유독 추웠던 점령기의 겨울, 그들은 생제르맹 대로의 카페 드 플로르를 피난처로 삼았다. 사르트르는 계속 완다를 만나고 그녀의 소유욕 어린 애정을 즐겼다. '패밀리'의 어떤 성원들은 사르트르의 귀환을 달가워하지 않았다. 나탈리 소로킨은 그를 보부아르의 관심을 빼앗아 가는 경쟁자로 보았다. 나탈리는 사르트르를 만나기 전부터 "가짜 천재"라고 생각했다. 하지만 1941년에 그를 만나서 유혹하긴 했다. 나탈리도 사르트르처럼 유혹을 게임처럼 생각했다. 그녀는 보스트를 상대로도 이 게임을 멋지게 해냈다.

1941년 12월에 나탈리의 어머니가 비시 정부 교육부에 소송을 제기했다. 보부아르가 자기 딸을 타락시켰다고 고발한 것이다. 정식 고소 명목은 '미성년자 풍기 문란 선동'이었다.[80] 당시에는 열세 살 이상이면 성관계에 합의할 수 있었다. 고소장 제출 당시 나탈리 소로킨은 스무 살이었다. 소로킨 부인은 장문의 탄원서를 냈다. 보부아르가 자기 딸을 유혹했고 두 남자를 소개해서 그들의 유혹에도 빠지게 했다는 내용이었다. 소로킨 부인은 보부아르의 일반적이지 않은 생활방식을 집중 공격했다. 보부아르는 미혼이었고, 호텔에서 살고, 카페

1930년대 초반까지 보부아르는 개인이 삶을 주도할 수 있다고 믿었다. 하지만 점령기 파리에서 더는 역사와 현실에 눈감을 수 없었고, 정치에 눈을 떴다.

에서 일하고, 자기가 장폴 사르트르의 "첩"이라는 사실을 숨기지도 않았다. 게다가 학생들에게 두 동성애자 작가(프루스트와 지드)의 도덕적으로 문란한 작품을 가르쳤다. 요컨대 애국자라면 프랑스가 이런 여자를 중등교사로 채용해도 된다고 생각할 수 있겠는가. 페탱 원수가 이끄는 프랑스는 가정의 가치를 회복함으로써 잃어버린 위엄을 되찾고자 했다. 보부아르 같은 여성이 프랑스 청소년의 미래를 만들어 나간다는 것은 안 될 말이었다. 교육부는 동의하는 입장이었다. 그렇게 시작된 조사는 일년 반이 지나서야 결론이 났다.

보부아르가 디어드레이 베어에게 들려준 이야기로는, 소로킨 부인이 3월에 그녀를 찾아와서 나탈리를 설득해 달라고 부탁을 했다고 한다. 나탈리는 부를라라는 가난한 유대인 청년을 만나고 있었다. 소로킨 부인은 그 교제에 반대했다. 보부아르는 부인에게 나탈리와 이야기를 해보겠지만 기대만큼 자기 말을 잘 듣지는 않을 거라고 했다. 그걸로 끝이려니 생각했다. 하지만 그 후 고소장이 날아왔다.

1941~1942년 사이에 철학자 장 발이 유대인이라는 이유로 소르본 대학에서 해임되었다. 1942년에 장 발은 드랑시 수용소로 이송되었다. 그해 6월부터 점령지 프랑스에 사는 유대인들은 다윗의 별 배지를 부착하고 다녀야 했다. 그들의 자유는 심각하게 제한되었다. 유대인은 자기 재산을 소유할 수 없고 은행 계좌도 열 수 없었다. 누구든 허가증 없이 자유 지대로 넘어가는 것은 불법이었다. 하지만 그해 여름 보부아르와 사르트르는 보스트와 함께 몰래 자유 지대로 넘어갔다. 그들은 피레네 산맥에서 자전거 여행을 했다.

보부아르의 풍기 문란 선동은 끝내 확증되지 않았다. 나탈리는 보부아르와의 성관계를 부정했고 다른 두 남자는 아예 아무 관계도 없다고 했다. 따라서 교육부는 혐의를 입증할 증거를 찾지 못했다. 하지만 보부아르의 생활 방식이 미덥지 않고 수업 계획서에 지드와 프루스트 같은 문제 작가들이 끼어 있다는 사실은 확인할 수 있었다. 1940년 7월 17일에 페탱 정부는 '국가 개혁'에 이바지하지 않는 공무원을 손쉽게 해고할 수 있는 법을 신설했다. 교육부는 이 법을 인용하여 1943년 6월 17일에 시몬 드 보부아르의 교사 자격을 박탈했다.[81] 보부아르의 해임은 일부 레지스탕스 사이에서 명예로운 훈장처럼 받아들여졌다. 1945년에는 교사 자격이 회복되었고 옛 제자들에게 프랑스 대학에서도 후설과 하이데거가 인기 없던 시절부터 그들을 소개한 선구적 철학자로 기억되었다.[82] 그러나 보부아르는 교직으로 돌아가지 않았다. 이제는 작가로서 살 터였다.

회고록에서 보부아르는 나탈리와 부를라를 헤어지게 하지 못했기 때문에 소로킨 부인이 앙심을 품었다고 설명할 뿐 풍기 문란 선동을 거의 언급하지 않는다. 하지만 해임 직후에는 미래가 불확실했다. 자기가 글을 쓰고 싶어 하는 건 알았지만 생활하려면 돈이 필요했다. 프랑수아즈는 딸이 매달 주는 돈에서 꽤 많은 부분을 모아놓았으므로 보부아르에게 그 돈을 돌려주고 싶어 했다. 보부아르는 나중에 필요할지 모르니 일단은 어머니가 가지고 있으라고 했다.

늦여름 보부아르는 처음으로 글 쓰는 직업을 얻었다. 국영 라디오 방송(라디오 비시)에서 특집부 프로듀서로 일하게 된 것이다.[83] 그때는 국영 라디오 방송이 라디오 비시와 라디오 파리 두 개밖에 없었는데 후자가 나치 이데올로기를 공유했다. 라디오 비시에서 어떤 일을 하느냐에 따라 나치 협력자로 보이지 않을 수 있었다. 보부아르는 중세 음악 관련 프로그램에서 일했고, 그건 누가 봐도 정치색이 없는 소재였지만 나중에 이 일이 공모와 협력 여부에 대한 의문을 불러온 것은 별로 놀랍지도 않다.

독일 작가 잉그리트 갈스터의 조사는 보부아르의 방송 내용이 전혀 협력적이지 않다는 것을 입증했다. 그런데도 보부아르를 비판하는 사람들은 그녀가 너무 정치에 관심이 없었다는 둥, 더 심하게는 청취자가 나치에 저항해야 할 도덕적 책임을 회피하게 하는 방송을 제작했다는 둥 떠들었다. 반대로 보부아르의 옹호자들은 그녀가 그 시절의 지배적 가치에 도전하는 프랑스 문화의 인물과 글을 엄선해서 어느 정도 저항 정신을 담아 방송을 만들었다고 말한다. 점령기 파리에서 저항과 협력을 딱 부러지게 구분하기는 쉽지 않았다.[84]

실존주의자들은 "인간은 그가 하는 행동의 총체다."라는 말로 유명해진다. 보부아르는 머지않아 많은 이에게 행동으로 영감을 주는 여성이 되지만 자기 행동을 전부 자랑스럽게 여기지는 않았다. 보부 아르는 학교에서나 사생활에서 페탱 정부의 가치관에 분명히 반기 를 들었다. 그러나 훗날 설파하게 될 자신의 윤리학을 실천하지는 못 했다. 이 시기 보부아르와 다른 여성들의 관계는 결코 호혜적이지 않 았다. 1939년에서 1942년까지의 "지저분한" 시기에 보부아르는 여러 번 바닥까지 떨어졌다가 비로소 자신이 되어야 할 여성에 대해서 좀 더 치열하게 생각할 필요가 있다는 결론에 이르렀다. 그러는 동안에 도 명성을 안겨주고 보부아르의 페르소나를 형성할 소설을 두 권이 나 완성했다. 《초대받은 여자》와 《타인의 피》. 비록 후자는 전시의 검 열이 끝난 후에야 겨우 세상에 나오게 되지만 말이다.[85]

9장

윤리적 실존주의의
탄생

1943~1945년

"나는 실존주의에서
윤리학을 끄집어내려 했다."

보부아르가 프랑스 공교육 체제에서 설 자리를 잃은 1943년, 그녀와 사르트르는 둘 다 프랑스 지성사에서 한자리를 보전할 작품을 내놓았다. 보부아르의 《초대받은 여자》는 8월에 나왔고, 비버에게 헌정한 사르트르의 《존재와 무》는 6월에 나왔다. 사르트르는 희곡으로도 대중의 찬사를 받기 시작했다. 그는 얼핏 보기에는 정치색이 없는 고대 그리스 비극의 플롯을 되살려 자유와 저항의 메시지를 전했다.

1940년대 초는 보부아르의 사유에서 중대한 전환점이다. 전쟁 전의 보부아르는 스스로 인정했듯이 유아론적이었다. 보부아르는 자신이 이미 1941년에 《초대받은 여자》의 "철학적 태도"에서 벗어났음을 깨달았다.[1] 1943~1946년에 쓴 소설과 희곡은 보부아르의 도덕적·정치적 참여를 보여준다. 많은 이들이 《제2의 성》이 나올 때까지는 그러한 참여를 믿지 않았지만 말이다. 1943년에 보부아르는 이미 이렇게 물었다. 사회에 쓸모 있는 사람, 쓸모 없는 사람은 누구인가? 누가 결정권을 쥐고 있는가?

1943년 6월에 보부아르와 사르트르는 각자 센 거리 60번지 루이지안 호텔에 방을 얻어 거처를 옮기고 1946년 말까지 그곳에서 지낸다. 그들은 몽파르나스 대로를 버리고 생제르맹데프레로 갔다. 그 6월에 보부아르는 사르트르의 자유관을 분석하고 자신의 자유관과 비교하는 에세이를 쓰기 시작한다. "여러 대화에서 그에게 제기했던" 반론을 글로 옮긴 것이다.[2] 여기서 우리는 그들의 지적 교류에서 "끊임없는 대화", 일기, 편지가 보여주는 것 이상을 접할 수 있다. 보부아르의 목소리가 공개적인 발언이자 인쇄물의 형태가 되었기 때문이다. 게다가 이 목소리는 사르트르의 사상을 홍보하기는커녕 그의 사상을 비판한다.

전쟁 전에도 두 사람은 올가, 완다와 맺은 관계의 윤리성을 토론했다. 거짓 행복 속에 사는 사람에게 거짓말을 하는 것은 부도덕한가? 올가에게 보스트와의 관계를 감춘 것을 후회해야 할까? 혹은 올가가 보스트에게 말하지 않은 것에 대해서 후회해야 할까? 보부아르는 《초대받은 여자》에서 1920년대부터 자신을 사로잡았던 철학적 문제, 즉 '자기와 타자의 대립'을 탐색한다. 이 책은 일단 삼인조를 다룬 소설이다. 피에르와 프랑수아즈 커플은 그들보다 젊은 그자비에르라는 여성을 자기네 관계에 '손님'으로 맞아들인다. 프랑수아즈는 그자비에르를 질투하고 낙심한 나머지 그자비에르를 죽이는 것만이 유일한 탈출구라고 생각한다. '올가 코사키에비치에게' 헌정된 이 책에는 헤겔의 문장이 제사로 붙어 있다. "모든 의식은 타자의 죽음을 추구한다."

하지만 소설에는 제4의 캐릭터가 있다. 키가 크고 초록색 눈에 검은 머리칼을 지닌 제르베르는 그자비에르의 남자 친구다. 그자비에르는 프랑수아즈에게 말한다. "나는 늘 내가 가진 걸 좋아해요. 누군가가 온전히 내 것이 되면 마음이 편해요."[3] 하지만 소설 속에서 그자비에르는 제르베르를 자기만의 것으로 삼지 못한다. 제르베르도 프랑수아즈와 잔다. 올가가 이 책을 읽고서도 전혀 의심을 하지 않았으리라고 믿기는 어렵다. 《초대받은 여자》에서 프랑수아즈와 제르베르는 함께 도보 여행을 갔다가 결국 어느 헛간에서 하룻밤을 보내며 연인으로 발전한다. 파리로 돌아와서 제르베르는 프랑수아즈에게 어떤 여자도 그녀를 사랑한 것처럼 사랑한 적은 없다고 고백한다. 프랑수아즈가 그자비에르를 죽이는 이유도 삼인조 내에서 피에르를 빼앗긴 데 대한 질투와 좌절 때문이라고 보기는 어렵다. 그보다는 제르베르에게 받은 편지를 그자비에르에게 들킨 게 문제였다. 택시비가 없는 창피함 때문에 택시 운전사를 살해한 사람처럼, 프랑수아즈는 그자비에르가 보내는 비난의 눈초리를 직면하느니 살인을 택한다.

그러나 보스트와 보부아르는 이 소설이 사르트르, 올가, 보부아르가 실제로 나누었던 대화를 생생하게 옮겨 오긴 했으나 그 대목만은 허구임을 강조했다. 보부아르는 《생의 한창때》에서 소설의 결말을 카타르시스 차원에서 썼다는 사실을 숨길 필요는 없었다고 말한다. 작품 속에서 올가를 죽임으로써 자신이 원치 않는 감정을 몰아내고 그들의 우정에서 음울한 기억을 쫓아냈다는 것이다.[4] 독자들은 이 설명을 접하고 보부아르가 쫓아내고 싶었던 악마가 질투였을 거라고 오랫동안 믿어 왔다. 하지만 2004년에 그녀와 보스트가 주고받은 편지들이 공개되면서 그 감정이 실은 죄의식이었을지도 모른다는 새로운 가능성이 제기되었다. 올가는 죽을 때까지 보부아르와 보스트가 연인이었다는 사실을 몰랐다.

보부아르가 코사키에비치 자매의 눈에 비친 자기 모습에 흠칫 놀랐던 것처럼 프랑수아즈는 자신과 타자들의 관계라는 문제를 붙잡고 씨름한다.

"다른 사람들도 의식이 있는 존재라고, 우리가 그렇듯 다른 사람들도 자기 내면의 감정을 자각하고 있다고 생각하기란 거의 불가능해요." 프랑수아즈가 말했다. "나는 우리가 그걸 깨닫는 게 무서워요. 내가 누군가의 정신 속의 허구일 뿐 더는 어떤 존재도 아닌 것 같은 기분이 들어서요."[5]

《초대받은 여자》에 대한 반응은 복합적이었다. 어떤 이들에게는 충격적이었다. 또 어떤 이들은 비시 정부의 "노동, 가정, 조국" 강령에 용감하게 저항했다고 보았다. 그렇지만 철학적인 면에서 보부아르의 소설은 타자와 연결되는 두 가지 가능한 방식을 제시한다. 첫 번째 방식은 타자를 자기와 마찬가지로 풍부하고 상처 입기 쉬운 내적 경험을 지닌 의식적 존재로 보는 것이다. 두 번째 방식은 타자를 그렇게 보고 호혜적 관계를 맺기보다는 타자가 내게 유용하거나 방해가 되는 사물처럼 '있음'을 당연시하는 것이다.

이 두 번째 접근은 사르트르가 《존재와 무》에 쓴 내용과 매우 흡사하기 때문에 특히 중요하다. 그 후 보부아르의 삶은 사르트르와의 불일치에서 비롯된, 예술 분야에서 나타난 열렬한 철학적 생산성보다 전후(戰後)의 명성, 재즈와 파티의 시절로 더 많이 소개되었다. 왜 보부아르가 그토록 오해받았는지, 왜 '노트르담 드 사르트르'*로 치부당하면서 좌절감을 느꼈는지, 왜 자신의 페미니즘 저작에서 '여성이기 때문에 당하는' 배제를 피하려고 (할 수 있는 최선을 다해) 애썼는지 이해하려면 그녀가 사르트르의 철학에서 어떤 부분을 비판했는지 좀

---

* 문자 그대로는 '사르트르의 성모'라는 뜻으로, '노트르담 드 샤르트르(샤르트르 대성당)'를 빗대어 보부아르를 조롱한 말이다.

더 면밀히 살펴보아야 한다.

영국 작가 앤절라 카터(Angela Carter)는 "서구 세계에서 생각이 있는 여성이라면 누구나" 한 번쯤 이런 의문을 품었을 거라고 했다. '어째서 시몬처럼 괜찮은 여자가 장폴처럼 지루하고 멍청한 남자 비위를 맞추느라 인생을 허비했을까?' 카터는 오직 사랑만이 "그러한 낙오자 신세마저 자랑으로 삼게 한다."고 했다.[6] 하지만 1943년에 사르트르는 지루하고 멍청한 남자보다 더 최악이었다. 그는 극단적인 염세주의 철학자들을 기준으로 놓고 봐도 인류에게 기대가 거의 없는, 지독히 염세적인 철학자였다. 사르트르는 모든 인간이 타자를 지배하고 싶어 하고, 모든 인간관계는 갈등이며 그 갈등이 너무 심해서 사랑은 불가능하다고(그의 표현을 빌리자면 "실현 불가능한 이상") 보았다. 보부아르는 결코 "낙오자"가 아니었다. 그녀는 사르트르와 생각이 달랐던 철학자다. 그리고 자기가 살아온 삶이 자신을 겨누는 무기가 되어 돌아온 여성이다. 아직은 그 부메랑이 멀리 있었다.

사르트르는 《존재와 무》에서 모든 대인 관계에는 지배자 역할과 피지배자 역할이 있다고 했다. 한 사람은 세계를 자기 시각에서 보는 '주체'이고 다른 사람은 자신을 "마음대로 부리는" 이의 시각을 내면화한 "대상"이다. 사르트르는 우리가 때로는 타인을 지배하기 좋아하나 때로는 지배당하는 편을 좋아한다고도 했다. 어쨌든 우리는 결코 타자들과 동등하게 관계를 맺지 않는다.

서구 철학자 중에서 사르트르만 이런 생각을 한 것은 아니다. 헤겔은 "주인/노예 변증법"을 다룬 유명한 대목에서 비슷한 논리를 펼쳤고, 그보다 훨씬 앞서 성 아우구스티누스도 모든 인간에게는 지배욕(libido dominandi)이 있는데 바로 그 충동이 인간의 수많은 고통을 낳는다고 보았다. 보부아르가 전쟁 중에 헤겔을 탐독하고 《초대받은 여자》의 중심에 헤겔적 주제를 다수 집어넣었기 때문에 어떤 학자들은 사르트르가 《존재와 무》의 중심 사상을 보부아르에게서 '훔쳤을' 것이며, 만약 보부아르가 여성이 아니라 남성이었다면 사르트르가 아니라 보부아르가 사상으로 인정을 받았을 거라고 주장한다.[7] 비록 《존재와 무》가 6월에 먼저 나왔고 《초대받은 여자》는 8월에 나왔지만 사르트르는 휴가를 나왔을 때 보부아르의 원고를 읽어보았다. 그러므로 그는 자신의 철학을 쓰기 전에 보부아르의 철학을 소설 형태로 먼저 접한 셈이다. 사르트르는 《존재와 무》에 '대자 존재'와 '대타 존재'라는 철학적 구분을 도입했다. 용어가 어려워 보여도 알고 보면 보부아르가 학생이었던 1927년에 일기에 썼던 안으로부터의 관점과 밖으로부터의 관점, '나 자신에 대한' 것과 '타자들에 대한' 것의 구분과 매우 흡사하다.

그러나 사르트르가 보부아르의 발상을 '훔쳤다는' 주장은 역사적으로나 철학적으로 문제가 있다. 역사적으로는, 그들의 관계에서 "끊임없는 대화"와 상호적인 지적 격려가(공평하게 호혜적이지는 않았을지라도) 두드러졌기 때문에 그런 주장을 받아들일 수 없다. 철학적으로는, 두 사람 모두 프랑스 철학의 근간을 풍부하게 받아들이고 그중 어떤 것이든 거리낌 없이 인용하면서 '자기 것'으로 체화했기 때문에 그런 주장에 문제가 있다. 원래 보부아르는 철학에서 중요한 것은 그 생각이 누구의 것이냐가 아니라고 보았다. 중요한 것은 그 생각의 진위 여부였다. 1940년대에 그녀는 '소유' 개념에 아주 비판적이었다.

하지만 보부아르는 사르트르에게도 꽤 비판적이었다. 생애 후반에 가서야 소유 관념이 권력의 영속과 후세의 기억이라는 문제에 중요하다는 것을 깨달았다. 《존재와 무》에는 보부아르와 사르트르가 1930 년대에 줄곧 함께 논의한 개념이 포함되어 있다. 그 개념은 《정신이 우선시되는 때》에도 나오고 보부아르의 후기 저작을 널리 알리는 역할도 했다. 하지만 '자기 기만'이라는 개념으로 유명해진 사람은 사르트르다.

보부아르는 회고록에서 1930년대에 그 개념을 구상하게 된 과정을 설명하면서 분명히 "우리"가 논의했다고 말한다. 사르트르는 《존재와 무》에서 자기 기만은 자유로부터 도피하는 한 방법으로서, '사실성' 혹은 '초월'과의 지나친 동일시라고 설명한다. '사실성'은 태어난 시공간, 피부색, 성별, 가족, 교육, 신체처럼 우리가 선택하지 않은 우연적인 모든 것에 해당한다. '초월'은 이러한 특징을 뛰어넘어 '가치'를 지향하는 자유를 가리킨다. 이는 사실들을 어떻게 생각하기로 선택할 것인가, 행동을 통해서 자기 자신을 어떻게 빚어 나갈 것인가와 관련이 있다.

사르트르는 자기 기만을 사실성과 초월이 어긋나서 개인의 존재 방식이 '결정된' 것처럼 생각하게 된 것이라고 설명한다. 저 유명한 웨이터의 예를 보자. 어떤 웨이터가 자신의 사실성이—가령 그가 웨이터라는 사실이—자기 존재를 결정한다고 생각한다면 그는 자기 기만에 빠진 것이다. 그는 언제라도 다른 삶의 길을 모색할 수 있다. 이 점을 부정한다면 자신의 '초월'을 부정하는 것이다. 다른 한편으로 웨이터가 자신이 웨이터라는 사실은 중요하지 않다고 생각하고 대표이사 자리에 지원한다면 이때는 정반대의 이유로 자기 기만에 빠진 것이다. 그는 자기 사실성의 한계를 인식하는 데 실패했다.

하찮은 얘기처럼 들릴 수도 있다. 하지만 '웨이터' 대신 '유대인',

'여성', '흑인' 같은 단어를 집어넣어도 과연 그렇게 들릴까? 인류사에는 타인을 사실성의 일면으로 축소해버림으로써 그 사람의 인간다움을 온전히 인식하지 못했던 사례가 수두룩하다. 1943년 당시 그 습관이 단지 인류의 과거가 아님은 명백했다. 그러나 사르트르는 이 윤리적 전향을 《존재와 무》에서 보여주지 않았다. 그 책은 타자의 대상화라는 윤리적 문제에 만족스러운 대답을 내놓지 못했다. 사르트르는 우리가 사실성으로 인하여 우리 자신을 결정된 것으로 보아서는 안 되며, 실존의 조건이 어떻든 간에 우리 자신을 거의 대부분 자유로이 만들 수 있다고 했다.

보부아르는 이미 1930년대에 사르트르의 주장이 틀렸다고 확신했다. 사르트르는 상황이 어떻든 인간은 다양한 반응 양식 중 어느 하나를 선택할 수 있기 때문에 자유롭다고 보았다. 보부아르는 이렇게 반문한다. "하렘에 갇혀 사는 여성에게 어떤 유의 초월이 가능할까?"[8] 자유로운 것(원칙적으로 선택이 가능하다는 것)과 실제로 선택을 해야 하는 상황에서 선택할 수 있는 '힘'이 있는 것은 다르다. 보부아르는 이러한 철학적 비판을 《피로스와 키네아스》와 《애매성의 윤리를 위하여》라는 두 편의 에세이로 남긴다. 하지만 그 전에 《초대받은 여자》 때문에 사생활에 튄 불똥을 처리해야 했다.

어머니는 딸의 첫 소설이 나오기 전까지는 사생활을 잘 몰랐기 때문에 그래도 보부아르가 "착한 딸"이라고 생각했다. 그러나 《초대받은 여자》 출간 이후 "세상의 소문이 어머니의 환상을 무참히 부수었다." 프랑수아즈는 그 책에 충격을 받았지만 딸이 유명 작가가 됐기 때문에 한편으로 자랑스럽게 여겼다. 이제 보부아르가 가장이었으므로 그녀의 성공은 가족 모두에게 도움이 되었다.[9]

《초대받은 여자》는 출간 이후 세 방향으로 읽혀 왔다. 1945년에 보부아르와 사르트르가 유명해지기 전까지는 파리 보헤미안 생활에 대한 연구로 읽혔고, 그 후에는 '삼인조' 관계의 모델 소설로 읽혔다. 그리고 최근에는 페미니스트들이 숨 막히는 전통 세계에서 전통적이지 않은 방식으로 살았던 세 여성의 초상으로 읽기 시작했다. 이 책에서 주인공 프랑수아즈가 보부아르를 대변하는 듯한 대목들은 쉽게 찾아볼 수 있다. 프랑수아즈는 피에르의 다른 여자들에 대해서 속상해하느라 "소중한 작업 시간"을 낭비하기 싫어한다.[10] 그녀는 자신이 "신의를 중시하는 타입"[11]이어서 "지속성 없는"[12] 낭만적 연애에는 무관심하다고 말한다. 프랑수아즈는 "받기만 하는 여성"[13]이 된다는 "생각을 혐오하고" 자신이 제르베르를 유혹한 것은 "철학적으로 단단히 뿌리내린, 자신의 자유에 대한 약속"[14]이기 때문에 그 관계가 호혜적이기를 원한다. 하지만 자신도 피에르에 관해서는 자기 기만에 빠지지 않았는가 반문한다. 소설에는 프랑수아즈가 피에르와 자신의 관계를 되짚어보는 부분이 중간중간 나온다. 보부아르와 사르트르의 계약에 올가까지 들어왔던 시기에 보부아르의 심경이 어떠했을지 짐작하게 하는 대목들이다.

그녀는 그를 너무 맹목적으로, 너무 오랫동안 사랑해 왔다. 그에게 받은 것 때문이었지만 그 사람 자체를 사랑하겠다고 스스로 약속했다. 그는 이제 얼마든지 그녀를 떠날 수 있는 자유로운 조건에 있지만 그녀는 고작 첫 번째 장애물에 걸려 넘어지지는 않을 것이다.[15]

독자들은 의아해했다. 프랑수아즈를 통해서 보부아르가 이렇게 말하는 건가? 순수한 상상의 산물인가? 소설에서 프랑수아즈는 그자비에르에게 선언한다. "넌 네가 진즉에 다 만들어진 것처럼 생각을 하지. 난 그렇게 생각하지 않아. 너라는 존재는 너의 자유로운 의지로 만들어 나가는 거야."[16] 보부아르는 허구를 실제 삶과 비슷하게 만들면서—너무 비슷해서 어쨌든 호기심을 불러일으키는—독자들에게 자기 자신을 이것이 될 수도 있고 저것이 될 수도 있는, 많은 것을 '만들' 수 있는 존재로 열어놓았다.

보부아르 자신도 이 책의 몇몇 대목은 자전적으로 읽기를 권했다. 보스트를 유혹한 일은 "(물론 이름은 밝히지 않았지만)《초대받은 여자》에서 기술한 내용과 정확하게 일치한다."라고 보부아르의 전기 작가인 클로드 프랑시스와 페르낭드 공티에에게 말하기도 했다.[17] 보부아르는 그 일을 사르트르에게도 편지로 써서 알렸는데 보스트와 올가가 사망한 후 그 편지들이 공개됨으로써 편지 내용과 소설 속 장면을 비교해볼 수 있게 되었다. 편지는 기대치 않았던 성적 접촉을 신나게 이야기한다. "사흘 전에 귀여운 보스트와 잤어요. 물론 내가 먼저 그러자고 했어요. 우리 둘 다 원해 왔으니까."[18] 반면 소설 속 프랑수아즈는 오랫동안 쌓여 온 "희미한 갈망"이 "숨 막힐 듯한 욕망"이 되었다고 설명한다. 제르베르는 "손닿지 않는 곳에 있는" 느낌이었으므로 자기가 먼저 나서지 않으려 했다.[19]

출간 전 가제는 '정당방위(légitime défense)'였다.[20] 보부아르는 한참 나중에야 자신이 1930년대에는 타자를 아예 보지도 않으려 했으며, "사르트르의 시선으로 보호받으면서 자신을 바라보는 다른 눈들도 있다는 사실을 잊고 싶어 했다."고 말했다. 사실을 인정하지 않을 수 없게 되자 끔찍이도 불편했다.《초대받은 여자》에 "폭발적으로 쏟아낸" 감정이 바로 이 불편함이었다.[21] 보부아르는 더는 일부러 눈감고 싶지 않았다. 삶으로 실천하는 철학에서 그건 막다른 길이었다.

1943년의 성공 이후 보부아르와 사르트르는 금세 사회적 운신의 폭이 넓어졌다. 알베르 카뮈와 친해졌고, 그를 통해서 레지스탕스에 가담한 다른 작가들, 가령 레몽 크노(Raymond Queneau)나 미셸 레리스(Michel Leiris)도 만났다. 레리스 부부는 그랑조귀스탱 강변에 살았는데 보부아르는 그 집에서 피카소도 만났다. 루이지안 호텔은 그들이 예전에 살았던 호텔들보다 훨씬 좋은 곳이었으므로 보부아르도 자기의 새로운 거처로 손님들을 초대하곤 했다. 보스트, 올가, 완다는 물론이고 레리스, 크노, 카뮈, 나탈리 소로킨과 그녀의 남자 친구 부를라까지 불러서 파티도 열었다. 1944년 봄에 그들은 '피에스타'라 부르는 밤샘 파티를 연달아 열었다. 작가 조르주 바타유가 첫 번째 호스트였다. 다들 배급표를 쓰지 않고 모아서 파티 음식을 마련하고 음주 가무를 즐겼다. 보스트도 타베르니 본가에서 호스트를 한 번 맡았다. 시몬 졸리베와 샤를 뒬랭은 파리에 있는 그들의 집에서 호스트를 맡았다.

보부아르는 1940년대 파리 예술의 총아들과 어울려 지내기 시작했지만 점령지에서 정상적으로 살아가는 비정상성이 겁났다. 식량을 구하기 힘들어졌듯이 열정의 땔감도 희박해졌다. 1938년에서 1942년 사이에 우유 소비는 반 토막 나고 빵 값은 두 배로 뛰었다. 연합군은 전략적 항구, 공장, 역 위주로 공략하는 것을 목표로 삼았다.

4월 20일과 21일에 연합군이 파리 북부를 공습했다. 프랑스 북부와 연결되는 모든 철로를 파괴하는 오버로드 작전에는 논란이 될 만한 측면이 있었다. 21일에 라 샤펠 조차장이 폭격을 당해 641명이 죽

1944년 피카소의 전시회에 모인 파리의 지식인들. 가운데 팔짱을 낀 인물이 파블로 피카소, 그 오른쪽이 보부아르다. 아래에 사르트르, 알베르 카뮈, 미셸 레리스가 앉아 있다.

고 4백 명 이상의 부상자가 나왔다. 사르트르와 보부아르는 그때 라 푸에즈에 가 있었지만 보스트가 당시의 무시무시한 굉음, 잔해 속의 시체가 되고 말 거라는 공포를 편지에 자세히 써서 보냈다. 한 달 전에 나탈리의 유대인 남자 친구 부를라가 자기 아버지와 함께 체포당하는 일도 있었다. 그들은 부를라가 이미 아우슈비츠로 이송됐다는 사실은 몰랐다.[22] 하지만 나치 깃발이 여전히 휘날리는 중에도 상원에서는 해방을 이야기했고 8월 19일부터는 조짐이 보이는 듯했다. 독일이 동부로 퇴각했고 프랑스 레지스탕스는 시민에게 무기를 들라고 호소하는 벽보로 거리를 도배했다. 사르트르는 무리하게 일을 많이 벌인 탓에 레지스탕스가 비밀리에 간행한 유인물 〈콩바〉에 싣는 원고

들은 보부아르가 그의 지침을 받아 대신 썼다.[23]

1944년 8월 25일에 보부아르는 샤플랭 호텔에 묵고 있는 보스트와 올가의 방에서 완다와 소로킨도 함께 만났다. 그들은 감자를 요리해 함께 저녁을 먹으면서 라디오에 귀를 기울였다. 샤를 드 골 장군이 파리에 입성했다. 사람들이 거리에서 환호성을 지르기 시작했다. 르돔 앞에 모인 인파가 바뱅 거리까지 이어졌다. 하지만 그곳에는 탱크가 있었다. 인파는 나치의 대포 앞에서 뿔뿔이 흩어졌다.

다음 날 에펠탑에 프랑스 국기가 올라왔다. 드 골 장군은 프랑스군, 미군과 함께 샹젤리제 대로를 따라 파리를 행진했다. 보부아르와 올가는 개선문에서 행진을 지켜보며 환호했다. 전쟁은 끝나지 않았지만 파리는 자유를 되찾았다.

보부아르의 회고록 두 번째 권인 《생의 한창때》는 1930~1944년 시기에 해당한다. 이 시절에 쓴 글은 뒤늦게 출간되었다. 《생의 한창때》에서 자신의 철학적 고민과 성취를 너무 가볍게 다루고 넘어간 탓에 많은 이들이 보부아르가 사르트르를 지나치게 믿고 따랐던 것처럼 생각한다. 하지만 회고록에는 철학, 심리학, 종교, 그리고 (당시에는 그런 저작이 별로 없었는데도) 여성의 성에 대한 책을 열심히 읽었다는 사실이 나타나 있다. 보부아르는 이 시기에 알프레트 아들러, 알랭, 미국 문학, 아롱, 베르그송, 조르주 베르나노스, 도스토옙스키, 피에르 드리외라로셸, 영국 문학, 그리고 이른바 "재미있는 쓰레기"도 탐독했다.[24] 포크너, 프로이트, 지드, 쥘리앵 그린, 헤겔의 《정신현상학》, 하이데거, 헤밍웨이, 프리드리히 횔덜린, 후설, 야스퍼스, 제임스 조이스, 카프카, 키르케고르, 프랑수아 드 라 로슈푸코, 라이프니츠, 미셸 레리스, 에마뉘엘 레비나스, 자크 마리탱, 프랑수아 모리아크,

모리스 메를로퐁티, 니체, 프루스트, 레몽 크노, 생텍쥐페리, 막스 셸러, 빌헬름 슈테켈의《여성의 불감증》, 스탕달, 스토아 학파, 폴 발레리, 장 발, 오스카 와일드, 그리고 버지니아 울프를 더 많이 읽었다.

그런데 무엇을 빠뜨렸을까? 보부아르의 첫 번째 철학 에세이《피로스와 키네아스》는 1943년에 썼지만 1944년 9월에 출간되었다. 하지만 영어 번역본은 2004년에야 나왔다. 프랑스어를 모르는 독자는 사르트르와 보부아르의 철학적 대화를 다 파악할 수 없을 뿐 아니라 보부아르의 독자적 사유가 어떻게 발전해 왔는지도 알 수가 없다.《피로스와 키네아스》는 진지한 도덕적 문제를 제기하면서 보부아르가 "도덕 시대"라 불렀던 자신의 문학 이력의 한 시기를 열었다. 전쟁, 보스트와의 관계, 위태로웠던 소로킨 사건의 결말, 자신과 사르트르가 비앙카에게 몹쓸 짓을 했다는 자각, 사르트르의 '모든' 시각에 동조할 수 없다는 우려에서 정확히 무엇이 문제였는지는 모르지만—아마 이 모든 요인이 복합적으로 작용했을 듯한데—이제는 알고 싶었다. (어떻게 하면) 행동이—그리고 관계가—윤리적일 수 있을까? 그러한 도덕적 문제들에 답하기 이전에, 한층 더 기본적인 실존적 문제에 답해야 했다. 왜 아무것도 하지 않는 대신 뭔가를 해야만 하는가?

사르트르의 대표작인《존재와 무》가 1943년에 출간되었을 때 동시대인들은 그가 인류를 너무 암울하게 그렸다고 비판했다. 사르트르는 수백 쪽에 걸쳐 인간 조건을 난해하고 암울하게 분석한 후 윤리학에는 달랑 두 쪽 반을 할애한다. 그는 많은 이가 자기 기만 때문에 "혼자 술독에 빠져 살든 나라를 이끄는 사람이 되든 결국 마찬가지"[25]라는 허무주의적 결론에 이르렀다고 썼다. 하지만 왜 그게 마찬가지가 아닌지는 명쾌하게 말하지 않고 허무주의가 어떤 면에서 틀렸는지―이를테면 삶이 왜 의미가 있는지, 또는 진정한 삶을 어떻게 살수 있는지 논하는 식으로―따지지도 않는다. 그 대신 사르트르는 독자에게 답 없는 질문들만 주르르 늘어놓는다. 자유가 모든 가치의 근원이자 인생이 중요한 이유가 될 수 있을까? 여러 종교 철학자들이 생각했던 것처럼 자유를 "초월적 가치"(즉, 신)와 관련지어 정의해야하는가?[26]

사르트르도 보부아르처럼 학창 시절부터 자유 개념과 의미를 찾고자 하는 인간의 욕망에 매료되었다. 두 사람 모두 과연 신 같은 "초월자"가 인간의 자유에 가치를 부여하고 삶에 의미를 주는지 알고 싶어 했다. 하지만 사르트르는 보부아르와 달리 아직 윤리학을 자신이 수립한 자유의 철학에 통합하고 초월 문제를 해결할 방안을 찾지 못했다. 보부아르는 자신이 찾은 답을 에세이, 소설, 희곡이라는 문학적 형식으로 표현했다. 그러나 에세이와 희곡은 21세기까지 영어로 번역되지 않았고 소설도 사르트르의 사상을 허구 형식으로 발전시킨 "실존주의" 소설로만 읽혔다. 그래서 사르트르가 20세기 철학에서 가장 인기 있던 유파 중 하나인 실존주의 윤리학을 수립했다는 잘못된 추측이 나오는 것이다. 그건 사실 보부아르의 업적이다. 1945년에 보부아르는 사르트르가 아니라 자신이 그 작업을 하고 있노라고 드러내놓고 말했다.

《피로스와 키네아스》는 두 인물의 대화로 시작한다. 피로스는 기원전 4세기 그리스 에페이로스의 왕이다. 키네아스는 왕의 자문역이다. 왕이 세계 정복 계획을 의논하는데 키네아스는 이렇게 묻는다. 세계를 정복하든 그냥 집에서 편히 쉬든 무슨 차이가 생깁니까?[27] 보부아르는 모든 인간은 '기투'*한다는 사르트르의 지적에 동의한다. 사람들은 목표를 세우고 자신의 한계를 정하지만 늘 목표를 넘어서거나 한계를 넓힐 수 있는 것은 아니다. 심지어 추구했던 목표에 도달해서도 곧잘 실망한다. 때로는 목표에 도달하고서야 비로소 지금껏 그것을 좇아왔음을 깨닫는다. 때로는 일단 얻고 나면 더는 원치 않게 된다. 그럼 행동에서 중요한 것은 무엇인가? 왜 우리는 윤리적인 행동 여부에 신경을 써야 하는가? 《존재와 무》는 위에서 언급한 키네아스의 질문과 흡사하게 끝난다. 혼자 술독에 빠져 살든 나라를 이끄는 사람이 되든 결국 마찬가지라고 말이다.

하지만 어떻게 그렇게 생각할 수 있나? 보부아르는 분명한 차이가 있다고 생각했다. 술꾼이 처한 상황은 국가 지도자가 처한 상황과 다르다. 그 둘은 타자의 세계를 형성하는 힘이 다르다. 보부아르는 삶의 조각들로 엮어낸 장면을 철학의 문장으로 풀어냈다.

나는 수위의 아들이 죽어서 엉엉 울던 여자아이를 안다. 부모는 그 아이가 울게 내버려 두었지만 나중에는 좀 짜증스러워했다. "어쨌든 걔는 네 친동생도 아니잖니." 여자아이는 울음을 그쳤다. 하지만 그건 위험한 가르침이었다. 낯선 소년의 죽음에 눈물을 흘릴 필요는 없다니? 그렇다 치자. 그럼 왜 친동생의 죽음에는 울어도 되나?[28]

자신이 무엇이 되었든 간에, 보부아르는 수위의 아들이 죽었을 때 부모님의 무관심을 이해할 수 없었던 경험을 결코 잊지 않았다. 하지

기투(企投, le projet) 사르트르 실존주의의 기본 개념. 인간이 현재를 초월하여 미래의 다양한 가능성에 스스로를 내던짐으로써 자신의 삶을 만들어 가는 실존의 존재 방식을 가리킨다.

만 문제가 있다는 것도 알았다. 세상의 잘못된 일에 눈을 뜨면 고통과 불의는 일일이 다 울 수도 없을 만큼 널렸다. 우리는 결코 울음을 그치지 못할 것이다. 우리의 능력은 유한하고, 어떤 것에 마음을 써야 하는지 항상 알 수는 없다. 나를 나와 같은 성별, 국적, 계급에 속한 사람들과 동일시하느냐 혹은 인류 전체와 동일시하느냐에 따라서 우리가 말만으로라도 마음을 써야 할 범위는 늘어난다.

문제는 이것이다. 우리는 세계의 어느 부분에 마음을 쓰고 일궈 나가야 하는가? 바로 우리의 행동이다. 보부아르의 대답은 이렇다. 왜 행동해야 하느냐고? 행동만이 나의 것, 오직 나만의 것이기 때문이다. 행동을 통해서 나는 지금의 내가 된다. 오직 나만이 나와 타자를 묶는 끈을 더 이롭게 혹은 더 나쁘게 창조하거나 유지할 수 있다.[29] 나와 타자의 관계는 주어지는 것이 아니라 매일매일 새로이 창조해야 하는 것, 죽을 때까지 풍성하게 가꾸든가 무시하고 남용하든가 하는 것이다.[30]

보부아르는 십 년 넘게 사르트르와 자유 개념을 토론했고 어릴 적 하느님을 사랑했을 때 그랬던 것처럼 자기가 믿는 철학에 따라 살려고 노력했다. 하지만 통하지 않았다. 그렇게 살 수는 없었다. 사르트르가 희곡 《닫힌 방》에서 타자는 "지옥"이라는 말로 유명해졌을 때 보부아르는 그의 시각을 철학적으로 반박하는 글을 발표했다. 우리는 혼자가 아니다. 보부아르는 사르트르와는 반대로 우리가 혼자라면 비참할 거라고 했다. 우리의 기투는 오직 타자와 함께할 때 성공할 수 있기 때문이다. 《피로스와 키네아스》는 사랑과 헌신이라는 주제로 돌아가 보부아르가 학생 시절 일기에서 개요를 잡았던 사유를 발전시킨다. 이제 보부아르는 누구나 평안하게 자기 인생의 의미를 느끼기 원한다고 말한다. 그러나 헌신적인 사람이 자기 자신에게 요구하는 '평안'은 다른 존재를 위해서 사는 것이다. 어떤 이는 그 평안을 신 안에서 찾으려 하고 또 어떤 이는 타인에게 헌신하는 삶에서 찾는다.[31]

하지만 헌신을 통해 자신의 삶을 정당화하려는 태도는 문제가 있다. 일단 헌신의 대상이 자기가 요구하지도 않았던 것을 받아들이는데 나의 행복이 달려 있다면 그 대상은 짜증이 날지도 모른다. 또한 헌신을 통해서 타자의 자유를 그의 의지에 반하는 방향으로 제한한다면 타자를 위한 헌신이 되레 억압이 되어버릴 수도 있다. 너무 많은 이가 타인에게 헌신하고 싶어 하는 듯 보였기에 보부아르는 궁금했다. 억압자가 되지 않으면서 헌신한다는 것이 가능한가?[32]

이제 투명하리만치 분명해졌다. 사르트르가 제안한 것과는 다른, 자유에 대한 이해가 필요했다. 자유에 제한이 없다는 그의 견해에 동의할 수 없었다. 우리의 선택은 타자들의 선택에 제한당하고 우리 역시 그들의 선택을 제한한다. 그러므로 자유롭고자 애쓰는 것으로는 충분치 않다. 위선 없이 자유를 소중히 여기는 자라면 누구나 다른 사람의 자유도 소중히 여기고 자유를 윤리적으로 행사하는 방향으로 행동해야만 했다.[33]

보부아르는 독자들이 자기 책을 읽고서 그들의 행동이 그들의 삶속 타자들의 세계를 형성하고 행동의 조건까지 생성한다는 시각을 얻기를 바랐다. 보부아르는 이전의 정치적 무관심을 강하게 부정하는 중이었다. 하지만 이 태도가 얼마나 그녀가 마주한 상황에서 비롯된 것인지, 제2차 세계대전이라는 역사적 순간과 사생활 중에서 어느 쪽이 더 무게를 지녔는지는 분명하게 파악하기 어렵다. 보부아르는 "반드시 필요한" 연인이었는데도 사르트르와의 관계에서 괴로움을 많이 겪었다. 오랫동안 그들의 관계가 "우연한" 타자들에게 피해를 줬다는 것도 알았다. 사르트르가 비앙카에게 편지로 이별을 통보했다고 보부아르가 나무랐던 게 벌써 몇 년 전 일이고 비앙카는 이미 베르나르 랑블랭과 결혼했다. 하지만 비앙카는 전쟁 후에 다시 보부아르를 찾아왔다. 그녀는 무척 불행했다. 1945년에 보부아르는 사르트르에게 보내는 편지에 그들 두 사람이 비앙카의 고통에 책임이 있다고 썼다. 어느 날, 비앙카와 한밤중까지 애기를 나눠보고는 회한에 젖었다. "비앙카는 끔찍하고 심각한 신경쇠약으로 고통받고 있어요. 나는 우리 잘못이라고 생각해요. 그녀와 우리 사이에 있었던 일의 직접적이고 뿌리깊은 여파예요. …… 우리가 못할 짓을 했어요."34) (비앙카의 정신분석가였던 자크 라캉도 나중에 여기에 동의했다.35))

《피로스와 키네아스》는 출간되자마자 좋은 반응을 얻었다. 사실 보부아르는 《상황의 힘》(1963년)에서 그러한 호응이 "철학으로 돌아가라는 격려"였다고 했다.36) 벵자맹 콩스탕(Benjamin Constant), 헤겔, 바뤼흐 스피노자(Baruch Spinoza), 귀스타브 플로베르(Gustave Flaubert), 카프카, 칸트, 모리스 블랑쇼(Maurice Blanchot)의 논증을 절묘하게 다루면서도 그 논증을 전부 거부했다. 보부아르는 이 성공을 점령기 동안 철학에 굶주렸던 프랑스 대중 덕분이라고 평가하면서 실존주의의 발전에서 자기 역할의 중요성을 낮추어 말했다.

그 중요성을 자신은 몰랐던 걸까? 다행스럽게도 그렇지 않았음을 보여주는 1945년의 인터뷰가 남아 있다. 〈레 레트르 프랑세즈〉에서 보부아르는 대중의 철학적 빈곤 상태가 아니라 사르트르 체계의 철학적 결함에 더 집중해 있다. 보부아르가 직접 한 말을 인용해보자.

보부아르는 최초의 철학 에세이 《피로스와 키네아스》(1944년)에서 타인과 함께 살아가야만 하는 인간의 존재 원리와 관계의 윤리성을 탐구했다. 이 에세이는 보부아르의 문학 이력에서 "도덕 시대"라 불린 시기의 산물이다.

"실존주의는 어떤 윤리학도 암시하지 않습니다. 나는 실존주의에서 윤리학을 끄집어내려고 했지요. 그 윤리학을 《피로스와 키네아스》라는 에세이에서 자세히 썼고, 소설과 희곡으로도, 다시 말해 훨씬 구체적인 동시에 모호한 형식으로도 내가 찾은 답을 표현하려고 노력했습니다."[37] 그런데 보부아르는 왜 이 중대한 철학적 공헌을 회고록에서 누락했을까? 이 질문의 답을 이해하려면 보부아르가 대외적으로는 사뭇 다른 자기가 되기로 선택한 과정을 좀 더 이해할 필요가 있다.

10장

문학과 철학의
경계에서

1945~1946년

"철학자들은 '인간/남성'에 대해서 썼다.
'여성'에 대해서는 무엇을 썼나?"

Simone de Beauvoir

1945년 1월에 미 국무부는 전쟁에 임하는 자국의 노력을 널리 알리기 위해 프랑스 레지스탕스 저널리스트 8명의 미국 체류를 지원했다. 이때 카뮈가 사르트르를 초청했다. 사르트르는 뛸 듯이 기뻤다. 그는 서부 영화와 스릴러를 즐기면서 성장했고 미국의 이념을 좋아했다. 현실의 어떤 부분은 사르트르의 기대를 채워주었지만 다른 부분은 씁쓸한 뒷맛을 남겼다. 그는 미국의 인종차별과 압도적인 빈부 격차에 충격을 받았다. 그리고 뉴욕 라디오 방송국에서 어떤 기자를 만나고는 깜짝 놀랐다. 돌로레스 바네티(Dolores Vanetti)는 두 차례의 세계대전 사이에 몽파르나스에서 배우 생활을 했고 르 돔과 라 쿠폴에 드나드는 지식인들을 눈여겨보았다. 돌로레스의 목소리는 저음이었고—사르트르에겐 그 점이 중요했다.—프랑스어가 모국어였다.[1] 얼마 지나지 않아 우정은 사랑이 되었다.

보부아르는 사르트르가 미국에 가 있는 동안 소식을 별로 듣지 못했다. 〈콩바〉와 〈르 피가로〉에서 그의 기사를 읽었고 가끔 카뮈를 통해서 소식을 듣는 정도였다. 카뮈가 기사를 보낼 일이 있으면 사르트르와 통화를 했기 때문이다. 어쨌든 보부아르도 집에 없었으니 편지도 받을 수 없었다. 2월에는 이제 부부가 된 엘렌과 리오넬을 만나러

5주간 포르투갈을 방문했다. 리스본의 프랑스문화원에서 강연을 했고 〈콩바〉에 보낼 기사도 썼다. 자매는 거의 5년 만에 재회했다. 엘렌은 언니의 낡아빠진 옷과 스파르타 샌들을 보고 경악했다. 포르투갈의 생활 수준이 프랑스보다 나았다. 그래서 시몬은 새 옷과 '패밀리'를 위한 선물을 잔뜩 사 가지고 파리로 돌아왔다.[2]

3월에 사르트르는 뉴욕 체류를 5월 말까지 연장하겠다고 편지로 알려 왔다. 1945년 4월 29일에 프랑스에서 여성이 투표권을 행사하는 첫 선거가 있었다. 5월 7일에 독일은 랭스에서 항복 문서에 서명했다. 8일에는 베를린에서 서명했다. 유럽에서 전쟁이 끝났다.

6월에 사르트르는 마흔 살이 되었고 그 사실을 혐오했다. 그는 가르치는 일을 그만두고 전업 작가가 되기로 결심했다. 하지만 울적한 이유가 그것만은 아니었다. 돌로레스 바네티와의 관계가 심각해지고 있었고, 돌로레스는 자기도 남편이 있으면서 사르트르가 보부아르와 헤어지지 않으면 사귈 수 없다고 했다. 돌로레스는 사르트르가 보부아르에게 편지를 쓰면 안 된다고, 그 관계는 끝난 거라고 했다. 7월에 사르트르는 이 불공평을 더는 참지 못하고 보부아르에게 편지를 썼다. 보부아르는 결국 다 잘 해결될 거라고 격려의 답장을 보냈다. 8월 6일과 9일에 미국은 히로시마와 나가사키에 각각 원자폭탄을 투하했고, 일본은 항복했다.

전후에 사르트르와 보부아르의 이름은 어디서나 통했다.[3] 보부아르가 대중적으로 유명해졌고, 지식인으로서 평판이 사르트르라는 이름과 그들이 마지못해 '실존주의'라고 부르게 된 사상과 단단히 붙어 있었기 때문이다. 1945년은 보부아르의 공적 이미지에 중요한 전환점이 된 해다. 그해 여름과 가을에 사르트르와 보부아르의 소설, 강연,

희곡, 새로운 정기 간행물이 엄청나게 나왔다. 1945년 10월에는 일주일 사이에 사르트르가 그의 가장 유명한 강연을 발표하고('실존주의는 휴머니즘인가?') 보부아르의 희곡 〈쓸모없는 입들〉이 무대에 올랐고 보부아르와 사르트르가 공동 창간자로 참여한 새로운 정기 간행물 첫 호가 발행되었다. 파리의 신문 가판대에서 이제 매달 그들 지성의 결과물인 〈레 탕 모데른〉이 팔려 나갔다. 하지만 창간호 '편집장'으로는 사르트르의 이름만 올라갔다.

찰리 채플린의 1936년 작품 〈모던 타임스〉에서 제목을 따온 이 월간지는 문학, 철학, 정치 잡지였다. 2019년까지 발행된 이 잡지는 프랑스 정치계를 지배하는 마르크스주의와 기독교 담론 사이에 그만큼 절실했던 '제3의 목소리'로 말했다. 이 잡지를 통하여 사르트르와 보부아르는 시대의 당면 과제에 집중하는 '참여 지식인'이 될 수 있었다. 잡지는 굶주린 대중을 먹었다. 1944년 비시 정부 때 발행된 신문들을 정간하는 법이 통과되었다. 수백 종의 정기 간행물이 타격을 입었다. 레지스탕스 간행물(〈콩바〉, 〈리베라시옹〉)과 비점령 지역의 주류 일간지(우익은 〈르 피가로〉, 사회주의는 〈르 포퓔레르〉, 공산주의는 〈뤼마니테〉) 몇 종만 살아남았다. 나치 협력 작가들은 일종의 숙청을 당했고, 어떤 작가들은 그러한 숙청을 프랑스 "사회의 건강"을 되찾기 위한 "외과 수술"로 묘사했다.[4] 보부아르는 〈레 탕 모데른〉 편집에 참여했을 뿐 아니라 잡지에 기고한 윤리학과 정치학 에세이들을 1945년에 처음 출간했다.

그러나 사르트르와 함께 많은 일을 벌여서 안 좋은 점도 있었다. 보부아르가 1945년에 발표한 소설 《타인의 피》는 두 사람의 이야기다. 그러나 펭귄북스판 뒤표지에는 한 사람만 주인공으로 소개된다.

Les Temps Modernes

1ʳᵉ année   REVUE MENSUELLE   nᵒ 2

1ᵉʳ Novembre 1945

JEAN-PAUL SARTRE. — La nationalisation de la littérature.
VIOLETTE LEDUC. — Una mère, un parapluie, des gants.
RAYMOND ARON. — La chance du socialisme.
SIMONE DE BEAUVOIR. — Idéalisme moral et réalisme politique.
RENÉ LEIBOWITZ. — Prolégomènes à la musique contemporaine.
RICHARD WRIGHT. — Le feu dans la nuée (fin).

TÉMOIGNAGES
LÉON AREGA. — Évasion.

VIES
Vie d'un Juif.

EXPOSÉS
MAURICE MERLEAU-PONTY, CLAUDE LEFORT
SIMONE DE BEAUVOIR, PONTALIS.

VARIÉTÉS
SCIPION, PONTALIS.

TM

Rédaction, administration : 5, rue Sébastien-Bottin, Paris

사르트르와 보부아르가 공동 창간한 정기 간행물 〈레 탕 모데른〉 2호. 사르트
르, 르뒤크, 아롱, 보부아르, 라이트 등 진보 지식인들의 문학, 정치, 철학 대담
을 주로 실었다. 보부아르는 〈레 탕 모데른〉의 편집에 참여하고 글을 발표하
여 현실 문제에 적극적으로 목소리를 냈다.

부르주아 출신이지만 나치 점령기에 애국심 넘치는 리더가 된 청년 장 블로마르는 사랑하는 여인 엘렌의 임종을 밤새 지킨다. 두 사람이 그때까지 어떻게 살아왔는가가 회상으로 전개되고, 장은 새벽 동이 틀 무렵 중대한 결심에 직면한다.

점령기에 집필하고 1945년에 발표한 《타인의 피》는 프랑스 레지스탕스의 고통과 가족의 죄에 집착하고 분노하는 한 남자의 절망과 각성을 보여준다. 시몬 드 보부아르가 타자에 대한 책임과 개인의 행복을 조화시키려는 실존주의자의 노력을 무척 인상적으로 극화한 작품이다.[5]

이 소개글대로라면 작품은 '한 남자의' 각성 이야기다. 엘렌은 그저 죽기 위해서 등장할 뿐, 주인공의 선택과 행동이라는 드라마를 고양할 개인적 비극을 수동적으로 제공하는 인물이다. 하지만 이 소설은 한 사람의 각성을 넘어서는 이야기를 담고 있다. 엘렌도 타자에 대한 자신의 책임을 발견한다. 다만 이 발견을 가로막는 장애물은 남성 주인공이 직면하는 장애물과 다르다.

미국 문학자 빅터 브롬버트는 이 소설을 보부아르가 "극화한" "실존주의적 신념의 성무일도서"라고 했다. 하지만 《타인의 피》는 사르트르의 철학이 아니라 보부아르의 철학을 적용하거나 극화한 작품이다. 이 소설은 《제2의 성》에서 다뤄질 주제들을 예고한다. 특히 여성의 행동 방식, 남성과 여성이 개인으로서 사랑을 경험하는 방식의 차이 등등.

소설 앞부분에서 엘렌은 장을 사랑함으로써 자기 삶이 '정당화'될 수 있다고 생각해서 그를 사랑하려 한다. 그러나 나이가 들면서—"여성이 되어 가면서"—"보답을 바랄 수 없는 사랑에 더는 만족할 수 없다."[6] 장도 엘렌의 연애 초 감정의 연약함을 안다. 그는 "희미한 애정밖에 줄 수 없기에" 자신이 엘렌의 인생에서 유일한 이유가 되기를 원치 않는다. 장은 자신의 사랑이 엘렌을 가두어놓았음을 깨닫는다.[7]

이 사랑은 두 사람 모두에게 만족스럽지 않다. 장은 인생에서 "사랑은 단 하나가 아니다."라고 생각하기에 엘렌의 요구에 숨이 막힌다.[8] 엘렌은 타자에 대한 책임이라는 현실에 "눈을 뜨면서" 자기 인생에서 사랑이 차지하는 위치를 달리 보게 된다.

나중에 보부아르는 작가의 사명은 "개인이 자신의 자유를 걸고 살아가는 세계와 맺는 관계를 극의 형식으로 기술하는 것"이라고 썼다.[9] 그러나 세상은 여성에게 남성을 대할 때와는 다른 이상과 제약을 내세운다. 보부아르는 엘렌의 각성과 장의 각성을 나란히 보여줌으로써, 여성은 남성처럼 존중을 받지 못하고 존중을 요구하지도 않는 불공평성을 생생하게 그려냈다. 일례로 장의 어머니는 늘 "미안하다고 하고", 사과를 하고, 자리를 덜 차지하려고 애쓴다.[10] 반대로 장은 자기가 지상에서 자리를 차지하고 산다는 것을 안다.[11] 소설에서 시종일관 여성들은 함께 등장하는 남성 인물에 비해 공간과 대화를 덜 차지한다. 엘렌은 장이 친구 폴과는 "사나이 대 사나이로서" 얘기하지만 자신은 그들에게 "변덕스럽고 얄팍한 계집애"에 불과하다는 것을 눈치챈다.[12] 그리고 폴의 위선을 비난한다. "넌 다른 사람들의 자유를 썩 존중하는 것처럼 나에게 말하곤 했지. 그런 네가 나 대신 결정을 내리고 나를 물건 취급하고 있잖아."[13]

이 소설은 또한 성에 접근하는 두 남성의 태도를 보여준다. 한 사람은 여성을 대상화하지만 다른 한 명은 그렇지 않다. 장은 자신의

품 안에서 웃는 연인을 온전한 인격체로 받아들이고 자신의 의식과 상대의 의식이 이루는 일체감을 즐긴다. 반면 마르셀은 "상대를 완전히 대상으로 바라보지 않고서는 신체 접촉을 참을 수가 없다."[14]

보부아르는 두 번째 회고록 《생의 한창때》에서 이 작품에 대한 생각을 밝혔다. "살인이 해결책은 아니기 때문에" 《초대받은 여자》는 만족스럽지 않았다. 《피로스와 키네아스》, 《타인의 피》에서는 "우리가 타인들과 맺는 관계를 정의해보려고" 했다. "우리는 좋든 싫든 타인의 운명에 영향을 끼치고, 이 사실이 함축하는 책임을 직시해야 한다."[15] 《타인의 피》에는 도스토옙스키의 《카라마조프가의 형제들》에서 발췌한 문장이 제사로 붙어 있다. "우리 각자는 모든 사람에게, 그리고 모든 것에 책임이 있다." 이 책은 나탈리 소로킨에게 헌정되었다.

보부아르는 훗날 자신의 독창성을 옹호하면서부터 《타인의 피》가 어떻게 수용되었는가를 돌아보았다. 보부아르는 《상황의 힘》에서 이 소설의 중심 주제가 "나에게는 이 삶이 나의 자유로 여겨지지만 나와 접촉하는 타인들에게는 일종의 대상으로 여겨지는 역설"이라고 했다. 또한 작가의 의도가 "대중에겐 명백히 보이지 않았기에 이 책은 '레지스탕스 소설'이자 '실존주의 소설'로 분류되었다."고 했다. 독자들이 보부아르의 작품을 '명제 소설'*로 보았다면 안타까운 일이다. 또한 소설이 사르트르의 철학에 근거한다고 보았다면 안타깝다 못해 경을 칠 일이다.

'실존주의자'라는 단어는 가톨릭 철학자이자 극작가 가브리엘 마

명제 소설(roman à thèse) 작가가 특정한 사상이나 학설을 독자에게 적극적으로 제시하고 선전하려는 목적으로 쓴 소설.

르셀*이 사르트르의 철학을 언급하면서 처음 쓴 말이다. 보부아르는 사람들이 자신도 싸잡아 그 딱지를 붙이는 데 반대했다. 자신은 이 소설을 쓸 때 그런 단어가 있는 줄도 몰랐고 "사유 체계가 아니라 자신의 경험에서" 영감을 얻었다고 밝혔다.[16] 《전쟁 일기》에 실린 《타인의 피》 초기 메모를 살펴봐도 "의식이 사랑을 통하여 인식에 이를 수 있다는 환상"에 빠진 여성 캐릭터를 보여주고 싶었다는 의도는 명백하다.[17]

10월 29일에 보부아르의 유일한 희곡 〈쓸모없는 입들〉이 파리 카르푸르 극장에 자선 공연으로 무대에 올랐다. 중세 플랑드르 지방의 보셀이라는 가상의 도시 국가가 극의 배경이다. 보셀 주민들은 부르고뉴 공에 대적해 반란을 일으킨다. 극은 적군에 포위된 상태가 장기간 지속되면서 주민들이 굶어 죽어 가는 장면으로 시작한다. 지도자는 도시를 지키기 위해 '쓸모없는 입들', 즉 여성, 아이, 노인을 추방하기로 한다. 식량이 부족하니 일하고 싸울 수 있는 사람만 먹이겠다는 것이다. 이 도시 이름은 프랑스어로 '보-텔(vaut-elle)'이라고 발음되는데, 즉 "그녀는 가치가 있는가?"라는 물음과 거의 똑같이 들린다.

《제2의 성》(1949년)과 《노년》(1970년)처럼 유명한 저작들이 나오기 이전에 보부아르의 희곡은 단지 여성, 아이, 노인이라는 이유로 쓸모없이 여겨지는 사람들이 있음을 보여주었다. 또한 보부아르의 저작 상당수가 그렇듯이 모든 사랑과 헌신은 '감옥'인지 묻는다. 등장인물

가브리엘 마르셀(Gabriel Marcel, 1889~1973년) 유신론적 실존주의의 대표적 사상가. 무신론을 주장한 사르트르와는 반대로 신은 객체화될 수 없는 참된 실재이며, 신을 중심으로 한 인간관계에서 나와 타인의 자유가 실현된다고 보았다.

중 한 명인 장피에르는 아내를 '받기를' 원치 않는다. "아내를 주겠다고요? 내가 그 여자를 감금하고 오직 나만이 그 여자가 차지한 세상의 몫 전부라고 말하는 데 동의할 것 같습니까? 나는 간수의 영혼을 지닌 사람이 아닙니다." 극이 전개되면서 장피에르와 클라리스는 다른 '사랑'이 가능하다고 깨닫는다. 장피에르가 사랑을 고백하자 클라리스는 묻는다.

> 클라리스: 이 지상에서 어떻게 사랑을 하나요?
> 장피에르: 우리가 같이 애써봅시다.[18]

보부아르는 이 작품을 어머니에게 헌정하고[19] 첫날 공연 수익은 독일 수용소에서 부모를 잃고 고아가 된 아이들을 지원하는 데 썼다.[20]

나중에 보부아르는 평론가들이 〈쓸모없는 입들〉에 매우 적대적이었다고 회상한다. "일간지들은 거의 만장일치로 나를 찢어발겼다."[21] 일부 평론이 비판적이었던 것은 사실이다. 특히 연출에 대해 말이 많았다. 또한 메시지를 너무 강요한다거나 "극보다 사상이 더 두드러진다."는 평도 있었다.[22] 하지만 전부 그렇지는 않았다. "어떻게 파리 전체를 통틀어 이 희곡을 상연하고 싶다고 다투는 연출가가 최소 열 명도 안 될 수 있나? 일말의 정의가 살아 있고 관객이 안목이 있다면 〈쓸모없는 입들〉은 라 샤펠 대로에서 성공을 거둘 것이다."[23]

〈쓸모없는 입들〉이 상연된 1945년 10월 29일, 사르트르는 파리의 다른 동네에서 그 유명한 '실존주의는 휴머니즘인가?'를 강연했다. 강연 장소인 맹트낭 클럽은 협소한데도 원래는 거의 텅텅 비는 곳이었다. 사르트르가 그곳에 도착했을 때는 꽤 많은 사람이 입장 대기 중이었기에 그는 자기가 잘해낼 수 있을지 긴장했다. 마침내 연단에 오른 그는 "실존주의"라는 말이 유행하는데 아무도 이 말의 뜻을 모른다고 했다. 기독교인들은 이 단어가 무신론적이고 부도덕하다고 생각하고, 공산주의자들은 허무주의와 비슷하다고 생각한다. 하지만 둘 다 아니라고 사르트르는 말했다. 그의 견해를 반박하는 이들은 자유를 직시하기보다 자기 기만 속에 머물기를 더 좋아하기 때문에 그러는 것이다. 그는 말했다. "실존은 본질에 앞선다." 우리는 우리가 만드는 것일 뿐이다. (나중에 《실존주의는 휴머니즘이다》라는 제목으로도 출간된) 그날 밤 강연은 프랑스 실존주의의 표준구(標準句)가 되었다.

맹트낭 클럽 강연이 끝난 지 얼마 지나지 않아 또 다른 강연이 열렸다. 그리 기억에 남지 못했을지언정 그 강연 역시 실존주의의 밤이었다. 장 발이 실존주의의 역사를 짧게 소개했고, 다른 철학자들이 질의응답에 참여했다. 니콜라이 베르댜예프(Nikolay Berdyayev), 조르주 귀르비치(Georges Gurvitch), 에마뉘엘 레비나스(Emmanuel Lévinas)는 키르케고르, 후설, 하이데거가 실존주의에 끼친 영향을 논했다.[24] 이어서 12월 11일에 있었던 강연은 더욱더 기억에 남지 못했다. 시몬 드 보부아르가 '소설과 형이상학'이라는 제목으로 진행한 강연이다.[25]

사르트르의 맹트낭 클럽 강연은 전후 파리 지식인 사회의 대표적 사건으로 남았지만 보부아르의 강연은 그렇지 못했다. 자서전에도 이 강연 얘기는 별로 없다. 보부아르는 문학과 철학의 경계를 시험하는 중이었고 자신이 그러는 이유를 철학적으로 밝혔다. 사람들이 주목하기 시작했고 몇몇은 동의를 표했다. 1945년 초에 메를로퐁티는 《초대받은 여자》가 새로운 방식의 철학하기라는 논지로 에세이를 발

표했다.[26]

하지만 《타인의 피》와 〈쓸모없는 입들〉이 초반부터 성공을 거두었는데도 철학을 위해 문학을 희생한다는 비판이 나오기 시작했다. 철학자 모리스 블랑쇼는 언론에서 《초대받은 여자》가 철학적으로 풍부하면서도 독자에게 결론을 강요하지 않고 절묘한 애매성을 유지한다고 칭찬했다. 그렇지만 그는 《타인의 피》를 '명제 소설'로 치부했는데, 사실 블랑쇼만 그랬던 것도 아니다. 그래서 보부아르는 '소설과 형이상학' 강연에서 문학과 철학을 조화시키려는 시도를 개인적이면서도 철학적인 언어로 옹호하면서 비판에 답했다. 보부아르는 먼저 "나는 열여덟 살 때"라는 말로 입을 열었다.

……굉장히 많이 읽었다. 오직 그 나이대에만 가능한 순진함과 열정으로 엄청나게 읽어댔다. 소설을 펼치면 정말로 새로운 세계, 독특한 성격의 인물과 사건이 넘쳐나는 구체적이고 현세적인 세계로 들어갔다. 철학 책은 나를 지상의 가시적인 것들 너머, 시간을 초월한 천국의 평온으로 데려갔다. …… 진리를 어디서 찾아야 했을까? 지상에서, 아니면 영원에서? 나는 갈등했다.

보부아르는 문학이 "실제 경험만큼 온전하고도 혼란스러운 상상의 경험"을 줄 수 있기 때문에 소설을 선택했다.[27] 철학 책은 독자가 특정 상황에서 전개되는 다양한 시각을 보게 만들기보다는 대체로 저자의 관점을 따라오게끔 종용하거나 설득하는 추상적 어조를 띤다. 그런데 보부아르의 말마따나 형이상학적 소설은 독자의 자유에 '호소'한다.

그다음으로 보부아르는 철학과 문학의 만남이 명제 소설이라는 비판을 으레 불러온다는 점을 지적했다. 도스토옙스키도 《카라마조프가의 형제들》로 철학 논문을 썼다는 비판을 받았다. 키르케고르도 철학자가 인간 경험의 주관적 측면과 개인의 내면 생활을 더 많이 고려할수록 개인이 자기 자신이 되는 독특한 경험을 문학으로 더 많이 나타낸다는 보부아르의 관점을 증명해 보였다. 플라톤조차 두 유혹 앞에서 갈등했다. 《국가》라는 대화 편에서 시인은 추방당해야 할 부류지만(예술이 시민을 타락시킨다는 우려 때문에) 바로 그 대화 편에서도 우리가 선을 추구하게끔 고양하는 예술의 힘은 찬양을 받는다. (결국 이 서양 철학사의 거인도 대화 편을—즉 문학의 형식을 빌린 글을—쓰지 않았는가.)[28]

1945년 이후로—훗날 그들의 "실존주의 공세"라 칭하게 될 그해—사르트르와 보부아르는 유명세를 피할 수 없었다. 프랑스에서는 카페에 앉아 있으면 사람들이 구경을 하고 거리에서 무방비 상태로 사진을 찍히기 일쑤였다. 미국에서도 사르트르와 보부아르는 〈보그〉, 〈하퍼스바자〉, 〈애틀랜틱 먼슬리〉에 실렸다. 사르트르는 우상이었지만 관습에 얽매이지 않는 매력적인 여성이 그의 옆에 있었기 때문에 더 흥미로운 인물이 되었다. 보부아르는 "사르트르의 실존주의보다 좀 더 신중하게 숙고하여 구성된"[29] 실존주의를 설명하는 에세이를 썼다. 그러나 철학사의 중요한 순간에 보부아르가 지적으로 공헌한 부분, 그녀가 사르트르에게 동의하지 않았던 부분은 끈질기게 무시당했다. 1945년 전후에 나온 선정적인 타블로이드지 〈사메디 수아르〉는 보부아르를 "라 그랑드 사르트뢰즈"*, "노트르담 드 사르트르"라고 조롱했다.

대중은 그들을 떼려야 뗄 수 없는 사이로 보았다. 하지만 보부아르는 사르트르의 '우연한' 관계 중에서도 유독 골치 아픈 경우에 휘말려 괴롭고 "당황스러웠다."[30] 1970년대에 보부아르와 사르트르가 함께 인터뷰를 한 적이 있다. 사르트르가 만났던 다른 여자들 얘기가 나왔을 때 보부아르는 사르트르가 돌로레스 바네티에게 집착해서 놀랐다고 대답했다. 그는 〈레 탕 모데른〉 창간호를 '돌로레스에게' 헌정했고 1945년 크리스마스를 보부아르와 보내는 대신 12월 12일에 미국으로 떠나 돌로레스와 두 달을 함께 보냈다. 디어드레이 베어는 1982년에 돌로레스에 대해서 물었더니 보부아르가 "동요하고 감정적이 되었다."고 전한다.[31] 하지만 이런 진술이 알려주는 바는 거의 없다. 어떤 동요, 어떤 감정 말인가? 30년이 지났어도 살아 있는 질투 혹은 슬픔? 아니면, 그때까지도 사르트르와 다른 여자들에 관해서 질문을 받는 상황에 대한 동요나 분노였을까?

1945년 12월 보부아르는 〈레 탕 모데른〉에 '실존주의와 사회적 통념'이라는 제목의 에세이를 기고했다. 실존주의는 인간의 타락과 죽음을 불건전하게 과장하는 염세적 철학이라는 비판에 줄곧 시달렸다. 그래서 보부아르는 인간의 비참함과 피할 수 없는 죽음에 주목하는 태도, 우리가 왜 태어났고 무엇을 하고 있나, 고통의 의미는 무엇인가 같은 질문은 실존주의만의 새로운 면모가 아니라고 냉정하게 지적한다.[32] 실존주의자가 되면 뭐가 좋으냐는 질문도 지겨워지기 시작했다. 철학자에게 그런 질문을 하다니 이상하지 않은가. "칸트나 헤겔

---

* '사르트르(Sartre)'와 '샤르트르(Chartres)'의 발음이 비슷한 데 착안했다. '샤르트뢰즈(Chartreuse, 샤르트르 수녀회 수녀)'를 비틀어 '사르트르를 섬기는 고참 수녀'라고 조롱한 것이다.

도 칸트주의자나 헤겔주의자가 되면 뭐가 좋은지 스스로 묻지 않았을 것이다. 그들은 진리를 사유한다고 생각했을 뿐, 그 이상을 바라지 않았다. 진리 그 자체 말고는 목적이 없었다."[33]

보부아르가 보았던 진실은, 사람들이 변명으로 자유에서 도피한다는 것이었다. 사르트르가 《존재와 무》에서 표현한 염세주의는 프랑스 모럴리스트* 전통의 염세주의와 매우 흡사하다. 그 전통에는 파스칼과 라 로슈푸코 같은 유명 작가들이 포함된다. 파스칼은 인간이 매우 '비참한' 것과 매우 '위대한' 것 둘 다 가능하지만 전자에 더 치우친다고 보았다. 그래서 파스칼에게는 '미제라빌리스트(miserabiliste, 비참한 모습을 드러내는 작가)'라는 별명이 붙었고 빅토르 위고의 《레 미제라블》─비참한 사람들─같은 작품과도 맥이 닿는다. 라 로슈푸코의 염세적인 《잠언집》 역시 인간의 자기애에 대한 환멸을 전염병 수준의 나르시시즘적인 망상으로 묘사한다. 라 로슈푸코는 자선조차 위장된 사리사욕이라고 보았다.

자국 문화에 조예가 깊은 프랑스 독자라면 사르트르가 생각하는 인간 조건을 그리 희망적으로 보지 않을 것이다. 그러기에는 이미 비참과 절망을 말하는 철학자들을 너무 많이 봤으니까. 보부아르는 오히려 실존주의가 "그토록 많은 격분을 자아냈다"는 사실에 놀랐다. "인간의 비참이라는 주제는 전혀 새롭지 않다. 교부 철학자들, 파스칼, 자크베니뉴 보쉬에, 장바티스트 마시용, 설교자, 사제, 기독교 전통 전체가 수백 년간 인간에게 비참한 기분을 불어넣고자 최선을 다했다." 세속 모럴리스트들도 예의범절과 관습을 공격했다. "라 로슈

모럴리스트(moralist) 16~18세기에 인간의 존재 방식과 인간성을 성찰하여 도덕적인 삶의 방식을 탐구한 프랑스의 사상가들을 가리킨다.

푸코, 라 퐁텐, 생시몽, 샹포르, 모파상은 저마다 앞다투어 인간의 저열함, 무익함, 위선을 고발했다."[34]

보부아르가 제대로 보았다. 기독교와 모럴리스트는 실존의 애매성에 대하여 둘 다 '변명'으로 답했다. 죄를 짓거나 사리사욕에 휘둘리는 것이 '본성'이라면 인간은 불의를 저지르지 않는 방향으로 자유를 행사하기보다 자기는 원래 이 모양으로 태어났다고 편하게 생각해버릴 것이다. 사르트르가 지배를 욕망하는 것이 인간의 '본성'이라고 생각했다면 사실상 우리를 억압하는 자들과 더불어 사는 삶에서 벗어날 탈출구는 없다. 그런데 보부아르의 철학은 "거짓과 체념의 위안"을 거부한다. 지배 혹은 복종이 그저 인간의 본성이라는 생각은 변명일 뿐이다.[35]

사람들은 덕(virtue)을 쉽게 생각하고 싶어 한다. …… 또한 덕이 불가능하다는 생각을 별로 심란해하지 않고 체념하듯 받아들인다. 덕이 가능하지만 어려울 수 있다고 보려 하지는 않고 말이다.[36]

기독교인, 세속 철학자, 모럴리스트, 마르크스주의자를 막론하고 모든 종류의 결정론은 인간에게서 자유라는 짐을 덜어준다. 그리고 자유를 윤리적으로 사용하려는 노력의 부담도 그만큼 덜어준다.

보부아르는 일종의 특권을 얻었고 그 특권을 남들을 위해서 쓸 기회도 얻었다. 1945년 가을 어느 날 샹젤리제에서 영화관 입장권을 사려고 친구와 줄을 서 있었는데 친구가 아는 사람을 우연히 만났다. 비올레트 르뒤크*라는 작가 지망생이었다. 며칠 후 르뒤크는 보부아르에게 자기 원고를 보여주었다. 보부아르는 절반은 앉은 자리에서

다 읽었지만 나머지 절반은 뒷심이 딸린다고 말했다. 르뒤크가 원고를 고쳐 오자 보부아르는 매우 흡족하게 읽고 카뮈에게 출판을 제안했다. 그 소설 《질식》은 보부아르의 추천사를 달고 출간되었다.[37] 보부아르는 그 후로도 르뒤크의 인생과 작품에 중요한 역할을 하게 된다.

사르트르가 없는 동안 보부아르는 계속 다음 소설 《모든 사람은 죽는다》를 작업하는 한편 사르트르의 강연 '실존주의는 휴머니즘인가?'를 《실존주의는 휴머니즘이다》라는 책으로 편집하고 있었다. 나탈리 소로킨은 보부아르와 루이지안 호텔에서 지냈다. 나탈리는 임신중이었고 미군 남자친구와 곧 캘리포니아로 이주할 계획이었다. 보부아르는 사르트르에게 "나탈리는 상냥하고 온화하며 아이가 잘 자라듯 얼굴이 피었어요."라고 편지를 썼다.[38] 보스트와는 계속 연인 관계였지만 보스트는 기자라는 직업상 출장이 잦았고 이 관계에서 사르트르의 그림자를—비록 사르트르가 함께하는 경우는 거의 없었지만—무겁게 느끼기 시작했다.

보부아르는 메제브에서 보스트, 올가, 완다와 크리스마스를 보냈다. 그해의 눈부신 성공을 생각하면 이 스키장에서 보낸 휴가가 "(올해) 최고의 순간 중 하나"였다는 말이 뭔가 흥미롭다. 대중적 성공이 꼭 개인적 만족을 안겨주지는 않았다. 오랜 세월 함께한 친구들, 상쾌한 공기를 숨 쉬는 고독이 좋았다. 1월 중순에 파리로 돌아오니 급격한 변화가 실감났다. 스키장에서 사르트르에게 이렇게 편지를 썼다. "나들이복을 입고 머리 손질을 마쳤어요. 오늘은 내가 유난히 말

비올레트 르뒤크(Violette Leduc, 1907~1972년) 프랑스의 작가. 사생아이자 레즈비언이던 자신의 경험을 솔직하고 대담하게 쓴 소설로 유명하다. 보부아르는 그녀의 원고를 가장 열정적으로 읽어주는 멘토였다.

쑥해 보였죠. 얼굴이 잘 그을린 데다가 마음이 편해서 낯빛이 확 피었거든요. 파리에서 내 얼굴하고는 아예 딴판이네요."[39] 보부아르는 튀니지행 비행기를 기다리면서 사르트르에게 스키장까지 유명세가 따라온 일화를 전했다. "나도 진짜 유명해진 거 알아요? 스키장에서 일하는 여자분이 코스(코사키에비치) 자매에게 그러더래요. '보부아르 양이 그렇게 유명해요? 손님들이 자꾸 나한테 와서 진짜 보부아르 양이 맞는지 물어봐 달라고 해요.'"[40]

그로부터 한 달간 사르트르는 보부아르의 편지를 받지 못했다. 그는 소식을 기다리면서 튀니지에서 편지를 '여러 통' 보냈지만 둘 다 여행 중이었으므로 '우체국 유치 우편'을 이용해야만 했고 서로 어긋날 때가 많았다.[41] 뉴욕에서 사르트르는 보부아르의 소설 때문에 골치가 좀 아팠다. 돌로레스는 레비스트로스에게 사르트르를 좋게 생각하는지 물어보았다. 레비스트로스는 돌로레스와 사르트르가 연애 중이라는 사실을 모르는 체하면서 《초대받은 여자》를 읽고서 어떻게 그 작자를 좋아할 수 있겠습니까? '더러운 잡놈'이에요."라고 대답했다. (사르트르는 보부아르에게 이렇게 썼다. "내 초상을 아주 잘 그려줘서 고맙군요, 나의 보석 같은 사람."[42])

그 사이에 보부아르는 튀니스와 알제에서 강연을 했다. 알제리 청중의 열광을 보면서 실존주의의 "맹렬한 성공"이 믿기지 않았다. 하지만 사르트르의 편지가 그리웠고, 파리로 돌아가니 보스트는 이탈리아에 있었다. 나탈리는 미국으로 영영 떠났으며 사르트르는 아직도 뉴욕에 체류 중이었다. 게다가 사람들이 사르트르와 돌로레스를 두고 수군대기 시작했다. 사르트르는 돌로레스를 세상 그 누구보다 놀라운 여인이라고 부르고 있었다. 그의 전기 작가 아니 코엔솔랄조차

이 시기 사르트르의 행동은 "미쳤고, 변태적이고, 냉소적이고, 기회주의적이고, 잔인하고, 가학적인 건지 아니면 그저 멍청한 건지" 모르겠다고 썼다.[43]

사르트르는 아직 저작이 단 한 권도 영어로 출간되지 않았는데도 뉴욕에서 공개적인 환영과 축하를 받았다. 〈타임〉은 "맨해튼으로 날아온" 파리의 "사자 같은 문인"에 대해서 특별 기사를 냈다. 이 기사는 《존재와 무》를 실존주의의 "성서"로 묘사했고, 시몬 드 보부아르는 이 유파의 "가장 중요한 사도"로 소개했다.[44]

보부아르가 대서양 건너편 사정을 알았더라면 최악을 두려워해야 할 만도 하다고 느꼈을 것이다. 사르트르가 보부아르에게 보여주는 얼굴은 뉴욕 생활과 미국에서의 연애를 즐기면서도 돌로레스의 애정에 '겁먹은' 표정이었다. 그는 돌로레스의 열정과 거리를 두고 있는 것처럼 말했다.[45] 하지만 실은 돌로레스가 이혼을 추진하는 중이었고 컬럼비아대학은 사르트르에게 2년짜리 자리를 제안했으며 그는 돌로레스에게 결혼하자고 말한 터였다.[46]

사르트르는 컬럼비아대학 자리를 고사했고 돌로레스의 이혼은 시간이 걸릴 터였다. 그래서 두 사람은 일단 사르트르가 프랑스로 돌아가고 그해 안에 다시 만나 함께 지내기로 했다. 하지만 나중 일을 누가 알랴?

보부아르는 2월에 파리로 돌아와 《애매성의 윤리를 위하여》 집필에 착수했고 〈레 탕 모데른〉에 '눈에는 눈'이라는 기고문을 실었다. 전쟁이 끝나고 홀로코스트의 참상이 만천하에 드러났다. '눈에는 눈'은 처벌과 복수, 책임과 용서를 섬세하게 다룬 글이다. 보부아르는 인간이 근본적으로 애매하다고, 인간은 주체이자 대상이고 의식이자 물질이라고 보았다. "절대 악"은 타자들도 주체임을 인정하기 거부하고 고문하거나 죽여도 되는 대상으로만 보는 것이다.[47]

3월 15일에 사르트르는 뉴욕을 떠나 파리로 돌아왔다. 그가 돌아와서 '돌로레스가 이랬네', '돌로레스가 저랬네' 퍼부어대자 보부아르는 일에 집중하기가 힘들어졌다. 한두 시간 같이 있었을 뿐인데 머리가 아프고 정신이 자꾸 딴 데 팔렸다.[48] 1946년 4월에는 화가 단단히 났다. 사르트르는 보부아르와도 이룰 수 없었던 조화를 돌로레스와 이뤄냈단 말인가? 자신을 괴롭히는 불확실성을 떨치고 싶었던 보부아르는 기회를 보기도 전에 이 물음이 튀어나오고 말았다. "솔직히 당신한테 가장 중요한 사람이 누구죠? 돌로레스인가요, 나인가요?" 그들은 친구들과 점심을 먹으러 가는 길이었으므로 오래 얘기할 시간이 없었다. 사르트르는 돌로레스가 자기에게 "어마어마하게 중요한 사람"이지만 "나는 당신과 있잖아요."라고 했다.[49] 보부아르는 점심 식사 내내 마음이 무거웠다. 계약을 지키려고 함께 있겠다는 건가, 자기가 원해서 함께 있겠다는 건가? 식사 후에 사르트르가 해명을 했다. 그들은 늘 말보다 행동을 중요하게 여기지 않았던가, 지금도 똑같이 보면 되지 않나? 그는 그녀와 함께 있었다.

보부아르는 사르트르를 믿는다고 생각했다. 하지만 돌로레스에게 푹 빠진 사르트르의 모습은 충격적이었고 그 후 1946년 5월에 보부아르는 《애매성의 윤리를 위하여》를 작업하는 동안에도 계속 힘들어했다. 그녀는 철학서를 읽고 헤겔의 매개 개념을 공부했다. 자기가 지나치게 열심히 일해서 스스로 "말라 죽으라고" 바위 위에 늘어놓은 물고기처럼 느껴지는 날도 있다고 썼다.[50] 하지만 말라 죽든지 말든지 약속은 지켰다. 5월 14일까지 〈레 탕 모데른〉에 실을 글 네 편을

넘겼다.《애매성의 윤리를 위하여》머리말은 6월 1일에 발표했다.[51]

두 사람이 이제 너무 유명해져서 카페에서 일을 할 수가 없어 사르트르와 더 멀어진 기분이 들었다. 사르트르가 전해에 미국에서 지내는 동안 양아버지가 사망했고 어머니는 아들에게 같이 살지 않겠느냐고 제안했다. 사르트르는 그러겠다고 하고 보나파르트 거리 42번지 건물 4층으로 거처를 옮겼다. 생제르맹데프레 광장이 내려다보이는 집이었다. 그의 서재에서는 레 되 마고 테라스와 렌 거리의 교차로가 다 보였다.

사르트르는 어머니의 가짜 루이 16세 양식 가구와 그 밖의 것들이 있는 부르주아 세계로 다시 들어갔다. 하지만 집은 쾌적했고 그도 처음으로 장서를 모아놓는 재미를 붙였다. 망시 부인*은 아들의 옷가지를 사들였고 하녀 외제니가 사르트르의 빨래를 해주었다. 보부아르와 망시 부인은 여전히 살가운 사이가 아니었다. 이제 사르트르의 어머니는 아들과 같이 살게 된 상황을 "세 번째 결혼"처럼 생각하고 있었다.[52]

사르트르가 이사한 지 얼마 안 되어 올가가 병에 걸렸다. 원래 올가는 사르트르의 희곡 〈파리떼〉에서 배역 하나를 맡기로 했었다. 하지만 양쪽 폐가 결핵에 걸렸다. 그때 올가의 나이는 스물아홉 살이었다. 그녀는 파리 근교 도시 클리시에 있는 보종 병원에 입원해서 수술을 받고 목숨을 건졌다. 보스트는 이제 막 첫 책을 출간했지만 기쁨을 즐길 틈도 없었다. 그는 매일 올가에게 병문안을 갔고 때때로 보부아르도 동행했다.

---

* 사르트르의 어머니를 가리킨다. 1917년 사업가 조제프 망시와 재혼해서 망시 부인이 되었다.

미국에서 돌아오자마자 사르트르는 사정이 많이 달라졌다. 어느 고등사범학교 재학생이 자신을 비서로 써 달라고 편지를 보냈다. 장 코(Jean Cau)는 그때 스물한 살이었다. 사르트르는 처음에 웃어넘겼지만 결국 마음이 동해서 그를 매일 오전 세 시간만 쓰기로 했다. 장 코는 그 후 11년간 일하면서 사르트르가 쓰고 싶어 하지 않는 편지를 대신 써주고 나중에 가서는—내키지 않는 일이었지만—재정 관리도 해주었다. 망시 부인은 매일 오전 10시에 장 코를 맞이했고 그는 일단 사르트르의 우편물부터 정리했다. 사르트르도 그 시각이면 서재에 나와 "노새처럼" 일했다. 오후 1시에 사르트르는 보부아르나 다른 여자와 점심을 먹으러 나갔고 장 코는 퇴근을 했다. 오후 4시 30분에 사르트르는 보부아르를 데리고 돌아와서 서재의 보조 책상에 일감을 늘어놓고 보통 저녁 8시까지 계속 있었다.

1946년부터 1949년까지 4년이 채 안 되는 기간 동안 사르트르는—이제 어머니가 살림을 전담했고 가사 노동과 업무를 보조하는 인력도 있었으므로—저작과 기고문을 40종이나 내놓았다. 물론 보부아르도 계속 그의 원고를 편집하고 조언해줬다. 두 사람은 여전히 진행 중인 원고를 서로 보여주고 상의했다. 보부아르의 노동이 보상받지 못했다고 볼 수는 없다. 보부아르는 저술과 편집 업무로 독자적인 수익을 얻었고, 그녀의 편지를 보면 사르트르가 얻은 수익이라도 공동 수익으로 치는 부분이 있었던 듯하다(비록 그런 수익은 들어오자마자 금방 써버렸지만).53) 하지만 보부아르는 가족을 부양하느라 사르트르처럼 자기만의 공간과 업무 보조를 누릴 여유가 없었다.

보부아르의 자서전에서 사르트르가 돌로레스와 사귀던 부분을 읽다 보면 보부아르는 사르트르와 '필연적' 관계를 끝내는 편이 차라리

마음 편하지 않았을까라는 의문을 억누를 수 없다. 그들의 계약이 15년도 더 됐다는 사실은 공공연하게 알려져 있었다. 하지만 보부아르와 사르트르의 관계가 관습적 성애와 다르다는 사실은 알려져 있지 않았다. 보부아르는 《상황의 힘》에서 "(자신과) 사르트르의 유대감에 관해서는 형용할 수 없는 앎"이 있는데 단순히 이 유대감이 일반적인 여성의 인생 서사에 들어맞는 것처럼, 다시 말해 강렬한 지적 우애보다는 정식 결혼이나 내연 관계를 통해 한 남자의 인생에서 중심을 차지해야만 하는 것처럼 말하는 이들이 참 많다고 썼다.[54]

보부아르는 메를로퐁티를 다시 가끔 보기 시작했다. 원래 〈레 탕 모데른〉에서 사르트르가 맡았던 그날그날의 편집 업무를 메를로퐁티가 이어받게 됐다. 5월 6일에 보부아르는 메를로퐁티와 밥을 먹으면서 사르트르의 철학을 토론했다. 메를로퐁티는 그의 철학이 복잡다단한 현실을 제대로 조명하는 데 실패했다고 보았다. 보부아르는 일기에 그 말을 듣고 애매성에 대한 글을 마저 완성하고 싶은 충동을 느꼈다고 썼다. 하지만 너무 피곤했고, 그런 충동이 왜 드는지도 몰랐다.[55]

1946년 6월에 《애매성의 윤리를 위하여》의 머리말 초기 버전이 〈라 비랭트〉에 실렸다. 보부아르는 철학자들이 "합리적 형이상학과 위안의 윤리학으로" 현실 도피를 한다고 비판한다. "인간으로 태어나 살면서 인간 조건의 비극적인 애매성을 경험하지 않을 도리는 없다. 그리고 사유하는 철학자들이 존재하는 동안, 그중 대부분은 이 사실을 은폐하기에 급급했다."[56] 필요한 것은 변명거리를 제공하는 대신 인생의 애매성을 정면으로 바라보는 윤리학이다.

보부아르는 그달 말에 《애매성의 윤리를 위하여》를 탈고하고 다음에는 어떤 글을 쓸지 고민했다. 백지를 마주하고 멍하니 있었다. 친구이자 조각가 알베르토 자코메티가 그녀를 보고 "사나워" 보인다고 했다. 보부아르는 글을 쓰고 싶은데 뭘 써야 할지 모르겠다고 말했다. 자코메티는 "아무거나 써봐요."라고 했다. 보부아르는 자전 문학의 새 지평을 연 미셸 레리스의 소설 《성년》을 좋아했기 때문에 자기 이야기도 그렇게 한번 써보고 싶었다. 발상이 차차 얼개를 갖추었다. 메모를 좀 하고 사르트르와 얘기를 나눴다. 보부아르의 질문은 이것이었다. "내가 여성이라는 게 어떤 의미가 있을까?"

보부아르의 회고록에서 사르트르와 나눈 대화는 일종의 계시처럼 묘사된다. 《상황의 힘》에서 보부아르는 처음에는 자기가 여성이라는 사실이 별 의미가 없다고 생각했다. 열등감을 느낀 적도 없고, 본인 주장으로는 "아무도 감히 나에게 '네가 여자니까 그렇게 생각하는 거야.'라고 말하지 않았다. 나의 여성성은 어떤 식으로든 귀찮았던 적이 없다."라고 했다.[57] 사르트르는 보부아르에게 좀 더 생각해봐야 한다고 했다. 그녀가 남자아이처럼 양육받고 자란 건 아니었다. 그래서 보부아르는 그 문제를 파고들었고 그제야 비로소 세상이 얼마나 남성적인지 깨달았다. 자신의 유년기를 형성한 수많은 신화는 남자아이와 여자아이를 다르게 형성했다. 그래서 보부아르는 자서전 집필에 대한 생각을 뒤로 하고 '여성성의 신화'를 집중적으로 연구하느라 국립도서관에서 많은 시간을 보냈다. 이 작업에서는 '자신의' 여성으로서 경험이 아니라 '여성'의 조건에 초점을 맞출 생각이었다. 하지만 《제2의 성》에 보부아르와 그 측근들의 실제 경험을 연상시키는 대목이 들어 있기는 하다. 보부아르는 1941년 일기에서 이미 철학자들의 중립적이고 보편적인 척하는 태도를 비난한 적도 있다. 하지만 1940

년대에 발표한 소설과 에세이는 개인적인 것이 어느 정도까지 정치적인 것이 될 수 있는지 그녀가 아직 완전히 깨닫지 못했음을 보여준다. 철학자들은 '인간/남성'과 '인간 조건'에 대해서 썼다. '여성'에 대해서는 무엇을 썼나? '여성의 조건'이라는 것도 있는가?

어떤 이들은 회고록의 이 대목을 인용하면서 《제2의 성》의 탄생에 사르트르가 한몫을 톡톡히 했다는 식으로 말한다. 마거릿 사이먼스는 보부아르가 그 전에 여성성을 사유해보지 않았다는 생각은 완전히 잘못됐다고 지적한다. 일기, 편지, 자전적 작품과 허구적 작품의 여러 대목에서 반증을 찾을 수 있다. 생각이 깊고 주도면밀한 보부아르가 그 일화를 '의도적으로 거짓되게' 썼을 거라고 보는 사람들도 있다. 어쨌든 십 대의 보부아르는 철학의 개척자가 되기를 간절히 원했고 진로 선택을 두고 부모 앞에서 침묵시위를 벌이기도 했다. 하지만 그녀는 이 바람을 이루려면 여성에게 전통적으로 주어지는 역할 중 어떤 것과는 소원해질 수도 있다는 것을 알았다.[58] 십 대의 보부아르는 잔 메르시에 선생님에게 철학적 이성과 감정적인 면이 어떻게 공존할 수 있을지 물었다. 메르시에는 감정도 온전한 생을 이루는 부분으로 보아야 한다고 했다. 1927년 7월에 보부아르는 "여성으로 남고" 싶지만 "두뇌는 더 남성적이면 좋겠고 감성은 더 여성적이면" 좋겠다고 썼다.[59]

그로부터 십여 년 후 서른두 살이 되어 가는 보부아르는 전쟁 중에 이런 글을 썼다. "내가 완연한 성인 여성이라는 느낌이 든다. 그 여성이 어떤 사람인지 알고 싶다."[60] 사르트르에게도 자기가 정말로 관심을 두는 자신의 일면에 대해 썼다. 바로 자신의 "여성성", "나는 어떤 면에서 여성스럽고 어떤 면에서 그렇지 않은가."라는 문제였다. 그녀는 "이 문제는 내가 내 인생, 내 사유에 무엇을 기대하며 세상 속에 어떻게 위치하는가라는 문제 못지않게 앞으로 힘써 밝혀야" 한다고 했다.[61]

하지만 《상황의 힘》의 그 유명한 대목은 사르트르가 책의 아이디어를 제공했다고 말하지 않는다. 단지 그와 대화를 하면서 눈을 떴다는 얘기다. 보부아르는 먼저 레리스를 읽고 그 프로젝트와 관련한 메모를 한 다음에 자기가 착수한 작업에 대해서 사르트르와 대화를 나눴다.[62] 그의 역할은 이번에도 사유의 근원이 아니라 단지 견줄 데 없는 친구, 대화의 촉매였다. 보부아르는 나중에 '상황' 개념이 《제2의 성》을 독창적인 책으로 만들었다고 했다. 여성성을 '본질'이나 '본성'이 아니라 "문명이 특정한 생리학적 여건으로 빚어낸 상황"이라고 보았기 때문이다.[63]

1946년 여름에 보부아르와 사르트르는 스위스와 이탈리아를 함께 여행했다. 보부아르는 제네바에서 대학생들에게 강연을 했고 로잔에서는 대중 강연을 했다. 두 사람은 제네바에서 프리부르, 뇌샤텔, 바젤로 이동했다. 여행 중에 보부아르는 세 번째 소설 《모든 사람은 죽는다》 집필을 끝냈고 사르트르는 희곡 작업을 했다. 그다음에 사르트르는 완다와 시간을 보내러 떠났고 보부아르는 도시 생활에서 벗어나서 마음 편한 벗을 만나 재충전의 시간을 보낼 겸 돌로미티로 하이킹을 하러 갔다. 10월에 보부아르와 사르트르는 다시 함께 로마로 가서 평화로이 글쓰기에 전념했다.[64]

1946년 12월에 《모든 사람은 죽는다》가 책으로 나왔다. 이 작품은 내면의 열정이 이끄는 대로 전개되지 않고 전반적인 역사의 플롯을 따른다는 점에서 보부아르의 다른 소설들과 자못 다르다. 이 소설은 좀 덜 알려졌는데 아마 장폴 사르트르를 연상시키는 캐릭터가 등장하지 않기 때문이리라. 《타인의 피》처럼 화자는 남성(포스카 백작)이고 그는 하룻밤이라는 시간 동안 인생을 되돌아본다. 하지만 포스카 백작은 장 블로마르와 달리 불멸의 존재다. 그는 1279년에 이탈리아에서 평범한 인간으로 태어났지만 불멸을 택했다. 불멸의 존재가 되면 역사의 지속적인 변화를 조율하고 세상의 지배자가 되어 전쟁과 기근을 없애고 평화와 번영만 이어지도록 이끌겠다고 생각했기 때문이다.

포스카의 사연은 중세 이탈리아와 16세기 독일(루터의 개혁을 둘러싼 분열과 개인의 의식이 권위를 갖게 된 여파로 들끓었던 시기) 같은 유럽사의 중요한 순간들로 짜여 있다. 13세기든 16세기든 전쟁은 있었다. 그는 사회를 개혁하고 가난한 자들을 돕기 원하지만 어느 시대든 저항에 부딪힌다. 유럽에서 희망을 잃은 포스카는 신대륙은 구세계의 전통이 강요하는 야만에 물들지 않을 거라고 생각한다. 하지만 막상 신대륙에 가보니 잉카 제국의 파괴와 남미 원주민에 대한 착취는 참혹하기 그지없다. 그는 "아프리카 흑인"과 "아메리카 야만인"은 영혼이 없기 때문에 그들의 죽음과 고통은 유럽인과 그들의 황금에 아무 문제가 되지 않는다는 말을 듣는다.[65] 그는 선을 명목으로 정당화되는 비참을 보면서 선 자체가 존재하기는 하는지 의문을 품는다.[66]

포스카는 단 한 사람에게 자신의 이야기를 털어놓는다. 자기애가 강한 20세기 여성 레지나는 불멸의 남자에게 사랑받음으로써 자신도 불멸을 얻을 수 있다는 생각에 매혹된다. 그녀는 포스카에게 사랑받으면 세상에 둘도 없는 특별한 여자가 된다고 생각하지만, 사실은 상대가 불멸의 존재인 이상 잠재적으로 무한히 많은 그의 애인 중 한 명이 될 수밖에 없다. 언젠가 죽는 존재의 진정성은 포스카나 레지나가 아니라 제3의 인물 아르망에게서 나타난다. 아르망은 자기 시간에 충실한 삶에 만족한다. 보부아르는 《모든 사람은 죽는다》가 《피로스와 키네아스》의 정신을 교훈이 아니라 "상상의 경험"으로 표현하기를 원했다.[67]

소설 속 불멸의 화자와 역사적 구조 역시 보부아르가 장차 《제2의 성》에서 전개할 "남성은 언제나 구체적인 힘들을 장악해 왔다."는 주제를 드러냈다.[68] 유명한 보부아르 연구자 엘리자베트 팔레즈(Elizabeth Fallaize)가 지적했듯이 《모든 사람은 죽는다》 속에서 여성들은 "역사가 여성들에게 한정한 주변성을 거의 우울하기만 한 양상으로 보여준다."[69] 이 소설 속에는 의존성, 강제 결혼, 사회의 소모품처럼 죽음에 방치된 여성들이 대거 등장한다. 그러나 이야기가 전개되면서 포스카가 현대와 가까운 시대에 만나는 여성들은 과학을 후원하거나 대학을 설립한다. 포스카는 그 여성들 한 사람 한 사람에게 묻는다. 사랑을 한다는 건 무슨 의미인가?

보부아르는 1940년대 초부터 역사의 문제에 천착해 왔다. 전쟁이 끝난 이후로 보부아르는 자신이 어떤 입장에 서야 하는지 고민했다. 제3차 세계대전이 이미 시작됐다고 외치는 "거짓 예언자들의 허무주의"와 함께 갈 것인가? 아니면 "방탕한 자들의 경솔함"과 함께 갈 것인가? 보부아르는 (정치적으로는) 현대 공산주의자들과 (철학적으로는) 헤겔에 반대하는 입장이었으므로 "인류"의 미래를 통합과 진보로 말할 수 없었다.[70] 그녀는 역사를 그리 낙관적으로 보지 않았다. 포스카의 이야기를 쓴 것은 결국 이 말을 하고 싶었던 것이다. "어리석은 전쟁, 혼돈의 경제, 쓸모없는 반항, 부질없는 학살, 생활 수준 면에서 개선이 없는 인구, 이 시대의 모든 것이 내게는 혼란과 제자리걸음처럼 보인다. 바로 이 점이 내가 이 시대를 택한 이유다."[71)

《모든 사람은 죽는다》가 던지는 질문은 "무엇을 해야 하는가?"가 아니라 "뭔가를 할 수는 있는가?"다.

11장

미국으로 간
파리지앵

1947~1948년

"영원한 여성성만큼
짜증스럽고 거짓된 신화는 없다."

Simone de Beauvoir

1947년 1월 25일 보부아르는 넉 달간의 미국 체류를 위해서 뉴욕행 비행기에 올랐다. 그녀는 늘 영미 문학을 사랑했다. 어린 시절에는 루이자 메이 올컷과 조지 엘리엇에게 푹 빠졌고 나중에는 헤밍웨이, 버지니아 울프, 그 밖에 아주 많은 영미권 작가를 탐독했다. 그래서 스워스모어 칼리지에서 학생들을 가르치는 프랑스 저널리스트이자 초현실주의 시인 필리프 수포(Philippe Soupault)가 시리즈 강연을 기획해서 연락을 해 오자 기뻐서 어쩔 줄 몰랐다. 당시 주미 프랑스대사관 문화 고문이던 클로드 레비스트로스는 보부아르가 체류비 지원을 받을 수 있도록 힘써주었다. 그리고 보부아르가 미국에 있는 동안 돌로레스 바네티가 파리에 올 예정이었다.

　비행기에서 내려 출입국 심사대에서 방문 목적에 대한 질문을 받았다. 비자에 '강연'이라고 적혀 있었다. 심사관은 "무엇에 대한 강연입니까?"라고 물었다. 철학이라고 보부아르가 대답했다. 공항에 나온 프랑스 대사관 문화부 직원들이 그녀에게 바닷가재 요리로 저녁을 대접하고 시내 호텔까지 안내해주었다. 공식 환영이 끝나고 나서 보부아르는 맨해튼 거리를 둘러보았다. 브로드웨이, 타임스퀘어, 월스트리트, 자유의 여신상을 상상해보곤 했지만 눈앞의 광경은 그보다

더 초현실적이었다. 보부아르는 자유를 느꼈다. 여기선 아무도 그녀를 곁눈질하지 않았다.[1]

뉴욕은 경탄할 만했다. 우편물은 메일 슈트*에 집어넣고, 자동판매기로 물건을 사고, 사람들은 보부아르와 사르트르가 좋아했던 영화 속 캐릭터처럼 말을 했다. 1930년대부터 두 사람은 미국과 소련에 모순적인 감정을 느껴 왔다. 그들은 재즈, 흑인 영가, 블루스, 미국 영화, 미국 소설을 좋아했다. 하지만 미국의 가증스럽기 그지없는 자본주의적 압제, 빈곤층에 대한 착취, 특히 흑인과 백인을 분리하고 차별하는 행태는 좋게 볼 수 없었다. 소련은 미국만큼 예술 분야에서 매력적이지 않았지만 1930년대에 그들은 소련의 사회적 실험을 우러러보았다.[2]

보부아르는 미국의 거리에 호기심과 경계심을 동시에 느꼈다. 혼자 할렘에 가보았다. 과거에 마르세유에서 히치하이킹을 하면 안 된다고 펄쩍 뛰던 친구들처럼 현지인들은 할렘에서 혼자 돌아다니지 말라고 충고했지만 말이다. 스카치도 마셔보았다. 보부아르는 "미국으로 가는 열쇠" 중 하나 같았던 그 술을 처음에는 싫어했지만 곧 맛을 들였다.[3] 영어로 통화를 하거나 호텔 리셉션에 문의를 할 때도 처음에는 긴장했지만 차츰 자신감이 붙었다.

돌로레스 바네티가 아직 프랑스로 떠나지 않은 터라 만날 약속을 잡았다. 보부아르는 그녀를 직접 만나보고 싶었고 돌로레스 쪽에서도 편집자 몇 명을 소개해주겠다고 했다. 그래서 보부아르는 5번가 셰리 네설랜드에서 저녁을 사겠다고 했다. 두 여자는 위스키를 마셨

메일 슈트 고층 건물 각 층에서 우편물을 아래로 내려보내는 통로.

다. 처음에는 서로 신경이 날카로웠지만 새벽 3시까지 얘기를 나누었다.

보부아르는 몇 달간 상상만 했던 여자를 직접 보고 나서 정말로 기분이 좋아졌다. 사르트르의 감정을 "이해했기" 때문에 기분이 좋았던 것이다.[4] "당신 감정을 알 수 있었고 당신이 그런 감정을 품었다는 사실을 존중하게 됐어요." 얼마 지나지 않아 돌로레스는 보부아르를 칵테일 파티에 초대하고 미국 신문과 잡지 관계자들에게 소개했다. 보부아르는 부수입을 얻기 위해 미국의 여성 작가들과 여성성을 다룬 글을 몇 편 썼다. 이 글들은 《제2의 성》이 출간되기 2년 전에 이미 보부아르가 현대 여성이 처한 상황을 추적하기 위해 제1차 세계대전까지 거슬러 올라갔음을 보여준다. 전시 상황은 여성들에게 돈을 벌 일자리 기회는 제공했지만 독립의 기회는 미처 제공하지 못했다는 것이다.[5]

뉴욕에서 보부아르는 리처드 라이트(Richard Wright)와 엘렌 라이트(Ellen Wright) 부부와 좋은 친구가 되었다. 이 흑백 커플은 이후로도 수십 년간 보부아르와 친구로 지냈다. 리처드 라이트는 《토박이》(1940년)와 《흑인 소년》(1945년)을 쓴 소설가다. 엘렌은 나중에 문학 에이전시를 설립했는데 보부아르는 평생 그곳과 일했다.[6] 보부아르는 1940년대에 리처드 라이트의 작품을 처음 읽었고 〈레 탕 모데른〉은 라이트의 단편 〈불과 구름〉을 창간호 지면에 싣기도 했다. 라이트는 사르트르와 보부아르가 인간의 역경을 예민하게 포착하고 그 누구와도 비슷하지 않은 글을 쓴다고 생각했다. 머지않아 보부아르는 그리니치 빌리지 찰스 스트리트에 있던 라이트 부부의 집을 자기 집처럼 여기게 되었다. 그 집의 다섯 살짜리 딸내미가 뜻밖에도 보부아르를 참 좋아했다. 라이트 부부의 친구들도 그 점은 마찬가지였다. 부부가 소개한 지식인 중에는 멕시코에서 트로츠키의 비서를 지냈고 블루스에 대한 책을 여러 권 쓴 버나드 울프(Bernard Wolfe)도 있었다. 보부아르가 진짜 재즈를 듣고 싶다고 했더니 울프는 루이 암스트롱의 카네기홀 연주회 입장권을 구해주었다.[7]

리처드 라이트는 보부아르의 지적 여정을 바꿔놓을 책도 소개했다. 1944년에 스웨덴 경제학자 군나르 뮈르달(Gunnar Myrdal)이 출간한 《미국의 딜레마: 흑인 문제와 현대 민주주의》는 그 당시 미국의 인종과 인종차별을 다룬 가장 탁월한 연구서였다. 이 책은 브라운 대 교육위원회 재판*에서 시금석으로 인용되었으며 1965년까지 총 10만 부가 팔렸다. 뮈르달은 미국의 인종 관계가 악순환에 빠졌다기보다는 이른바 '누적 원리'에서 발생한 것이라고 보았다. 뮈르달에 따르면 백인은 유색 인종을 억압해놓고는 나중에 유색 인종은 능력이 없다고 비난한다. 백인이 편견을 버리지 않거나 미국 흑인의 상황이 개선되지 않으면 이 순환 구조가 사회에 큰 피해를 입힌다. 미국의 정치적 이상, 평등, 능력주의, 기회 균등은 과거에도 그렇고 현재도 압제, 편견, 배제에 좌우되는 흑인들의 삶의 방식을 고려하지 못한다. 뮈르달은 시민권 운동이 일어나기 전에 이 책을 쓰면서 미국 백인 중에는 자기네 나라 흑인이 처한 상황을 잘 모르는 사람도 있을 거라 생각했다. 그래서 의식을 고취하는 홍보 수단의 확보가 상황 개선에 중요하다고 보았다. 누적 원리는 악순환과 달리 양방향으로 작용하기 때문

브라운 대 교육위원회 재판(1954년) 미국 남부 17개 주에서 백인과 유색 인종이 같은 공립학교에 다닐 수 없다는 주(state)법을 불법으로 판정한 미국 연방 대법원의 획기적인 판례.

이다. 바람직한 방향의 '상승'과 바람직하지 않은 방향의 '하강'은 동시에 일어날 수 있다.[8]

　미국은 새로운 사상을 환영하는 나라라는 자부심이 있었기에 보부아르도 따뜻하게 맞아주었다. 〈더 뉴요커〉는 보부아르를 인터뷰하고 미국 방문 소식을 1면에 실었다. 논평은 보부아르를 "사르트르의 여성판 지식인", "당신이 본 가장 예쁜 실존주의자"로 칭했다.[9]

　2월 중순에 보부아르는 뉴욕을 떠나 '전후 작가의 윤리적 문제들'이라는 주제로 24회에 걸친 순회 강연을 시작했다. 프랑스 여성 작가에 대한 글 두 편('여성 문학의 문제들'과 '여성 문인들')이 강연의 예고편으로 실렸다. 〈프랑스아메리크〉는 이 글들의 저자를 "철학자, 취재 기자, 소설가"로 소개했다. 여성 문학의 "문제들"은 무엇이었나? 왜 여성은 남성만큼 문학적 성취를 많이 이뤄내지 못했나? 보부아르는 여성의 한계는 선천적 능력의 부족 때문이 아니라 여성이 처한 상황 때문이라고 말한다.

　수 세기 동안 오로지 남성들만이 우리가 사는 세상을 만들어 왔다. 다시 말해, 이 세상은 남성에게 속해 있다. 그 세상에는 여성의 자리도 있지만 결코 여성에게 편한 자리는 아니다. 남성은 자연스럽게 자기가 주인이라고 생각하는 영지를 탐색한다. 그는 알고자 하는 호기심으로 세상을 연구하고, 자신의 사유로 그 세상을 지배하려 애쓰고, 예술을 매개로 삼아 그 세상을 새롭게 창조했노라 주장하기까지 한다. 아무것도 그를 저지하거나 제한하지 않는다. 그렇지만 최근 몇 년 사이에 여성의 상황은 완전히 달라졌다.[10]

여성의 상황은 최근 들어 극적인 변화를 겪었다. 투표권을 얻었을 뿐 아니라(프랑스에서 여성의 참정권이 실현된 지 얼마 되지 않은 때였다) 교육과 기회에 다가갈 수 있게 됐다는 점에서도 그랬다. 그 결과 여성은 점점 "자신에 대한 내적 앎을 심화하기" 원했고 "철학으로 눈을 돌렸다."[11] 하지만 보부아르는 넘어서야 할 것이 아직도 많다고 생각했다. 여성성이 겸손과 너무 자주 동일시되는 탓에 여성들은 과감성이 부족하고 과감한 행동의 결과를 두려워한다. 보부아르는 여자들도 어릴 때는 꽤 자율적이지만 사랑과 행복을 위해 자율을 희생하라는 식의 말을 너무 많이 들으면서 자란다고 썼다.[12]

순회 도시 중 한 곳은 시카고였는데 1박 2일 여정이었다. 거리는 눈에 덮여 있었고 '윈디 시티'(시카고의 별칭)는 과연 그 이름값을 했다. 그 도시는 너무 추워서 혼자 돌아볼 마음이 들지 않았다. 뉴욕에 있는 친구들이 보부아르에게 넬슨 올그런이라는 소설가를 소개해주었다. 거친 사내 같은 외모에 중독자와 매춘부 같은 미국의 어두운 이면을 주로 글로 쓰는 사람이라고 했다.

보부아르는 세 번이나 전화를 걸었지만 올그런의 이름을 제대로 발음하지 못해서 상대가 번번이 전화를 끊어버렸다. 결국 어떤 미국인에게 부탁해서 겨우 연락을 했고 그날 밤 두 사람은 호텔 바에서 만났다.[13] 그는 보부아르보다 한 살 어린 서른여덟 살이었고 키가 크고 늘씬했다. 보부아르는 올그런에게 미국의 빛나는 표면은 이제 많이 봐서 지겹다고 말했다. 지금까지는 특급 호텔을 전전하면서 만찬, 강연, 바닷가재 요리의 연속이었다고, 진짜 시카고가 어떤 곳인지 보여줄 수 있느냐고 물었다.

올그런은 그럴 수 있었고, 실제로 그렇게 했다. 그는 "홍등가, 싸구려 독주, 가발 쓴 무용수, 다양한 조합의 악덕"[14)으로 유명한 '시카고의 보워리(Bowery)' 거리에 보부아르를 데려갔다. 통속적인 공연을 하는 클럽에도 들렀고, 흑인 클럽에서 재즈도 들었다. 올그런은 프랑스어를 전혀 못했고 보부아르도 아직 영어가 서툴렀다. 하지만 그날 밤이 끝나기 전에 올그런은 자기가 살아온 얘기를 다 했다. 그는 디트로이트에서 태어났고 시카고 남쪽 가난한 동네에서 자랐다. 아버지는 스웨덴인이었고 어머니는 유대인이었지만 어느 쪽에도 동질감을 느끼지 못했다. 일리노이대학에서 저널리즘을 공부한 후 미국 남부를 기차로 여행했다. 한번은 텍사스에서 타자기를 훔쳐서 감옥살이도 넉 달 해봤다. 군 복무는 프랑스에서 했고 귀국해서는 뉴욕에서 잠시 지내다가 돌아왔다. 그 외에는 시카고를 떠난 적이 거의 없었다. 그는 글쓰기를 좋아했고 보부아르가 '진짜' 미국을 봐야만 한다고 생각했다.

그날 밤 헤어지면서 둘은 다음 날 또 보기로 했다. 보부아르는 알리앙스프랑세즈 관계자들과 점심을 먹고 자기를 올그런의 집 앞까지 태워 달라고 부탁했다. 관계자들은 '그' 동네에 볼일이 있다는 말에 적잖이 놀랐다. 빈 판잣집과 버려진 창고가 즐비한 동네였다. 자동차가 웨스트 와반시아 대로 1523번지에 도착했다. 올그런의 집은 너저분했고 신문과 잡동사니가 발에 채였다. 그래도 주방에는 따뜻하게 불이 피워져 있었고 침대에는 알록달록한 멕시코산 담요가 덮여 있었다. 그날은 보부아르가 침대에 가까이 다가갈 일이 없었다. 올그런은 자기 집 주변 동네를 보여주고 싶어 했다. 그들은 매서운 추위를 뚫고 돌아다니다가 따뜻한 음료로 몸을 녹였고, 그 후에 보부아르는 프랑스 영사관의 뻣뻣한 신사들과 저녁 식사를 함께 하러 가야 했다.

다음 날 아침 보부아르는 로스앤젤레스행 기차를 탔다. 이틀 후 역에 마중 나온 나탈리 소로킨과 그녀의 남편 이반 모팻(Ivan Moffat)을 만났다. 부부는 웨스트우드에서 딸 하나를 키우며 살고 있었다. 그들은 다 함께 집으로 갔고, 모팻이 아침 식사를 준비했다. 그는 시나리오 작가로 웬만큼 성공을 거두었고, 나중에는 아카데미 시상식 극본상 후보에도 오른다. 모팻은 보부아르의 소설 《모든 사람은 죽는다》를 무척 좋게 보았고 친하게 지내는 제작자 조지 스티븐스에게 추천도 했다. 그레타 가르보와 클로드 레인스 주연으로 영화화하겠다, 3만 달러를 판권료로 주겠다는 말까지 나왔다. 보부아르는 사르트르에게 "회까닥 돌 만한 얘기 아닌가요?"라고 썼다.[15] (보부아르는 이 건이 성사되어 이듬해에 다시 미국에 올 수 있기를 바랐으나 안타깝게도 영화화는 무산되었다.[16]) 나탈리와 보부아르는 곧 차를 타고 미국 여행에 나섰다. 나탈리가 모팻의 빨간색 패커드를 몰았고 보부아르는 샌프란시스코를 행선지로 정했다. 그 후에는 시에라네바다 산맥이 한눈에 들어오는 작은 도시 론 파인으로 가서 모팻과 조지 스티븐스를 만났다.

보부아르와 나탈리는 로스앤젤레스로 돌아와서 다시 그레이하운드 버스를 타고 뉴멕시코 산타페에 갔다. 두 여자는 장장 3주간 산타페, 휴스턴, 뉴올리언스, 플로리다, 뉴욕을 둘러보았다. 보부아르는 이 도시들에서 강연 일정을 소화했다. 피곤할 법한 여정이었지만 그녀는 보고 배우기를 좋아했다. 여러 도시를 돌아보면서 음료나 식사를 함께한 관계자들, 강연의 청중, 대학 관계자와 학생 들에게 궁금한 것을 물어보았다. 미국 책을 읽었고, 미국 생활에서 특기할 만한 점을 기록했다. 보부아르는 귀국 후 《미국 여행기》(1948년)를 발표했다. 이 책의 일부는 극찬이다. 뉴욕에 가보기 전까지는 "내가 다른 도

시를 파리만큼 사랑할 수 있으리라고는 상상하지 못했다."[17]

보부아르는 1947년 3월 12일에 뉴욕에 도착해서 올그런에게 편지를 보냈다. 올그런은 시카고에서 보부아르가 묵었던 호텔로 책을 몇 권 보냈지만 그녀는 체크아웃하면서 전달을 받지 못했다. 그는 그때 '시카고에 다시 올 수 있나요?'라는 메모도 남겼다고 했다. 보부아르는 자기도 잘 모른다고, 뉴욕에 강연이 여러 건 잡혀 있지만 어쩌면 4월에는 짬이 날지도 모르겠다고 했다.

순회 강연은 패션 잡지나 대학 신문에 홍보가 잘되었다. 3월 중순에 〈보그〉는 '여성성: 함정'이라는 글을 게재하면서 보부아르를 "장 폴 사르트르의 '실존주의' 철학의 수제자"로 소개했다. 이 아이러니를 보부아르가 눈치채지 못했을 리는 없다. 하지만 이 소개가 짜증 났을까? 아니면 "남자처럼 생각하는 여자", "날씬하고 잘생긴 서른여덟 살의 프랑스 여성"이라는 묘사가 짜증 났을까? 같은 잡지, 같은 호에서 앙드레 말로(André Malraux)는 "강인한 문호", "충직한 드골주의자이자 공산주의자들의 적"으로 묘사되어 있었다. (독자는 말로가 날씬한지 뚱뚱한지, 잘생겼는지 못생겼는지 전혀 알 수 없다.)

보부아르의 기고문은 '프랑스에서 여성이 새로 맡은 역할'을 다룬 글로 선전되었다. 그중 일부는 거의 토씨 하나 다르지 않게―책을 집필하는 과정에서 먼저 써놓았는지, 〈보그〉 기고문을 책에 재탕한 것인지는 모르지만―《제2의 성》에 재등장한다.[18] 회고록에서 알 수 있는 사실은, 〈보그〉 편집장 장 콩디가 보부아르가 뉴욕에서 오자마자 환영 파티를 열어줬고 보부아르는 2월 6일에 원고를 주겠노라 약속했으며 2월 12일에는 타이피스트에게 원고를 구술했다는 것이다.[19]

이 기고문에서 보부아르의 성숙한 페미니즘의 중심 주장 하나를 볼 수 있다. "영원한 여성성"만큼 "짜증스럽고 거짓된 신화는 없다. 그러한 여성성은 여성은 직관적이고 매혹적이며 섬세하다고 기술한 남자들이 여자들의 도움을 받아 만들어낸 것이다."[20] 이 여성성의 "함정"이 여성을 종종 남성보다 열등한 존재처럼 만들고 그 결과 여성은 분열을 느낀다. 보부아르는 여성성이 여성을 남성의 눈에 가치 있는 존재로 보이게 하는 것이므로 여성이 여성성을 잃으면 자신의 가치를 잃는 것처럼 두려워한다고 보았다. 자신이 중시하는 가치를 교육이나 성취를 통해서 획득한 직업인 여성이 종종 매력이나 섬세함 쪽으로 다른 여성들에게 열등감을 느낀다는—다시 말해 스스로 '덜 여성적으로' 느낀다는—생각도 들기 시작했다. 반면에 남성은 남성성을 지키기 위해 성공을 희생하거나 마음 편히 살기 위해 성취를 포기할 필요가 없다. 오로지 여성들만 이 모순에 시달렸다. "인격의 온전한 실현을 일부 포기하든가, 남성을 유혹하는 힘을 일부 포기하든가 둘 중 하나라야 했다."[21] 하지만 성공이든 유혹이든 왜 그렇게 일부를 포기해야만 얻을 수 있단 말인가?

보부아르는 미국에 있는 동안 여성을 주제로 하는 책을 위해서 기억해 두고 싶은 것들이 생겼다. 다른 문화권에서 외국인의 시각을 취하다 보니 남성과 여성은 관계를 맺는 기준 자체가 서로 다르다는 점이 눈에 들어왔다. 보부아르는 《미국 여행기》에서 실제로 미국 여성이 프랑스 여성보다 자유롭지 못하다는 데 놀랐다고 썼다. 미국에 직접 가보기 전에는 "미국 여성"을 "자유로운 여성"의 동의어처럼 생각했다. 하지만 미혼 여성은 충격적일 정도로 미국에서 존중받지 못했다. 처음에는 "미국 여성의 옷차림이 거의 성적이라고 할 만큼 여성성을 노골적으로 강조하는 데 놀랐다. 미국 잡지에서 좋은 남편을 낚는 기술에 대한 장문의 글을 읽었는데 그 수위는 프랑스 버라이어티 쇼보다 심했다." 미국에서 보부아르는 남성과 여성의 대립을 느꼈다. 남성과 여성이 서로 싫어하고 서로 온 힘을 다해 싸우는 것 같았다. "미국 남자들이 말수가 적은 경향이 있어서 더 그런 것 같다. 어쨌거나 우정에는 최소한의 대화가 필요하다. 하지만 상호 불신도 중요한 이유 중 하나다."[22]

4월 중순에 뉴욕으로 돌아간 보부아르는 워싱턴 광장 근처 브레부어트에서 지냈다. 라이트 부부와 버나드 울프도 다시 만났다. 귀국일을 5월 10일로 잡고 사르트르에게 "기분 좋은 귀환"이 될 수 있게 해달라고 편지를 썼다. 사르트르와 보스트 외에는 아무도 보고 싶지 않았다. 딱 둘만 볼 수 있게, 함께 와줄 수 있을지?

사르트르에게 할 말이 너무 많았다. 뉴욕을 근거지 삼아 하버드, 프린스턴, 예일, 메이컨 칼리지, 오벌린, 밀스 칼리지, 배서, 웰슬리, 스미스에서 강연을 했다. 하지만 대학 신문들조차 보부아르의 외모나 사르트르와의 관계를 설명하기에 급급했다. 〈데일리 프린스터니언〉은 "우아하고 매력적인 시몬 드 보부아르, 미국을 방문한 실존주의의 여성 대사"가 청중에게 "이제 작가가 현실과 괴리된 채 상아탑에서 지내는 것이 가능하기는 한가?"라고 물었다고 전했다.[23]

보부아르는 상아탑 밖에서 라이트 부부와 함께 미국을 바라보며 눈을 떴다. 셋이 같이 있으면—백인 여성 두 명과 흑인 남성 한명—택시도 잡히지 않았다. 라이트는 아비시니아 침례교회에 보부아르를 데려가 할렘의 가난한 교회가 어떤 모습인지 보여주고[24] 할렘 지역의 종교 지도자 애덤 클레이턴 파월의 정치적 설교를 듣게 했다.[25] 리처드 라이트의 소설 《토박이》는 스무 살 흑인 청년 비거 토머

20세기 미국의 인종차별 문제를 자전적 소설로 그려낸 흑인 작가 리처드 라이트. 보부아르는 흑인 억압과 차별의 현실이 여성이 처한 상황과 유사하다고 보았고, 그의 삶과 작품에서 영감을 받아 《제2의 성》을 집필했다.

스의 이야기에서, 흑인 작가 제임스 볼드원과 프란츠 파농처럼 흑인으로 산다는 것이 무엇인가라는 논의를 끌어낸다. 라이트는 보부아르가 인종 분리를 제대로 바라보게끔 도와주었다. "요람에서 무덤까지 일하고, 먹고, 사랑하고, 걷고, 춤추고, 기도하면서 자신이 흑인임을 잊을 수는 없다. 그는 백인 세계 전체의 모든 순간에 '검다'라는 단어의 의미가 나온다는 사실을 의식하게 된다."[26]

낮에는 길에서 승차 거부를 당하고 밤에는 유명인들과 만찬을 함께하면서 아무렇지도 않았을 리 없다. 한번은 (새로운 형태의 대학이자 진보의 중심지였던) 뉴스쿨에서 강연을 하고 다다이스트 마르셀 뒤샹과 식사를 한 뒤 무대 연출가 에르빈 피스카토르가 보부아르를 위해서 준비한 파티에 참석했다. 건축가 르 코르뷔지에, 작곡가 쿠르트 바일, 심지어 찰리 채플린까지 참석한 파티였다. 채플린과 나눈 대화는 즐거웠지만 상황은 이상하게 흘러갔다. 다른 손님이 와서 채플린을 실존주의자로 인정해야 한다고 말했을 때는 정말 "그로테스크했

다"고 보부아르는 사르트르에게 보내는 편지에 썼다.[27]

《미국 여행기》는 금세 번역이 되어 1952년 영국에서 영어판이 나왔다. "미국의 미스 걸리버"를 무시하는 서평들이 있었다. 1953년에는 미국에서 따로 출간됐지만 인종 분리를 다룬 부분은 삭제되었다. 보부아르의 저작은 비슷한 경우를 여러 번 겪었다. 《제2의 성》 영어판도 억압에 대한 분석이 대폭 누락되었다. 1953년에 미국 대중은 보부아르가 인종에 대해서 하는 얘기를 받아들일 준비가 되어 있지 않았다. 그렇지만 나중에 《미국 여행기》는 "미국에 대한 20세기 분석 가운데 가장 뛰어난 두 편" 중 하나로 꼽히기도 했다.[28]

4월 24일에 보부아르는 사르트르에게 파리에 도착해서 보스트를 보고 싶고, 그다음에 함께 어딘가로 가고 싶다고 썼다. 그러고 나서 넬슨 올그런에게 전화를 걸어 출발할 때까지 시간이 좀 있는데 만나러 가도 되느냐고 물었다. 보부아르는 시카고로 날아가서 사흘을—이번에는 내밀한 시간을—올그런과 보냈다. 나흘 후 뉴욕으로 돌아오니 사르트르의 편지가 와 있었다. 루이지안 호텔의 '분홍 방'을 예약해 두었고 공항 버스로 마중을 나가겠다는 내용이었다.

노동절에 버나드 울프가 데려간 파티에는 마리화나를 피우는 사람들도 있었다. 보부아르도 한번 피워보고 싶었을까? 뉴요커들은 한 대만 피워도 기분이 좋아질 거라고 했지만 여섯 대를 피워도 아무 일도 일어나지 않았다. 쾌감은커녕 짜증이 났고 홧김에 위스키를 반병이나 들이켰다. 미국인들이 되레 충격을 받았다. 보부아르는 별로 취한 것처럼 보이지도 않았다.[29]

5월 3일에 호텔로 사르트르의 편지가 도착했다. 돌로레스 때문에 일이 곤란해졌으니 뉴욕에 일주일만 더 있다가 오면 안 되겠어요? 우울하고 비 내리는 토요일에 이 편지를 받고서 보부아르는 "가슴이 찢어졌다." 오랜 불안과 눈물 바람이 되살아났다. 보부아르는 닷새 동안 답장을 쓰지 않았다. 그다음에는 그 소식에 "충격을 받았지만" 사르트르가 원하는 때보다 일찍 돌아간다는 생각이 더 "참을 수 없다"고 써서 보냈다. 좀 번거롭긴 했지만 출발일을 연기했고 5월 6일 화요일에 일정 조율을 끝냈다. 5월 18일 오전 10시 30분에 앵발리드 역에 도착할 예정이었다. 보부아르는 귀국 첫날부터 사르트르를 다른 사람과 공유하고 싶지 않았기에 "그들끼리의 시간을 충분히 오래 보낼 수 있도록 준비를 해 달라"고 당부했다. 보스트에게 보내는 추신에는 "바보 같을 정도로 그를 보고 싶어 하고"[30] 자기에게 이런 자격이 있을까 싶을 만큼 그를 많이 생각한다고 썼다.

보부아르는 다시 비행기를 타고 5월 10일 오전에 시카고에 도착했다. 보부아르와 올그런은 그날을 둘만의 '기념일'로 정했다. 11일에 올그런은 싸구려 멕시코산 반지를 보부아르의 손가락에 끼워주었다. 그녀는 그 반지를 평생 끼고 다니겠노라 약속했다.

둘은 일주일을 함께 보냈고, 그 후 시몬은 5월 17일에 파리행 비행기를 탔다. 뉴펀들랜드에 잠시 내렸을 때 올그런에게 첫 번째 편지를 썼다. 공항으로 오는 길 내내 택시에서 눈물을 흘렸지만 그 눈물은 달콤했다. "우리는 결코 깨어나지 않을 거예요. 꿈이 아니었고, 이 놀라운 실화는 이제 막 시작됐을 뿐이에요."[31] "사랑하는 소중한 시카고 남자"에게 쓴 첫 편지였다.[32] 오래지 않아 그는 "가장 애틋한 아메리칸 딜레마"가 되었다.[33]

보부아르는 파리의 아름다움이 슬픔을 달래주길 바랐고, 실제로 파리로 돌아온 다음 날은 아주 행복했다. 그러나 그날 이후로 파리는 칙칙하고 우울해 보이거나, 올그런에게 보내는 편지에 쓴 대로 파리에 마음이 닫혀버린 것 같았다. 파리에는 아직 돌로레스가 있었고 올그런은 없었다. 보부아르는 올그런에게 두 사람 중 어느 한쪽이 돈이 마련되는 대로 당장 파리에서 보자고 했다. 몸은 파리에 있는데 마음은 대서양 저편에 있는 듯 혼란스러웠다.

5월 21일에 보부아르는 책과 노트를 챙겨서 시골로 내려갔다. 슈브뢰즈 골짜기 생랑베르라는 마을에서 1.5킬로미터 떨어진 곳에 포르루아얄 데 샹 수도원이 있다. 철학자 파스칼이 한동안 지냈고 시인 장 라신이 교육을 받기도 했던 곳이다. 파리에서 보부아르는 올그런을 곁에 둘 수 없었고 사르트르는 반만 차지할 수 있었다. 평정심을 회복하려면 고독이 필요했다. 하지만 사르트르가 2주를 같이 보내자고 약속했으므로—그도 보부아르를 보고 싶어 했다.—생 랑베르와 파리를 왔다 갔다 해야 했다. 돌로레스는 앙심을 품었다. 사르트르는 약속대로 2주를 함께 보내고 파리에 있던 돌로레스 곁으로 돌아갔다. 보부아르는 주로 시골에서 지냈지만 〈레 탕 모데른〉 관련 일을 보거나 친구들을 만나러 한 주씩 파리에 가 있곤 했다.

보부아르는 지쳤고 아마 우울하기도 했을 것이다. 수면 시간이 평소보다 늘었다. 자연의 자유, 명쾌함, 진실, 시골의 "생산적 고독"을 찬양하는 라신의 "조악한" 시로 꾸며진 포르루아얄 산책로를 때때로 거닐었다. 올그런이 준 반지를 끼고 올그런이 준 빨간색 펜으로 그에게 편지를 썼다. 보부아르는 원래 반지를 끼지 않았기 때문에 친구들이 금세 눈치를 챘다. "파리의 지인들이 다들 놀랐어요."[34]

1947년 5월 말 생랑베르에서 보부아르는 한 해 전 여성에 대해서 쓴 원고—《제2의 성》의 초기 소재—를 다시 읽어보고서 하루는 무슨 글을 쓰든 누가 무슨 이유로 상관을 하겠냐는 생각이 들었다.[35] 그런 생각이 드는 날이 점점 늘었고 6월 6일에 《제2의 성》은 일단 미루고 여행기를 먼저 쓰기로 결심이 섰다. 그래서 《미국 여행기》 작업에 들어갔고 서서히 자기 속도를 되찾았다.

올그런에게 보낸 편지는 보부아르의 일상을 많이 보여준다. 어떤 글을 쓰고 있었는지, 출판사 칵테일 파티에서 누구누구를 만났는지가 드러난다. 보부아르는 올그런에게 프랑스어를 배우라고 권하면서 번역 과제처럼 문장들을 내어주고 최고의 문장들이니 좋은 자극이 될 거라 말한다. 뮈르달의 《미국의 딜레마》, 리처드 라이트와 나눈 대화가 여성에 대한 책에 어떻게 영감을 주었는지도 언급한다.[36] 뮈르달의 책은 "여성의 상황을 다루려고 착수한 책을 다시 생각해보는 계기가 됐어요. 흑인에 대한 이 대작만큼 중요한 책을 써보고 싶어요."[37] 뮈르달이 미국 내 흑인의 삶을 보여주었듯이 보부아르는 여성의 삶을 통하여 문화 속에서 발생하는 우발적 사태에 인종주의와 성차별주의가 뿌리내리는 방식을 보여주고 싶었던 것이다. 여성 차별 문제에서도 사람들은 변명 뒤에 숨어 있었다.

그러나 사르트르과 관련해서는 편지에 별 말이 없고 돌로레스에 대해서는 더욱 말을 아꼈다. 7월에 돌로레스는 르아브르에서 여객선을 타고 미국으로 떠났다. 돌로레스는 보부아르가 또 돌아오면 그땐 진짜 끝이라고 다시 최후통첩을 날렸다. 사르트르는 갈팡질팡했고, 그 점은 보부아르도 마찬가지였다. 프랑스로 돌아온 지 두 달이 됐는데 여전히 마음이 잡히지 않았다. 7월에 올그런은 만약 보부아르가 시카고로 온다면 이번엔 아예 여기에서 눌러살았으면 좋겠다고 했다. 7월 23일에 보부아르는 그럴 수 없다고 답장을 보냈다. 올그런을 좋아하지만 그에게 자기 인생을 내어줄 수는 없다고 말이다. 거짓말을 하고 싶지 않았지만 "모든 것을 내어줄 각오도 없이 자신의 뭔가를 내어준다는 게 옳은가?"라는 의문이 들어 마음이 아팠다.[38] 어쨌든 자신이 전부를 내주지 못한다는 것을 알았고, 마음 아프고 불안할지 언정 그 얘기를 분명히 하고 싶었다.

올그런은 결혼을 하자고 답장을 보냈다. 원래는 직접 만나 청혼을 하려 했지만 보부아르의 편지를 받고는 글로 써서라도 미리 자기 뜻을 분명히 밝혀야겠다고 느꼈던 것이다.

두 사람은 함께 있고 싶었지만 뭐가 문제인지 알고 있었다. 올그런은 시카고를 떠나고 싶지 않았고 보부아르는 파리를 떠나고 싶지 않았다. 올그런은 결혼을 한 적이 있지만 7년을 살았던 '진짜' 아내보다 보부아르가 더 자기 아내 같았다. 그래서 둘은 덜 관습적인 다음 단계에 동의했다. 보부아르가 미국에 가서 당분간 함께 지내기로 했다. 그다음에는 올그런이 프랑스로 올 차례였다.

8월에 보부아르와 사르트르는 코펜하겐과 스웨덴을 방문했다. 9월 6일에는 시카고행 비행기를 탔다. 사르트르는 여행 경비까지 챙겨주면서 잘 다녀오라고 했다. 올그런은 보부아르가 도착하자마자 도시를 구경시켜주었다.

나는 미국이 누구나 교외에 주택을 소유하고 컨트리클럽에 가입한 부르주아들의 나라가 아님을 보부아르에게 보여주고 싶었다. 교도소 감방을 향해서 끊임없이 질주하는 사람들, 노상강도, 포주, 좀도둑, 창녀, 헤로인 중독자 들을 보여주고 싶었다. 그들의 질주는 언제나 아래로, 더 아래로 향했다. 나는 그녀를 카운티 교도소로 데려가 전기 의자

를 보여주었다.[39]

보부아르는 집필에 참고할 메모를 했다. 그들은 시카고 피자 가게에 앉아 키안티를 마셨다. 여행을 마무리하면서 두 사람은 1948년 봄에 다시 만나 넉 달간 여행을 함께하기로 약속했다. 하지만 올그런과 헤어지고 난 후 보부아르는 엉망진창인 영어로 작별 인사를 하던 순간을 두고 "뭔가가 가슴속에서 부서졌다."고 썼다. 올그런은 여전히 결혼을 원했고 보부아르는 그를 위해 많은 것을 포기할 수 있지만 일은 포기하지 못한다고 했다. "난 사랑과 행복만 바라보고 살 수 없어요. 나의 일과 글이 의미가 있는 장소는 오직 한 곳뿐이고 거기서 일을 하고 글을 쓰는 삶은 절대 포기 못해요."[40] 보부아르 철학은 '상황' 개념에 중요성을 부여한다. 그래서 개인적 삶과 작품도 문화적 맥락이 중요하다고 보았다. 자신의 통찰이 프랑스 아닌 다른 곳에서도 통할 만큼 강력하지는 않다고 생각했을 수도 있다.

1947년 9월 말 파리로 돌아온 보부아르는 사르트르의 새로운 연애에 맞닥뜨렸다. 돌로레스의 위세는 꺾였다. 그의 관심은 엘리자베스 공주의 프랑스 방문을 취재하러 온 샐리 스윙 셸리(Sally Swing Shelley)라는 스물세 살 미국인 기자에게 쏠렸다. 후에 둘의 연애가 파탄이 났을 때 스윙은 사르트르가 여자를 옷장 서랍처럼 아무 때나 자기가 열고 싶을 때 여는 남자였다고 말했다. 하지만 당시에는 스윙도 사르트르에게 푹 빠져 있었다.[41]

1947년 11월에는 두 번째 철학 에세이이자 보부아르의 자유의 철학을 좀 더 발전시킨 저서 《애매성의 윤리를 위하여》가 나왔다. 《피로스와 키네아스》에는 모든 이가 세상에서 어떤 자리를 차지할 것인지 결단해야 한다는 주장이 담겨 있었다. 《애매성의 윤리를 위하여》는 사르트르의 자율적이고 철옹성 같은 자유 개념과 보부아르의 에세이 '눈에는 눈'의 주제인 책임과 용서 개념으로 돌아간다. 전후에 보부아르는 부헨발트, 다하우 같은 강제 수용소의 참상을 접했다. 그 세대가 대부분 그랬듯 어떻게 그런 비인간적인 일이 가능한가 의문이 들었다. 보부아르는 나치가 제거 대상을 철저히 비루하게 만들어 동세대인들마저 그들을 인간, 즉 자유롭고 의식이 있는 주체로 보지 못하게 했다고 말한다.[42]

《피로스와 키네아스》는 모든 이가 타인의 자유를 필요로 하거니와 어떤 면에서는 그것을 원한다고 말한다. 타인의 자유만이 우리 자신을 사물이나 대상처럼 생각하지 않게끔 막아줄 수 있기 때문이다.[43] 그러므로 나의 자유든 남의 자유든 자유를 부정하는 것은 악이다. 악과 싸우려면 나의 자유를 주장할 때는 나뿐만 아니라 '타자들도' 자유롭게 살 수 있는 방향으로 현재와 미래를 만들어 가야 할 책임이 따른다고 인정해야 한다.

하지만 그러기가 쉽지는 않다. 어린아이 같은 의존 상태에 머물며 세상에서 이미 정해진 역할로 사는 게 훨씬 편하다. 어린아이는 자기가 나중에 어떤 사람이 될지 모른다. 발달 과정에 있는 아이에게는 그 상태가 적절하다. 아이들에게는 우리가 거의 주목하지 않는 특징들—여자아이는 원피스를 입는다, 저녁 8시에는 잠자리에 든다 등등—이 규칙적이고 반복적으로 주어진다. 하지만 어떤 어른들은 아이 때와 똑같은 수동적 자세로 이 세계의 특징들—유대인은 별을 부착한다, 저녁 9시부터 통행을 금한다 등등—을 받아들인다.

보부아르는 이 어린아이 같은 수동적 자세를 자기 기만 행위로 보았다. 윤리적인 인간이 되려면 (사르트르 말마따나) 이른바 '근원적 선택'을 해야 한다. 우리는 무엇이 되고 싶은지 선택해야 한다. 한번 선택하면 그만이 아니라 "평생, 순간순간"[44] 선택하고 또 선택해야 한다. 보부아르는 여기서 다시 한번 《존재와 무》의 자유 개념을 비판한다. (당시는 사르트르도 보부아르의 영향을 받아 그 개념을 재고하기 시작했다.) 보부아르가 볼 때 홀로 자유로울 수 있는 사람은 없다. "타인들 없이 살고자 하는 사람은 타인들에 맞서는 동시에 자기 자신을 잃는다."[45] "인간은 그가 자기 자신으로 만든 것이다."라는 사르트르의 슬로건에 보부아르는 혼자서, 혹은 아무것도 없는 상태에서 우리 자신을 만들 수는 없다고 답한다. "우리는 오직 우리 삶 속의 타자들 때문에 우리가 될 수 있다."[46]

《애매성의 윤리를 위하여》는 1948년에 영어로 출간되었다. 당시 《피로스와 키네아스》는 영어 번역본이 없었고 《제2의 성》은 집필 단계였다. 그래서 이 저작이 어떻게 보부아르의 초기 철학을 발전시키고 이후 철학의 토대가 되었는지 살펴보는 것이 중요하다. 보부아르는 '상황' 개념과 타인들이 우리의 삶을 형성하는 방식을 여전히 사유하는 중이었다. 《애매성의 윤리를 위하여》는 '윤리적으로' 자유로워지려면 우리와 타자들의 유대를 받아들이는 데 자유를 사용해야 한다고 말한다. 보부아르는 이를 타자의 자유에 대한 "호소" 혹은 "부름"이라 불렀다. 모든 인간은 자기 인생이 그저 '하나의' 인생이 아니라 '자신의' 인생이므로 진실하게 보이기를 바라고 중요한 의미가 있기를 바란다. 우리는 모두 "정당화"되고 싶고, 삶에 의미가 있다고 느끼고 싶다. 그러나 타자의 자유의 부름을 듣지 않고 자기 자유의 부름만 듣는 태도는 유아론, 즉 일종의 정신적 죽음이자 우리 자신의 되어 감을 망치는 거부다. 우리는 타자들과 함께해야만 어떤 기획, 가치, 변화된 세상을 비로소 존재하게 할 수 있다.

사르트르는 《존재와 무》의 각주에서 인간 실존의 암울하고 대립적인 보고에 대한 해독제로서 "해방과 구원"의 윤리학을 써보고 싶다고 했다. 그는 집필을 위해 간단한 메모까지 했지만 평생 그 책을 쓰지 않았다. 내키지 않는데 책을 낼 사람은 아니었다. (《이코노미스트》는 그가 평생 하루 20쪽 분량의 출판물을 썼다고 집계했다.) 오늘날 보부아르의 윤리학은 "사르트르가 지키지 못한 약속의 실현"으로 인정받는 추세이다.[47] 그런데 1947년에 정치 운동가 프랑시스 장송(Francis Jeanson)이 《사르트르와 도덕의 문제》라는 책을 냈을 때 어느 비평가는 "보부아르가 제시한 흥미로운 개념인 '애매성의 윤리'를 무시한다면" 독자들이 "처음으로" 자유의 윤리가 그 자체로 어떤 것인지 알게 됐다고 썼다.[48] 이 사람은 왜 애매성의 윤리를 무시해야 하는지 말하지 않았으므로 우리는 그가 그 이유를 알고 있었는지 궁금하다.

어쨌든 1948년에 보부아르는 철학 평론 쪽에서 무시당하고 '자격 없는' '비전문가들'의 대중화 요구에도 시달린 것이 분명하다. 어떻게 실존주의를 한 문장으로 요약해 달라는 요구를 할 수 있을까? 보부아르는 철학 엘리트들에게 배척당하면서도 철학적으로 엘리트주의를 구현하고 있었다. 참여 작가가 되고 싶어서 철학서뿐만 아니라 소설과 잡지 글도 썼다. 하지만 칸트나 헤겔을 슬로건 한 줄만 읽고 이해할 수 있는가? 그런데 왜 실존주의는 그렇게 이해할 수 있는 것처럼 생각하나?[49] 실존주의를 이해하려면 그 저변에 있는 오랜 철학적 전통을 이해해야 했다. 이 단계에서 보부아르는 실존주의 '철학'은 모두를 위한 것이 아니라고 생각했다. 하지만 실존주의 '문학'은 독자에게 실존주의적 세계관을 드러내고 다양한 수단으로 호소할 수 있었다.

1948년 1월에 보부아르는 《미국 여행기》 원고를 출판사에 넘겼다. 이 책은 라이트 부부에게 헌정되었다. 이제는 여성에 대한 에세이에 집중할 때였다. 올그런과 5월부터 9월까지 여행을 하기로 했으므로 그전에 원고를 최대한 많이 써놓고 싶었다. 보부아르가 여행을 하는 동안 사르트르는 돌로레스를 파리로 불러서 함께 지내기로 했다. (그는 샐리 스윙과의 만남을 잠시 중단해야 했다. 돌로레스는 모르는 일이었다.)

하지만 보부아르는 너무 긴 여행에 회의가 들었다. 꼭 사르트르 때문이 아니라 5월부터 7월까지 《제2의 성》 연재가 잡혀 있었다. 사르트르와 상의한 후 여행 일정을 두 달로 줄였지만 올그런에게 그 얘기를 편지로 하고 싶진 않았다. 그런 얘기는 직접 하는 편이 좋았다.

보부아르는 미시시피강을 따라 뉴올리언스까지 갔고 거기서 미국 남부를 거쳐 유카탄, 과테말라, 베라크루즈, 멕시코시티까지 여행했다. 그들은 미시시피강에서 보트를 탔고 갑판에서 위스키를 마셨다. 보부아르는 과테말라 옷감의 색상과 질감이 마음에 든다고 담요, 커튼, 옷감을 잔뜩 샀다.[50] 여행을 예정보다 빨리 끝내야 하는 이유를 올그런에게 말하지 못하다가 멕시코시티에서 모렐리아로 가던 날 7월 14일에는 돌아갈 거라고 눈치 없이 통보해버렸다. "아, 알았어요." 그가 대꾸했다. 하지만 다음 날 올그런이 모렐리아 여행을 하지 않겠다고 했다. 촐룰라, 푸에블라, 텍스코도 가지 않겠다고 했다. 뭐가 문제예요? 보부아르가 물었다. 그는 멕시코를 돌아볼 기분이 아니었다.

결국 올그런은 보부아르에게 마음이 달라졌다고 털어놓았다. 그들은 다시 뉴욕으로 돌아갔고 어느 날 밤 보부아르 입에서 불쑥 이 말이 튀어나왔다. "난 내일이라도 떠날 수 있어요." 하지만 올그런은 헤어지고 싶지 않았다. 오히려 "이 순간 당신과 결혼할 준비가 됐어요."라고 했다.[51] 괴로운 상황이었다. 두 사람 모두 대서양 건너편에 정착할 생각은 없었고 상대의 고집만 아쉬워했다. 1948년 7월 14일에 파리로 떠난 보부아르는 다시는 올그런을 만나지 않겠다고 생각했다.

파리로 돌아간 보부아르는 집필에 전념했다. 그녀는 아직도 자기 서재가 없어서 사르트르의 서재에서 일하거나 레 되 마고 카페에서 원고를 썼다. 진행 중이던 《제2의 성》 발췌분 연재는 점점 더 흥미로운 반응을 불러왔다. 첫 회 연재는 '여성과 신화'였는데 앙리 드 몽테를랑, 폴 클로델, 앙드레 브르통 같은 저명한 소설가의 작품에서 여성들이 어떤 식으로 소개되는가에 주목했다. 올그런에게는 이 저작이 "괜찮게" 나오려면 일년은 더 걸릴 것 같다고 썼다. 하지만 그 전에 보부아르는 "매우 기쁘게도"〈레 탕 모데른〉 연재분에 "어떤 남자들이 분개한다는 말을 들었다." "그 장은 남자들이 소중히 여기는 바보 같은 여성 신화와 그 신화를 바탕으로 만들어낸 우스꽝스럽고 조악한 시를 다루었죠. (그 남자들은) 가장 민감한 부분에 상처를 받은 듯해요."[52]

두 사람도 민감한 부분을 해결해야만 했다. 올그런은 여전히 보부아르를 더 많이 차지하기 원했다. 보부아르는 8월에 쓴 편지에서 자신은 그의 것이 될 수 없다고 줄곧 말해 왔노라 설명했다. 자기 삶에서 사르트르가 차지하는 부분을 올그런이 싫어한다는 것도 알고 있었다. "내가 그 사람에게 얼마나 마음을 쓰는지는 이미 말했잖아요."

하지만 사랑보다는 깊은 우정에 가까운 사이예요. 연애는 그리 성공적이지 않았어요. 주요한 원인은 그가 성생활에 무심한 데 있어요. 그는 어디서나 다정하고 활기찬 사람이었지만 침대에서는 그렇지 않았죠. 나는 경험이 없었지만 금세 알 수 있었어요. 차차 계속 연인으로 지낸다는 것이 쓸모도 없거니와 민망하게까지 느껴졌어요. 처음 만나고 8년인가, 10년쯤 지나서부터 그 사람과는 잠자리를 함께하지 않았어요.[53)]

결과적으로 올그런의 편지는 조금 더 다정해졌다. 그는 책과 위스키를 (밀가루 포대에 숨겨서) 소포로 보냈다. 5월에는 직접 파리로 오기로 했다.

올그런은 《타인의 피》를 읽고 장문의 편지와 함께 어느 미국 출판사의 출간 검토서를 보냈다. 출판사 측은 그 책의 전망을 그리 밝게 보지 않았고 캐릭터들이 죄다 "구제불능"이라고 평했다. 보부아르는 프랑스 언론도 실존주의 소설이 "영웅적이고 희망적이기를" 원하기는 마찬가지라고 답했다. 하지만 자신이 원하는 바는 달랐다. "나는 책에 모호한 그늘이 있는 게 좋아요. 삶에도 늘 그렇게 흐릿한 부분이 있잖아요. 하지만 내가 그늘을 지나치게 많이 드리운 걸까요?" 올그런은 그늘을 더는 언급하지 않았고 단지 철학이 너무 많이 들어와 있다고만 말했다. 보부아르는 그 말이 맞을지도 모른다고 생각했다. 하지만 그렇더라도 "그게 진짜로 내가 느끼는 방식이에요. 나는 무슨 일이 일어나면 늘 그 일을 속으로 추론해봐요. …… 느낌, 사건, 그리고 철학이 오죠. 철학을 빼는 게 나한테는 더 부자연스러울걸요."[54)] 당시는 여성에 대한 책에 몰두하느라 다른 소설을 쓸 계획이 없었지만 결국은 또 쓰고 싶어지리라는 것을 알고 있었다.

보부아르는 열심히 일했다. 하루 여덟 시간은 읽고 쓰기에 할애했고, 음식은 적게 먹었으며, 밤에는 술을 많이 마셨다. 올그런에게 자기는 일이든 여행이든 연애든 "약간 미친 것처럼" 하는 것 같다고 했다. "하지만 이게 내 방식이에요. 나는 매사를 적당히 할 줄 모르는 사람이에요."[55] 보부아르는 기억을 엮어 편지를 씀으로써 과거의 순간이 현재를 사는 양상을 보여주었다. 가령 과테말라에서 올그런과 함께 샀던 옷감으로 지은 새 옷을 기다리는 조바심과 흥분이 편지에서 이렇게 표현된다.

> 과테말라산 자수 옷감으로 만든 예쁜 물건이 두 개 생겼어요. 검은색 치마와 함께 입을 상의를 지었어요. 그걸 제대로 가봉하느라 꼬박 두 시간을 서 있어야 했고 일손이 다섯 명이나 나에게 달라붙었죠. 짜증이 났지만 정말 예쁜 옷을 만들고 싶었기 때문에 옷을 제대로 짓는 양장점에 갔어요. …… (케찰테낭고에서 파란색 옷감을 당신 수완으로 아주 싸게 샀던 것 기억해요?)[56]

1948년 10월에 보부아르는 호텔 생활을 청산하고 부셰리 거리 6층에 작은 집을 얻었다. 센강과 가까웠고 라탱 지구였으며 사르트르의 집과 도보로 15분 거리였다. 보부아르는 빨간 커튼을 달고 하얀색 안락의자를 구입했다. 자코메티는 자기가 디자인한 청동 램프를 선물했다. 보부아르는 서까래에 멕시코와 과테말라에서 산 알록달록한 장식 천을 달아서 늘어뜨렸다. 이제 오전에도 혼자 일에 몰두할 공간이 생겼다. 식사를 만들어 먹을 수도 있었고 올그런이 프랑스에 오면 함께 지낼 수도 있었다. 12월에 올그런에게 쓴 편지에서는 《킨제이 보고서: 인간 수컷의 성적 행동》을 읽고 있는데 여성판도 있으면 좋겠다

고 말한다.[57)]

관습적 성애의 기준으로 볼 때 보부아르와 사르트르는 이 단계에서 서로에게 매우 '필요한' 사람으로 보이지 않았다. 관계의 성적 측면이 '언제' 끝났는가를 두고 두 사람의 진술은 엇갈린다. 사르트르는 보부아르가 주장한 시기보다 십 년은 더 지속됐다는 식으로 모호하게 말했다. 1970년대에 어떤 인터뷰에서 "1946년이나 1947년, 1948년? 기억이 안 나네요."라고 했으니 말이다.[58)] 두 사람은 잠깐씩 함께 지내는 상황은 있을지언정 동거는 하지 않았고 평생 상대를 깍듯한 2인칭 대명사 'vous'로 칭했다. 그렇지만 매일 하루에도 몇 시간씩 붙어 지내고, 상대의 원고를 봐주고, 〈레 탕 모데른〉을 함께 끌고 나갔다. 발키리와 발라댕이 꿈꾸었던 삶은 이런 것이었나?

보부아르의 집 아래층이 비자 보스트 부부가 바로 이사를 왔다. 친구들과 집에서 저녁을 함께 먹는 날이 많아졌다. 하지만 올그런과 사귀기 시작한 후로 보부아르는 보스트와 자지 않았다. 보스트는 늘 여자 친구가 많았지만 그래도 처음에는 보부아르의 거절에 상처를 받았다. 그래도 보부아르는 자신이 아는 남자 중에서 가장 덜 마초적이었던 보스트에게 《제2의 성》을 헌정했다.

12장

《제2의 성》스캔들

1949년

> "여성은 태어나는 것이 아니라
> 되는 것이다."

Simone de Beauvoir

《생의 한창때》에서 보부아르는 1930년대 초에는 '페미니즘'과 '성 전쟁'이 자기에게 아무 의미도 없었다고 썼다.[1] 그랬던 사람이 어쩌다 이른바 '페미니즘 성서'를 쓰게 됐을까?

《제2의 성》을 출간할 때 보부아르는 마흔한 살이었다. 어려서부터 어머니가 아버지와 불평등한 관계에서 고생하는 모습을 보았다. 하느님 앞에서 남자아이와 여자아이가 평등하다는 사실을 알고서부터는 사람들이 자신을 '여자아이처럼' 대하지 않기를 바랐다. 서점 직원에게 성추행을 당한 날부터는 모르는 남자들과 함께 있는 게 불편했다. 친구 자자는 지참금, 재산, 사랑의 가치를 비교하는 실랑이 속에서 눈을 감았다. 보부아르는 불법 낙태 시술 후 감염으로 고생하거나 입원하는 친구들도 많이 보았다. 다른 여성들과 대화를 나눠보면 자기 몸의 기능이나 쾌락에 대해서 아무것도 모르는 경우도 많았다. 보부아르는 외국을 많이 다녀본 덕분에 관습이 공통적이라는 이유만으로 필연처럼 보이기도 한다는 것을 알았다. 친구 비올레트 르뒤크의 소설 《황폐》 도입부를 읽고서 여성의 성에 대한 솔직한 대화에 충격을 받은 적도 있었다. 그 책은 "여성의 성을 어떤 여성도 시도한 적 없는 진솔함과 시적 정취로" 다루지 않았는가?[2]

《피로스와 키네아스》에서 보부아르는 모두가 세상에서 어떤 자리를 차지하지만 자기가 차지할 자리를 선택하는 사람은 몇몇뿐이라고 썼다. 인간 조건은 애매하다. 인간은 주체인 동시에 대상이다. 대상의 세계는 타자들이 부여하는 제약에 구속된다. 주체의 행동은 자신의 자유를 실현할 뿐 아니라 타자에게 세상의 새로운 조건을 만든다. 열여덟 살 때 보부아르는 일기장에 "사랑에는 싫은 점이 있다."고 썼다.[3] 1940년대에 쓴 소설들은 철학과 문학을 연결지었다. 그렇지만 《제2의 성》에서 보부아르는 우리가 "사랑"이라 여기면서 하는 행위가 실은 전혀 사랑이 아니라고 주장했다. 보부아르는 이 책에서 개인적인 것, 철학적인 것, 정치적인 것의 경계를 잘 배합했다. 그러한 시도는 어떤 이들에게 길이길이 기억되었지만 처음에는 혹독한 비판을 받았다. 그 책이 페미니즘의 고전으로 인정받게 된 것은 출간 후 수십년이 지나서다. 도대체 어떤 점 때문에 그토록 심한 혐오와 뒤늦은 찬사의 대상이 되었을까?

《제2의 성》의 첫 줄에서 보부아르는 '여성'을 주제로 삼아 글을 쓸 때의 망설임과 성가심을 숨기지 않는다. "여성에 대한 책을 쓰기 전에 오랫동안 망설였다." 그렇지만 지난 세기에 "어리석은 잡소리"가 너무 많이 책으로 나왔다. 여성성의 상실을 슬퍼하면서 여성은 "여성이어야 하고, 여성으로 남아야 하고, 여성이 되어야 한다."고 말하는 그런 책들. 그래서 더는 옆에 서서 구경만 하고 있을 수 없었다.

당시의 맥락을 살펴보면 보부아르의 망설임이 더 이해가 간다. 1863년에 쥘 베른(Jules Verne)은 《20세기의 파리》라는 소설을 썼다. 그는 여성도 바지를 입고 남성처럼 교육받을 때가 오리라 예언했다. 쥘 베른은 기상천외한 인간의 성취를 ─ 잠수함, 80일간의 세계 일주, 심지어 달 세계 여행까지!—예언하는 다른 작품들도 썼다. 그러나 공상 과학 소설의 거장으로 명성을 날린 쥘 베른조차 이 한 걸음을 내딛기는 참 어려웠다. 그의 에이전시는 《20세기의 파리》가 너무 설득력이 없다고 거절했다. 보부아르와 같은 세대인 디자이너 코코 샤넬은 바지를 입은 신여성으로서 중성적이면서도 화려한 패션을 선보였다. 직업이 있는 여성의 수가 이렇게 많았던 적은 없었다. 여성은 이제 막 투표권도 획득했다. 일부는 국가고시에서 남성보다 우수한 성적으로 합격했다. 그런데도 여성은 아직 자기 명의로 은행 계좌를 만들 수 없었다. 1965년에 '나폴레옹 법전'이 개정된 후에야 그런 일이 가능해진다.[4] 1940년대 말에 '페미니즘'은—당시에는 이 단어가 여성 참정권 운동과 뗄 수 없는 관계에 있었는데—미국과 프랑스 두 곳 모두에서 한계를 넘어섰다. 여성 참정권이 드디어 실현됐기 때문이다.[5] 그렇다면 여성은 이제 무엇을 바랄 것인가?

보부아르는 역사를 공부하면서 인간이 타인의 신체적 특징에 기초한 계급, 심지어 노예 계급까지도 만들어내는 습관이 있음을 알았다. 인종차별에 대해서는 아무도 이 점을 의심하지 않는다. 하지만 성에 대해서는 어떠한가? 보부아르는 남성이 여성을 '타자'로 규정하고 자기들과 다른 계급 위상을—제2의 성을—부여했다고 주장했다.

미국을 여행하면서 미국의 페미니스트들과 대화를 나눠보고는 그들 중 일부가 '여성'이 쓸모 있는 용어라는 사실조차 부정한다는 것을 알았다. 그래서 보부아르는 그들이 자기 기만에 빠져 있다고 생각했다. 작가 도로시 파커(Dorothy Parker) 같은 이들은 여성을 '여성'이 아니라 '인간'으로 규정하면 성 불평등 문제가 해결된다고 생각했다. 그러나 보부아르는 여성이 남성은 아니므로 '우리는 모두 인간'이라는 관점에도 한계가 있다고 보았다. 그런 수준에서 공유하는 평등은 추상적이다. 그리고 남성과 여성 사이에는 분명히 가능성의 차이가 있다.

모든 인간은 유일무이한 '상황'에 놓여 있다. 남성과 여성이 처한 구체적 상황은 평등하지 않다. 왜 그럴까? 누구나 알다시피 인간은 두 범주로 나뉘어 있고 신체, 얼굴, 의복, 관심, 직업의 차이가 존재한다. 하지만 여성 생식기만 있으면 '여성'으로 간주하기에 충분할까? 어떤 여성은 여성 생식기가 있지만 '여성스럽지 않다'고 비난받는다. 소설가 조르주 상드(George Sand)가 관습적인 여성성을 무시했을 때 귀스타브 플로베르는 "제3의 성" 운운하지 않았던가.[6]

그래서 보부아르는 묻는다. 신체적 여성성이 여성의 충분조건이 아니라면 여성이란 과연 무엇인가?

"여성이란 무엇인가?"에 대하여 보부아르는 여성은 남성이 아닌 것이라고 답했다. 프로타고라스는 "인류는 만물의 척도"라고 했다. 이때 '인류'를 판단하는 기준은 남성이다. 역사를 통틀어 여성이 '인류'의 문제와 무관한 시각을 지닌 열등한 존재라고 생각했던 남성이 얼마나 많았던가. 심지어 1940년대에도 보부아르는 단지 여성이라는 이유로 자기 견해가 묵살당하는 경우를 많이 보았다.

추상적 토론에서 남자들에게 이런 말을 신물 나도록 듣곤 했다. "당신이 여자라서 이러이러하게 생각하는 겁니다." 나의 유일한 방어는 "그게 진실이니까 그렇게 생각한 거예요."라고 대꾸함으로써 나의 주관성을 제거하는 것뿐이다. "당신이 남자라서 나와 반대로 생각하는 겁니다."라고 받아치기란 불가능하다. 그 이유는 다들 남성은 특수성이 아니라고 생각하기 때문이다. 남성은 단지 남성이라는 이유만으로 정당성을 누린다.[7]

보부아르는 여성은 남성이 아닌 것이라고 말하면서 헤겔의 '타자' 개념에 의지한다. 인간에게는 자기 자신을 자기가 아닌 타자와 대립시켜 파악하려는 뿌리깊은 성향이 있다. 그래서 남성은 자기를 자유로운 '주체'로 파악하면서 여성은 그에 대비되는 대상으로 파악한다. 하지만 이 상황이 어떻게 이토록 널리 만연해 있고 오랫동안 지속되어 왔는지 이해가 가지 않는다. 어째서 남성이 여성을 규정하는 이 모욕적인 방식에 더 많은 여성이 들고일어나지 않았을까?

보부아르는 페미니즘이 흔히 부딪히는 반박도 알고 있었다. 페미니즘은 가족의 가치를 망가뜨린다! 임금 소득을 떨어뜨린다! 여성의 자리는 가정에 있다! 우리는 '분리되어 있을 뿐이지 평등하다!' 하지만 미국의 짐 크로법*과 마찬가지로, 그런 반박은 치명적인 자기 기만의 가면이다.[8] 작가 조지 버나드 쇼(George Bernard Shaw)는 미국의 백인은 흑인에게 자기네 구두나 닦게 해놓고서 구두닦이는 아무나 할 수 있는 일이라는 식으로 말한다고 비판했다. 보부아르는 여성의 역량에 대해서도 마찬가지로 근거 없는 추론이 적용되고 있다고 주장했다. 여성이 사회적으로 열등한 상황에 놓여 있다고 해서 여성이 선천적으로 '열등하다'는 뜻은 아니다. "'~로서 존재하다(être)'라는 동사의 의미 범위를 이해해야만 한다. 여기서 이 동사는 '~이 되

짐 크로법 1876년에 제정된 미국의 인종차별법. 공공장소에서 흑인과 백인의 분리를 법제화했다.

다(devenir)'다."[9]

'되기'에는 상황이 장차 개선될 수 있다는 희망적 측면이 있다. 수 세기 동안 남성들은 '인간'의 조건을 다루는 글을 많이도 썼다. 하지만 보부아르는 어떻게 "여성이라는 조건에서 인간은 자기를 실현할 수 있는가?"라고 묻는다.[10]

《제2의 성》머리말은 주로 이런 얘기를 한다. 두 권으로 나온 972쪽짜리 대작에서 아주 적은 분량이다. 하지만 초기 독자들은 이 머리말부터 읽지 못했다. 《제2의 성》은 1949년 6월과 11월에 각각 한 권씩, 총 두 권의 책 형태로 나왔다.[11] 보부아르가 〈레 탕 모데른〉에 미리 발표한 머리말은 책 광고로는 안성맞춤이었지만 신화 만들기와 검열 통과라는 관점에서는 적절하지 않았다. 1963년에 《상황의 힘》에서 보부아르는 자신의 유산이 어떻게 수용되어 왔는지 검토하면서 《제2의 성》이 나오자 자기가 전에 겪은 적 없는 "신랄한 빈정거림의 표적"이 되었다고 말한다.[12] '여성이라는 이유로' 보부아르를 묵살하는 풍조가 싹트기 시작했다. 빈정거림은 그나마 점잖은 묵살이었다.

올그런이 오기로 했으므로 보부아르는 1949년 봄에 책을 마무리지으려고 열심히 일했다. 다행히 그 책은 소설보다 집필 속도가 빨랐다. 소설은 다양한 관점을 만들어내고 캐릭터를 발전시키고 플롯, 대화, 복선에도 신경을 써야 했다. 그러자면 일단 연구를 하고 얼개를 짠 후에 글을 써야 했다. 보부아르는 여성의 자유를 원했다. 하지만 여성이 자유를 누리지 못하는 이유는 두 가지밖에 있을 수 없다. 압제당하고 있거나 자유롭지 않기를 스스로 선택했거나 둘 중 하나 아니겠는가. 어느 쪽이든 도덕적 문제가 있다. 누구에게 문제가 있는가를 알아야 했다.

지난번 여행에서 그리 좋게 헤어지지 않아서 올그런이 파리에 도착했을 때는 조금 걱정이 되었다. 보부아르는 2년 전 시카고에서 입었던 흰색 외투를 입고 마중을 나갔다. '패밀리'는 파리에서 올그런과 함께 지내면서 보부아르가 딴사람처럼 다정하고 행복해 보인다고 놀라워했다. 올그런은 사르트르를 소개받을 때 약간 긴장했지만 아주 좋게 만났고 나중에는 편안해했다. 올가, 사르트르의 최근 연인 미셸 비앙(Michelle Vian)과도 즐겁게 만났다. 그들은 영어로 대화를 했고 올그런이 들려주는 미국의 죄 이야기를 흥미로워했다.

보부아르는 두 번째 권의 일부—'체험' 부분—를 그해 여름 〈레탕 모데른〉에 선공개하기로 했다. 2권에서는 접근을 달리하여 역사적 설명과 여성의 삶의 다양한 단계 혹은 가능성에 대해 1인칭으로 기술했다. 유년, 어린 여자애로 살기, 사춘기, 성생활의 시작, 레즈비어니즘, 결혼, 모성, 사회적 기대, 매춘, 노년까지 다루었다.

1949년 5월 '여성의 성생활 입문'을 선공개했을 때 나타난 반응은 강력하고도 시사하는 바가 많았다. 이 원고는 억압 없는 상호 성관계라는 시각에서 여성은 대상이 아니라 주체로서 섹스를 즐긴다고 주장했다. 남성의 일방적인 욕망에 수동적으로 순종하는 성관계가 아니라, "사랑, 정, 관능" 안에서 "파트너와 상호 관계"를 수립하는 성관계 말이다. "남성과 여성이 싸우는 한, 남성의 성적 욕망과 여성의 성적 욕망은 대칭적이지 않기 때문에 문제가 해결될 수 없다. 그러나 여성이 남성에게 욕망과 존중을 모두 느낄 수 있다면 그런 문제는 쉬이 잠잠해진다."[13] 나중에 보부아르는 원고의 이 부분을 선공개한 게 실수가 아니었을까 생각했다.[14]

존경받는 가톨릭 소설가 프랑수아 모리아크는 보부아르의 글이

"문학적으로 비참한 지경에 도달했다."고 주장했다. "마담 시몬 드 보부아르가 다루는 주제가 제대로 된 철학과 문학 논평에 낄 만한 가?"[15] 모리아크는 보부아르가 메를로퐁티와 자자를 만나러 갈 때 일부러 문학 기행을 했을 만큼 좋아했던 작가였다. 수십 년 동안 그 작가가 말을 다루는 방식을 좋아했는데 이제 그 말이 그녀를 다루기 힘든 사람 취급하는 데 쓰이고 있었다.

〈레 탕 모데른〉 6월호와 7월호는 가판대에서 날개 돋친 듯 팔려 나갔다. 여기서는 레즈비어니즘과 모성을 다룬 부분을 각각 선공개했는데 많은 독자가 격분했다. 보부아르라는 이름은 이미 파리 내 몇몇 구역에서—사르트르와 한 묶음으로—추문으로 오르내렸지만 이제 모욕의 차원이 달라졌다. "욕구 불만, 불감증, 음란증, 색정광, 레즈비언, 낙태를 골백번 한 여자, 나는 그 모든 것이었다. 심지어 내가 미혼모라는 말까지 나돌았다."[16] "섹스광"과 "제1의 성의 현역 구성원"이 치근덕거렸다. 공산주의자들은 보부아르가 노동자 계급과 아무 상관 없는 분석만 하는 "프티부르주아"라고 했다. 보수파의 존경받는 기둥 프랑수아 모리아크가 이번에는 〈레 탕 모데른〉 필진 중 한 명에게 "당신 윗자리에서 일하는 여자의 성기 사정을 내가 다 알게 됐소."라고 편지를 썼다.[17] 이 편지가 공개되자 모리아크는 질겁했다. 얼마 후부터 그는 일반적인 포르노그래피와 시몬 드 보부아르를 특정해서 비난하는 기고문을 〈르 피가로 리테레르〉에 연속해서 발표했다.

6월에 출간된 《제2의 성》 첫 권은 일주일 만에 2만 2천 부가 팔릴 정도로 잘나갔다.[18] 보부아르는 "생물학은 운명이 아니고" 결혼이나 모성도 운명이 아니라고 주장했다. 마리 퀴리(Marie Curie) 같은 여성은 "여성이 역사적으로 활약이 미미했던 이유는 여성이 열등해서가 아니요, 오히려 여성이 역사적으로 미미한 취급을 받았기 때문에 열등한 처지에 있을 수밖에 없었다."는 것을 증명해 보였다. 그러나 문화는 고급과 하급을 막론하고 여성에 관한 억압적 "신화"를 영속시킨다. "여성은 고정된 현실이 아니라 되기(devenir 혹은 becoming)다. 여성은 자기가 되는 과정에서 남성과 비교당해야만 하는데 그게 여성의 '가능성들'이다." 그 이유는 "초월하고 극복하는 존재를 생각하면", 다시 말해 의식적이고 늘 변화하며 자유로운 존재를 생각한다면 "완결은 있을 수 없기 때문이다."[19]

만약 여성에게 어떤 생물학적, 심리적, 경제적 운명이 분명히 존재한다면 차라리 문제가 없을 것이다. 그렇다면 보편적 '여성성'이 존재할 테고 그 여성성을 지닌 사람을 '여성'으로 볼 수 있다. 보부아르는 《제2의 성》 1부에서 '여성'을 생물학, 정신분석학, 역사의 관점에서 고찰했다. 그러나 과학에서든 프로이트나 마르크스 이론에서든 여성의 부차적 위상을 만족스럽게 설명할 수 있는 이론은 보이지 않았다. 그들의 분석에는 늘 허점이 보였다. 가령 프로이트 자신은 여성의 성욕을 경험할 수 없는 입장인데도 남성 성욕을 토대로 삼아 여성 성욕을 설명하지 않는가?

공산주의 저널리스트 자네트 콜롱벨(Jeannette Colombel)은 보부아르가 여성이 아내와 어머니로 사는 것을 말린다고 주장하면서 비난을 퍼부었다. 또 다른 여성 비평가 마리루이즈 바롱(Marie-Louise Barron)도 《제2의 성》 첫 권이 "이해할 수 없는 잡소리"라고 하면서 두 번째 권도 보나마나 "하찮을" 것이라고 했다.[20] 작가 아르망 우그(Armand Hoog)는 보부아르가 정말로 해방하고 싶은 것은 그녀 자신이라고 썼다. 여성이라는 사실이 모욕적인데 "여자로 태어나버렸으니 말이다. 나는 보부아르가 그 사실을 바꿀 수 있으리라고는 보지 않는다. …… 운명은 좀체 부정당하지 않는 법이다."[21]

보부아르는 새로 얻은 평판 때문에 올그런에게 파리 구경을 시켜주기가 불편해졌다. 자신이 사는 세상을 2년 전부터 보여주고 싶어했기에 단골 식당이나 카페에 데려갔지만 그녀를 빤히 바라보거나 수군대는 사람들이 너무 많았다. 그래서 혁명기념일 다음 날부터 두 달간 로마, 나폴리, 아말피, 폼페이, 튀니스, 알제, 페스, 마라케시까지 여행을 하려고 출발하자 오히려 마음이 편해졌다. 아프리카 북부에서 돌아오는 길에는 프로방스에서 보스트와 올가 부부와 합류했다. 그곳에서 올그런은 "상남자"라는 별명을 얻었다.[22]

9월 중순, 올그런을 오를리 공항까지 데려다주면서 보부아르는 두 사람의 가장 좋았던 때가 지나가고 있다고 느꼈다. 이듬해에 보부아르가 시카고로 그를 보러 가기로 했다. 올그런도 행복했다. 더구나 여행 중에 그의 소설 《황금팔의 사나이》가 전미도서상을 받게 됐다는 기쁜 소식도 들은 참이었다. 그의 문학적 이력이 정점에 다가가는 중이었다. 10월에 어니스트 헤밍웨이가 자기 편집자에게 올그런을 "50세 이하 생존 작가 …… 중에서 최고"라고 격찬하는 편지를 보내기도 했다.[23]

10월에 보부아르는 프로방스로 돌아가서 사르트르와 함께 지내며 글쓰기에 전념했다. 소설을 구상하고는 있었지만 일단 《제2의 성》에서 벗어나야 했다. '자기'를 포함한 새로운 소설을 쓰고 싶다는 생각은 있었지만 백지를 마주하니 어디서부터 시작할지 막막했다. 자신과 어렴풋이 닮은 안이라는 이름의 캐릭터가 떠올랐다. 하지만 이 책은 또 그녀를 어디로 데려갈까? 사르트르와 대화를 나누고, 책을 읽고, 친구들을 만났다. 하루는 프로방스에 있는 지역인 소스펠과 페이라카바에 갔는데 그 다음 주 일요 신문에 두 사람이 함께 보낸 오후가 낱낱이 기사화된 것을 보고 깜짝 놀랐다. 보부아르는 끈질긴 관심이 지겨웠지만 그 일은 빙산의 일각에 불과했다. 올그런의 소설 하나를 직접 번역하기로 마음먹었고, 자기 원고를 쓰지 않을 때는 번역에 몰두했다.[24]

1949년 11월에 출간된 《제2의 성》 두 번째 권에는 "여성은 태어나는 것이 아니라 되는 것이다."라는 유명한 문장이 들어 있다.[25] 모든 여성은 완결된 책이 아니라 일종의 '되기'이기 때문에 보부아르는 여성들의 생생한 경험을 기술함으로써 그들이 삶의 여정에서 내내 '타자'가 되고 마는 방식을 일부 보여주고 싶었다. 자기 자신도 아직은 펼쳐진 책이요, '보부아르가 되는 중'이었다. 보부아르는 자신의 경험을 이해하려고 애쓰는 과정에서 자기 앞의 장애물 중 어떤 것은 다른 여성들의 '되기'에도 고질적인 위협임을 알았다. 세월이 많이 흘렀지만 보부아르는 아직도 알프레드 푸예의 "인간은 자유롭게 태어나는 것이 아니라 자유롭게 되는 것"이라는 생각에서 영감을 얻는 철학자였다. 이제 보부아르는 여성이 남성과 구별되거나 남성에게 복종하면서 사는 이유는 생물학, 심리학, 경제학에 있지 않다고 주장했다. '문명'도 중요한 역할을 한다. '문명'은 시몬 드 보부아르와 함께 (좋은 방향으로) 열심히 일했다.

여성의 성을 솔직하게 다룬 점도 논란거리였지만 이 책에서 가장 끈질기게 공격당한 부분은 모성에 대한 고찰이다. 보부아르는 사회가 과도한 자기 기만에 빠져 있다고 생각했다. 여성을 멸시하면서 어머니를 존경한다니 표리부동이 지나치지 않나? "여성의 공적 활동을 부정하고 남성처럼 모든 영역에 진출하거나 직업 이력을 쌓을 수 없게 하면서 세상에서 가장 까다롭고 중요한 일, 즉 인간의 양육을 맡기는 것은 범죄에 가까운 역설이다."[26]

전쟁으로 인구가 감소한 프랑스는 국민이 필요했다. 보부아르는 자신의 성별과 국가를 배신한 사람으로 취급받았다. 전후 프랑스 산업은 경기 부양이 간절했고 그러자면 출산율 증가와 여성 노동력 증가가 모두 필요했다.[27] 보부아르의 언어는 장소에 따라서 충격적으로 여겨졌고, 지금도 여전히 그렇다. 이제 와《제2의 성》을 읽어보면 정치적 상황이나 '엄마'라는 노예가 되었다고 느껴본 적 없는 여성들의 경험 때문에 잘못 받아들여진 대목들이 있다. 보부아르는 임신부를 '기생'의 숙주, 종(種)에 매인 노예로 지칭했다. (쇼펜하우어도 동일한 표현을 썼지만 이러저러한 이유로 그는 이렇게까지 격렬한 비난을 받지 않았다.) 보부아르는 임신을 여성이 신체적 자율의 상실과 함께 개인적으로 "안으로부터" 경험한다는 점, 엄마가 되면 어떻게 되는 것인가라는 여성의 불안감에 관심을 두었다. 보부아르는 여성이 생식 기능으로 축소되어서는 안 된다고 주장했다. 또한 (주목하는 이는 별로 없었지만) 자신이 모성을 송두리째 거부하는 것은 아니라고 분명히 말했다. 임신, 출산, 육아 같은 전형적인 여성만의 구체적 경험조차도 여성의 '상황'에 따라서 다르게 경험된다는 점을 보여주고 싶었을 뿐이다.

보부아르는 분명히 엄마가 되어본 적이 없고 "임신과 모성은 여성에게 나타나는 반항, 체념, 만족, 열광에 따라서 자못 다른 방식으로 경험된다."[28]는 것을 보여주기 위해 편지, 일기, 소설에 나타난 다른 여성의 목소리를 빌려 왔음을 인정했다. 그리고 모성을 이해하는 위험한 방식 두 가지를 지적한다. (1) 어머니가 되면 "어떤 경우든 여성으로서 존재를 충족한다." (2) 아이는 "어머니의 품에서 확실히 행복을 얻는다."[29] 보부아르가 연구해보니 어머니가 되어 행복하지만 모성이 자기 삶의 유일한 계획이기를 원치 않는 여성들은 많았다. 또한 어머니가 좌절과 불만에 빠져 있는데 아이가 행복할 것 같지도 않았다. "어머니가 훼손당하지 않은 온전한 인간으로서 사는 편이 분명 아이들에게도 더 좋을 것이다."[30]

그러나 남성들은 반발했다. 어머니가 되어본 적도 없는 여자가 어떻게 감히 이 신성한 주제를 건드릴 수 있나? 보부아르는 그들을 저지할 방법은 없었다고 말했다.

보부아르는 모성을 떠받드는 사회의 자기 기만을 고발했을 뿐 아니라 수십 년 동안 자신이 천착했던 주제, 즉 사랑과 헌신의 윤리로 돌아갔다. 《제2의 성》은 '사랑'이라는 단어가 남성과 여성에게 각기 다른 의미로 통하고 이 차이에서 남녀 간의 불화가 빚어지는 경우가 많다고 주장했다.

남성은 사랑에서 "주권이 있는 주체"로 존재해 왔다. 남성은 자기가 사랑하는 여성도 삶 전체를 이루는 부분 중 하나로서, 자기가 삶에서 추구하는 다른 것들과 나란히 두었다. 반면에 여성에게는 사랑이 삶 자체처럼 제시되었다. 사랑의 이상은 여성들에게 자기 희생적인 삶, 더 심하게는 사랑하는 이를 위해서 자기를 완전히 망각할 것을 은근히 권했다. 남성은 장차 세상에서 활동하리라는 기대를 받고 성장한다. 사랑도 하되, 다른 영역에서도 야망을 품고 왕성하게 활동을 펼치리라는 기대 말이다. 여성은 가치 있는 남자에게 사랑받아야 자기 가치도 올라간다는 가르침 속에서 성장한다.

진정한 사랑의 장애물 중 하나는 여성이 너무 대상화된 나머지 자기 자신을 대상화하기에 이르렀다는 사실이다. 여성은 사랑하는 남자와 자기를 동일시하고 그가 좀 더 욕망할 만한 존재가 되려 애쓴다. 사랑에 빠진 여성은 그의 눈을 통해 세상을 바라보고 그를 중심으로 삼아 자신의 세계와 자기 자신을 빚어 나가려 한다. 그가 좋아하는 책을 읽고 그의 예술, 음악, 사상, 친구, 정치 따위에 관심을 기울인다. 보부아르는 섹스에서도 너무 많은 여성이 자기 욕망과 쾌락을 생각지 않고 남성의 쾌락을 위한 "도구"처럼 이용당하고 있다고 일침을 놓는다.

보부아르에게 사랑의 지배적 패러다임의 문제는 '상호성의 결여'에 있는 것으로 보였다. 남성은 여성이 사랑에 헌신하기를 기대하면서 자기는 그렇게 하지 않는다. 그 결과 사랑은 남성보다 여성에게 더 위험하다. 보부아르는 전적으로 남성의 잘못이라고 보지는 않는다. 여성도 상호적이지 않은 연애에 가담함으로써 억압 구조의 지속에 한몫을 한다. 그러나 사회가 여성이 자신을 잃어하는 데 동의하도록 유도하는 구조를 취하고 있는 탓에, 여성이 그 구조를 거부하기란 실로 어려운 일이다.

《제2의 성》은 다분히 이성애 중심 언어로 논의를 펼치지만 보부아르는 여성과의 관계에서도 상호성을 둘러싼 갈등을 경험한 바 있다. 1940년에 비앙카 비넨펠트는 보부아르의 삶에서 더 중심적인 역할을 원한다고 털어놓고 서로 얘기를 나눈 후 이런 편지를 썼다.

당신은 자기를 내어주지 않고 취하기만 해요.
내가 당신 인생이라는 말은 '거짓'이죠. 당신의 인생은 모자이크니까.

그래도 나한테는 당신이 인생이에요. 내 전부가 당신 거예요.[31]

보부아르는 진정한 사랑은 상호적 관계에서 가능하다고 생각했고 그러한 관계가 좀 더 널리 퍼지기를 바랐다. "여성에게 사랑이 약점이 아니라 강점이 될 수 있는 날, 자기 자신을 피하기보다는 되레 발견하게 되는 날, 자기를 체념하지 않고 되레 내세울 수 있는 날, 그때 비로소 사랑은 여성에게나 남성에게나 치명적 위험이 아니라 삶의 원천이 될 것이다."[32] 여성도 당당한 주체로서 연인과 자기 자신을 다 같이 사랑할 수 있다. 하지만 쉬운 일은 아니다. 상호적이지 않은 사랑의 신화가 여성을 부차적 위상에 붙잡아놓고 구원을 약속하면서 생지옥을 떠안기기 때문이다.

《제2의 성》은 보부아르의 소설들과 마찬가지로 다음과 같은 의문을 낳는다. 얼마나 많은 자전적 요소를 보부아르의 철학으로 읽어낼 수 있을까? 그리고 자전적 글쓰기 중 어느 것과 맞닿아 있을까? 비앙카와의 초기 만남에서도 그렇지만 보부아르가 훗날 섹스보다 "진실한 상호성"을 찾았던 연인에게 보낸 편지에서도 알 수 있듯이 사르트르와의 관계에서는 이 상호성이 부족했던 것 같다. 그러면 1949년에 "상호적 연애"를 논할 때는 왜 자기가 그런 관계를 경험했다고 생각했을까? 이 책에는 보부아르 자신의 '되기'와 흡사한 대목들이 더 있다. "어머니의 잡일"을 억울하게 돕는 "맏딸", 손자가 아들이기 바라는 마음을 "별로 숨기지도 않는" 조부모 등등. 이것은 '여성'에 대한 연구에 기댄 글인가, 시몬과 엘렌 자매의 경험에 기댄 글인가?[33] 레즈비어니즘을 다룬 장도 그런 생각이 들 만하다. 사르트르와 주고받은 서신이 사후 공개되기 전까지는 이 장을 소설하고만 비교해서 읽을 수 있었는데─《견실한 젊은 여성의 회고》에서 여성에게 "희미한 갈망"을 느꼈다고 했는데 이 말은 어떤 의미로 썼을까?[34]─사람들은 그러한 기술이 실제 경험에서 나온 것인지, 억눌린 욕망의 표현인지 알 수 없었다. 보부아르도 성에 대해서는 자기 기만에 빠져 있었나? 《제2의 성》에서는 "개인의 삶을 지배하는 성적 운명은 없고" 동성애는 "자유로운 결정 여하에 따른, 복잡다단한 전체 속에서 이뤄지는 선택"이라고 주장했다.[35]

보부아르는 《제2의 성》 마지막 부분에서 1930년대에 그라세 출판사가 《정신이 우선시되는 때》 원고를 거절하면서 지적했던 문제점을 극복했다. 그때 앙리 뮐러는 이렇게 지적했다. "당신은 무너져 가는 세계를 묘사하는 데 만족하고 독자를 새로운 질서의 문턱에 내버려둘 뿐, 그 질서의 장점이 어떤 것일지는 알려주지 않습니다."[36]

그래서 마지막 장에서는 희생을 치르고 자유를 획득했으나 사랑까지 희생하지는 않은 '독립적 여성'을 제시했다.

여기서 보부아르는 남성이 (밖에서 충분히 보이는) 이점들뿐만 아니라 '안에서' 보이는 이점들로 보더라도 '타자인' 여성보다 사회적으로 유리하다고 했다. 남성은 어릴 때부터 인간으로서 자기 소명을 누리고 그의 소명이 연인, 남편, 아버지로서의 '운명'과 충돌하지 않는다. 남성은 성공하면 사랑받지 못할 수도 있다는 말을 들을 필요가 없다. 그러나 여성은 '여성적이려면' 보부아르가 말하는 "주권"을 포기해야만 한다. '자기' 삶의 비전을 세울 수 없고, 자신의 계획을 밀고 나갈 수도 없다. 그런 태도가 여성적이지 않은 것으로 받아들여지기 때문이다. 여성은 아무것도 득이 되지 않는 상황에 있다. 사랑받지 못한다는 의미임을 알면서도 자기 자신이 되어야 하나? 사랑을 얻기 위해 자기 자신을 포기해야 하나? 사르트르는 인간 조건이 "자유롭다는 저주"라고 했다. 이제 보부아르는 "여성의 조건"은 갈등을 느끼고 "분열된 주체"가 될 수밖에 없는 저주라고 말한다.

문제의 원인은 "개인이 자기 의지대로 여성성 관념을 자유로이 형성할 수 없음"에 있다.[37] 수 세기 동안 남성들은 여성성 신화에서 이익을 누려 왔다. 그들이 이 신화와 그로 인한 이익을 놓치기 싫어할 만도 하다. 그들이 여자는 결혼과 가정 말고 다른 소명을 다할 필요가 없다고 말하는 것도 이해할 만하다. 그들은 여성에게 다른 소명은 자연에 위배되며, 성적 대상으로서 사랑받고 그다음에는 애정 넘치는 아내이자 어머니로서 잘살면 성공한 인생이라고 말한다. 하지만 남자들이 그렇게 사는 건 마음이 불편하다. 그 이유는 "타인의 행복을 측정할 방법은 없고, 자기가 타인에게 부여하고 싶은 상황을 행복한 상황이라고 말하기는 언제나 쉽기 때문이다."[38]

1949년 11월에 《제2의 성》두 번째 권이 나오자 비평가들은 다시 무기를 들었다. 보부아르는 나중에 이 책에 대한 취재 보도가 '스캔들'이었다고 말한다. 〈르 피가로〉 칼럼니스트 앙드레 루소(André Rousseaux)는 "바쿠스를 추종하는 여인"이 쾌락의 자유를 주장하려고 사랑을 망가뜨리고 싶어 하며 "성적 입문"에 대한 글을 썼다는 사실에 "당혹감"을 드러냈다. 그는 이렇게 말한다. 아니, 여성은 이미 해방되지 않았는가![39] 엄청난 분량의 그 글은 주로 보부아르 개인을 조롱하고 공격하는 데 쓰였다. "타자의 수준으로 밀려난 여성이 열등감 콤플렉스에 몸부림친다."고 했고, 보부아르가 너무 "집요하게" 주장을 펼쳐서 "진짜 강박증에서 벗어나기 위해" 실존주의가 필요했던 게 아닌가 의심스럽다고 했다. 철학자 에마뉘엘 무니에(Emmanuel

가톨릭 작가 프랑수아 모리아크(왼쪽)와 실존주의 문학의 선구자 알베르 카뮈. 《제2의 성》 출간 직후 모리아크는 "포르노그래피"라고 비난을 퍼부었고, 카뮈는 "프랑스 남성을 모욕했다."면서 개인 성명까지 발표했다. 하지만 20여 년 뒤 이 책은 페미니즘 역사에 혁명을 일으킨 고전의 반열에 오른다.

Mounier)는 〈레스프리〉에 이 책에서 "원한의 어조"가 보여 안타깝다고 썼다. 그런 어조를 좀 더 잘 다스렸더라면 "저자의 통찰이 덜 방해받았을" 거라나.[40] 그들은 보부아르의 인생이 슬프고 신경증적이고 불만스러운 것처럼 말했다. 카뮈마저 "프랑스 남자 꼴을 우습게 만들었다."고 했다.[41] 철학자 장 기통(Jean Guitton)은 행간에서 "그녀의 슬픈 삶"을 보면서 마음 아팠다고 했다. 〈레포크〉는 십 년 후에는 아무도 "이 구역질나는 성도착과 낙태 옹호론에 대해서 얘기하지 않을 것"이라고 예언했다.[42] 바티칸은 이 책을 금서 목록에 올렸다.

보부아르는 여성의 생생한 경험에 기대어—자기 경험까지 포함해—여성 억압을 철학적으로 다루었다. 여성이 진정 '인간'이려면 많은 여성의 상황이 바뀌어야 한다는 말을 하고 싶었기 때문이다. 여성의 욕망이 섹스를 빚어내고, 여성의 계획이 가정 생활을 빚어내며, 여성의 작용이 세계를 빚어내야 했다.

그러나 이 주장은 단지 '여자라는 이유로 당하는 공격'에 부딪혔다. 보부아르는 곳곳에서 놀림, 조소, 거부를 당했다. 하지만 늘 그렇지만은 않았다. 다음 세대는 다른 반응, 환영의 리더십을 보여주었다. 후세는 《제2의 성》을 금기시되었던 여성의 솔직한 경험을 다룬 전례 없는 저작으로 받아들였다. 자기 신체에 대해서 정보를 얻을 수 없었던 일부 여성은 그 책을 섹스 개론서처럼 읽기도 했다. 〈파리 마치〉는 8월에 발췌문을 게재하고 저자를 이렇게 소개했다. "장폴 사르트르의 부관이자 실존주의 전문가, 남성의 역사에 처음으로 등장한 여성 철학자. 거대한 인류의 역사에서 자기 성(性)의 철학을 끌어내는 일이 그녀에게 떨어졌다."[43]

《제2의 성》 출간 이후로 보부아르의 "성의 철학"은 '섹스'와 '젠더'의 구별로 요약되곤 했다. 섹스는 생물학적으로 구분되는 성이지만 젠더는 문화 적응을 통하여 사회적으로 획득되는 성이다. 그러나 《제2의 성》을 이 주장으로 축소하는 태도에도 중대한 문제가 있다. 첫째, 이 책에는 '젠더'라는 용어가 나오지도 않는다. 둘째, '여성' 개념에는 생물학적 차원과 문화적 차원이 있으며 여성 억압이 영속되고 있다는 주장은 1949년 당시에도 완전히 독창적인 것이 아니었다. 보부아르 이전에도 (《제2의 성》에서 논하듯) 여성의 열등한 사회적 위상이 선천적 열등이 아니요, 교육, 경제, 직업의 구체적 가능성 결여에서 비롯된다고 주장한 철학자나 작가는 다수 있었다. (일례를 들자면) 이미 18세기에 철학자 드니 디드로는 여성의 열등성은 "주로 사회가 만들어낸" 것이라고 했다.[44]

《제2의 성》을 '젠더는 사회적 구성물'이라는 주장으로만 요약하면

이 책의 가장 강력하고도 인기 없는 주장 중 하나가 괴리될 위험이 있으므로 잘 생각해야 한다. 여성 신체의 성적 대상화가 여성 억압의 영속에 중요한 역할을 한다는 주장 말이다. 첫 번째 권 '사실과 신화'는 '여성성'이 여성의 운명으로 구성되는 방식을 살펴보았다. 보부아르는 이상적 여성이라는 것은 남성 욕망의 대상일 뿐임을 거듭 발견했다.

두 번째 권 '체험'은 분량이 더 많다. 여기서는 다양한 분석 방식을 채택하고 "여성이란 무엇인가?"라는 문제에 대한 여성 자신의 고찰을 삶의 단계별로 실었다. 이로써 보부아르는 힘에 대한 철학적 관점을 뒤집었다. '여성'을 지배적 남성의 시각에서 분석하지 않고 복종할 것으로 예상되는 이들의 일상생활로 눈을 돌린 것이다. 따라서 보부아르는 철학 엘리트가 '철학적' 가치가 없다고 보았던 주제들을 다뤄야만 했다. 가사 노동이 어떻게 나뉘는지, 관리자들이 어떻게 노동을 평가하는지, 여성들이 성생활의 입문과 실태를 어떻게 경험하는지. 이런 주제들은 현실의 본질이나 앎의 가능성을 다루는 고상한 물음이 아니었다.[45] 그보다는 누가 현실에서 어떤 부분이 중요하다고 말하기 시작했는지, 그리고 누가 지식이라고 할 만한 지식을 지녔는지에 대한 물음이었다.

보부아르는 여성이 자기를 위해 입을 연다는 것이 얼마나 어려운 일인지 잘 알았다. 여성 억압의 특징 중 하나가 바로 여성은 질적으로나 양적으로나 남성만큼 생의 흔적을 기록으로 남길 도리가 없었다는 데 있다. 여성의 목소리는 덜 공개적이었고, 그들의 증언이 공개되더라도 편파적이다, 오류가 있다, 악의가 있다, 부도덕하다는 평계로 무시당했다. 보부아르는 여성의 복종을 분석하기 위해 특정한 여

성들의 사적 경험, 즉 구조적이거나 철저하게 침묵에 놓이는 어떤 상황을 인용했다.[46]

어릴 적 보부아르에게 영감을 주었던 작가 조지 엘리엇은 "평범한 인생을 예리하게 바라보고 느낄 수 있다면 풀이 자라는 소리, 다람쥐 심장 뛰는 소리가 다 들리는 것 같고 침묵의 이면에서조차 저 커다란 울부짖음이 들려서 살 수가 없을 것이다."라고 했다.[47] 보부아르는 침묵의 이면에서 끝없는 혼란, 체념, 절망의 후렴을 들었다. 여성들의 목소리가 한데 묻고 있었다. 나는 무엇이 되었는가?

보부아르는 《제2의 성》 집필을 위해 조사하면서 발견한 사실들에 경악했다. 그러나 희망의 이유도 찾았다. 그랬다, 1949년에 여성은 남성보다 열등한 '상태'였다. "상황이 여성에게는 훨씬 더 적은 가능성만 열어주었기 때문이다." 하지만 여성이 열등해야만 하는 것은 아니었다. 남성과 여성이 변명 뒤에 숨지 않는다면 사정은 바뀔 수 있었다.

《제2의 성》은 종종 사르트르의 철학을 "여성 문제에 적용한" 저작으로 기술되곤 했다. 이 시점에서 보부아르가 말한 자유의 중요성이나 그 외 몇 가지 견해는 사르트르와 일치했다. 하지만 철학자라면 마땅히 그래야 하듯, 보부아르는 진실이라고 생각하면 동의했고 거짓이라고 생각하면 그 의견을 낸 사람이 아무리 좋아도 동의하지 않았다. 일단 보부아르는 사르트르의 '상황' 개념을 거부했다. 그보다는 하이데거 말마따나 인간은 세계에 '던져진' 존재이고 그 세계에는 우리가 만들지 않은 의미가 이미 존재한다고 보았다. 보부아르는 1930년대에 이미 사르트르에게 던졌던 '하렘에 있는 여성은 어떤 종류의 자유에 도달할 수 있는가?'라는 질문으로 돌아갔다.

이제 보부아르는 여성의 가치가 남성을 위대하게 하거나 쾌락을 주는 데 있다는 말을 듣더라도 여성이 하렘에 계속 있을 필요는 없다는 것을 분명히 알고 있었다. 1949년에도, 프랑스에서나 미국에서도 여성은 단지 자기도 인간이라 주장하는 것만으로는 성 차이가 구조화한 가능성의 차이를 피할 수 없었다. 후설, 사르트르, 메를로퐁티 같은 철학자들은 몸의 철학을 전개하기 시작했다. (정신을 중시하는 서양 철학의 역사에서 몸은 오랫동안 무시되었던 주제다.) 하지만 보부아르는 그들이 여성의 신체, 특히 여성이 남성의 시선에 의해 성적 대상이 될 때 '자신의 신체로부터' 느끼는 소외감을 고려하지 못했다고 보았다. 그 시선은 여성을 되어 가는 과정에 있는 인격체로 보기보다 자기가 사냥하고 소유하려는 '먹잇감'으로 본다.

보부아르는 이 왜곡된 렌즈를 통해서 여성을 바라보는 데 그칠 수 없었다. 그래서 다양한 일인칭 시점을 제시하는 독창적인 철학적 방법을 사용했다. 그리고 이 작업을 "여성에게 '제시된' 세상을 여성의 시각에서 기술하기"로 보았다. 여성이 남성에게 복종하는 것이 '순리'라면 남성과 여성의 위계에는 부도덕할 게 없다. 그러나 그 위계를 문화가 지속시켜 왔다면 여성의 복종은 자유의 '강등'으로 여겨질 것이요, 그 문제는 압제자와 피압제자 모두 시정할 책임이 있는 도덕적 문제다. 《제2의 성》 2권은 남성이 만든 헤게모니 신화 속에서 여성이 되어 가는 경험을 말하는 목소리들을 조합하여 소녀 시절이 여성의 조건을 배우는 '수습 기간', 자율을 포기하고 '남자들을 위해 존재하는' 여성이 되라는 기대에 복종시킬 준비 단계임을 보여주었다.[48]

《제2의 성》은 일부를 선공개했기 때문에 가장 먼저 이 저작을 접한 독자들은 논증을 처음부터 끝까지 차례대로 접하지 못했다. 그러나 파편적 읽기 때문에 보부아르가 '여성이라는 이유로' 공격당했다고 보기는 어렵다. 보부아르가 틀렸거나, 책이 읽히지 않거나 잘못 읽혀야 할 이유를 강하게 내세우는 독자들이 너무 많았다. 결국 변명은 곤경을 벗어나기에 아주 좋은 방법이다. 독자들이 정말로 독창성의 결여, 여성으로서의 실패, 부도덕성을 이유로 들어 보부아르를 거부할 수 있었다면 '여성의 조건'에서 인간이 겪는 고통에 대한 보부아르의 설명에 그렇게 심란해하지도 않았을 것이다. 그들은 다시 한번 침묵으로 사태를 무마할 수 있었을 것이다.

1949년에 《제2의 성》 관련 라디오 인터뷰에서 보부아르는 출간 후 당해야 했던 공격에 대한 질문을 받았다. 그녀는 프랑스에서 여성 얘기를 하면 "사람들이 곧바로 섹스를 생각하는" 게 자기 잘못은 아니지 않느냐고 대꾸했다. 또한 1천여 쪽의 대작에서 섹스를 다룬 장은 극히 일부인데 그 부분만 물고 늘어지는 언급이 너무 많았다는 지적도 했다. 성이 철학적으로 고찰할 필요가 없는 문제, 진중하지 못한 문제라고 본다면 그거야말로 문제였다. 사람들은 철학이 살아 숨 쉬는 것, 인간사의 그러한 측면조차 밝혀줄 수 있는 것으로 생각하지 않는 듯했다.[49]

《제2의 성》은 즉각 탄력을 받지 못했다. 시대를 너무 앞선 책이었고 솔직히 너무 많은 이에게 위협적이기도 했다. 보부아르가 받았던 집중적인 고전, 철학, 문학 교육이 이 저작에 반영되었다. 분석에는 현상학적 방법과 실존주의적 시각이 들어 있었고 그리스 극작가, 로마 철학자, 《성경》과 《코란》, 수백 년 동안 철학자와 신학자 들이 여성에 대해서 쓴 글, 문학, 편지, 일기, 정신분석학적 설명까지 넘쳐났다. 보부아르 연구자 마린 루슈가 보여주었듯이 독자들은 《제2의

성》을 너무 어렵게 썼다고 비난했다. 어느 독자는 격분해서 이렇게
물었다.

왜 이런 책을 썼나요? 고작 수백 명, 수천 명 독자 집단을 형이상학
과 실존주의의 전문 용어에 입문시키고 싶었나요? 아니면 상식과 이해
를 갖춘 일반 대중이 실질적으로 이런 문제를 접하기 바랐나요? 좀 더
친숙한 언어로, 직업적 '철학자'들이나 사용하는 현학적 대수학 없이 표
현할 수는 없었나요?[50]

1960년대와 1970년대 페미니스트들은 보부아르의 저작에 힘입어
"가장 빼어난 지성인들이 여성에게 자행했던 어리석은 짓거리"에 분
연히 맞설 수 있었다.[51] 하지만 1949년에는 보부아르도 그 책이 고전
의 반열에 오르고 정치 운동에 영감을 주게 될 줄 몰랐다. 그리고 때
를 만난 후에도 페미니스트들은 여성에 대해서 글을 쓰면서도 자신
을 그 여성과 분리해서 생각한 보부아르의 "무의식적인 여성 혐오"를
비난할 것이다.[52] 보부아르는 자기 계급, 인종, 교육의 특권을 망각했
다고 비판받았다. 혹은 그러한 특권을 의식했지만 여성의 경험에 대
해서 보편화의 우를 범했다고 비판받았다. "개인적인 것을 일반적인
것으로" 썼다고 비난받았지만 개인적 경험을 추진력을 발휘하는 "원
기 왕성한 분노"로 삼았다고 칭찬받기도 했다.[53] 어떤 페미니스트들
은 보부아르가 유색 인종 여성을 배제하고 그들의 고통을 백인 페미
니즘을 위해서 수사학적 전략으로 이용했다고 비난했다.[54] 수십 년
후 보부아르는 독자들의 의견을 듣고서 남성에 대한 자신의 경험과
태도가 너무 순진한 면이 있었다고 인정했다. 보부아르는 여러 억압

의 일상에서 벗어나 있는 '토큰' 여성이었다.[55] 하지만 《제2의 성》 출간 직후에는 그토록 거침없는 토큰 여성이었다는 이유로 비싼 대가를 치렀다. 사르트르의 그림자에서 벗어났건만 스캔들의 조명을 노골적으로 받았고, '여자라는 이유로' 조롱, 멸시, 모욕의 표적이 되었다.

토릴 모이는 《시몬 드 보부아르: 지적 여성의 형성》에서 "시몬 드 보부아르는 1949년 말에 진정한 시몬 드 보부아르가 되었다. 인간적으로나 직업적으로 그녀는 '만들어졌다.'"고 썼다.[56] 1949년 이후 보부아르가 했던 작업은 "회고적이고" "자서전 외에는 거의" 쓴 것이 없다고 했다. 그렇지만 작가로서 보부아르는 아직 문학상 수상작 《레망다랭》과 다른 소설 두 권을 쓰기 전이었다. 자서전은 아직 한 권도 쓰지 않았고 노년에 대한 책, 프랑스 법을 대폭 바꾸게 될 글들도 아직 쓰지 않았다. 《제2의 성》도 페미니즘 제2물결을 일으키는 역할을 하기 전이었다. 페미니스트 운동가로서 이력은 아직 시작하지도 않았다. 개인적인 삶 역시 상호 관계의 가능성을 여전히 붙들고 있었다. 보부아르는 아직도 되어야 할 것이 많았다.

13장

가톨릭 금서, 《레 망다랭》

1950~1958년

"나의 글쓰기가 독자들의 자유에 호소하기를,
그들에게 새로운 상상의 가능성을 열어주기를."

Simone de Beauvoir

1950년 초에 보부아르의 일상은 다시 일정한 리듬으로 돌아갔다. 글쓰기, 〈레 탕 모데른〉 작업, 《제2의 성》 관련 인터뷰. 그러다 2월의 어느 날 오랫동안 못 만난 사람과 우연히 마주쳤다. 사촌 자크를 만난 것이다. 자크는 몰락해서 과거의 모습은 온데간데없었고 돈 없는 술꾼이 되어 있었다. 그는 아내와 다섯 자식에게도 버림받은 상황이었다. 오래된 정 때문이었는지 너그러운 마음 때문이었는지 모르지만 보부아르는 다시 만날 약속을 잡고 경제적 지원을 해주었다.[1]

사하라 사막을 보고 싶었던 보부아르는 3월에 사르트르와 함께 파리를 떠났다. 트럭을 타고 나흘간 사막을 건너가 알제리의 오아시스 도시 타만라세트를 보았고 대상들을 지나쳐 엘 골레아(엘 메니아)까지 가서 비행기를 타고 말리까지 갔다.

보부아르는 거대 프로젝트와 병행해서 짤막한 글들을 썼다. 1950년에 〈플레어〉라는 미국식 잡지에 그 글들이 발표되었다. 〈플레어〉는 일년 정도로 수명이 짧았지만 장 콕토, 테너시 윌리엄스, 엘리너 루스벨트, 살바도르 달리, 마거릿 미드 같은 유명인들의 원고를 받았다. '여성이 사랑에 새로운 얼굴을 줄 때가 됐다'[2]라는 제목을 단 보부아르의 원고는 인간은 자유롭고 의식이 있으며 다양한 신체로 구현된다는 시각에 비추어 성적 욕망을 고찰한다. 성적 끌림은 차이를 먹고 자란다. "다른 성은 이국의 매혹을 지닌다."

보부아르가 보기에 남성들은 사랑을 불평등과 복종으로 생각하고, 여성들은 "과거의 노예제를 연상시킨다"는 이유로 사랑을 거부하는 게 문제였다. 성의 차이가 너무 자주 우열 관계, 주체와 대상 관계, 주는 자와 전적으로 취하는 자의 관계로 나타났다. 그러나 지배는 사랑이 아니요, 헌신도 사랑은 아니다. 사회에서 활동하며 독립적이고 책임감 있게 사는 여성이 점점 더 많아지고 있었다. 이제 공적 생활에 진입한 여성 중 일부는 낙담하면서 이렇게 묻는다. 사랑은 망한 건가? 사랑의 시정(詩情)과 행복은 영영 잃는 건가? 보부아르는 그렇게 생각하지 않았다. "두 파트너가 평등하고 한쪽이 다른 쪽을 복종시키지 않는 새로운 유형의 사랑을 생각할 수는 없는가?"[3]

유명 작가들에게서 이 새로운 사랑의 서광이 얼핏 보였다. 니체, 톨스토이, D. H. 로런스는 "진실하고 생산적인 사랑"은 사랑하는 이의 현존과 그 사람의 인생 목표를 모두 포용한다고 보았다. 하지만 그들은 이러한 이상을 '여성'에게 제안했다. 사랑이 여성의 유일한 목적이라고 생각한 것이다. 반면 보부아르는 '평등주의' 연애에서 여성은 여전히 연인의 협력자가 되기를 원하지만—그럼으로써 두 사람은 상호성과 우정을 지향할 것이다.—남성은 같은 이상을 공유하지 않는다고 보았다.

(그러한 이상을 공유하는) 남성은 연인에게 자기애적 찬미를 구하는 대신 자신을 벗어나는 법, 자기 아닌 다른 문제들과 씨름하는 법을 사랑에서 발견할 것이다. 관용을 떠받드는 같잖은 글이 그토록 많이 나왔

는데 그러한 헌신, 여성의 복된 팔자처럼 여겨지는 자기 부정에 참여할 기회를 남성에게도 줘보면 어떨까?[4]

파트너가 함께 "상대와 자기를 동시에" 생각한다면 두 사람 모두에게 이로울 것이다.

보부아르와 사르트르의 관계가 성적인 것이 아니었다는 점을 고려하면 이 글에서 보부아르가 그러한 사랑이 플라토닉할 수도 있다고 명시한 점이 흥미롭다(성적 끌림이 "가장 흔한 도구"라고 인정하긴 했지만). 보부아르는 '여성성: 함정'이라는 주제와 《제2의 성》에서 전개했던 논의로 돌아가 여성들에게 만연한 두려움, 즉 여성성을 잃고 남성에게 매력 없는 존재가 될지 모른다는 두려움을 다룬다. 보부아르는 욕망을 불러일으키고 싶어 하는 여성의 마음은 알지만 여성의 매력이 그렇게 쉽게 사라지지는 않는다고 했다. "각 사람이 타자에게 느끼는 육체적 욕구는 서로를 향한 마법을 유지하게 할 것이다."[5]

6월에는 올그런을 만나러 시카고로 갔다. 사르트르와 돌로레스의 관계가 끝나 가고 있었고—사르트르는 원만하게 정리하려고 노력 중이었다.—사르트르와 보부아르는 외국에 나가 있는 기간을 얼추 맞추었다. 프랑스에서 둘이 최대한 시간을 함께 보내기 원했기 때문에 미국행을 6월로 정했던 것이다. 보부아르는 올그런에게 보내는 편지에서 자기 여행 일정을 사르트르의 일정에 맞춰 잡았다는 사실을 감추지 않았다.

올그런도 좋다고 했다. 하지만 그의 편지는 점점 뜸해지고 있었다. 보부아르는 굳이 가야 할까 싶기도 했다. 사르트르는 그래도 한번 가 보라고 권했다.

비행기 옆 좌석 승객이 《제2의 성》을 읽고 있는 상황은 초현실적이었다. 보부아르는 뉴욕에 사는 스테파와 페르난도 제라시 부부를 먼저 방문하고 1951년 9월에 시카고로 날아갔다. 24시간도 채 지나지 않아 상황이 변했음을 알았다. 올그런에게 뭐가 문제냐고 물었다. 그는 보부아르를 봐서 기쁘지만 어차피 또 떠나려고 온 것이 달갑지 않다고 했다. 보부아르는 사르트르에게 올그런의 초연함이 무관심 수준에 이르렀다고 편지로 알렸다.[6] 올그런은 전처가 재결합을 원하지만 보부아르 이후에 또 다른 여자를 사랑할 수 있을지 모르겠다고 말했다.

어쨌든 올그런은 이제 뭔가가 죽어버렸다고 했다. 다음 날 밤 섹스를 하려고 했지만 둘 다 몸이 따라주지 않았다. 8월 초 미시건 호수의 오두막에 함께 가서도 둘은 각방을 썼다. 보부아르는 다시는 열정을 경험하지 못하는 걸까 두려워졌다. 코리드란을 먹어 가며 올그런에게 헌정할 소설 작업에 매달렸다. 사르트르도 암페타민 성분의 이 각성제를 과용하면서 왕성한 집필 활동을 유지해 왔다. 올그런과 지내는 나날은 열정 없이 평화로웠으나 생산적이었다. 오전에 글을 쓰고, 오후에는 수영과 독서에 몰두했다. 하루는 수영이 서툰 보부아르가 호수에서 익사할 뻔했다. 그다음에는 나탈리 소로킨이 찾아와서 일이 꼬였다. 올그런은 나탈리를 죽어라 싫어했고 보부아르에게도 자기 친구들이 그녀의 "레즈비언적인 면"에 충격을 받았다고 말했다.[7] 보부아르는 두 사람 사이에서 이러지도 저러지도 못했다. 나탈리가 같이 지내기 쉬운 사람은 아니었으나 올그런도 자제력 있게 처신하진 않았다. 보부아르는 "소중하고 절대적인 그이" 사르트르 곁으로 돌아가고 싶은 마음이 굴뚝같았다.[8]

《상황의 힘》은 미국 방문을 감정을 다 앗아 갈 정도의 절망으로 묘사한다. 보부아르는 그 끝이 어땠는지는 대충 얼버무리고 당시 파리에서 사르트르에게 쏟아진 모욕 얘기로 넘어간다.[9] 하지만 편지를 보면 10월 말 시카고에서 뉴욕으로 건너가기 직전에 올그런과의 관계에 다시 희망의 빛이 깃든 것 같다. 보부아르는 이별을 하면서 올그런 같은 친구가 있어서 행복하다고 했는데 올그런은 이렇게 답했다. "우정이 아닙니다. 난 사랑 이하의 감정을 느낀 적이 없는걸요."[10]

그날 밤 보부아르는 올그런에게 공항을 오가는 길 내내, 비행기에서도 내내 울었다면서 편지를 쓴다. "당신 때문에 읽게 된 이 '도입부'에서 토마스 만은 도스토옙스키가 발작을 한 번씩 일으킬 때마다 10년 삶에 버금가는 몇 초간의 지복을 누렸다고 말하네요. 분명히 당신은 때때로 불과 몇 분이지만 십 년의 건강과 맞바꿀 만한 열정을 느끼게 하는 사람이에요."

올그런이 자기를 마음에서 몰아내려 하는 것도 옳다고 보부아르는 말했다. 하지만 완벽하게 유창하지 않은 영어로 "thinking it is fair did not prevent it to be hard(옳다고 생각한다 해서 힘들지 않은 것은 아니다)."라고 했다.[11] 보부아르는 "당신이 사랑해주었기에", "당신이 내 안에 불러일으킨 성적 갈망과 행복 때문에" 그를 사랑하지만 설령 그런 게 없어도 "당신이니까" 사랑한다고 했다.[12]

파리로 돌아와보니 사르트르는 희곡 작업을 하면서 마르크스를 탐독하고 있었다. 그는 무심해 보였지만 보부아르는 그가 유명 인사가 되었기에 그러려니 생각했다. 사르트르는 이제 카페에서 일하거나 파리를 산책하거나 함께 스키를 타러 가고 싶어 하지 않았다. 그는 자기가 읽는 책을 권하고 지적 여정을 함께하기 바랐지만 보부아르는 소설도 끝내야 했고—정치학에 관심은 갔지만—사르트르를 좇는 데 시간을 들이고 싶지 않았다. 그는 인류의 문제를 해결할 새로운 이데올로기를 만들기 원했다. 보부아르는 그럴 생각이 없었다. 두 사람 사이의 점점 멀어지는 거리가 때로는 얇고 서글픈 장막 같았다. 또 어떤 날은 절망이 보부아르를 심하게 갉아먹었다.[13]

《제2의 성》은 보부아르에게 금전적 여유와 원치 않은 명성을 함께 안겨주었다. 보부아르는 축음기와 음반을 샀다. 사르트르는 일주일에 이틀 정도는 재즈와 고전 음악을 들으러 부셰리 거리의 보부아르 집에 왔다. 1951년 11월에 보부아르는 올그런에게 새로운 열정을 발견했다고 잔뜩 흥분해서 편지를 썼다. "사랑은 금지되었으니 나의 더러운 마음을 남자처럼 탐욕스럽지 않은 다른 것에 쏟기로 작정했어요. 그래서 나 자신에게 근사한 검은색 자동차를 선물했죠."[14] 보부아르는 주 3회 운전 교습을 받았다.

전후의 파리는 유럽 문화를 선도하는 중심지로서 호시절을 만났다. 재즈 연주가 마일스 데이비스가 파리 좌안의 클럽들에서 연주를 했고 지식인, 예술가, 작가, 반식민지 운동가 들까지 모여들었다. 1950년에 마르티니크 출신 시인 에메 세제르(Aimé Césaire)가 《식민주의 담론》을 발표했다. 그는 이 책에서 식민주의가 지배와 통제를 추구하는 양상이 유럽의 나치즘을 방불케 한다고 했다. 인도는 1947년에 영국에서 독립했고 반식민주의가 자리를 잡아 가고 있었다. 1952년에 출간된 프란츠 파농(Frantz Fanon)의 《검은 피부, 하얀 가면》은 인종주의가 피압제자에게 미치는 영향을 생생하게 기술했다. 하지만 1930년대 이후로 반식민주의와 알제리 민족 운동이 성장해 왔는데도 프랑스에는 아직 그들의 제국을 포기 못하는 사람들이 많았다.

이 시대에 보부아르의 저작은 프랑스의 주요한 문화 수출품이 되었다. 《제2의 성》이 1951년에 서독에서 '다른 성'이라는 제목으로 번역 출간되었다. 판매는 호조를 보여서 금세 3쇄까지 찍었다. 독일어판은 5년간 1만 4천 부가 팔렸다.[15]

보부아르와 올그런이 이때 주고받은 편지들은 우울한 하나의 주제로 여러 변주를 선보였다. 보부아르는 올그런을 자신의 "아픔 수집가"라고 부르기 시작했다. 올그런은 두 사람이 함께 살되 그 장소가 시카고이기를 원했다. 자기가 매년 파리에 간다면 서너 달이 아니라 한 달만 머물겠다는 뜻이었다. 올그런은 보부아르가 뉴욕에서 보낸 편지에 화가 나 있었다. 하지만 보부아르가 뭘 할 수 있었겠는가? 그는 보부아르가 자기 삶은 양보하지 않으면서 그의 삶을 붙잡아 두고 싶어 한다고 했다. 보부아르는 그 비난이 부당하다고 느꼈다. "내가 복종하는 기계처럼 반응할 거라 기대하지 말아요."[16] 여성은 사랑을 인생과 동일시하고 사랑을 위해 모든 것을 희생하라는 기대에 시달린다는 《제2의 성》의 주장은 결코 남 이야기가 아니었다. 사랑은 삶의 일부일 뿐이었다. 《상황의 힘》에서 보부아르는 이렇게 쓸 것이다. "설령 사르트르가 없었더라도 나는 절대 시카고에 살러 가지 않았을 것이다."[17]

1952년에 보부아르와 올그런이 주고받는 편지는 뜸해졌다. 거의 매일 쓰던 편지가 일주일에 한 번, 한 달에 한 번꼴로 줄었다. 보부아르는 이제 마흔네 살이었고 "그림자들의 나라로 밀려날까 봐"[18] 걱정하고 있었다. 《제2의 성》은 여성이 욕망을 잃기 한참 전에 성적 매력을 잃고 "자산 없는 대상"처럼 되어 가는 양상을 비극적으로 묘사했다. 여성의 성생활은 삼십 대 중반이 정점 같았다. 그다음부터는 노화에 대한 걱정이 끼어든다. 보부아르의 소설, 특히 후기 소설 속 여성들은 무기력한 욕망을 향한 쓸쓸한 불만을 잘 드러낸다.

1952년 초에 보부아르는 자신과 사르트르가 그의 대중적 명성이나 정치 참여 때문에 사이가 멀어졌다고 느꼈다. 이제 그들의 관계에 제 3자가 들어왔다. 보부아르, 사르트르, 그리고 유명 인사 '장폴 사르트르'가 있었다. 보부아르는 그가 무명 시인이면 좋겠다고 말했다. 사르트르는 이 시기에 윤리학이나 문화적 가치의 중요성을 두고 보부아르와 의견을 같이하긴 했지만 두 사람은 늘 시간에 쫓겼고 관심사도 자못 달라져 있었다. 보부아르는 고립감과 상실감이 컸고 기분이 가라앉았다. 《상황의 힘》은 그 슬픔이 "보편적 절망"이 되어 "가슴속에 파고들었고 세상이 끝났으면 좋겠다는 생각이 들기 시작했다."고 묘사한다.[19]

1월에 보부아르의 타이피스트 뤼시엔이 유방암으로 사망했는데 얼마 지나지 않아 보부아르도 가슴 한쪽에 멍울이 잡히는 것을 알았다. 사르트르에게 말했더니 걱정되면 병원에 가보라고 했다. 3월부터는 통증도 있는 것 같아서 진료 예약을 하고 4월에 전문의를 만났다. 의사는 아직 젊으니 크게 걱정할 필요는 없지만 일부를 잘라내서 조직검사는 해봐야 한다고 했다. 최악의 시나리오는 유방 절제까지 가는 경우였다. 보부아르는 동의했을까?

보부아르는 그렇게 했다. 하지만 몹시 심란해져서는 진료를 마치고 나왔다. 그 병원 대기실에 뤼시엔과 온 적이 있었다. 한쪽 가슴을 절제한 여성들이 십 년쯤 지나서 나머지 한쪽을 절제하러 오거나 수술 후 감염으로 죽는 경우도 보았다. 사르트르에게 진료 결과를 얘기했더니 그는 냉전 시대의 지독한 냉소주의로 대응했다. 최악의 경우라 해도 12년은 더 살 텐데 어차피 그때쯤이면 지구는 원자폭탄으로 멸망할 거라나.[20] 보부아르는 수술 전날을 보스트와 아름다운 수도원에서 보냈다.

1952년 5월에 로마에 머물던 사르트르는 프랑스 정부가 프랑스 공산당의 시위를 과격하게 진압했다는 소식을 들었다. 그는 공산당원이 아니었지만 서구의 지식인 대부분이 스탈린과 거리를 두기 시작하던 바로 그 무렵에도 대놓고 친공산주의 발언을 했다. 정치적 판단이 어떻든 간에 사르트르가 공산주의로 전향하면서 보부아르에게는 기대치 않았던 좋은 점이 하나 생겼다. 〈레 탕 모데른〉 필진은 매주 일요일 오후에 보나파르트 거리에서 회의를 했다. 사르트르는 새로운 정치적 열의를 잡지에 반영하기 원했으므로 젊은 마르크스주의자 몇 명을 필진으로 영입했다. 그중에 사르트르의 비서와 친구 사이인 아주 명민한 젊은이가 있었다. 클로드 란즈만은 스물일곱 살이었고 유쾌한 성격에 파란 눈이 아주 예뻤다.

어느 날 사르트르의 비서 장 코가 보부아르에게 란즈만이 그녀를 아주 매력적으로 생각한다고 말했다. 보부아르는 대수롭지 않게 여겼다. 노화가 두려웠고 성생활도 이제 끝이라고 생각하던 차였다.[21] 하지만 때때로 회의 중에 란즈만의 뜨거운 시선을 느끼곤 했다. 7월의 어느 밤 모임이 끝나고 난 후였는데 전화가 왔다. 란즈만이 영화를 같이 보러 가자고 했다. "무슨 영화요?"라고 묻자 그는 "당신이 좋아하는 영화면 다 괜찮아요."라고 했다. 그들은 다음 날 만날 약속을 잡았고, 보부아르는 전화를 끊자마자 울음을 터뜨렸다.[22]

자전적 작품 《상황의 힘》(55세에 출간)보다 후기 저작 《노년》(62세에 출간)에 더 명확히 나타나 있듯이, 젊은 날의 보부아르는 나이 든 여성의 성을 혐오했다. 젊을 때는 "선반 위로 치워질 나이에" 머리를 염색하고 비키니를 입고 연애를 노리는 "성질 고약한 여자들"이 정말 싫었다. 자신은 때가 오면 "마땅히 선반 위로 물러나리라" 다짐했다. 마흔네 살의 보부아르는 때가 왔다고 생각했다. 하지만 때는 너무 빨리 와 있었다.[23]

데이트 첫날 보부아르와 란즈만은 오후부터 저녁까지 함께 돌아다니면서 얘기를 나누었고 다음 날 저녁을 함께 먹기로 약속하고 헤어졌다. 그가 본격적으로 나오자 보부아르는 저항했다. 란즈만은 열일곱 살 연하였다. 란즈만은 그런 건 중요하지 않다고, 자기 눈에는 보부아르가 전혀 나이 들어 보이지 않는다고 했다. 그날 밤 그는 보부아르의 집에서 나오지 않았고 이튿날에도 나오지 않았다.

며칠 후 보부아르는 밀라노에 갔다. 생카 아롱드 자동차를 직접 운전해서 갔고 사르트르는 기차를 탔다. 그들은 중심 광장 피아자 델라 스칼라에서 조우했다. 보부아르는 미술관, 성당, 예술 작품을 보기 원했고 사르트르는 그냥 일을 하고 싶어 했다. 그래서 오전에는 관광을 하고, 오후에는 일을 하기로 합의했다. 사르트르는 《공산주의자들과 평화》 집필 작업 중이었고 보부아르는 결코 끝나지 않을 것 같은 소설에 매달려 있었다. 사르트르는 1952년 가을에 그 원고를 읽어보고 훌륭한 구석이 많지만 아직 완성도가 떨어진다고 했다. 보부아르는 지칠 대로 지쳐서 그냥 덮어버릴까 생각했다. 하지만 보스트와 란즈만이 원고를 읽고서 계속 써야 한다고 격려했다. 드디어 보부아르의 소설이 완성되자 사르트르는 자기가 소설을 그만 써야 할 이유가 하나 더 생겼다고—《자유의 길》 연작이 다 끝나지도 않았건만—했다. 그는 그 소설 《레 망다랭》이 "자유, 불확실성, 애매성을 끝까지 견지하면서" "시대의 문제를 나보다 훨씬 더 잘 탐구했다."고 말했다.[24)]

보부아르는 이탈리아에서 란즈만에게 편지를 보냈다. 실은 란즈만이 답장을 보내기도 전에 다섯 통이나 보냈다. 파리에 돌아가도 그를 여전히 사랑하겠노라 약속했다. 파리에 돌아올 때까지만? 란즈만이 물었다. 그는 훨씬 더 자신이 있었다.[25)]

보부아르는 동생 집에 들렀다가 파리로 돌아왔지만 란즈만도 이스라엘 여행에서 돌아와 "그들의 몸이 서로를 기쁨으로 맞이할 때까지"[26)] 2주나 더 기다려야 했다. 두 사람은 서로 살아온 얘기를 주고받았다. 란즈만은 유대인이었다. 그의 설명을 듣고 보부아르는 이전에는 상상도 못한 방식으로 유대인을 이해하게 됐다. (훗날 많은 이가 란즈만에 대해서도 그렇게 말할 것이다. 그는 보부아르의 지속적인 지원에 힘입어 걸출한 홀로코스트 다큐멘터리 영화 〈쇼아〉를 찍는다.)

과거에 대한 대화는 미래에 대한 대화로 이어졌다. 이스라엘 여행 이후 란즈만의 형편이 좋지 않아서 보부아르는 그를 자기 집에 들어와 살게 했다. 애인을 집으로 들이기는 처음이었다. 고독을 포기할 마음은 없었으나 란즈만과 7년이나 함께 살았다. 그는 보부아르가 막역한 2인칭 대명사 'tu'로 지칭했던 유일한 연인이다. 사르트르는 훗날 인터뷰에서 보부아르보다 더 가깝게 지낸 여자는 평생 아무도 없었다고 했다. 그렇다 해도 그들은 결코 서로를 'tu'로 부르지 않았다.[27)] 2018년에 보부아르 연구자들은 그녀가 란즈만에게 보낸 편지를 엿볼 수 있게 되었다. 당시 보부아르가 쓰고 있던 작품, 란즈만과 떨어져 있을 때 읽은 책이나 방문한 곳뿐만 아니라 다정한 사랑의 고백, 일상의 세세한 구석을 볼 수 있었다. 보부아르처럼 혼자 있기를 좋아한 사람이 이처럼 일상을 살뜰히 공유했다는 점은 의미심장하다.

영화 감독 조제 다양(Josée Dayan)의 작품에서 시몬 드 보부아르는 란즈만에게 자신의 첫인상이 어땠는지 묻는다.

> 란즈만: 굉장히 예쁘고 부드러운 인상이라고 생각했어. 초연한 모습 뒤에 뭐가 있을까 궁금하기도 했고.
>
> 보부아르: 그다음에는 보기만큼 초연한 사람은 아니구나 생각했겠네.
>
> 란즈만: 오, 당연히 그랬지. …… 그 얘기를 해야 하나 모르겠는데, 처음에 제일 놀랐던 건 당신의 삶에 대한 감각, 끊임없는 계획들이었지. 당신은 늘 뭔가를 하고 싶고, 여행하고 싶고, 자세히 관찰하고 싶어 했지. …… 당신과 함께 세상을 발견하면 그보다 놀라운 게 없었고, 실제로 내가 하는 일에 영향을 받았지.[28]

보부아르는 지난 2년 사이에 연애의 뼈아픈 끝을 보았고 성생활의 종말을 알리는 신호를 감지했다. 하지만 란즈만을 만나면서 이렇게 말할 수 있게 됐다. "나는 넋을 잃고 다시 행복으로 뛰어들었다."[29]

보부아르는 계속 사르트르를 만났지만 그들의 습관은 바뀌었다.[30] 매년 둘이서 여름 휴가를 가던 방식대로 하면 두 달이나 란즈만과 떨어져 있어야 했는데 보부아르는 그러고 싶지 않았다. 그래서 란즈만도 최소 열흘은 두 사람의 여행에 합류하는 것으로 타협을 보았다. 란즈만은 당시 건국된 지 얼마 안 된 이스라엘에 대한 글을 쓰고 있었다. 그는 그 나라에서는 유대인이 아웃사이더가 아니라는 점에 깊이 감명을 받았다. 보부아르는 오전에는 란즈만과 함께 글을 썼고,

오후에는 예전처럼 사르트르 곁에서 글을 썼다.

　보부아르와 란즈만은 한집에서 잠자리를 같이했지만 다른 관계와 마찬가지로 독점적이지 않은 사이로 지냈다. 보부아르는 란즈만이 다른 여자도 만나되 다 터놓고 얘기하길 기대했다. 그리고 자신은 사르트르를 만나 모든 것을 얘기하고 싶어 했다. 란즈만은 '패밀리'의 일원이 되었다. 그들은 한 해의 마지막 날을 올가, 보스트, 완다, 미셸과 보냈다. 보부아르는 오랜 세월 많은 사연을 함께한 이 사람들이 점점 더 소중해졌다. "우리는 서로를 너무 잘 이해해서 미소 한 번으로 일장연설보다 더 많은 것을 전할 수 있었다."[31]

　란즈만은 열정적인 남자였고 남들에게 감정이나 반응을 뚜렷이 드러내는 편이었다. 연애 초기에 그는 보부아르에게 자신의 "광기"에도 불구하고 사랑해주어 고맙다고 했다. 그는 폭풍 같은 과거를 겪었지만 그 기질이 과거사에서만 온 것은 아니었다. 전후에 프랑스인들이 유대인 학살에 공모한 정황이 드러났을 때 그는 비탄에 빠졌다. 게다가 그의 어린 시절은—명문 루이르그랑 고등학교에서 승승장구하고 장 코, 질 들뢰즈(Gilles Deleuze)와 친구가 됐을 뿐 아니라—지독한 가정 불화로 얼룩져 있었다. 그는 가정 폭력에 시달리다가 남편과 자식 셋을 두고 집을 나간 어머니가 어디 사는지조차 몰랐다.

　그러나 어둠을 다스려야 할 사람이 그 혼자만은 아니었다. 란즈만은 함께 살았던 유일한 연인으로서 보부아르의 감정의 격랑을 가까이서 지켜보았다. 란즈만은 보부아르와 사르트르가 공유한 가장 중요한 것 하나가 우울증 혹은 절망에 가까운 실존적 불안이라고 보았다. 사르트르는 그러한 성향이 "침울함과 무기력"으로 나타났지만 각성제, 글쓰기, 유혹으로 물리쳤다. 보부아르의 경우는, 란즈만의 표현을 빌리자면 "폭발"로 나타났다.

앉아 있다가, 서 있다가, 누워 있다가, 차 안에서, 걷다가, 사람들 앞에서, 집에 있을 때 그녀는 발작적으로 격렬하게 흐느껴 울곤 했다. 온몸을 부들부들 떨면서 심장이 터질 것처럼 울다가 뭐라 형용할 수 없는 절망의 울부짖음을 길게 토했다. 그 모습을 처음 봤을 때가 언제였는지 기억은 안 나지만 함께 사는 7년 동안 그런 때가 자주 있었다. 이 글을 쓰면서 생각해보니 누가 그녀에게 잘못해서, 뭔가 안 좋은 일이 생겨서 그랬던 건 아니었다. 오히려 행복할 때, 굳건한 행복의 바위에 부딪쳐 부서지기라도 하듯 그랬다.

란즈만은 보부아르를 안심시키려 애썼지만 "인간의 행복은 덧없다는 고통스러운 자각" 앞에서 "속수무책"이었다.[32] 하지만 학창 시절의 "보부아르 양"처럼 폭발은 지나가게 마련이었다. 보부아르와 란즈만은 쉴셰르 거리에서 함께 일하고 생활하며 평화로운 나날을 보냈다. 어떨 때는 서로 말 한마디 나누지 않고 5시간 내리 각자 글만 썼다.[33]

2018년에 클로드 란즈만은 보부아르에게 받은 편지를 선별해서 예일대학에 팔았다.[34] 〈르 몽드〉는 이 소식을 알리면서 1953년도의 편지 한 통을 공개했는데, 여기서 보부아르는 "분명히" 사르트르를 사랑했지만 "진정한 상호성이 있었다고 하기는 뭐하고 육체적으로는 아무것도 이루지 못했다고 해도 과언이 아니다."라고 말한다.[35] 이 폭로는 1953년 당시 보부아르가 사르트르를 낭만적 관계의 중심에 두지 않았으며 자기네 관계에 대한 비판도 성적인 것이 아니라 윤리적인 것이었음을 보여준다. 하지만 역사는 반복되는 것인지 편지의 독자들은 성적인 면에만 초점을 맞추었다. 독자들은 "20세기 최고의 러브 스토리"가 상상과는 다르다고 또다시 놀라워했다. 하지만 보부아르가 부족하다고 느꼈던 것은 섹스만이 아니었다. 진실한 낭만적 연애에 꼭 필요하다고 생각했던 상호성이 부족한 게 문제였다. 독자 세대가 보부아르 역시 사르트르와의 관계에서 자기 기만에 빠져 있지 않았나 의심을 품던 마당에, 보부아르가 대놓고 (자기와 가장 가까운 사람들에게) 그 관계가 심각하게 불완전했음을 고백한 증거가 나온 것이다. 보부아르는 사르트르를 사랑했다. 하지만 그녀가 보기에 그 관계는 여러 면에서 실패했다.

보부아르가 대중에게 들려준 이야기는 다르다. 하지만 대중이 보부아르를 두고 했던 말들이 사태를 더 복잡하게 만든다. 1953년 봄 《제2의 성》 영어판이 처음 나왔다. 출판사 대표 알프레드 크노프의 아내 블랜치 크노프는 파리에서 사람들이 그 책을 두고 떠드는 말을 들을 기회가 있었다. 그녀는 원서를 읽을 만큼 프랑스어를 잘하지 못했고 그냥 섹스 개론서인가 보다 생각했다. 그래서 검토도 동물학 교수에게 맡겼다. 하워드 파슐리(Howard Parshley) 교수는 "지적이고, 학술적이며, 균형이 잘 잡혀 있고" "교조적인 페미니스트의 서적은 절대 아니다."라고 써 보냈다.

크노프 부부는 교수에게 다시 편지를 썼다. 혹시 번역도 맡아주실 수 있을지? 본문을 적당히 쳐내는 작업까지 가능하신지? (크노프는 저자가 "병적으로 말을 많이 하는 증상"을 앓고 있다고 했다.[36]) 《제2의 성》 프랑스어 원서는 972쪽이었다. 파슐리는 답장에서 그중 145쪽을 삭제하거나 간단히 축약하겠다고 — 원서를 15퍼센트 가까이 쳐내겠다고─했다. 파슐리는 프랑스 철학이나 문학에 지식이 전혀 없었으므로 원서의 풍부한 철학적 함의, 문학적 암시를 많이 놓쳤고, 그 결과 보부아르는 철학적으로 훨씬 덜 엄정한 저자처럼 보이게 됐다. 영문판은 의도가 순수하다고 볼 수 없는 방식으로 번역자가 책의 구성을 바꾸어 내용을 옮겼다. 가장 심하게 손댄 부분은 여성의 역사를 다룬 장이었는데 무려 78명의 여성 인명을 누락했고 사회주의적 페미니즘에 대한 언급은 거의 다 뺐다. 파슐리는 여성의 분노와 그들이 받았던 탄압은 삭제하면서 남성의 느낌과 생각이 드러나는 대목은 그대로 두었다. 또한 가사 노동에 대한 보부아르의 분석도 삭제했다.[37]

보부아르는 파슐리의 번역을 보고 "내가 중요하다고 생각한 부분이 너무 많이 빠지게 생겼군요."라고 편지를 보냈다. 번역자는 그렇게 쳐내지 않으면 책이 "너무 길어진다"고 답했다. 그래서 보부아르는 영어판 머리말에서 번역판이 원서의 일부를 누락하고 내용을 축약했음을 분명히 밝혀 달라고 청했다. 하지만 번역자는 저자가 바랐던 만큼 단도직입적으로 그 사실을 명시하지 않았다.

미국에서 이 책은 '실존주의' 꼬리표가 붙지 않았다. 블랜치는 실존주의는 이미 '퇴물'이라고 생각했고 파슐리에게도 머리말에서 실존주의는 가볍게 취급해 달라고 부탁했다.[38] 파슐리의 머리말은 "보부아르 양의 책은 사실 철학이 아니라 순전히 여성에 대한 것이므로"[39] 자신이 "분량을 줄이기 위해 약간의 삭제와 축약을 가했다."고 말한다. 또한 "모든 수정은 실질적으로" "저자의 허락을 받았다"고 했다.[40] 1985년 인터뷰에서 보부아르는 파슐리의 "대폭 손질"이 못마땅했노라 밝혔다.[41] (새로운 영어판 완역본은 영국에서는 2009년, 미국에서는 2010년에야 나오게 된다.)

《제2의 성》은 미국에서 나오자마자 베스트셀러 목록에 오른다. 초기에는 보부아르의 문체와 독창성을 높이 평가하면서도 예술가나 지식인 여성들에게만 적용되는 문제를 보편화했다는 비판이 꽤 있었다.[42] 또 어떤 이들은(가령 〈디 애틀랜틱〉의 비평가는) 저자가 "극단적 페미니스트 유형"이라고 했다.[43] 〈더 뉴요커〉 비평가와 인류학자 마거릿 미드는 각기 이 책을 "예술 작품", "허구적 작품"으로 칭했다.[44] 《제2의 성》은 출간 이후로 계속 잘 팔렸고 특히 1980년대에 이르러서는 100만 부 이상 찍은 책으로 등극했다. 1950년대에 《제2의 성》은 세계 내 여성의 위상을 생각해보고 싶은 독자가 읽을 만한 몇 안 되는 책 중 하나였다.[45]

《제2의 성》 덕분에 보부아르는 페미니즘 제2물결의 '어머니'로 부상하게 된다. 하지만 희한하게도 1960년대의 몇몇 유명 페미니즘 개척자들은 이 책의 영향력을 뒤늦게야 인정하곤 했다. 케이트 밀릿(Kate Millett)의 《성 정치학》은 《제2의 성》에서 상당 부분 영향을 받았다. 그래서 보부아르는 주저 없이 밀릿의 책이 "매우 훌륭하다"고 하면서도 자기에게서 "형식, 사상, 그야말로 모든 것을" 가져갔다고 말한 것이다.[46]

미국에서 여성의 성, "독립적 여성", 모성에 대한 보부아르의 생각은 지속적으로 관심을 끌었다. 프랑스에서만큼 신랄한 독설이 쏟아지진 않았지만 이 책은 미국에서도 어떤 동네의 심기를 불편하게 했고 또 어떤 동네에서는 아예 분노를 샀다.[47] 사르트르, 란즈만과 생트로페 여행을 마치고 돌아온 1953년 4월 보부아르 앞으로 보내는 소포가 레 되 마고 카페로 왔다. 보부아르는 시카고 소인을 보고 올그런이 보낸 소포인 줄 알고 신나게 뜯어보았다. 하지만 누가 보냈는지 알 수

미국 페미니스트 작가 케이트 밀릿(왼쪽)과 캐나다 여성 운동가 슐라미스 파이어스톤. 여성 운동의 목표를 제시한 밀릿의 대표작 《성 정치학》과 급진적 페미니즘의 고전인 파이어스톤의 《성의 변증법》 등 신세대 페미니스트들의 수많은 저작이 《제2의 성》에서 영향을 받았다.

없는 소포였고 내용물은 "분노의 배출을 돕는 설사약"이었다.[48]

보부아르는 여전히 한 달에 한 번은 올그런에게 편지를 보내 《레 망다랭》이 어떻게 되어 가고 있는지 알렸다. 비록 책 제목은 란즈만이 붙이게 되지만 보부아르는 올그런에게 《레 망다랭》을 "그의 책"이라고 지칭했다. (란즈만은 처음부터 그 소설이 "지적인 동시에 육욕적"이라고 했다.[49]) 《레 망다랭》은 아주 느리게 모양새를 갖춰 나갔다. 1953년 8월에 보부아르가 올그런에게 보낸 편지에서 "그의 빌어먹을 책"이라고 했고 12월 편지에서는 "빌어먹을 더러운 책"이라고 했을 만큼, 당초 바람보다 시간이 많이 걸렸다.

1953년 6월에 보부아르와 란즈만은 스위스와 유고슬라비아를 여행하고 베네치아로 내려가 사르트르와 미셸에 합류하여 "합동 휴가"를 보냈다. 란즈만이 생카 아롱드를 운전하는 동안 보부아르는 여덟

시간짜리 고난도 하이킹 코스를 짰다. 이탈리아 트리에스테에서 유고
슬라비아 입국 비자를 얻을 수 있다는 것을 알았다. 보부아르는 철의
장막 너머에 가본 적이 한 번도 없었다. 그래서 차에 생필품을 잔뜩
싣고 공산주의 체제 국가로 들어갔다.

8월에는 암스테르담에서 계속 《레 망다랭》 작업을 했다. 그곳에서
사르트르와 함께하는 작업 리듬을 한창 즐기던 중에 비보가 도착했
다. 원래 바젤에서 만나기로 했던 란즈만이 교통사고를 당해 프랑스
카오르에 입원해 있다는 소식이었다. 보부아르는 당장 차에 올라 란
즈만 곁으로 달려갔다.[50]

그사이에 사르트르는 파리로 돌아왔다. 보부아르와 란즈만을 보러
카오르로 내려왔지만 그는 비버에게 맡길 일—주로 심부름—이 좀
있었고 구애해야 할 새 연인도 있었다. 사르트르는 란즈만의 여동생
에블린에게 빠져 있었다. 미셸은 아무것도 모르고 있었지만 에블린도
이미 사르트르에게 빠져 있었다. 이리하여 사르트르는 세 명의 '정부'
를 두게 되었다. 완다, 미셸, 에블린은 상황을 좀 더 잘 알고 모르고
의 차이는 있었지만 셋 다 사르트르의 경제적 지원과 문학적 선물을
받았다.

1954년 2월에 올그런은 편지로 보부아르의 인생에 아직도 '마법'
이 남아 있느냐고 묻는다. 보부아르는 란즈만과 동거 중이었지만 넬
슨 올그런만큼 사랑한 남자는 아무도 없다고 답했다. 보부아르는
세상에 환멸을 느끼고 나이를 원망했다. 이제 "마법 없는 삶"을 살
고 있었다.[51] 그래도 4월 말에는 드디어 책을 끝냈다고 기쁨의 편지
를 보냈다. 타자기로 정서한 원고만 1,200장이었고 사르트르, 올가,
보스트는 입을 모아 보부아르가 쓴 최고의 소설이라고 인정했다. 그

소설은 미국 이야기, 한 남자와 한 여자의 이야기였다. 아직 그 "괴물"을 갈리마르 출판사에 넘기지 않았지만 완성한 것만으로도 마음이 놓였다.

보부아르는 사르트르의 건강을 걱정했다. 그는 몇 년간 코리드란을 권장량의 몇 배씩 먹어 가면서 무리하게 일해 왔다. 혈압도 높아서 의사들이 잘 쉬어야 한다고 했다. 하지만 리듬이 처진다 싶을 때마다 각성제 복용량을 늘렸을 뿐 생활 습관은 그대로였다. 보부아르와 란즈만이 죽고 싶어서 그러느냐고 타일렀지만 사르트르는 그 생활을 중단할 마음이 없었다.

1954년 5월에 사르트르는 소련을 방문했다. 프랑스 언론에서 워낙 크고 자세히 다루어서 보부아르도 신문에서 그의 소식을 접할 수 있었지만 편지를 받지는 못했다. 그달에 엘렌이 그림 전시회를 하러 파리에 왔고, 6월에는 보부아르와 란즈만이 영국으로 여행을 갔다. (하지만 영국의 '여름'은 조금도 인상적이지 않았다.) 여행에서 돌아와보니 집 문 아래에 보스트의 쪽지가 끼워져 있었다. 도착하자마자 바로 자기한테 와 달라는 내용이었다. 그들은 바로 내려갔고(보스트와 올가 부부는 여전히 보부아르 집 아래층에 살고 있었다) 사르트르가 모스크바에서 입원 치료 중이라는 소식을 들었다. 비서 장 코는 고혈압이 문제일 뿐 위독한 상황은 아니라고 전해 왔다.

보부아르는 모스크바에 전화를 걸어 사르트르와 직접 통화를 하고서야 마음을 놓았다. 그는 병원에 열흘 더 있으면서 기력을 회복하고 프랑스로 돌아올 거라고 했다. 하지만 사르트르는 건강만 불안한 상태가 아니었다. 그는 소련에 완벽한 표현의 자유가 있다는 글을 〈리베라시옹〉에 게재했다. 모두가 그게 사실이 아님을 알고 있었다. 사르트르는 도대체 무슨 생각이었을까? 그는 고집쟁이였고 소련이 헝가리를 침공하기 전까지는 절대 공개적으로 소련을 비난하지 않았다.

사르트르는 소련에서 돌아와 로마로 요양을 떠났다. 미셸이 함께 갔지만 그는 내처 잠만 자고 싶어 했다. 8월에는 보부아르와 함께 독일과 오스트리아에 갔다. 보부아르는 그의 축 처진 기분과 몸 상태에 놀랐다. 피로가 쌓이고 쌓여 정신적으로 넌더리가 난 상태라고 생각했다. 사르트르는 짜증을 많이 내고 뭐든지 무시하는 말을 했다. 그들이 일생을 바치리라 서원했던 문학마저 "똥 같은 소리"라고 했다.[52] 시도 때도 없이 불쾌해하고 자기 인생의 의미를 의문시했다. 여자가 몇 명이 있든, 그를 절망에서 끌어낼 도리는 없었다.

1954년 10월에 《레 망다랭》이 출간됐다. 보부아르는 《제2의 성》이 불러일으킨 반응 이후로 걱정이 많았다. "불쾌한 험담이 벌써 내 귀에 들리는 것 같았다." 하지만 이 소설은 대단히 호의적인 반응을 얻었다. 보부아르가 가장 놀란 점은, 좌파와 우파를 막론하고 모두가 이 소설을 좋게 보았다는 것이다. 초판 1만 1천 부는 금세 동이 났다. 출간 첫 달에만 4만 부가 팔렸다.[53] 보부아르는 올그런에게 그의 책이 자기가 쓴 어떤 책보다 큰 성공을 거두었다고 전했다. 심지어 공쿠르상 후보에도 올랐다. 공쿠르상은 매년 11월에 발표하는 프랑스 최고의 문학상이다. 보부아르의 수상을 점치는 사람이 많았지만 정작 본인은 《제2의 성》의 저자라는 사실이 불리하게 작용할 거라 생각했다.

공쿠르상은 후보자들이 다 함께 오찬을 나누고 수상자 발표를 들은 후—행운의 주인공이 되었다면—심사위원단에 감사의 말을 하는 전통이 있다. 그 후에 수상작을 낸 출판사는 칵테일파티를 열고 여기에 기자들이 우르르 출동해서 질문도 하고 사진도 찍는다. 이 성

대한 축하와 대중의 관심을 즐기고 선망하는 작가들도 많았건만, 시몬 드 보부아르는 그렇지 못했다.

그 이유는 언론이 자신과 사르트르를 "추잡하게" 그리는 방식이 싫었기 때문이다. 더욱이 《제2의 성》 저자로서도 어마어마한 곤욕을 치르지 않나. "매스컴은 자기 손아귀에 들어온 이들을 흉하게 망가뜨리기" 때문에 보부아르는 언론에 모습을 드러내지 않았다.[54] 자기 방식대로 게임을 하려면 그 손아귀에 떨어져서는 안 되었다. 그래서 숨었다.

발표 이틀 전부터 기자들은 보부아르의 집이 있는 건물 건너편 바에 진을 쳤다. 그녀는 뒷문으로 빠져나가 다른 곳에서 지냈다. 발표 당일에도 사르트르, 올가, 보스트와 조촐하게 모여서 라디오로 수상 소식을 들었다. 기자들은 부셰리 거리에 하루 종일 진을 치고 있었다. 그들은 조바심이 나서 보부아르의 집에 전화를 걸거나 사르트르를 사칭하는 꾀를 썼다.

하지만 꾀바른 사람은—공쿠르상을 가져간 이도—보부아르였다.

문학계에서 힘 좀 쓴다는 자들은 화가 났다. 보부아르는 그들의 지원 없이도 성공적으로 자신의 메시지를 전했다. 한 신문사는 앙심을 품고 보부아르의 사진이 더 나이 들어 보이게 눈 밑 그늘을 더 짙게 조작하기까지 했다. 한 방송은 보부아르가 참석하지 않은 오찬 자리의 하얀 식탁보를 보여주고 바로 다음에 "덜 수줍은" 르노도상 수상자 장 르베르지가 책에 사인을 하는 모습을 보여주었다(아나운서는 그가 "영광에 따르는 작은 의무를 다하는" 중이라고 설명했다).[55] 하지만 보부아르가 게임의 규칙을 거부했어도 《레 망다랭》은 잘 팔렸다. 공쿠르상 수상작 중에서도 매우 잘 팔린 축에 들고, 팬레터도 많이 왔다. 《제2의 성》 이후의 경멸 어린 편지들보다는 훨씬 온화한 편지들이었다. 옛 친구, 옛 제자 들도 연락을 해 왔다. 하지만 보부아르는 올 그런의 생각이 제일 궁금했다. 이 미국의 러브 스토리는 완전히 두 사람의 이야기는 아니지만 그들의 어떤 면을 담아내려고 노력했다고 편지로 털어놓았다.[56]

보부아르는 1903년에 공쿠르상이 제정된 이후 여성으로서는 세 번째 수상자가 되었다. 수상 한 달 후, 보부아르의 친구 콜레트 오드리는 보부아르가 "지식인의 삶을 살기로 선택했고" 소설은 "개인적 성숙의 상처와 집단적 경험의 심각성"을 보여준다고 설명했다. 오드리는 보부아르의 작업이 "독자들에게 그들 자신을, 그들이 처한 상황을 돌아보게끔 요구한다."고 썼다.[57] 작가로서 보부아르의 목표는 여전히 독자들의 자유에 호소하는 것이었다. 1963년 인터뷰에서도 일부 독자들이 《레 망다랭》을 자전적 책으로만 읽으려 해서 낙담했다고 말한다. "그 책은 진짜 소설이에요. 당시의 상황, 전후의 분위기, 내가 아는 사람들, 내 실제 삶에서 영감을 얻긴 했지만 현실과 크게 괴리된 상상의 차원으로 옮겨진 이야기랍니다."[58]

보부아르의 반박에도 불구하고 이 책은 지금도 파리 좌안의 유명 지식인 무리를 다룬 실화 소설로 팔리곤 한다. 2005년에 나온 하퍼 페레니얼판은 이 "서사시적 로맨스이자 철학적 선언"을 통하여 독자들이 유명인들의 삶을 들여다볼 수 있을 거라고 말한다.

전시의 파리, 몇몇 친구들이 모여 독일 강점기가 끝났음을 축하하고 미래를 계획한다. …… 사르트르, 카뮈, 그 외 당대의 거물 지식인들을 심술궂게도 빼다 박은 인물 묘사가 눈에 들어오는 이 책은 결코 잊지 못할 러브 스토리다.

《레 망다랭》은 문학상을 탔지만 이 책의 수용 양상은 보부아르가 상상력이 부족하고 자기 삶에서만 소재를 끌어 쓰는 자기 중심적 여성이라는 세간의 이해를 드러냈다. 이러한 독해대로라면 안 뒤브뢰유는 보부아르, 안의 남편 로베르는 사르트르, 앙리 페롱은 카뮈다. 앙리의 애인 폴은 (보부아르는 이 캐릭터를 자기로 보는 여성들이 여러 명 있다고 했지만) 때때로 비올레트 르뒤크를 연상시킨다.[59] 그리고 안과 연애를 하는 루이스 브로건이라는 미국 남성도 등장한다.

이미 보았듯이 보부아르는 삶에서 영감을 받아 이 소설을 썼노라 인정했다. 하지만 이 소설은 자전적이지 않고 명제 소설도 아니다. 그런데도 그렇게 비판하는 사람들이 너무 많아서 《상황의 힘》에서 자기 의도를 설명하기도 했다. 《레 망다랭》의 주제는 키르케고르가 '반복'이라고 불렀던 것인데, 보부아르는 이 개념을 "뭔가를 정말로 소유하려면 잃었다가 다시 찾아야 한다."는 의미로 이해했다.[60] 그러나 소설에 명제를 부여하고 싶지는 않고 "끝없이 춤추며 상충하는 관점들"만 보여주고 싶었다.

《상황의 힘》에서 보부아르는 사르트르와의 전설적 관계를 생각하면 다소 놀라운 두 가지 이야기를 했다. 첫째, 독자에게 직접적으로 지시를 내리지 않고 선택을 하게 하는 '간접 전달'이라는 철학적 기법을 의도적으로 사용했다. 키르케고르가 이 기법으로 글을 썼다. 그는 때때로 필명으로 책을 내거나 혹은 필명이 쓰는 필명까지 만들어 가면서, 독자들이 무엇이 진실이고 어떤 식으로 삶을 살아갈 것인지 스스로 선택하게 했다. 키르케고르는 그렇게 글을 써도 철학으로 인정받는데 보부아르는 왜 인정을 못 받는가? 답은 간단하다. 키르케고르는 남자이고 보부아르는 여자라서 그렇다. 보부아르는 자주 '진정한' 철학자가 아니라 피상적이고 상상력 부족한 사상가로 매도당했다. 그리고 그녀가 자기 철학의 깊이와 독창성을 옹호했을 때는 믿어주는 이가 적었다.

둘째, 보부아르는 《레 망다랭》이 사르트르를 만나기 '전에' 일기장에 남겼던 철학적 질문들을 다시 다룬 것이라고 분명히 밝혔다. "스무 살 무렵 개인적인 일기에 써 두었던 존재와 무의 기본적인 충돌은 내가 쓴 모든 책에 따라왔고 결코 해결되지 않았다. 이 작품에서도 확실한 답은 줄 수 없다. 나는 의심과 희망에 매달리고 씨름하는 사람들이 어둠 속에서 더듬더듬 길을 찾는 모습을 보여주었다. 난 내가 뭔가를 증명했다고 생각하지 않는다."[61]

《상황의 힘》에서 보부아르는 자기 작품의 철학적 성격과 독창성을 단호하고 명백하게 옹호했다. 1960년대 초는 자신의 사유가 "실존주의의 응용"으로 무시당하고 지적 역량과 창의성마저 사르트르에게 기생하는 것처럼 일축당하는 일을 20년이나 겪은 후였다. 이제 보부아르는 저자가 무엇을 말했느냐만이 아니라 책의 내용과 책을 쓴 사람 사이에서 갈등이 불거질 수 있다는 사실을 잘 알고 있었다. 그래서 모호하지 않게, 하지만 차분하게 자신만의 사상이 있다고 말했다. 그러나 평단이 만들어낸 전설은 보부아르가 "정확하고 충실한 연대기를"[62] 실화 소설을 썼다고 했다.

〈에튀드〉, 1955년
"그렇다, 우리가 들은 것은 '사르트르 패거리'의 이야기다."[63]

〈앵포르마시옹 소시알〉, 1957년

"《레 망다랭》이 18만 5천 부나 팔린 이유는 시몬 드 보부아르의 공쿠르상 수상도 한몫을 했지만 생제르맹데프레 주위에서 퍼져 나간 전설 때문이다. 시몬 드 보부아르는 실존주의의 아이콘 장폴 사르트르의 뮤즈이고, 많은 독자가 이 소설을 통해서 수수께끼에 싸여 있는 듯한 이 유파를 새로이 바라보기를 원하는 까닭이다."[64]

미국 서평들도 "기대했던 대로 소설에서 시몬 드 보부아르의 모습을 볼 수 있었다."라고 했다.[65] 보부아르에게 이런 반응은 좌절감뿐만 아니라 사적인 곤란까지 불러왔다. "이 전설 때문에 나의 창작물은 신중하지 못한 폭로, 나아가 공개적 비난처럼 받아들여졌다."[66]

작가 도리스 레싱은 특히 "여성들의 빛나는 초상"이 있다고 《레 망다랭》을 칭찬했다.[67] 소설 속 여성들은 여자는 다 똑같다는 말을 듣는다.[68] 하지만 여기서 어떤 여성은 상호적이지 않은 사랑에 고통스러워하고[69] 또 어떤 여성은 남자들이 자신을 진지하게 생각하고 진지한 대화를 나누지 않아서 좌절감을 느낀다. 세대 간 측면도 안의 딸 나딘을 통해서 줄거리에 들어온다. 나딘은 애인에게 이렇게 항변한다. "당신은 다른 사람들하고만 의논을 하지. …… 하지만 나하고는 절대 안 해. 내가 여자라서 그런다고 생각해. 여자는 침대에 눕힐 때만 좋다 이거지."[70]

간접 전달은 너무 많은 해석 가능성을 열어놓는다는 문제점이 있다. 보부아르는 안 못지않게 앙리에게도 자기 모습이 들어가 있다고 말했지만 《레 망다랭》의 어떤 부분은 — 올그런이 받은 편지가 보부아르 사후에 공개되고 보니 — 현실과 너무 흡사했다.

《레 망다랭》

"오, 벌써 침대에 누웠군요." 브로건이 말했다. 그는 얼룩 하나 없는 시트를 팔에 안고 당황한 표정으로 나를 내려다보았다. "시트를 갈려고 했는데." "그럴 필요 없어요." …… "안!" 그의 억양에 내 마음이 움직였다. 그는 나에게 몸을 던졌고 나는 처음으로 그 사람 이름을 불렀다. "루이스!"

보부아르가 올그런에게 보낸 편지

"내가 거기 자러 갈 때 침대 시트 가는 것 잊지 마세요. 처음에, 그 첫 날밤, 당신이 시트를 안고 와서 내가 이미 침대에 누운 걸 보고 당황해 하던 그 표정은 영영 잊지 못할 거예요. 나는 바로 그 순간 당신을 정말 로 사랑하게 됐고 결코 멈추지 못하게 된 것 같아요.

편지가 공개된 이후 일단 이러한 유사성이 확인되자 독자들은 또 다른 예들은 없는지 생각했다. 현실과 상상을 연결하는 선을 어디다 그어야 할까?

1955년 1월 9월에 보부아르는 마흔일곱 살이 되었고 "진짜 중년" 이 됐다고 느꼈다.[71] 생일은 죽음을 떠올리게 했고 아직도 죽음을 생 각하면서 평정심을 유지하기란 불가능했다.

그해에 보부아르는 공쿠르상 상금으로 몽파르나스 묘지 남동쪽 라스파유 대로에서 갈라지는 작은 거리 빅토르 쉘셰르에 집을 샀다. 자신이 태어난 집에서 도보로 9분밖에 안 걸렸고 르 돔과 라 쿠폴 도 가까웠다. 보부아르와 란즈만은 8월에 이사를 했다. 란즈만은 함 께 처음 문지방을 넘어가 "섹스 집들이"로 기념을 했다고 기억했다.[72]

하지만 보부아르는 이삿짐을 다 풀지도 못하고 9월 초에 사르트르와 중국을 방문했다. 그들은 베이징에서 한 달을 지내고 다른 지역도 두루 여행하면서 마오쩌둥 공산주의 체제의 삶을 구경했다. 이 여행에서 그들이 외국인이고 특권층이라는 사실을 뼈저리게 느꼈다. 그곳엔 사치라고는 없었고 그들을 아는 사람도 없었다. 그들은 소련을 경유해 돌아왔다.

봄에 비올레트 르뒤크의 《황폐》가 출간되었다. 초고에 포함되었던 레즈비언 관계는 갈리마르 출판사 원고 검토자들의 반대로—보부아르의 표현을 빌리자면—"절단당했다."[73] 르뒤크는 몹시 마음이 상해서 정말로 몸이 아파 앓아누웠다. 보부아르는 르뒤크가 회복하는 동안 곁을 지키면서 그들의 "힘든 나날"을 사르트르에게 편지로 알렸다.[74] 삭제된 장면들을 복구하지 못한 채 책이 나왔다. 그래도 보부아르와 르뒤크는 히아신스와 튤립 사이를 거닐며 그 장면들을 되살리고 싶다는 희망을 이야기했다. 보부아르는 작가 친구 중에서 라이트 부부를 기회가 닿는 대로 계속 만나고 있었다. 그들은 미국 출판사와 즐거운 자리를 만들곤 했다. 그들은 《레 망다랭》을 번역 중이었지만 리처드에 따르면 "미국에서는 책에서 얼마든지 섹스 얘기를 해도 되지만" "성적 도착은 절대 안 되기" 때문에 정사 장면을 일부 누락했다.[75]

6월에 메를로퐁티가 《변증법의 모험》을 출간했다. 비평가들은 이 책이 사르트르 철학에 치명타를 날렸다고 평했다. 보부아르는 그렇게 보지 않았기 때문에 메를로퐁티의 사르트르 독해를 조목조목 반박하는 글을 발표했다. 동시대인들은 이 일을 못마땅하게 여겼다. 아니, 왜 보부아르가 나서서 저러지? 《상황의 힘》은 보부아르의 대응이 어떻게 공격받았는지 알려준다. 보부아르가 아니라 자기 철학을 비판받은 사르트르가 대응했어야 했다는 사람들도 있었고, 보부아르가 지나치게 "신랄했다"고 하는 사람들도 있었다. 보부아르는 전자에 대해서 누구라도 철학적 논증의 결함을 발견하면 지적할 수 있다고 주장했다. 후자에 대해서는 메를로퐁티와의 우정이 "돈독해서" 괜찮다고 했다. "우리는 종종 의견이 크게 갈렸다. 나는 자주 흥분했고 그는 미소를 짓곤 했다." 보부아르의 신랄한 위트는 다음 일화에서도 드러난다. 철학 에세이는 온건한 어조를 취하는 편이 좋다는 말에는 ― 남성 철학자들은 그런 권고를 받을 일이 거의 없었건만 ― 이렇게 답했다. "나는 그렇게 생각하지 않아요. 뜨거운 공기 주머니를 터뜨리는 가장 좋은 방법은 토닥토닥 치는 게 아니라 손톱으로 확 잡아 뜯는 거예요."[76]

1955년 가을에 알제리 전쟁이 극심해지자 프랑스는 인종과 식민주의 문제로 분열했다. 모로코와 튀니지가 독립을 쟁취하기 일보 직전이었다. 알제리도 독립을 원했지만 프랑스 정부는 5월에 인도차이나 전쟁에서 패배하고 모욕감에 빠져 있었다. 제국 프랑스의 자존심을 지키자면 알제리를 순순히 내어줄 수 없었다. 보부아르는 당혹감, 아니 혐오감을 느꼈다. 프랑스의 태도를 용납할 수 없었다. 무고한 자들을 괴롭히는 조국이 수치스러워 잠을 이루지 못했다. 〈레 탕 모데른〉은 일찍부터 알제리 독립을 지지해 왔다. 다시 한번 반(反)프랑스파, 매국노라는 욕을 먹어야 했다.

1955년에는 세 편의 에세이가 《특권》이라는 제목으로 묶여서 나왔다. 세 편을 관통하는 질문은 다음과 같았다. 특권을 누리는 자들은 자기들의 상황에 대해 어떻게 생각할 수 있는가? 옛날 귀족들은 이 물음을 아예 무시했다. 그들은 자기네 권리가 정당한지 그렇지 않은지 생각하지 않고 그저 권리를 행사했다. 그래서 첫 번째 에세이는 사드 후작을 살펴본다. 사드는 부당한 위계질서를 반박하려면 맨 먼저 갖춰야 할 조건이 특권층에 속한 자들이 그 위계질서를 깨닫게 하는 것이라고 말했기 때문이다. 보부아르가 생각하기에 사드는 작가의 본분을 잘 감당해내지 못했다. 작가는 세계의 가능성을 드러내고 독자가 정의를 위하여 일하도록 자유에 호소해야 한다. 그런데 사드는 상상으로 도피해서 잔혹성과 성도착을 정당화했다. 그의 이른바 에로티시즘은 성애의 진실을 놓쳤다. 성애는 자신의 연약함과 사랑하는 상대에 대한 감정적인 도취에 자기를 온전히 내던지는 이들에게서만 발견된다. 그렇지만 사드에게는 오래가는 미덕이 있다. 그는 "특권을 향한 이기적인 욕망은 자기 본위일 뿐이고, 모두가 보기에 그 욕망이 정당화되지 않는다는 것을 탁월하게" 보여주었다.[77]

두 번째 에세이에서는 일부 보수주의자들이 불평등을 정당화하는 방법을 고찰한다. 보통은 "일반 이익"을 자기네 이익과 융합하는 방법을 쓴다. 특권을 철학적으로 옹호하기란 불가능하다. 옹호할 수 있다고 생각하는 사람들은 "망각"—세상에 대한 관심의 결여—아니면 자기 기만에 빠진 것이다. 세 번째 에세이는 문화라는 특정 사례를 분석한다. 보부아르는 여기서 문화가 특권이라고 말한다. 많은 지식인이 다른 특권층과 마찬가지로 덜 운 좋은 이들의 삶을 망각하는 죄를 저지른다.

고작 8년 전만 해도 보부아르는 〈프랑스 아메리크〉에서 실존주의를 이해하고 싶어 하는 "비전문가"의 "무능" 운운하면서 실존주의는 한 문장, 아니 한 편의 글로 요약될 수 없다고 했다.

아무도 칸트나 헤겔의 체계를 세 문장으로 설명해 달라고 요청할 생각은 하지 않는다. 실존주의라고 해서 대중화가 더 쉽지는 않다. 철학 이론은 물리학이나 수학 이론과 마찬가지로 일단 이 분야에 들어온 사람들만 이해할 수 있다. 사실 새로운 교의의 토대와 독창성을 모두 파악하고 싶은 사람은 그 교의가 기대고 있는 오랜 전통과 친숙해져야만 한다.[78]

보부아르도 실존주의가 "오늘날의 세계가 제기하는 문제들을 대하는 실용적이고 생생한 태도"이기 때문에 대중이 더 관심을 보였다는 점은 인정한다. 그렇지만 그 때문에 미국에서 어떤 비평가들은 실존주의가 과연 철학인지 의심하기에 이르렀다. 프랑스에서는 철학이 그렇게 좁게 정의되지 않는다.[79] 그래도 보부아르는 생각해보았을 것이다. 대답을 원한 이들이 지식인들만은 아니었다는 사실을 잊지는 않았나?

《특권》을 낸 후 보부아르는 중국에 대한 책을 쓰기로 마음먹었다. 소설 집필을 좀 쉬고 싶기도 했고 서구 독자들의 공산주의에 대한 편견에 도전하고 싶은 마음도 있었다. 《대장정》(1957년)은 1955년 중국 여행에 대한 보부아르의 반응에서 나왔다. 그 여행은 유럽과 미국의 부를 기준으로 삼지 않아야 하는 도전이었다. "중국 인민을 보면서 세계에 대한 생각 자체가 뒤집혔다. 그때부터 극동, 인도, 아프리카의 고질적인 식량 부족이 세계의 진실로, 우리 서구의 안락이 제한된 특권으로 다가왔다."[80] 보부아르는 자신의 직접적인 경험, 통찰, 대화가 다른 사람들에게 유용하기를, 그들도 중국인들이 "인간 세상을 건설하기 위해 열심히 노력하고 있다."는 사실을 알기 바랐다.

"민주주의에서 사회주의 혁명으로의" 이행을 고찰한 이유는 추상적 철학 개념이 아니라 "현재는 변화, 즉 '되기'에 불과하다는 가장 구체적인 진실"을 제대로 다루고 싶었기 때문이다. 중국에 있는 동안 모든 것에서 "과거에서 살아남기"와 "태어나려고 진통을 겪는 그 무엇"을 동시에 보았다.[81] 마오쩌둥에 대한 낙관주의는 근거가 없었지만 보부아르는 자기가 본 것에서 칭찬할 만한 요소를 많이 찾았다.

1956년에 《레 망다랭》이 《제2의 성》에 이어 가톨릭 금서 목록에 올랐다. 보부아르와 사르트르는 그 무렵부터 가을은 꼭 이탈리아에서 보냈고 죽을 때까지 그렇게 살았다. 영원한 도시 로마 중심가에 호텔 방 두 개를 나란히 잡고 조화로운 고독과 동행하면서 일과 위스키와 아이스크림의 나날을 보냈다. 문학적 리듬을 되찾은 보부아르는 백지의 '현기증'에서 마지막 퇴고의 '자질구레한 손질'까지의 기간을 즐겼다. 보부아르는 원고를 사르트르, 보스트, 란즈만에게 보여주고 "자르고, 늘리고, 수정하고, 폐기하고, 다시 쓰고, 품고, 결정하는" 과정을 거듭했다.[82]

그해에 보부아르는 십 년 전인 1946년부터 보류했던 프로젝트, 즉 회고록 쓰기를 재개했다. 처음에 그 생각을 했던 때 이후로 너무 많은 것이 변했다. 《제2의 성》을 썼고, 올그런을 만났고, 괴물을 붙잡고 씨름해서 《레 망다랭》을 만들었고, 공쿠르상을 탔다. 미국, 중국, 그 외 세계 각국을 다녔다. 그 후 《특권》에도 썼듯이 문화는 특권이고 지식인들이 문화를 누릴 여력이 없는 사람들을 잊어서는 안 된다고 확신하게 됐다.

그 가을에 이탈리아에서 보부아르는 사촌 자크에 대해서 사르트르에게 써 보냈던 글을 다시 읽었다. 그 글은 회고록 《견실한 젊은 여성의 회고》에 포함되었다. 보부아르는 란즈만에게 규칙적으로 편지를 보내 근황이나 독서 소식을 알렸다. 당시 흥미롭게 읽던 책은 미국 사회학자 찰스 라이트 밀스(Charles Wright Mills)의 《파워엘리트》였다. 이 책의 첫 문장은 이렇게 시작한다. "평범한 사람들의 권력은 그들이 사는 세상에 의해 제한된다. 그래서 직장, 가정, 지역 사회 안에서도 그들이 이해할 수도 없고 지배할 수도 없는 힘들에 끌려다니는 것처럼 보인다." 밀스는 대중 사회에서 사람들은 "자기들의 권력이 없는 시대 속에서 목적 없는" 기분으로 살아간다고 썼다.[83] 보부아르는 분명 의문을 품었을 것이다. 보통 사람들이 어떻게 자기에게 권력이 있다고 인식할 수 있을까?

보부아르가 자전적 글쓰기로 눈을 돌린 시기부터 지식인의 특권에 대한 비판과 정치적 참여가 뚜렷이 늘어났다. 우연의 일치였을 수도 있지만 나는 자기 생을 글로 쓰는 것이 보부아르에게는 자신의 정치학을 실천하는 한 방법이었으리라 생각한다. 마거릿 사이먼스는 보부아르가 중국 여행, 좀 더 정확하게는 바진의 《가(家)》라는 대중적인 소설을 만나고 나서 자기 생을 글로 써서 독자들을 관습에서 해방시킬 수 있겠다는 영감을 얻었다고 했다.[84] 《가》는 집안이 정해준 대로 혼인을 한 형과 그러한 관습에 반항한 동생의 이야기다. 수십만 부가 팔린 이 소설에서 보부아르는 "한 세대 전체의 회한과 희망"을 느꼈다.[85]

《제2의 성》에도 해방을 염원하는 여성들을 제약하는 '관습'에 대한 비판은 넘쳐난다. 하지만 당시는 보통 여성을 염두에 두고 쓴 글이 아니었다. 그 책의 언어, 문체, 분량은 전형적인 1940년대 파리의 철학 엘리트의 특징을 보여준다. 《제2의 성》은 아는 사람만 아는 철학자들, 가령 헤겔, 마르크스, 후설, 사르트르, 메를로퐁티의 개념을 다수 빌려 오고 구사했다. 1950년대 중반까지 보부아르는 그 책을 두권 다 구매하는—읽는 건 둘째 치고—사람이 많지 않다고 알고 있었다. 1956년까지 《제2의 성》 제1권은 프랑스에서 116쇄를 찍었는데 제2권은 그보다 적게 팔렸다(1958년에 104쇄를 찍었다). 그런데 여성의 목소리로 여성이 되는 경험을 기술한 책, 여성의 사랑, 독립, 꿈의 실현을 담은 책은 제2권이다.[86) 보부아르는 왜 제2권이 제1권보다 덜 나가는지 의문을 품었을 테고, 어쩌면 사랑과 해방을 다룬 글이 덜 읽힌다는 데 실망했을 것이다. 다른 여성들과 특권을 충분히 공유하지 않았기 때문인가? 혹은 더 좋은 공유 방식이 있었을까?

1957년에 보부아르는 올그런에게 새해 인사를 전하면서 중국에 대한 책을 탈고했고(늘 자신에 대한 평가가 박했던 사람답게 "썩 좋지는 않다."고 했다) 다른 작업을 시작했다고 알린다. "유년기와 청년기를, 단지 이야기만 하는 게 아니라 내가 누구인지, 어쩌다 지금의 내가 되었는지, 내가 살아왔고 지금도 살아가는 방식과 연결 지어 설명하는 회고록"이 그 작업이었다.[87)

《견실한 젊은 여성의 회고》도 《제2의 성》처럼 장장 18개월에 걸쳐 흘러나왔다. 보부아르는 오래된 일기장을 읽었고 국립도서관에서 옛날 신문도 찾아보았다. '사람들'을 어떻게 도울지 생각했다. 자기 삶을—어쨌든 자신의 페르소나를—공유해서 행복했다. 하지만 그 글에 등장하는 다른 사람들도 그럴까? 메를로퐁티는 가명으로 등장시켰다. (동료 철학자로 등장시킬 때는 실명을 쓰고 자자의 애인으로 나올 때만 가명을 썼다.) 마외와 자자의 가족들도 가명으로 등장시켰다. 하지만 어머니가 어떻게 생각할지가 특히 걱정이었다.

1958년 1월에 보부아르는 쉰 살이 되었고 그 사실에 치를 떨었다. 인생이 끝나 간다고 생각할 때마다 느끼는 불편함 그 이상으로 싫었다. 알제리 전쟁은 더욱더 상황이 안 좋았고 그 전쟁 생각을 떨치지 못한 나머지 자기가 프랑스인이라는 것조차 싫어졌다. 잠이 오지 않았고 문학조차 "무의미하게" 느껴졌다. 보부아르는 〈레 탕 모데른〉에 알제리인과 군인의 증언을 싣는 작업을 했다. 사르트르도 이유는 달랐지만 정치에 치를 떨고 있었다. 1956년 11월 4일에 소련의 탱크가 부다페스트로 밀고 들어와 헝가리인을 4천 명 이상 죽였다. 그는 소련을 간절히 믿고 싶었지만 이 사태를 그냥 넘길 도리가 없었다. 그래서 〈렉스프레스〉 인터뷰에서 소련을 비판했다. 하지만 소련과 알제리 사태가 악화되던 시기에 코리드란을 너무 많이 복용해서 저녁 연설 때는 긴장을 풀기 위해 되레 술이 좀 필요했다. 보부아르는 사르트르를 말리고 싶었다. 이제 됐다고 말했고, 어떨 때는 충격을 주려고 술잔을 깨뜨리기까지 했다.[88] 사르트르는 문학에 관한 한 늘 보부아르의 충고를 받아들였지만 이런 얘기는 듣지 않았다.

5월에 피에르 프램랭(Pierre Pflimlin)이 프랑스 총리가 되었다. 기독민주당 출신인 프램랭은 알제리 민족당과 휴전 협정을 맺자는 입장이었다. 5월 13일에 알제에서 폭동이 터졌다. 프랑스군 내 극우파 자크 마쉬(Jacques Massu) 장군이 "프랑스 알제리"를 수호하기 위해 전권을 위임받았다. 바로 다음 날 마쉬 장군은 샤를 드 골이 복귀해야 한다고 주장했고, 만약 그렇게 되지 않으면 파리를 공격하겠다고 위협했다. 정부는 드 골을 수반으로 다시 구성되었고 드 골은 새로운 헌법을 제정했다. 중도 좌파 정치인들과 공산주의자들은 이 조치에 반대했지만 그해 9월에 새 헌법이 가결되었다.

클로드 란즈만이 북한에 가 있던 5월 25일에 보부아르는 "버지니아 울프를 나 자신에게 돌아가기 위한 해독제처럼 읽으면서" 자신의 생을 달리 "평가"했다. 유년기 회고록은 다 썼다. 이제 무엇을 써야할까? 소설을 더 쓸까? 《특권》과 《대장정》에 맞닿아 있는 에세이? 보부아르는 "(자신의) 나머지 저작들 그 이상"이 될 책을 쓰고 싶었다. 어린 시절의 "혼란스러운" "소명"과 그녀가 쉰 살까지 이뤄낸 것을 비교해보고 싶었다.[89]

1958년에 보부아르와 사르트르는 예년보다 좀 일찍 이탈리아로 떠났다. 《견실한 젊은 여성의 회고》는 10월에 출간될 예정이었고, 벌써부터 사람들의 반응에 신경이 예민해졌다.[90] 첫 권부터 독자들과 일반적인 '자서전의 규약'을 맺지 않겠다고 명시적으로 밝혔다.[91] 보부아르는 책 소개글에 이렇게 썼다. "혹자는 내가 된 모습에 비추어 과거를 재구성했다고 할 것이다. 하지만 과거가 있기에 나는 지금의 내가 되었다. 따라서 과거를 지금 해석함으로써 그 점을 입증하는 것이다."[92] 1958년 6월 4일자 〈프랑스 옵세르바퇴르〉에 실린 글에서 보부아르는 서사 혹은 이야기(récit) 양식을 취한 이유는 철학과 정신분석학 용어를 피하려는 것일 뿐 과거를 조작할 의도는 없다고 밝혔다. 《제2의 성》의 중심 개념이었던 여성의 '되기'라는 주제를 다루고 어떻게 지금의 자기가 되었는지 말하고 싶었다. 이 글에서 말하진 않았지만 1956년에도 독자들이 자기 삶에 관심이 많다는 것은(그 삶의 방식에 동의하든 그렇지 않든 간에) 알고 있었다. 이전의 글쓰기가 철학적 텍스트와 문학의 형식을 빌린 "상상적 경험"에 집중되었음을 감안하면 보부아르가 《제2의 성》의 철학을 다른 문학 형식—삶을 글로 쓰기—으로 옮기려 했을 거라 생각해도 무모한 억측은 아니다.

회고록 첫 번째 권은 따뜻한 성원을 받았지만 마음속에서 두 번째 권은 얼개가 분명히 잡히지 않았다. 인생의 그다음 시기는 《견실한 젊은 여성의 회고》와는 다른 문학 형식으로 처리해야 할 것 같았다. 각기 다른 문제들, 지적으로나 개인적으로나 어려운 문제들이 제기되었다. 지적으로는 자신이 늘 소설을 다른 형식보다 높이 샀음을 깨달았다. "하지만 지금은 내가 왜 그랬을까라는 의문이 든다." "나는 회고의 장점을 빌려 철학도 이야기해야 한다. 왜 그러지 않았을까." 개인적으로는 나이 듦, 외로움, 사르트르에 대해서 쓰고 싶었다. 그에 대해 어느 정도까지 써야 할까? 보스트, 올가, 비앙카, 나탈리에 대해서는? 오뉴월 내내 소설을 쓸 것인가, '작가에 대한 에세이' 형식으로 자서전을 이어 나갈 것인가를 두고 망설였다. 〈프랑스 옵세르바퇴르〉와의 인터뷰에서 보부아르는 그 책을 "자신에 대한 에세이"라고 말했다.[93]

8월 중순에는 사르트르와 피사를 방문한 후 자기 혼자 차를 몰아서 파리로 돌아왔다. 이별이 유독 힘들어서 떨어져 지내기가 힘든 게 나이 탓인가라는 생각을 했다. 바로 국립도서관에 다니며 자서전 작업을 했지만 마음은 이미 다른 프로젝트에 가 있었다. 8월 24일 일기에 "노년에 대한 책을 쓰고 싶은 마음이 점점 더 간절하다."고 썼다.[94]

보부아르가 란즈만 곁에서 지내며 글쓰기에 전념하는 동안, 이탈리아로 돌아간 사르트르는 미셸 비앙이 십 년간 앙드레 를리오티라는 다른 남자와 연인 사이로 지냈고 그 남자 때문에 사르트르와 관계를 끝내고 싶어 한다는 것을 알았다. 그도 늘 다른 애인이 한두 명 더 있었지만 이 통보에 심란해했다. 오쟁이 진 입장보다는 자기가 거짓말쟁이가 되는 편을 좋아했다. 란즈만도 다른 여자를 만났지만 그 사실을 숨기려 했다. 그 여자는 귀족 출신이고 보부아르보다 한참 어렸다. 어느 날 밤 란즈만이 평소보다 늦게 쉘셰르 거리 집으로 돌아왔다. 살금살금 침실로 들어갔더니 보부아르가 침대 가장자리에 앉아서 침울한 얼굴로 "알고 싶으니 말해봐."라고 했다.[95]

란즈만이 전모를 털어놓았다. 보부아르는 바로 안도했고 란즈만은 그 반응에 놀랐다. 보부아르는 '협의'를 제안했다. 주중 사흘은 자신과 보내고 나흘은 다른 여자와 보낼 것. 그 다음 주에는 나흘을 자신과 보내고 사흘을 그녀와 보내는 식으로 공평하게 할 것. 란즈만은 그 귀족 여인이 이 제안을 반길 줄 알았다. 눈치 보고 숨길 필요도 없고, 밤을 쪼개야 할 필요도 없지 않은가. 그러나 그 여자는 그를 독점하기 원했다.[96]

9월 14일 밤에 란즈만은 보부아르를 식당에 데려갔다. 다음 날 아침에 보부아르는 사르트르를 데리러 역으로 나갔다. 둘은 하루 종일 얘기를 나눴다. 보부아르는 신문에 실린 사르트르의 글—아무 영감이 느껴지지 않는 글—만 읽고도 그가 많이 지쳐 있으리라 짐작했다. 드 골의 헌법 개정 국민투표가 임박해 있었고 사르트르는 빨리 글쓰기에 복귀하고 싶었지만 간염에 걸리고 말았다. 그런데도 28시간 동안 쉬지 않고 일했다. 9월 25일 목요일 자 〈렉스프레스〉에 글을 싣기로 약속했기에 마감을 어기고 싶지 않았다.

사르트르는 결국 쓰러졌고 보부아르는 그의 글을 편집하고 부분적으로 다시 썼다. 선거 준비 기간에 경찰과 북아프리카인들이 파리 거리에서 서로 총을 발포하기도 했다. 알제리에는 "나치가 드랑시에서 유대인에게 그랬던 것처럼 프랑스가 알제리인을 1만 명이나 벨디브 경륜장에 감금한다."는 소문이 돌았다. 보부아르는 지쳤다. 목이 늘 뻐근했고 잠을 잘 자지 못했으며 예전처럼 일에 집중하기도 힘들었다. 어느 날 밤 "오래된 공포", 절망, "이 세상에 악의 끝은 없다"는 생각에 시달렸다.[97] 그래도 계속 그 생각과 싸우려고 애썼다.

국민투표를 하루 앞둔 9월 27일, 보부아르는 소르본에서 2,400명 앞에서 연설을 했다. 다음 날의 결과는 패배였다. 9월 28일 국민투표 결과, 헌법 개정은 79.25퍼센트의 찬성을 얻었고 프랑스는 제5공화국 시대에 진입했다. 새 헌법은 대통령의 집행 권한을 확대했다. 알제리는 여전히 프랑스령이었지만 알제리인들은 100년 전부터 약속받았던 정치적 권리 중 일부를 얻었다. 알제리 노동자들에게는 통행 금지령이 내려졌다.

믿어 왔던 모든 것이 거절당했지만 패배감은 오히려 추진력이 되었다. 하지만 사르트르의 건강에 심각한 문제가 있었다. 보부아르가 설득해서 겨우 진료를 받으러 갔더니 의사는 사르트르가 간발의 차로 심장마비를 면했을 거라고 했다. 사르트르는 로마에 있는 동안 희곡 작업을 하면서 코리드란을 계속 과용했다. 몸이 두통, 현기증, 언어 장애 같은 경고 신호를 계속 보내는데도 그는 일을 하고 싶어 했다.

의사는 약을 몇 가지 처방하고 금주, 금연, 휴식을 권했다. 보부아르는 보나파르트 거리의 사르트르 집에서 탁자에 마주 앉아 그를 지켜보았다. 사르트르는 멈추는 법을 몰랐다. 쉬라고 하면 가끔은 시키는 대로 했다. 하지만 희곡을 10월까지 탈고하겠다는 약속을 지켜야 한다고 고집을 부렸다. 보부아르는 사르트르가 자기 눈앞에서 죽을지도 모른다는 두려움에 다시 의사를 찾아갔다. 의사는 사르트르는 감정적인 사람이고 정신적 안정이 필요하다고 했다. 생활 리듬을 느긋하게 다스리지 못하면 6개월 안에 죽을 수도 있다나.

안정이라! 제5공화국에서? 보부아르는 그 자리에서 바로 사르트르가 희곡을 넘기기로 했다는 여자를 찾았다. 그 여자는 사정을 듣고 희곡《알토나의 유폐자들》마감을 다음 해로 미뤄주었다. 그 후 보부아르는 사르트르에게 돌아가 의사와 연출가가 한 말을 전했다. 사르트르에게는 과로가 가장 위험했다. 보부아르는 그가 상의 없이 그런 일을 했다고 화를 낼 줄 알았다. 하지만 사르트르가 순순히 알았다고 하자 더 불안해졌다. 힘이 다 빠진 사르트르를 지켜보면서 보부아르는 "사유의 견줄 데 없는 친구"가 떠나감을 실감했다. 그 괴로움은 사르트르가 문제 제공자였으므로 그와 상의할 수도 없었다.

사르트르가 고비를 넘긴 후에야 보부아르는《견실한 젊은 여성의 회고》의 반응을 즐길 수 있었다. 그 책은 10월 6일에 출간되었는데 이전의 저작들보다 개인사에 큰 영향을 끼쳤다. 일부 비평가들은 일상의 회고가 너무 지루하고 꼼꼼하다고 지적했다(누가 침묵의 이면에 귀를 기울이는가?). 또 어떤 비평가들은 그녀처럼 오십 대에 자서전을 썼던 루소나 상드 같은 작가들과 비교했다.

전에도 독자 편지를 꽤 받았지만 이 책 출간 이후에 받은 편지들은 자못 달랐다. 보부아르가 받았던 편지 2만 통을 분석한 마린 루슈의 연구가 보여주었듯이 회고록 출간 후 보부아르의 독자층, 독자들과의 관계는 크게 변했다. 이때부터는 "보통의 프랑스 여성들"이 시몬 드 보부아르를 가깝게 느끼고 그녀에게 감정을 토로하거나 사적인 이야기까지 털어놓곤 했다. "선생님은 연단에서 내려오셨어요. …… 선생님이 지적으로나 문화적으로 뛰어나기 때문에 멀게 느껴지지 않고 인간적으로 다가왔어요."[98]

이런 편지들은 독자들이 보부아르도 요리를 하고 배고픔이나 추위를 경험한다는 사실에 놀라워했음을 보여준다. 또한 보부아르의 책이 남성 작가들의 책보다 비쌌고 저렴한 문고판이 사르트르의 책에 비해서 한참 뒤늦게 나왔다는 사실도 알려준다.[99] 수백 명의 여성 독자들이 아내나 어머니로서 이뤄낸 "성공"에도 불구하고 자기 인생의 "정당화"를 원하고 공허를 느낀다는 사연을 보내왔다. 어떤 독자는 자살 미수를 고백했다.

보부아르의 회고록은 여성 독자들이 《제2의 성》을 다시 읽게 했다. 그들은 그 책을 읽고 추천한 경험에 대해서 편지를 써 보냈다.

《제2의 성》을 읽은 여성에는 두 종류가 있어요. 저는 그 책을 빌려주면서 항상 약간 두려움을 느낀답니다. 각성을 하고 두려움을 느끼지만…… 결국 다시 잠드는 여성, 아니면 각성을 하고 두려움을 느끼고 두 번 다시 잠들지 못하는 여성이 있죠! 후자의 여성들은 선생님의 저서를 전부 찾아 읽으면서 이해하려고 노력한답니다.[100]

이후의 독자 편지들을 보면 여성을 위한 보부아르의 노력에 개인적으로 답장 쓰기도 포함되었음을 알 수 있다. 보부아르는 십 년 이상 일부 독자들에게 개인적으로 편지를 보내 세상을 자기 자신의 눈으로 바라보고 인생 계획을 세우라고 격려했다. 또 작가가 되고 싶어 하는 여성을 격려하거나 직접 만나주기도 했다. 하루 일과는 늘 그렇듯 엄격하게 짜여 있었지만 하루 한 시간은 꼭 이런 편지를 쓰는 데 할애했다.

보부아르는 《견실한 젊은 여성의 회고》를 자자의 죽음으로 끝맺었다. 시몬과 자자는 그들을 기다리는 "역겨운 운명"과 함께 싸웠고, 시몬은 오랫동안 "나의 자유는 그 친구의 죽음을 대가로 치르고 얻은 것이라고 믿었다."[101] 이제야, 이토록 오랜 후에야 보부아르는 자자의 집안이 메를로퐁티를 극구 반대했던 이유를 알게 됐다.[102]

회고록 출간 후에 자자와 자매지간인 프랑수아즈 비송이 라쿠앵 집안의 반대에 숨어 있던 이유를 밝히겠다고 편지를 보냈다. 그녀는 11월에 보부아르를 직접 만나서 자기가 자자에게 받은 편지 몇 통을 보여주었다. 진실은 이러했다. 라쿠앵 집안은 사설탐정을 고용해 사윗감의 뒷조사를 했다. 딸의 인생뿐만 아니라 2만 5천 프랑의 지참금이 걸린 일이었으니까. 사설탐정은 메를로퐁티가 혼외자임을 알아냈다. 라쿠앵 집안은 간음을 대죄로 간주하는 독실한 가톨릭이었으므로 약혼은 용납할 수 없는 일이었다.

메를로퐁티는 조용히 넘어가면 구혼을 철회하겠다고 약속했다. 자 칫 추문이 나서 누나의 약혼에 피해가 갈까 봐 두려웠던 것이다. 하지만 자자는 집에서 탐정을 붙였다는 것도, 그런 사실을 알아냈다는 것도 몰랐다. 메를로퐁티가 갑자기 거리를 두자 자자는 극도로 혼란스러워했고 그제야 어머니는 딸에게 그 혼사가 안 되는 이유를 알려줬다. 자자는 부모의 바람대로 살아보려고 노력했다. 하지만 부모가 그들의 결정이 딸에게 얼마나 큰 재앙이었는지 깨달았을 때는 너무 늦어버렸다.

자자의 이야기를 해피엔딩으로 다시 쓸 도리는 없었다. 그래도 보부아르는 마침내 진실을 알았다. 자신의 글쓰기가 독자들의 자유에 호소하기를, 그들에게 새로운 상상의 가능성과 인생 여로를 열어주기를 바랐다. 독자들도 그녀의 삶에 해방의 빛을 던질 수 있었다는 것을 누가 짐작이나 했을까?

14장

국가 폭력의
저항자

1958~1970년

"모든 프랑스인은 공범이다.
이게 프랑스의 가치에서 나온 행동인가?"

Simone de Beauvoir

1958년 보부아르는 오십 대로 접어드는 이 해에 클로드 란즈만과 이별했다. 보부아르 입장에서 이 이별을 어떻게 생각했는지 알려주는 자료는 거의 없다. 《사르트르에게 보낸 편지》(1990년)에도 1958년 이후 편지는 1963년에 쓴 한 통밖에 포함되지 않았다. 그리고 1963년까지 사르트르와 떨어져 지낼 때도 전화 대신 주로 편지로 소식을 전했다지만 사르트르에게 받은 편지들 사이에 간격이 좀 있다.[1] 이 시기에 올그런에게 보낸 편지에는 단지 "다시 혼자 사는 삶으로 돌아갈 필요를 느낀다."고만 되어 있다.[2] 《상황의 힘》에서는 짧게만 언급한다. 보부아르와 란즈만은 "사이가 멀어졌고" "이별이라는 일은 쉽지 않았다."[3] 란즈만의 말대로라면 그들은 잠시 소원했지만 이내 새로운 유형의 우정으로 맺어졌다. "비버와 나 사이에 앙심이나 회한은 전혀 남지 않았다. 우리는 늘 그랬던 것처럼 함께 원고를 편집하고, 일하고, 행동했다."[4]

그들은 파리 최고의 스타였던 조세핀 베이커의 공연을 같이 보러 갔고 보부아르는 베이커의 얼굴에서 자기 얼굴의 주름살을 보면서 새삼 나이를 실감했다. 그해에는 '브리지트 바르도와 롤리타 신드롬'이라는 글을 〈에스콰이어〉에 발표했다.[5] 블라디미르 나보코프

(Vladimir Nabokov)의 《롤리타》를 읽기도 했고, 배우 브리지트 바르도(Brigitte Bardot)가 프랑스와 미국에서 얼마나 다르게 수용되는가에 충격을 받았기 때문이다. 바르도의 영화 〈그리고 신은 여자를 창조했다〉(1956년)는 프랑스에서 그리 성공하지 못한 반면 미국에서 대박을 터뜨렸다. 보부아르는 그 이유가 프랑스인들의 내숭 때문만은 아니라고 보았다("육신을 죄와 동일시하는 태도"는 프랑스인들에게 특별하지 않았다).

보부아르가 보기에 중요한 것은 진짜 브리지트 바르도가 아니라 스크린 위의 '상상적 피조물'이었다. 로제 바딤(Roger Vadim) 감독은 시대가 무색하게 신화가 살아남도록 돕는 새로운 에로티시즘을 도입함으로써 "영원한 여성"을 재창조했다. 1930년대와 1940년대에 사회적 성차별은 많이 줄어들었다. 이제 남자처럼 일하고 투표권을 행사하는 여자들이 늘어났다. 따라서 영화라는 '꿈 장사꾼'은 뭔가를 만들어내야 했다. 그래서 만든 것이 "풋과일"(어린 여자)과 "팜 파탈"을 조합한 새로운 이브다. 완전히 다 자란 여성은 세상의 주체이므로 남성의 환상은 대상으로서의 상태에 이의를 제기하지 않는 어린 여성에게 초점을 맞춘다. 보부아르는 나보코프의 롤리타가 열두 살이고 로제 바딤이 열네 살 소녀가 주인공인 영화도 찍었음을 지적한다. 점점 더 어린 여성의 성적 대상화가 성공을 거두는 이유는 남성들이 "주인이자 지배자" 역할을 내놓기 싫어 하기 때문이다. 남성들은 여전히 여성을 사물처럼, "여성의 몸과 마음과 정신이 어떨지는 걱정하지 않고 자기 하고 싶은 대로" 누리고 싶어 한다.

보부아르는 사회가 섹스에 가식을 떤다고 생각했으므로 로제 바딤이 "에로티시즘을 지상으로 끌어내린" 점은 좋게 보았다. 하지만 정도가 지나쳤다. 바딤은 섹스에서 인간다움을 지웠고[6] 신체를 시각적 소비의 대상으로 만들었다. 실생활에서 사람들은 섹슈얼리티로만 정의되지 않는다. 우리의 몸에는 역사가 있고 성애는 우리의 감정과 생각을 포함하는 상황 속에서 이루어진다. 그렇지만 어떤 이유로 "남성은 살과 피로 이루어진 인형 대신에 자기를 평가하는 의식적 존재를 품에 안으면 불편함을 느낀다."[7]

보부아르의 '브리지트 바르도와 롤리타 신드롬'은 여성의 성적 자율성이 부정당하는 방식, 그리고 남성이 여전히 "상호성" 대신 여성에 대한 "지배자이자 주인 행세"를 하려 드는 방식을 비판한다. 하지만 이 에세이가 이런 비판을 담고 있는데도 2013년까지 〈뉴욕 타임스〉처럼 명망 높은 매체에서도 보부아르가 "어린 여성의 성적 해방을 열렬히 옹호했고" 지미 새빌*과 나보코프의 작중 인물 험버트와 한데 묶어야 할 만큼 '롤리타' 추구를 지지했다고 말한다. 그 글을 처음부터 끝까지 읽은 사람이라면 어떻게 그런 결론에 도달할 수 있는지 모르겠다. 아이러니가 따로 없다. 결국 보부아르의 논점은 다음과 같다. 남성은 여성이 자기를 평가하고 부족한 존재로 여기는 것을 싫어한다. 그래서 자유의 시선을 피하려고 어린 여성을 꿈꾸고 스크린에 등장시킨다는 것이다. 자유로운 여성은 "바라보는 눈"으로 존재하고 자기 생각을 솔직히 말할 만큼 스스로 자신이 있다. 보부아르가 이렇게까지 오독되었다는 점에서 의문이 든다. 보부아르를 롤리타 소비에

지미 새빌(Jimmy Savile, 1926~2011년) 영국 BBC 방송국의 간판 진행자이자 자선 활동가. 그 공을 인정받아 대영제국 훈장과 기사 작위를 받았다. 새빌이 사망하고 일년 뒤인 2012년 그가 50년 동안 214건의 성범죄를 저질렀다는 폭로가 나왔다. 그중 피해자 대다수가 미성년자로 밝혀졌다.

거리낌이나 아쉬움이 없는 성적 자유주의자처럼 만들면 누구한테 이익일까?

의식적 존재에게 평가받는 기분은 그 존재가 자기 자신일지라도 불편할 수 있다. 보부아르는 여전히 회고록의 두 번째 권을 어떻게 처리할까 고민 중이었다. 1959년 1월에는 올그런에게 "이런 프랑스에" 살면서 글을 쓰고 싶지 않다고 했다.[8] 1958년 알제리 때문에 혼란스러운 와중에도 일기를 다시 쓰기 시작했다. 1946년 이후로 일기를 쓰지 않고 있었는데 말이다.[9]

1959년 5월의 일기에서는 이십 대, 삼십 대, 심지어 오십 대가 되어서도 다섯 살 시절의 어린 자신에게 고맙다는 말을 연발하고 용서를 구해 왔다고 말한다. 자기 인생에는 어떤 "기막힌 조화"가 있었다. 보부아르는 또다시 자기 "평가"를 수행 중이었고 "본질"을 앞세워 수십 년 동안 자기를 사로잡았던 질문을 던졌다. 사랑이란 도대체 뭔가? 때때로 사르트르를, "그의 행복과 일을 내 행복과 일보다" 중요시했다는 점이 스스로 당혹스러웠다.

내 안의 무엇인가가 차라리 그 편이 쉽다고 느끼게 했을까? 나에겐, '사랑을 하는' 사람에겐 그게 가장 쉬운 사랑법일까? …… 이것은 진실한 핵심, 내 인생의 유일한 문제이자 결정적 사안이다. 내가 그 점을 문제로 삼지 않았고 나 자신을 문제로 삼은 적도 없기 때문에 더욱더 그렇다. 누군가가 나에게 관심이 있으면 나는 그를 신성(神性)이라 부를 것이다. 이것이 문제, 유일한 문제다.[10]

개척자들조차 먼 길을 따라가 보고서 막다른 지경을 발견하곤 한다. 보부아르는 연인들에게 보낸 편지에서 기독교 신비주의자들이 신과의 합일을 묘사할 때나 쓸 것 같은 표현을 쓰곤 했다. (란즈만과는) "완전한 합일" 운운했고 (사르트르는) "나의 절대자"라고 불렀다. 그러나 어떤 남자도 신이 남기고 간 공허를 채워주지 못했다. 누군가가 자신을 전지적으로, 탄생부터 죽음까지, 처음 본 광경에서 마지막 숨결까지 순전한 사랑의 시선으로 보아주기를 기대하는 것은 무리다. 그래도 보부아르는 스물한 살 때의 선택을 거듭 연장하면서 오랜 세월 끌고 왔다. 이제 쉰한 살에도 다시 한번 결심했다. "사르트르는 나에게 비교 상대가 없는 사람, 유일무이한 사람이다."[11]

보부아르와 사르트르는 다시 로마에서 한 달을 보냈다. 사르트르는 몸이 많이 좋아져서 작년에 거의 목숨을 걸어야 했던 희곡 작업을 재개할 수 있었다. 어느 날 밤, 그가 보부아르에게 마지막 장 원고를 주면서 읽어 달라고 했다. 그들은 서로 작품에 대해서 기탄없이 말해 왔다. 하지만 이 원고는 정말 마음에 들지 않았다. 보부아르는 사르트르의 작품에 실망할 때면 늘 일단은 자기에게 문제가 있는 게 아닌가 생각했다. 하지만 그러다 보니 화가 났고, 되레 자기가 옳다는 확신이 더욱더 굳어지곤 했다. 그날 밤 산에우스타키오 광장에서 보부아르는 기분이 썩 좋지 않은 상태였는데 사르트르가 왔다. 그녀는 울적했다. 그래서 사르트르는 마지막 장면을 수정해서 아버지와 아들의 대화로 바꿨다. 보부아르는 결국 그 장면이 그 작품에서 가장 좋다고 생각하게 됐다.[12] (공연을 올렸을 때의 반응도 사르트르가 기대했던 것보다 긍정적이었다. 평론들이 올라온 후 그는 보부아르에게 편지를 썼다. "고마워요, 나의 귀여운 사람, 정말 고마워요."[13])

미셸 비앙이 떠난 후 사르트르는 그 몫을 또 다른 어린 여성 아를레트 엘카임(Arlette Elkaïm)에게 주고 있었다. 사르트르의 일요일 두 시간을 차지하던 아를레트는 주중 이틀 밤을 차지하게 되었다. 육체 관계가 짧게 있긴 했지만 사르트르의 감정은 부성애와 조금 비슷했다. 얼마 지나지 않아 아를레트는 사르트르의 여행에도 동행하는 '우연한' 연인이 되었다. 1959년에 사르트르는 밀라노에서 보부아르와 헤어지고 아를레트와 여행을 갔다. 하지만 여행 중에도 계속 보부아르에게 편지를 써서 "과음"을 하지 않는다고 보고했다.[14]

일주일 후에 란즈만이 보부아르를—친구로서—만나러 왔다. 둘은 망통에서 열흘을 지냈다. 그도 보부아르의 원고를 읽고 의견을 주었다. 란즈만을 처음 만날 때만 해도 그렇게 "늙었다고 할 정도는 아니었고" 자신의 늙음을 숨길 수 있다고 생각했다. 하지만 좋든 싫든 점점 늙어 갔다. 그래서 어쩔 수 없이 늙음을 받아들였다. "난 아직 늙음을 미워할 힘이 있었지만 더는 절망만 하고 있을 수 없었다."[15]

보부아르는 회고록 두 번째 권을 일단 제목 없이 출판사에 넘기고 다음 시기 자료 작업을 하러 국립도서관에 갔다. 그 시기는《레 망다랭》에도 많이 썼지만, 소설은 자전적 글쓰기만큼 삶의 우연을 잘 보여주지 못하는 것 같았다. 소설은 예술적인 모든 것으로 만들어진다. 삶은 거대한 통일성으로 엮어낼 수 없는 예측 밖의 무의미한 사건들로 가득 차 있다.[16]

1959년 가을에 보부아르는 자기 책 작업을 하면서 사르트르의《변증법적 이성 비판》도 봐주고 있었다.[17] 그리고 가족 계획과 산아 제한 관련 책에 머리말을 썼다. 보부아르는 이 분야에서 탁월한 논객이 되어 가고 있었다.《사랑의 크나큰 두려움》에 쓴 머리말은 일단 이렇게 질문을 던진다. "다른 여자들은 어떻게 이걸 하지?" '이것'이 임신만을 가리키지는 않는다. 이 머리말은 여성과 남성이 평등한 권리와 가능성을 누린다는 낙천적인 시각에 도전한다. 여성은 임신 가능성을 합법적이고 안전하게 통제하지 못하고 있었다. 그래서 보부아르는 묻는다. "지금의 경제적 여건에서 언제고 계획에 없던 임신을 한 번 더 한다면 일에서 성공하고, 행복한 가정을 꾸리고, 즐겁게 아이들을 키우고, 사회에 도움이 되는 사람으로서 자기 실현을 할 수 있는가?"[18]

겨울에는 음악이 다시 좋아졌다. 낮에 충분히 단어들과 씨름하고 저녁에는 소파에서 스카치 한 잔과 교향곡을 즐겼다. 일요일에는 사르트르와 자주 산책을 나갔고 나이가 들어 예전 같지 않은 호기심을 아쉬워했다. 두 사람은 이제 세계에서 초청을 받는 명사들이었다. 사르트르는 뭔가를 체념한다는 것이 싫었으므로 쿠바의 초청을 수락했다. 두 사람은 1960년 2월에 쿠바로 출발했다. 바티스타 정권이 무너진 지 일년 남짓밖에 되지 않았고 쿠바와 미국은 긴장 관계에 있었다. 사르트르와 보부아르는 쿠바 혁명이 민중에게 끼친 영향을 보고 싶었다. 그들은 피델 카스트로(Fidel Castro)와 사흘을 보냈고 아바나 국립극장에서 사르트르의 희곡 〈존경할 만한 창녀〉 상연을 감상했다.[19] 카스트로는 행복해하는 민중, 사탕수수, 야자잎, 아바나를 그들에게 보여주었다. 분위기는 희망적이었고 즐겁기까지 했다. 사르트르는 그 여행을 "혁명의 허니문"이라고 불렀다.[20]

보부아르는 2월 20일 쿠바에서 귀국길에 올랐다. 집에는 넬슨 올그런이 와 있었다.

올그런을 본다는 생각에 긴장이 됐다. 《레 망다랭》은 미국에서 1956년 5월에 출간되었다. 올그런도 같은 시기에 소설을 냈는데 언론

쿠바를 방문한 사르트르, 보부아르와 피델 카스트로.(1960년) 보부아르
는 쿠바, 소련, 중국, 유고슬라비아를 방문해 사회주의 실험을 직접 목격
했다. 여행은 보부아르에게 서구를 기준 삼지 않고 세상을 바라보아야
한다는 과제를 남겼다.

의 추적에 몹시 시달렸다. 그는 공개적으로 〈타임〉에 싫은 소리를 했
다. 훌륭한 소설가는 "자기 사생활의 정원을 파헤치지 않고도 충분히
소재를 찾을 수 있다. 나에게는 대수롭지 않은 관계였는데 그 여자가
터뜨렸다."[21] 하지만 올그런은 사적으로 그 인터뷰에 대해서 사과를
하고 다시 보부아르를 만나러 파리로 오고 싶다고 했다.[22] 그의 상황
은 최악이었다. 전처와 재결합을 했지만 이번에도 결혼 생활은 삐걱
댔다. 올그런은 보부아르에게 자기 인생에서 그녀와 함께한 날들은
최고였다고 했다. 하지만 여전히 다른 나라에 와서 살 마음은 없었
고, 그 점은 보부아르도 마찬가지였다. 올그런은 글쓰기의 원동력이

었던 그 무엇을 잃어버렸다.

　미국 정부는 올그런이 공산주의자들에게 호의적이라는 이유를 들어 오랫동안 여권 발급을 거부했다. 그래서 파리에 올 수가 없었다. 그래도 보부아르는 포기하지 말고 계속 글을 쓰라고 격려했다. 그는 자기 자신에게 너무 엄격했다. "당신 안의 작은 빛은 꺼질 수가 없어요. 결코 꺼지지 않을 거예요."[23] 그 후에 둘 사이에는 프랑스와 미국의 풍습에 따른 안부 인사 정도만 오갔다. 올그런이 크리스마스 카드를 보내면 보부아르는 신년 카드를 보냈다.

　그러다 1959년 7월에 드디어 여권이 나왔다. 올그런은 보부아르에게 좀 더 자주 편지와 책을 보내고 장장 여섯 달을 체류할 계획을 짰다. 그래서 보부아르가 1960년 3월에 쿠바에서 돌아와 자기 집 초인종을 눌렀을 때는 올그런이 대답을 하고 문을 열어주었다. 그의 얼굴을 보니 세월이 느껴지지 않았다. 그냥 올그런만 보였다. 나이는 "1949년의 가장 멋진 날들에 그랬던 것처럼 서로 가까운" 느낌에 방해가 되지 않았다.[24]

　더블린에 먼저 들렀다 온 올그런은 안개 자욱한 아일랜드를 여행한 이야기를 들려줄 수 있었다. 그는 또 미국 정치인들에 대한 환멸을 토로했다. 그의 지난번 마지막 파리 방문은 《제2의 성》 출간 소동으로 정신이 없었다. 이제 보부아르는 훨씬 더 조용히 살고 있었다. 그래서 그들은 주로 빅토르 쇨셰르 거리에서 '패밀리'와 시간을 보냈다. 보스트와 올가, 사르트르와 (돌아온) 미셸, 란즈만과 함께.

　파리의 보부아르 집에서 둘은 오전에 함께 일했다. 오후에는 보부아르가 늘 그랬듯 사르트르의 집으로 가서 일했다. 둘은 부셰리 거리를 함께 거닐면서 추억 여행을 했고 밤에는 크레이지호스 카바레에서 시간을 보내거나 다른 스트립쇼를 보러 갔다. 올그런은 여성과 남성 모두 출연하는 스트립쇼에 당황했다. 그들은 마르세유, 세비야, 이스탄불, 그리스, 크레타섬을 함께 여행했다.

1960년 봄에 보부아르는 렌에 사는 바칼로레아 수험생이 쓴 편지를 받았다. 그 여학생의 이름은 실비 르 봉이었다. 1941년 렌에서 태어난 실비는 철학을 좋아하고 보부아르를 존경해서 편지까지 쓰게 됐다. 보부아르는 답장을 썼고 몇 달 후 실비가 파리에 올라오자 직접 만나서 저녁도 사줬다. 실비는 고등사범학교에서 공부하기 원했고 장차 교수자격시험을 치를 계획이었다. 훗날 실비는 보부아르의 삶에서 중심적인 위치를 차지하게 된다.

8월에 보부아르는 올그런을 자기 집에 남겨 두고 사르트르와 브라질로 떠났다. 올그런은 9월까지 파리에 있다가 떠났다. 보부아르는 리우에서 편지를 보냈고 올그런이 미국으로 돌아간 후에도 규칙적으로 편지를 보냈다. 예전에 사귈 때의 애칭을 다시 부르기 시작했다. 올그런은 그녀의 마음속에서 "불온한 짐승"이었다. 보부아르와 사르트르는 브라질에서 명사들의 초대를 받거나 강연과 인터뷰에 응하곤 했다. 8월 25일에는 '시몬 드 보부아르가 여성의 조건에 대해서 말하다'라는 제목으로 국립철학원에서 강연을 했다. 9월 초에 진행한 두 건의 인터뷰는 일간지 〈오 에스타도 데 상파울루〉에 실렸다. 10월에는 사르트르와 사적인 여행을 했다. 하지만 아마존강 근처 마나우스라는 도시에서 병이 나서 장티푸스가 의심돼 일주일간 헤시피 병원에 입원하기도 했다.

프랑스에 있지 않을 때도 보부아르와 사르트르의 행동은 파문을 일으켰다. 1960년 8월, 9월에 그들은 알제리 독립을 지지하는 '121

인 선언'에 나란히 이름을 올리고 선언문을 〈레 탕 모데른〉에 발표했다.[25] 브라질에서 귀국길에 오르기 직전, 란즈만이 사르트르가 파리로 돌아오면 위험하다고 전화로 알려줬다. 사르트르는 선언문에 서명만 한 게 아니라 알제리민족해방전선을 지원한 혐의로 재판을 받고 있던 프랑시스 장송을 옹호하는 편지까지 썼다.[26] 장송은 반역죄로 잡혀 갔고 퇴역 군인 5천 명이 샹젤리제에서 "사르트르를 쏴 죽여라!"라고 외치며 가두시위를 벌였다. 선언에 서명한 사람 중 이미 30여 명은 반역죄 기소를 당했고, 상당수는 직장에서 해고당하거나 감옥에 집어넣겠다는 협박에 시달렸다.

그들은 항공편을 바꾸어 바르셀로나로 날아가 보스트를 만났다. 거기서부터 파리까지 자동차로 이동했고 란즈만이 파리 외곽에서 그들을 만나 뒷길로 집에 들여보냈다.[27] 보부아르가 11월에나 집에 돌아가보니 올그런의 편지는 없었다.

사르트르는 살해 협박에 시달렸다. 친구들은 보부아르도 계속 집에 머물면 위험하다고 걱정했다. 그래서 그 후 몇 주는 그들을 지지하는 부틸리에 선생이 빌려준 널찍하고 안락한 집에서 각자 따로 방을 쓰면서 생활했다.[28] 그들이 한집에 살기는 이번이 처음이었다. 11월 16일에 올그런에게 보낸 편지에서 보부아르는 그 상황이 낯설다고 약간 짜증스럽게 말한다. "내가 그 사람을 위해 요리를 하다니요." 재료도 햄, 소시지, 통조림 정도밖에 없었다. 가끔씩 보스트가 신선한 재료를 사 와서 음식을 만들어주었다.[29]

보부아르는 장송 재판에 증언을 하지 않았지만 곧 다른 일로 재판정에 서게 된다. 알제리민족해방전선의 일원이었던 무슬림 여성 자밀라 부파차(Djamila Boupacha)는 프랑스군에게 심하게 — 성적으로도―고문을 당했다. 부파차 이전에도 알제리 출신의 성고문 피해 여성들이 여럿 있긴 했다. 그러나 부파차는 자기가 당한 일을 증언하겠노라 나섰다. 튀니지 출신의 여성 변호사로서 알제리민족해방전선 투사들의 변호를 여러 건 맡았던 지젤 알리미*가 지원에 나섰다. 알리미는 보부아르에게 만남을 요청하고 부파차의 사연을 전했다. 부파차는 북아프리카 여성이 "전통적"이고 "수동적"이라는 프랑스인들의 편견을 이용하여 자신의 동포들처럼 독립 운동에 가담하고 지하 조직을 지원했다. 알제리 여성 하면 으레 정치에 관심이 없을 거라고들 생각했다. 하지만 부파차는 1956년 11월과 1957년 1월 알제에 폭탄을 설치했다. 그러다 적발되어 체포와 고문을 당했고 재판을 받았다. 그러나 부파차는 재판의 적법성에 이의를 제기했다.

알리미는 고문에 책임을 져야 할 프랑스인 고위 관계자들을 고소하자고 부파차를 설득했다. 보부아르가 공개적으로 지지를 표명해줄까? 자칫 심각한 결과를 낳을 수도 있었다. 부파차는 사형 선고를 받을지도 몰랐다. 보부아르는 자기가 동원할 수 있는 가장 강력한 수단인 펜으로 지원에 나섰다. 보부아르의 자밀라 부파차 옹호론은 6월에 〈르 몽드〉에 게재되어 변호위원단 구성에 도움을 주었다. 변호위원단의 목표는 이 일을 널리 알리고 전쟁 중에 일어난 프랑스인의 수치스러운 만행을 밝히는 것이었다. 〈르 몽드〉에 기고한 글에서 보부아르는 사람들이 익숙해져서 그러려니 하는 것이야말로 이 추악한 일의 가장 추악한 면이라고 했다. 타인의 고통에 그토록 무관심한 그들 자

지젤 알리미(Gisèle Halimi, 1927~2020년) 반식민주의 인권 변호사이자 프랑스 여성 운동의 상징적 인물. 1972년 강간으로 임신한 아기를 낙태한 혐의로 기소된 열여섯 살 소녀의 변호를 맡아 재판을 승소로 이끌었다.

신에게 어떻게 소름이 끼치지 않을 수 있나?

1946년에 보부아르는 로베르 브라지야크(Robert Brasillach) 재판에 대해서 썼다. 그때 보부아르는 프랑스의 가치를 배반한 이 나치 부역 자를 심판해야 한다고 했다. 1960년에는 바로 그 프랑스가 어떤 짓을 저질렀는가를 기술한다. "남녀노소 가릴 것 없이 총을 맞고 쓰러졌다. 그들은 자기네 마을에서 타 죽고, 총에 맞아 죽고, 목이 잘렸고, 배가 갈렸고, 고통에 시달리다가 죽었다. 강제 수용소에서 한 부족 전체가 굶주림, 추위, 구타, 전염병에 시달리기도 했다." 모든 프랑스 인이 이 고문의 공범이라고 보부아르는 말한다. 이게 프랑스의 가치 에서 나온 행동인가? 그러한 가치를 말하는 자들의 집단 행동을 봐 서는 미래도 희망적이지 않았다. 이 글은 오래된 우정을 새롭게 북돋 아주기도 했다. 비앙카 랑블랭(결혼 전에는 비넨펠트)이 보부아르의 투 쟁을 돕고 나섰던 것이다.[30]

1960년 10월 25일에 회고록 두 번째 권 《생의 한창때》가 나왔다. 이 책은 큰 성공을 거두었다. 여러 평론가가 보부아르는 자전적 글쓰 기에서 최고의 진가를 발휘한다고 칭찬했다. 카를로 레비는 이 책을 "세기의 러브 스토리"라고 했다. 보부아르가 사르트르를 인간적으로 보이게 했다는 평도 많았다. "제대로 이해받지 못했던 사르트르의 본 모습, 전설의 사르트르와는 자못 다른 한 인간을 보여주었다." 보부 아르는 그게 바로 자신의 의도였다고 답했다. 사르트르는 처음에는 보부아르가 자기를 등장시키는 것을 싫어했다고 한다. "하지만 내가 어떤 식으로 말하는지를 보고 나서는 자유롭게 쓰도록 내버려 두었 다."[31]

오래전 일을 되돌아보는 입장에서는 사르트르와 보부아르라는 "커플의 전설"을 왜 그렇게 "단순화"했는지 쉽게 이해할 수 있다.[32] 일단 올가는 보스트와 보부아르의 관계를 몰랐다. 하지만 보부아르가 비밀을 지킴으로써 보호하고 싶었던 사람이 올가나 보스트였는지, 아니면 자기 자신이었는지는 확실치 않다. 동성 애인들에 대해서도 그렇다. 보부아르 자신의 사생활과 그 여자들의 사생활이 달려 있기도 했고, 《제2의 성》이 불러온 반응을 겪어봤으니 그 부분까지 솔직하게 털어놓는 것은 현명하지 못하다는 통찰이 생겼을 것이다. 법적 문제도 고려해야 했다. 1970년 사생활보호법이 아직 등장하기 전이라고는 하나 이미 1948년 국제연합이 채택한 세계인권선언 12조가 있었다. "어떤 사람도 사생활, 가정, 주거 또는 통신에 대하여 자의적인 간섭을 받지 않으며, 자신의 명예와 신용에 공격을 받아서는 안 된다. 모든 이는 그러한 간섭과 공격에 대하여 법률의 보호를 받을 권리가 있다." 올가, 나탈리, 비앙카에게는 각자의 인생이 있었다. 그들은 여전히 보부아르와 친했고 절대로 신원을 밝히지 않는다는 약속도 — 적어도 비앙카의 경우는 — 받았다.

보부아르는 가식과 기만으로 자주 비난받았지만 사실 독자들에게 모든 것을 털어놓겠다고 약속한 적이 없다. 회고록에 특정 내용을 쓰지 않은 이유는 겸손, 사생활 보호, 두려움, 더 단순하게는 법적 제약 때문이었을 것이다. 하지만 자신이 전하고 싶은 메시지에 초점을 맞추어 이야기를 전하기 위해서, 메신저의 진실을 전부 폭로함으로써 되레 메시지를 혼탁하게 만들고 싶지 않아서 그랬을 수도 있다.

비평가들은 보부아르가 자전적 글쓰기에서 가장 기량을 잘 드러낸다고 칭찬했지만 페미니스트들은 여러모로 의심을 품었다. 보부아르가 좀 더 관습적인 여성의 모습을 글로 썼기 때문에? 장폴 사르트르의 숨겨진 모습을 드러냈기 때문에? 이 의심에는 뭔가가 있었다. 《레망다랭》은 가장 성공적인 소설이자 가장 자전적인 작품으로도 볼 만했다. 그러나 "좀 더 여성적인" 작품으로 호평을 받았든 의심을 샀든 간에, 보부아르가 그때까지 무릅쓴 위험을 생각해보면 정치와 철학에 대한 자기 생각을 표명하는 것보다 "위대한 남성"과 함께한 생애를 쓰는 것이 더 적절하다고 생각해서 그렇게 했을 리는 없다. 보부아르의 정치관과 철학, 그 어느 쪽에 비추어봐도 그렇게는 보이지 않는다.

보부아르는 지식인들이 문화에 접근하지 못하는 사람들을 잊어서는 안 된다고 했다. 그렇다면 그 사람들이 읽을 만한 글을 써야 한다. 이야기를 통하여 그들의 정신에 새로운 가능성을 불어넣어야 한다. 보부아르가 정확히 그 점을 노렸든 그렇지 않든 간에 회고록으로 새로운 독자층이 생겼다. 《생의 한창때》는 서점에 나가기 전 예약 판매로만 4만 5천 부가 팔렸고 출간 첫 주에 2만 5천 부가 더 팔렸다.[33] 굉장한 판매고였다! 12월에 올그런에게 쓴 편지를 보면 그때 이미 13만 부가 팔렸다.[34]

그런데 바로 이 책에서 보부아르는 자신이 "철학자가 아니라고" 썼다. 자신은 헤겔, 칸트, 스피노자, 혹은 사르트르처럼 체계를 구축한 사람이 아니라는 뜻이다. 영어 번역은 보부아르가 철학 체계를 "광기"로 보고 거부하는 것처럼 묘사한다. 체계는 생을 제대로 파악하지 못하는 보편적 주장을 생산하고 "여성"은 "본래 이런 유의 강박에 잘 빠지지 않기" 때문에 거부한다나.[35] 이 진술은 보부아르의 영어권 독자들을 당황스럽게 한다. 보부아르가 철학자가 아니라니, 이게 무슨 뜻이지? 어째서 보부아르가 여성을 이렇게 대대적으로 일반화하는 거지? 사실 보부아르는 이런 말을 하지 않았다. 번역자가 한 말이다. 프랑스 원서에서 보부아르는 철학 체계가 자신의 거친 판단에서 "보편적 핵심"을 찾고 싶어 하는 사람들의 고집에서 나온다고 말한다. 그리고 "여성의 조건"이 이런 유의 고집을 각오하게 하지 않는다고 했다. 영어 번역은 저자의 회의적 태도를 전달했지만 비꼬는 뉘앙스까지 전달하지는 못했다.[36]

이제 보부아르는 사르트르의 파생적 분신 취급을 당하고, 관심은 많이 받지만 이해는 받지 못하는 자기 처지를 충분히 인식하고 있었다. 그래서 핵심을 찔렀다. 자신은 누군가의 제자도 아니고, 자기 사유를 펼치는 대신 남의 관점을 전개하고 분석하고 비판하는 데 만족하는 사람이 아니라고 말했다. 《생의 한창때》에서 보부아르는 대놓고 묻는다. 어떻게 "다른 사람의 추종자 노릇을 참을 수 있는가?" 물론 때때로 어느 선까지는 그러한 역할 수행에 "동의"했음을 인정했다. 학창 시절 일기에 쓴 대로 "생을 사유하는" 일을 포기한 적은 없었다. 단지 문학으로 그 일을 하기로 결심했을 뿐이다. 자기 경험의 "독창적 요소"를 전달하기에는 문학이 가장 좋은 수단이라고 생각했으니까.[37]

이 대목의 영어판 번역이 곧잘 보부아르의 내면화된 성차별주의처럼 해석되곤 했기 때문에 여성이라는 정체성이 "철학자" 직함에서 배제당하는 유일한 이유가 아님을 특히 강조해야 한다. 보부아르의 이야기를 이런 식으로 읽으면 체계를 거부하는 데 깔려 있는 철학적 이유를 놓치기 쉽다. "철학자" 직함을 거부하고도 철학자로 알려진 사람은 많다. 알베르 카뮈도 철학이 이성을 과신한다고 비판했고 자크 데리다도 그 직함을 거부했다. 따라서 보부아르를 여성이 될 수 있는 존재, 될 수 없는 존재로만 판단해선 안 된다. 여기에는 철학일 수 있는 것, 철학일 수 없는 것이라는 쟁점도 들어와 있으므로.

보부아르에게 철학은 열아홉 살 때도 그랬고 오십 대가 되어서도 여전히 삶으로 실천해야 할 것이었다. 하지만 이제 타자의 자유에 전념한다는 것은 구체적인 해방 작업에 참여한다는 뜻이 되었다. 장송 재판을 둘러싼 갈등이 심화되면서 사르트르는 자신의 위치를 이용해 121인 선언에 서명한 이들에 대한 부당한 처사에 항거했다. 그는 보부아르의 집에서 기자회견을 열고 반역죄로 기소당한 30명을 옹호하는 연설을 했다. 그는 그들이 유죄라면 121명 모두 유죄라고 했다. 121명이 유죄가 아니라면 그 30명에 대한 고소도 취하해야 했다. 정부는 손을 들었다. 사르트르의 명성이 모두를 구했다. 드 골 장군의 말마따나 "볼테르를 감옥에 가둘 수는 없다."

잘된 일이었지만 그들이 위기를 벗어난 것은 아니었다. 1961년 7월에 사르트르의 보나파르트 거리 집에서 가소성 폭탄이 터졌다. 피해는 크지 않았으나 사르트르는 급히 어머니를 다른 곳으로 옮기고 자신은 보부아르의 집에 와서 지냈다. 1961년 10월에는 파리에서 알제리인 3만 명이 자신들에게만 떨어진 통행 금지령에 항거하여 시위를 벌였다. 그들은 저녁 8시 30분 이후에도 자유롭게 이동할 권리라는 뚜렷한 목표를 제시하고 평화 시위를 했다. 그런데 프랑스 경찰은 총과 곤봉을 휘두르고 알제리인 몇 명을 센강에 집어 던지며 폭력적으로 시위를 진압했다. 경찰이 알제리인의 목을 조르는 모습을 목격한 사람이 한두 명이 아니었다. 그날 사망한 알제리인은 최대 2백 명이었다.

프랑스 언론은 이 사실을 은폐했다. 그러나 〈레 탕 모데른〉은 은폐하지 않았다.

1961년 7월에 보부아르는 《화이트칼라》와 《파워엘리트》의 저자 라이트 밀스를 만났다. 그녀는 밀스의 저작이 쿠바에서 누리는 인기에 관심이 많았다. 그 후에는 사르트르와 이탈리아로 여름 여행을 떠났다. 그들은 밤마다 산타마리아 델 트라스테베레 광장에 나갔고 보부아르는 회고록 세 번째 권을 시작하려고 애썼다. 하지만 "현재가 머리를 떠나지 않는데" 과거를 생각하기는 힘들었다. 얼마 전 란즈만이 와서 사르트르에게 프란츠 파농의 원고 《대지의 저주받은 자들》을 보여주고는 머리말을 부탁했다. 사르트르는 그 부탁을 수락했고, 프란츠 파농이 이탈리아로 만나러 오겠다고 했을 때는 셋 다 기뻐했다. 1954년에 알제리 전쟁이 발발한 이후로 파농은 알제리민족해방전선에 몸담고 있었다. 그는 1957년에 알제리에서 추방당했는데도, 심지어 1961년 초에는 백혈병 진단을 받았는데도 여전히 투쟁 중이었다.

란즈만과 보부아르는 공항으로 파농을 마중 나갔다. 파농이 그들을 보기 전에 보부아르가 먼저 그를 발견했다. 안절부절못하고 급작스럽게 움직이는 모습이 눈에 들어왔다. 파농은 연신 주위를 두리번거렸고 불안해 보였다. 그는 2년 전에 모로코 국경에서 입은 부상 때문에 치료를 받으러 로마에 온 적이 있었다. 그때 파농의 병실로 암살자가 들이닥쳤다. 보부아르는 그가 로마에 도착했을 때 그 기억을 "그의 마음에서 떨칠 수가 없었다."고 설명한다.[38]

파농은 이 방문에서 유례없이 솔직하게 자기 이야기를 털어놓았다. 파농의 전기 작가 데이비드 메이시는 보부아르와 사르트르는 "둘 다 노련하고도 호감 가는 질문자들이었음에 틀림없다. 파농이 누구에게든 그렇게 진솔하게 말을 한 기록은 확실히 없다."고 했다.[39] 파농은 마르티니크에서 청년 시절을 보낼 때만 해도 교육과 개인적 장점만으로 "인종 장벽"을 부술 수 있다고 생각했다. 그는 프랑스인이 되고 싶었고, 프랑스 군대에서 복무했고, 프랑스에서 의학 공부를 했다. 그러나 아무리 교육을 잘 받고 장점을 갈고닦아도 프랑스인들은 그를 "검둥이"로만 봤다.[40] 의사가 됐는데도 종업원 부르듯 하거나 그 이하의 대접을 하는 사람들이 너무 많았다. 파농의 인생사는 프랑스인다움, 흑인다움, 식민화를 둘러싼 풍부한 대화를 열어주었다.

보부아르는 파농이 그들에게 알제리에 대해서 말해준 것보다 더 많은 것을 알고 있지 않을까 생각했다. 파농도 철학 얘기를 할 때는 편안하고 허심탄회하게 보였다. 그들은 파농에게 고대 로마 최초의 도로인 아피아 가도를 구경시켜주었는데 그는 왜 거기를 보러 가는지 모르겠다고 했다. 보부아르에 따르면 파농은 "유럽의 전통은 자기에게 아무 가치도 없어 보인다."고 대놓고 말했다. 사르트르는 화제를 돌려 파농의 정신과 의사로서의 경험담을 듣고 싶어 했다. 하지만 파농은 이 말로 사르트르를 압박했다. "당신은 어떻게 정상적으로 살 수 있고 글도 쓸 수 있습니까?" 그는 사르트르가 프랑스를 충분히 비판하지 않는다고 보았다. 파농은 떠났지만 그는 오랫동안 보부아르의 기억에 깊은 인상을 남겼다. 보부아르는 파농과 악수를 하면서 "그를 불사르는 바로 그 열정", 그가 사람들에게 전하고자 하는 어떤 "불"을 만진 것 같았다고 했다.[41]

가을에 사르트르는 《대지의 저주받은 자들》의 머리말을 썼고 보부아르는 변호사 지젤 알리미가 재판정에 선 주인공의 이야기를 책으로 써낸 《자밀라 부파차》의 머리말을 썼다. 사드 후작이 현실 공포에서 환상에 불과한 안전한 상상으로 도피했다고 비판했던 보부아르는 이제 프랑스가 추악한 과오를 스스로 직시하기를 바랐다. 그 책이 출간된 후 보부아르는 살해 협박까지 받았다.

1962년 1월 7일에 보나파르트 거리에서 또 가소성 폭탄이 터졌다. 사르트르의 집은 5층이었는데 착오가 있었는지 폭탄은 6층에서 터졌다. 하지만 다음 날 보부아르가 현장에 가보니 사르트르의 집 문짝이 부서져 있었다. 사르트르'와' 보부아르의 원고, 노트를 넣어 두는 수납장 하나가 통째로 없어졌다.[42] 사르트르의 어머니는 안전을 위해 계속 호텔에서 지냈다. 1월 18일에 생제르맹 건물주가 사르트르를 퇴거시켰다. 사르트르는 14구 블레리오 강변로 110번지로 이사를 갔다.[43]

2월에는 부파차를 지지하는 입장 때문에 보부아르의 집도 테러 위험에 처했다. 대학반파시스트전선 소속 청년들이 보부아르를 보호하기 위해 주위를 지켰다. 그해 봄에 보부아르는 반파시스트 모임에 참석했고 국가 폭력에 항거하는 행진에도 동참했다. 국제연합이 알제리의 독립권을 인정하는 결의안을 통과시키자 드 골은 알제리민족해방전선과 협상을 시작했고 1962년 3월에는 양측이 에비앙 협정에 서명했다. 1962년 4월에 프랑스는 국민투표로 이 협정에 찬성을 표했다.

7월 1일에는 알제리에서 국민투표가 있었다. 99.72퍼센트가 독립을 원했다. 하지만 보부아르와 사르트르는 7월 1일에 모스크바행 비행기에 오르면서 식민주의를 포기하지 못하는 프랑스의 행태에 다시금 환멸을 느꼈다. 그들의 눈에 프랑스의 태도는 국가 규모의 자기기만으로 보였다. 사르트르는 1956년에 소련의 헝가리 침공을 공개 비판했는데도 소련에서 초청장이 와서 놀랐다. 하지만 니키타 흐루쇼프 치하의 소련은 해빙기를 맞았다. 스탈린의 만행은 비판받았다. 서구의 두터운 장벽이 약해지고 있었을까?

사르트르와 보부아르는 소련인들이 재즈를 듣고 미국 소설을 읽는 모습을 보고 놀랐다. 흐루쇼프는 알렉산드르 솔제니친의 《이반 데니소비치의 하루》 출간까지 허락했다. 소련작가동맹은 사르트르와 보부아르의 가이드 역할을 레나 조니나(Lena Zonina)라는 문학 평론가 겸 번역가에게 맡겼다.[44] 조니나는 그들의 작품을 러시아어로 번역하고 싶어 했다. 사르트르가 그의 전기 작가가 말한 "어느 나라를 방문하든지 반드시 그 나라에서 사랑에 빠진다는 불문율"을 지키기까지는 그리 오래 걸리지 않았다. 사르트르는 조니나에게 빠졌다. 그것도 아주 심하게.[45]

사르트르는 조니나를 만나고 다시 살아났다. 매일 편지를 보냈고, 조니나도 꼬박꼬박 답장을 썼지만 소련의 검열을 우려해서 우편을 이용하지는 않았다. 그들은 지인들을 통해서만 편지를 전달했고, 오랫동안 기다려야만 겨우 한 번씩 기회가 생겼다. 그러니 연애는 쉽지 않았다. 사르트르가 조니나에게 자신의 "회진"(자기 생활 속 여자들의 교대를 가리킨 표현)에 대해서 말했을 때도 그녀는 대수롭게 여기지 않았다. 그는 여전히 완다를 일주일에 두 번 만났고 미셸뿐만 아니라 에블린과 아를레트도 만났다. 왜 조니나는 자신에게 할애할 시간과 관심도 있으리라 생각했을까? 그해 12월에 사르트르와 보부아르는 다시 모스크바로 날아가 조니나와 크리스마스를 보냈고 레닌그라드에 가서 백야도 보았다. 국제작가동맹위원회 소속인 조니나는 소련 정부를 공식적으로 대표했다. 그 덕에 사르트르와 보부아르는 이후 4년간 소련을 아홉 차례나 여행하게 된다.

1960년대 초부터 사르트르는 실존주의와 거리를 두었다. 이제 실존주의는 그때 당시의 철학, 그때 당시를 위한 철학처럼 보이기 시작했다. 1950년대 후반에 그는 마르크스주의야말로 진정 "우리 시대 최고의 철학"이라고 썼고, 1960년대에는 클로드 레비스트로스를 비롯한 여러 학자에게 의식적 주체에만 초점을 맞추고 무의식을 간과했다는 비판을 받았다.[46] 사르트르 철학의 별이 빛을 잃어 가는 동안, 보부아르를 향한 페미니스트의 관심은 높아졌다. 오십 대의 보부아르는 전복적 언어 구사에 단련되어 있었고 독자의 자유에 호소하는 상상적 경험을 창조하는 기술도 뛰어났다. 하지만 보부아르는 전복적 언어와 상상의 자유 이상을 원했다. 여성들의 진짜 삶의 상황에 구체적으로 변화를 가져올 수 있는 법의 제정을 원했다.

이 십 년 사이에 페미니즘 제2물결이 탄력을 받았다. 1960년대까지 가족 계획은 금기시되었고 피임약 판매는 법적으로 제한되었다. 1960년에 경구 피임약이 미국에서 판매되기 시작했고 영국은 1961년부터 기혼 여성에 한해서 판매를 허가했다. 프랑스에서 피임약 판매는 1967년에야 비로소 가능해졌다(영국 미혼 여성이 피임약을 살 수 있게 된 것도 이 해부터다). 보부아르는 이 변화를 옹호하는 입장에서 매우 중요한 역할을 했다. 하지만 《제2의 성》은 전 세계 여성들과 페미니스트 작가들에게 영감을 주고 있었다. 1963년에 베티 프리던(Betty Friedan)은 《여성성의 신화》를 발표했다. 미국에서 페미니즘 운동을 일으켰다고 평가받는 이 책은 《제2의 성》의 영향을 깊이 받았다.[47]

1963년 여름에 사르트르와 보부아르는 다시 소련에 갔고 레나 조니나와 함께 크림반도, 조지아, 아르메니아를 방문했다. '해빙'의 희망은 모조리 무산되었다. 식량 부족이 다시 문제되었고 흐루쇼프는 스탈린을 옹호하고 서구 사회를 비판하는 태도로 돌아갔다. 사르트르는 보부아르에게 물었다. 조니나에게 청혼해도 될까? 청혼이라도 하지 않으면 그들이 다시 만날 수 있을지 불투명했기 때문이다. 사르트르 정도의 국제적 명성이 있는 사람이 소련 정부에 요청하면 아마 허가가 떨어질 것이고, 그러면 조니나는 딸을 데리고 프랑스로 와서 살 수 있을 터였다. 그러나 조니나는 자기 어머니를 두고 가기도 싫고 사르트르에게 의존해 살면서 그의 "회진"에 포함되기도 싫다고 했다. 조니나는 청혼을 거절했다. 하지만 결과가 어떻게 됐든 사르트르가 다른 여자에게 청혼을 했다는 사실은 그와 보부아르의 관계가 로맨스와 거리가 멀었음을 보여준다.

소련 다음에는 다시 로마였다. 보부아르와 사르트르는 시내 중심가 동명(同名)의 광장에 있는 미네르바 호텔에 묵었다. 보부아르는 글쓰기를 잠시 쉬고 독서와 이탈리아 여행을 즐겼다. 그들은 차로 시에나, 베네치아, 피렌체를 방문했다. 로마에서 사르트르는 조니나의 편지를 받았다. 조니나는 보부아르의 회고록을 읽으면 읽을수록 자기가 그들의 관계를 변하게 해서는 안 된다고 생각했다. 사르트르의 인생에서 차선(次善)의 여인이 되고 싶지 않았다. 게다가 보부아르를 존경했고 친구로서도 좋아했다. "당신과 비버는 놀랍고도 아찔한 것을 함께 만들어냈고 그것이 당신에게 다가가려는 사람들에게는 몹시 위험합니다."[48]

10월 말, 그러니까 그들이 파리로 돌아가기 직전에 보스트가 전화를 걸었다. 보부아르의 어머니가 낙상으로 대퇴부가 골절되었다고 했다. 하지만 다음 달에는 확실한 절망이 찾아왔다. 어머니가 죽어가고 있었다.

낙상을 당한 프랑수아즈는 병원에서 이런저런 검사를 받다가 말기암을 발견했다. 보부아르가 그 소식을 들었을 때 사르트르는 택시

로 양로원까지 동행했다. 안에는 보부아르 혼자 들어갔다.[49] 의사들
은 딸들에게 진단 결과를 알렸지만 당사자 프랑수아즈에게는 알리지
않았다. 딸들은 말하지 않는 편이 낫다고 생각했다. 수술 후 낙관적
인 두 주가 지나는 동안 시몬과 엘렌은 어머니의 병실에서 평화로이
지냈다. 보부아르는 올그런에게 어머니를 사랑해서가 아니라 "가슴
에 사무치는 깊은 연민" 때문에 그 곁을 지켰노라 말했다.[50] 어머니가
수술을 받던 날 밤 보부아르는 집에 돌아가 사르트르에게 얘기를 하
고 벨러 버르토크의 연주곡을 들으면서 "히스테리 발작이라도 일으
키듯 펑펑 울었다."[51] 그런 격렬한 반응은 자신에게도 충격이었다. 보
부아르는 아버지가 돌아가셨을 때는 눈물 한 방울 흘리지 않았다.

수술 후 몇 주가 지나자 프랑수아즈는 통증이 심해져서 기력을 잃
었다. 딸들은 의사에게 모르핀을 더 많이 놓아 달라고 부탁했다. 죽
음을 앞당긴대도 그러면 고통도 빨리 사라질 터였다. 그러자 어머니
는 대부분의 시간을 잠을 자며 보냈다. 어머니는 사제도, 보부아르가
"독실한 시절의 친구들"이라고 했던 이들도 불러 달라고 하지 않았
다. 그 11월에 보부아르는 어린 시절에 그랬던 것 이상으로 어머니와
가까워졌다. 수술 다음 날 밤 보부아르는 북받치는 감정을 어찌할 바
몰랐다. 어머니의 죽음이 슬펐지만 어머니가 살아온 인생도 슬펐다.
어머니는 숨 막히는 관습의 구속에 갇혀 너무 많은 것을 희생했다.

어머니가 돌아가신 후 보부아르는 어머니의 마지막 여섯 주와 자
신의 사랑, 양면적 감정, 사별의 아픈 경험을 담은 책 《아주 편안한
죽음》을 정신없이 써냈다. 그렇게 쓰지 않으면 견딜 수 없을 것 같은
기분, 펜으로 인생을 생각해야만 할 것 같은 기분은 처음이었다. 그
리고 그 책은 엘렌에게 헌정해야 한다는 것도 알았다. 보부아르는 어

머니가 쇠약해진 넉 달간 일기를 썼고 '내 어머니의 병'이라는 제목을 붙였다. 그때만 해도 어머니가 죽을병에 걸린 줄은 몰랐으니까. 이 일기에서 《아주 편안한 죽음》에 나타나 있지 않은 보스트, 올가, 란즈만의 우정 어린 지원을 볼 수 있다. 보부아르는 매일 결국 터질 눈물을 참으려는 헛된 시도를 했다. "사르트르를 내 울음으로 성가시게 하지 않으려고"[52] 그를 만나기 전에는 신경 안정제를 먹었다는 언급도 여러 군데 나온다.

《아주 편안한 죽음》에서 보부아르는 어머니가 한 말을 기록했다. "나는 너무 남들을 위해서만 살았어. 이제는 자기를 위해서만 사는 늙은 여자들처럼 되어야겠어."[53] 어머니의 자제력 상실을 묘사했고, 병원에서 어머니의 벗은 몸을 보고 얼마나 충격을 받았는지 썼다. 어릴 적에는 사랑을, 청소년기에는 반감을 불러일으켰던 바로 그 몸이었다.[54]

나는 죽어 가는 이 여자가 아주 좋아졌다. 우리는 어슴푸레한 어둠 속에서 애기를 나누며 옛 불행을 누그러뜨렸다. 청소년기에 단절됐던 대화도 새롭게 물꼬를 텄다. 우리의 차이와 닮음이 결코 재개를 허락하지 않았던 대화를. 영원히 죽었다고 생각했던 어린 시절의 정이 다시 살아났다. 그 정이 단순한 말과 행동을 듬뿍 먹고 자랄 수 있게 되었기 때문이다.[55]

이 책이 나오자 어떤 기자들은 어머니의 고통과 자신의 슬픔을 밑천 삼았다고 비판했다. 그들은 심지어 수술 담당 의사에게 보부아르가 "자료"로 쓰려고 어머니 병상에서 태연하게 메모를 하고 있더라는 증언까지 녹음해 갔다. 또다시 외부의 시선이 그녀를 불길한 빛으로 비추었다. 하지만 내면에서는 글쓰기가 "기도가 신앙인에게 주는 것과도 같은 위안"을 주었다.[56] 보부아르가 보기에 "자연스러운" 죽음 따위는 없었다.

1960년 11월의 첫 만남 이후로 보부아르는 실비 르 봉과 계속 연락을 주고받았고 기회가 되면 만났다. 1964년부터 그들은 수시로 보는 사이가 됐다. 실비는 보부아르가 모친상을 당했을 때 큰 힘이 되어주었다. 보부아르는 실비에게 그 관계의 상호성이 감사하다고 썼다. 실비는 지적으로 역량이 있었고 보부아르와 좋아하는 것들을 많이 공유했다. 보부아르는 실비를 알수록 자기와 비슷하다고 느끼고 각별한 마음을 품게 되었다. 실비는 경청하는 자세가 되어 있었고 사려 깊고 너그럽고 정이 많았다.[57] 회고록의 마지막 권 《결국에는》은 실비에게 헌정될 것이다.

보부아르는 그들의 인생이 서로 얽혀든 것처럼 묘사했고 삶이 이 새로운 동반자를 데려와준 데 감사했다. 1962년에 자기 인생에서 가장 중요한 사람들은 이미 다 있다고 썼지만 그 생각은 틀렸다. 두 여자 사이에 성관계는 전혀 없었지만 육체적으로 느끼는 애정은 있었다. 실비는 프랑스어로 'charnel'이라는 표현을 썼는데 흔히들 '육욕적인'으로 번역한다. 하지만 이 단어는 '신체로 구현된', 즉 성적이지 않으면서 몸으로 애정을 전한다는 의미까지 아우른다.

1963년 10월 30일 《상황의 힘》이 출판사에 원고를 넘긴 지 불과 다섯 달 만에 프랑스에서 출간되었다.[58] 보부아르는 여기서 장차 남기게 될 유산을 스스로 의식하면서 자신은 사르트르에게 지적으로 기생하지 않았고 자기만의 철학적 관심과 통찰이 있음을 분명히 말한다. 그리고 이 자서전에서 《제2의 성》 출간 이후에 경험한 반응을 털어놓는다. "《제2의 성》을 내놓기 전에는 결코 빈정거림의 대상이 된 적이 없었다. 그때는 사람들이 나에게 무관심하든가 친절하든가 둘 중 하나였다."[59] 그 책이 특히 '여성이기 때문에 당하는' 공격을 유발했음을 알았고, 그 점을 독자들도 알기 바랐다.

보부아르는 《상황의 힘》에 《제2의 성》이 "내가 쓴 모든 책 중에서 아마도 가장 큰 만족을 주었을 것이다."라고 썼다.[60] 물론 돌이켜보니 바꿨으면 하는 대목도 있었다. 하지만 독자들의 편지는 보부아르가 여성이 "그들 자신과 그들이 처한 상황을 인식하게끔" 도왔음을 보여주었다.[61] 이제 쉰다섯 살의 보부아르는 (스스로 모범이 되고자 하지는 않았으나) 자기 인생이 타인들에게 영감을 주는 이상적 사례가 되었음을 깨달았다. 《제2의 성》은 나온 지 12년이나 됐는데 아직도 책을 써줘서 고맙다고, 여성을 짓누르는 신화를 극복하는 데 도움이 되었다고 편지를 보내는 독자들이 있었다. 《제2의 성》 출간 후 십 년 사이에 보부아르의 책보다 더 대담하다고 할 만한 다른 페미니스트들의 책이 나왔다. 너무 많은 책이 섹슈얼리티에만 초점을 맞추긴 했다. 그러나 보부아르는 적어도 지금 여성들이 스스로를 "바라보는 눈으로서, 주체, 의식, 자유로서" 표현할 수 있다고 말했다.[62]

하지만 보부아르가 《제2의 성》에서 "페미니즘의 함정에 빠지는 것을 피했다."[63]라는 그 유명하고도 당혹스러운 진술을 발견할 수 있는 책도 바로 《상황의 힘》이다. 3년 전인 1960년 보부아르는 한 인터뷰에서 자신은 투사나 반(反)남성주의자가 아니라고 설명했다. 그런 렌즈를 끼고 보면 보부아르의 관점은 기반이 약해진다. "나는 《제2의 성》을 쓴 여성이 …… 자신을 원통하게 한 인생에 복수하려고 그 책을 쓰지는 않았음을 뭇사람들이 알기 바란다. 혹시 그런 식으로 해석한다면 …… 이 책을 거부할 것이다."[64]

이 시점에서, 가령《상황의 힘》에필로그에서 보부아르는 사르트르와 자신의 관계를 인생의 "의심할 바 없는 성공"이라고 썼다. 이 에필로그가 독자를 헷갈리게 한다. 처음에는 사르트르와 함께 거둔 성공을 말하고 그들이 끊임없이 관심을 품고 서로 대화를 나눠 왔음을 높이 산다. 하지만 맨 끝에 아주 흥미로운 문장이 있다. "약속은 모두 지켜졌다. 그렇지만 의심 가득한 시선을 그 어리고 순진한 소녀에게 돌려보면 내가 얼마나 바가지를 썼는지 깨닫고는 경악한다."[65]

이게 무슨 뜻일까? 비평가들은 이런저런 추측을 했다. '라 그랑드 사르트뢰즈'가 '세기의 로맨스'를 후회한다는 뜻인가? '견실한 젊은 여성'이 무신론자가 되고는 후회하는 건가? '자유, 평등, 박애'를 부르짖으면서 알제리인들의 자유, 평등, 박애는 무시하는 프랑스의 이중 화법에 실망했나?

독자들도 편지로 충격을 토로했다. 보부아르는 그들의 삶에서 희망의 등불이었다. 어떻게 그처럼 대단한 성취, 대단한 연인, 대단한 삶을 누리면서 바가지 쓴 기분이 들 수가 있나? 페미니스트 작가 프랑수아즈 도본(Françoise d'Eaubonne)은 당시 보부아르의 "나는 바가지를 썼다."보다 더 많은 말이 오갔던 문장은 없었다고 말한다. 심지어 드 골이 남긴 가장 유명한 말도 상대가 되지 않았다. 도본이 기억하기로, 사람들은 "이 말의 정확한 의미를 파악하려고 사전을 들춰보면서까지 그 말이 저자의 짓궂은 발언인지 진정한 환멸의 비극인지 알아내려고 했다."[66]

보부아르는《상황의 힘》의 결말이 도발적이라는 것을 알고 있었다.

실비는 이 문장이 부른 "오해"가 "일부는 의도적이고" "문학의 성격 그 자체에서 기인한 것"이라고 했다.[67] 1964년 기자 마들렌 고베유와 한 인터뷰(1965년 〈파리 리뷰〉에 발표)에서 보부아르는 자서전 프로젝트와 작가로서 소명을 좇게 된 이유를 질문받았다. 보부아르는 책으로 "독자들을 움직이고" 싶었다고 말한다. 독자들에게 말을 걸고, 상상의 길을 그려 나가면서 진짜 삶의 가능성을 바꾸는 캐릭터들을 만들어내고 싶었다. 《작은 아씨들》의 조 마치, 《플로스강의 물방앗간》의 매기 털리버가 자신에게 그랬던 것처럼.[68]

보부아르는 독자들을 '움직였지만' 보부아르를 싫어하는 사람도 많았다. 어떤 독자는 "바가지 썼다."라는 문장을 읽고서 "선생님은 자신에게 너무 박합니다. 선생님의 경험이 아무것도 만들어내지 않았다면 그건 거짓말이죠."라면서 되레 안심시키는 편지를 쓰기도 했다. "수백만 여성의 가슴에 빛나는 희망"을 밝혀놓은 보부아르가 어떻게 그런 생각을 할 수가 있나?[69] 단지 그 자신이 되기 위해서만 여성의 신화와 싸워 왔는가?

보부아르는 자기 인생에서 보스트와 란즈만의 역할을 축소했다. 또한 사르트르의 중요한 연애로 보일 만한 관계를—그 상대가 소련 국민이었기 때문에—자기 이야기에서 배제했다. 두 사람의 사생활에 대한 우려도 분명히 있었다. 하지만 보부아르는 나이가 들면서 어쩔 수 없이 혼자 살게 된 듯 보였는데 사르트르는 그렇지 않았다.

사람들이 자기와 사르트르의 관계에 관심이 많다는 것을 알고 있었다. 그 이야기는 실제로 흥미로웠다. 하지만 여러 책에서 여성이 된다는 것은 다양한 것을 인생의 다양한 시기에 재평가하는 것임을 보여주면 어떤가? 자기 자신의 상황을 나중에 돌아보고 달리 이해하면 또 어떤가? 혹은 많은 이들이 그냥 입 다무는 것을 말할 수 있는 용기가 있으면 그 말을 듣고 싶어 하지 않는 사람들에게 공격을 당하는 건가?

《상황의 힘》에는 보부아르가 젊은 날의 자신이 너무 쉽게 각오를 했음을 깨닫고는 넬슨 올그런과 '계약'의 도전 과제를 돌이켜보는 대목이 있다. "정절과 자유의 조화는 가능한가? 만약 가능하다면 어떤 대가를 치러야 할까?"[70]

설파하는 이는 많지만 실천은 잘되지 않는 완벽한 정절은 때때로 이 미덕을 각오한 자들에게 일종의 신체 절단처럼 느껴지곤 한다. …… 전통적으로 결혼은 남성에게 상호성 없는 "외도"를 약간 허용하곤 했다. 지금은 많은 여성이 자기 권리와 행복의 필요조건을 인식하고 있다. 이 여성들의 인생에 남성의 변덕을 보상할 만한 것이 없다면 그네들은 무서운 질투 혹은 권태에 사로잡히고 말 것이다.

보부아르는 돌이켜보니 사르트르와 자신이 가까워진 방식에 위험이 많더라고 독자들에게 말했다. 파트너가 오랜 연인보다 새로 사귄 사람을 더 좋아한다면 배신감이 들지 않을까? "자유로운 두 사람 대신에 피해자와 가해자가 마주하게 된다." 보부아르가 보기에 어떤 커플은 굳건했다. 하지만 그녀와 사르트르가 "의도적으로 회피했던" 문제가 있었다. "우리 관계에 들어오는 제3의 인물은 우리의 합의를 어떻게 생각할까?" 여기에 대해서는 이렇게 썼다.

《생의 한창때》가 그려낸 장면의 정확한 사실 여부에 대해서는 절충적으로 신중을 기하지 않을 수 없었다. 사르트르를 30년 넘게 이해하면서 살아왔지만 그러기까지 상실감을 느끼거나 속 썩는 일이 없지 않았으며 그 와중에 '타인들'이 고통을 받았다. 내가 지금 이런 이야기를 하는 동안, 우리 방식의 이 결함이 특히 날카롭게 표출되었다.[71]

출간 후 이 책의 서평은 대체로 좋지 않았고 앙심을 품은 듯한 글도 일부 보였다. 팔리기는 잘 팔렸다. 하지만 보부아르는 다시 한번 언론 매체가 자신을 다루는 방식에 반대했다. 언론은 "자기 만족", "자포자기" 운운했고[72] 여성 세계의 "돌연변이"라고 했다. 관심을 끌려고 발악한다느니 "쓸데없이 충격을 노리고 별짓을 다 한다.", "자기 메시지에 필요한 것 이상으로 체면을 망가뜨린다."라는 말까지 나왔다.[73]

여성 운동가 프랑신 뒤마(Francine Dumas)가 〈레스프리〉에 실은 서평은 '비극적 대답'이라는 제목을 달고 나왔다. 전통적인 신앙, 모성, 혼인의 삶을 살기로 한 여성들이 보부아르가 그런 것들이 없어서 "속으로 동요한다"고 하는 것은 옹졸하고 불공평하다.

위대한 운명은 전통적 배경을 의도적으로 버리고 그 대신 끊임없이 변화하는 선택이라는 위험한 방식을 택하고 얻은 것이다(그녀가 보기에 값을 치르지 않은 것은 아니지만). 밧줄은 너무 뻣뻣해서 부러질 수 있다. 그리고 시몬 드 보부아르는 모든 안전 그물을 거부했다.[74]

어떤 언론은 넬슨 올그런의 《누가 미국인을 잃었나》(1963년)를 그가 사르트르와 보부아르에게 앙심을 품은 것처럼 보이게 발췌 번역해서 실었다. 보부아르는 그 발췌 번역이 유머와 "소소하고 친근한 말"을 전부 삭제했다고 이의를 제기했다. 이 시기에도 올그런과 편지를 주고받았기 때문에 자기가 얼마나 좌절감을 느꼈는지 그에게도 얘기했다. "이 더러운 사람들은 아무것도, 특히 우정과 사랑에 대해서는 진짜 아무것도 모르네요."[75]

1960년대 초중반에 출간된 보부아르의 회고록 두 번째 권과 세 번째 권은 사르트르-보부아르 전설을 공고하게 다졌다. 일부 지인들은 보부아르가 의도적으로―외적 이미지를 스스로 관리하고자―그렇게 했다고 생각했다. 사르트르는 보부아르가 묘사한 자기 모습에 만족했다. 그러나 사르트르의 다른 애인들은 불안해하거나 기분이 몹시 상했다. 완다는 보부아르의 회고록을 질색했다. 회고록 속의 사르트르와 보부아르는 실제 모습과 별로 닮지 않은 상상적 이상이라고 생각했다. 그렇지만 회고록은 사르트르를 향한 완다의 걱정을 키웠다. 사르트르는 완다에게 줄곧 보부아르와는 이제 연애를 하는 관계가 아니라고 말해 왔기 때문이다.

사르트르는 나이 들어서도 여러 명을 동시에 사귀었다. 그는 모든 애인이 진실을 들을 자격이 있다고 생각하지 않았다. 반면 보부아르는 애인들에게 사르트르와의 관계, 자신이 그에게 할애해야 할 시기와 그러지 않아도 되는 시기를 터놓고 말했다. 그러한 태도는 확실히 좀 더 정직했지만 상처를 덜 주는 것은 아니었다.

《상황의 힘》은 1965년 봄에 미국에서 출간되었다. 그리고 보부아르와 올그런의 우정이 갑작스레 깨졌다. 《레 망다랭》은 이미 그들의 로맨스를 소설화했다. 하지만 《상황의 힘》에 쓴 내용에 올그런은 분개했다. 〈뉴스위크〉 기자가 회고록의 내용이 얼마나 사실에 부합하느냐고 질문했을 때 그는 "허튼소리나 하는 부인"께서 중년의 독신녀 판타지를 썼다고 대꾸했다.[76] 그는 〈램퍼츠〉와 〈하퍼스바자〉 잡지에 빈정거림과 앙심이 가득한 서평을 보냈다. 그리고 다음 해 여름 〈자이트가이스〉에 눅눅한 지하실로 보내버리고 싶은 입 싼 사람에 대한 시를 보부아르에게 바친다고 발표했다. 보부아르는 《상황의 힘》 발췌문을 〈하퍼스바자〉 1964년 11월호와 12월호에 각각 '정절의 문제'와 '미국에서의 만남'이라는 제목을 달아서 게재했다. 올그런이 5월에 내놓은 반박문은 이러했다.

우연적으로 사랑을 경험하는 사람이라면 정신이 맛이 간 거다. 어떻게 사랑이 우연적일 수 있나? '무엇'에 달려 있기에 우연적이라고 하는가? 이 여성은 인간의 기본 관계—남녀의 육체적 사랑—를 유지하는 능력을 무슨 신체 절단처럼 말하고 있다. 자유는 "온갖 탈선을 통하여 어떤 정절을 지키는 것"이라 하고! 물론 그런 말은 철학 용어들을 벗겨내고 나면 그녀와 사르트르가 프티부르주아의 체면치레라는 외관을 창조했고 그녀는 그 이면에서 계속 자신의 여성성을 추구할 수 있었다는 뜻이다. 사르트르가 도시를 떠날 때 무엇에 의중을 두었는지는 나도 잘 모르겠다.[77]

보부아르가 올그런에게 마지막으로 보낸 것으로 남아 있는 편지는 1964년 11월에 쓴 것이다. 보부아르는 1965년에 그를 만나기 원했지만 베트남전쟁 때문에 미국 방문이 취소되었다. 하지만 《상황의 힘》 출간에 대한 올그런의 반응을 볼 때 그들의 관계를 회복할 수 있었을지는 확실치 않다.[78] 올그런은 1981년에 미국예술문학아카데미 회원이 된다. 이때 한 인터뷰어가 보부아르에 대해서 물었는데 올그런은 여전히 격한 감정을 드러냈다고 한다. 올그런은 심장병이 있었으므로 인터뷰어는 다른 질문으로 방향을 돌려야 했다. 다음 날 올그런은 자기 집에서 기념 파티를 열었는데 첫 번째 손님이 도착했을 때 그는 이미 사망해 있었다.

1997년에 보부아르가 올그런에게 보낸 편지들이 출간되자 회고록의 진실 여부를 둘러싸고 큰 논란이 일어났다. 올그런을 향한 열정이 감추어져 있었지만 매우 깊었음을 보여주는 장문의 편지들이 공개됐다. 회고록들은 사르트르-보부아르 신화를 만들어내는 데 성공했다. 하지만 대중에게 잘못된 정보를 멋지게 주입했다. 이제 보니 올그런이야말로 보부아르가 가장 열정적으로 사랑했던 남자 같았다. 어떤 이는 보부아르와 사르트르의 관계야말로 자기 기만이었다고 비판했다.[79] 올그런과의 관계도 멋진 문학적 내세를 누리게 됐다. 미국 소설가 커트 보니것은 《죽음보다 더 나쁜 운명》에서 올그런에게 상당한 지면을 할애하여 그를 "허튼소리나 하는 부인"에게 "처음으로 오르가슴을 느끼게 하는" 인물로 그린다.[80]

《상황의 힘》이 미국에서 출간되기 한 해 전에 보부아르는 미국 심리학자 부부의 책 《성적으로 감응하는 여성》(1964년)에 아주 짧은 머리말을 썼다. 여성의 섹슈얼리티라는, 이해받지 못하고 있던 또 다른 주제를 다룬 이 책에 대하여 이렇게 썼다. "여느 영역과 마찬가지로 여기서도" "남성의 편견은 여성을 의존 상태에 고집스럽게 붙잡아 둔다. 저자들은 그러한 편견과는 반대로 여성의 자율성을—신체적으로나 심리적으로나—남성과 대등하게 인정한다." 이 서평은 익살스러우면서도 감동적이다. 보부아르는 자신이 필리스 크론하우젠과 에

버하드 크론하우젠 박사의 모든 주장을 "온전히 판단할 능력은 없지만" 그 책이 "흡인력 있고 매혹적"이라고 말한다.[81]

《상황의 힘》이 출간되고 보부아르가 다른 영역에서도 그랬듯 유머 감각이 없다는 비판을 받았다는 사실은 흥미롭다.[82] 페미니스트들은 으레 흥을 깬다는 소리를 듣는다. 보부아르의 여러 일화가 그러한 기제를 풍부한 자료와 함께 보여준다. 보부아르가 불행을 논하면 '그 불행은 무엇에 대한 것인가'보다 '그녀의 불행'이 관건인 것처럼 얘기가 흘러갔다.[83] 수십 년간 보부아르는 사회가 여성, 유대인, 알제리인들을 대하는 방식 때문에 불행했다. 왜 그냥 가볍게 받아들일 수 없었나? 그리고 이제는 사회가 노인들을 대하는 방식 때문에도 불행했다. 암울한 상황을 조명하는 것만으로는 부족했다. 핵심은 상황을 덜 어둡게 만드는 것이었다.

1964년 5월에 《아주 편안한 죽음》을 끝내고는 자전적 글쓰기와 거리를 두고 다시 소설을 써야겠다는 생각이 들었다. 이번에는 여성, 특히 나이가 들어 가는 여성이라는 점만 빼고[84] 모든 면에서 자신과 닮지 않은 인물을 내세우고 싶었다. 1960년대에 보부아르는 줄곧 여성의 상황을 개선할 수 있다고 생각되는 프로젝트들을 지원하는 글을 썼다. 학술 저작이든 '사랑은 무엇이고, 무엇이 아닌가?' 같은 잡지 글이든 가리지 않았다. 보부아르는 이렇게 썼다. 사랑은 "공개적으로든 남몰래든 변화를 바라는 사람들에게만 나타난다. 그럴 때만 사랑을, 사랑이 불러오는 것을 기대한다. 타인을 통해서 새로운 세계가 드러나고 주어진다는 것을."[85]

1965년이 다가올 즈음 사르트르는 예순 번째 생일을 앞두고 있었다. 자녀가 없는 사람이 으레 그렇듯 그는 상속인 겸 문학적 유산 집행인을 정해야 했다. 자신과 나이가 비슷하고 같이 늙어 가는 보부아르에게 그 역할을 맡길 수는 없었다. 그래서 사르트르는 아를레트 엘카임이 서른 살이 되던 1965년 3월 18일에 그녀를 정식으로 입양했다. 보부아르와 실비 르 봉이 증인을 섰다. 이 소식은 〈프랑스 수아르〉에 실렸지만 사르트르의 측근들은 대부분 미리 언질을 받지 못했다. 완다, 에블린, 미셸은 몹시 분개했다.

1965년 2월에 미국이 북베트남에 폭탄을 투하하자 보부아르는 코넬대학 초청을 거절했다. 노년, 글쓰기, 문학, 자서전에 대해서 여러 인터뷰를 했다. 사르트르도 보부아르에 대해서 인터뷰를 했다. 1965년 7월 미국판 〈보그〉는 '사르트르가 보부아르에 대해서 말하다'라는 인터뷰 기사를 실었다. 사르트르는 보부아르가 "매우 훌륭한 작가"라고 말했다.

보부아르는 특히 《레 망다랭》 이후로 그 자체로 발현하는 그 무엇을 성취했습니다. 내가 최고의 작품으로 꼽는, 회고록들과 《아주 편안한 죽음》에서 그 점이 여실히 드러나죠. 이렇게 표현해봅시다. 보부아르와 나는 다릅니다. 나는 감정적인 전달을 못합니다. 사유하고 성찰하고, 나와 자유로운 관계에 있는 이들과 소통을 하지요. 그게 좋을 수도 있고, 좋지 않을 수도 있습니다. 그러나 시몬 드 보부아르는 단박에 감정을 전달합니다. 사람들은 늘 그녀가 하는 말의 힘에 의해 그녀와 관계를 맺게 돼요.[86]

1965년에서 1966년까지 집필한 네 번째 회고록 《결국에는》의 주석에서 보부아르는 자신의 삶을 다룬 책의 "이야기"는 전부를 담지 못하기 때문에 "토막 난 진실"을 전할 뿐이라고 했다. "시간은 정확하게 복원되지 않기 때문에 왜곡된 진실"이다. 하지만 "문학적 진실"은 전했다.[87] 보부아르에 따르면 자기 생애는 실존적 선택을 '산다는' 것의 본보기였다. 어떤 사람이 되어야 하는가에 대해서 위에서 내려온 "칙령"은 없었다. 미리 정해진 길이나 그 길에서 벗어나게 되는 에피쿠로스의 클리나멘*은 없었다. 그 대신 청사진 없는 '되기'가 있었다. 보부아르가 평생을 통해 추구한 이 프로젝트는 그 길을 따라가면서 부수적 프로젝트들로 갈래를 치곤 했다.[88]

때로는 과거를 선택하는 무게가 버거웠다. 보부아르는 자신이 '리즈(나탈리 소로킨)'를 대했던 방식을 후회했고 프로젝트가 "불가피한 과거"를 축적하고 나아가면서 "굳어버린" 방식에 "갇힌" 기분이 들었다.[89] 그러나 불가피한 과거는 자기 자신이 된 방식의 일부였고, 유명 인사가 되면서 새로운 가능성이 ─ 그리고 새로운 책임이 ─ 생기기도 했다. 세상에 대해 글을 쓰면서 그 세상을 더 낫게 만들기 위해 '행동하지' 않고는 떳떳할 수 없었다. 그러니 어떻게 편지에 답장을 쓰지 않거나 서명을 거부할 수 있겠는가? 보부아르의 상황은 타인의 삶을 바꿀 힘이 있었다. 그 힘을 최대한 활용해야 했다.

1965년 8월에는 실비와 코르시카에 갔다. 그 후 보부아르와 사르트르는 매년 그랬듯 로마에서 여름을 보냈다. 사르트르는 10월 12일에 기차를 타고 파리로 돌아갔다. 보부아르는 차를 몰아 돌아갔다. 그들은 14일 저녁 7시에 보부아르 집에서 만나기로 했다. 하지만 사

─────────────

클리나멘(clinamen) '편위', '빗겨남'이라는 뜻이다. 에피쿠로스 학파에 속하는 철학자 루크레티우스가 허공 속에서 원자의 운동을 통해 변화가 일어나는 원리를 설명하기 위해 도입했다.

르트르는 그날 점심 때 갑작스러운 전화를 받았다. 보부아르가 프랑스 동부의 주 욘에서 교통사고를 당해서 주아니라는 곳에 입원해 있다는 소식이었다. 사르트르와 란즈만은 당장 정신없이 차를 몰고 그곳으로 내려갔다. 보부아르는 갈비뼈가 네 대 부러졌고 얼굴이 부어오르고 꿰맨 데도 있었고, 눈에 멍이 심하게 들었다. 커브를 너무 빨리 돈 게 화근이었다.

사르트르는 근처 호텔에서 묵고 구급차로 보부아르를 빅토르 쉘셰르 거리 집까지 데리고 올라갔다. 그는 보부아르가 걸을 수 있을 때까지 자기가 곁에 있겠다고 했다. 보부아르는 통증이 너무 심해서 옷을 갈아입는 것조차 힘들었다. 침대에만 누워 지내는 3주 동안 사르트르, 란즈만, 실비 르 봉이 교대로 간병을 했고 간호사가 매일 방문했다.

회복은 빨랐다. 1966년 6월에 사르트르와 보부아르는 다시 소련에 갔고, 9월에는 도쿄로 갔다. 일본은 첫 방문이었다. 둘 다 일본에 독자들이 있다는 건 알았다. 사르트르의 책이 아주 잘나갔고 《제2의 성》 일본어 번역이 이제 막 끝난 상태였다. 하지만 비행기에서 내리자마자 취재진의 플래시 세례를 받을 줄은 몰랐다. 통역이 그들을 기자회견실로 안내했다. 젊은이들은 그들이 지나가면 손을 뻗어 만지려 했다. 보부아르는 회고록에서 사르트르의 참여에 대해, 그리고 자기 강연 내용도 뒷전으로 미뤄 둔 채 일본의 역사와 문화 관련 서적을 탐독한 일에 대해 썼다.[90] 하지만 보부아르는 사르트르의 동행으로서 간 게 아니라 일본에서 '오늘날 여성의 상황'이라는 제목으로 세 차례나 강연을 했다. 여기서도 겸손하게 자기를 낮추느라 강연 얘기를 뺐는지, 아니면 독자들과 너무 거리가 있는 삶을 쓰지 않기 위해 뺐는지는 확실치 않다.

회고록이 말하지 않은 것을 알게 되면 이 의문은 더욱 생생해진다. 9월 20일 강연에서 보부아르는 페미니즘이 "전혀 시대에 뒤떨어진 게 아니고" 여성에게만 가치 있는 것도 아니라고 했다. 페미니즘은 "남녀 공통의 대의이고, 여성이 좀 더 공정하고 온당한 위상을 누릴 때만 남성도 더 공정하게 조직된 세상, 더 온당한 세상에서 살게 된다. 남녀 평등은 양성 모두의 일이다."[91] 보부아르는 여성이 평등을 획득해서 속히 《제2의 성》의 여성 소외에 대한 분석이 옛날 얘기가 되기를 바란다고 했다. 여성에 대한 착취는 성적 차이를 없애지 않고도 없앨 수 있다고 생각했지만, 자신이 속한 문화와 타문화 내의 반페미니스트적 '퇴행'을 우려했다. 가령 프랑스에서는 여성들이 나서서 자신의 소명은 아내이자 어머니인 주부라고 주장하고 있었다.

보부아르는 사생활에 "갇힌" 여성들이 언제든 자신을 사랑하기를 관둘 수 있는 누군가에게 경제적으로 의존해 불안정하게 살아간다는 것을 우려했다. 그 누군가는 경제적 수단이나 그들이 꾸려 온 삶의 의미를 남겨놓지 않은 채 여성들을 떠날 수도 있다. 보부아르는 이런 유의 삶이 "우리가 사는 세상을 건설하는"[92] "진정한 사회 생활 참여"보다 못하다는 생각을 굳이 숨기지 않았다. 그리고 그런 여성들은 주부 되기라는 퇴행의 "희생양"이라고 생각했다. 그들이 다른 여성들과 비교당하는 일에 힘들어하기 때문이기도 하고, 일하는 여성들도 집에 있을 때는 주부 역할을 기대받기 때문이기도 하다. 그 결과는 자기 선택에 대한 죄책감과 허탈감이다. "여성이 매일 직장에서 여덟 시간을 일하고 와서 집안일을 대여섯 시간 더 한다면 주말에는 완전히 진이 빠질 것이다. 아직 남성이 여성을 도와 집안일을 하는 경우는 전혀 관습적이지 않다."[93]

직업을 가지고 일하는 여성이 많은 나라에서 보부아르가 좋게 본 것은 '자기와의 관계(self-rapport)'였다. 자기 이해가 공적 생활에 참여함으로써 나온다고 생각했기 때문이다. 보부아르는 늘 자기가 된다는 것에 관심이 많았고 《제2의 성》에서 여성 모두가 직면하는 도전을 연인과 어머니로서 사랑받고자 하는 자기와 더 넓은 세상에서 되고자 하는 자기 사이에서 "분열된 주체"의 가능성이라고 보았다. 일본에서 한 두 번째 강연은 "여성 조건의 분리된 성격"을 다루었다. 일하는 여성도 행복한 삶, 사랑, 집을 원하므로 상당수는 야심을 접는다. "직업 분야에서 자기를 지워버리는 것이 신중한 처사라고 생각한다."[94]

3년 후인 1969년 《제2의 성》 일본어판은 출간되자마자 베스트셀러 목록에 오른다. 보부아르와 사르트르는 일본에서 돌아오는 길에 또 모스크바에 들렀다. 사르트르는 열한 번째 소련 방문이었지만 그곳에 갈 이유는 사라졌다. 조니나와 헤어졌기 때문이다.

1966년 11월에 보부아르는 소설 작업으로 돌아가 《아름다운 이미지》를 쓴다. 영어로는 'Pretty Pictures' 혹은 'Beautiful Images' 정도로 옮길 수 있을 제목이다. 〈라 시테〉의 서평은 "실존주의 정신이 깊이 배어 있는 현대의 도덕에 대한 짧은 소설"이라고 소개하면서 사르트르와의 지적 연결고리만 부각하고 보부아르의 묘사가 여성을 대하는 사회의 처사를 잘 드러낸다는 점에는 주목하지 않았다. 서평은 이 작품이 실패한 풍자라고 일축했다. "주간지에서 볼 수 있는 오만 가지 클리셰의 콜라주"라나.[95] 하지만 판매 쪽 사정은 달랐다. 12만 부가 금세 팔려 나갔다.[96]

보부아르는 나중에 《아름다운 이미지》의 주인공 로랑스를 "삶에 염증을 느낀 나머지 거식증에 걸린 여성"이라고 설명했다.[97] 로랑스는 성공한 광고 에이전트이자 아내이자 두 딸의 엄마다. 그녀는 직장에서 혼외정사를 즐기고는 집에 와서 두 아이를 재워주고 성공한 건축가인 남편과 밤을 보낸다. 로랑스는 술은 마시지만 음식을 먹지 않는다.

로랑스의 평정(이라고 부를 수 있다면 말이지만)은 그녀가 높이 사는 것들을 돌아보게 하는 딸의 질문에 흔들린다. 사람들은 왜 살아요? 왜 어떤 사람은 불행해요? 엄마는 불행한 사람들을 위해서 뭘 해요? 로랑스는 아름다운 이미지를 팔고 번지르르한 광고 문구를 쓰는 업계에서 일한다. 자신의 가장 예쁜 모습을 내세우는 데 필요한 기술을 연마하며 살아왔다. 그러나 아름다운 삶의 외관을 유지하더라도, 아름다운 차, 아름다운 집, 아름다운 옷, 아름다운 음식, 아름다운 휴가를 누려도 자신의 현 상태에 불만이 남는다. 로랑스는 1945년에 열 살이었다. 그녀는 홀로코스트를 기억한다. 왜 알제리에 그토록 슬픔이 적은지 의아해하기 시작한다. 미국 시민권 투사들의 이미지가 텔레비전에서 사라지자마자 잊히는 것도 알아차린다.

이 소설은 자본주의와 소비지상주의를 비판하며 대놓고 돈이 사람을 행복하게 해주는지 그렇지 않은지를 묻는다.[98] 암묵적으로는 페미니즘과 여성의 상황에서 일어난 변화, 그리고 돈과 독립성의 동일시에 부응하는 데 전념했다고 볼 수 있다. 또한 프랑스에서 당시 사유를 견인하는 지식인으로 부상 중이던 미셸 푸코(Michel Foucault)를 풍자했다. 1966년 인터뷰에서 보부아르는 푸코의 저작과 아방가르드를 표방하는 문학 잡지 〈텔 켈〉이 "부르주아 문화"에 "변명"을 제공했다고 비판했다. 《아름다운 이미지》의 메시지는 진보가 "물질, 지성, 도덕 전부에서 일어나야 한다. 그러지 않으면 그건 진보가 아니다." 인데 보부아르가 보기에 푸코의 사유는 사회 변화에 대한 약속이 결여되어 있었다.[99]

소설은 아이들에 대한 로랑스의 생각으로 끝을 맺는다. "아이를 키우는 건 아름다운 이미지를 만드는 게 아니다." 《제2의 성》은 육아를 윤리적 과업이라고 보았고 여성과 아이를 위해 인류의 자유를 함양하는 일에 학교 교육이 너무 자주 무관심하다고 했다. 소설의 마지막 장면에서 로랑스는 거울을 보고 큰일이 닥쳤구나 생각했다. 아이들은 그들 나름의 기회를 얻게 될 것이다. 하지만 그건 어떤 기회려나?[100]

다음 해인 1967년 2월에 보부아르, 사르트르, 란즈만은 중동에 가서 이스라엘과 이집트를 여행했다. 아랍-이스라엘 분쟁을 다룬 〈레탕 모데른〉 특별호를 내기로 했기 때문이다. 이집트에서 〈알 아람〉 신문 편집장이자 가말 압델 나세르 부통령의 친구인 무하마드 하사네인 헤이칼이 그들을 맞아주었다. 〈알 아람〉은 《제2의 성》의 철학자, 카이로에 오다'라는 제목의 인터뷰를 실었다.[101] 이집트 가자에서 3월 10일 팔레스타인 진영을 취재했고 다음 날인 11일에 보부아르는 카이로대학에서 '사회주의와 페미니즘'이라는 주제로 강연을 했다.

아랍-이스라엘 분쟁으로 이집트와 이스라엘을 연결하는 항공편이 없었기 때문에 아테네를 경유해야 했다.[102] 이스라엘에 도착해서는 야파와 텔아비브를 방문했고 키부츠(이스라엘의 생활 공동체) 몇 곳을 방문했다. 그들은 2주간 체류했고 보부아르는 예루살렘 히브리대학에서 '현대 사회에서 작가의 역할'이라는 주제로 강연을 했다. 이스라엘에서 여성들의 위상에 매료됐고, 젊은이들이 이스라엘과 팔레스타인이 경쟁적으로 펼치는 주장을 어떻게 이해하는지 궁금했다. 그해 6월에 '6일 전쟁'으로 영토선이 새로 그어졌고 세계와 '패밀리'의 정치적 견해가 서로 갈렸다. 보부아르는 이스라엘을 지지했다. 사르트르는 팔레스타인을 지지했다. 보부아르의 지지가 공개되자 이라크는 그녀의 책을 금서로 지정했다. 6일 전쟁 이틀 전의 일이다. 유대인인 란즈만은 사르트르에게 배신감을 느꼈다. 그는 1940년대에 사르트르의 반유대주의에 관한 책을 읽고 큰 영감을 받았다. 그런데 이제 그 책의 저자가 유대인에게 반대한다고?

그 전 달에 사르트르와 보부아르는 러셀 법정(Russell Tribunal)에 참여했다. 94세의 영국 철학자 버트런드 러셀(Bertrand Russell)은 미군이 베트남에서 저지른 만행을 대중에게 알리고 규탄하는 운동을 이끌고 있었다. (노령이었던 그는 영국에 머물며 명예 의장직을 맡았다.) 러셀 법정은 5월에 스톡홀름에 모여 열흘간 회의를 했고 11월에 다시 코펜하겐에 모였다.[103] 그들은 눈으로 직접 본 참상을 전해 듣느라 진이 빠졌다. '패밀리' 일원인 란즈만, 보스트(〈르 누벨 옵세르바퇴르〉 취재진), 실비 르 봉, 아를레트 엘카임도 참석했다.

《아름다운 이미지》의 다음 작업은 단편 소설집이었다. 이 책은 1967년에 《위기의 여자》라는 제목으로 출간되었다. 시몬과 엘렌은 오랫동안 언니의 글과 동생의 삽화를 함께 실을 수 있기를 바랐는데 이 책은 그런 점에서 완벽했다. 엘렌은 표제작에 맞게 판화를 제작했고 시몬은 광고 효과를 위해 잡지 〈엘르〉에 연재하기로 했다.[104] 하지만 이 연재작은 완전히 실패해서 엘렌이 왜 하필 언니의 가장 안 좋은 작품 삽화를 맡았느냐는 물음이 나오기까지 했다.

보부아르의 초기 소설은 남자 주인공과 여자 주인공이 다 나온다. 그러나 《위기의 여자》는 오로지 미혼 여성의 의식이라는 시점에서—나이 들어가는 여성의 시점에서—고립과 실패를 다룬다. 보부아르는 여기서 "세 여성의 삶에서 노년과의 만남, 고독의 절망, 급작스러운 사랑의 끝이라는 결정적 순간을 그려보고자" 했다.[105]

첫 번째 이야기 '신중해야 할 나이'는 남편과 다 큰 아들이 있는 어느 작가의 비통한 심리를 묘사한다. 이 여자는 노화를 예민하게 느끼고 예전 같지 않은 자기 몸을 혐오 반 체념 반으로 대한다.[106] 이제 막 신작을 내놓았는데 전작들만 못할까 봐, 이제 할 만한 가치가 있는 말이 아무것도 없는 것 같아서 걱정이 많다. 아들은 어머니가 동의하지 않는 선택을 하고, 어머니는 자신의 말을 듣지 않으면 아들과 두 번 다시 말을 하지 않겠다고 위협한다. 그러나 남편은 아내를 따돌리듯 계속 아들과 얘기를 나누고 주인공은 이미 상처가 있던—신체적으로 내밀한 관계의 상실—결혼 생활에서 소외감마저 느낀다. 이 단편 소설에는 그래도 이런 유의 화해가 있다. 주인공과 남편은 저물어가는 자신들의 미래를 직시하고 "단기적 삶"을 사는 법을 배운다.[107]

두 번째 이야기 '독백'은 광기로 치닫는 의식의 흐름을 보여주는데, 보부아르가 썼던 그 어떤 이야기와도 다르다. 주인공은 아이를 빼앗기고 고립된 채 버림받는다. 사람이 바닥에 떨어졌을 때 다른 사람들이 "야비하게" 느껴질 수 있는 현실을 추악한 모습으로 비추는 거울 같은 이야기다.[108]

세 번째 이야기 '위기의 여자'는 일기 형식으로 한 여인이 우울증에 빠지는 과정의 기록을 보여준다. 모니크는 위기에 처한 결혼 생활을 되살려보려고 안간힘을 쓴다. 아내이자 어머니로 살고 싶었던 "소명"

은 행복하게 실현되었다. 하지만 이제 애들은 거의 다 컸고 모니크도 "조금은 자신을 위해"[109] 살아보고 싶다. 모니크는 자기를 내어줌, 헌신—보부아르의 학창 시절 일기의 주제들—을 실천했고 그게 자신의 자유로운 선택이었다고 생각했다. 그런데 남편 모리스가 외도를 한다. 남편의 불륜은 부부가 함께 쌓아 온 것을 무너뜨리고 모니크는 죽을 것 같은 불안과 자기 의심에 시달린다.

모니크의 사연은 판단과 고통이라는 친숙한 주제를 건드린다. 여성은 집에서 애들만 키우고 "아무것도 안 하면" 판단의 대상이 되고, 자기를 온전히 바친 공동 프로젝트의 파트너가 그 헌신을 받아들이다가 더 어린 여성에게로 눈을 돌릴 때 극심한 고통을 느낀다. 모니크는 남편에게 맞서지만 남편의 가스라이팅은 "소란"을 피우게 만들고 그녀는 되레 상황을 불편하게 만들었다는 죄책감을—모니크가 겪는 고통에 비하면 그 상황은 별것도 아닌데—느낀다. 남편은 정신적 스포트라이트를 자신의 양심을 비추는 방향이 아니라 모니크의 양심이 분별력을 잃게 하는 방향으로 돌리는 데 성공한다. 모니크는 몇 번이나 바닥으로 떨어진 기분을 느끼고 점점 더 불행으로 깊이 빠져든다.

《위기의 여자》는 보부아르의 다른 책들과 비교해도 혹독한 비판을 받았다. 문학 평론가 앙리 클루아르(Henri Clouard)는 보부아르가 "재능을 이처럼 사기를 떨어뜨리는 선전 운동에 동원한 적은 없었다."고 했다. 여성의 골칫거리를 글로 쓰면서 남성과 함께 삶을 꾸린 여성은 모두 실패할 거라고 말하고 싶었나? 클루아르는 보부아르가 대중에게 "교훈"을 "부여하고" 있다고 다시 한번 말한다.[110] 모리스라는 캐릭터, 즉 남성의 시점은 어떻게 되는 건가? 그 시점은 잘 드러나지 않았다. 클루아르는 보부아르의 예술에 진정으로 바라는 것은 좀 더 "명철한 정신", "더 큰 자유"라고 비판한다. "정말이지, 보부아르는 구식이 됐다." "보부아르 선생은 우리 시대 사람들이 여전히 여성 해방이 필요하다는 듯 선전 운동을 하고 있다."[111]

정작 보부아르라면 그처럼 성급하게 특정 사례(혹은 세 편의 개별적 이야기)에서 보편적 결론을 끌어내지 않을 것이다. 보부아르는 모니크의 '상황'에 애매성을 두고자 고심했다. 저자의 의도는 이 이야기를 일종의 추리 소설, 결혼의 수사 보고서처럼 만들어 독자가 범인이 누구인지 혹은 무엇인지 알아내게 하는 것이었다. 그러나 문학 평론가 자클린 피아티에는 〈르 몽드〉에 "저자가 무엇을 말하든 어디에나 교훈이 있다."고 썼다.[112] 《결국에는》에서 보부아르는 그 책의 독해 방식에 안타까움을 표했다. 늘 그랬듯 자전적인 글이다, 그녀와 사르트르의 목소리가 온 인류를 대변하는 것처럼 군다는 비판을 받았다. 심지어 사르트르랑 헤어졌느냐는 질문까지 받았다고 한다.[113] 아이러니하게도 어떤 이들은 《위기의 여자》가 그들 생각에 보부아르와 무관한 세계를 배경으로 하기 때문에 "진짜 시몬 드 보부아르"가 아니라고 비판했다. 사르트르는 어디 갔지? 왜 여기 나오는 여자들은 전부 아내이자 어머니지?

《결국에는》에서 보부아르는 왜 《위기의 여자》가 그토록 증오를 불러일으켰는지 모르겠다고 썼다. 무시는 놀랍지도 않았다. 〈르 피가로 리테레르〉는 이 소설이 〈엘르〉에 연재됐다고 해서 여점원들이나 읽을 작품이라고 했다. 문제는 정말로 개인적이고, 원한이 느껴지며, 성차별적이고, 노인 차별적인 반응을 경험했다는 것이다.

렌 거리에서 시몬 드 보부아르를 얼핏 본 후로 그 글을 쓴 게 계속 미안했다. 그녀는 시들고 초췌한 모습으로 천천히 걷고 있었다. 나이 든 사람은 가엾이 여겨야 한다. 어쨌거나 갈리마르 출판사가 계속 그녀의 책을 내주는 이유도 그거다.

아, 그렇습니다, 부인. 늙은 건 슬픈 일이죠![114]

보부아르는 자기가 늙어 가는 것을 알고 있었고 그 사실이 기쁘지 않다고 인정할 만큼 솔직했다. 하지만 노년을 감출 이유는 없다고 생각했다. 오히려 노년을 철학적 분석과 정치적 행동이 부족했던 주제로 보고 정면으로 돌파했다. 이미 몇 년 전부터 노년에 대한 책을 구상 중이었다. 나중에 그 책을 《제2의 성》의 대응물이라고 부르게 될 것이다. 하지만 본격적으로 조사를 하고 노년에 대한 책들을 읽기 시작하면서 자료가 될 만한 책이 너무 없어서 놀랐다. 국립도서관 열람실에서 랄프 왈도 에머슨과 에밀 파게의 에세이들을 찾았고, 서서히 하나의 전기를 엮어 나갔다. 프랑스 노인학회 정기 간행물도 읽었고, 영어로 된 두툼한 저작들도 시카고에서 주문했다.[115] 전 동료 클로드 레비스트로스가 콜레주 드 프랑스의 비교인류학 자료 열람을 허락해 주었다. 그 덕분에 여러 사회에서 연장자가 차지하는 위치를 다룬 논문들을 참고할 수 있었다.

조사는 매일 착착 진행되었다. 1968년 5월 혁명—대학생들의 시위와 프랑스 경제가 멈출 정도의 대규모 파업—이 터지면서 사르트르와 보부아르는 〈르 몽드〉에 대학생들을 지지하는 짧은 성명을 발표했다. 그해의 정치적 대격변을 계기로 하여 사르트르는 지식인이 사회에서 담당해야 할 역할과 관련해 자신의 위상을 재고하게 됐다. 그는 점점 마오주의에 경도되었다.

〈레 탕 모데른〉 편집위원회는 2주에 한 번씩 보부아르의 집에 모였다. 그들은 수요일 오전 10시 30분에 모여서 일을 했다. 실비 르 봉도 편집진에 들어왔고 보스트와 란즈만도 참여했다(란즈만은 아직 걸출한 홀로코스트 다큐멘터리 〈쇼아〉 작업에 들어가기 전이었다). 그렇지만 사르트르의 발길은 점점 뜸해졌다. 〈레 탕 모데른〉은 1940년대에 탄생했다. 하지만 이제는 기존 언론 기관의 구태의연한 분위기가 났다.

사르트르는 뭔가 혁명적인 것에 참여하고 싶었다. 그와 가까워진 몇몇 마오주의자 중에 피에르 빅토르(Pierre Victor)가 있었다. 그는 사르트르에게 프랑스 마오주의 신문 〈인민의 대의〉 편집장이 되어 달라며, 그가 편집을 하면 정부 검열을 좀 피할 수 있을 거라고 말했다. 1970년 4월에 사르트르는 편집장으로 이름을 올렸다. 그해 6월에 사르트르와 보부아르는 몽파르나스 거리에서 이 신문을 나눠주다가 체포당했다. 그들은 금세 석방되었지만 이 일로 사르트르는 이중 잣대를 성토하고 언론의 자유를 부르짖을 발판이 생겼다.

보부아르는 사르트르의 정치적 열성에 동조하지 않았다. 사실 최근 몇 년 사이에 두 사람의 정치 노선은 크게 갈라졌다. 사르트르는 마오주의에 빠지면서 지식인 주류에서 밀려났지만 보부아르는 페미니즘을 지지하면서 국제 여성 운동을 이끄는 역할을 맡았다. 1969년에 《제2의 성》 문고판만 75만 부가 팔렸다.[116] 1970년에 그 책은 북미에서 '고전' 반열에 올랐다. 캐나다의 여성 운동가 슐라미스 파이어스톤(Shulamith Firestone)은 1970년 작 《성의 변증법》을 보부아르에게 헌정했는데 파이어스톤을 비롯한 여러 페미니스트들이 보부아르의 저작뿐만 아니라 삶의 여정도 높이 평가했다는 점에서 (출간 후 프랑

평생을 함께한 사유의 친구였던 보부아르와 사르트르.(1947년) 하지만 보부아르는 사르트르가 스탈린 체제와 마오주의를 옹호하자 그의 정치적 노선과 거리를 두었다. 공산주의를 향한 사르트르의 맹목주의가 비판받던 때 보부아르는 국제 여성 운동에 혁명적 전환을 일으킨 페미니스트 사상가로 인정받았다.

스에서 일어난) '스캔들'은 멋지게 뒤집힌 셈이다. 《성의 변증법》의 헌사를 보라. "지조를 지켜 온 시몬 드 보부아르에게." 미국 페미니스트 작가 엘리자베스 제인웨이(Elizabeth Janeway)의 1971년 작 《남성의 세계, 여성의 자리》도 보부아르의 '타자'로서의 여성 이론을 종속 집단의 행동 방식과 연결해 분석했다. 1971년 프랑스에서도 저명한 문화 저널이 《제2의 성》을 카프카의 《심판》, (맨 처음 나왔던 남성판) 《킨제이 보고서》와 함께 이 시대의 책으로 꼽았다.[117]

바로 전해에 프랑스에서는 여성 해방 운동이 치고 올라왔다. 1970년 봄에 뱅센대학에서 여성들이 시위를 벌였다. 하지만 여성 해방 운동이 탄생한 곳은 파리, 때는 8월의 여름 휴가철이었다. 무명 용사의 아내를 기리는 꽃다발이 개선문 아래 쌓였다. 현수막에는 이렇게 쓰여 있었다. "세상 사람 두 명 중 한 명은 여성이다." "무명 용사보다 더 알려지지 않은 사람은 무명 용사의 아내다."

10월에 〈파르티장〉 특별호가 '여성 해방, 원년'이라는 제목으로 나왔다.[118] 얼마 지나지 않아—지면상으로는 둘 중 어느 쪽도 자기가 먼저 움직였다고 하지 않았지만—보부아르는 그 운동을 발족한 여성들과 만났다.[119] 안 젤린스키(Anne Zelinsky)와 크리스틴 델피(Christine Delphy), 그 외 여러 여성이 낙태 금지 철폐를 위해 본격적으로 싸우고 싶어 했다. 프랑스에서 피임은 1967년에 합법화됐지만 낙태는 여전히 불법이었다. 주간지 〈르 누벨 옵세르바퇴르〉가 유명인 몇 명의 이름이 들어간다는 조건으로 선언문을 실어주겠다고 했다. 시몬 드 보부아르는 바로 그 유명인이었고 기꺼이 그들의 대의에 동의했다. 자기 집을 모임 장소로 내어주기도 했다.

그 후 몇 달 동안 일요일마다 보부아르의 집 소파에서 선전 운동을 조직했다. 그들은 343명에게 서명을 받아 '343인 선언'을 1971년 4월 5일자 〈르 누벨 옵세르바퇴르〉에 성공적으로 발표했다. 선언의 메시지는 단순했다.

프랑스에서 매년 1백만 명의 여성이 낙태를 합니다. 의료 시설에서는 낙태가 비교적 간단한 시술이지만 법으로 금지되어 있기 때문에 여성들은 열악하고 미심쩍은 조건을 감수하면서까지 비밀리에 낙태를 해야 합니다. 우리는 이 1백만 명에 대하여 침묵해 왔습니다. 나도 그 1백만 명 중 하나임을 선언합니다. 나도 낙태를 한 여성임을 선언합니다.

서명인들은 자신도 낙태를 한 적이 있다고 말한다. (실제로 보부아르와 그들 모두가 낙태 경험이 있는지는 확실치 않다.[120]) 그들은 여성이 자유롭고 안전하게 낙태 시술을 받을 권리를 누리기 바라는 마음으로 서명을 했다.

그전에는 프랑스에서 '낙태'라는 단어가 라디오나 텔레비전에 나올 일이 없었다. 하지만 이제 콜레트 오드리, 작가 도미니크 드상티와 마르그리트 뒤라스, 지젤 알리미, 배우 카트린 드뇌브와 잔 모로까지 모두가 입 밖에 내지 못했던 이 단어를 부르짖고 있었다. 보부아르 외에도 '패밀리'의 올가, 아를레트, 미셸, 엘렌까지 모두 서명에 동참했다. 놀랍지도 않지만 서명인들은 "343인의 걸레들" 같은 몹쓸 말을 들었다.

15장

여성 해방 운동의
선봉자

1970~1980년

"1976년에도 결혼과 모성은
여전히 여성에게 함정과 같다."

Simone de Beauvoir

1970년 9월 보부아르는 사르트르와 로마로 돌아가 《노년》의 출간을 기다리면서 다음에는 무엇을 쓸까 고민했다. 사르트르의 건강은 한동안 괜찮았지만 어느 토요일 밤에—그는 토요일마다 보부아르의 집에 왔다.—보부아르, 실비 르 봉과 대화를 나누다가 보드카를 다소 과음하고는 잠이 들어버렸다. 그는 다음 날 아침 집으로 돌아갔다. 하지만 라 쿠폴에서 일요일 점심을 같이 먹자고 데리러 갔더니 사르트르가 가구를 들이받고 넘어졌다. 취기가 남아 그랬다고 보기엔 술을 그렇게 많이 마신 것도 아니었는데 왜 걸음을 잘 걷지 못했을까?

　　보부아르는 자기 자리로 돌아와 절망했다. 사르트르가 1954년 모스크바에서 입원을 하는 바람에 혼비백산했던 이후로 줄곧 예감이 좋지 않았건만, 그는 여전히 보야르 담배를 하루 두 갑씩 피우고 술도 많이 마셨다. 다음 날 사르트르는 균형 감각이 돌아온 것 같았지만 병원에 가서 검사를 받았다. 뇌수 엑스레이 사진은 정상이었지만 어지럼증을 자주 느끼는 탓에 약물 처방을 받았는데 그 약물은 자꾸 졸음이 오는 부작용이 있었다. 보부아르는 최악을 걱정하지 않으려 애썼다. 하지만 혹시 정말 안 좋은 거라면 어쩌나?

《상황의 힘》을 발표한 1963년에 보부아르는 55세였다. 그녀가 노화의 불편을 여과 없이 드러내자 불쾌해하는 독자가 많았다. 그 이유를 알 것 같았다. 사람들은 상상 속의 시몬 드 보부아르, 죽음과 쇠락을 걱정하거나 불안해하지 않는 그 아이콘과 자기를 동일시하고 싶어 했다. 그들은 노년과 죽음의 현실을 직시하고 싶지 않았다. 어떻게 감히 보부아르는 자신의 두려움을 인정했을까?[1]

보부아르는 여성으로서 '타자'임을 느꼈고 그 점이 《제2의 성》의 분석에 이바지했다. 하지만 1960년대부터는 다른 방식으로 자신이 '타자'임을 느꼈다. 보부아르는 늙어 가고 있었다. 다시 한번 자신의 경험으로 인해 남들의 경험이 궁금해졌다. 하지만 노화와 노인에 대해서 말하는 것은 금기시되었다. 소설가 앙드레 지드도 그 문제에 매달렸고 (라 페루즈라는 인물을 통하여) 왜 노인에 대해서 말하는 책은 별로 없느냐고 묻는다. 그의 대답은 이렇다. "노인은 이제 그런 책을 쓸 수 없고 젊은이는 골치 아픈 일을 하지 않기 때문이다."[2]

그래서 보부아르는 할 수 있을 때 골치 아픈 일을 해보기로 했다. 1967년 중반부터 그 문제에 천착했고 다시 국립도서관에서 자료 연구에 몰두했다. 《제2의 성》에서처럼 절반은 생물학, 민족학, 역사학의 고찰을 다루고 나머지 절반은 생생한 경험으로 채우기를 원했다. 양로원에 취재도 가고, 나이 많은 사람들이 쓴 회고록을 읽고, 늘 그렇듯 문학도 많이 읽었다. 결과물은 알랭의 철학부터 소피아 톨스토이의 일기까지, 더 자세히는 루이 아라공, 사뮈엘 베케트, 샤를 보들레르, 붓다, 샤토브리앙, 공자, 윈스턴 처칠, 찰스 디킨스, 디드로, 도스토옙스키, 마르그리트 뒤랑, 랄프 왈도 에머슨, 에라스뮈스, 제임스 프레이저, 쥐디트 고티에, 지드, 그라피니 부인, 헤겔, 칸트, 맹트농

부인, 니체, 프루스트, 조르주 상드, 쇼펜하우어, 세비녜 부인, 버나드
쇼, 발레리, 볼테르, 그리고 버지니아 울프를 출처로 삼았다. 버지니
아 울프는 58세에 이렇게 일기를 썼다.

　　나는 노년의 무정함을 혐오한다. 노년이 다가옴을 느낀다. 나는 삐걱
거린다. 쓸쓸해진다.

　　발은 이슬을 밟을 만큼 빠르지 않고
　　심장은 감정을 새로이 느끼기에 모자라
　　다시 일어날 만큼 날쌔지 못한 희망을 으깨버린다.

　　이제 막 매튜 아널드를 펼쳐서 이 시를 필사했다.[3)]

　《노년》에서 보부아르는 '노년'이 유일한 보편적 경험을 가리키지
않기 때문에 모든 노화가 가혹하거나 삐걱대거나 슬프게 다가오지는
않는다고 말한다. 여성 되기처럼 노인 되기도 개인의 신체적, 심리적,
경제적, 역사적, 사회적, 문화적, 지리학적, 가족적 맥락에 따라서 매
우 다양한 양상을 띤다. 나이 듦의 '상황'이 그 경험에 극도로 큰 영향
을 준다는 얘기다.
　생물학적 여성이나 임신부로서 존재할 때와 마찬가지로 나이 듦에
는 명백한 생물학적 요소가 있다. 그러나 보부아르는 나이 듦이 문화
적 현상이기도 하다고 주장한다. 사회가 노인을 무시하는 방식은 경
악스럽다. 여성 문제의 경우, 인류의 절반만 성차별주의가 부과한 이
차적인 위상을 감내한다. 하지만 노년은 단명하지 않는 한 인류 모두

에게 다가오는 숙명이다. 노년은 생물학적 사실, 충분히 오래 산 인간의 보편적 운명이다. 하지만 노년이 모든 이에게 주변화와 외로움을 의미하지는 않는다.

보부아르는 《제2의 성》에서처럼 생생한 실제 경험에서 태어난 철학으로 논증을 펼친다. 또한 노인 차별과 성차별이 얼마나 자주 결합하는지 보여주었다. 남성과 여성 모두 나이가 들면 새로운 계획과 가능성을 차단당하곤 한다. 하지만 성애의 가능성이라는 면에서 남성은 여성만큼 불리하지는 않은 것 같다.

이 책의 분석은 경제적 곤궁에 초점을 더 많이 맞췄다는 점에서 《제2의 성》과는 다르다. 사람들이 어린아이와 노인을 평범한 인간으로 여기지 않는 것은 우연이 아니다. "그들이 아직은, 혹은 더는 인간이 아닌데 인간처럼 행동하므로 특별하게 보는 것이다." 그렇지만 아이는 미래를 대표하는데 노인은 "집행 유예 상태의 송장"에 불과하다.[4]

이런 식으로 밖에서 보면 나이 듦이 안으로부터의 유폐처럼 느껴질 만하다. 보부아르는 독자에게 되기의 경험이 시간의 흐름 속에서 어떻게 변하는지 보여주고 싶었다. 과거는 나이가 들면서 점점 "무거워진다." 과거의 선택을 박차고 나와 새로운 계획을 세우기는 점점 힘들어진다. 젊을 때는 꿈과 가능성이 가득하다. 나이가 들면서 우리가 꾸었던 꿈 중 어떤 것은 "실현된 꿈과 한없이 멀다."고 깨닫는다.[5] 그렇지만 또한 우리는 삶에 의미를 주는 것은—달콤쌉쌀한 그 끝에서조차—"상호적 관계"임을 깨닫는다.[6]

《노년》은 1970년 1월에 출간되어 금방 베스트셀러가 되었다. 보부아르는 '노년'에 따라올 수 있는 다양한 경험에 기대어 또다시 금기에 도전했다. 노년을 경험하고 글쓰기로써 성찰한 이들을 인용했기 때문에 보부아르의 연구는 특권을 누리는 이들의 나이 듦에서 주로 끌어올 수밖에 없었다. 하지만 보부아르는 노년을 사회적·정치적 범주로 논하면서 주체의 경험이 하는 역할을 강조하기 위해 문학 자료를 인용한 것은 정당하다고 생각했다. 노년은 밖에서 바라볼 때 사회적·정치적 범주가 맞다. 하지만 노년은 그것이 더 좋을 수도 있고 더 나쁠 수도 있는 상황에서 '안으로부터' 경험해야 한다.

보부아르는 또다시 독창적이지 못하다. "다른 저자들을 인용하는" 일종의 "모음집"을 냈다.[7] 새로운 얘기는 없고 "사르트르의 실존주의 원칙에 기대어, 나이 든 개인의 완전히 세련된 철학을 고안하려는 야심 찬 시도"라는 비판을 받았다.[8] 어떤 서평은 이렇게 말했다. "보부아르는 정묘하거나 독창적인 정신의 소유자가 아니다. …… 도서관을 통째로 읽어치운 것은 분명하나, 그 내용을 완전히 소화하지는 못했고 …… 세 남자(마르크스, 프로이트, 사르트르)의 저작을 무비판적으로 집어삼켰다."[9]

하지만 보부아르는 1940년대 이후로 그 세 명에 대한 철학적 비판을 줄곧 발표해 왔다. 그러므로 네 번째 회고록 《결국에는》(1972년)에서 《노년》의 독창성을 옹호한 것은 놀라운 일이 아니다. 1부에서 "이 자료의 분석, 거기서 비롯된 성찰, 내가 끌어낸 결론은 나 이전에 아무도 하지 않았던 작업이다."[10] 그리고 2부도 자신의 질문을 따라간 "순전히 개인적인 작업물"이라고 했다. "나이 든 사람과 그의 이미지, 그의 몸, 그의 과거, 그의 일 사이의 관계는 무엇인가?" 물론 편지, 일기, 회고록을 읽고서 스스로 질문을 던졌다. 그렇지만 "결론을 끌어내는 것은 순전히 독창적인 작업이다."라고 덧붙였다.[11]

또다시 보부아르가 윤리적이지 않다고 생각한 행동에 관심이 집중됐다. 또다시 독창성이 없다, 사르트르의 파생이다, 위대한 남성들을 이해할 역량이 없다는 비판을 받았다. 그래서 글로 항변했고 다른 매체를 통해서도 자기 변호를 하기로 작정했다. 1974년에 보부아르는 노년을 다룬 다큐멘터리 영화에 참여했다. 원래 라디오나 텔레비전 방송은 거절하는 편이었지만 노인을 대하는 사회의 태도, 자신의 나이 듦에 대한 경험을 논하기 위해 예외를 두었다. 양로원 장면에서 보부아르는 삶을 그런 곳에서 마감하는 것은 비인간적이라고 생각해서 여지없이 시청자들의 시야에서 벗어난다. 척박한 시설의 환경은 파리 자택 장면과 비교된다. 그 집에는 걸출한 삶의 물질적 흔적, 세계 각국의 책과 예술품, 친구들의 사진이 가득하다. 보부아르는 죽음의 가장 나쁜 점은 미래가 눈앞에서 닫히는 것이라고 말한다. 영화의 마지막 장면에서는 묘지를 산책한다. 그러고는 이제 어릴 때만큼 죽음이 두렵지 않다고 말한다. 서른 살 때는 지상에서 사라진다는 상상을 하면 끔찍하게 무서웠다. 여든을 바라보는 지금, 끝에 다가간다는 생각보다 자기가 앞둔 미지의 삶이 더 싫었다.[12]

1970년대 초에 보부아르는 '밖으로부터의' 관심을 엄청나게 끌어당겼고 일부 페미니스트들에게까지 "사르트르에게 집착한다", 남성들의 정기 간행물(〈레 탕 모데른〉) 일을 한다는 이유로 비난받았다.[13] 그런 결론은 성급하고 성가셨으며 이유를 짐작하기가 어렵지 않았다. 일단 전문 분야라는 점에서 보부아르의 저작이 취하는 철학적 입장은 사르트르의 입장과 크게 달랐는데 아직도 그녀는 그의 꼭두각시, 그림자, 공범 취급을 받고 있었다. 사생활 면에서 대중은 보스트와의 관계는 잘 몰랐고, 올그런과의 이야기는 일부만 알았으며 (전쟁

중에 사귀었던 여성들은 말할 것도 없거니와) 란즈만, 실비에 대해서는 전혀 몰랐다. 보부아르는 사람들이 너무 쉽게 결론을 내는 데 실망했다. 비록 자신이 자기 지인들의 삶을 그려낸 방식은 솔직하지 못했는지도 모르지만 독자와 비평가 들이 자신의 생애를 규정하고 묵살하는 방식은 귀찮은 수준을 넘어 벌을 주는 것처럼 보였다. 보부아르가 사회의 위선을 성토하면 슬프고 독창성 없고 엉망인 사람 취급을 받았다.

1971년에 사르트르는 틀니를 하게 됐다. 그는 상징적으로나 실질적으로나 틀니와 악전고투했다. 계속 대중 앞에서 말을 할 수 있을 것인가, 아니면 그의 입도 끝인 건가?[14] 보부아르에게 사르트르의 틀니는 어쩔 수 없이 그의 쇠락을 떠올리게 했다. 5월에 사르트르는 평소보다 보부아르의 집에서 오랜 시간을 보냈다. 그녀의 집은 1층이었고 사르트르의 집이 있는 건물은 승강기가 고장 났기 때문이다. 그는 이제 십 층을 걸어 올라가기가 너무 힘들었다. 5월 18일 화요일, 아침에 일어난 사르트르는 다리에 힘이 빠지는 느낌이 들었다. 말이 잘 나오지 않았고 입이 평소처럼 움직이지 않았다. 뇌졸중이 틀림없어 보였지만 보부아르는 뇌졸중을 잘 이겨낸 친구들을 떠올리면서 너무 겁먹지 않으려 애썼다. 사르트르는 다음 날 병원에 가기로 했지만 밤마다 마시는 위스키는 포기하지 않았다. 자정에야 간신히 침대에 누웠다. 보부아르는 자신을 다스리느라 무척 애를 먹었다.

의사는 그의 상태가 작년 10월보다 더 나빠졌고 증상이 너무 빨리 재발한 것이 심상치 않다고 했다. 그날 저녁 실비는 차를 몰아 두 사람을 보부아르의 집에 데려다줬고 사르트르는 위스키 대신 과일 주스를 마셨다. 그는 충격을 받았고 여전히 몸을 잘 가누지 못했다. 보야르 담배를 입에 물고 있기도 힘들어했다. 실비가 담배를 주워 그에게 건네주었다. 하지만 담배는 그의 손에서 또 떨어졌다. 그러한 광경이 진이 빠지도록 밤늦게까지 반복되었다. 다음 날 사르트르에 대한 처방이 달라졌다. 의사는 그를 푹 쉬게 하되 혼자 두어서는 안 된다고 했다. 의사가 시키는 대로 하면 3주 후에는 좋아질 거라고 했다.

다음 주 수요일, 사르트르는 평소처럼 걷고 말할 수 있었지만 피아노를 치거나 글씨를 쓰는 일은 여전히 마음대로 되지 않았다. 보부아르는 그가 술, 커피, 각성제를 못 먹게 하는 일을 자기 사명처럼 생각했다. 정작 사르트르는 본인의 쇠락에 초연하다 못해 무관심했고 몸 상태를 소홀히 했다. 어차피 오래 못 갈 줄 알고 있었던 것이다. 보부아르에게 위안은 불가능했다. 자신의 죽음은 이제 덜 두려웠는지도 모르지만 사르트르의 죽음은 두려움 없이 생각할 수 없었다.

여름에 사르트르는 5주간―3주는 아를레트와, 2주는 완다와―여행을 하고 그 사이에 보부아르와 실비는 따로 움직일 계획이었다. 보부아르는 실비와 여행을 다니기 좋아했지만 사르트르를 그 상태로 두고 오려니 괴로웠다. 이탈리아에서는 매일 울다가 잠이 들었다.

그렇지만 정치적 활동은 계속했다. 1971년 7월에는 '슈아지르(choisir, 선택하다)' 운동의 의장이 되었다. 보부아르는 이 운동을 지젤 알리미, 생물학자 장 로스탕, 소설가 크리스티안 로슈포르, 노벨상 수상 생화학자 자크 모노와 함께 시작했다. 슈아지르의 목표는 세 가지였다. 첫째, 여성에게 성과 피임을 교육한다. 둘째, 프랑스에서 1920년에 제정된 낙태 관련 법을 개정한다. 셋째, 이미 낙태를 한 여성들을 무상 변론한다.

그 7월에 사르트르는 스위스에서 상태가 다시 악화됐지만 보부아

낙태 합법화 시위에 참여한 보부아르와 실비 르 봉.(1971년) 낙태 금지 철폐를 위해 보부아르는 자신의
집에서 선전 운동을 조직해 '343인 선언("나도 낙태를 한 여성임을 선언합니다.")'을 발표했다.

르에게 절대 알리지 말라고 아를레트를 입단속했다. 로마 테르미니
역에서 보부아르가 다시 만난 사르트르는 구내 농양 때문에 얼굴이
부었지만 기력이 좋아 보였다. 두 사람은 새벽 1시까지 얘기를 주고
받았다. 사르트르는 활발하게 로마를 만끽했다. 약을 잘 챙겨 먹었고
술은 점심에 포도주 한 잔, 저녁에 맥주 한 잔, 그리고 '식후주' 삼아
위스키를 두 잔 마시는 선에서 그쳤다. 그는 귀스타브 플로베르 평전
《집안의 백치》를 작업 중이었고 자기가 수십 년은 더 살 것처럼 얘기
했다. 파리에 돌아와서는 사람들과 세상사에 대한 관심을 되찾았다.
그는 보부아르의 《결국에는》 원고를 읽고 비판적인 조언을 해주었다.
11월 중순쯤 되자 보부아르는 걱정이 거의 사라졌다. 마침 활동하기
에 좋은 때였다. 여성 해방 운동이 빠르게 성장하고 있었다. 1971년
11월 11일에 보부아르는 수천 명의 여성과 낙태 합법화 시위를 했다.
　노년이 남성과 여성의 성애 가능성에 각기 다른 영향을 끼친다는

《노년》의 주장을 입증하듯, 사르트르는 1972년에 생애 마지막 로맨스를 시작했다. 엘렌 라시티오타키스는 이십 대였다. 그해에 《노년》 영어판이 나왔다. 그 책이 경솔하고 일반화가 지나치다고 가차 없이 물어뜯는 서평이 〈로스앤젤레스 타임스〉에 실렸다. 글쓴이는 넬슨 올그런이었다.

보부아르는 낙태 권리 운동을 하면서부터 어머니이자 주부로 살아서 행복하다는 여성들의 편지를 많이 받았다. 어떤 편지는 심하게 공격적이었다. 또 어떤 편지는 모성은 예속이 아니라 아주 귀한 것이라고 주장했다. 그래서 3월 6일자 〈르 누벨 옵세르바퇴르〉에 '일부 여성과 남성에게 드리는 답변'이라는 글을 실었다. 보부아르는 자발적 선택으로 어머니가 될 수도 있다고 하면서 "원해서 낳은 아이를 키우면서 얻는 기쁨"도 인정했다. 결코 모든 여성에게 자기가 살아온 방식을 적용하지 않았다. 그 이유는 자신은 "여성의 자유를 위하여 적극적으로 싸웠고, 여성의 자유란 모성, 피임, 낙태 중 그 어느 것이든 선택할 수 있다는 의미이기 때문이다."[15]

하지만 모성 존중이 의심스럽다는 생각도 했다. 어머니와 아이 양쪽 모두에 해로운 신화들이 여전히 현실을 괴롭히고 있었다. 1972년에 보부아르는 프랑스에서 미혼모로 살기가 얼마나 힘든지 지적했다. 아이가 생기면 결혼이 안전한 선택이라고 생각하는 여성들이 많다. 하지만 가정 불화 속에서 자라느니 아버지 없이 자라는 아이가 행복할 수도 있다.[16]

보부아르는 대담하게도 모성과 결혼의 분리를 주장했다. "나는 가정의 폐지에 찬성한다." 이런 유의 문장은 맥락 없이 떨어져 나와 보부아르를 '여성이라는 이유로' 공격하는 보수적 독자들의 손아귀에서 놀아나기 일쑤였다. 그들은 보부아르가 반(反)모성적이다, 여자도 아니다, 심지어 페미니스트도 아니라고 헐뜯었다. 하지만 저 문장이 포함된 문단에서 보부아르는 '가정'을 이렇게 정의한다. "가정은 가부장적 세계가 매년 '표도 안 나는 일'에 필요한 어마어마한 시간을 쥐어짜냄으로써 여성을 착취하는 매개다. 1955년 한 해 기준으로 프랑스에서 유급 노동은 430억 시간이었는데 가정 내 무급 노동은 450억 시간이었다."[17]

보부아르는 여성이 가사 노동을 자기 몫으로 받아들이게끔 '길들여진다고' 생각했다. 설거지나 세탁을 자연스럽게 일생의 소명으로 받아들이게 됐을 리 없다. 더 나은 무엇인가를 찾아야 한다.

모성은 여성을 가정에 묶어놓고 집안일을 하게 하는 방식이므로 칭송을 받는다. 두 살, 세 살, 네 살 여자아이에게 "너는 설거지를 하게 될 거란다."라고 말하는 대신 "너는 엄마가 될 거란다."라고 말할 뿐이다. 여자아이에게 인형을 주고 엄마가 되는 것은 참 좋은 일이라고 하니 그 아이가 젊은 여성으로 자라면 결혼해서 아이들을 낳아야겠다는 생각 말고는 할 수가 없다. 아이를 낳지 않으면 온전한 여성이 아닌 것처럼 생각하면서 살아왔기 때문이다.

하지만 남성은 그렇지 않다. 그들은 자식이 없더라도 "진정한 남성이 아니다."라는 말을 듣지 않는다.[18]

낙태 금지법은 사회의 가장 빈곤한 여성에게 불리하게 작용했다. 여성이 "자신의 바람과 이해에 맞게" 임신을 계획할 수 있다면 학업, 직업을 포함해 삶과 조화를 이룰 수 있을 것이다. 보부아르는 이 가능성에 대한 남성들의 저항이 두려움에서 나온다고 보았다. "여성이 스스로 운명을 좌우함으로써 모든 영역에서 자신의 자율성을 발견하고 요청할지도 모른다는 두려움" 말이다.[19)

이 주장의 맥락을 살펴보자면, 프랑스 여성들은 1965년 이전에 남편의 동의가 없으면 직장을 구할 수도 없었고 은행 계좌를 열 수도 없었다. 1970년에 프랑스 법은 '부권(父權)' 대신 '친권'을 제도화했다. 1972년부터는 정식 혼인 관계 안에서 태어난 아이와 밖에서 태어난 아이에게 똑같은 법적 지위를 부여했다.

보부아르는 "공식 허가받은 피임법을 좀 더 많이 이용하게 해서―프랑스 여성의 7퍼센트만 사용하고 있었으므로―낙태와 무관해지게" 하고 싶었다. 이 개혁을 깨닫는 것이 곧 그 개혁을 능가하는 것이다.[20) 보부아르의 낙태 옹호는 '선택'뿐만 아니라 권력, 책임, 정의의 문제까지 불러일으켰다. 1972년 10월 "세상에 인간을 낳아 기른다는 것은 중대한 책임을 요한다."라고 쓰고 "어떤 이가 세상에서 자기 자리를 찾도록 돕지도 못하는 상황에서 어떻게 그런 행위에 동의할 수 있는가?"라고 묻는다.[21) 형편이 열악한 여성들이 피임약과 안전한 낙태 시술을 받을 수 없어서 위험에 노출되고 법을 어겼다는 이유로 재판을 받은 반면, 부유한 부르주아 여성들은 그런 상황을 피할 방법이 다 있었다.

1972년 가을 회고록의 네 번째 권이자 마지막 권이 은근히 불길한 제목 《결국에는》을 달고 나왔다. 이 책은 이전의 회고록 세 권처럼 시간 순으로 전개되지 않고 보부아르가 중요하게 여기는 것들, 즉 글쓰기, 독서, 영화, 정치, 음악, 미술, 세상일에 참여하는 것에 대한 생각을 밝힌다. 1963년에 《상황의 힘》을 냈을 때 독자들은 그 책의 결말을 "나의 실패를 인정하고 내 인생을 부정한다."는 뜻으로 해석했다. "기본적으로 그러한 해석을 부정하는 진술들이 엄연히 있었는데도" 말이다.[22] 《상황의 힘》이 나오자 〈레스프리〉에는 이렇게 묻는 서평이 실렸다. "저자는 왜 이 책을 썼나? 무엇을 말하고 싶었나?" 이 책은 "이야기도 아니고 전설도 아니며" 외려 "다소 짜증 나는 (학교에서 흔히 푸는) 사르트르 사상의 응용 연습 문제"라고 했다. "그토록 많은 실패 때문에 지켜지지 않은 약속에 대한 성찰이 완전히 결여된" 책이라서 실망스럽다나.[23]

하지만 그 책은 사르트르 철학의 "응용"이 아니다. 보부아르는 자신의 실패를 모두 세상에 보여주지는 않았을지언정 그 실패에 대해서 깊이 생각했던 사람이다. 책에 포함한 내용 중에는 자신의 독창성 옹호, 《노년》을 쓸 때의 방법론, 그리고 자기 인생에서 글쓰기의 역할이 맞이한 변화가 있었다. 1963년에서 1970년 사이에 보부아르는 어머니의 죽음을 다룬 회고, 소설책 두 권, 머리말 두 편, 《노년》까지 많은 글을 썼다. 하지만 펜을 든다는 생각만 해도 병이 날 것 같던 시기도 있었다. 보부아르는 자기 인생의 공적인 일은 이미 완수한 기분이 들었다. "내 일은 다 이루었다. 비록 여전히 계속하고 있지만."[24]

이 책의 발단에는 가까운 이들의 죽음과 질병이 있었다. 자코메티가 중병에 걸렸고 어머니는 사망했다. 사르트르 모친의 죽음도 이야기한다.

보부아르는 비올레트 르뒤크를 추억했다. 1940년대 중반 영화관 앞에 줄 서 있다가 처음 만난 그때 이후로 보부아르의 삶은 르뒤크의 삶과 "밀접하게 얽히고설켰다." 특히 1972년 5월에 르뒤크가 암으로 갑자기 죽기 전 십여 년 동안은 더 각별하게 지냈다.[25] 르뒤크는 늘 보부아르를 문학계 멘토로 여겼고 자신의 미출간 원고들의 앞날을 부탁하고 떠났다. 보부아르는 1973년에 르뒤크의 《연애 사냥》이 출간될 때도 편집을 감독했다.[26]

보부아르는 여전히 독서를 즐겼다. 책을 읽으면 타인의 눈을 통해 세상을 볼 수 있었다. 《결국에는》에서 자기가 좋아하는 책들을 일부 거론한다. 솔제니친의 《이반 데니소비치의 하루》, 아르투르 런던의 《재판 중》, 민족학 연구들, 브루노 베텔하임의 《텅 빈 요새》, 전기물. 보부아르는 오스카 와일드, 조르주 상드, 아나이스 닌, 한나 아렌트, 정신분석학 서적, 추리 소설을 읽었다. 《성경》도 다시 읽었다.[27] 십자 말풀이도 했다. 시간은 이제 비축해놓고 싶은 것이 아니었다.

보부아르는 여전히 "여성은 어떻게 자신을 여성으로서의 상태, 여성의 조건에 맞출 수 있는가?"라는 문제에 관심이 있었다. 하지만 자신의 시각이 계속 변해 왔으므로 독자에게 어떻게 삶의 과정을 거쳐 새로운 관점에 이르렀는가를 말하고 싶었다. 만약 《제2의 성》을 다시 쓴다면 자기와 타자의 대립을 바탕으로 분석하기보다 유물론적 접근을 더 많이 취할 것이라고 했다. 이제 와 생각하니 희소성의 경제와 남성이 남성이 되는 상황에 대한 고려가 미흡해 보였다. "여성은 태어나는 것이 아니라 여성이 되는 것"이라는 주장은 옳지만 "남성은 태어나는 것이 아니라 남성이 되는 것"이라는 진술로 보완되었어야 했다.[28]

보부아르는 《제2의 성》 출간에 반발하여 전통적인 여성의 "소명"을 받아들이라고 권하는 책과 페미니즘은 이미 구식이라고 외치는 거짓 예언자가 쏟아져 나온 데 유감을 표했다. 신세대 페미니스트(케이트 밀릿, 슐라미스 파이어스톤, 로빈 모건, 저메인 그리어)들은 "여성의 탈

식민화"를 요구했다. 여성들이 "안으로부터 식민화되어" 상호적이지 않은 무급 가사 노동, 직장에서 벌어지는 착취와 차별을 원래부터 그러려니 하고 받아들이고 있었기 때문이다.[29] 《결국에는》을 끝맺으면서 보부아르는 이렇게 쓴다. "이제 나는 내 책의 결론을 쓰지 않으련다. 무슨 결론을 끌어내고 싶거든 독자가 알아서 선택하기를."[30] 작가의 소명은 늘 독자의 자유에 호소하는 것이었다. 설령 자기 인생에 대한 글을 쓸 때라 해도.

1972년 보부아르는 공개적으로 "페미니스트" 칭호를 달고 독일 저널리스트이자 여성 운동가 알리스 슈바르처(Alice Schwarzer)와 인터뷰를 했다. 1940년대에서 1970년대 초까지 보부아르의 글과 선전 운동을 감안하면 딱히 획기적인 소식도 아니었지만 신문 판매고를 올리기에는 충분히 획기적이었다. 이미 1949년에 보부아르는 자기도 여성 참정권자들처럼 페미니스트라고 말했고[31] 1965년에는 "급진 페미니스트"라고까지 했다(〈레 탕 모데른〉에서 동료 프랑시스 장송과 한 인터뷰).[32] 다만 훨씬 더 많이 읽힌 《상황의 힘》에서는 《제2의 성》을 쓸 때 "페미니즘의 함정에 빠지지 않으려" 했다고 진술했다.[33]

1970년대 초 프랑스에서(다른 나라들도 그랬지만) 페미니즘이 힘을 얻고 논쟁이 열기를 띠고 의견이 나뉘면서 정확한 유파 규정이 필요해졌다. 보부아르와 슈바르처는 두 가지 이유에서 인터뷰를 진행했다. 첫째, 보부아르가 어느 특정 페미니즘으로 "전향"했음을 알리기 위해서였고 둘째, 2월 파리 뮈튀알리테에 설치할 페미니스트 '위원회' 기금을 모으기 위해서였다. 그들은 이런 유의 인터뷰 기사는 언론사가 사갈 거라 생각했고, 과연 〈르 누벨 옵세르바퇴르〉가 그 기사를 샀다.

슈바르처는 이 인터뷰가 "역사적"이라고 소개한다. 이어서 보부아르는 "큰소리로 분명하게" "나는 페미니스트입니다."라고 말한다.[34] 슈바르처는 뻔한 질문을 던진다. 《제2의 성》의 저자가 왜 23년이 지나서 새삼 자신이 페미니스트라고 말하는가? 보부아르는 그 후로 프랑스의 상황이 충분히 변하지 않았기 때문이라고 말한다. 프랑스 여성의 7퍼센트만 피임약을 사용하고 여성은 여전히 좋은 일자리와 발전 기회에서 밀려나고 있었다. 보부아르는 여성 해방 운동 이전에 프랑스에서 보았던, 법률을 존중하면서 개선을 꾀하는 페미니스트들에게는 동질감을 느끼지 못했고 여성 해방 운동의 급진적인 접근 방식이 근본적인 남녀 불평등을 저지하는 데 더 낫다고 생각한다고 말한다. 만인을 해방한다는 정치 집단 안에서도 여성은 실권 없고 재미없는 일을 맡는 반면, 대외적 중책은 남성이 맡고 있었다. 보부아르는 그렇지만 남자를 혐오하지는 않는다고 분명히 밝혔다. 페미니즘과 남성 혐오의 융합을 거부하며, 지금 시대의 남성들이 사회의 가부장적 구조를 수립한 것은 아니라고 인정한다. 하지만 그들은 여전히 그 구조 덕을 보고 있으므로 "신중한 태도"를 취하는 것이 중요하다.[35]

다른 페미니스트들은 《제2의 성》이 자신의 특권을 인식하지 못한 엘리트 여성이 중산층을 자료 삼아 쓴 책이라고 비판했다. 이 인터뷰에서 보부아르는 초기작에서 계급 문제를 간과했음을 인정했다. 그러나 여성은 다른 '계급'이 아니라 다른 '카스트'이기 때문에 계급 투쟁이 여성을 해방해주지는 않는다. 계급은 올라갈 수도 있고 떨어질 수도 있다. 그러나 카스트는 바뀌지 않는다. 여성은 남성이 될 수 없다. 여성은 경제적·정치적·사회적으로 열등한 카스트 취급을 당한다.[36]

보부아르는 인터뷰에서 비페미니스트에서 페미니스트로의 전향을 고백했다기보다는 경제적 독립과 사회주의가 여성 해방에 필요한 변화를 가져다주리라는 기존의 믿음을 거부했다. 그 대신 남성 "전문가"의 목소리보다는 "익명의" 여성들의 목소리를 내는 여성들만의 운동을 지지했다.

　여성 해방 운동에는 동성애의 암류가 흘렀다. 보부아르는 그 점이 어느 선까지는 불리하게 작용한다고—표현을 그대로 가져오자면 "히스테리컬한 거친 여자들과 레즈비언들" 이미지를 영속시킨다고[37]—생각했다. 오늘날의 독자에게는 충격적인 말인데, 특히 보부아르 본인도 성차별적인 비방의 대상이었고 레즈비언 애인들이 있었음을 감안하면 더욱더 그렇다. 보부아르의 동성애는 아직 대외적으로 알려져 있지 않았지만 슈바르처는 이 인터뷰에서 동성애가 "정치적 무기"가 될 수 있느냐고 물었다. 보부아르의 대답과 그 후에 이어진 대화는 레즈비언 페미니스트를 "성적 독단"의 부담과 연관 짓는다는 것을 보여준다. 동성애가 정치적으로 유용한 역할을 할 수 있으나 "동성애자들 스스로 편견에 집착하면 이성애자들을 여성 운동에서 멀어지게 할 수도 있다."

　알리스 슈바르처: 그들의 첫째가는 주장은, 현 상황에서 남성과의 성관계는 전부 억압적이라는 겁니다. 그래서 그런 성관계를 거부하죠. 그 점에 대해서는 어떻게 생각하세요?

　시몬 드 보부아르: 남성과 여성의 성관계가 전부 억압적이라는 말은 사실일까요? 그 관계를 거부하기보다는 억압적이지 않게 만들 수는 없을까요? 남녀의 교접이 전부 강간이라는 주장은 충격적이네요. 난 그렇게 생각하지 않습니다. 남녀의 교접이 전부 강간이라고 말하는 것 자체

가 남성성 신화를 그대로 취하는 겁니다. 남성의 성기를 칼, 무기로 보는 거잖아요. 관건은 억압적이지 않은 새로운 성관계를 만들어내는 겁니다.[38]

1972년 5월에 보부아르는 자기가 열심히 이끄는 '슈아지르' 운동을 위한 강연을 하러 그르노블에 갔다. 11월 8일에 보비니 법원에서 열린 재판 때문에 '슈아지르'에 전 국민의 관심이 쏠렸다. 열여섯 살 소녀 마리클레르는 어머니의 지원을 받아 낙태를 했다. 마리클레르는 법을 어겼다는 죄목으로 이 일에 연루된 세 명의 다른 여성과 법정에 섰다. 그들의 변호를 맡은 지젤 알리미는 (보부아르를 포함한) 학술계, 문화계 저명 인사 여러 명의 지지를 받아냈다. 알리미는 법정에 선 여성들이 시대착오적인 재판을 받고 있다고 주장했다. 1920년 법은 특히 빈곤층에게 불리했다. 매년 피임에 대해서 잘 모르는 백만 명의 여성이 낙태를 택하고 있었다. 그 과정에서 목숨을 잃거나 돌이킬 수 없는 신체 손상을 입는 여성들도 많았다.

이 재판은 여론을 크게 바꿔놓았다. 1970년에 낙태 제한을 철폐하자는 프랑스인은 22퍼센트에 불과했다. 일년 후에는 55퍼센트까지 올라갔다.[39] 아직 조금 더 시간이 필요하긴 했지만 보건부 장관 시몬 베유(Simone Veil)는 피임약을 좀 더 손쉽게 구할 수 있는 법안을 1974년 12월에 내놓았고 1975년 1월부터는 낙태를 합법화하는 '베유법'으로 투쟁에 승리를 안겨주었다.

그 사이 1973년 3월에 사르트르는 또 뇌졸중을 일으켰다. 이번에는 더 안 좋았다. 자기에게 일어난 일을 기억 못하고 사람도 못 알아봤다. 의사는 뇌 산소 부족이라면서 술과 담배를 엄금했다. 사르트르는 67세였고, 나쁜 습관을 버리려고 마음먹었지만 결국 전적으로 그 나쁜 습관으로 다시 돌아갔다.

보부아르는 글쓰기와 페미니즘 활동 외에도 〈레 탕 모데른〉 편집에 계속 참여했고 사르트르가 몸져누운 후로 수요일 오전 필진 회의를 이끄는 역할도 맡았다. 란즈만이 1960년대 후반에 보부아르에게 소개한 소설가 클레르 에셰렐리(Claire Etcherelli)는 그 장면을 이렇게 추억한다.

> 11시. 보부아르가 노란색 소파에 앉아서 모두를 맞이했다. 옆에는 꼼꼼하게 읽고 메모를 달아놓은 …… 산더미 같은 원고가 쌓여 있다. 위원회를 구성하는 몇몇이 소파에 자리를 잡고 반원형으로 둘러앉았다.[40]

에셰렐리는 보부아르가 작가 지망생들에게는 통화 중에도 "솔직하고 과격하게" 비판을 한다는 이유로 전화를 거절했다고 증언했다. 하지만 보부아르가 편집 주간이라고는 해도 편집진 동의 없이는 어떤 글도 실을 수 없었다.[41]

그해 여름에 보부아르와 실비 르 봉은 프랑스 남부를 여행하고 사르트르와 합류해 베네치아로 떠났다(그는 이미 아를레트와 여름 휴가를 보냈고 이제 완다를 만나러 가는 길이었다). 보부아르와 실비는 베네치아에 이틀만 머물고 곧 떠났다. 실비가 베네치아에서 지루해할 것 같았고 두 여자는 좀 더 새로운 장소에 가고 싶었기 때문이다. 하지만 보부아르는 모호한 죄책감에 젖었다. 사르트르를 두고 가자니 그를 실망시킨다는 죄책감이 들었고, 그의 곁에 머물자니 실비를 실망시킨다는 죄책감이 들었다.[42]

8월 중순에 세 사람은 로마에 다시 모였다. 사르트르는 눈이 잘 안 보였다. 왼쪽 눈 뒤에 출혈이 있었는데 이제 양쪽 눈이 다 잘 보이지 않았다. 그들은 집에서 늘 정해진 일과대로 움직였는데 이제 그 일과에 사르트르에게 필요한 것을 챙기는 일이 추가되었다. 보부아르는 오전에 그에게 책을 읽어주었다. 그리고 점심을 먹었다. 사르트르는 낮잠을 자고 보부아르와 실비는 산책을 나가거나 각자 조용히 책을 읽었다. 사르트르가 깨면 보부아르는 프랑스어나 이탈리아어 신문을 읽어주었다. 그 후 셋이 저녁을 먹으러 갔다. 식사 시간은 사르트르가 얼마나 약해졌는지를 여실히 드러냈다. 그는 당뇨병 전증이었는데도 파스타와 아이스크림을 대책 없이 먹어대서 걱정을 끼쳤다. 틀니와 뇌졸중 후유증으로 입 근육을 완전히 제어하지 못해 음식을 많이 흘리면서 먹었다.[43] 올가와 보스트는 그들을 만나러 로마에 왔다가 사르트르가 그렇게 변한 모습을 보고 충격을 받았다.

얼마 후 파리로 돌아간 사르트르는 편지 업무 말고(그 일을 담당하는 비서는 이미 있었으므로) 읽기와 대화를 맡아줄 비서를 새로 두어야겠다고 했다. 새 비서는 사르트르에게 〈인민의 대의〉 편집장을 맡아달라고 부탁했던 바로 그 마오주의자 피에르 빅토르였다. 아를레트는 처음에는 내키지 않아 했다. 그래서 보부아르에게 전화를 걸어 '쇼언먼' 상황에 빠지고 싶지 않다고 했다. (랠프 쇼언먼은 버트런드 러셀의 비서였다. 노령이어서 운신이 불편한 러셀의 대리인으로서 스톡홀름과 코펜하겐에서 열렸던 러셀 법정에서 발언해 깊은 인상을 주었다.) 하지만 보부아르는 사르트르가 원하는 일이라고 생각했고 그를 사리 분별 못하는 아이 취급하고 싶지 않았다. 게다가 소리 내어 책을 읽어주는 일을 비서가 맡으면 자신은 오전 시간을 자유롭게 쓸 수 있었다.[44]

보부아르는 나중에 이 결정을 후회한다.

사르트르는 이제 자기 여자들을 순서대로 찾아가지 않았다. 여자들이 그를 돌보았다. 그는 68세였고 옆에서 도와주는 사람 없이는 생활이 불가능했다. 1973년 10월에 그는 몽파르나스 타워 근처 에드가르 퀴네 대로 22번지의 신식 건물로 이사를 갔다. 보부아르의 집에서 묘지만 건너면 갈 수 있는 위치였다. 1974년 여름 로마에서 보부아르는 사르트르와의 대화를 녹음해 두면서 그의 자서전 《말》의 구술 후속판이 될 것이라고 했다. 여름이 끝나 갈 무렵, 사르트르는 눈은 좋아지지 않을 것이고 다시는 앞을 못 본다는 현실을 깨달았다.

그래도 여전히 일을 하려 했고 피에르 빅토르와 '권력과 자유'라는 가제를 붙인 책 작업을 하고 싶어 했다. 피에르는 자기 세대의 많은 이들처럼 푸코와 들뢰즈에 관심이 많았고 그 둘은 상반되는 사유를 하기 때문에 둘의 협업은 변증법적일 거라고 사르트르에게 말하곤 했다. 보부아르는 나중에 사이가 껄끄러워진 후에도 당시에는 빅토르가 진심으로 사르트르를 생각해서 비서직을 수락한 거라고 믿었다. 비서 노릇은 쉽지 않았다. 빅토르는 자주 그만두고 싶어 했다. 그가 집에 가보면 사르트르는 주로 꾸벅꾸벅 졸거나 음악을 듣고 있었다. 빅토르는 "늘 죽음과 싸우는 일"이라고 썼다. 그는 자신이 "잠, 무관심, 더 단순하게는 무기력"과 싸우는 일에 고용되었다고 했다. "내가 관여하게 된 일은 일종의 소생(甦生)이었다."[45]

1973~1974년 겨울에 프랑스의 페미니즘 운동은 변곡점을 맞이했다. 낙태 합법화 투쟁이 승리에 가까워지자 운동 내에서 성향과 전략을 달리하는 다양한 계파가 나타났다. 보부아르는 인종차별금지법처럼 성차별을 금지하는 법이 제정되기를 원했다. 인종차별과 마찬가지

로 성차별도 법이 생긴다고 근절되지는 않겠지만 그래도 그런 법은 유용할 터였다. 그래서 보부아르는 안 젤린스키와 성차별금지법 수립을 목표로 하는 여권연맹(League of Women's Rights)을 공동 창설했다.

여권연맹이 일종의 항복―심지어 부르주아와 가부장적인 법제에 협력하는 행위라고까지 했다.―이라고 반대한 페미니스트들도 많았다. 연맹은 이제 사회 전복의 길로 나아가는 것은 적합지 않고 기존 구조의 개혁을 추진해야 한다고 보았다. 보부아르는 연맹 의장이었지만 반대 세력에게도 다른 영역에서 발언의 창을 열어주었다. 1973년에는 성차별주의를 고발하는 이들에게 〈레 탕 모데른〉의 상설 칼럼 지면을 내주었다. '매일매일의 성차별주의'라는 이 칼럼의 필자들은 법적인 시정을 촉구하기보다는 유머, 생생한 경험, 성차별에 대한 폭로와 도전을 펼쳐 보였다. 이 칼럼의 머리말은 굉장히 직설적이다.

사람들이 보는 데서 "더러운 검둥이"라고 하거나 유대인이나 아랍인을 모욕한 사람은 재판에 회부되고 '인종차별죄'로 유죄가 될 수 있다. 그러나 남자는 남들이 보는 데서 여자를 "창녀"라고 부르면서 옥박지르거나, 책에다가 '여성'은 배신을 잘하고, 어리석고, 변덕스럽고, 우둔하고, 히스테리를 잘 부린다고 쓰더라도 처벌받을 위험이 전혀 없다. …… 우리(여권연맹)는 '성차별죄'도 엄연한 죄목으로 인정받기를 요구하고자 한다.[46]

이듬해에 보부아르는 이혼 개혁을 정열적으로 호소하는 책에 머리말을 썼다. 여기서도 보부아르의 분석은 정치적 논쟁에서 자칫 간과되기 쉬운 철학적 뉘앙스를 띤다. 이혼이 자녀에게 해롭다는 반박에 맞서, 보부아르는 "불화 속에서도 함께 살기를 고집하는 부모는 아이를 '죽이는' 셈일 수도 있다."고 말한다. 이혼은 "만병통치약이 아니다." "이혼은 여성이 자신의 자유를 긍정적인 방향으로 사용할 줄 알 때만 여성을 해방할 수 있다. 하지만 여성이 자신의 가능성을 발견하려면 이혼이 필요조건이 되는 경우도 많다."[47]

1970년대에 보부아르는 점점 다른 사람들에게 힘을 실어주고자 자기 목소리를 내게 되었다. 〈레 탕 모데른〉 특별호 '여성의 주장'의 도입문은 성차별 철폐 투쟁이 "우리 안의 가장 내밀하고 가장 확실한 것 같았던 부분을 공격한다. 그 투쟁은 우리의 욕망, 우리의 쾌락이 취하는 바로 그 형식을 건드린다."고 말한다.[48] 사람들은 페미니스트를 불편해한다. 그러나 페미니스트의 말이 실제로 힘이 없다면 조롱당하거나 성질 나쁘다는 말을 듣거나 가스라이팅을 당하지 않을 것이다. 보부아르는 이 글에서 자신이 과거에 여성으로서 부딪히는 장벽을 넘어서려면 그 장벽을 아예 무시해야 한다고 생각했기 때문에 어느 정도 "토큰 여성 역할"을 했노라고 인정한다. 그리고 젊은 페미니스트들 덕분에 자신의 그런 입장이 불평등을 재생산하는 데 일조할 수도 있음을 알게 됐다고, 그래서 이제 그런 입장과 자기 자신을 성토한다고 말한다.

보부아르가 자기 문제를 인정한 것은 존경스럽다. 이전의 자기가 실패한 부분을 볼 수 있는 여성이 됐으니까. 하지만 실패를 모두 보았을까? 성차별 철폐 투쟁이 "우리 안의 가장 내밀하고 가장 확실한 것 같았던 부분을 공격한다."고 했는데, 그렇다면 어떤 제약과 욕망이 철학에 대한 사랑, 사르트르 외의 다른 애인들 이야기를 털어놓지 못하게 가로막았을까? 자기 보호, '패밀리'에 대한 배려, 혹은 착각 때문이었나?《결국에는》에서 주장한 대로 자기 삶에 "예술적 필연성"을 부여해 독자를 자유롭게 할 가능성이 더해지기를 원했나? 루이자 메이 올컷의 조와 조지 엘리엇의 매기가 자신에게 그랬던 것처럼 새로운 가능성을 보기 원해서?[49] (〈더 파리 리뷰〉 인터뷰에서 보부아르는 자기가 1960년대 중반에 그러한 작업을 하고 있었다고 말했다.《결국에는》에서 한 번 더 말한 것이 어떤 속내를 암시하는지도 모른다.)

사르트르가 바람둥이로 이름이 난 만큼, 그리고 우연한 연인들을 전부 보부아르에게 터놓고 지냈으니만큼, 그가 자기 인생에서 보부아르의 역할을 특히 지적인 면에 중심을 두었던 것은 놀랍지 않다.[50] 하지만 1970년대에 여러 인터뷰에서도 그런 식으로 말했다. 사르트르는 "여러분은 보부아르 버전의 이야기를 회고록을 통해 알고" 있지만 "나한테 우리의 관계는 애초에 지적인 발전이었다."라고 썼다. 이 말에 인터뷰어 존 제라시(보부아르의 친구 스테파와 페르난도의 아들)는 대놓고 "서로 사랑하는 사이 아니었어요?"라고 물었다.

사르트르는 그들이 서로 사랑했지만 일반적으로 생각하는 방식의 사랑은 아니었다고 답했다.

우리는 상대의 직관, 상상력, 창의성, 지각에 반했고 결과적으로 한동안은 육체적으로도 사랑했습니다. 하지만 정신을 지배할 수 없듯이(물론 공포를 통한 지배는 예외겠지만) 취향, 꿈, 희망 따위를 지배할 수는 없어요. 어떤 면은 비버가 낫고 또 어떤 면은 내가 더 낫습니다. 비버의 승낙 없이는 내가 어떤 글도 발표하지 않을뿐더러 누군가에게 공개하지도 않는다는 거 알아요?[51]

사르트르는 늘 후세를 의식했고 위대한 작가로 길이 남아 죽음을 이기기로 마음먹었다. 1975년 6월 〈르 누벨 옵세르바퇴르〉는 사르트르의 일흔 번째 생일 기념 인터뷰를 실었다. 인터뷰어로 나선 작가 미셸 콩타(Michel Contat)는 그의 여자들에 대해서 물었는데, 사르트르는 여자가 여럿이라고 시인했다. 하지만 "어떤 의미에서는" 시몬 드 보부아르가 유일한 여자라고 했다. 그는 다른 두 여자의 이름(미셸, 아를레트)도 밝혔다. 하지만 보부아르는 그 누구도 할 수 없는 역할을 했다고 말한다.

사르트르: 생각이 구체화되기 전에도 보부아르에게만은 말할 수 있었지요. …… 사유가 형성되는 과정이라도 그녀에게 다 내보였습니다.

콩타: 그분이 철학적으로 선생님과 동등한 수준이라서요?

사르트르: 그렇기도 하지만 내가 아는 나 자신, 내가 무엇을 하고 싶은가를 아는 사람은 보부아르 한 사람뿐입니다. 참으로 찾기 힘든 완벽한 대화 상대죠. 나의 유일한 행운이에요. ……

콩타: 그래도 보부아르의 비판에 맞서 선생님 자신을 옹호하기도 했겠네요?

사르트르: 오, 자주 그랬죠! 실제로는 서로 모욕적인 말도 했는데요. …… 하지만 결국은 그녀가 맞을 거라고 알고 있었습니다. 보부아르의 비판을 전부 받아들였다는 뜻은 아닙니다만, 대부분은 수용했어요.

콩타: 선생님이 보부아르를 비판할 때도 그렇게 세게 나가십니까?

사르트르: 그렇고말고요. 가능한 한 세게 나갑니다. 운 좋게도 비판의 대상을 사랑하고 있다면 준열한 비판은 문제가 되지 않습니다.[52]

그해에 보부아르는 사르트르를 직접 인터뷰한 기사를 〈레 탕 모데른〉에 내기로 마음먹었다('인터뷰'가 아니라 '심문'이라고 부르긴 했지만). 보부아르는 바로 정곡을 찔렀다. "사르트르, 여성 문제에 대해서 물어볼게요." "노동자, 흑인, 유대인"이 문제시될 때는 피압제자의 편에서 그들을 위해 목소리를 내는데 "왜 여성 문제는 아닌가요? 그런 태도를 어떻게 설명하겠어요?"

사르트르는 아마 자기가 어린애 같아서 그럴 거라고 답했다. "당신은 어른이잖아요!" 보부아르는 (자기가 오랫동안 그랬듯이) 많은 남성이 여성 문제만 제대로 못 보는 게 가능한 일이냐고 사르트르를 계속 추궁한다. 여성의 고통을 보지 못하는 남성들은 마치 농사와 집안일을 노예들에게 맡겨놓고 정의와 민주주의의 이상을 논하던 고대 아테네인들 같지 않은가? 그의 무관심이 후세에는 아테네인들의 냉담함만큼이나 충격적으로 보이지 않을까?[53]

보부아르는 페미니스트 작가들과 선전 운동에 협력하는 차원에서 직접 여러 인터뷰에 참여했다. 1976년에 알리스 슈바르처와 인터뷰를 하면서 자기 생애를 돌아보던 중에는 자신이 어머니나 주부가 아니었기 때문에 여성이 으레 담당하는 "노예의 노동"을 피할 수 있었다고 말한다. 그렇지만 전 세계에서 힘겹게 분투하는 여성들의 편지를 20년 넘게 받으면서 침묵의 이면이 자기 생각보다 더 참혹함을 깨달았다고 한다. 편지를 보내는 독자는 주로 35~45세 기혼 여성이었다. 그들은 사랑 때문에 일찍 결혼했고 그 당시에는 행복했으나 세월이 흐르고 보니 막다른 골목에 가 있었다. 아이들은 이제 어머니가 필요 없는데 자신은 아무런 직업 훈련도 받지 못했고 추구해야 할 목표도 없다.

1976년에 보부아르는 결혼과 모성은 여전히—너무 많은 경우에—함정이라고 보았다. 아이를 낳고 싶은 여성은 진지하게 그 아이의 양육 조건을 숙고해야 한다. 아이들이 아플 때 일을 포기하고 집에서 돌볼 것으로 기대되는 쪽은 늘 '여성'이기 때문이다. 그리고 아이들이 잘 크지 못하면 그 비난은 여성에게 간다.[54] 문제는 가사 노동이나 돌봄 노동 그 자체가 아니다. 그런 노동 자체가 비하를 낳지는 않는다. 하지만 생활을 유지하는 데 필요한 노동은 여성뿐만 아니라 모두가 해야 한다. 그래야 모두가 자기를 살아 있게 하는 일을 할 시간도 확보할 수 있기 때문이다. 보부아르는 자신이 "자발적 모성을 지지하는 운동가"라고 했다.[55]

그해에 대서양 건너편에서 페미니스트 시인 에이드리엔 리치(Adrienne Rich)가 《여성으로 태어나》를 출간했다. 이 책은 《제2의 성》에서 다룬 모성에서 출발하여 모성의 힘에 대한 사유를 전개한다. 1976년 3월 여성대상범죄국제재판소가 브뤼셀에서 열렸는데 보부아르의 편지가 공식 의사록에 포함되었다. 보부아르는 '여성의 해' 바로 다음에 이 위원회가 열렸으니 우습다면서 '여성의 해'도 결국 남성 사회가 여성을 신비화하려고 마련한 것일 뿐이라고 했다.[56]

1977년 3월 사르트르는 다리에 통증을 느꼈다. 의사들이 담배를 끊지 않으면 발가락 혹은 그 이상까지 절단해야 한다고 경고했다. 이틀 후, 그는 보야르 담배와 라이터를 실비 르 봉에게 넘겼다. 하지만 술을 끊기는 더 힘들었고, 술을 몰래 마시려고 주위 여성들을 속이기 시작했다. 보부아르에게는 매일 밤 위스키를 딱 한 잔만 마신다고 했다. 그래놓고 미셸에게 술병을 몰래 가져와 자기 책장에 숨겨놓으라고 하면서 비버가 "전부 다" 알 필요는 없다고 말했다.

하루는 보부아르가 술이 덜 깬 사르트르를 보고야 말았다. 사르트르가 미셸의 집에서 여전히 위스키를 반병씩 마신다는 사실을 알고는 불같이 화를 냈다. 보부아르는 당장 미셸에게 전화를 걸어 토요일 밤 당번에서 해고했다.[57] 사르트르의 다른 여자들을 늘 질투했던 아를레트는 이 일에 흡족해했다. 그런데 시간이 흐르면서 아를레트는 피에르 빅토르를 싫어하지 않게 됐다. 피에르는 아를레트와 같은 북아프리카 출신 유대인이었다. 1978년에 피에르가 유대교 신학과 메시아주의에 관심을 두게 되자 둘은 함께 히브리어를 공부했다. 1978년 2월 보부아르는 그 둘이 쇠약해진 사르트르의 명성을 자기네 정치적 목표에 이용하는 게 아닌가 걱정했다. 사르트르, 아를레트, 빅토르는 예루살렘에 가기로 했다. 사르트르는 휠체어를 타고 비행기에 탑승했고 일정 내내 특급 호텔에서 지냈다. 어쨌든 무사히 돌아오긴 했다. 하지만 그 후에 빅토르는 사르트르와 공동 저자로 이스라엘 평화 운동에 대한 글을 〈르 누벨 옵세르바퇴르〉에 발표하려 했다. 보부아르는 당시 그 매체와 일하던 보스트에게 전화를 받고서야 알았다. 보스트는 그 글이 형편없으니 사르트르가 발표를 철회해야 한다고 했다. 보부아르는 그 글을 읽어보고 보스트 의견이 옳다고 생각했고, 사르트르를 설득했다.

이때까지 보부아르는 분명히 사르트르를 돌보는 사람 중 한 명이었다. 하지만 그의 지성의 관리인이 되고자 하는 이들이 너무 많았고 그가 무엇을 원하는가에 대한 의견도 각기 달랐다. 사르트르는 빅토르에게 그 글이 실리지 않은 이유를 말하지 않았다. 그러나 (빅토르가 사르트르 대리로 참석한) 〈레 탕 모데른〉 편집 회의에서 보부아르는 사르트르도 알고 있던 일이라고 말했다. 빅토르는 화가 나서 회의를 박차고 나갔고 동료들을 "썩어빠진 송장들"이라고 불렀다.[58] 그는 이후로 회의에 참석하지 않았고 창간 멤버들을 "사르트르주의자들"이라고 경멸조로 칭했다. 아를레트는 빅토르 편을 들었다.

그 사이에 사르트르는 인터뷰에서 자기 원고를 출간 전에 볼 수 있는 사람은 시몬 드 보부아르뿐이라고 했고, 1978년 7월에는 그녀의 역할이 자기 삶에서 "본질적이고 유일무이하다"고까지 했다.[59] 실비르 봉은 사르트르가 죽기 전 5년 동안 보부아르가 특히 힘들어했다고 말한다. 사르트르의 실명(失明)이 진행되는 것을 지켜보면서 그에게든 자기 자신에게든 냉정을 유지하기란 어려웠다. 보부아르는 술을 많이 마시고 발륨(신경 안정제)을 복용했지만 때때로 눈물이 터졌다. 더러는 다른 친구들에게서 위안을 구했다. 5분밖에 안 걸리는 불라르 거리에 사는 클로드 란즈만이 파리에 있는 동안은 일주일에 두 번씩 만나러 왔다. 하지만 그는 보부아르가 빌려준 돈을 발판 삼아 〈쇼아〉를 찍느라 출타 중일 때가 많았다.

1978년에 《위기의 여자》를 원작으로 한 영화가 개봉했는데 또다시 보부아르의 작품은 구식이다. 보부아르의 페미니즘은 수준이 낮다는 비판이 있었다. "오늘날 그 책의 주장과 어조는 유독 낡아빠진 듯 보인다. 그래서 페미니즘의 변화가 얼마나 가속화됐는지 새삼 알 수 있다. 이제 페미니즘에서 이런 종류는 '전진 중인 여성들'의 문제라기보다 〈엘르〉나 〈마리클레르〉 같은 여성 잡지가 다루는 문제에 가깝다."[60]

1970년대 후반에 보부아르는 사르트르의 쇠락에 너무 피폐해져서 새로운 작품을 길게 쓸 만한 의욕이 없었다. 그렇지만 1979년에 (1930년대에 썼지만 갈리마르와 그라세 출판사에 거절당했던 그 소설) 《정신이 우선시되는 때》가 출간되었다. 이 책에는 자자와 메를로퐁티를 모델로 한 안과 파스칼이라는 연인이 등장한다. 보부아르는 메를로퐁티의 구애 이면의 진실을 몰랐을 때 이 소설을 썼다. 안의 어머니는 딸의 사상, 독서, 그리고 시몬이 모델인 캐릭터와 나눈 우정을 "전부 다 죄악이라는 듯이" 구박한다.[61] 이 책은 보부아르가 나중에 쓴 작품들만큼 완성도가 높진 않지만 사랑과 자기 희생, 행복과 여성이 된다는 것 등등 그녀가 1930년대에 고민했던 문제들을 보여준다. 또한 그때는 보부아르가 철학을 잔뜩 끌어들이는 산문을 쓰는 데 두려움이 없었음을 보여준다. 이 소설의 캐릭터들은 라신, 보들레르, 클로델, 페기뿐만 아니라 던스 스코터스, 베르그송, 라이프니츠, 홉스를 논한다.

그해 가을에는 조제 다양과 말카 리보우스카가 보부아르의 작업을 조명한 영화 〈시몬 드 보부아르〉에 참여했다. 영화 첫 부분에 "우리의 유일한 여성 철학자에 대한 다큐멘터리"라는 크레딧이 뜬다.[62] 이 영화에 대한 인터뷰에서 이미 회고록을 썼는데 왜 영화 제작에 동의했느냐는 질문을 받았다. 보부아르는 어떤 것들은 "바로잡고" 진실을 말하고 싶었다고, "좀 더 제대로 된 자신의 이미지"를 제시하고 싶었다고 말한다.[63]

1979년에는 페미니즘 잡지 〈페미니스트의 물음들〉의 출판위원장이 되었고—1980년대에 재발간을 하면서는 편집 감독을 맡게 된다.—오스트리아 주정부 상 유럽 문학 부문 수상자가 되었다. 〈르 피가로〉는 이 영예를 보도하면서 헤드라인을 '완벽한 부르주아 여성, 시몬 드 보부아르'로 달고 "오스트리아 주정부 상 유럽 문학 부문 최초의 여성 수상자가 된 시몬 드 보부아르는 모든 것을 한 남자 덕에 얻었다."고 설명했다.[64] 1980년에 보부아르가 왜 페미니즘 활동을 계속하는가라는 질문에 "지금은 여성이 뭐든지 할 수 있다는 환상을 불어넣고 만약 못해내면 그건 그 여성 탓으로 몰아가기 때문"이라고 답한 것은 그리 놀랄 일도 아니다.[65]

3월에 보부아르는 〈르 누벨 옵세르바퇴르〉가 사르트르와 피에르 빅토르의 인터뷰를 3주간 일요판에 싣는다는 소식을 들었다. 사르트르는 (본인 기준으로는) 오랫동안 아무것도 발표하지 않았으므로 그 인터뷰는 큰 관심을 모을 만했다. 보부아르는 지난 몇 년간 그들이 무슨 작업을 해 왔는지 보여 달라고 했지만 정보를 얻지 못했다. 사르트르와 아를레트 둘 다 보부아르의 질문을 에둘러 피했다. 그러다 사르트르가 발표용으로 발췌한 글을 보여줬고 보부아르는 경악했다.

피에르 빅토르는 '베니 레비'라는 실명으로 글을 발표하기로 했다. (그는 사르트르가 그의 뜻을 높이 사서 체류 허가증을 받아주기 전까지 줄곧 불법 체류자였다.) 레비는 사르트르가 옹호해 왔던 것을 무시하고 일생을 바쳤던 문학의 의미와 정치적 참여마저 거부하는 어조를 취했다. 인터뷰 최종 편에서 레비는 심지어 사르트르에게—그는 종교색 없는 유대인들과 평생 친구로 지내 왔건만—'진짜' 유대인은 유대교인뿐이라는 발언까지 끌어냈다. 사르트르는 메시아주의마저 용인할 태세였다. 보부아르는 사르트르에게 인터뷰를 내지 말라고 간청했지만 거절당했다. 견줄 데 없는 사유의 친구는 이제 분별력을 잃은 걸까?

보부아르는 깊이 상심했다. 눈물이 나고 불안했다. 란즈만과 보스트 두 사람 다 〈르 누벨 옵세르바퇴르〉 편집자에게 전화를 걸어 인터뷰 발표를 재고해 달라고 했다. 그러나 사르트르는 편집자 장 다니엘에게 직접 전화를 걸어 자신은 인터뷰를 내기 원하며 만약 〈르 누벨 옵세르바퇴르〉가 내지 않으면 다른 매체에 내겠다고 말했다. 그래서 1980년 3월 10일자, 17일자, 24일자에 걸쳐 인터뷰가 실리고 말았다.

인터뷰 두 번째 편이 나오고 최종 편은 아직 나오기 전인 3월 19일 수요일에도 분위기는 경직되어 있었다. 보부아르는 그날 사르트르를 돌볼 당번이었기에 그의 집에서 잤다. 다음 날 아침 9시에 그를 깨우러 침실에 들어갔더니 사르트르는 침대에 앉아 숨을 헐떡이고 있었다. 도와 달라는 말도 못하고 전화도 못 건 채 몇 시간을 내처 그러고 있었던 것 같았다. 보부아르가 의사에게 전화를 걸려고 수화기를 들었는데 신호음이 없었다. 비서가 요금을 제때 내지 않아서 전화가 끊겼던 것이다.

건물을 내려가 수위실 전화를 썼다. 의사가 바로 와서 구급차를 불렀다. 보부아르는 의료진이 응급 처치를 하고 사르트르를 브루세즈 병원으로 이송하는 과정을 가슴 졸이며 지켜보았다. 그러고는 자기 집에 가서 옷을 갈아입고 사르트르와 가깝게 지내던 인종학자 장 푸용(Jean Pouillon)과의 점심 약속 장소로 일단 갔다. 병원에 혼자 가고 싶지 않으니 같이 가 달라고 푸용에게 부탁했다. 처음에는 상황이 희망적으로 보였다. 사르트르가 혼자 있지 않게끔 책 읽어주기, 병문안 당번을 더 정했다. 두 주간 보부아르는 오후 시간을 내서 자리를 지켰다. 4월 13일 일요일, 사르트르가 그녀의 손목을 잡고 아주 많이 사랑한다고 말했다. 4월 15일, 사르트르는 혼수상태에 빠졌다. 보부아르는 그날 하루 종일 그의 숨소리만 듣다가 집에 돌아와 술을 마시기 시작했다. 저녁 9시에 전화벨이 울렸다. 아를레트 엘카임이었다. 끝이 났다.

16장

보부아르의 유산

1980~1986년

"다행히도 내 힘으로 내 삶을 성취했다.
나에게 성취는 곧 일을 의미했다."

Simone de Beauvoir

보부아르는 실비 르 봉과 병원으로 갔다. 보스트, 란즈만, 장 푸용, 앙드레 고르스(André Gorz)에게 전화를 했다. 다들 바로 병원으로 달려왔다. 의료진은 다음 날 새벽 5시까지 시신 곁에 머물러도 좋지만 그 후에는 그것을 옮기겠다고 했다.

　어떻게 그를 '그것'이라고 부르지?

　아를레트는 집으로 갔고 오래된 '패밀리'는 새벽 동이 틀 때까지 술을 마시며 추억에 잠겼다. 기자들이 주위에 진을 치고 있었지만 보스트와 란즈만이 다들 해산하라고 했다. 보부아르는 사르트르 곁에 혼자 있고 싶다고 했다. 다들 나간 후에 사르트르의 침대에 올라갔다. 그의 욕창이 괴저를 일으킨 것이 보였다. 그래서 시트 위로 올라가 그와 나란히 누운 채 잠이 들었다.

　새벽 5시가 되자 시신을 옮기러 사람들이 왔다. 보부아르는 란즈만의 집에 가서 자고 수요일까지 거기서 지냈다. 그녀의 집은 기자들이 대기 중이고 쉴 새 없이 전화벨이 울려대서 돌아갈 수 없었다. 그래서 란즈만의 집에서 다시 실비 르 봉의 집으로 갔다. 알자스에서 엘렌이 올라왔고 카드, 편지, 전보가 쇄도했다. 란즈만, 보스트, 실비가 장례 일정을 맡았다. 장례식은 4월 19일 토요일이었다.

사르트르의 장례식에서 란즈만(오른쪽)과 보부아르.(1980년) 51년간 이어진 '세기의 커플'의 계약 결혼은 사르트르의 죽음으로 끝이 났다.

그날 보부아르는 실비, 엘렌, 아를레트와 함께 영구차에 탔다. 그 뒤로 사르트르의 명복을 비는 1만여 명의 군중이 따라왔다. 그러나 보부아르 눈에는 아무것도 보이지 않았다. 발륨과 위스키를 쓴다고 눈물이 마르진 않았지만 그래도 둘 다 먹었다. 몽파르나스 묘지에 도착해서 보부아르는 의자를 부탁했다. 그다음 주 런던 〈더 타임스〉는 관 앞에 서 있는 그녀의 사진을 싣고 "쓰러지기 직전의 마담 드 보부아르가 두 친구에게 부축을 받고 있다."라고 썼다.[1] 주위에 사람이 가득했지만 보부아르는 아무 생각도 할 수 없었다. 나중에 있었던 일은 기억나지도 않았다. 장례식이 끝나고 란즈만의 집으로 갔고, 식당 프라이빗룸에서 식사를 했는데 술을 너무 많이 마셔서 계단을 올라가지 못할 정도로 취했다. 실비가 술을 못 마시게 했지만 보부아르를 말릴 수는 없었다.[2]

그 후에 보부아르는 실비의 집에서 지냈다. 다음 수요일 페르라셰즈 묘지에서 화장식을 했다. 보부아르는 너무 기력이 없어서 가지 못했다. 실비와 란즈만이 화장식에 다녀와보니 보부아르가 바닥에 쓰러져 있었다. 병명은 폐렴이었다.

보부아르는 코생 병원에 한 달간 입원했다. 처음에는 의사가 회복하지 못할 거라고 했다. 약물과 술을 과용한 탓에 간경변과 운동 신경 손상도 있다고 했다. 빅토르 쇨셰르 거리 집으로 돌아왔을 때 폐렴은 다 나았지만 우울증은 낫지 않았다. 6월, 7월 내내 실비가 보부아르의 곁을 지켰고 실비가 강의를 하러 나갈 때는 란즈만과 보스트가 와주었다. 보부아르는 늘 사르트르가 죽으면 자기 인생도 끝이라고 말해 왔다. 측근들은 정말 그 말대로 될까 봐 걱정했다. 주말에는 실비가 보부아르를 차에 태워 파리 밖으로 나갔다. 매년 로마에 가는 때가 오자 보부아르는 다른 데로 가자고 했다. "나는 살고 싶고, 그러려면 어디 먼 데로 떠나야 해."[3]

그들은 노르웨이로 가서 피오르 크루즈를 탔다. 보부아르는 아주 천천히 기운을 되찾으면서 아직 다른 의미 있는 관계가 있으니 살 가치가 있다고 생각했다. 하지만 어떤 관계는 결코 예전 같을 수 없다는 것도 알게 됐다. 아를레트는 사르트르의 화장식 사흘째 되는 날 그의 집을 싹 비웠다. 법적인 시각에서 참으로 놀라운 행동이었다. 세금 산정 문제 때문에 고인의 사유 재산을 건드려서는 안 되는 상황이었는데 말이다. 아를레트는 왜 그랬느냐는 물음에 그때그때 다른 얘기를 했다. 유언 공증 때까지 집세를 낼 돈이 없어서 그랬다는 둥, 가택 침입이 두려웠다는 둥. 하지만 보부아르는 자신이 가져갈 권리가 있는 물건들을 못 가져가게 하려고 그랬다는 느낌이 들었다. 불쾌한

다툼이 일어났다. 다른 친구들도 사르트르의 유품을 기념으로 가지고 싶어 했기 때문이다. 란즈만이 보스트는 사르트르와 40년 우정이니까 뭐라도 주라고 했더니 아를레트가 사르트르의 낡아빠진 슬리퍼를 내놓았다.

원래도 아를레트를 그리 좋아하지 않았던 실비는 격분했다. 사르트르의 집에는 보부아르 아버지가 소장했던 책들이 있었다. 그 장서는 사르트르의 것이 아니니 상속될 수 없었다. 그 집에는 피카소가 보부아르와 사르트르 모두에게 주었던 드로잉과 폴 르베롤의 그림이 있었다. 실비와 란즈만이 찾아갔지만 아를레트는 그렇게 가져가고 싶은 물건이면 보부아르가 직접 오라고 했다.

실비는 보부아르 아버지의 장서를 받아냈다. 그러나 보부아르가 원한 것은 단 하나, 사르트르의《윤리학을 위한 노트》원고였다. 사르트르는《존재와 무》집필을 끝내고서 책으로 출간되자마자 보부아르에게 그 원고를 주었다. 그녀가 가장 소중히 여기는 소유물이었다.《존재와 무》끝부분에서 사르트르는 윤리학을 발표하겠노라 약속했다. 그래서 1940년대 후반에 그 작업을 했고 당시 보부아르도《애매성의 윤리를 위하여》를 작업하고 있었다. 아를레트는 보부아르가 그 원고를 원하는 줄 알고 있었다. 보부아르가 퇴원하자마자 "몸소" 찾아가 그 원고를 달라고 했으니까. 하지만 아를레트는 거절했다. 그러고는 1983년에 그 원고를 출간했다.

1980년 5월에 퇴원하면서 보부아르는 발륨과 위스키를 끊고 마사지와 치료를 받으라는 말을 들었다. 의사의 권고를 대부분 따랐지만 위스키와 보드카는 끊지 못했다. 병원에 있으면서 의사와 건강 상태에 대해서 얘기할 때 실비도 곁에 있을 수 있으면 좋겠다는 생각이 들었다. 프랑스 법률상 시몬의 유일한 혈육이자 상속인인 엘렌만 그럴 권리가 있었기 때문이다. 실비는 엘렌의 허락 없이는 보부아르를 차로 진료실에 데려다줄 권리조차 없었다.

보부아르는 엘렌과 리오넬이 사는 알자스로 이주하고 싶지 않았다. 그렇다고 그들에게 파리로 와서 자신을 돌봐 달라고 할 수도 없었다. 그래서 실비에게 자신이 정식으로 입양을 해도 되겠느냐고 물었다. 란즈만과 보스트에게 말했더니 둘 다 그게 좋겠다고 했다. 그들은 아를레트의 경우를 보고 모든 당사자가 새로운 조치에 똑같이 동의하지 않으면 문제가 발생할 수 있다는 것을 알았다. 그래서 보부아르는 그 사안을 처음에는 실비와 이야기했고, 그다음에는 엘렌과 신중하게 검토했다. 엘렌은 처음에는 좀 언짢아했지만 어차피 자기가 언니보다 살날이 그렇게 많지도 않음을 깨달았다.

한편 실비는 내키지 않아 했다. 원래부터 아를레트가 기꺼이 사르트르의 첩처럼 살아가는 모습을 싫어했다. 실비 르 봉은 교수자격시험을 통과하고 철학을 가르치는 일을 업으로 삼은 독립적인 여성이었고, 자신과 보부아르의 관계가 아를레트와 사르트르처럼 되기를 원치 않았다. 또한 학술 연구계가 보부아르의 글에 나타난 어머니와 딸 역할에 초점을 맞추기 시작한 것도 알고 있었기에 자신이 양녀가 되면 억측이 "풍성하게" 나오리라 예상했다.

보부아르는 자기 생에서 상상의 캐릭터들을 만들어낸 지 이미 수십 년이었다. 그래서 실비에게 전통적 역할이나 나이로 정의되지 않는 그들의 우정을 안에서부터 바라보기를 권했다. 자자와 맺은 것 같은 우정을 다시 찾으려고 오랜 시간을 보냈다고 고백하기도 했다. 하지만 실비를 만나기 전까지는 아무하고도 그럴 수 없었다. 보부아르는 실비를 보고 자자가 다시 살아난 것 같았다고 했다. 실비는 인정했다. 나중에 자신과 보부아르의 관계는 "유일무이하고 견줄 데 없이 내밀한 사이"였다고 쓰기도 했다.[4] 보부아르도 디어드레이 베어와 한 인터뷰에서 "한 남자와, 그리고 한 여자와도 완벽한 관계를 이루는" 행운을 누렸다고 했다.[5]

사르트르가 사망한 해에는 아픔의 상처가 가득했다. 눈물, 우울증, 자신이 달리 어떻게 할 수 있었을까라는 상념. 다시 한번 보부아르는 문학에서 카타르시스를 찾았다. 사르트르의 죽음을 다룬 《작별의 의식》을 쓰기로 한 것이다. 1981년에 출간된 이 책은 노년과 질병이 가능성을 제한하고 삶의 상황이 바뀌어 가는 과정에 초점을 맞추어 사르트르의 쇠락과 죽음을 이야기했다. 여기에는 사르트르와 1970년대 중반에 함께했던 인터뷰도 사유의 우정, 끊임없는 대화의 증거로 수록되었다. 친구들은 이 프로젝트에 우려를 표했지만 보부아르가 사르트르의 죽음을 받아들일 방법은 이것뿐이었다. 자자와 어머니를 보내고 그랬듯, 이번에도 글을 써야만 풀 수 있었다. 이 책을 여는 말을 보라.

이 책은 내가 쓴 책 중에서 인쇄 전에 당신이 읽지 못할 첫 번째 — 아마도 유일한 — 책입니다. 당신에게 완전히, 전적으로 이 책을 바칩니다. 당신에게는 아무 상관도 없겠지요. …… 내가 '당신'이라고 부르는 것은 일종의 위장, 수사적 장치일 뿐입니다. 나는 아무에게도 말하고 있지 않습니다.[6]

어떤 독자는 이 책을 보부아르의 다섯 번째 회고록이라고 불렀다.

하지만 다른 회고록보다 간략하고 자기 삶에는 별로 초점을 맞추지 않은 채 사르트르의 쇠락을 묘사한다. 보부아르는 《작별의 의식》이 사르트르에게 바치는 책이자 《노년》의 연장이라고 생각했다. 1970년에 발표한 《노년》은 나이 든 사람들이 주변화되고 하위 인간 대우를 받는 양상을 묘사했다. 《작별의 의식》에서 독자들은 장폴 사르트르조차 그러한 운명을 비켜 갈 수 없음을 보았다.[7]

보부아르는 그 책이 혹평을 받을 거라 예상했고 실제로 그렇게 되었다. 또다시 경솔하다, 죽어서 아무 말도 할 수 없는 사람을 대신해 말한다는 비판이 쏟아졌다. 철학자 파스칼 브뤼크네르(Pascal Bruckner)는 〈르 푸앵〉에서 그 책을 "오마주와 복수"의 혼합물이라고 했다.[8] (특히 그 책에서 보부아르는 사르트르에게 왜 남자들은 "어떤 자부심"이 있는지, 어렸을 때부터 줄곧 자유롭다고 느끼는지 물어보았다.[9]) 보부아르의 편은 주로 영어권 여성들이었다. 사르트르의 《존재와 무》 번역자 헤이즐 반스(Hazel Barnes)는 《작별의 의식》이 "사르트르의 불성실을 참아낸" 보부아르의 복수라는 험담을 비판했다. "그건 중상이다. 그 책의 서사는 사실의 전달이자 헌사다."[10] 사르트르의 전기 작가 아니 코엔솔랄은 책이 신비에 싸인 그 커플이 으레 불러왔던 반응대로 "완전한 존경 아니면 근본적인 거부"를 끌어냈다고 생각했다.[11]

물론 가장 혹독한 비판자는 아를레트 엘카임 사르트르였다. 아를레트는 〈리베라시옹〉에 공개 서한을 내서 보부아르를 공격하고 보부아르가 사르트르와 맺은 관계, 사르트르의 인생에서 차지한 위치, 그리고 베니 레비 사건에서 보였던 행동을 깎아내렸다. 두 여자는 서로 상대가 사르트르를 그 지경으로 만들었다고 생각했고, 서로 자기가 사르트르 인생의 중요한 증인이라고 주장했다. 보부아르는 아를레트의 주장을 고려할 가치도 없다고 생각해서, 혹은 공개적인 구경거리를 만들고 싶지 않아서 반박문도 내지 않았다. 개인적으로는 완전히 무시하는 입장이었다.

1981년 보부아르는 자신의 첫 번째 전기를 쓸 작가 디어드레이 베어와 대화를 시작했다. 두 여자는 매일 오후 4시쯤 아무것도 타지 않은 위스키 한 잔과 함께 인터뷰를 진행했다. "언론의 관심이 자기 손아귀에 떨어진 사람들을 얼마나 왜곡하는지"[12] 수십 년간 경험도 했겠다, 이제 20년 넘게 후세에 남게 될 자기 이미지를 보부아르는 줄곧 생각해 왔다. 또한 자신과 사르트르의 관계를 아를레트가 규정하게끔 내버려 두고 싶지도 않았다. 그래서 장폴 사르트르가 시몬 드 보부아르를 어떻게 생각했는지 세상이 다 알도록, 사르트르에게서 받은 편지들을 출간하고 자신의 의도를 드러내기로 결심했다. 그런데 보부아르는 그럴 권리가 없었다. 프랑스에서는 누구에게 쓴 편지든 누가 소지하고 있는 글이든, 일단 고인이 쓴 글이라면 그의 문학적 유산 집행인에게 모든 권리가 있기 때문이다. 그래서 보부아르는 일단 사르트르와 함께 일한 출판 편집자 로베르 갈리마르와 상의를 했고, 그가 나서서 아를레트에게 말을 잘 해보기로 했다.

이 일은 사르트르의 두 여자 중 누가 더 그에게 사랑받았느냐를 따지는 정도의 사안이 아니었다. 보부아르에게는 로맨스 문제가 아니었다. 평생 자신이 독립적인 사상가임을 부정하는 사람들에게 시달렸고, 사르트르가 책을 대신 써줬다는 말까지 들었다. 그런데 자신이 사르트르에게 받은 편지들은 "그의 비판이 나에게 미친 영향력뿐만 아니라 나의 비판이 그에게 미친 영향력까지" 보여줄 수 있었다.[13]

사르트르가 사망했을 때 파리 언론의 부고 기사는 보부아르의 이름을 한 번도 언급하지 않았다. 〈르 몽드〉는 장례식에 참석한 수많은 인물을 언급하면서도 보부아르는 언급하지 않았다.[14] 〈렉스프레스〉에 실린 장문의 기사는 두 사람이 처음 만난 때와 보부아르가 교수자격시험에서 2등이었음을 언급했을 뿐, 그 후의 관계에 대해서는 한마디도 없었다.[15]

런던의 〈더 타임스〉도 사르트르 사망을 알리는 첫 기사에서 보부아르를 언급하지 않았고[16] 제대로 된 부고 기사에서도 "그의 애인이자 평생 정치적, 철학적, 문학적 우군이 된" "가장 가까운 친구" 중 한 명이라고 소개했다.[17] 〈더 가디언〉 사망 기사도 보부아르에 대한 언급 없이 사르트르가 "말년에는 친구와 제자 들의 방문과 도움을 받으면서 파리에서 혼자 살았다."고 했다.[18] 부고 또한 보부아르를 사르트르와 함께 연구했던 "빼어난 지식인 집단"에 포함하지 않고 그저 "평생의 결합" 관계에서 "사르트르가 다양한 지적 시도를 할 수 있도록 도와준" 사람이라고만 말했다.[19]

〈더 뉴욕 타임스〉는 약간 더 포괄적이었다. "사르트르 선생은 오랜 세월 동반자로 지내며 지지를 아끼지 않았던 시몬 드 보부아르보다 작가이자 사상가로서 대중적으로 덜 유명했다. 그들의 관계는 다양한 국면을 거쳤으나 기본적으로 애정을 갖고 서로 큰 힘이 되어주는 사이였다."[20] 그러나 〈더 워싱턴 포스트〉는 보부아르를 "내연 관계"로만 언급했다.[21] 아무도 그녀를 지적인 대화의 맞수, 적극적 참여자, 혹은 그의 사유 전개에 영감을 주었던 인물로 볼 수는 없었단 말인가?

'위대한 남성의 제자인 여성' 운운은 사르트르와의 관계에 한해서만 보부아르에게 영향을 끼친 게 아니다. 1980년대 초에도 보부아르는 비앙카 랑블랭(비넨펠트)과 점심을 같이 먹곤 했다. 이스라엘 얘기가 나오자 대화가 열기를 띠었다. 비앙카는 보부아르가 팔레스타인 입장은 생각하지도 않는 "무조건적인 친이스라엘파"라고 비난했다. 그러고는 그날의 대화에 몹시 동요해서는 나중에 보부아르에게 자기 입장을 부연하는 편지를 쓰기까지 했다. 보부아르가 비앙카에게 보낸 답장은 메를로퐁티의 《변증법의 모험》 서평 때도 그랬던 것처럼 자신의 시각이 전부 사르트르나 다른 남자에게서 파생된 것으로 매도되는 데 좌절감을 느꼈다는 점을 보여준다.

> 네 편지에 답장을 한다. 너는 내가 차별 없이 그 글을 읽었다고 생각해주지 않는데, 그건 어리석은 일이야. 네 말대로 상황이 '모호하니까' 내가 나와 의견이 다른 사람에게 유감이나 경멸을 품는 걸까? ⋯⋯ 란즈만에게 그랬던 것처럼 ⋯⋯ 네가 여자는 오직 남자의 생각을 통해서만 자기 생각을 형성할 수 있다는 우월주의적 편견에 물들다니 안타깝구나.[22]

보부아르는 사르트르의 편지를 출간하면서 몇몇 벗들을 잃었다. 올가와 완다는 처음으로 사르트르의 삶에서 보부아르가 실제로 어떤 역할을 했는지 알게 되었다. 보스트 부부는 최근 몇 년간 자주 별거를 했는데 보부아르는 보스트와 더 가까이 지내며 〈레 탕 모데른〉에서 같이 일도 했던 반면 올가는 예전보다 덜 만났다. 디어드레이 베어에 따르면, 보부아르는 올가에게 사르트르의 편지를 공개하겠다고 예고는 했지만 올가와 완다 자매와 관련된 내용을 빼 달라는 부탁은 무시했기 때문에 사이가 껄끄러워졌다.[23] 하지만 보부아르는 그 자매의 환상을 깨더라도 세상에 진실을 드러낼 가치가 있다고 보았다. 이제 페미니즘 강연과 방송으로 돌아간 보부아르는 자신의 수상 이력마저 사르트르의 천재성 덕분인 것처럼 얘기되고 있다는 것을 알았다. 엄청난 양의 편지를 추리는 데만도 시간이 많이 걸렸다. 하지만 1982년 11월에는 갈리마르 출판사에 원고를 넘겼다. "클로드 란즈만에게, 사랑을 전하며"라는 헌사가 붙었다.[24]

출판은 순조롭지 않았다. 책이 나오기 전에 아를레트는 자신이 사르트르의 철학적 유산의 적법한 상속자임을 확실히 하려고 《윤리학을 위한 노트》(보부아르에게 내어주기를 거부했던 바로 그 원고)뿐만 아니라 사르트르의 《전쟁 일기》까지 출간해버렸다.

편지들이 책으로 나오자 독자들은 과연 사르트르가 어떤 말을 했는지 알 수 있게 되었다. 하지만 독자들은 왜 보부아르 자신이 사르트르에게 쓴 편지는 공개하지 않았는지 궁금해했다. 사르트르는 1974년 인터뷰에서 자기 편지들이 사후 공개됐으면 좋겠다고 말한 적이 있으므로 이 출간은 고인의 뜻을 받든 셈이었다. 하지만 보부아르는 베어에게 자기가 쓴 편지는 자기 문제라고 했다.[25] 마거릿 사이먼스는 1985년 인터뷰에서 페미니스트 철학자 미셸 르 도외프(Michèle Le Dœuff)가 사르트르의 편지들에 대해 쓴 서평을 읽어봤는지 보부아르에게 물었다. 르 도외프는 둘의 관계에서 사르트르만 "말하는 주체"였다고 보았는데 그 점을 알고 있는지?[26] 보부아르는 그 편지들은 사르트르가 쓴 것이므로 사르트르가 화자인 게 당연하다고 대꾸했다. "내 편지들을 출간한다면 내가 말하는 사람일 테지요. 하지만 내가 살아 있는 한 절대로 출간하지 않을 겁니다."[27]

사르트르의 편지들을 출간한 후 보부아르는 자기가 좋아하는 두 가지 일에 전념했다. 첫째는 여성 해방을 지원하는 일이었고, 둘째는 실비를 비롯한 친구들과 시간을 보내는 일이었다. 알리스 슈바르처는 보부아르와 한 인터뷰에서 여자들끼리 나누는 "그처럼 위대한 우정" 은 흔치 않다고 말했다. 보부아르는 자신은 그렇게 생각하지 않는다 고 대꾸했다. "사랑은 시들어도 여성들의 우정은 많이들 지속됩니다. 남자와 여자 사이의 진짜 우정은 아주 드물다고 생각하지만요."[28]

1980년은 프랑스에서 1970년대 페미니즘의 종말을 알렸다. 달력에 서 새로운 십 년이 시작된다는 의미뿐만 아니라 여성 해방 운동을 뜻 하는 용어 MLF(Mouvement de Libération des Femmes)가 상업적인 상표로 산업재산권청에 정식 등록되는 바람에 새로운 단체가 만들어 졌다는 의미에서도 그랬다. 이제 동의 없이 'MLF'라는 명칭을 썼다가 는 소송을 당할 수도 있었다. 1970년대 여성 해방 운동은 여성이고, 여성에게 가해지는 억압을 인식하고, 억압과 싸우기를 약속한다는 세 가지 조건만 충족하면 누구나 들어올 수 있는 유기적 운동이었지만 새로운 여성 해방 운동은 여성이 스스로 말하게 하기보다는 여성을 대변하고자 했다. 보부아르가 볼 때 그건 페미니즘이 아니라 "억압" 이었다.[29]

하지만 희소식도 있었다. 1980년에 내각 형태의 여성부가 최초로 설립되었다. 초대 장관 이베트 루디(Yvette Roudy)는 보부아르에게 프랑수아 미테랑 대선 운동 지지를 부탁했다.

1981년에 보부아르는 잡지 〈새로운 페미니스트의 물음들〉을 재발 간하고 반성차별주의 법안이 자신에게 얼마나 큰 의미가 있는지를 밝혔다. 당시 여성권리부 장관을 맡고 있던 이베트 루디는 직업적 평등 관련 법안을 준비 중이었다. 루디는 이 법안을 성차별 반대 법안으로 보충하기 원했다. 반인종차별법을 성차별 사안으로 확대하면 여성의 존엄을 침해하는 대중 광고들과도 싸울 수 있을 터였다.

보부아르는 법안이 "여성 스스로 성차별주의에 저항할 필요가 없게 해주지는 않지만" 여성을 모욕하는 법에는 맞서주기를 원했다. 자신의 일생, 편지, 편집 작업을 통해서 남성이 자행하는 폭력에 고통받는 여성을 얼마나 많이 보았던가. 하지만 현실이 그럴지언정 남성을 폭력적으로 만드는 "불변의 조건" 따위는 없었다. 오히려 "남성으로 태어나는 것이 아니라 남성이 되는 것"으로 보였다. 폭력의 뿌리는 성차별주의를 용인하는 사회 속의 남성 개인에게 있었다.

보부아르는 "이윤을 추구하는 사회의 영광을 위하여 우리 신체의 일부가 거리에 진열되는" 것을 못마땅하게 여겼다. 여권연맹 선언문에서도 여성의 신체가 상품화되어서는 안 된다고 했다. 신체적 쾌락과 성적 의도가 남성의 전유물일 수는 없다. 이미 획득한 여성의 권리를 현실에 적용하고 새로운 권리를 추구하기 위해서 싸워야 했다. 광고업자들은 자유를 부르짖으며 보부아르의 제안을 묵살하고 그녀가 청교도적이라는 둥, 위선자라는 둥 떠들었다. 그 규칙을 적용하자면 문학 그 자체와 자기가 쓴 글도 배척당해야 한다는 걸 모르는가?

보부아르는 자신이 문학을 공격하지 않았다고 조리 있게 답변했지만 무시당했다. 광고는 "(개인의) 자유를 제공하는 것이 아니라" "그 광고를 바라보는 모든 눈에, 무차별적으로, 선택의 여지없이 주어지기"[30] 때문에 비판할 수 있다고 보았다. 어떤 이는 성차별반대법이 남성에 대한 복수라고 주장했다. 하지만 보부아르는 그 법의 제정 동기는 남성이 남성이 되는 문화 환경을 변화시켜 여성에 대한 남성의 폭력이 정당화되지 않도록 하는 것이라고 했다. 특히 "광고, 포르노그래피, 문학"에서 여성을 비하하는 이미지를 금지함으로써 그렇게 되기를 바랐다. "성차별반대법에 힘입어 우리는 각각의 성차별 사례를 공개적으로 고발할 수 있을 것이다."[31) 보부아르는 또한 이 법이 여성이 성차별에 반응하는 감수성을 계발하고 불의와 부당한 대우를 "원래 그런 것"으로, 남자는 원래 이렇고 여자 팔자는 원래 이 모양이라는 식으로 받아들이지 않도록 도와주리라 믿었다.

보부아르와 동료 페미니스트들은 "현실과 접점 없는 지식인들"이라고 비판받았다. 하지만 그들은 의사, 법조인, 엔지니어, 어머니였는데 그게 현실이 아니면 뭔가? 보부아르는 대중의 격렬한 반응을 떠받치는 두 가지 동기가 돈과 조종이라고 보았다. 후기 자본주의에서 돈이라는 논거는 굳이 들먹일 필요가 없을 만큼 친숙하다. 조종과 관련해서는 많은 남성이 "여성은 조종해야 할 대상이고 자기네는 그 조종의 지배자"라고 생각하고 있었다.[32) 보부아르는 여성이 "바라보는 눈"이 되고 여성이 세상을 보는 시각이 표현되고, 경청되고, 존중되기를 바랐다.

루디가 '여성과 문화 위원회'를 설립했을 때 보부아르는 명예 의장이 되었다. 그녀는 적극적으로 참여했고 이 위원회는 비공식적으로 '보부아르 위원회'로 통했다. 한 달에 한 번 여성부 수뇌 회의에 참석해서 여성의 상황을 개선하는 구체적 제안을 정부에 내놓기 위해 사회 구조 연구에 힘썼다. 1982년에 미테랑 대통령은 레지옹도뇌르 훈장을 수여하고자 했으나 보부아르가 거절했다. 보부아르는 문화 제도 기관이 아니라 참여하는 지식인이었다.

클로드 란즈만은 12년 만에 〈쇼아〉를 완성했다. 그 영화는 굉장히 만들기 어려운 작품이었고, 란즈만은 보부아르의 지지와 성원에 크게 기댔다. "보부아르에게 나의 불확실성, 두려움, 실망을 얘기해야만 했다." 그는 이 대화에서 "보부아르의 진지하고 엄숙하며 개방적이고도 신뢰 넘치는 경청의 독보성" 덕분에 "힘을 얻곤" 했다.[33] 란즈만은 사르트르가 죽고 얼마 안 됐을 때 보부아르가 삶에 권태를 느끼는 모습을 보았다. 그는 영화를 만드는 동안 몇 번이나 그녀를 편집 스튜디오에 초대해서 진행 상황을 보여주었다. 보부아르는 여전히 그의 프로젝트에 참여하는 것을 좋아했다.

1982년에 미테랑 대통령은 란즈만에게 대통령 관저에서 특별 시사회를 부탁했다. 보부아르도 그때 엘리제궁에 함께 갔다. 자막이 들어가기 전이라서 란즈만이 통로에서 큰 소리로 대사 번역을 읽어줬다. 보부아르는 다음 날 란즈만에게 편지를 썼다. "이 영화가 정식 개봉할 때 내가 살아 있을지 모르겠어." 보부아르는 그때까지 살아서 〈르몽드〉 1면에 기사를 썼고, 나중에는 책 《쇼아》의 머리말도 쓰게 된다. 하지만 대통령 관저 특별 시사회 다음 날에는 그때까지 못 살 경우를 대비해 란즈만에게 자기 생각을 전했다.

'최종 해결책(final solution)'의 참상을 이토록 압도적이고 감동적으로 표현한 작품은 본 적도 없고 읽은 적도 없다. 그 지옥의 메커니즘을 이토록 명증하게 조명한 작품도 본 적 없다. 란즈만은 피해자, 집행자, 증인, 공범의 편에서 지금까지 표현이 불가능하다고 믿었던 그 경험의 무수히 많은 국면을 우리가 생생하게 겪게 해주었다. 〈쇼아〉는 인류가 대대로 역사에서 가장 사악하고 불가해한 순간 중 하나를 이해하게 할 만한 기념비적 작품이다.[34]

(후세를 은근히 의식해서 쓴) 이런 글 외에는 보부아르 말년의 사적인 자료가 거의 없다. 그렇지만 1980년대에 보부아르는 인터뷰를 여러 건 했다. 그중 한 인터뷰에서 알리스 슈바르처는 어떻게 사르트르와의 관계에도 불구하고 독립적인 자세를 견지할 수 있었는지 물었다. 보부아르는 늘 독자적인 이력을 원했다고 대답했다. "나에게는 환상이 아니라 꿈이 있었어요. 아주 담대한 꿈이긴 했지만요. 사르트르를 만나기 전부터 내가 뭘 하고 싶은지 알고 있었죠! 다행히도 내 힘으로 내 삶을 성취했어요. 나에게 성취는 곧 일을 의미했어요."[35] 보부아르는 이 인터뷰에서 사르트르가 돌로레스 바네티와 사귈 때 자신과 그의 관계에 회의가 들었다는 말도 했고, 자신과 사르트르의 관계에서 제3자들이 너무 고통을 받아서 유감스럽다는 고백도 했다. 또 이미 공개 인터뷰에서 사르트르도 여성들에게 잘못했다고 시원하게 인정했다. 그는 보부아르를 예외적 경우, 일종의 토큰으로—보부아르 자신도 젊었을 때 그랬듯이—만들었다. 하지만 사르트르처럼 그녀에게 힘이 되었던 사람은 아무도 없었다. 보부아르가 자신의 잠재력을 보려고 몸부림치던 시절에 사르트르는 그 잠재력을 믿어준 사람이었다. 두 사람이 서로 대화를 나누지 않았다면—두 사람의 행동의 총합이 없었더라면—결코 그들 자신이 되지 못했을 것이다.

보부아르의 생활은 여전히 글쓰기에 주로 할애되었다. 자신이 지지하는 저작의 머리말이나 서론을 썼고, 자기가 맡은 직책에 필요한 글, 운동가들을 격려하는 글, 그리고 편지에 답장도 썼다. 페미니즘 출판사에 금전적 지원을 하고 여성 쉼터에 기부도 했다. 때때로 자신의 대외적 평판이 "성유물(聖遺物)"의 평판과 비슷하다는 생각도 들었다. 변화의 다음 단계로 나아갈 역량이 있는 젊은 여성 세대에게 자신의

말이 명령과도 같은 효과를 띠었기에.[36]

사르트르가 죽은 지 2년이 되자 보부아르는 자신의 일, 과거와 현재에 그럭저럭 만족했고 다시 여행을 꿈꾸기 시작했다. 실비는 보부아르가 회복기에 있을 때 몸이 좋아지면 함께 뉴욕에 가자고 말해 왔다. 그 미끼는 통했다. 1940년대 이후로 보부아르는 미국에 애증을 느꼈다. 미국엔 좋아하는 것도 참 많았고 싫어하는 것도 참 많았다. 1983년에 덴마크에서 유럽 문화의 발전에 기여한 이에게 주는 소닝(Sonning)상과 상금 2만 3천 달러를 받으면서 또 다른 모험을 떠날 준비가 되었다. 그해 7월에 보부아르와 실비는 뉴욕행 콩코드 비행기에 올랐다. 보부아르는 공개 석상에 서기를 원치 않았으므로 미국의 판테온 출판사는 특히 조심했다. 미국에서 스테파 제라시와 그녀의 아들 존을 만났고 케이트 밀럿 같은 페미니스트도 만나긴 했으나 어디까지나 느긋하고 개인적인 여행이었다. 강연이나 취재는 일절 하지 않았다.

이러한 노력에도 불구하고 뉴욕 앨곤퀸 호텔에 체크인을 하자마자 〈더 뉴요커〉 기자에게 그 사실이 알려졌다. 기자는 객실로 전화를 했지만 보부아르는 인터뷰는 하지 않는다고 딱 부러지게 말했다. 기자는 어쩔 수 없이 물러났고 그들은 아무런 방해 없이 메트로폴리탄미술관, 구겐하임미술관, 뉴욕현대미술관, 그리고 보부아르가 제일 좋아하는 프릭 컬렉션까지 둘러보았다. 두 사람은 세계무역센터 꼭대기에 올라갔다. 하루는 일레인스 식당에서 저녁을 먹었고, 식사 중에 영화 감독 우디 앨런과 미아 패로 부부와 인사를 하기도 했다. 그 후 6주간 뉴잉글랜드를 여행했고 뉴욕주 퍼킵시에 있는 케이트 밀럿의 크리스마스트리 농장을 방문했다. 밀럿은 그곳에 여성 예술인 마을을 꾸렸다. 이 여행에서 공식적 성격을 띤 방문지는 그 농장뿐이었다. 《제2의 성》을 다루는 TV 시리즈에 포함될 영상(케이트 밀릿과의 대화 장면)을 거기서 찍었기 때문이다. 그 후에는 실비가 새 학기 수업을 해야 했기 때문에 파리로 돌아왔다. 보부아르는 미국에서 책을 잔뜩 가져왔다.

1983년 12월에 보부아르가 집에서 쓰러졌다. 실비가 바닥에 누워 있는 보부아르를 발견했다. 보부아르는 추운 곳에 너무 오래 누워 있었던 탓에 폐렴에 걸렸다. 크리스마스와 1월 대부분을 병원에서 보냈으나 부활절 즈음에는 경과가 좋아서 프랑스 남서부의 휴양 도시 비아리츠에 갈 수 있었다. 여름에는 건강이 좋아져서 더 먼 곳도 여행할 만했다. 그래서 실비와 함께 부다페스트로 날아가 헝가리와 오스트리아를 둘러보았다.

보부아르는 클로드 란즈만에게 차츰 권한을 넘기긴 했지만 1985년에도 여전히 〈레 탕 모데른〉을 지휘했다. 편집진은 매주 보부아르의 집에 모였고 그녀는 늘 그랬듯 자신에게 넘어온 원고를 읽고, 기사를 선별하고, 편집과 교정을 맡았다. 심지어 타계하기 몇 주 전까지도 그 일을 계속했다. 클레르 에셰렐리는 보부아르의 "물리적 존재감, 힘, 권위가 매체를 살아 숨 쉬게"[37] 했고 개인적, 정치적 격랑 속에서 편집위원회를 붙잡아주는 듯했다고 기억한다.

보부아르는 계속 페미니즘 운동을 하고 인터뷰를 통해 《제2의 성》 영어판이 "파슐리 선생이 중요하지 않다고 뺐지만 나는 중요하다고 생각하는 부분과 철학적 차원을 정직하게 되살린 번역"이 새로 나왔으면 하는 바람을 밝혔다.[38] 또한 마거릿 사이먼스와의 대화에서는 《생의 한창때》에서 자신은 철학자가 아니라고 했던 말이 무슨 의미인지를 분명하게 밝혀주었다.

　내가 철학자가 아니라는 말은 체계를 만드는 사람이 아니라는 의미
입니다. 그러나 철학을 열심히 공부해 왔고, 철학으로 학위를 받았고,
철학을 가르쳤고, 철학에 물들어 있다는 의미에서는 나도 여전히 철학
자입니다. 내 책에 철학이 들어가 있다면 그 이유는 그게 내가 세상을
보는 방식이고 내 책에서 그 방식을 제거하려야 제거할 수가 없기 때문
이에요.[39)]

　보부아르보다 몇 세기 앞서 파스칼과 키르케고르도 데카르트와 헤
겔 같은 '체계적' 철학자이기를 거부했다. 인간으로 존재한다는 의미
의 일부는 미래를 모르는 채, 결코 미리 알 수 없는 의미를 갈망하며
사는 데 있다. 그런데 체계적 철학은 그 점을 망각한다. 보부아르의
견해도 비슷하다. 삶은 미리 이해될 수 없으므로 우리는 우리 자신과
타인들이 보기에 어떻게 될지 불안해하며 살아가게 마련이다.[40)] 하지
만 보부아르의 동시대인들은 파스칼과 키르케고르마저 '대체 철학'으
로 보았다. 그 철학자들은 여성은 아니었지만 신앙인이었기 때문이
다. 보부아르 초기의 철학적 통찰, 그리고 이기심과 헌신 사이의 딜레
마를 피해 가야 한다는 생각은 비슷한 이유로 오늘날 "철학자" 칭호
를 얻지 못하는 사상가들과 보부아르의 대화에도 나타나 있다.[41)]

　1985년에 보부아르는 건강이 많이 상했다. 본인은 1986년 3월로
예정된 선거 때문이라고 말했지만 측근들은 위스키가 문제라고 보았
다. 간경변 때문에 배가 부풀어 올라 똑바로 설 수도 없었다. 걷는 것
도 힘이 들었지만 보부아르는 모르는 척했고 친구들은 몹시 불안하

86년 생애 동안 자유의 철학을 삶으로 실천한 시몬 드 보부아르. 그녀는 온전한 자기 자신이 되기 위해 평생을 주어진 관습과 제약에 맞서 싸웠다.

게 지켜보았다. 실비는 위스키에 물을 타려고 했지만 이제 보부아르는 절제라곤 모르는 환자였다. 잔에 따르는 술의 양은 늘기만 했다. 보스트는 이쪽으로 영향력이 있는 친구가 아니었으므로 실비는 란즈만에게 부탁했다. 란즈만은 책으로 나올 《쇼아》의 머리말을 부탁하면 보부아르가 잠시 그쪽에 정신이 팔릴 거라 생각했다. 보부아르는 기꺼이 수락했고 그 책 말고 다른 책의 머리말도 썼지만 술은 끊지 않았다.

1986년 초에도 보부아르는 계속 친구, 학자, 작가 들을 만났다. 나이가 들어서 달라진 점은 붉은색 실내 가운 차림으로 그들을 만나곤 했다는 것밖에 없었다.

1986년 2월에는 동생 엘렌을 만났다. 보부아르는 걸음이 불편했지만 동생과 함께 화랑도 둘러보며 지냈다. 그녀는 늘 동생의 예술적 의욕을 고취하는 언니였다. 그해에 엘렌은 프랑스 여성권리부 기금 지원을 받아 캘리포니아 스탠퍼드대학에서 개인전을 열기를 기대했다. 그러나 3월 16일 총선에서 우파 정당이 승리하자 그 기대는 무너졌다. 여성부 장관도, 기금도 기대할 수 없었다. 시몬은 동생이 자기 전시회에 참석을 못한다는 것을 용납할 수 없었기에 굳이 여행 경비를 자기가 지불했다.[42]

3월 20일 밤에 보부아르는 위경련을 일으켰다. 저녁에 먹은 햄이 탈이 났나 가볍게 생각했지만 통증이 너무 심했고 실비는 병원에 가야 한다고 주장했다. 뚜렷한 진단이 나오지 않아 상태를 알아보기 위한 예비 수술에 들어갔다. 당뇨와 동맥 손상 외에도 사르트르가 생전에 앓았던 병증, 즉 간 손상, 체액 저류, 폐부종이 다 있었다. 수술 이후 폐렴이 발생해서 결국 중환자실에 들어갔다. 그곳에 2주간 지내면서도 자기를 담당하는 여자 마사지사에게 극우파 장마리 르 펜에게 투표하면 안 된다고 설득하곤 했다.

엘렌과 란즈만은 둘 다 캘리포니아에서 소식을 들었다. 엘렌은 개인전 때문이었고, 란즈만은 상을 받으러 가 있었다. 시몬 드 보부아르가 사망했다는 소식이었다.[43] 4월 14일 오후 4시 사르트르의 기일을 몇 시간 앞둔 때였다. 향년 78세였다.

다음 날 〈르 몽드〉에 사망 기사가 떴다. 헤드라인은 보부아르의 "업적은 창조보다 대중화에 있었다."고 했다.[44]

보부아르는 마침내
자기 자신이 되었는가?

존경은 산 자에게 돌릴 것, 죽은 자에게는 오직 진실만을 돌릴 것.
- 볼테르[1]

〈르 몽드〉만 보부아르의 죽음을 성차별적이고 거짓된 언어로 깎아내린―그럼으로써 지상에서 보부아르가 사후에 누리게 될 평판의 분위기를 결정해버린―게 아니다. 전 세계 신문의 부고 기사와 문학 평론은 보부아르가 죽음도 사르트르를 따라갔다고, 자신의 자리를―첫 번째가 아닌 두 번째―성실하게 견지했다고 했다. 사르트르의 부고에는 보부아르가 전혀 언급되지 않은 경우도 많았지만 보부아르의 부고에는 반드시 그의 이름이 따라붙었다. 때로는 보부아르의 작품은 놀랄 만큼 간략히 다루면서도 사르트르에 대해서는 상당한 지면을 할애했을 정도로.

런던 〈더 타임스〉는 사르트르가 그녀의 "구루(guru)"였다고 했다. 보부아르는 철학도 시절 명목상 브륑슈비크의 제자였지만 사실상 "내연 관계"였던 두 남학생의 지도를 받았는데 한 명은 르네 마외였고 나중에 나타난 다른 한 명이 사르트르였다나.[2] 하지만 보부아르는 명목상이 아니라 실제로 브륑슈비크에게 배웠고, 철학 분야에서 맨 처음 얻은 성취는 이 세 남자 중 누구의 도움도 없이 이뤄낸 것이 었으며, 오히려 보부아르가 구술 시험 전에 라이프니츠에 대해서 마 외와 사르트르를 지도했고 그 후에도 사르트르가 쓴 모든 글에 비판 적 피드백을 제공했다.

〈뉴욕 타임스〉는 "사르트르는 보부아르의 문학적 야망을 격려했고 '2등의 성'의 고발과 분노로 이어질 여성 억압에 대한 연구를 계속하 게끔 밀어줌으로써 신망을 얻었다."고 했다. 사르트르가 보부아르의 문학적 야망을 격려했고 "사유의 견줄 데 없는 친구"로 인정받았음 은 분명한 사실이다. 하지만 보부아르의 저서 제목은 '2등의 성'이 아 니라 '제2의 성'이고 그녀의 철학과 여성 억압에 대한 분석은 그 책을 쓰기 훨씬 전부터 독자적으로 해 왔던 작업이다. 〈더 워싱턴 포스트〉 는 제목은 제대로 썼지만 보부아르를 사르트르의 "보모", 사르트르 의 "전기 작가", 사르트르의 "질투심 많은" 여인으로 묘사했다.[3]

문학 평론가들이 보부아르를 좀 더 정당하게 평가할 거라는 희망 을 품었다면 무참한 실망을 맛볼 것이다. 1986년판 《문학인명사전 연 감》에서 '시몬 드 보부아르'에 할애된 일곱 쪽은 사실상 보부아르와 사르트르 두 사람의 생애를 다루었다. 이 서사의 행위 주체는 사르트 르다. 그가 보부아르에게 "지적인 지배"를 느끼게 했고 《제2의 성》의 아이디어를 제공했다나.[4]

〈르뷔 데 되 몽드〉는 죽어서까지도 "위계 서열은 유지되었다. 그녀 는 2등, 사르트르 다음이었다."라고 했다. "그 이유는 보부아르가 여 성이었기 때문이다. 그녀는 자기가 사랑하는 남자의 팬으로 남았다." 보부아르는 졸지에 여성 팬, 공허하고 상상력 없는 수용자가 됐다. "그녀는 자신의 잉크병만큼이나 상상력이 부족했다." 단점이 어디 그

뿐이랴. 보부아르는 "패밀리" 안에서 자기가 맡은 역할로 위대한 남성의 역량을 제한하고 약화했다. "이 커플이 주변에 조금씩 쌓아 올린 공고한 차단벽, 이 조심스럽게 유지된 복수가 없었더라면 사르트르의 인생은 달라졌을 것이다."[5]

1991년에 보부아르가 사르트르에게 보낸 편지가 영어로 출간되고 비앙카, 나탈리와 성적 관계였음이 드러나자 "가증스럽기다기보다는 지루하고 자기 중심적인" 여자, "앙심을 품고 사람을 조종하는 여자" 소리가 나왔다.[6] 클로드 란즈만은 보부아르와 사르트르가 젊었을 때나 "오만하고 경쟁적인" 편지를 썼다고 하면서 편지 출간에 반대했다.

보부아르가 당시에는 자신의 최측근들을 나쁘게 생각했을지 모르지만 그들에게 상처 준다는 생각은 참을 수 없었을 것이다. 나는 보부아르가 자기 어머니, 여동생, 불쑥 찾아오는 사람, 오래전 제자들에게까지도 일단 만나겠다고 약속을 하고 지키지 않는 경우를 본 적이 없다. 과거에 생각을 나누었던 몇몇 사람에 대해서는 그만큼 충직한 사람이었다.[7]

란즈만의 우려에는 충분한 이유가 있었던 것으로 밝혀졌다. 보부아르의 편지는 상처가 될 만했다. 비앙카 랑블랭은 디어드레이 베어의 전기가 출간되면서 자기 정체가 알려지자 보부아르의 평생에 걸친 거짓말을 고발하는 자기 버전의 회고록 《수치스러운 연애》를 냈다. 비앙카는 보부아르가 "과거의 위선에 갇힌 자"라고 했다.[8]

그러나 보부아르의 삶을 그 생애 최악의 순간들로, 그녀 자신이 깊이 후회했던 이미 죽어버린 여러 자기(self)의 미라들로 축소하는 것은 정말로 유감스러운 일이다. 보부아르는 자기 과거의 인질이었지만 사회적 편견의 희생자이기도 했다. 그 생애는 "여성의 조건"에 있는 자를 괴롭히는 이중 잣대의 증거요, 여성이 감히 자신이 본 진실을 말할 때—"바라보는 눈"으로서 존재할 권한을 주장하고 남성의 행동에 문제가 있음을 발견할 때—처벌받게 되는 방식의 증거다.

사르트르는 인간적으로든 철학적으로든 정치적으로든 보부아르의 비판을 피해 가지 못했다. 보부아르는 그에게 맹점이 있다고 생각했고 온 세상이 그 사실을 알 수 있도록 글로 썼다.[9] 그렇지만 사르트르를 계속 사랑하는 것이 그녀의 선택이었다.

보부아르는 몽파르나스 묘지의 사르트르 바로 옆자리에 붉은색 터번, 붉은색 실내 가운, 올그런의 반지와 함께 묻혔다. 몽파르나스의 사회당부터 미국, 오스트레일리아, 그리스, 에스파냐의 대학들까지 여러 단체가 보부아르를 추모했다. 장례식에 모인 군중은 페미니스트 철학자 엘리자베트 바댕테르(Élisabeth Badinter)의 선창에 따라 외쳤다. "여성들이여, 모든 것은 이 사람 덕분이다!"

그들이 슬픔을 과장해서 말했을지도 모르지만 보부아르는 자신의 생각이 어떤 여성들을 "불편하게" 한다고 맨 먼저 인정한 사람이다.[10] 사망 직전에 보부아르가 마지막으로 쓴 머리말이 발표되었다. 그 머리말이 달린 소설 《밀루》는 성과 권력의 문제를 제기하는 두 남자의 러브 스토리다. 보부아르는 이런 식으로 자기 이름을 다른 여러 방면에 빌려주곤 했다. 대중화하기에는 위험한 이야기, 이를테면 홀로코스트, 알제리 여성에 대한 고문과 강간, 페미니즘 투쟁, 재능 있는 레즈비언들의 소외까지 많은 이가 정면으로 바라보기 껄끄러워하는 인간사의 면면들 말이다.

보부아르는 사망 당시 이미 40년 동안 유명인으로 살았다. 사랑도 받았고 미움도 받았고, 비방당하기도 했고 우상화되기도 했다.[11] 그 때부터 줄곧 단지 보부아르가 '여성이라는 이유로' 보부아르와 사르트르가 함께했던 젊은 시절의 유명한 이야기들이 그녀가 자신의 작품, 특히 《제2의 성》에서 보여준 철학적, 개인적, 정치적 도전은 물론이고 그녀의 도덕성을 깎아내리는 데 이용되었다. 보부아르는 남성이 윤리적이기를 원한다면 자기네들의 행동이 세상 속에서 타자를 억압하는 방식에 이바지하고 있음을 인정하고 더 나은 행동을 해야 한다고 주장했다. 또한 여성도 남성을 위해 존재한다는 신화에 더는 굴복해선 안 된다고 했다. 끊임없이 외부에서 규정당하는 사람이 인간으로서 자기를 온전히 실현하기란 어렵다.

보부아르는 안으로부터의 관점에서 자신을 "우상"으로 바라본 적이 없다. 알리스 슈바르처와 한 인터뷰에서도 "나는 다른 사람들에게나 시몬 드 보부아르이지, 나 자신에겐 아니에요."라고 했다.[12] 여성들이 본받을 만한 긍정적 모델이 부족하다는 점은 알고 있었다. 왜 페미니즘의 이상을 실현하려다가 실패하는 여성들 말고 좀 더 긍정적인 여성 캐릭터를 소설에 등장시키지 않느냐는 질문도 받았다.[13] 독자들이 그런 캐릭터에서 보부아르를 찾으려 하면 의문을 품게 된다. 보부아르 자신도 실패했기 때문에 이 캐릭터들도 페미니즘의 이상대로 살려다가 실패하고 마는 걸까?

보부아르는 긍정적인 주인공들은 "소름 끼치고" 그런 인물들이 나오는 소설은 흥미롭지 않다고 대답했다. 소설은 "어떤 문제 의식"이다. 그리고 보부아르는 자기 인생도 그렇다고 보았다.

내 인생 이야기 자체가 일종의 문제 의식인데 내가 사람들에게 해답을 줄 필요가 없고 그들이 나에게서 해답을 기대할 권리도 없습니다. 그런 면에서 때때로 유명세라는 것이—쉽게 말해 사람들의 관심이—성가시기도 합니다. 내가 좀 바보 같다고 생각하는 어떤 강요가 있어요. 그러한 강요는 나를 옭아매고 일종의 구체적인 페미니스트 진영에 나를 고정시킵니다.[14)]

보부아르가 살아 있을 때 독자들은 그녀의 생활 방식을 이유 삼아 그녀의 사상을 거부했다. 너무 많은 남자를 사랑했다, 나쁜 남자를 좋아했다, 좋은 남자였지만 연애 방식이 잘못됐다(아직 여성에 대해서 잘 몰랐다) 등등. 보부아르는 자신을 너무 많이 내줬다거나 너무 적게 내줬다고, 지나치게 페미니스트였다든가 충분한 페미니스트가 아니었다고 비난받았다. 보부아르는 자신이 다른 사람들을 대한 방식이 늘 나무랄 데 없이 훌륭하지만은 않았음을 인정했다. 자신과 사르트르의 관계가 '제3자들', 즉 다른 우연한 애인들을 고통스럽게 한 것을 후회한다고 분명하게 말하기도 했다.

사르트르와의 관계가 자기 인생의 가장 큰 성공이라는 보부아르의 발언에 대해서 슈바르처는 그 관계가 정말로 평등에 기초한 것이었는지 물었다. 보부아르는 사르트르는 "억압적인 구석이 전혀 없었으므로"[15)] 평등은 아예 문제되지도 않았다고 답했다. 흥미로운 발언은 "만약 사르트르 아닌 다른 남자를 사랑했더라도" 자신은 억압당하지 않았을 거라고 했다는 것이다. 어떤 이들은 이 발언을 자기 일의 자율성은 지배당하지 않는다는 의미로 받아들였다. 페미니스트들은 보부아르가 자기 기만에 죄책감을 느꼈는지, 사르트르가 "자신의 비판

적 관심에서조차 보호해야 할 신성불가침의 영역"이었는지 궁금해했다.[16]

현재 보부아르가 사르트르를 비판했음은 분명한 사실이다. 그 비판이 충분치 않았다고 생각하는 사람이 여전히 많지만 말이다.

1980년대 중반에 어느 미국인 철학자가 보부아르 연구자 마거릿 사이먼스에게 자기는 보부아르가 자서전에서도 계속 "우리, 우리, 우리" 타령을 하는 게 화가 난다고 했다. '자기'는 어디 있는데? "보부아르는 완전히 사라졌다." 아니, 사라지지 않았다. 보부아르는 자신의 목소리로 말했다. 그 목소리로 "우리"라고 말했지만 "나"라고도 분명히 말했다. 보부아르는 "어떤 남성과 아주 가까우면서도 페미니스트일 수 있다."고 믿었기 때문이다.[17] 사실 남자와 여자 여러 명과 아주 가까울 수도 있다. 보부아르는 자신에게 제일 중요한 것은 사유라고 생각했고 사르트르는 사유의 견줄 데 없는 친구였다. 비평가들은 밖으로부터의 관점에서 볼 때 보부아르가 파생적이고 상상력이 부족하다고 말했다. 심지어 애인들조차 그녀의 책이 재미없고 철학이 너무 많이 들어와 있다고 했다.[18] 하지만 사르트르는 보부아르와 만난 이후 늘 "가장 큰 격려의 원천"[19]이자 정신의 맞수로서 독보적인 대화 상대였다.

안으로부터 바라본 보부아르가 어땠는지는 결코 알 수 없을 것이다. 일단 살아낸 삶이 이야기된다고 해서 소생까지 되지는 않는다. 하지만 밖에서 볼 때 우리는 보부아르가 자기 자신이 되기 위해서 행위의 주체로서 싸웠음을 잊어선 안 된다. 어떤 경우에는 보부아르도 '나'라는 주어로 글을 썼지만 그런 부분은 간과되었다. 《상황의 힘》에서는 《존재와 무》를 써서 유명해진 남자 사르트르를 만나기 전부터 자신은 존재와 무를 철학했다고 말했다. "내가 이십 대에 개인적으로 일기에 묘사했던 존재와 무의 기본적인 충돌을 나의 모든 책에서 쭉 탐구해 왔지만 답은 아직 나오지 않았다."[20] 또한《초대받은 여자》이후 뭔가가 변했다는 말도 했다. "나는 늘 '할 말'이 있었다."[21]

《결국에는》에는 자신에게 "아주 중요했던" 누군가와, "보통은 사르트르와, 때로는 실비와" 삶을 공유하고 싶었다고 명시적으로 말하는 대목이 있다. 그리고 "나"와 "우리"를 구분하지 않는다고 대놓고 말하는데 그 이유는 "사실 아주 짧은 기간을 제외하면 나는 항상 누군가와 함께였기 때문이다."[22] 말년에 보부아르는 고독을 "죽음의 한 형태"라 했고 "사람과의 접촉에서 온기를 느낄 때" 자신이 다시 살아나는 것 같다고 했다.[23]

보부아르는 철학을 사랑했지만 철학이 "펄떡거리는 현실"을 표현하기를 원했고, "우리의 관습적 자아가 교묘하게 짜놓은 그물을"[24] 찢어발길 수 있기를 원했다. 많은 경우에 보부아르는 그것을 행할 최고의 수단으로 문학을 택했다. 문학에서는 캐릭터들이 서로 접촉하면서 생명을 얻을 수 있기 때문이었다. 니체는 "사랑을 가르치는 것은 불가능하다"고 생각했지만[25] 보부아르는 사랑을 보여줄 수는 있다고 생각했다. 그리고 소설을 통해 상호성 없는 관계에 괴로워하는 남자와 여자의 모습을 구체적으로 보여주었다.《제2의 성》은 철학적 주장을 명시적으로 내놓았다. 사랑이 윤리적이려면 반드시 상호적이어야 한다. 사랑하는 자와 사랑받는 자, 양쪽 모두 의식 있는 자유로운 존재로서 상대의 인생 계획에 충실해야 한다. 그리고 그 사랑이 성적인 것이라면 서로를 성적 대상이 아니라 성적 주체로 여겨야 한다는 것이다.

루소는 《인간 불평등 기원론》에서 정치적 목적으로 '문명'의 역사를 고찰했을 때 남성들 사이에 존재하던 불평등을 뚜렷이 보여주려 했다. 니체가 《도덕의 계보학》에서 현재의 도덕을 규명하고자 과거로 눈을 돌렸을 때는 "신의 죽음"에 비추어 "가치의 재평가"가 필요하다고 생각했기 때문에 그렇게 한 것이었다. 보부아르는 '여성'을 철학적으로 재평가할 필요가 있다고 생각했다. 여성의 구체적인 자유는 '문명'이 사랑이라고 부르는 것을 재평가하지 않고는 성취될 수 없다고 보았다.

플라톤 같은 철학자가 문학 형식을 빌리면 철학이다. 플라톤이 사랑을 말해도 철학이다. 심지어 남자들끼리의 연애를 문화적 규범으로 삼아도, 옛날에는 인간이 다리가 네 개였는데 둘로 나뉘어서 자신의 잃어버린 반쪽을 찾기를 갈망한다는 터무니없는 얘기를 해도 철학으로 인정받는다.[26]

시몬 드 보부아르의 삶은 "남성의 꿈을 통해서 꿈꾸기"에 만족하지 않는 이후 세대 여성들에게 성공의 상징이 되었다.[27] 보부아르는 "20세기 페미니스트의 목소리"였고[28] 그 사유가 법안의 방향성과 여러 사람의 인생을 분명히 바꿔놓은 철학자였다. 그러나 보부아르 탄생 100주년이었던 2008년에도 〈르 누벨 옵세르바퇴르〉는 ─ 여성의 노골적인 이미지를 불법화하자는 운동까지 했던 여성이었는데 ─ 보부아르의 누드 사진 공개를 기념의 방법으로 결정했다.

보부아르가 안으로부터 바라본 자기는 절대 멈추지 않는 '되어 가는 자기'였다. "모든 순간이 조화를 이루는 인생의 어느 한순간 따위는 없기에" 인생의 어느 한 시점이 '시몬 드 보부아르'를 보여준다고는 결코 믿지 않았다.[29] 모든 행위는 실패할 가능성이 있고 어떤 실패는 행위가 완료된 후에 비로소 실패임이 밝혀진다. 시간은 흐른다. 꿈은 바뀐다. 자기는 늘 다다르지 못한 지점에 있다. 보부아르 되기의 개별적 순간은 극적일 만큼 다양하다. 하지만 시몬 드 보부아르의 삶에서 배울 점은 바로 이것이다. 아무도 저 홀로 자기가 되지는 않는다.

| 감사의 말 |

　이 책이 언제 시작됐는지—그리고 이 책에 영감을 주고 지지해준 이들에 대한 감사가 언제 끝날지도—알기란 어렵다. 철학과 프랑스 문학을 향한 나의 사랑을 북돋아주고 지지해준 프랑수아즈 벨리스, 랜들 모리스, 메그 베르너, 패멀라 수 앤더슨, 잔 트뤼텔, 미셸 르 도외프, 조지 패티슨, 마르셀 델보아보트, 그리고 나의 가족에게 감사한다.

　이 책은 내가 바라본 보부아르의 모습을 제시하지만 수많은 보부아르 연구자들의 선구적인 업적을 토대로 삼았다. 특히 마거릿 사이먼스와 일리노이대학 출판부가 펴낸 보부아르 연구 시리즈의 번역자, 편집자, 서론부 필진 들과 미셸 르 도외프, 엘리자베트 팔레즈, 소니아 크룩스, 벨 훅스, 낸시 바워, 스텔라 샌퍼드, 메릴 알트먼, 토릴 모이, 토베 패터슨, 바버라 클로에게 감사한다. 국제시몬드보부아르학회원들이 따뜻하고 너그럽게 토론을 나눠준 덕분에 그들이 바라본 보부아르의 일면들로 내가 본 보부아르가 더욱 풍성해졌음에 감사한다.

　모호한 프랑스 서평들을 추적하면서 연구를 도와준 에런 가브리엘 휴즈에게 감사를 전한다. 베르그송 마니아로서의 활력을 되찾아준 에밀리 헤링, 보부아르가 받은 독자 편지들에 대한 분석을 공유해준 마린 루슈, 예일대학 바이네케 희귀본 및 필사본 도서관, 갈리마르 출판사 아카이브의 에리크 르장드르, 기사와 자료 출처에 대해서 애기를 나눠준 장루이 자넬, 특히 이 책을 위해서 일부러 인터뷰를 해주고 그 후에 내가 제기한 질문에 답변을 해준 실비 르 봉 드 보부아르에게 감사를 전한다.

이 책은 블룸스버리 출판사의 리자 톰프슨의 열성이 아니었으면 결코 나오지 않았을 것이고 톰프슨의 통찰 넘치는 비판이 없었다면 결코 지금과 같은 모습이 아닐 것이다. 열성과 비판, 양쪽 모두에 깊이 감사한다. 블룸스버리 출판사에서 이 프로젝트에 함께해준 데이지 에드워즈, 루시 러셀, 킬리 리그던에게도 감사한 마음을 전한다. 진행 중인 원고를 읽어준 익명의 모니터링 독자들, 그리고 클레어 칼라일과 수재나 립스컴에게 감사한다.

프로젝트가 여러 단계를 거치는 동안 관심과 성원을 보내준 옥스퍼드대학, 휴스턴대학 철학과, 런던 킹스 칼리지의 동료와 학생 들에게 감사를 드린다.

작가라면 누구나 책 한 권을 쓰려면 마을 하나가 필요하다는 것을 안다. 나는 친구와 가족으로 이루어진 그 마을에 진심으로 고마움을 전한다. 특히 소피 데이비스존스, 멜러니 굿윈, 필리스 굿윈, 수지와 톰, 나오미와 조지프, 메리와 아드, 엔절라와 사이먼에게 감사한다.

마지막으로 "시몬 드 보부아르가 누구예요?" 같은 짓궂은 질문으로 나에게 창의성과 영감을 주는 아이들과 나의 남편 '다른 누구도 아닌 바로 당신'에게 고마움을 전한다.

보부아르 저작 약칭

A 작별의 의식*Adieux: A Farewell to Sartre*(원서명: *La Cérémonie des adieux*), trans. Patrick O'Brian, London: Penguin, 1984.

ADD 미국 여행기*America Day by Day*(원서명: *L'Amérique au jour le jour*), trans. Carol Cosman, Berkeley: University of California Press, 1999.

AMM 모든 사람은 죽는다*All Men Are Mortal*(원서명: Tous les hommes sont mortels), trans. Euan Cameron and Leonard Friedman, London: Virago, 2003.

ASD 결국에는 *All Said and Done*(원서명: *Tout compte fait*), trans. Patrick O'Brian, London: Penguin, 1977.

BB 브리지트 바르도와 롤리타 신드롬*Brigitte Bardot and the Lolita Syndrome*, trans. Bernard Frechtman, London: Four Square, 1962. First published in Esquire in 1959.

BI 아름다운 이미지*Les Belles Images*, Paris: Gallimard, 1972.

BO 타인의 피*The Blood of Others*(원서명: *Le Sang des autres*), trans. Yvonne Moyse and Roger Senhouse, London: Penguin, 1964.

CC 서신교환*Correspondence croisée*, Paris: Gallimard, 2004.

CJ 청춘수첩*Cahiers de jeunesse*, Paris: Gallimard, 2008.

DPS 철학과 학생의 일기*Diary of a Philosophy Student: Volume I, 1926 – 27*, ed. Barbara Klaw, Sylvie le Bon de Beauvoir and Margaret Simons, Urbana: University of Illinois Press, 2006.

EA 애매성의 윤리를 위하여*Ethics of Ambiguity*(원서명: *Pour une morale* *de l'ambiguïté*), trans. Bernard Frechtman, New York: Citadel Press, 1976.

FC 상황의 힘*Force of Circumstance*(원서명: *La Force des choses*), trans. Richard Howard, London: Penguin, 1987.

FW 페미니즘에 대한 글*Feminist Writings*, ed. Margaret A. Simons and Marybeth Timmerman, Urbana: University of Illinois Press, 2015.

LM 대장정*The Long March*(원서명: *La Longue Marche*), trans. Austryn Wainhouse, London: Andre Deutsch and Weidenfeld & Nicholson, 1958.

LS 사르트르에게 보낸 편지*Letters to Sartre*(원서명: *Lettres à Sartre*), trans. Quentin Hoare, New York: Arcade, 1991.

M 레 망다랭*The Mandarins*(원서명: *Les Mandarins*), trans. Leonard Friedman, London: Harper Perennial, 2005.

MDD 견실한 젊은 여성의 회고*Memoirs of a Dutiful Daughter*(원서명: *Mémoires d'une jeune fille rangée*), trans. James Kirkup, London: Penguin, 2001.

MPI 회고록 제1권*Memoires*, tome I, ed. Jean-Louis Jeannelle and Eliane Lecarme-Tabone, Bibliotheque de la Pleiade, Paris: Gallimard, 2018.

MPII 회고록 제2권*Memoires*, tome II, ed. Jean-Louis Jeannelle and Eliane Lecarme-Tabone, Bibliotheque de la Pleiade, Paris: Gallimard, 2018.

OA 노년*Old Age*(원서명: *La Vieillesse*), trans. Patrick O'Brian, Harmondsworth: Penguin, 1977.

PL 생의 한창때*The Prime of Life*(원서명: *La Force de l'âge*), trans. Peter Green, London: Penguin, 1965.

PW 철학적 글 모음*Philosophical Writings*, ed. Margaret Simons with Marybeth Timmerman and Mary Beth Mader, Chicago: University of Illinois Press, 2004.

PolW 정치적 글 모음*Political Writings*, ed. Margaret Simons and Marybeth Timmerman, Chicago: University of Illinois Press, 2012.

QM 전시의 평온한 순간들*Quiet Moments in a War: The Letters of Jean-Paul Sartre and Simone de Beauvoir 1940–1963*, trans. Lee

Fahnestock and Norman MacAfee, London: Hamish Hamilton, 1993.

SCTS 초대받은 여자*She Came to Stay*(원서명: *L'Invitée*), trans. Yvonne Moyse and Roger Senhouse, London: Harper Perennial, 2006.

SS 제2의 성*The Second Sex*(원서명: *Le Deuxième Sexe*), trans. Constance Borde and Sheila Malovany-Chevallier, London: Vintage, 2009.

SSP *The Second Sex*, trans. H. M. Parshley, New York: Random House, Vintage, 1970.

TALA 넬슨 올그런에게 보낸 편지*A Transatlantic Love Affair: Letters to Nelson Algren*, New York: New Press, 1998.

TWD 위기의 여자*The Woman Destroyed*(원서명: *La Femme rompue*), trans. Patrick O'Brian, London: Harper Perennial, 2006.

UM 쓸모없는 입들*The Useless Mouths*(원서명: *Les Bouches inutiles*)' and Other Literary Writings, ed. Margaret A. Simons and Marybeth Timmerman, Urbana: University of Illinois Press, 2011.

VED 아주 편안한 죽음*A Very Easy Death*(원서명: *Une mort très douce*), trans. Patrick O'Brian, New York: Pantheon, 1965.

WD 전쟁 일기*Wartime Diary*(원서명: *Journal de guerre*), ed. Margaret A. Simons and Sylvie le Bon de Beauvoir, Urbana: University of Illinois Press, 2009.

WML 내 생애의 증인: 장폴 사르트르가 시몬 보부아르에게 보낸 편지*Witness to My Life: The Letters of Jean-Paul Sartre to Simone de Beauvoir*, 1926 – 1939, ed. Simone de Beauvoir, trans. Lee Fahnestock and Norman MacAfee, London: Hamish Hamilton, 1992.

WT 정신이 우선시되는 때*When Things of the Spirit Come First: Five Early Tales*(원서명: *Quand prime le spirituel*), trans. Patrick O'Brian, London: Flamingo, 1982.

들어가는 글: 우리는 보부아르를 얼마나 알고 있는가?

1) DPS 266, 28 May 1927.

2) Toril Moi, *Simone de Beauvoir: The Making of an Intellectual Woman*, 2nd edn, Oxford: Oxford University Press, 2008, p. 26를 보라.

3) Claude Jannoud, 'L'Œuvre: Une vulgarisation plus qu'une création', *Le Monde*, 15 April 1986.

4) Moi, *Simone de Beauvoir*, p. 27.

5) Beauvoir, 'Existentialism and Popular Wisdom', PW 218.

6) Sandrine Sanos, *Simone de Beauvoir: Creating a Feminist Existence in the World*, Oxford: Oxford University Press, 2017, p. 118.

7) SS 3.

8) DPS 57, 7 August 1926.

9) FC 288.

10) Henri Bergson, *Time and Free Will: An Essay on the Immediate Data of Consciousness*, New York: Dover, 2001, p. 178.

11) Ovid, Tristia III.iv.25, cited in Descartes (Descartes, Letter to Mersenne), April 1634, *Oeuvres de Descartes*, ed. Charles Adam and Paul Tannery, volume I, Paris: Cerf, 1897, pp. 285–6.

12) PL 22.

13) Annie Cohen-Solal, *Sartre: A Life*, London: Heinemann, 1987, p. 86.

14) http://www.bbc.com/culture/story/20171211-were-sartre-and-de-beauvoir-the-worlds-first-modern-couple

15) Madeleine Gobeilin an interview with Simone de Beauvoir, 'The Art of Fiction No. 35', *Paris Review* 34, (Spring–Summer 1965).

16) Hazel Rowley, *Tête-à-tête: The Lives and Loves of Simone de Beauvoir and Jean-Paul Sartre*, London: Vintage, 2007, p. ix.

17) MDD 344.

18) SdB, Margaret A. Simons and Jane Marie Todd, 'Two Interviews with Simone de Beauvoir', *Hypatia* 3(3) (1989): 13에서 인용.

19) Alice Schwarzer, *Simone de Beauvoir Today: Conversations 1972–1982*, London: Hogarth Press, 1984, p. 13.

20) 여기에 표시된 출간 연도는 모두 프랑스어 초판본 기준이다.

21) 마거릿 사이먼스가 지적했듯이 보부아르가 사르트르에게 보낸 편지 영어판은 프랑

스어 원본 분량의 3분의 1 가량을 삭제했기 때문에 이런 면에서 유용하지 않다. 1939년 11월에서 12월까지의 일기만 보더라도 《초대받은 여자》 집필과 관련한 38개 언급이 전부 삭제되었다(Margaret Simons, 'Introduction', PW 5).

22) 이 편지들은 예일대학 내 '바이네케 희귀본과 필사본 도서관'에서 열람 가능하다.

23) PL 8.

24) Robert D. Cottrell, *Simone de Beauvoir*, New York: Frederick Ungar, 1975, p. 95.

25) "그녀는 창의성이 없고 자기 자신을 잊을 줄 모른다." P. de Boisdeffre, 'LA REVUE LITTERAIRE: Deux morts exemplaires, un meme refus: Jean Genet et Simone de Beauvoir', *Revue des deux mondes* (1986): 414-28.

26) SS 166.

27) DPS 77, 21 August 1926.

28) Bianca Lamblin, *A Disgraceful Affair*, trans. Julie Plovnick, Boston: "Northeastern University Press, 1996 [Fr. 1993], p. 161.

29) *CJ*, 758, 2, 3, 4 September 1929, "내 사유의 견줄 데 없는 친구(l'ami incomparable de ma pensée)."

30) 보부아르가 넬슨 올그런에게 보낸 편지, 8 August 1948, TALA 208.

31) Virginia Woolf, *A Room of One's Own*, in *A Room of One's Own/Three Guineas*, London: Penguin Classics, 2000, p. 32.

32) William Barrett, *Irrational Man: A Study in Existential Philosophy*, New York: Doubleday, 1958, pp. 231-2를 보라.

33) 'Simone De Beauvoir', *The Times* [London, England] 15 April 1986: 18. The Times Digital Archive. Online 24 March 2018.

34) Deirdre Bair, *Simone de Beauvoir: A Biography*, London: Jonathan Cape, 1990, p. 514.

35) https://www.the-tls.co.uk/articles/private/sartres-sex-slave/

36) Moi, *Simone de Beauvoir*, pp. 44-5.

37) Moi, *Simone de Beauvoir*, p. 39.

38) bell hooks, 'True Philosophers: Beauvoir and bell', in Shannon M. Mussett and William S. Wilkerson (eds), *Beauvoir and Western Thought from Plato to Butler*, Albany, NY: SUNY Press, 2012, p. 232.

39) Rowley, *Tête-à-tête*, p. 13.

40) Elizabeth Bachner, 'Lying and Nothingness: Struggling with Simone de Beauvoir's Wartime Diary, 1939-1', *Bookslut*, November 2008.

41) Richard Heller, 'The Self-centred Love of Madame Yak-yak', *The Mail on Sunday*, 1 December 1991, 35.

42) To the 1978 edition of *le Petit Robert*. Preface to 'Everyday Sexism', Notes, FW 241를 보라.

43) bell hooks, 'Beauvoir and bell', p. 231.

44) Sarah Churchwell, *The Many Lives of Marilyn Monroe*, New York: Picador, 2005, p. 33.

45) François Mauriac, 'Demande d'enquête', *Le Figaro* (1949), 30 May. 그리고 Ingrid Galster, *Le Deuxième Sexe de Simone de Beauvoir*, Paris: Presse universitaire Paris-Sorbonne, 2004, p. 21도 보라. 보부아르도 해당 장을 발표한 후의 반응을 언급한 바 있다(FC 197).

46) 예를 들어 밀이 공평무사함과 "네 이웃을 네 몸처럼 사랑하라."는 명령을 논한 대목을 보라(《공리주의》, 제2장). 칸트도 이 명령을 《도덕 형이상학의 기초 놓기》 1절에서 다루었다.

47) Laurie A. Rudman, Corinne A. Moss-Racusin, Julie E. Phelan and Sanne Nauts, 'Status Incongruity and Backlash Effects: Defending the Gender Hierarchy Motivates Prejudice against Female Leaders', *Journal of Experimental and Social Psychology* 48 (2012): 165–79.

48) 다음의 심리학 논문들을 보라. Z. Kunda and R. Sanitioso, 'Motivated Changes in the Self-concept', *Journal of Experimental Social Psychology* 25 (1989): 272–85; R. Sanitioso, Z. Kunda and G. T. Fong, 'Motivated Recruitment of Autobiographical Memories', *Journal of Personality and Social Psychology* 59 (1990): 229–41; R. Sanitioso and R. Wlordarski, 'In Search of Information that Confirms a Desired Self-perception:Motivated Processing of Social Feedback and Choice of Social Interactions', *Personality and Social Psychology Bulletin* 30 (2004): 412–22.

49) Voltaire, 'Première Lettre sur Oedipe' in Oeuvres (1785)   vol. 1.

50) Carolyn Heilbrun, *Writing a Woman's Life*, London: The Women's Press, 1988, p. 30.

51) 정신분석학적 전기나 마르크스주의 전기는 유년기의 의미심장한 경험이나 경제나 그 외 사회 구조를 통해서 인간을 이해하려 한다. James Conant, 'Philosophy and Biography', lecture given at a symposium on 'Philosophy and Biography', 18 May 1999를 참조하라.

52) BO 39.

53) EA 20.

54) SS 88.

55) PC 120.

56) Bair, p. 13.

57) 보부아르가 사르트르에게 쓴 편지, 24 April 1947, LS 451.

58) 'A story I used to tell myself ', UM 159.

59) DPS 297, 29 July 1927.

60) Schwarzer, *Simone de Beauvoir Today*, p. 86; DPS 296, 29 July 1927.

61) Virginia Woolf, 'Not One of Us', October 1927, CE IV, p. 20(Hermione Lee, *Virginia Woolf*, London: Vintage, 1997, p. 773 n. 42에서 인용).

1장 부르주아 집안의 맏딸

1) 출생 증명서에 기록된 이름의 원래 철자는 'Simonne'이었다.

2) 주소는 몽파르나스 대로 103번지였지만 엘렌 드 보부아르는 그들의 집이 라스파유 대로 쪽에 있었다고 말한다. 엘렌 드 보부아르가 디어드레이 베어에게 쓴 편지를 보라(Bair, p. 620 n. 18).

3) 베어는 베르트랑 드 보부아르 가문의 역사를 12세기, 즉 파리대학의 공동 설립자이자 성 안셀무스의 제자에게까지 거슬러 올라갈 수 있으며 이 집안은 중소 귀족이었다고 밝힌다. 그러나 실비 르 봉 드 보부아르는 나와 함께 한 인터뷰에서 엘렌 드 보부아르의 회고록(HdB p. 14)을 제시하며 이를 부정했다. 보부아르의 어린 시절에 대해서는 MDD, VED, Bair, 엘렌 드 보부아르의 회고록(*Souvenirs*, Paris: Séguier, 1987), 실비 르 봉 드 보부아르가 MPI에 수록한 '연대기'를 참조했다.

4) MDD 37.

5) Sylvie Le Bon de Beauvoir, 'Chronologie', MPI lv; 베어가 시몬 드 보부아르와 엘렌 드 보부아르 인터뷰를 바탕으로 한 이 대목의 서술에 대해서는 Bair, pp. 27-30을 보라.

6) SdB(Bair, p. 620 n. 19에서 인용).

7) MDD 37.

8) MDD 42.

9) HdB, *Souvenirs*, p. 13.

10) MDD 75, 24, 25.

11) HdB, *Souvenirs*, p. 16.

12) MDD 23.

13) MDD 36, 51.

14) HdB, Souvenirs, p. 44.

15) HdB, Souvenirs, p. 58.

16) MDD 43.

17) SLBdB, 'Chronologie', 1915, MPI lvii. 보부아르의 《견실한 젊은 여성의 회고》에는 이 이야기가 언급되지 않고 여덟 살 때인 1916년 10월에 쓴 89쪽짜리 '피클 가족'이 자기가 쓴 최초의 이야기라고 언급된다. 그녀가 어릴 때 쓴 다른 이야기들도 남아 있지만 출간은 되지 않았다. 그중에는 동생에게 헌정한 '자노 라팽 이야기'(1917~1918년, 보부아르의 손글씨로 54쪽 분량), '콩트와 이야기 모음'(1918~1919년, 19쪽 분량), '여름 방학', '두 친구의 편지'(1919년 6월, 23쪽 분량) 등등이 있다.

18) MDD 61.

19) MDD에는 신원 보호를 위해 엘리자베트 마빌(Elisabeth Mabille)이라는 이름으로 지칭했다.

20) Helene de Beauvoir(Bair, p. 133에서 인용).

21) MDD 114.

22) DPS 67, 16 August 1926.

23) VED 33.

24) MDD 38.

25) MDD 41, 82.

26) MDD 41.

27) Bair, p. 47에서 인용.

2장 결혼을 거부한 철학 교사

1) MDD 72.

2) MDD 106.

3) MDD 16.

4) MDD 71.

5) Bair, p. 51.

6) Helene de Beauvoir(Bair, p. 58에서 인용).

7) MDD 97.

8) MDD 131.

9) VED 35.

10) Thion de la Chaume(HdB, *Souvenirs*, p. 27에서 인용).

11) MDD 66.

12) MDD 29.

13) MDD 30.

14) MDD 55.

15) *Entretiens avec Simone de Beauvoir* [1965], in Francis Jeanson, *Simone de Beauvoir ou l'entreprise de vivre*, Paris: Seuil, 1966(Deguy and Le Bon de Beauvoir, *Simone de Beauvoir: Ecrire la liberté*, Paris: Gallimard, 2008, p. 99 에서 인용).

16) MDD 121.

17) MDD 36.

18) SLBdB, 'Chronologie', MPI lix. 1919년 7월에 어머니가 시몬에게 《작은 아씨들》을 주었다.

19) SdB, in interview with Madeleine Gobeil, 'The Art of Fiction No. 35', Paris Review 34 (Spring – Summer 1965.

20) MDD 85.

21) MDD 109.

22) 보부아르는 로리가 에이미와 결혼하는 대목을 읽고 책을 집어던졌다. 조가 나이 많은 교수와 결혼해서 학교를 세우기 위해 "집필을 중단하는" 대목에서는 그 남자의 "난데없는 침범"에 화가 났다(MDD 104-5[SS에서도 언급]).

23) DPS 63, 12 August 1926.

24) MDD 140.

25) VED 36-7.

26) MDD 166.

27) MDD 131.

28) BO 10-11.

29) HdB, *Souvenirs*, p. 29.

30) Bair, p. 55.

31) VED 35.

32) MDD 57.

33) SS 320.

34) MDD 92.

35) Bair, pp. 79-80를 보라.

36) SS 378.

37) HdB, *Souvenirs*, p. 36.

38) MDD 176.

39) MDD 121.

40) 일례로 CJ 744, 3 August 1929를 보라.

41) MDD 152를 보라.

42) Félicien Challaye to Amélie Gayraud, in Amélie Gayraud, *Les Jeunes filles d'aujourd hui*, Paris: G. Oudin, 1914, pp. 281-3.

43) Bair, p. 90.

44) MDD 157.

45) MDD 158.

46) MDD 101-2, 107을 보라.

47) MDD 160.

48) MDD 160.

49) Claude Bernard, *Introduction to the Study of Experimental Medicine*, 85(Margaret Simons and Hélène N. Peters, 'Introduction' to 'Analysis of Bernard's *Introduction*', Beauvoir, PW 18에서 인용).

50) Bernard, *Introduction to the Study of Experimental Medicine*, 37, 38, 39, 73(Margaret Simons and Hélène N. Peters, 'Introduction' to 'Analysis of Bernard's *Introduction*', Beauvoir, PW 18에서 인용).

51) 프랑스어 문장은 "On ne naît pas libre, il le devient."이다. 이 문장은 보부아르가 썼던 철학 교과서(Charles Lahr, S.J., *Manuel de philosophie résumé du cours de philosophie*, Paris: Beauchesne, 1920, p. 366)에도 인용되어 있다. 시인 랭보가 썼다는 말도 있고, 스피노자의 자유의 철학을 간결하게 요약한 말로 통용되기도 한다. 가령 Alain Billecoq, 'Spinoza et l'idée de tolérance', *Philosophique* 1(1998): Spinoza, pp. 122-42를 보라.

52) Alfred Fouillée, *La Liberté et le déterminisme*, 3rd edn, Paris: Alcan, 1890를 보라. 보부아르는 회고록에서 푸예의 주도적 관념이 철학 수업의 읽기 과제였다고 말했지만 정확히 어떤 저서를 가리키는지는 알 수 없다. 푸예는 1890~1907년 사이에 주도적 관념을 다루는 책 세 권을 썼다. *L'Évolutionisme des idées-forces*(1890), *La psychologie des idées-forces*(1893), *La Morale des idées-forces*(1907). MDD 157, MPI 146을 보라.

53) MDD 160.

54) Moi, *Simone de Beauvoir*, p. 42; HdB, *Souvenirs*, p. 67.

55) SLBdB, 'Chronologie', MPI lxi를 보라.

56) MDD 208.

57) DPS 58-61, 66, 특히 16 August 1926를 참조하라.

58) Simone de Beauvoir, *Carnets* 1927, 미발표 자필문, MS, Bibliothèque Nationale, Paris, 54-5(Margaret A. Simons, 'Introduction' to 'Literature and Metaphysics', PW 264에서 인용).

59) PL 265-6.

60) DPS 55, 6 August 1926.

61) DPS 55, 6 August 1926.

62) DPS 63, 12 August 1926.

63) DPS 63, 12 August 1926.

64) DPS 65, 63를 보라.

65) DPS 67, 16 August 1926.

66) SLBdB, 'Chronologie', MPI lxi

67) DPS 68, 17 August 1926.

68) DPS 112, 12 October 1926를 보라.

69) DPS 162, 5 November, 1926.

70) DPS 164, 5 November 1926.

71) Bair, p. 112를 보라.

72) Elizabeth Fallaize, *The Novels of Simone de Beauvoir*, London: Routledge, 1990, p. 84를 참조하라.

73) MDD 171-3.

74) DPS 232, 20 April 1927.

75) MDD 195.

76) DPS 246-8, 6 May 1927.

77) DPS 246-8, 6 May 1927.

78) MDD 82. 〈이사야〉 6장 8절. 아브라함도 〈창세기〉 22장 1절에서 동일한 표현을 쓰는데 특히 칸트와 키르케고르가 이 대목을 들어 아케다(이삭의 결박)의 윤리를 논한 것으로 유명하다.

79) MDD 188.

80) MDD 193.

81) DPS 265, 28 May 1927.

82) DPS 277, 7 July 1927.

83) DPS 279, 10 July 1927.

84) DPS 274, 29 June 1927.

85) MDD 158.

86) Bair, p. 119를 보라.

87) DPS 163, 5 November 1927.

88) 헤겔의 즉자와 대자 개념에 사르트르가 '추가'했다고 여겨지는 범주 '대타(pour autrui)'는 사실 사르트르와 보부아르 둘 다 십 대 시절에 탐독했던 알프레드 푸예의 저작에 이미 있었다(Herbert Spiegelberg, *The Phenomenological Movement: A Historical Introduction*, volume 2, The Hague: Springer, 2013, 472-3를 참조하라). 그리고 보부아르의 '안으로부터'와 '밖으로부터' 구분도 이미 베르그송 형이상학에서 유사한 구분을 볼 수 있다(*The Creative Mind: An Introduction to Metaphysics*, trans. Mabelle L. Anderson, New York: Citadel Press, 1992를 참조하라).

89) Bair, p. 124를 보라.

3장 신을 사랑하는가, 인간을 사랑하는가?

1) CJ 255-62, 4 January 1927.

2) George Pattison and Kate Kirkpatrick, *The Mystical Sources of Existentialist Thought*, Abingdon: Routledge, 2018, 특히 chapters 3, 4를 참조하라.

3) MDD 234-43.

4) MDD 239.

5) Bair, p. 124를 보라.

6) MDD 262.

7) DPS 277, 7 July 1927.

8) MDD 314. '인격'은 앙리 베르그송과 보부아르가 이 시기에 탐독한 다른 철학자들이 다루었던 개념이다. 베르그송은 《시간과 자유 의지》에서 "우리 행위가 전 인격에서 솟아 나올 때, 행위가 자유를 표현할 때, 행위가 예술가와 그의 작품 사이에서 때때로 발견되는 규정할 수 없는 닮음을 지닐 때 우리는 자유롭다."고 했다. 보부아르는 그 후 레옹 브륀슈비크의 지도로 라이프니츠 철학을 주제로 한 학위 논문을 쓴다. 라이프니츠는 정치학과 윤리학의 참다운 시점이 '타인의 자리'라고 보았다. La Place d'autrui est le vrai point de perspective' in Jean Baruzi, *Leibniz : Avec de nombreux textes inédits*(Paris: Bloud et cie, 1909), p. 363를 보라.

9) MDD 265.

10) DPS 277, 7 July 1927.

11) 내가 알기로 이 논문은 남아 있지 않다. 이 사실은 실비 르 봉 드 보부아르와 장루이 자넬의 대화로도 확인되었다.

12) MDD 295.

13) Bair, p. 124.

14) MDD 137.

15) MDD 138.

16) MDD 138.

17) CJ 771, 'résumé de ma vie'.

18) MDD 74.

19) MDD 125.

20) MDD 132.

21) MDD 161.

22) HdB, *Souvenirs*, p. 39.

23) HdB, *Souvenirs*, p. 43.

24) MDD 41.

25) MDD 138.

26) MDD 141.

27) DPS 262, 21 May 1927.

28) DPS 284, 18 July 1927.

29) 여기서 보부아르는 희한하게도 '이성'은 남성, '마음'은 여성과 연결한다. 그도 그럴 것이 프랑스 철학에서는 '마음'이 별개의 인식 기능을 하기 때문이다. "마음은 이성이 알지 못하는 이유들을 안다."는 블레즈 파스칼의 유명한 말처럼, 마음은 추론 대신 직관이나 욕망의 작용을 따라 나름대로 근거 있는 판단을 내린다.

30) Jules Lagneau, *De l'existence de Dieu*, Paris: Alcan, 1925, pp. 1-2, 9. 라뇨는 신의 존재에 대한 이성적 논증은 완전성을 향한 욕망에 바탕을 둔 '정신적 증거'보다 설득력이 떨어진다고 보았다.

31) DPS 289, 20 July 1927.

32) DPS 299, 1 August 1927.

33) CJ 733, 20 July 1929를 보라.

34) DPS 303, 304, 5 and 6 August 1927.

35) DPS 311, 7 September 1927.

36) UM 363-4에 포함된 1928년 자필 원고 '소설 노트'를 참조하라.

37) 원문은 'libre de se choisir(자유로이 자기를 선택한)', '소설 노트', UM 355.

38) Jean Lacroix, *Maurice Blondel: Sa vie, son oeuvre, avec un exposé de sa philosophie* (Paris: Presses Universitaires de France, 1963), p. 33에서 인용.

39) '소설 노트', UM 367.

40) DPS 315, 3 October 1927.

41) Bair, p. 137에서 인용.

42) MDD 349−60를 보라.

43) MDD 354에서 인용.

4장 비버와 고등사범학교 친구들

1) MDD 323.

2) MDD 313.

3) 프랑스어 원문은 "la douceur d'être femme". Résumé de September 1928−929, CJ 766.

4) 실라 로보섬(Sheila Rowbotham)은 보부아르가 "연애를 시작했다."고 표현했고 ('Foreword' to SS 12) 풀브룩(2008)은 그들이 성적 친밀감까지 쌓았을 거라 추정하지만 필자는 보부아르의 글에서 그런 추정의 근거는 찾을 수 없다고 본다. Edward Fullbrook and Kate Fullbrook, *Sex and Philosophy: Rethinking de Beauvoir and Sartre*, London: Continuum, 2008를 보라.

5) Bair, p. 129.

6) MDD 321.

7) SLBdB, 'Chronologie', MPI lxv.

8) CJ 704, 22 June 1929.

9) CJ 709, 25 June 1929.

10) MDD 331에서 인용. 일기의 원문은 CJ 707, 25 June 1929.

11) MDD 331−2.

12) Bair, pp. 144, 142−3.

13) HdB, *Souvenirs*, p. 90.

14) A 245.

15) Sartre, Jean-Paul, with Michel Contat and Alexandre Astruc, *Sartre by Himself*, New York: Urizen Books, 1978, pp. 21−2.

16) MDD 334.

17) CJ 720, Monday 8 July 1929를 보라.

18) CJ 721, 10 July 1929를 보라.

19) Sartre, Jean-Paul, with Michel Contat and Alexandre Astruc, *Sartre by Himself*, New York: Urizen Books, 1978, p. 23. CJ 723, Thursday 11 July 1929도 함께 보라.

20) MDD 337.

21) CJ 724, 12 July 1929.

22) CJ 727, 14 July 1929.

23) CJ 730-1, 16 July 1929.

24) MMD 339.

25) CJ 731, 17 July 1929.

26) CJ 731, 17 July 1929.

27) *Le Nouvel Observateur*, 21 March 1976, 15; cited in Gerassi, *Jean-Paul Sartre: Hated Conscience of His Century*, vol. 1, London: University of Chicago Press, 1989, p. 91.

28) 14 July 1929 journal entry, *Zaza: Correspondence et carnets d'Elisabeth Lacoin (1914-29)*, Paris: Seuil, 1991, pp. 304, 367.

29) CJ 731, 17 July 1929.

30) CJ 734, 22 July 1929.

31) CJ 738-9, 27 July 1929.

32) Jean-Paul Sartre, *Écrits de jeunesse*, Paris: Gallimard, 1990, 293 ff를 보라.

33) CJ 740, 29 July 1929.

34) CJ 731, 17 July 1929; MDD 343-4.

35) MDD 344.

36) Bair, pp. 145-6; FF 16.

37) CJ 734, 22 July 1929.

38) Maurice de Gandillac, cited in Cohen-Solal, *Sartre*, p. 116.

39) Moi, 2008, p. 37.

40) Moi, 2008, pp. 44-5.

41) MDD 343.

42) Moi, 2008, p. 71.

43) Ralph Waldo Emerson, 'Considerations by the Way', from *Complete Works*, vol. 6, 'The Conduct of Life', 1904.

44) CJ 734, 22 July 1929.

5장 사랑의 철학적 실험

1) CJ 744, 3 August 1929.

2) Bair, p. 148.

3) CJ 734, 22 July 1929.

4) CJ 749, 8 August 1929.

5) Letter from Helene de Beauvoir(Bair, p. 148에서 인용).

6) CJ 749-50를 보라.

7) CJ 753.

8) CJ 756.

9) CJ 757.

10) CJ 757.

11) CJ 757.

12) CJ 758, 2, 3, 4 September 1929, 원문은 "l'ami incomparable de ma pensée".

13) CJ 759, 2, 3, 4, September 1929.

14) DPS 76, 21 August 1926.

15) CJ 760, 6, 7, 8 September 1929.

16) CJ 762, 10 September 1929.

17) Gerassi, *Jean-Paul Sartre*, p. 90. 마외도 제라시와 한 또 다른 인터뷰에서 자기가 보부아르의 첫사랑이라고 말했다. Bair, p. 628를 보라.

18) PL 62.

19) CJ 763.

20) Alice Schwarzer, *After the Second Sex: Conversations with Simone de Beauvoir*, trans. Marianne Howarth, New York: Pantheon Books, 1984, p. 84.

6장 자기만의 방

1) VED 40.

2) PL 12. SLBdB, 'Chronologie', MPI lxvi.

3) WT 50.

4) PL 14.

5) CJ 789.

6) CJ 788, 24 September 1929.

7) CJ 788, 24 September 1929.

8) CJ 783, 20 September 1929.

9) 사르트르가 이 구분을 제시하는 대목은 PL 19을 보라. 일기에서 이 구분이 등장하는 대목으로는 CJ 801-2, 14 October 1929를 보라.

10) DPS 274, 29 June 1927.

11) PL 22.

12) PL 24.

13) PL 27.

14) PL 25.

15) CJ 801−2.

16) CJ 807.

17) CJ 808, 23 October 1929.

18) CJ 808, 814.

19) PL 15−16.

20) CJ 815, 3 November 1929.

21) CJ 825, 12 December 1929.

22) CJ 824, 12 December 1929.

23) CJ 828, 13 December 1929.

24) SdB to Sartre, 6 January 1930, LS 3에 그대로 옮겨진 마외의 편지.

25) CJ 824, 12 December 1929.

26) PL 52−3.

27) CJ 839, 9 June 1930.

28) CJ 839, 9 June 1930.

29) HdB, *Souvenirs*, pp. 71, 96.

30) 보부아르가 쇼펜하우어에게서 얻은 바는 Christine Battersby, 'Beauvoir's Early Passion for Schopenhauer: On Becoming a Self'를 참조하라.

31) PL 52.

32) CJ 839.

33) CJ 842, 6 September 1930.

34) CJ 842, 6 September 1930.

35) CJ 814−15.

36) 사르트르가 1926년에 시몬 졸리베에게 보낸 편지(날짜 미상), *Witness to My Life*, pp. 16−17.

37) PL 40.

38) PL 41.

39) PL 42. MDD 343−5도 함께 보라.

40) MDD 145.

41) CJ 827.

42) SS 710.

43) PL 70−74.

44) PL 47.

45) PL 61.

46) CJ 848-9, 31 October 1930.

47) CJ 848-9, 31 October 1930.

48) PL 59.

49) PL 51.

50) PL 54.

51) FC 287.

52) Cohen-Solal, *Sartre*, p. 43.

53) PL 82.

54) PL 71.

55) PL 56.

56) PL 57.

57) PL 76.

58) PL 78.

59) PL 88.

60) Bair, p. 177.

61) PL 94.

62) PL 95.

63) PL 80, 101.

64) PL 106

65) Bair, p. 176.

66) Colette Audry, 'Portrait de l'écrivain jeune femme', *Biblio* 30(9), November
1962: 3-5.

67) Bair, p. 173, 오드리와 한 인터뷰 인용.

68) PL 128.

69) PL 128.

70) Bair, p. 201에서 인용.

71) PL 16.

72) PL 134.

73) PL 129.

74) 장루이 비엘라르바롱(Jean-Louis Viellard-Baron)은 나중에 프랑스 철학에서 '현상
학적 접근'과 종교 연구로 꼽을 만한 것이 바로 베르그송의 '구체적 형이상학'이라
고 주장한다. 'Présentation' to Jean Baruzi, *L'Intelligence Mystique*, Paris: Berg,

1985, p. 16을 보라.

75) DPS 58–61, 66 especially 16 August 1926를 보라.

76) Anon. 'Views and Reviews', *New Age* 1914 (15/17): 399. 이 부분을 지적해준 에밀리 헤링에게 고마움을 표한다.

77) PL 143.

78) PL 145.

79) PL 17, 18.

80) PL 15.

81) SLBdB, 'Chronologie', MPI lxx. 노지에르 사건에 대해서는 Sarah Maza, *Violette Nozière: A Story of Murder in 1930s Paris*, Los Angeles: University of California Press, 2011를 보라.

82) PL 149.

83) PL 181.

84) SLBdB, 'Chronologie', MPI lxxii–xxiii.

85) 다음을 참조하라. Cohen-Solal, *Sartre*, pp. 99–100. Jean-Pierre Boulé, *Sartre, Self-formation, and Masculinities*, Oxford: Berghahn, 2005, p. 165.

86) PL 184.

87) PL 186.

88) Cohen-Solal, *Sartre*, p. 100.

89) PL 153.

90) PL 162.

91) WD 87.

92) Jean-Paul Sartre, *War Diaries*, trans. Quintin Hoare, London: Verso, 1984, p. 76, 로돌프 토퍼(Rodolphe Töpffer)를 인용한 것.

93) 니콜라우스 쿠자누스(Nicolaus Cusanus)와 그 외 많은 이들이 신을 절대자로 칭한다. WD 77; PL 207.

94) PL 107.

95) PL 206–9.

96) PL 210.

97) PL 213.

98) SdB to Sartre, 28 July 1935, LS 6–7.

99) PL 212.

100) PL 222.

101) Eliane Lecarme-Tabone, 'Simone de Beauvoir's "Marguerite" as a Possible

Source of Inspiration for Jean-Paul Sartre's "The Childhood of a Leader"',
trans. Kevin W. Gray, in Christine Daigle and Jacob Golomb, *Beauvoir &
Sartre: The Riddle of Influence*, Bloomington: Indiana University Press, 2009
를 보라.

102) Jean-Louis Jeannelle and Eliane Lecarme-Tabone, 'Introduction', MPI x를 보라.

7장 보부아르 '패밀리'

1) HdB, *Souvenirs*, p. 115.

2) Julia Kristeva and Philippe Sollers, *Marriage as a Fine Art*, trans. Lorna Scott
Fox, New York: Columbia University Press, 2016, p. 6.

3) 올가가 시청 혼인 신고서에 출생 연도를 1917년으로 수정하긴 했지만 1915년이 맞
다. Hazel Rowley, *Tête-à-tête*, p. 59를 보라.

4) PL 165.

5) PL 166.

6) WML 249, SdB to Sartre, 24 January 1940.

7) 존 제라시의 올가 코사키에비치 인터뷰. 9 May 1973, Gerassi collection at Yale.

8) PL 218-19; WML, S to SdB, 3 May 1937.

9) PL 220.

10) PL 220.

11) Beauvoir, 'Jean-Paul Sartre', PW 232.

12) PL 221.

13) SdB, interview with Madeleine Gobeil, 'The Art of Fiction No. 35', *Paris
Review* 34 (Spring-Summer 1965).

14) SdB(Bair, p. 194에서 인용).

15) Rowley, p. 357에서 인용. SdB to Olga, 6 September 1935; Sylvie Le Bon de
Beauvoir archives.

16) PL 226.

17) PL 239.

18) PL 261.

19) PL 246.

20) PL 260.

21) PL 260.

22) DPS 267, 3 June 1927.

23) 디어드레이 베어와 한 인터뷰, Bair, p. 200에서 인용.

24) PL 276-7.

25) Bair, p. 203.

26) PL 288, 290.

27) PL 315.

28) PL 316.

29) SdB to S, 10 September 1937, in LS 9.

30) *Nouvelle Revue Française*, January 1970, p. 78에서 인용.

31) Sylvie Le Bon de Beauvoir, 'Avant-propos' to *Correspondences croisées*, p. 8.

32) PL 327에서 인용.

33) Bair, p. 197.

34) Sarah Hirschman, 'Simone de Beauvor: professeur de lycée', *Yale French Studies* 22 (1958-9), Jacques Deguy and Sylvie Le Bon de Beauvoir, *Simone de Beauvoir: Ecrire la liberté*, Paris: Gallimard, 2008에서 인용.

35) Lamblin, *A Disgraceful Affair*, p. 18; Jacqueline Gheerbrant and Ingrid Galster, 'Nous sentions un petit parfum de soufre...' Lendemains 94 (1999): 42.

36) SdB to Bost, 28 November 1938, CC 136.

37) SdB to Sartre, 19 January 1940, LS 262.

38) Lamblin, *A Disgraceful Affair*, p. 25.

39) 비앙카는 디어드레이 베어의 전기가 나오면서 (실명을 밝히지 않는다는) 보부아르와 한 합의가 깨지자 자기 쪽에서도 처녀 때 이름 비앙카 랑블랭으로 그들의 관계에 대한 책을 썼다. (랑블랭이 그토록 오랜 세월이 지난 후 책을 쓰게 된 이유에 대해서는 pp. 13-15를 보라.)

40) 알리스 슈바르처와 한 인터뷰. Schwarzer, *Simone de Beauvoir Today*, p. 112.

41) Lamblin, *A Disgraceful Affair*, pp. 6, 25를 보라.

42) Lamblin, *A Disgraceful Affair*, pp. 6, 9.

43) Lamblin, *A Disgraceful Affair*, pp. 8-9.

44) Lamblin, *A Disgraceful Affair*, p. 171.

45) Lamblin, *A Disgraceful Affair*, pp. 6-7.

46) WML, undated, Sunday July 1938, p. 145.

47) SdB to Sartre, 15 July 1938, LS 16.

48) SdB to Sartre, 27 July 1938, LS 21(원서의 영문 번역은 저자의 수정).

49) Bost to SdB, 6 August 1938, CC 52.

50) CC 74와 그 외 여러 곳.

51) Bost to SdB, 3 August 1938, CC 47.

52) SdB to Bost, 30 July 1938, CC 33.

53) SdB to Bost, 22 August 1938, CC 57.

54) SdB to Bost, 21 September 1938 CC 86; SdB to Bost, 27 August 1938, CC 62.

55) Sylvie Le Bon de Beauvoir, Avant-propos to CC 12.

56) SdB to Sartre, 6 July 1939, LS 30.

57) SdB to Bost, 28 August 1938, CC 64.

58) Bost to SdB, 13 September 1938, CC 79.

59) SdB to Bost, 21 September 1938, CC 84.

60) SdB to NA, 8 August 1948, TALA 209.

61) SdB to Bost, 25 August 1938, CC 59.

62) SdB to Bost, 2 September 1938, CC 69.

63) SdB to Bost, 28 November 1938, CC 136.

64) Lamblin, *A Disgraceful Affair*, p. 5를 보라.

65) Lamblin, *A Disgraceful Affair*, p. 39.

66) SdB to Bost, 5 February 1939, CC 233.

67) (정확히는) "타인의 의식은 어떤 종류의 실재인가?" SdB to Bost, 24 May 1939, CC 373.

68) Bost to SdB, 25 May 1939, CC 376.

69) SdB to Bost, 4 June 1939, CC 386.

70) Bost to SdB, 7 June 1939, CC 391.

71) SdB to Bost, 8 June 1939, CC 397.

72) PL 319-20.

8장 파리의 레지스탕스

1) WD 40, 2 September 1939.

2) Bair, p. 201.

3) WD 51, 5 September 1939.

4) WD 85, 3 October 1939.

5) André Gide, *The Journals of André Gide*, trans. Justin O'Brien, New York: Knopf, 1948, vol. II: 1914-27, p. 91, 16 October 1914.

6) WD 61, 14 September 1939.

7) WD 63-70, 16-19 September 1939.

8) WD 73, 20 September 1939.

9) WD 75, 22 September 1939.

10) WML 275, 2 October 1939.

11) Jean-Paul Sartre, *Carnets de la drole de guerre*, Paris: Gallimard, 1995, pp. 116–21, 10 and 11 October 1939. 이 1995년도 판본에는 프랑스어 초판본과 영어 초판본에 빠졌던 일기의 첫 번째 권(1939년 9~10월)이 들어가 있다.

12) WD 105, 15 October 1939.

13) WD 120, 20 October 1939.

14) WD 86, 4 October 1939.

15) WD 98, 11 October 1939.

16) WD 119, 29 October 1939.

17) Sartre to SdB, 30 October 1939, WML 322–3.

18) WD 129–30, 2 November 1939.

19) SdB to Algren, 8 August 1948, TALA 208.

20) WD 132–3, 3 November 1939.

21) 표창 건에 대해서는 WD 109를 보라.

22) WD 143, 147, 9–12 November 1939.

23) Annabelle Martin Golay, *Beauvoir intime et politique*: *La fabrique des Memoires*, Villeneuve d'Ascq: Presses Universitaires du Septentrion, 2013, p. 147을 보라.

24) WD 144, 10 November 1939.

25) WD 147, 11 November 1939.

26) WD 147–9를 보라.

27) WD 157, 16 November 1939; WD 159.

28) WD 176–7, 2 December 1939.

29) WD 192, 14 December 1939. 마리 빌의 발언에 대해서는 WD 187를 보라. 마리 빌은 보부아르의 회고록과 일기에 마리 지라르라는 이름, 혹은 "달(月) 여성"이라는 애칭으로 등장한다.

30) SdB to Sartre, 11 December 1939, LS 206.

31) SdB to Sartre, 14 December 1939. *Lettres à Sartre*, p. 351 (French edition).

32) WD 192, 13 December 1939.

33) SdB to Sartre, 21 December 1939, LS 223.

34) WD 210, 30 December 1939.

35) WD 210, 30 December 1939.

36) SdB to Sartre, 14 December 1939. *Lettres à Sartre*, p. 350. 같은 날 일기에는 "하지만 그가 자기 윤리학의 내용을 어떻게 만들 수 있을지 모르겠다."라고 썼다(14 December 1939, WD 192).

37) Beauvoir(Bair, p. 270에서 인용).

38) SdB to Sartre, 12 January 1940, LS 252.

39) Lamblin, *A Disgraceful Affair*, p. 90를 보라.

40) WD 217-20를 보라.

41) Sartre to SdB, 12 January 1940, QM 25.

42) SdB to Sartre, 14 January 1940, LS 255.

43) Sartre to SdB, 16 January 1940, QM 31.

44) Sartre to SdB, 17 January 1940, QM 33.

45) Sartre to SdB, 19 January 1940, LS 261.

46) Sartre to SdB, 18 February 1940, QM 61.

47) Sartre to SdB, 19 February 1940, QM 64.

48) SdB to Bost, 5 February 1939, CC 234.

49) SdB to Sartre, 18 February 1940, LS 277.

50) Sartre to SdB, 29 February 1940, QM 87-8.

51) SdB to Sartre, 4 March 1940, in LS 285.

52) Lamblin, *A Disgraceful Affair*, p. 9.

53) Lamblin, *A Disgraceful Affair*, p. 86.

54) SdB to Sartre, 27 February 1940, LS 279.

55) Sartre to SdB, 28 February 1940, QM 85.

56) SdB to Sartre, 1 March 1940, LS 282.

57) SdB to Sartre, 4 March 1940, LS 285.

58) LS 311을 보라.

59) SLBdB, 'Chronologie', MPI lxxix.

60) Sartre to SdB, 29 May 1940, QM 206.

61) SdB to Sartre, 11 July 1940, LS 312.

62) SdB to Sartre, 11 July 1940, LS 315.

63) 더 자세히 알고 싶은 독자는 Ursula Tidd, *Simone de Beauvoir*, London: Reaktion, 2009, p. 70.를 보라.

64) Bair, pp. 242-3.

65) Sandrine Sanos, *Simone de Beauvoir*, p. 88.

66) Simone de Beauvoir, *La Force de l'âge*, Paris: Gallimard, 1960, p. 549.

67) PL 456-7.

68) PL 456-8. WD 304-9도 함께 보라.

69) WD 304, 6 July 1940.

70) Lamblin, *A Disgraceful Affair*, p. 89.

71) Lamblin, *A Disgraceful Affair*, pp. 94, 92.

72) WD 318, 19 November 1940.

73) WD 320, 9 January 1941.

74) WD 320, 21 January 1941.

75) VED 104.

76) VED 31.

77) VED 15.

78) VED 42.

79) Sylvie Le Bon de Beauvoir, 'Chronologie', MPI lxxxiii.

80) 1790년대 프랑스에서 동성애는 처벌 대상이 아니었다. 그러나 1942년 8월 6일에 비시 정부는 동성 간 성관계에 합의 가능한 연령을 21세로 대폭 높였다. 이성 간 성관계는 기존의 13세 기준이 계속 유지되다가 1945년에야 15세로 높였다(형법 334조 [1945년 2월 8일에 331조로 이동], 법률명령 45-190, 프랑스공화국임시정부).

81) Ingrid Galster, *Beauvoir dans tout ses états*, Paris: Tallandier, 2007.

82) 보부아르가 선구적이었을지언정 적어도 1942~1943년에 카미유 세 고등학교에서 현상학을 가르쳤던 것은 사실이다. 그녀의 제자였던 주느비에브 셰벨은 보부아르의 수업 과정이 "현상학의 시각으로 통합되어 있었다."고 하면서 당시 프랑스 대학에서도 가르치지 않았던 "후설과 하이데거를 그토록 빼어난 지적 능력으로 일찌감치 소개해주어" 감사하다고 했다. Genevieve Sevel, 'Je considère comme une grande chance d'avoir pu recevoir son enseignement(나는 그녀의 가르침을 받았다는 것을 크나큰 행운으로 여긴다)', *Lendemains* 94 (1999): 48.

83) SdB to Sartre, 20 January 1944, LS 380를 보라.

84) Ingrid Galster, 'Simone de Beauvoir et Radio-Vichy: A propos de quelques scenarios retrouvés', *Romanische Forschungen* 108. Bd. H. 1/2 (1996): 112-32.

85) LS 384 n. 320; 'Chronologie', MPI lxxxi를 보라.

9장 윤리적 실존주의의 탄생

1) WD 320, 21 January 1941.

2) PL 434.

2) PL 434.

3) SCTS 343.

4) PL 340.

5) SCTS 6-7.

6) Angela Carter, 'Colette', *London Review of Books* 2(19) 2 October 1980: 15-17.

7) Edward Fullbrook and Kate Fullbrook, *Sex and Philosophy*, London: Continuum, 2008, 79 & passim.

8) PL 434.

9) VED 68을 보라.

10) SCTS 108.

11) SCTS 17.

12) SCTS 16.

13) SCTS 158.

14) SCTS 159.

15) SCTS 124, 207, 297, 337을 보라.

16) SCTS 244.

17) Claude Francis and Fernande Gontier, *Les écrits de Simone de Beauvoir*, Paris: Gallimard, 1979, p. 16. SCTS 371을 보라.

18) SdB to Sartre, LS 21.

19) SCTS, chapter 8.

20) 'Introduction', MPI: xii.

21) 《결국에는》 관련 '노트', MPI 984.

22) LS 381 n. 318을 보라.

23) 학계 전문 자료에 따르면 일곱 편의 글이 여기에 해당하는데 사르트르가 대필을 부탁했는지 보부아르가 자원해서 그렇게 했는지는 분명치 않다. Ursula Tidd, 'Some Thoughts on an Interview with Sylvie le Bon de Beauvoir', *Simone de Beauvoir Studies* 12 (1995): 22-3.

24) PL 46.

25) Jean-Paul Sartre, *Being and Nothingness*, trans. Hazel Barnes, London: Routledge, 2003, p. 647.

26) Sartre, *Being and Nothingness*, 627.

27) PC 90.

28) PC 92. 저자가 수정한 번역. 프랑스어 명사 'enfant'이 남성형이라는 이유로 영어판에는 남자아이가 눈물을 흘린 것처럼 번역되어 있다. 하지만 이 사연은 시몬 자신의

유년기 경험으로서 나중에 《견실한 젊은 여성의 회고》에도 소개되었다. 그래서 필자가 '여자아이'로 수정해서 옮겼음을 밝혀 둔다.

29) PC 93.

30) PC 107.

31) 그렇지만 여기서 보부아르는 "신이 존재하는지 나는 모른다."(PC 116)라고 말한다.

32) PC 118.

33) 중요한 것은 사르트르의 "에고(the ego)의 초월"이 제시하는 것과 같은 "자기로부터의 자유"가 아니라 윤리적 자아가 되는 자유다. 보부아르 연구자 다수가 이 주제에 대해서 훌륭한 분석을 제시했는데 Karen Vintges, 'Introduction' to 'Jean Paul Sartre', PW 223 – ; 'Simone de Beauvoir: A Feminist Thinker for the Twenty-First Century' in Margaret Simons (ed.) *The Philosophy of Simone de Beauvoir*, Bloomington, IN: Indiana University Press, 2006; Sonia Kruks, *Situation and Human Existence: Freedom, Subjectivity, and Society*, London: Unwin Hyman, 1990; Nancy Bauer, *Simone de Beauvoir, Philosophy, and Feminism*, New York: Columbia University Press, 2001 등등을 참조할 만하다.

34) LS 389, SdB to Sartre, 13 December 1945.

35) Lamblin, *A Disgraceful Affair*, p. 170.

36) FC 75.

37) 'Dominique Aury, 'Qu'est-ce que l'existentialisme? Escarmouches et patrouilles', *Les Lettres françaises*, 1 December 1945, p. 4, cited in Simons, 'Introduction', PW 11 n. 14.

10장 문학과 철학의 경계에서

1) Cohen-Solal, *Sartre*, p. 237를 보라.

2) SdB to S, 26 July 1945, LS 386 n. 321.

3) FC 46.

4) Jean Lacroix, 'Charité chrétienne et justice politique', *Esprit* 1945 (February).

5) BO, back cover.

6) BO 128.

7) BO 129.

8) BO 174.

9) UM 3.

10) BO 9.

11) BO 17.

12) BO 51.

13) BO 102.

14) 장의 태도는 BO 106, 마르셀의 태도는 BO 126를 보라.

15) PL 607.

16) FC 44, 45.

17) WD 322, 29 January 1941.

18) UM 66.

19) SdB to her mother, in Bair, p. 267.

20) A. Collingnon, 'Bouches inutiles aux Carrefours', *Opéra*, 31 October 1944.

21) FC 59.

22) Jean-Jacques Gautier, writing in *Figaro*, cited in Maragaret A. Simons, 'Introduction' to 'Literature and Metaphysics', PW 263.

23) UM 25에서 인용.

24) Emmanuel Levinas, in Jean Wahl, *Petite histoire de 'l'existentialisme'*, Paris: Editions Club Maintenant, 1946, pp. 84-6.

25) 1946년에 동명의 제목인 책으로 출간되었다.

26) Maurice Merleau-Ponty, 'Metaphysics and the Novel', trans. Hubert Dreyfus and Patricia Allen Dreyfus, *Sense and Nonsense*, Evanston, IL: Northwestern University Press, p. 28. First published as 'Le roman et la metaphysique', *Cahiers du sud* 270 (March 1945).

27) 'Literature and Metaphysics', PW 270.

28) 'Literature and Metaphysics', PW 274. 보부아르는 '문학과 형이상학'에서 형이상학(세계를 이해하는 방식)을 피력한 철학자들을 '체계의' 철학자와 '주관의' 철학자 두 부류로 구분한다. 전자의 철학자(아리스토텔레스, 스피노자, 라이프니츠)는 주관성이나 시간성에 관심이 없기 때문에 소설을 쓸 필요를 느끼지 않는다. 그러나 키르케고르 같은 철학자는 개인의 독자성이 시간 속에서 전개되는 양상의 진실을 전하기 원하므로 문학 형식을 이용하고 싶을 것이다.

29) Jonathan Webber, *Rethinking Existentialism*, Oxford: Oxford University Press, 2018, p. 3를 보라.

30) FC 164.

31) Bair, p. 302.

32) 'Existentialism and Popular Wisdom', PW 210.

33) 'Existentialism and Popular Wisdom', PW 214.

34) 'Existentialism and Popular Wisdom', PW 204, 205.

35) 'Existentialism and Popular Wisdom', PW 216.

36) 'Existentialism and Popular Wisdom', PW 213.

37) FC 27. LS 390 n. 350도 보라.

38) SdB to JPS, 25 January 1946, LS 400.

39) SdB to Sartre, 18 January 1946, LS 395.

40) SdB to Sartre, 18 January 1946, LS 397.

41) Sartre to SdB, February 1946 (n.d.), QM 274.

42) Sartre to SdB, February 1946 (n.d.), QM 275.

43) Cohen-Solal, *Sartre*, p. 279.

44) *TIME* (1946) 'Existentialism', 28 January, 28-9.

45) Sartre to SdB January 1946 (n.d.), QM 274. 사르트르는 1946년 2월에도 비슷한 애기를 글로 써서 보냈다.

46) Jean-Pierre Boulé, *Sartre, Self-Formation and Masculinities*, p. 168.

47) Beauvoir, 'An Eye for an Eye', in Margaret Simons, ed., *Philosophical Writings*, Urbana: University of Illinois Press, pp. 245-60, 이 대목은 p. 257을 보라.

48) FC 87.

49) FC 78.

50) FC 84.

51) *Labyrinthe*, Sylvie le Bon de Beauvoir, 'Chronologie', xc. FC 92를 보라.

52) ASD 105.

53) 예를 들어 *Letters to Sartre*, 25 January 1946("우리에게 갑자기 30만 프랑이 들어왔어요.")를 보라. 1950년대 편지에도 '우리의 재정'이 언급된다(SdB to Sartre, 20 August 1950, LS 472를 보라).

54) FC 171.

55) FC 70, 84.

56) 'Introduction to an Ethics of Ambiguity', PW 290.

57) FC 103.

58) DPS 259, 19 May 1927.

59) DPS 284, 19 July 1927.

60) WD 3 November 1939.

61) WD 133.

62) SdB, in SdB, Simons and Todd, 'Two Interviews with Simone de Beauvoir', *Hypatia* 3:3 (1989): 17.

63) *La Force de l'âge*, p. 417, cited in Simons, 2010, p. 921.

64) Sartre to SdB, QM 277-8.

65) AMM 187.

66) FC 72.

67) FC 75.

68) SSP 187.

69) Elizabeth Fallaize, *The Novels of Simone de Beauvoir*, p. 83.

70) FC 73.

71) FC 72.

11장 미국으로 간 파리지앵

1) SdB to Sartre, 26 January 1947, LS 412.

2) PL 138-41.

3) ADD 15.

4) SdB to Sartre, 30 January 1947, LS 415.

5) Margaret Simons, 'Introduction' to FW 2를 보라.

6) Bair, p. 389를 보라.

7) SdB to Sartre, 11 February 1947, LS 425.

8) Gunnar Myrdal, with Richard Sterner and Arnold Rose, *An American Dilemma:The Negro Problem and Modern Democracy*, New York: Harper, 1944, Appendix 3.

9) 'The Talk of the Town', *The New Yorker*, 22 February 1947.

10) Beauvoir, 'Problems for Women's Literature', 23 February 1947, *France-Amérique* 14. Translated by Veronique Zaytzeff and Frederick Morrison, in FW 24.

11) Beauvoir 'Problems for Women's Literature', FW 25.

12) 'Women of Letters', in FW 30.

13) SdB to Sartre, 28 February 1947, LS 433.

14) 'Chicago's Bowery', *The Chicago Tribune*, 13 November 1910.

15) SdB to Sartre, 28 February 1947, LS 433.

16) SdB to NA, 12 March 1947, TALA 13.

17) ADD 72.

18) Nancy Bauer, 'Introduction' to 'Femininity: The Trap', in FW 39를 보라.

19) ADD 40; and LS 419, 423, 427, 430.

20) 'Femininity: The Trap', FW 43.

21) 'Femininity: The Trap', FW 46.

22) ADD 330-34.

23) *Daily Princetonian*, 22-24 April 1947, Francis and Gontier에서 인용, *Les écrits de Simone de Beauvoir, Textes inédits ou retrouvés*, Paris: Gallimard, 1979, p. 147

24) ADD 57.

25) ADD 272.

26) ADD 58.

27) SdB to Sartre, 24 April 1947, LS 451.

28) Simons 182. Diane Rubenstein, ' "I hope I am not fated to live in Rochester": America in the Work of Beauvoir', *Theory & Event* 15:2 (2012)를 참조하라.

29) SdB to Sartre, 8 May 1947, LS 454.

30) SdB to S, 8 May 1947, *Lettres à Sartre*, p. 355.

31) SdB to NA, 17 May 1947, TALA 15.

32) SdB to NA, 18 May 1947, TALA 16.

33) SdB to NA, 17 January 1954, TALA 490.

34) SdB to NA, 23 May 1947, TALA 18.

35) SdB to NA, 24 May 1947, TALA 19.

36) ADD 236-48; Margaret Simons, *Beauvoir and The Second Sex: Feminism, Race, and the Origins of Existentialism*, New York: Rowman & Littlefield, 2001, p. 177도 함께 보라.

37) SdB to NA, 1 December 1947, TALA 113.

38) SdB to NA 23 July 1947, TALA 51.

39) Nelson Algren, 'Last Rounds in Small Cafés: Remembrances of Jean-Paul Sartre and Simone de Beauvoir', *Chicago*, December 1980, p. 213. Bair, pp. 335-6에서 인용.

40) SdB to NA, 26 September 1947, TALA 66.

41) Isabelle Grell, *Les Chemins de la liberté de Sartre: genèse et écriture (1938-1952)*, Bern: Peter Lang, 2005, p. 155. 스윙이 나중에 한 말에 대해서는 Hazel Rowley, Tête-à-tête, p. 187를 보라(이 인터뷰는 2002년에 한 것이다). 사르트르가 스윙에게 보낸 편지 62통은 뉴욕 모건도서관이 소장하고 있다. 사르트르는 보부아르에게 보내는 편지에서 스윙을 "귀여운 사람"으로 지칭했다(QM 282).

42) EA 101.

43) EA 71.

44) EA 40.

45) EA 66.

46) EA 71.

47) Jean-Louis Jeannelle and Eliane Lecarme-Tabone, 'Introduction', MPI xl. 영어책 으로는 Webber, *Rethinking Existentialism*를 보라.

48) A. de Waelhens, compte-rendu de Francis Jeanson, *Le problème moral et la pensée de Sartre*, *Revue Philosophique de Louvain* 1948 (10): 229.

49) Beauvoir, 'What is Existentialism?', PW.

50) SdB to NA, Friday, 20 August 1948, TALA 213.

51) FC 170.

52) SdB to NA, 3 August 1948, TALA 206.

53) SdB to NA, 8 August 1948, TALA 208.

54) SdB to NA, Friday, 20 August 1948, TALA 210, 212.

55) SdB to NA, Friday, 20 August 1948, TALA 214.

56) SdB to NA, 26 August 1948, TALA 216.

57) SdB to NA, 31 December 1948, TALA 254.

58) John Gerassi, *Talking with Sartre: Conversations and Debates*, New Haven: Yale University Press, 2009, p. 32에서 인용한 사르트르의 인터뷰.

12장 《제2의 성》 스캔들

1) PL 62.

2) TALA 184. 하지만 보부아르가 읽은 부분은 너무 수위가 높다는 이유로 책이 완성된 1954년에는 삭제되었다. 《황폐》의 1부에 해당하는 이 부분은 2000년에야 《테레즈와 이자벨》이라는 제목으로 출간되었다.

3) DPS 77, 21 August 1926.

4) Gisela Kaplan, *Contemporary Western European Feminism*, London: UCL Press, 1992, p. 163.

5) Rosie Germain, 'Reading *The Second Sex* in 1950s America', *The Historical Journal* 56(4): 2013: 1041-62, p. 1045.

6) Allison Guidette-Georis, 'Georges Sand et le troisième sexe', *Nineteenth Century French Studies* 25 (1/2): 41-9, p. 41에서 인용한 플로베르의 표현.

7) SS 25.

8) SS 32.

9) SS 13.

10) SS 37.

11) 이것은 보부아르의 회고록에 나와 있는 시기다. 실비 르 봉 드 보부아르가 갈리마르 출판사 아카이브를 토대로 삼아 파악한 정확한 날짜는 5월 24일과 10월 28일이다(SL BdB, 'Chronologie', MPI xcvi–xcvii를 보라).

12) FC 199.

13) SS 475, 476.

14) Schwarzer, *Simone de Beauvoir Today*, p. 71.

15) François Mauriac, 'Demande d'enquête', Le Figaro, (1949), 30 May. Ingrid Galster, Le Deuxième Sexe de Simone de Beauvoir, Paris: Presse universitaire Paris-Sorbonne, 2004, p. 21을 보라. 보부아르 자신도 원고 선공개가 몰고 온 반응을 FC 197에서 다루었다.

16) FC 197.

17) Ingrid Galster, *Le Deuxième Sexe de Simone de Beauvoir*, p. 45 n. 33. 전체 글에는 보부아르의 클리토리스까지 언급한다.

18) FC 196.

19) SS 46.

20) Marie-Louise Barron, 'De Simone de Beauvoir à Amour Digest. Les croisés de l' emancipation par le sexe', *Les Lettres françaises* (1949), 23 June. Ibid. p. 128.

21) Armand Hoog, 'Madame de Beauvoir et son sexe', *La Nef* (1949), August. Ibid. p. 161.

22) FC 192ff.

23) Brooke Horvath, *Understanding Nelson Algren*, Columbia, SC: University of South Carolina Press, 2005, p. 7에서 인용.

24) FC 207.

25) SS 330.

26) SS 644.

27) Claire Laubier (ed.), *The Condition of Women in France, 1945–Present: A Documentary Anthology*, London: Routledge, 1990, p. 1.

28) SS 607.

29) SS 641, 644.

30) SS 645.

31) SdB to Sartre, 19 January 1940, LS 262에서 인용.

32) SS 724-5.

33) SS 310, 311.

34) MDD 148.

35) SS 442.

36) PL 327에서 인용.

37) SS 816.

38) SS 37. 보부아르는 여성이 일부일처제 안에서 남편 혹은 자녀를 진심으로 사랑할 수 있다는 사실을 부정하지 않았다. 다만 그 사랑의 필요조건은 일부일처제나 모성 그 자체가 아니라 특정 여성이 그러한 소명을 실현할 수 있는 '상황'이다. 그렇지만 《제2의 성》 초기 독자들은 보부아르의 주장에 너무 충격을 받은 나머지 이런 뉘앙스까지 섬세하게 읽어내지 못했다.

39) André Rousseaux, 'Le Deuxième Sexe', *Le Figaro littéraire* (1949), 12 November. Ibid. p. 210.

40) Emmanuel Mounier, *L'Esprit*, December 1949.

41) FC 200.

42) Ingrid Galster, ' "The limits of the abject": The Reception of *The Second Sex* in 1949', in *A Companion to Simone de Beauvoir*, ed. Laura Hengehold and Nancy Bauer, Oxford: Wiley-Blackwell, 2017, p. 40을 보라.

43) Galster, ' "The limits of the abject", p. 39에서 인용.

44) SS 127.

45) 이 부분에 대해서는 《제2의 성》에서 보부아르가 도입한 방법을 탁월하게 분석한 Manon Garcia, *On ne naît pas soumise, on le devient*, Paris: Flammarion, 2018, p. 93을 참조하라.

46) Garcia, *On ne naît pas soumise*, p. 109를 보라.

47) George Eliot, *Middlemarch*, Oxford: Oxford University Press, 1988, p. 159.

48) 보부아르가 《제2의 성》에서 구사한 현상학적 방법에 대해서는 Garcia, *On ne naît pas soumise*, p. 124 ff를 보라.

49) 'Simone de Beauvoir: Le Deuxième Sexe', actualité du livre, Institut National de l'Audiovisuel, France. https://www.ina.fr/audio/PH806055647/simone-de-beauvoir-le-deuxieme-sexe-audio.html

50) 1958년 1월 29일에 어느 독자가 보낸 이 편지는 Marine Rouch, ' "Vous êtes descendue d'un piédestal": une appropriation collective des Mémoires de Simone de Beauvoir par ses lectrices (1958-1964)' *Litterature* 191 (September

2018): 72에서 인용했다.

51) Michèle Le Doeuff, *Hipparchia's Choice: An Essay Concerning Women and Philosophy*, trans. Trista Selous, New York: Columbia University Press, 2007, p. 34.

52) 예를 들어 보부아르가 헤겔에 의존한 탓에 그녀의 저작이 "남성 중심적"이 되었고 때로는 "여성 혐오에 가까워진다"고 보았던 Eva Lundgren-Gothlin, *Sex and Existence: Simone de Beauvoir's The Second Sex*, trans. Linda Schenck, Hanover, NH: Wesleyan University Press, 1996를 보라.

53) C. B. Radford, 'Simone de Beauvoir: Feminism's Friend or Foe?' Part II, *Nottingham French Studies* 7 (May 1968): 44. "원기 왕성한 분노"에 대해서는 Margaret Crosland, *Simone de Beauvoir: The Woman and Her Work*, London: Heinemann, 1992, p. 359를 보라.

54) Kathryn T. Gines(Kathryn Sophia Belle), 'Comparative and Competing Frameworks of Oppression in Simone de Beauvoir's *The Second Sex*', *Graduate Faculty Philosophy Journal* 35 (1–2) (2014): 251–73.

55) Beauvoir, 'Introduction to *Women Insist*', trans. Marybeth Timmerman, in FW 250.

56) Moi, *Simone de Beauvoir*, p. 28.

13장 가톨릭 금서, 《레 망다랭》

1) 'Chronologie', MPI xcviii를 보라.

2) 'It's About Time Women Put a New Face on Love', *Flair* 1(3), April 1950: 76–7. Included in FW.

3) 'It's About Time', FW 76.

4) 'It's About Time', FW 78.

5) 'It's About Time', FW 79.

6) SdB to Sartre, early July 1950, *Lettres à Sartre*, p. 370.

7) SdB to Sartre, 2 September 1950.

8) SdB to Sartre, 20 August 1950, LS 474.

9) FC 245.

10) TALA 434.

11) SdB to NA, 30 October 1951 TALA 434, 435.

12) SdB to NA, 30 October 1951, TALA 436.

13) FC 267-8.

14) SdB to NA, 9 November 1951, TALA 440.

15) Sylvie Chaperon, 'The reception of The Second Sex in Europe', *Encyclopédie pour une histoire nouvelle de l'Europe*, 2016.

16) SdB to NA, 3 December 1951, TALA 446.

17) FC 170.

18) FC 291.

19) FC 268. 1952년에 사르트르가 《성 주네》에서 보부아르의 관점을 채택했다는 분석으로는 Webber, *Rethinking Existentialism*을 보라.

20) FC 269.

21) FC 296-7.

22) FC 291.

23) FC 291.

24) Sartre, in 'Sartre on Literature and Politics: A Conversation with Redmond O' Hanlon', *The Crane Bag* 7(1), *Socialism and Culture* (1983): 83.

25) Claude Lanzmann to SdB; Sylvie Le Bon de Beauvoir archives(Rowley, *Tete-a-tete*, p. 214에서 인용).

26) FC 294.

27) Gerassi interview with Sartre, 12 March 1971.

28) Josée Dayan and Malka Ribowska, *Simone de Beauvoir*를 보라. 1978년에 만들어진 이 영화를 바탕으로 동명의 책도 나왔다(Gallimard: Paris, 1979).

29) FC 297.

30) FC 297-8.

31) FC 298. '패밀리'의 일원이 됐다는 내용은 Claude Lanzmann, *The Patagonian Hare: A Memoir*, trans. Frank Wynne, London: Atlantic Books, 2012, p. 244를 보라.

32) Lanzmann, *Patagonian*, p. 265.

33) Lanzmann, *Patagonian*, p. 259.

34) 예일대학에 넘긴 편지는 112통이지만 2008년에 란즈만은 3백여 통을 가지고 있다고 말했다. Claude Lanzmann, 'Le Sherpa du 11bis', in Julia Kristeva, Pascale Fautrier, Pierre-Louis Fort, Anne Strasser (eds) (Re)*Découvrir l'oeuvre de Simone de Beauvoir: Du Deuxième Sexe à La Cérémonie des Adieux*, Paris: Le Bord de L'eau, 2008, p. 20을 보라.

35) Franck Nouchi, 'L'exil américain des lettres d'amour de Simone de Beauvoir à

Claude Lanzmann', *Le Monde*, 19 January 2018에서 인용.

36) Introduction to SS 12를 보라.

37) Toril Moi, 'While We Wait: The English Translation of *The Second Sex*', *Signs* 27(4): 1005–35 (2002).

38) Blanche Knopf to Harold Parshley, 2 November 1951, Rosie Germain, 'Reading *The Second Sex* in 1950s America', *The Historical Journal* 56(4) 2013: 1041–62 에서 인용.

39) Parshley, 'Introduction', SSP vi.

40) Parshley, 'Introduction', SSP x.

41) Beauvoir, in SdB, Simons and Todd, 'Two Interviews with Simone de Beauvoir', p. 20.

42) Clyde Kluckholm, 'The Female of our Species', *New York Times Book Review*, 22 February 1953, 3, 33.

43) Charles J. Rolo, 'Cherchez la femme', *The Atlantic*, April 1953, 86.

44) Margaret Mead, in 'A SR Panel Takes Aim at *The Second Sex*', *Saturday Review*, 21 February 1953.

45) 미국에서 보부아르의 책은 '여성' 관련 도서군으로 분류되었다. 알프레드 킨제이의 《킨제이 보고서: 인간 수컷의 성적 행동》이 1946년에 나왔고 보부아르가 올그런에게 보낸 편지에 쓴 바람대로 여성의 성을 다룬 책들도 나오기 시작하는 중이었다. 애슐리 몬터규의《여성의 자연 우위》가 1952년에 나왔고 킨제이 보고서 여성판과 미라 코마로프스키의《현대 세계의 여성》이 1953년에 나왔다.

46) Carol Giardina, *Freedom for Women: Forging the Women's Liberation Movement, 1953–1979*, Gainesville: University Press of Florida, 2010, p. 79.

47) 1950년대 미국에서 《제2의 성》이 어떻게 받아들여졌는가에 대해서는 Rosie Germain, 'Reading *The Second Sex* in 1950s America'를 보라.

48) SdB to NA, April 1953, TALA 479.

49) Lanzmann, *Patagonian*, p. 235.

50) SdB to Sartre, summer 1953 (n.d.), LS 493.

51) SdB to NA, 15 February 1954, p. 492.

52) FC 323.

53) FC 326.

54) FC 328.

55) 'Les prix Goncourt et Renaudot', *Journal les actualités françaises*, 10 December 1954, Institut National de l'Audovisuel, France, https://www.ina.fr/

video/AFE85007180/les-prix-goncourt-et-renaudot-video.html

56) SdB to NA, 9 January 1955, p. 512.

57) Colette Audry, 'Notes pour un portrait de Simone de Beauvoir', *Les Lettres françaises*, 17−24 December, 1954, p. 5.

58) Beauvoir, 'A Story I Used to Tell Myself ' [1963], UM 159.

59) FC 328.

60) FC 282.

61) FC 283.

62) FC 328.

63) A. Blanchet, 'Les Prix littéraires', *Études* 284 (1955): 96−100, here p. 98.

64) G. Charensol, 'Quels enseignements peut-on tirer des chiffres de tirage de la production littéraire actuelle?', *Informations sociales* (1957): 36−45.

65) G. J. Joyaux, 'Les problèmes de la gauche intellectuelle et Les Mandarins de Simone de Beauvoir', *Kentucky Foreign Language Quarterly* 3 (1956): 121.

66) FC 328.

67) Doris Lessing, 'Introduction' to M 9.

68) M 48

69) M 107.

70) M 203.

71) TALA 511.

72) Lanzmann, *Patagonian*, p. 257.

73) FC 336.

74) SdB to S, late May 1954 [undated], LS 505.

75) FC 361.

76) FC 332.

77) PW 7.

78) 'What is Existentialism?' PW 324.

79) 'What is Exisentialism?' PW 324.

80) FC 358−9.

81) LM 32.

82) FC 487.

83) 필자는 란즈만의 편지를 직접 참조할 수 없었으나 이 편지는 1956년 8월에서 9월 사이에 쓴 것으로 예일대학 바이네케 희귀본 및 필사본 도서관에서 열람할 수 있다. 밀스의 주장은 *The Power Elite*, Oxford: Oxford University Press, 2000, p. 3을 보라.

84) Sandrine Sanos, *Simone de Beauvoir*, p. 117을 보라. Margaret Simons, 'Beauvoir's Ironic Sacrifice; or Why Philosophy Is Missing from her Memoirs'는 곧 발표될 예정이다.

85) TLM 130.

86) 이 정보는 NRF 출판사의 《제2의 성》(Paris: Gallimard) 1956 (tome I) and 1958 (tome II)를 참조했다.

87) TALA 526, 1 January 1957.

88) FC 398.

89) Unpublished journal, 25 May 1958, Sylvie Le Bon de Beauvoir archives, 'Introduction' to MPI ix에서 인용.

90) FC 443.

91) 필리프 르죈(*Le pacte autobiographique*, Paris: Seuil, 1975)이 말하는 "자서전의 규약", 즉 저자가 독자에게 진실만을 말하겠다고 하는 약속의 부재에 대해서는 'Notice', *Memoires d'une jeune fille rangée*, in MPI 1226를 보라.

92) 'Texte de Présentation de l'Édition Originale', Simone de Beauvoir, *Mémoires d'une Jeune Fille Rangée*', MPI 352.

93) 'essai sur l'écrivain'(MPI, 'Introduction', xv에서 인용).

94) FC 448.

95) Lanzmann, *Patagonian*, p. 329.

96) Lanzmann, *Patagonian*, p. 330.

97) FC 614.

98) 1959년 6월 20일자 편지. Marine Rouch, '"Vous êtes descendue d'un piédestal": une appropriation collective des Mémoires de Simone de Beauvoir par ses lectrices (1958–1964)' *Littérature* 191 (September 2018): p. 68에서 인용.

99) Marine Rouch, 'Vous êtes descendue d'un piédestal', p. 72를 보라.

100) 1959년 11월 15일자 편지. Rouch, 'Vous êtes descendue d'un piédestal', p. 71에서 인용.

101) MDD 360.

102) FC 456.

14장 국가 폭력의 저항자

1) 보부아르는 자기가 사르트르에게서 마지막으로 받은 편지가 1963년 7월 25일자이고 그 후로는 서로 전화로 소통했다고 말한다. QM 304.

2) SdB to NA, September 1959, TALA 530.

3) FC 466.

4) Lanzmann, *Patagonian*, p. 330.

5) *Brigitte Bardot and the Lolita Syndrome*, trans. Bernard Frechtman, London: Four Square, 1962. First published in *Esquire* in August 1959.

6) BB 36.

7) BB 30.

8) TALA 528, SdB to NA, 2 January 1959.

9) 'Chronologie', MPII xiv; xvi. 실비 르 봉 드 보부아르의 '연대기'를 통해서 출판에서 누락되었지만 아직도 남아 있는 일기들이 있음을 알았다. 그중 일부는 2018년 MPI, II에 수록되었다.

10) Simone de Beauvoir, *Extraits du journal*, May 1959, MPI 349.

11) Simone de Beauvoir, *Extraits du journal*, May 1959, MPI 349.

12) FC 479−80.

13) October 1959, QM 295.

14) Sartre to SdB, October 1959 [undated], QM 297.

15) FC 480.

16) FC 511.

17) FC 487.

18) 'Preface to *The Great Fear of Loving*', FW 84.

19) SLBdB, 'Chronologie', MPII xvii.

20) FC 503.

21) Nelson Algren, 'People', *Time*, 2 July 1956, p. 33.

22) SLBdB, 'Chronologie', MPII xvii.

23) SdB to NA, 1 January 1957, p. 526.

24) FC 506.

25) SdB to S, August 1958 (n.d.), LS 514를 보라.

26) Cohen-Solal, *Sartre*, p. 419 ff.

27) Cohen-Solal, *Sartre*, p. 428.

28) SLBdB, 'Chronologie', MPII xx.

29) SdB to NA, 16 November 1960, TALA 538.

30) Lamblin, *A Disgraceful Affair*, p. 148.

31) SdB, in interview with Madeleine Gobeil, 'The Art of Fiction No. 35', *Paris Review* 34 (Spring−Summer 1965).

32) 'Introduction' to MPI xxxviii를 보라.

33) SdB to NA, 16 November 1960, TALA 538.

34) SdB to NA, December 1960, TALA 539.

35) PL 220.

36) 프랑스어 원문은 다음과 같다. "The French text reads: 'il faudrait plutôt expliquer comment certains individus sont capables de mener à bein ce délire concerté qu'est un système et d'où leur vient l'entêtement qui donne à leurs aperçus la valeur des clés universelles. J'ai dit déjà que la condition féminine ne dispose pas à ce genre d'obstination.'"

37) PL 221.

38) SLBdB, 'Chronologie', MPII xxii.

39) David Macey, *Frantz Fanon: A Biography*, London: Verso Books, 2012, pp. 455-6.

40) FC 606-7.

41) FC 611.

42) SLBdB, 'Chronologie', MPII xxiii. 나중에 도난당한 원고의 일부가 개인 거래에 나왔다.

43) 이 집에 오래 살지는 않았다. 12월에는 라스파유 대로 222번지로 다시 이사했다.

44) ASD 306.

45) Cohen-Solal, *Sartre*, p. 406.

46) Gary Gutting, *Thinking the Impossible: French Philosophy Since 1960*, Oxford: Oxford University Press, 2011, chapter 4를 보라.

47) 프리던은 뒤늦게야 이 사실을 인정했다. Sandra Dijkstra, 'Simone de Beauvoir and Betty Friedan: The Politics of Omission', *Feminist Studies* 6(2) (Summer 1980): 293-4를 보라.

48) Gonzague de Saint-Bris and Vladimir Fedorovksi in *Les Egéries Russes*, Paris: Lattès, 1994, p. 282에서 인용.

49) VED 29.

50) SdB to NA, December 1963, p. 555.

51) VED 31.

52) 'Maladie de ma mère', ff. 254, 287, 311. Cited in 'Notice' MPII 1276.

53) VED 24.

54) VED 19-20.

55) VED 76.

56) ASD 135.

57) ASD 75.

58) SLBdB, 'Chronologie', dates the submission of the manuscript to 7 May 1963.

59) FC 199.

60) FC 202.

61) FC 202.

62) FC 203.

63) FC 202.

64) SdB, 'Une interview de Simone de Beauvoir par Madeleine Chapsal', in *Les écrivains en personne* (Paris: Julliard, 1960, pp. 17–37), reprinted in *Les écrits de Simone de Beauvoir*, ed. Claude Francis and Fernand Gontier, Paris: Gallimard, 1979, p. 396.

65) FC 674.

66) Francoise d'Eaubonne, *Une femme nommée Castor*, Paris: Harmattan, 2008, p. 253. MPII 1017ff on 'j'ai été flouée'를 보라.

67) SLBdB, 'Chronologie', MPII xxvi.

68) SdB, in interview with Madeleine Gobeil, 'The Art of Fiction No. 35', *Paris Review* 34 (Spring–Summer 1965). 날짜에 대해서는 SLBdB 'Chronologie', MPII xxviii도 보라.

69) 1964년 10월 29일자 편지. Rouch, 'Vous êtes descendue d'un piédestal', p. 81

70) FC 133.

71) FC 133–4.

72) Jacques Ehrmann, 'The French Review,' The French Review 37(6) 1964: 698–9, 699.

73) G. Ménie, 'Le Prix d'une révolte,' *Esprit* 326(3) 1964 (March): 488–96, 493.

74) Francine Dumas, 'Une réponse tragique,' *Esprit* 326(3) 1964 (March): 496–502.

75) SdB to NA, December 1963, TALA 556.

76) Nelson Algren, 'I ain't Abelard', *Newsweek*, 28 December 1964, 58–9.

77) Nelson Algren, 'The Question of Simone de Beauvoir', *Harper's*, May 1965, 136.

78) TALA 559의 주를 보라.

79) http://www.lepoint.fr/actualites-litterature/2007-01-18/simone-de-beauvoir-ces-lettres-qui-ebranlent-un-mythe/1038/0/45316

80) Kurt Vonnegut, *Fates Worse than Death*: *An Autobiographical Collage of the*

1980s, New York: 2013, 60. 보니것의 주장은 디어드레이 베어의 보부아르 전기를 근거로 삼았다. Beauvoir.

81) 'Preface to *The Sexually Responsive Woman*'(1964년에 영어로 처음 발표되었고 프랑스어 원문은 남아 있지 않다: FW 97).

82) Jean-Louis Jeannelle and Eliane Lecarme-Tabone, 'Introduction', MPI xliv를 보라.

83) Sara Ahmed, 'Feminist Killjoys (and Other Wilful Subjects)', *Scholar and Feminist Online* 8(3), Summer 2010: 4를 보라.

84) SLBdB 'Chronologie', MPII xxvi.

85) 'What Love Is -And Isn't', *McCall's* 71, August 1965, 133. (In FW 100.)

86) 'Sartre Talks of Beauvoir', *Vogue*, July 1965, p. 73.

87) 'Notes' autour de *Tout compte fait*, MPII 973.

88) 'Notes' autour de *Tout compte fait*, MPII 978.

89) 'Notes' autour de Tout compte fait, MPII 997-8.

90) ASD 275.

91) 'The Situation of Women Today', FW 145.

92) 'The Situation of Women Today', FW 133, 134.

93) 'The Situation of Women Today', FW 139.

94) 'Women and Creativity', FW 158.

95) 'Les Belles Images (par Simone de Beauvoir, *Gallimard*)', *La Cité*, May 1967, p. 14.

96) SLBdB, 'Chronologie', MPII xxxi.

97) ASD 144.

98) BI 151.

99) SdB Interview with Jacqueline Piatier, *Le Monde*, 23 December 1966.

100) BI 183.

101) SLBdB, 'Chronologie', MPII xxxi.

102) ASD 414.

103) 보부아르가 낸 의견에 대해서는 ASD 369를 보라.

104) ASD 142

105) 'Preface to *Through Women's Eyes*', trans. Marybeth Timmermann, FW 253.

106) TWD 13.

107) TWD 70.

108) TWD 80.

109) TWD 107.

110) Henri Clouard, 'La Revue littéraire', *Revue des deux mondes*, March 1968: 115–24, p. 118.

111) Clouard 'La Revue littéraire', pp. 118–9.

112) Jacqueline Piatier, 'Le Démon du bien: "La Femme rompue" de Simone de Beauvoir', *Le Monde*, 1968.

113) ASD 144.

114) ASD 143.

115) ASD 147.

116) ASD 490.

117) Bruno Vercier, 'Les livres qui ont marqué la pensée de notre époque,' *Realités*, August 1971.

118) 'Libération des femmes, année zéro', *Partisans* 54–55: 1970, Maspero.

119) 보부아르는 《결국에는》에서 그쪽이 먼저 접근을 했다고 했다. 안 젤린스키는 보부아르가 먼저 연락을 취했다고 했다(in 'Castor for ever', in *Le cinquantenaire du 'Deuxième Sexe'*, 310–3).

120) 실비 르 봉 드 보부아르는 시몬 드 보부아르가 낙태를 한 적이 없다고 했다. 물론 낙태를 자유롭게 할 수 있어야 하지만 일단은 피임이라는 방법을 우선하고 낙태는 "주변적 역할"만 하는 것이 좋다고 생각했다고 한다(Schwarzer, p. 30).

15장 여성 해방 운동의 선봉자

1) ASD 131.

2) 라 페루즈는 지드의 소설 속에 등장하는 나이 든 영감이다. OA 237에서 인용.

3) Woolf, 29 December 1940. OA 514에서 인용. Woolf, 29 December 1940, cited in OA 514.

4) OA 244.

5) OA 410.

6) OA 547.

7) Revue des livres, *Vie Sociale*, March 1970, pp. 157–160. http://gallica.bnf.fr/ark:/12148/bpt6k62832097/f34.item.r=beauvoir

8) Henry Walter Brann, review of '*La Vieillesse by Simone de Beauvoir*', The French Review 44(2), December 1970: 396–7.

9) Edward Grossman, 'Beauvoir's Last Revolt', *Commentary* 54(2), 1 August 1972: 56-9, here 56.

10) ASD 147.

11) OA 148.

12) Simone de Beauvoir, in *A Walk Through the Land of Old Age*, in PolW 363.

13) Schwarzer, Introduction, p. 13.

14) A 10-11를 보라.

15) 'Response to Some Women and a Man', FW 209.

16) 'Response', FW 210.

17) 'Response', FW 210.

18) 'Beauvoir's Deposition at the Bobigny Trial', FW 220.

19) 'Beauvoir's Deposition at the Bobigny Trial', FW 226.

20) 'Beauvoir's Deposition at the Bobigny Trial', FW 226.

21) 'Abortion and the Poor', FW 217.

22) ASD 134.

23) Jean-Marie Domenach, 'Simone de Beauvoir: Tout compte fait', *Esprit* 1972 (December): 979-80.

24) ASD 154.

25) ASD 57ff, 163를 보라.

26) Carlo Jansiti, *Violette Leduc*, Paris: Grasset, 1999, pp. 447-8.

27) ASD 193.

28) ASD 484.

29) ASD 489.

30) ASD 500.

31) 1949년 11월에 클로딘 쇼네즈와 한 인터뷰. 1999년 2월 17일 라디오 방송('Les jours du siècle', France Inter)에 다시 나왔다.

32) Francis Jeanson, *Simone de Beauvoir ou l'entreprise de vivre, suivi d'entretiens avec Simone de Beauvoir*, Paris: Seuil, 1966, p. 258.

33) FC 202.

34) Alice Schwarzer, 'I am a feminist', in *Simone de Beauvoir Today*: Conversations 1972-1982, London: Hogarth Press, 1984, p. 16. 같은 책 pp. 29ff도 보라. 보부아르의 1940년대부터 1970년대까지 일관된 페미니즘을 다룬 훌륭한 자료로는 Sonia Kruks, 'Beauvoir and the Marxism Question', in Laura Hengehold and Nancy Bauer (eds), *A Companion to Simone de Beauvoir*, Oxford: Wiley-Blackwell,

2017를 보라.

35) Schwarzer, p. 34.

36) Schwarzer, pp. 37-8.

37) 'Preface to *Stories from the French Women's Liberation Movement*', trans. Marybeth Timmermann, FW 260.

38) Alice Schwarzer, 'The Rebellious Woman -An Interview with Alice Schwarzer', trans. Marybeth Timmermann, FW 197.

39) Sylvie Chaperon, 'Introduction' to 'The MLF and the Bobigny Affair', FW 189.

40) Claire Etcherelli, 'Quelques photos-souvenirs', *Les Temps Modernes* 63(647-8), January-March 2008: 60. 보부아르에게 에셰렐리의 《엘리즈 혹은 진짜 삶》을 소개한 사람은 란즈만이었다. 독립전쟁 중에 알제리 남자와 공장의 여성 노동자 사이의 금지된 사랑을 다룬 이 책은 여러 문학상을 수상했다. 1970년대에 에셰렐리는 〈레탕 모데른〉 편집진에 합류하여 보부아르와 란즈만과 함께 일했다.

41) Etcherelli, 'Quelques photos-souvenirs', p. 61.

42) Bair, p. 676 n. 13.

43) A 54.

44) A 63.

45) Cohen-Solal, *Sartre*, p. 500.

46) Preface to 'Everyday Sexism', *Les Temps Modernes* 329 (December 1973), trans. Marybeth Timmerman, in FW 240.

47) Simone de Beauvoir, 'Preface to *Divorce in France*', trans. Marybeth Timmerman, FW 248. First published in Claire Cayron, *Divorce en France*, Paris: Denoël-Gonthier, 1974.

48) 'Introduction to *Women Insist*', trans. Marybeth Timmerman, FW 250.

49) ASD 499를 보라.

50) Gerassi, p. 30. December 1970 interview.

51) Gerassi, p. 32. December 1970 interview.

52) *Le Nouvel Observateur*, 23, 30 June and 7 July, 1975. Hazel Rowley, *Tete-a-tete*, p. 333에서 재인용.

53) 'Simone de Beauvoir interroge Jean-Paul Sartre', in *Situations* X, 'Politique et autobiographie', Paris: Gallimard, 1976, pp. 116-7.

54) Schwarzer, p. 73.

55) 'My Point of View: An Outrageous Affair', trans. Debbie Mann and Marybeth Timmermann, FW 258.

56) 'When All the Women of the World . . .', trans Marybeth Timmermann, FW 256.

57) A 100.

58) A 110-11.

59) "일단 나는 책이 인쇄에 들어가기 전에는 시몬 드 보부아르만 빼고 그 누구에게도 보여주지 않습니다. 결과적으로 그녀는 본질적이고도 유일무이한 역할이었지요." (Michel Sicard, 'Interférences: entretien avec Simone de Beauvoir et Jean-Paul Sartre', *Obliques* 18-19 (1979): 326.)

60) Xavier Delacourt, 'Simone de Beauvoir adaptée: Une fidélité plate', *Le Monde*, 1978. http://www.lemonde.fr/archives/article/1978/01/30/simone-de-beauvoir-adaptee-une-fidelite-plate_3131878_1819218.htmlYOXP2bX45I01dulu.99

61) WT, pp. 74-5.

62) Josée Dayan and Malka Ribowska, *Simone de Beauvoir*, text published by Gallimard: Paris, 1979; based on a film made in 1978. http://www.ina.fr/video/CAB7900140801

63) Video: 'Film "Simone de Beauvoir" ' sur Samedi et demi, Institut National del' Audiovisuel, France, https://www.ina.fr/video/CAB7900140801/film-simonede-beauvoir-video.html

64) Julien Cheverny, 'Une bourgeoise modèle: Simone de Beauvoir', *Figaro Magazine*, 17 February 1979, p. 57

65) Schwarzer, p. 103.

16장 보부아르의 유산

1) Charles Hargrove, 'Thousands escort Sartre's coffin', *The Times* [London, England] 21 April 1980: 4. The Times Digital Archive. Online, 27 March 2018.

2) Bair, p. 587.

3) Bair, p. 588.

4) Sylvie Le Bon de Beauvoir, interview with Magda Guadalupe dos Santos, 'Interview avec Sylvie Le Bon de Beauvoir', *Sapere Aude*, Belo Horizonte, v. 3, n. 6, pp. 357-65, 2 semestre 2012, p. 364.

5) Bair, p. 512.

6) A 3.

7) Bair, p. 595.

8) 'La fin d'un philosophe', *Le Point*, 23 – 29 November 1981.

9) A 254, 353.

10) Hazel E. Barnes, 'Beauvoir and Sartre: The Forms of Farewell', *Philosophy and Literature* 9(1): 28 – 9.

11) Cohen-Solal, *Sartre*, p. 518.

12) FC 328.

13) Beauvoir, Alice Schwarzer와 한 인터뷰에서 인용, p. 107.

14) 'La mort de Jean-Paul Sartre', Le Monde, 12 May 1980, http://www.lemonde.fr/archives/article/1980/05/12/la-mort-de-jean-paul-sartre_2822210_1819218.html?xtmc=jean_paul_sartre_deces&xtcr=11

15) : Jossin, Janick, 'Sartre face à son époque', L'express, 19 April 1980, https://www.lexpress.fr/culture/livre/sartre-face-a-son-epoque_486893.html

16) 'Jean-Paul Sartre dies in Paris hospital,' *The Times* [London, England] 16 April 1980: 1. The Times Digital Archive. Online, 27 March 2018.

17) 'Obituary', *The Times* [London, England] 16 April 1980: 16. The Times Digital Archive. Online, 27 March 2018.

18) Schwarz, W. (1980, 16 April). 'Sartre, sage of left, dies', *The Guardian* (1959 – 2003).

19) J-P Sartre: As influential as Rousseau (1980, 16 April), *The Guardian* (1959 – 2003).

20) : Jossin, Janick, 'Sartre face à son époque', L'express, 19 April 1980, https://archive.nytimes.com/www.nytimes.com/learning/general/onthisday/bday/0621.html

21) : Jossin, Janick, 'Sartre face à son époque', L'express, 19 April 1980, https://www.washingtonpost.com/archive/local/1980/04/16/jean-paul-sartre-existential-author-dramatist-dies/120a0b98-9774-4248-a123-1efab2d68520/?utm_term=.2cad98e8c74e

22) Simone de Beauvoir to Bianca Lamblin, autumn 1982(Lamblin, *A Disgraceful Affair*에서 인용).

23) Bair, p. 598.

24) Lanzmann, *Patagonian*, p. 352를 보라.

25) Bair, p. 601.

26) Michèle le Doeuff, 'Sartre; l'unique sujet parlant', *Esprit – changer la culture*

et la politique, 5: 181-91.

27) SdB in Beauvoir, Simons and Todd, 'Two Interviews with Simone de Beauvoir', p. 24.

28) SdB in Schwarzer, *Simone de Beauvoir Today*, p. 210.

29) 'Foreword to Deception Chronicles', FW 272.

30) 'Women, Ads, and Hate', FW.

31) 'The Urgency of an Anti-Sexist Law', trans. Marybeth Timmermann, FW 266. First published in *Le Monde* as 'De l'urgence d'une loi anti-sexiste', March 18-19, 1979.

32) 'Women, Ads, and Hate', FW 275.

33) Lanzmann, *Patagonian*, p. 257.

34) Lanzmann, *Patagonian*, pp. 258-9에서 인용.

35) Schwarzer, p. 110.

36) Bair, p. 604.

37) Etcherelli, 'Quelques photos-souvenirs', p. 61.

38) Beauvoir, in SdB, Simons and Todd, 'Two Interviews with Simone de Beauvoir', p. 20.

39) Beauvoir, ibid.

40) 《애매성의 윤리를 위하여》 도입부, 《결국에는》의 결말부, 그리고 보부아르의 학창 시절 일기는 모두 이 비슷한 의미에서 인생을 애매한 것으로 보았던 파스칼을 참조하고 있다.

41) 사르트르조차도 이 사상가들이 자기 책에 끼친 영향을 삭제하거나 축소하고 당대에 인기 있었던 현상학(나중에는 정신분석학과 마르크스주의)에 부합하려 했다. Kate Kirkpatrick, *Sartre on Sin*, Oxford: Oxford University Press, 2017; *The Mystical Sources of Existentialist Thought*, Abingdon: Routledge, 2018.

42) HdB, *Souvenirs*, p. 8.

43) HdB, *Souvenirs*, p. 12; Lanzmann, *Patagonian*, p. 525.

44) Claude Jannoud, 'L'Œuvre: Une vulgarisation plus qu'une création', *Le Monde*, 15 April 1986.

맺는 글: 보부아르는 마침내 자기 자신이 되었는가?

1) Voltaire, 'Premiere Lettre sur Oedipe' in *Oeuvres* (1785)   vol. 1.

2) 'Simone De Beauvoir', *The Times* [London, England] 15 April 1986: 18. The

Times Digital Archive. Online 24 March 2018.

3) Appreciation, Michael Dobbs, 15 April 1986, *The Washington Post*. https://www.washingtonpost.com/archive/lifestyle/1986/04/15/appreciation/39084b0c-a652-4661-b226-3ad12385b4d3/?utm_term=55d325922220

4) Liliane Lazar, 'Simone de Beauvoir (9 January 1908-4 April 1986)', *Dictionary of Literary Biography Yearbook: 1986*, edited by J. M. Brook, Gale, 1987, pp. 199-206, here pp. 200, 201.

5) P. de Boisdeffre, 'LA REVUE LITTERAIRE: Deux morts exemplaires, un même refus: Jean Genet et Simone de Beauvoir', *Revue des deux mondes* (1986): 414-28, here pp. 416, 419, 420.

6) Richard Heller, 'The Self-centered Love of Madame Yak-Yak', *Mail on Sunday*, 1 December 1991, p. 35.

7) Lanzmann, *Patagonian* p. 351. 1990년에 실비 르 봉 드 보부아르는 보부아르가 사르트르에게 보낸 편지를 출간했다. 클로드 란즈만은 "나는 보부아르가 절대로 그 편지를 발표하지 않을 것이고 이런 식으로 발표되도록 허락하지도 않을 것임을 잘 안다. 보부아르가 나에게 직접 그렇게 말했기 때문이다. 그렇게 말한 적도 있거니와, 1983년에 사르트르의 편지들을 책으로 내면서도 도입부에서 그러한 의향을 드러낸 바 있다. 내가 그 사람과 삶을 공유했기 때문에 안다."라고 썼다. 실비가 그 편지들을 출간하게 된 이유에 대해서는 Ursula Tidd, 'Some Thoughts on an Interview with Sylvie le Bon de Beauvoir: Current issues in Beauvoir studies', *Simone de Beauvoir Studies* 12 (1995): 17-26를 보라.

8) Lamblin, p. 137.

9) 'Simone de Beauvoir interroges Jean-Paul Sartre', in *Situations* X, 'Politique et autobiographie', Paris: Gallimard, 1976, pp. 116-7.

10) ASD 143.

11) Cohen-Solal, *Sartre*, p. 261을 보라. 또한 독자들의 보부아르 우상화에 대해서는 Marine Rouch, "Vous êtes descendue d'un piédestal": une appropriation collective des Mémoires de Simone de Beauvoir par ses lectrices (1958-1964),' *Littérature* 191 (September 2018)를 보라.

12) SdB in Alice Schwarzer, *Simone de Beauvoir Today*, p. 93.

13) ASD 144.

14) *Simone de Beauvoir*, film by Josée Dayan and Malka Ribowska, text published by Gallimard: Paris, 1979; film made in 1978.

15) Schwarzer, *Simone de Beauvoir Today*, p. 37.

16) Moi, 2008, p. 39.

17) Beauvoir in SdB, Simons and Todd, 'Two Interviews with Simone de Beauvoir', p. 24.

18) 나탈리는 《타인의 피》가 지루하다고 했고(SdB to Sartre, 27 January 1944, LS 384) 올그런은 "철학이 너무 많이 들어와 있다."고 했다(SdB to NA, Friday, 20 August 1948, TALA 210, 212).

19) SdB to Schwarzer, *Simone de Beauvoir Today*, p. 110.

20) FC 283. 저자의 강조.

21) PL 606. 최근 연구자들은 사르트르와 보부아르 사이의 영향력 문제를 재고하면서 보부아르의 '나'라는 주어에 이전 세대 연구자들에 비해 훨씬 큰 관심을 기울인다. 실비 르 봉 드 보부아르에 따르면 보부아르는 생전에 자신과 사르트르를 "쌍둥이별 (astres jumeux)" 이미지, 서로를 지지하는 "절대적 형제애"로 설명했다고 한다. 실비는 2008년에 보부아르의 《노트(Cahiers)》를 프랑스에서 출간했다. 그 이유는 보부아르가 "지적으로나 인간적으로나 사르트르를 만나기 전부터, 우리가 아는 시몬 드 보부아르가 되기 전부터 스스로 생각하고 바라고 계획하는" 인물이었음이 제대로 조명되기 원해서라고 했다. Sylvie Le Bon de Beauvoir, in Magda Guadalupe dos Santos 'Interview avec Sylvie Le Bon de Beauvoir', *Sapere Aude*, Belo Horizonte, 3(6), 357–65, 2 semestre 2012, p. 359.

22) ASD 235.

23) ASD 619.

24) DPS 58–61, 66 특히 16 August 1926를 보라.

25) Nietzsche, 'Schopenhauer as Educator', in *Untimely Meditations*, trans. R. J. Hollingdale, Cambridge: Cambridge University Press, 1997, 163.

26) 플라톤의 《향연》을 보라.

27) SS 166.

28) Elizabeth Fallaize, *The Novels of Simone de Beauvoir*, 'Introduction', p. 1.0

29) PC 120.

| 참고 문헌 |

Algren, Nelson, 'Last Rounds in Small Cafés: Remembrances of Jean-Paul Sartre and
Simone de Beauvoir', *Chicago*, December 1980.

Algren, Nelson, 'People', *Time*, 2 July 1956.

Altman, Meryl, 'Beauvoir, Hegel, War', *Hypatia* 22(3) (2007): 66-91.

Anon. 'Views and Reviews', *New Age* 1914 (15/17).

Arp, Kristana, *The Bonds of Freedom: Simone de Beauvoir's Existentialist Ethics*,
Chicago: Open Court, 2001.

Audry, Colette, 'Portrait de l'écrivain jeune femme', *Biblio* 30:9 (November 1962).

Audry, Colette, 'Notes pour un portrait de Simone de Beauvoir', *Les Lettres
françaises* 17-24 December 1954.

Aury, Dominique, 'Qu'est-ce que l'existentialisme? Escarmouches et patrouilles', *Les
Lettres françaises*, 1 December 1945.

Bair, Deirdre, *Simone de Beauvoir: A Biography*, London: Jonathan Cape, 1990.

Barrett, William, *Irrational Man: A Study in Existential Philosophy*, New York:
Doubleday, 1958.

Barron, Marie-Louise, 'De Simone de Beauvoir à Amour Digest. Les croisés de l'
émancipation par le sexe', *Les lettres françaises*, 23 June 1949.

Baruzi, Jean, Leibniz: *Avec de nombreux textes inédits*, Paris: Bloud et cie, 1909.

Battersby, Christine, 'Beauvoir's Early Passion for Schopenhauer: On Becoming a
Self ', forthcoming.

Bauer, Nancy, *Simone de Beauvoir, Philosophy, and Feminism*, New York:
Columbia University Press, 2001.

Bauer, Nancy, 'Introduction' to 'Femininity: The Trap', in Simone de Beauvoir,
Feminist Writings, ed. Margaret A. Simons and Marybeth Timmerman,
Urbana: University of Illinois Press, 2015.

Beauvoir, Hélène de, *Souvenirs*, Paris: Séguier, 1987.

Beauvoir, Simone de – *see Abbreviations on pp. xii–xiv for all primary sources cited*.

Beauvoir, Simone de, in discussion with Claudine Chonez, 'Simone de Beauvoir: Le Deuxième Sexe' (actualité du livre), 30 November 1949, Institut National de l'Audovisuel, France. https://www.ina.fr/audio/PH806055647/simone-debeauvoir-le-deuxieme-sexe-audio.html

Beauvoir, Simone de, in interview with Madeleine Gobeil, 'The Art of Fiction No. 35', *Paris Review* 34 (Spring–Summer 1965).

Beauvoir, Simone de, in Interview with Margaret A. Simons and Jane Marie Todd, 'Two Interviews with Simone de Beauvoir', *Hypatia* 3:3 (1989).

Bergson, Henri, *Time and Free Will: An Essay on the Immediate Data of Consciousness*, trans. F. L. Pogson, New York: Dover, 2001.

Bergson, Henri, *The Creative Mind: An Introduction to Metaphysics*, trans. Mabelle L. Anderson, New York: Citadel Press, 1992.

Blanchet, A., 'Les Prix littéraires', *Études* 284 (1955): 96–100.

Boisdeffre, P. de 'LA REVUE LITTERAIRE: Deux morts exemplaires, un même refus: Jean Genet et Simone de Beauvoir', *Revue des deux mondes* (1986): 414–28.

Boulé, Jean-Pierre, *Sartre, Self-formation, and Masculinities*, Oxford: Berghahn, 2005.

Carter, Angela, 'Colette', *London Review of Books*, 2:19, 2 October 1980.

Challaye, Félicien, letter to Amélie Gayraud, in *Les Jeunes filles d'aujourd hui*, Paris: G. Oudin, 1914.

Chaperon, Sylvie, 'The reception of The Second Sex in Europe', *Encyclopédie pour une histoire nouvelle de l'Europe*, 2016(online): http://ehne.fr/en/node/1175

Charensol, G. 'Quels enseignements peut-on tirer des chiffres de tirage de la production littéraire actuelle?', *Informations sociales* (1957): 36–45.

Churchwell, Sarah, *The Many Lives of Marilyn Monroe*, New York: Picador, 2005.

Cleary, Skye, *Existentialism and Romantic Love*, Basingstoke: Palgrave Macmillan, 2015.

Cohen-Solal, Annie, *Sartre: A Life*, London: Heinemann, 1987.

Collingnon, A. 'Bouches inutiles aux Carrefours', *Opéra*, 31 October 1944.

Conant, James, 'Philosophy and Biography', lecture given at 'Philosophy and Biography' symposium, 18 May 1999, published online by the Wittgenstein

Initiative: http://wittgenstein-initiative.com/philosophy-and-biography/

Cottrell, Robert D., *Simone de Beauvoir*, New York: Frederick Ungar, 1975.

Crosland, Margaret, *Simone de Beauvoir: The Woman and Her Work*, London: Heinemann, 1992.

Dayan, Josée and Malka Ribowska, *Simone de Beauvoir*, Gallimard: Paris, 1979.

Deguy, Jacques and Sylvie Le Bon de Beauvoir, *Simone de Beauvoir: Ecrire la liberté*, Paris: Gallimard, 2008.

Delacourt, Xavier, 'Simone de Beauvoir adaptée: Une fidélité plate', *Le Monde*, 1978.

Descartes, René, *Œuvres de Descartes*, ed. Charles Adam and Paul Tannery, volume I, Paris: Cerf, 1897.

Dijkstra, Sandra, 'Simone de Beauvoir and Betty Friedan: The Politics of Omission', *Feminist Studies* 6:2 (Summer 1980).

d'Eaubonne, Françoise, *Une femme nommée Castor*, Paris: Harmattan, 2008.

Eliot, George, *Middlemarch*, Oxford: Oxford University Press, 1988.

Emerson, Ralph Waldo, 'Considerations by the Way', from *Complete Works*, vol. 6, 'The Conduct of Life', 1904.

Fallaize, Elizabeth, *The Novels of Simone de Beauvoir*, London: Routledge, 1990.

Fallaize, Elizabeth, (ed.) *Simone de Beauvoir: A Critical Reader*, London: Routledge, 1998.

Fouillée, Alfred, *La Liberté et le déterminisme*, 3rd edn, Paris: Alcan, 1890.

Francis, Claude and Fernande Gontier, *Les écrits de Simone de Beauvoir*, Paris: Gallimard, 1979.

Fullbrook, Edward and Kate Fullbrook, *Sex and Philosophy: Rethinking de Beauvoir and Sartre*, London: Continuum, 2008.

Galster, Ingrid, *Le Deuxième Sexe de Simone de Beauvoir*, Paris: Presse universitaire Paris-Sorbonne, 2004.

Galster, Ingrid, *Beauvoir dans tout ses états*, Paris: Tallandier, 2007.

Galster, Ingrid, 'Simone de Beauvoir et Radio-Vichy: A propos de quelques scenarios retrouvés', *Romanische Forschungen* 108. Bd. H. 1/2 (1996).

Galster, Ingrid, ' "The limits of the abject": The Reception of *The Second Sex* in 1949', in Laura Hengehold and Nancy Bauer (eds), *A Companion to Simone de Beauvoir*, Oxford: Wiley-Blackwell, 2017.

Garcia, Manon, *On ne naît pas soumise, on le devient*, Paris: Flammarion, 2018.

Gayraud, Amélie, *Les Jeunes filles d'aujourd hui*, Paris: G. Oudin, 1914.

Germain, Rosie, 'Reading *The Second Sex* in 1950s America', *The Historical Journal* 56(4) (2013): 1041–62.

Gerassi, John, *Jean-Paul Sartre: Hated Conscience of His Century*, vol. 1, London: University of Chicago Press, 1989.

Gerassi, John, *Talking with Sartre: Conversations and Debates*, New Haven: Yale University Press, 2009.

Gheerbrant, Jacqueline and Ingrid Galster, 'Nous sentions un petit parfum de soufre . . .' *Lendemains* 94 (1999).

Giardina, Carol, *Freedom for Women: Forging the Women's Liberation Movement, 1953–1979*, Gainesville: University Press of Florida, 2010.

Gide, André, *The Journals of André Gide*, trans. Justin O'Brien, New York: Knopf, 1948, vol. II: 1914–27.

Gines, Kathryn T., 'Comparative and Competing Frameworks of Oppression in Simone de Beauvoir's *The Second Sex*', *Graduate Faculty Philosophy Journal* 35 (1–2) (2014).

Grell, Isabelle, *Les Chemins de la liberté de Sartre: genèse et écriture (1938–1952)*, Bern: Peter Lang, 2005.

Guidette-Georis, Allison, 'Georges Sand et le troisième sexe', *Nineteenth Century French Studies* 25:1/2 (1996): 41–9.

Gutting, Gary, Thinking the Impossible: French Philosophy Since 1960, Oxford: Oxford University Press, 2011.

Heilbrun, Carolyn, *Writing a Woman's Life*, London: The Women's Press, 1988.

Heller, Richard, 'The Self-centred Love of Madame Yak-yak', *The Mail on Sunday*, 1 December 1991.

Hengehold, Laura and Nancy Bauer (eds), *A Companion to Simone de Beauvoir*, Oxford: Wiley-Blackwell, 2017.

Hirschman, Sarah, 'Simone de Beauvor: professeur de lycée', *Yale French Studies* 22 (1958–9).

Hoog, Armand, 'Madame de Beauvoir et son sexe', *La Nef*, August 1949.

hooks, bell, 'True Philosophers: Beauvoir and bell', in Shannon M. Mussett and William S. Wilkerson (eds), *Beauvoir and Western Thought from Plato to Butler*, Albany, NY: SUNY Press, 2012.

Horvath, Brooke, *Understanding Nelson Algren*, Columbia, SC: University of South

Carolina Press, 2005.

Jannoud, Claude, 'L'Œuvre: Une vulgarisation plus qu'une création', *Le Monde*, 15 April 1986.

Jansiti, Carlo, *Violette Leduc*, Paris: Grasset, 1999.

Jeannelle, Jean-Louis and Eliane Lecarme-Tabone, 'Introduction', in Simone de Beauvoir, *Mémoires*, tome I, ed. Jean-Louis Jeannelle and Eliane Lecarme-Tabone, Bibliothèque de la Pléiade, Paris: Gallimard, 2018.

Jeanson, Francis, *Simone de Beauvoir ou l'entreprise de vivre*, Paris: Seuil, 1966.

Joyaux, G. J. 'Les problèmes de la gauche intellectuelle et Les Mandarins de Simone de Beauvoir', *Kentucky Foreign Language Quarterly* 3 (1956).

Kaplan, Gisela, *Contemporary Western European Feminism*, London: UCL Press, 1992.

Kluckholm, Clyde, 'The Female of our Species', *New York Times Book Review*, 22 February 1953.

Kristeva, Julia and Philippe Sollers, *Marriage as a Fine Art*, trans. Lorna Scott Fox, New York: Columbia University Press, 2016.

Kristeva, Julia, Pascale Fautrier, Pierre-Louis Fort and Anne Strasser (eds). (*Re*) *Découvrir l'oeuvre de Simone de Beauvoir: Du Dexuième Sexe à La Cérémonie des Adieux*, Paris: Le Bord de L'eau, 2008.

Kruks, Sonia, *Situation and Human Existence: Freedom, Subjectivity, and Society*, London: Unwin Hyman, 1990.

Kunda, Z. and R. Sanitioso, 'Motivated Changes in the Self-concept', *Journal of Experimental Social Psychology* 25 (1989): 272–85.

Lacoin, Elisabeth, *Zaza: Correspondence et carnets d'Elisabeth Lacoin (1914–29)*, Paris: Seuil, 1991.

Lacroix, Jean, *Maurice Blondel: Sa vie, son oeuvre, avec un exposé de sa philosophie*, Paris: Presses Universitaires de France, 1963.

Lacroix, Jean, 'Charité chrétienne et justice politique', *Esprit* 1945 (February).

Lagneau, Jules, *De l'existence de Dieu*, Paris: Alcan, 1925.

Lamblin, Bianca, *A Disgraceful Affair*, trans. Julie Plovnick, Boston: Northeastern University Press, 1996 [Fr. 1993].

Lanzmann, Claude, *The Patagonian Hare: A Memoir*, trans. Frank Wynne, London: Atlantic Books, 2012.

Lanzmann, Claude, 'Le Sherpa du 11bis', in Julia Kristeva, Pascale Fautrier, Pierre-

Louis Fort, Anne Strasser (eds), *(Re)Découvrir l'oeuvre de Simone de Beauvoir: Du Dexuième Sexe à La Cérémonie des Adieux*, Paris: Le Bord de L' eau, 2008.

Laubier, Claire (ed.), *The Condition of Women in France, 1945 – Present: A Documentary Anthology*, London: Routledge, 1990.

Le Bon de Beauvoir, Sylvie, 'Chronologie', in Simone de Beauvoir, *Mémoires*, tome I, ed. Jean-Louis Jeannelle and Eliane Lecarme-Tabone, Bibliothèque de la Pléiade, Paris: Gallimard, 2018.

Le Bon de Beauvoir, Sylvie, 'Avant-propos', Simone de Beauvoir et Jacques-Laurent Bost, *Correspondence croisée*, Paris: Gallimard, 2004.

Le Bon de Beauvoir, Sylvie, interview with Magda Guadalupe dos Santos, 'Interview avec Sylvie Le Bon de Beauvoir', *Sapere Aude*, Belo Horizonte, 3(6), 357 – 65, 2 semestre 2012.

Lecarme-Tabone, Eliane, 'Simone de Beauvoir's "Marguerite" as a Possible Source of Inspiration for Jean-Paul Sartre's "The Childhood of a Leader"', trans. Kevin W. Gray, in Christine Daigle and Jacob Golomb, *Beauvoir & Sartre: The Riddle of Influence*, Bloomington: Indiana University Press, 2009.

Le Doeuff, Michèle, *Hipparchia's Choice: An Essay Concerning Women and Philosophy*, trans. Trista Selous, New York: Columbia University Press, 2007.

Lee, Hermione, *Virginia Woolf*, London: Vintage, 1997.

Lejeune, Philippe, *Le pacte autobiographique*, Paris: Seuil, 1975.

Lennon, Kathleen, *Imagination and the Imaginary*, London: Routledge, 2015.

Lessing, Doris, 'Introduction' to *The Mandarins*, trans. Leonard Friedman, London: Harper Perennial, 2005.

Lundgren-Gothlin, Eva, *Sex and Existence: Simone de Beauvoir's The Second Sex*, trans. Linda Schenck, Hanover, NH: Wesleyan University Press, 1996.

Macey, David, *Frantz Fanon: A Biography*, London: Verso Books, 2012.

Martin, Andy, 'The Persistence of "The Lolita Syndrome"', *The New York Times*, 19 May 2013. https://opinionator.blogs.nytimes.com/2013/05/19/savile-beauvoir-and-the-charms-of-the-nymph/

Martin Golay, Annabelle, *Beauvoir intime et politique: La fabrique des Mémoires*, Villeneuve d'Ascq: Presses Universitaires du Septentrion, 2013.

Mauriac, François, 'Demande d'enquête', *Le Figaro*, 30 May 1949.

Maza, Sarah, *Violette Nozière: A Story of Murder in 1930s Paris*, Los Angeles:

University of California Press, 2011.

Mead, Margaret, 'A SR Panel Takes Aim at *The Second Sex*', *Saturday Review*, 21 February 1953.

Merleau-Ponty, Maurice, 'Metaphysics and the Novel', trans. Hubert Dreyfus and Patricia Allen Dreyfus, *Sense and Nonsense*, Evanston, IL: Northwestern University Press, 1991.

Moi, Toril, *Simone de Beauvoir: The Making of an Intellectual Woman*, 2nd edn, Oxford: Oxford University Press, 2008.

Moi, Toril, 'While We Wait: The English Translation of *The Second Sex*', *Signs 27:4* (2002): 1005 – 35.

Mussett, Shannon M. and William S. Wilkerson (eds), *Beauvoir and Western Thought from Plato to Butler*, Albany: State University of New York Press, 2012.

Myrdal, Gunnar, with Richard Sterner and Arnold Rose, *An American Dilemma: The Negro Problem and Modern Democracy*, New York: Harper, 1944.

Nouchi, Franck, 'L'exil américain des lettres d'amour de Simone de Beauvoir à Claude Lanzmann', *Le Monde*, 19 January 2018.

Parshley, Howard, 'Introduction' to *The Second Sex*, trans. H. M. Parshley, New York: Random House, Vintage, 1970.

Pattison, George and Kate Kirkpatrick, *The Mystical Sources of Existentialist Thought*, Abingdon: Routledge, 2018.

Radford, C. B., 'Simone de Beauvoir: Feminism's Friend or Foe?' Part II, *Nottingham French Studies* 7 (May 1968).

Rolo, Charles J., 'Cherchez la femme', *The Atlantic*, April 1953.

Rouch, Marine, ' "Vous êtes descendue d'un piédestal": une appropriation collective des Mémoires de Simone de Beauvoir par ses lectrices (1958 – 1964)' *Littérature* 191 (September 2018).

Rousseaux, André, 'Le Deuxième Sexe', *Le Figaro littéraire*, 12 November 1949.

Rowbotham, Sheila, 'Foreword' to *The Second Sex*, trans. Constance Borde and Sheila Malovany-Chevallier, London: Vintage, 2009.

Rowley, Hazel, *Tête-à-tête: The Lives and Loves of Simone de Beauvoir and Jean-Paul Sartre*, London: Vintage, 2007.

Rubenstein, Diane, ' "I hope I am not fated to live in Rochester": America in the Work of Beauvoir', *Theory & Event* 15:2 (2012).

Rudman, Laurie A., Corinne A. Moss-Racusin, Julie E. Phelan and Sanne Nauts, 'Status Incongruity and Backlash Effects: Defending the Gender Hierarchy Motivates Prejudice against Female Leaders', *Journal of Experimental and Social Psychology* 48 (2012): 165–79.

Saint-Bris, Gonzague de and Vladimir Fedorovksi, *Les Egéries Russes*, Paris: Lattès, 1994.

Sanitioso, R., Z. Kunda and G. T. Fong, 'Motivated Recruitment of Autobiographical Memories', *Journal of Personality and Social Psychology* 59(1990): 229–41.

Sanitioso, R. and R. Wlordarski, 'In Search of Information that Confirms a Desired Self-perception: Motivated Processing of Social Feedback and Choice of Social Interactions', *Personality and Social Psychology Bulletin* 30 (2004): 412–22.

Sanos, Sandrine, *Simone de Beauvoir: Creating a Feminist Existence in the World*, Oxford: Oxford University Press, 2017.

Sartre, Jean-Paul, *Écrits de jeunesse*, Paris: Gallimard, 1990.

Sartre, Jean-Paul, *Carnets de la drôle de guerre*, Paris: Gallimard, 1995.

Sartre, Jean-Paul, *War Diaries, trans.* Quintin Hoare, London: Verso, 1984.

Sartre, Jean-Paul, *Being and Nothingness*, trans. Hazel Barnes, London: Routledge, 2003.

Sartre, Jean-Paul, with Michel Contat and Alexandre Astruc, *Sartre by Himself*, New York: Urizen Books, 1978.

Schwarzer, Alice, *After the Second Sex: Conversations with Simone de Beauvoir*, trans. Marianne Howarth, New York: Pantheon Books, 1984.

Schwarzer, Alice, *Simone de Beauvoir Today: Conversations 1972–1982*, London: Hogarth Press, 1984.

Sevel, Geneviève, 'Je considère comme une grande chance d'avoir pu recevoir son enseignement', *Lendemains* 94 (1999).

Simons, Margaret A., *Beauvoir and The Second Sex: Feminism, Race, and the Origins of Existentialism*, New York: Rowman & Littlefield, 2001.

Simons, Margaret A., 'Introduction', to Simone de Beauvoir, *Philosophical Writings*, ed. Margaret Simons with Marybeth Timmerman and Mary Beth Mader, Chicago: University of Illinois Press, 2004.

Simons, Margaret A., 'Introduction' to Simone de Beauvoir, *Feminist Writings*, ed. Margaret A. Simons and Marybeth Timmerman, Chicago: University of Illinois Press, 2015.

Simons, Margaret A., 'Introduction' to 'Literature and Metaphysics', Beauvoir, *Philosophical Writings*, ed. Margaret Simons with Marybeth Timmerman and Mary Beth Mader, Chicago: University of Illinois Press, 2004.

Simons, Margaret A., 'Beauvoir's Ironic Sacrifice; or Why Philosophy is Missing from her Memoirs', forthcoming.

Simons, Margaret A. (ed.) *The Philosophy of Simone de Beauvoir: Critical Essays*, Bloomington: Indiana University Press, 2006.

Simons, Margaret A. and Hélène N. Peters, 'Introduction' to 'Analysis of Bernard's Introduction', Beauvoir, *Philosophical Writings*, ed. Margaret Simons with Marybeth Timmerman and Mary Beth Mader, Chicago: University of Illinois Press, 2004.

Spiegelberg, Herbert, *The Phenomenological Movement: A Historical Introduction*, volume 2, The Hague: Springer, 2013.

Tidd, Ursula, *Simone de Beauvoir*, London: Reaktion, 2009.

Tidd, Ursula, 'Some Thoughts on an Interview with Sylvie le Bon de Beauvoir', *Simone de Beauvoir Studies* 12 (1995).

TIME, 'Existentialism', 28 January 1946, pp. 28-9.

Times, The [London], 'Simone de Beauvoir', 15 April 1986, p. 18.

Viellard-Baron, Jean-Louis, 'Présentation' to Jean Baruzi, *L'Intelligence Mystique*, Paris: Berg, 1985.

Vintges, Karen, 'Introduction' to 'Jean Paul Sartre', in *Philosophical Writings*, ed. Margaret Simons with Marybeth Timmerman and Mary Beth Mader, Chicago: University of Illinois Press, 2004.

Vintges, Karen, 'Simone de Beauvoir: A Feminist Thinker for the Twenty-First Century', in Margaret Simons (ed.), *The Philosophy of Simone de Beauvoir*, Bloomington, IN: Indiana University Press, 2006.

Voltaire, 'Première Lettre sur Oedipe', in *Œuvres complètes*, tome I, Kehl: Imprimerie de la Société littéraire typographique, 1785.

Waelhens, A. de, compte-rendu de Francis Jeanson, *Le problème moral et la pensée de Sartre*, *Revue Philosophique de Louvain* 10 (1948).

Wahl, Jean, *Petite histoire de 'l'existentialisme'*, Paris: Éditions Club Maintenant, 1947.

Webber, Jonathan, *Rethinking Existentialism*, Oxford: Oxford University Press, 2018.

Woolf, Virginia, *A Room of One's Own/Three Guineas*, London: Penguin Classics, 2000.

Wright Mills, C., *The Power Elite*, Oxford: Oxford University Press, 2000.

1908년 1월 9일, 프랑스 파리의 상층 부르주아 집안 조르주 드 보부아르와 프랑수아즈 사이에서 두 자매 중 맏딸로 태어나다.

1913년 10월, 가톨릭 사립학교 아델린 데지르(쿠르 데지르)에 입학하다. 당시 부르주아 집안에서 여자아이를 학교에 보내는 것은 가정교사를 둘 여력이 없음을 뜻했는데, 아버지는 이를 평생 동안 부끄러운 일로 여겼다.

1914년 8월, 제1차 세계대전 발발. 이 시기를 거치며 보부아르 가문의 가세가 급격히 기울기 시작한다.

1916년 사촌 자크 샹피뇔과 가까워지다. 보부아르는 그를 '약혼자'라 불렀고, 부모도 두 사람의 결혼을 기대했다. 자크는 20대 초반까지 보부아르의 마음속에 남아 있었다.

1917년 쿠르 데지르에서 엘리자베트 라쿠앵(이하 '자자')을 만나 친구가 되다. 자자는 보부아르가 보수적인 부모에게서 벗어나 처음으로 진심 어린 우정을 나눈 친구였다.

1919년 여름, 아버지 조르주가 거의 모든 재산을 탕진하다. 보부아르 가족은 공동 주택으로 이사를 가야만 했다. 이사를 가고 어머니의 감시가 더 심해지자 보부아르는 책을 피난처로 삼았다. 문학, 철학, 종교 등 다양한 분야의 책을 읽으며 작가의 꿈을 키웠다.

1920년 어머니 프랑수아즈와 갈등이 심해지다. 어머니는 두 딸에게 엄격한 도덕과 예의범절을 강요했다. 세속적이고 세련된 아버지와 달리 모범적인 가톨릭 아내로서 자기 희생을 감수하는 어머니를 보며 보부아르는 종교의 위선을 깨닫는다.

1924년 봄, 쿠르 데지르를 졸업하다.

　7월, 바칼로레아(대학수학능력시험)를 통과하다.

1925년 부모의 반대를 무릅쓰고 철학 교사가 되기로 결심하다. 철학 엘리트 코스였던 고등사범학교는 당시 여학생은 입학할 수 없었다. 대신 보부아르는 생트마리 학교에서 문학과 언어학 과목을 이수하고 소르본대학에서 학사를 취득한 뒤 철학 교수자격시험을 치르기로 한다.

1926년 여름, 소르본대학에서 철학 공부를 시작하다.

1927년 6월, 일반 철학 수료 시험을 2등으로 통과하다. 1등은 훗날 걸출한 철학자이자 노동 운동가가 되는 시몬 베유였다. 3등은 고등사범학교 학생 모리스 메를로퐁티였다. 시험 이후 메를리퐁티와 가까워진 보부아르는 자자에게 그를 소개해준다.

1929년 1월, 장송드사이 고등학교에서 수습 교사로 일하다. 프랑스 사상 최초로 남자 학교에서 철학을 가르치는 여성이 되다.

　봄, 고등사범학교를 다니던 르네 마외, 장폴 사르트르, 폴 니장과 공부 모임을 시작하다. 마외는 보부아르의 첫 번째 연인이었다.

　7월, 철학 교수자격시험 필기고사에 합격하다. 불합격한 마외가 파리를 떠나자, 그해 봄부터 보부아르에게 적극적으로 구애하던 사르트르와 급격히 가까워진다. 두 사람은 구술고사에서 나란히 1등(사르트르), 2등(보부아르)을 차지했다.

　9월, 외할머니 소유 건물에 방을 얻어 독립하다.

　10월, 사르트르와 서로를 가장 중요한 상대로 여기되 자유로운 연애를 허용하는 계약을 2년간 맺다. 2년 뒤 두 사람은 계약을 갱신하여 삼십 대에 다시 이별을 고려해보기로 했지만 계약은 사르트르가 세상을 떠난 1980년까지 51년간 이어졌다.

　11월, 친구 자자가 세상을 떠나다. 보부아르는 독실한 가톨릭 집안에서 자란 자자가 자신의 자유와 꿈을 펴지 못하고 관습에 희생당하는 것을 가까이에서 목격했다. 자자의 죽음은 보부아르가 무신론자가 된 결정적인 계기였다.

1931년 9월, 마르세유에 상근직 철학 교사로 부임하다.

1932년 6월, 루앙으로 교사 발령이 나다. 좌파 정치 활동가였던 동료 교사 콜레트 오드리를 통해 트로츠키주의자와 공산주의자 들을 만나다.

1933년 1월, 아돌프 히틀러가 독일 총통이 되다. 파리 곳곳에도 나치의 깃발이 걸렸지만 1930년대까지만 해도 보부아르는 정치적 사건에 거의 관심이 없었다. 훗날 그녀는 당시 자신이 개인의 자유에 절대적 가치를 부여한 유아론자였다고 고백한다.

1934년 가을, 루앙의 고등학교 제자였던 올가 코사키에비치와 가까워지다. 올가는 보부아르와 사르트르가 함께 만난 최초의 '우연한 연인'이었다.

1935년 3월, 히틀러가 징병제를 재도입하다. 프랑스가 독일을 포위할 목적으로 소련과 상호원조협약을 맺다.

1936년 《구토》(1938년)라는 제목으로 출간될 사르트르의 원고에 주석을 달며 개작을 돕다. 이 책을 발표하며 파리 문단의 신성으로 떠오른 사르트르는 '비버에게'라는 헌사를 바치면서 《구토》의 출간은 오로지 보부아르 덕이라고 말했다.

9월, 파리로 교사 발령이 나다.

1937년 사르트르가 파리로 이사하다. 호텔에 방을 얻고 바로 아래층 방을 보부아르의 방으로 빌렸다. 두 사람은 늘 삶을 공유했지만 죽을 때까지 같은 방을 쓰지 않았다.

1938년 단편집 《정신이 우선시되는 때》가 갈리마르, 그라세 출판사에서 출간을 거절당하다. 이 소설은 1979년에야 출간된다.

'패밀리'가 구성되다. 보부아르는 파리 몰리에르 여자 고등학교의 제자 비앙카 비넨펠트, 사르트르의 제자이자 올가의 남자친구였던 자크로랑 보스트와 연인이 되었다. 비앙카는 보부아르와 사르트르가 함께 만난 두 번째 '우연한 연인'이었다.

1939년 9월, 독일이 폴란드를 침공하자 프랑스에 18~40세 남성 동원령이 내려지다. 사르트르와 보스트가 전쟁터로 떠나자 보부아르는 공황 발작을 겪으며 전쟁 이후에는 정치에 무관심한 방관자로 살 수 없음을 깨닫는다.

1940년 1월, 제자였던 나탈리 소로킨과 연인이 되다.

6월, 파리가 함락당하자 필리프 페탱 원수가 독일에 항복하다. 나치가 파리를 포함한 북부를 통치하고, 남부에 괴뢰국인 비시 정부를 수립하는 휴전 협약을 맺다.

1941년 7월, 아버지가 세상을 떠나다.

12월, 나탈리의 어머니가 자기 딸을 유혹했다며 '미성년자 풍기 문란 선동' 명목으로 비시 정부 교육부에 소송을 제기하다. 2년 뒤 보부아르의 철학 교사 자격이 박탈되다. 페탱 정부는 법에 따라 국가 개혁에 이바지하지 않는 공무원을 쉽게 해고할 수 있었다. 2년 뒤 보부아르는 교사 자격을 회복하지만 작가로 전향하기로 결심한다.

1942년, 파리 레지스탕스 모임 '사회주의와 자유'의 첫 모임이 보부아르의 호텔 방에서 열리다. 전단지를 배포하고 비시 정부의 경계를 몰래 넘어가 다른 레지스탕스 집단과 접선하려 했지만 큰 성과는 없었다.

1943년 8월, 《초대받은 여자》 출간. 삼인조 관계 속에서 겪은 갈등을 소재로 한 이 소설은 1920년대부터 보부아르가 천착했던 철학적 논제인 '자기와 타자의 대립'을 탐색한다. 메를로퐁티는 이 소설을 두고 "새로운 방식의 철학하기"라고 호평했다.

1944년 9월, 철학 에세이 《피로스와 키네아스》 출간. 윤리적 실존 방식을 철학적으로 탐구한 이 에세이는 보부아르가 앞으로 자신의 작품 세계를 지탱하게 될 문학과 철학을 넘나드는 글쓰기를 잘 보여준다.

1945년 5월, 유럽에서 제2차 세계대전이 종결되다.

10월, 여성, 아이, 노인이라는 이유로 쓸모없다고 여겨지는 사람들의 이야기를 다룬 유일한 희곡 〈쓸모없는 입들〉이 파리 극장 무대에 오르다. 보부아르와 사르트르가 공동으로 창간한 잡지 〈레 탕 모데

른〉이 발행되다. 이 잡지를 통해 보부아르는 시대의 당면 과제에 목
소리는 내는 참여 지식인이 될 수 있었다.

《타인의 피》 출간. 사르트르의 철학을 수용하는 것을 뛰어넘어 '자
기 기만' 개념을 보부아르의 독창적인 실존주의 윤리학 관점에서 접
근하는 이 소설은 보부아르에게 작가로서 명성을 안겨주었다.

12월, 《모든 사람은 죽는다》 출간. 사회의 소모품처럼 죽음에 방치
된 여성이 대거 등장하는 이 소설은 역사가 여성들에게 한정한 의존
성과 주변성을 보여주면서, 보부아르가 장차 《제2의 성》에서 전개
할 주제를 예고한다.

1947년 1월, 미국 뉴욕 방문. 넉 달간 미국에 체류하며 '흑백 커플'인 작가
리처드 라이트, 문학 에이전시 설립자인 엘렌 라이트와 가까워지다.
리처드 라이트의 소설과 미국 인종차별을 다룬 연구서 군나르 뮈르
달의 《미국의 딜레마》는 보부아르가 차별과 억압 문제를 제대로 바
라보게끔 도와주었다.

2월, '전후 작가의 윤리적 문제들'이라는 주제로 미국 순회 강연을
시작하다. 강연 도시 중 하나였던 시카고에서 소설가 넬슨 올그런
을 만나 연인이 되다.

7월, 올그런이 청혼을 하다. 보부아르는 그를 사랑하지만 파리를 떠
나 일을 하고 글을 쓰는 삶을 포기하지 못한다고 청혼을 거절했다.

11월, 보부아르의 자유의 철학을 좀 더 발전시킨 철학 에세이 《애매
성의 윤리를 위하여》 출간.

1948년 1월, 《미국 여행기》 출간. 훗날 이 책은 미국에 대한 20세기 분석 가
운데 가장 뛰어난 책 중 하나로 꼽혔다.

5월, 〈레 탕 모데른〉에 두 달간 《제2의 성》 발췌분을 연재하다. 첫
회 주제인 '여성과 신화'는 저명한 남성 소설가들의 작품에서 여성
이 소개된 방식을 다루었다.

1949년 5월, 《제2의 성》에 수록될 '여성의 성생활 입문'이 〈레 탕 모데른〉에
선공개되다. 보부아르는 억압이 없는 상호 성관계가 이루어질 때 여

성이 대상이 아니라 주체로서 성관계를 즐길 수 있다고 주장했다. 이 글이 공개되자 노벨문학상 수상 작가 프랑수아 모리아크는 보부아르가 "문학적으로 비참한 지경에 달했다."고 비난했다.

6월,《제2의 성》1권 '사실과 신화' 출간. 보부아르는 '여성'을 생물학, 정신분석학, 역사의 관점에서 분석하면서, 남성이 여성을 '타자'로 규정하고 자신들과 다른 계급 위상을 부여했다고 비판했다.

11월,《제2의 성》2권 '체험' 출간. 보부아르는 "여성은 태어나는 것이 아니라 되는 것"이며, 여성성은 '본질'이 아니라 문명이 특정한 생리학적 여건으로 빚어낸 '상황'이라고 보았다. 2권 역시 많은 남성 지식인들의 분노를 샀다. 친구였던 알베르 카뮈마저 "프랑스 남자 꼴을 우습게 만들었다."며 개인 성명을 발표했다. 하지만 이 책은 1960~1970년대 여성 운동 발전에 큰 영향을 끼쳤고, 금기시되었던 여성의 경험을 솔직하게 다룬 전례 없는 저작으로 평가받으며 페미니즘의 고전이 되었다.

1952년 7월, 〈레 탕 모데른〉의 새로운 필진 클로드 란즈만과 연인이 되다. 란즈만은 보부아르가 막역한 2인칭 대명사 'tu'라 부르고(사르트르는 깍듯하게 'vous'로 칭했다) 그녀와 한집에서 동거한 유일한 연인이었다.

1953년 봄,《제2의 성》영어판 출간. 번역을 맡은 동물학 교수 하워드 파슐리는 프랑스 철학이나 문학을 전혀 알지 못해 원서의 풍부한 철학적, 문학적 함의를 많이 놓쳤다. 게다가 보부아르가 중요하게 다룬 '여성의 역사' 부분의 분량이 너무 많다는 이유로 임의로 쳐냈다. 이러한 오역은 보부아르가 철학적으로 훨씬 덜 엄정한 저자처럼 보이는 심각한 오해를 일으켰고, 보부아르를 둘러싼 오해는 2009년에 영어판 완역본이 나올 때까지 지속되었다.

1954년 10월,《레 망다랭》출간. 사르트르는 이 소설이 "자유, 불확실성, 애매성을 끝까지 견지하면서 시대의 문제를 나보다 훨씬 더 잘 탐구했다."고 호평했다. 출간 첫 달에만 4만 부가 팔렸고, 보부아르는 이 소설로 여성으로는 세 번째로 프랑스 최고의 문학상 공쿠르상 수상자가 되었다.

1955년 가을, 프랑스-알제리 전쟁이 극심해지다. 인도차이나 전쟁에서 패배한 프랑스는 식민지 알제리를 쉽게 내어주려 하지 않았다. 보부아르는 〈레 탕 모데른〉에 알제리 독립을 지지하는 글을 실어 프랑스를 비판했다.

9월, 사르트르와 중국을 방문하다.

1956년 《제2의 성》에 이어 《레 망다랭》이 가톨릭 금서 목록에 오르다.

1957년 중국 여행기 《대장정》 출간. 여행은 서구의 부를 기준 삼아 중국 인민을 바라보지 않아야 한다는 도전과 같았다. 보부아르는 다른 세계를 경험하면서 서구의 안락이 제한된 특권이라는 사실을 깨닫는다.

1958년 첫 번째 회고록 《견실한 젊은 여성의 회고》 출간.

클로드 란즈만과 이별하다. 하지만 두 사람은 평생 동안 우정을 나누었다.

9월, 소르본대학에서 샤를 드 골의 헌법 개정 국민투표에 반대하는 연설을 하다. 샤를 드 골을 수반으로 다시 구성된 정부는 대통령의 권한을 확대하고 알제리 노동자에게 통행 금지령을 내리는 새로운 헌법을 제정하려 했다. 결과는 헌법 개정의 압도적 승리였고, 프랑스는 제5공화국 시대에 들어섰다.

1960년 2월, 사르트르와 쿠바를 방문해 쿠바 혁명 지도자 피델 카스트로와 체 게바라를 만나다.

6월, 〈르 몽드〉에 알제리민족해방전선 소속 무슬림 여성 자밀라 부파차 재판의 부당함을 알리는 글을 싣다. 프랑스군이 부파차에게 자행한 성고문을 비판한 보부아르의 글은 변호위원단 구성에 도움을 주었다.

9월, 알제리 독립을 지지하는 '121인 선언'에 서명하고, 선언문을 〈레 탕 모데른〉에 발표하다.

10월, 두 번째 회고록 《생의 한창때》 출간. 이 책에서 보부아르는 여태껏 자신이 사르트르의 분신 취급을 당해온 것에 대해 자신은 누군가의 제자가 아니며, 자기 사유를 펼치는 대신 남의 관점을 전개하고 분석하는 데 만족하지 않는다고 밝혔다.

1961년 작가이자 정신분석학자인 프란츠 파농을 만나다. 프랑스령 마르티니크 태생, 흑인, 알제리 독립 운동가라는 독특한 파농의 이력은 프랑스인다움, 흑인다움, 식민화를 둘러싼 풍부한 대화를 열어주었다.

1962년 7월, 사르트르와 함께 니키타 흐루쇼프 치하의 소련에 방문하다.

1963년 10월, 세 번째 회고록 《상황의 힘》 출간.

11월, 어머니가 세상을 떠나다.

1964년 어머니와 사별한 경험을 다룬 에세이 《아주 편안한 죽음》 출간.

1966년 《아름다운 이미지》 출간. 자본주의와 소비지상주의를 비판한 이 소설에서 보부아르는 진정한 진보는 물질, 지성, 도덕 전부에서 일어나야 한다는 메시지를 전하고자 했다.

1967년 5월, 사르트르와 스톡홀름에서 열린 러셀 법정에 참여하다. 명예 의장 버트런드 러셀은 미군이 베트남에서 저지른 만행을 널리 알리고 규탄하는 운동을 이끌고 있었다.

《위기의 여자》 출간.

1968년 5월, 68혁명 발발. 대학생 시위와 대규모 파업이 터지자 사르트르와 〈르 몽드〉에 혁명을 지지하는 성명을 발표하다.

1970년 1월, 《노년》 출간. 늙어 가는 자신의 경험을 바탕 삼아 노년을 생물학, 민족학, 역사학적으로 고찰한 이 책에서 보부아르는 노인을 대하는 사회의 태도를 비판하고, 노인 차별과 성차별이 얼마나 자주 결합하는지를 보여준다.

4월, 사르트르가 마오주의 선전 신문 〈인민의 대의〉 편집장이 되자 정치 노선이 크게 갈라지다. 사르트르가 실존주의와 거리를 두면서 지식인 주류에서 밀려난 반면, 보부아르는 페미니즘을 지지하면서 국제 여성 운동을 이끄는 역할을 맡았다.

1970년 10월, 파리에서 해방 운동을 발족한 여성들을 만나 자신의 집에서 선전 운동을 조직하다.

1971년 4월, 〈르 누벨 옵세르바퇴르〉에 343명의 여성들과 함께 낙태 합법화를 위한 '343인 선언'을 발표하다.

7월, '슈아지르(choisir, 선택하다) 운동'의 의장이 되다. 여성에게 피임을 교육하고, 1920년 프랑스에서 제정된 낙태법을 개정하며, 낙태를 한 여성들을 무상 변론하는 것이 운동의 목표였다.

11월, 수천 명의 여성과 낙태 합법화 시위를 하다.

1972년 가을, 네 번째 회고록 《결국에는》 출간.

11월, 낙태를 했다는 죄목으로 보비니 법정에 선 소녀를 석방하라는 서명에 동참하다. 여론은 크게 뒤바꾸어 3년 뒤 낙태를 합법화하는 '베유법'이 제정되었다.

1973년 성차별금지법 제정을 목표로 하는 '여권연맹'을 창설하다.

1979년 《정신이 우선시되는 때》 출간.

페미니즘 잡지 〈페미니스트의 물음들〉의 출판위원장이 되다.

여성 최초로 '오스트리아 주정부 상' 유럽 문학 부문 수상자가 되다.

1980년 4월, 사르트르가 세상을 떠나다.

1981년 사르트르의 쇠락과 죽음을 다룬 에세이 《작별의 의식》 출간.

1982년 여성권리부 초대 장관 이베트 루디가 설립한 '여성과 문화 위원회' 명예 의장이 되다. 대통령 프랑수아 미테랑이 여성의 상황을 개선하기 위해 사회 구조 연구에 힘쓰는 공로를 높이 사 레지옹도뇌르 훈장을 수여하려 했지만 보부아르는 자신이 문화 제도 기관이 아니라 참여하는 지식인이라는 이유로 거절했다.

1983년 사르트르에게 받은 편지를 묶어 《내 생애의 증인》이라는 제목으로 출간하다.

덴마크 정부가 유럽 문화 발전에 기여한 이에게 주는 소닝상을 수상하다.

1986년 4월, 세상을 떠나다. 몽파르나스 묘지의 사르트르 무덤 바로 옆에 묻히다.

인명

옮긴이 _ **이세진**

서강대학교 철학과를 졸업하고 같은 학교 대학원에서 불어불문학 석사 학위를 받았다. 프랑스 랭스대학교에서 공부했으며 전문 번역가로 활동 중이다. 옮긴 책으로 《외로움의 철학》, 《니체와 음악》, 《고대 철학이란 무엇인가》, 《나르시시즘의 심리학》, 《내 안의 어린아이》 등이 있다.

보부아르, 여성의 탄생

2021년 1월 31일 초판 1쇄 발행

- ■ 지은이 ──────── 케이트 커크패트릭
- ■ 옮긴이 ──────── 이세진
- ■ 펴낸이 ──────── 한예원
- ■ 편집 ──────── 이승희, 윤슬기, 양경아, 유리슬아
- ■ 조판 ──────── 성인기획
- ■ 펴낸곳   **교양인**
        우 04020 서울 마포구 포은로29 202호
        전화 : 02)2266-2776 팩스 : 02)2266-2771
        e-mail : gyoyangin@naver.com
        출판등록 : 2003년 10월 13일 제2003-0060

ⓒ 교양인, 2021
ISBN 979-11-87064-60-2   03330

* 잘못 만들어진 책은 바꾸어드립니다.
* 값은 뒤표지에 있습니다.